能源价格系统分析

田立新 等 著

科 学 出 版 社

北 京

内 容 简 介

本书基于管理科学、经济学及系统科学的视角，深入且详细地研究石油、天然气、煤炭、电力和碳排放等价格体系建设的相关问题，定性与定量相结合，在模型、方法、理论体系、动态模拟及实证分析等方面有所创新，旨在为中国能源价格的全面深化改革和发展提供理论基础及实践探索。本书共7章：第1章为绪论；第2章为石油价格波动行为分析；第3章为天然气价格分析；第4章为煤炭价格与我国宏观经济；第5章为中外电力定价机制研究；第6章为碳价格分析；第7章为能源市场的调控效应。

本书可作为能源经济、能源系统工程、气候经济、复杂系统分析与决策、节能减排和经济系统分析等方向的研究生教材，也可作为相关领域研究人员和相关政府决策部门的参考书。

图书在版编目（CIP）数据

能源价格系统分析/ 田立新等著. — 北京：科学出版社，2017.6
ISBN 978-7-03-053765-2

Ⅰ. ①能… Ⅱ. ①田… Ⅲ. ①能源价格-系统模型-研究-中国 Ⅳ. ①F426.2

中国版本图书馆 CIP 数据核字（2017）第 138867 号

责任编辑：魏如萍　王丹妮 / 责任校对：贾伟娟　王萌萌
责任印制：徐晓晨 / 封面设计：无极书装

科 学 出 版 社 出版
北京东黄城根北街 16 号
邮政编码：100717
http://www.sciencep.com

北京建宏印刷有限公司 印刷
科学出版社发行　各地新华书店经销

*

2017 年 6 月第 一 版　　开本：720×1000　1/16
2018 年 1 月第二次印刷　　印张：36 1/4
字数：728 000

定价：298.00 元
（如有印装质量问题，我社负责调换）

著作写作成员

田立新　孙　梅　王明刚　龙如银

路正南　朱乃平　肖　江

前　言

　　能源是人类经济发展不可或缺的物质基础，也是经济发展和社会进步的重要资源。随着各国将能源作为本国经济发展的战略物资进行储备，能源步入国际政治圈，成为影响世界政治和经济格局的重要因素。能源的可持续发展关系到中国经济的可持续发展和社会的安全，而能源的可持续发展在很大程度上依赖于价格体系的合理性，能源价格又是决定宏观经济能源需求的重要因素，从而又与经济增长有着紧密的联系。中国长期的能源价格扭曲，导致煤炭在能源消耗中的比重过高，石油、核能、天然气、可再生能源的比重过低，实现低碳及能源可持续发展的关键是构建新时期能源的价格体系以适应中国能源发展战略转型。

　　全球经济衰退影响中国的实体经济，中国的制造业长期以来依赖世界需求的高速增长在当前形势下难以维持。下游制造业的萎缩必然导致对上游能源行业的需求减弱。中国政府出于缓解企业压力，防止企业生产成本增加和经营环境恶化的考虑，能源产品的价格大幅上涨的动力不足。目前国内石油价格明显高于国际市场价格，国内要求降低成品油价格的呼声渐高，石油国内价格有调整的动力。还有，中国市场化程度较高的煤炭产品价格的形成一直由市场供求决定。市场需求强劲时，煤炭价格水涨船高。需求急剧衰落时煤炭价格呈现下滑的趋势。目前国际煤价波动性强，国内煤价涨跌频繁，对煤炭市场的预期不乐观。从中长期来看，耗竭性能源的稀缺性及不可再生性决定能源价格上涨的趋势显而易见。长期以来，政府为实现中国企业生产低成本及保障居民生活的双重目标对能源产品实行价格管制，能源定价的市场化程度较低，能源价格更未能反映能源生产和使用的外部成本，促使能源产品的价格向其实际价值回归是实现中国产业结构的优化升级及经济的可持续发展的要求。

　　美丽中国的实现，既要解决能源的供需矛盾问题，又要解决碳排放问题，同时还要解决经济和社会的可持续发展问题，这是一个复杂的系统工程。市场经济条件下，理顺能源价格关系是解决能源—环境—经济之间众多矛盾的一条有益线索。事实上，各种能源的矛盾在很大程度上集中体现在能源的价格形成机制上，中国目前的能源价格有相当程度的扭曲，这就无法优化和配置中国经济发展所急需的各类能源产品，进而影响相关产业的健康发展，最终影响经济和社会的可持续发展。

　　中国能源价格具有很高的不确定性。随着中国重要能源供需缺口的不断扩大，中国成为能源进口国，能源在经济发展中的瓶颈作用开始凸显。中国能源资源在享受"两个市场、两种资源"经济便利的同时，也面临着国内、国外两个方面的风险和不确定性。能源是所有商品中价格波动程度最大的品种，与经济之间的关系也最为紧密，影响能源价格的因素极其复杂，包含自然灾害、气候条件、经济发展、人口数量、能源储量、金融操作、环境政策、政治因素等众多因素。在能源工业管制逐渐放松，能源市场体系逐步建立的国际大背景下，能源价格波动带来的风险不可避免地成为能源市场参与者正常运营的现实威胁。中国能源市场的发展严重滞后于国际能源市场，但是近年来不断加快的改革进程，如石油定价机制的改革和燃料油期货市场的建立等，使得中国能源工业的市场化程度和国际化程度日益提高。此外，新的市场主体——有实力的金融机构和对冲基金出现，能源期货的流动性得以增强，而且新的市场参与者改变了游戏规则，对价格变化发挥着显著的影响。越来越多的金融投资者将能源金融市场当作新的投资资产类别，一种新的投资渠道由此产生，并出现了许多复杂、长期和资本高度密集的交易。而且各种能源价格与金融资产价格相关性变大，投资组合中的风险要素更多，能源价格波动风险的形成和传导更复杂，政府、金融机构及能源企业投资者面临着巨大的风险。

能源价格系统分析是具有重大而深远意义的战略选题。其对能源价格改革的推进和深化，不仅具有很强的现实性、针对性、对策性和操作性，而且具有很强的基础性、战略性和前瞻性。研究能源价格的理论基础，探索新时期中国能源价格的理论创新，对加快建设符合中国国情的能源价格体系具有重要的理论意义。由于全球对能源的需求不断提升，加上全球金融市场一体化不断深入，能源价格波动成为影响各国经济稳定和金融市场稳定的重要因素。能源价格的波动及其风险含义集中表现在变化莫测的能源市场价格，影响能源价格的因素极其复杂，而这些不确定性因素又是相互作用的，其动态随机变动规律比较复杂，目前还没有完全被解析出来。另外，一种能源价格的波动还会影响其他品种能源的价格，这使得能源价格波动风险的形成和传导更为复杂。因此，研究各品种能源价格之间的相互影响、能源价格的波动及其风险独特的形成机理，有利于降低国际能源价格波动对国内经济的冲击，是中国经济发展和能源发展模式转变过程中的重要问题。尽管中国的能源定价部分还处于政府定价阶段，但随着能源消费和进出口的快速增长，国内能源市场逐渐与国际能源市场接轨，国际能源价格对国内能源价格的影响越加直接和明显。例如，国内成品油定价机制经历三次改革后日趋完善，国内成品油价格逐渐融入国际石油价格波动趋势中。因此，从目前国内能源定价与国际能源价格存在相关性角度来看，国际能源价格变动势必对中国经济发展产生影响。基于上述现状，研究国际能源价格波动与中国经济增长之间的关系，能让我们理清国际能源价格波动对中国经济的影响机理，为转变经济增长方式，调整产业结构，应对能源短缺，实现经济可持续发展及建立科学合理的能源定价机制等提供理论支持，具有重大的理论意义。

理顺当前能源价格关系，建设新型的能源价格体系，对加快推进中国现有的能源价格体系改革具有重要的战略意义。当前中国能源价格体系存在一定的扭曲性，需要进行合理化调整。一次能源作为中国能源消费的主要部分，其使用具有一定的可替代性，使得这些能源的价格存在一定的关联性，这些关联使得一次能源价格波动会对整个社会的能源供给与需求产生一定影响。研究能源价格关联与相互影响，能够为理顺价格机制、优化一次能源配置提供合理的政策导向，也能够为能源价格相关研究提供一个理论框架。能源价格在能源市场的资源配置中发挥着杠杆效应，是平衡能源供需和提高能源消费效率的重要经济手段。中国的能源价格体系已经不能适应现代经济发展的需要，进行能源价格体系改革，形成合理的价格体系迫在眉睫。能源价格改革的目标是建立反映资源稀缺程度、市场供求关系和环境成本的价格形成机制。因此，在新时期的复杂条件下，建立科学的能源定价体系已成为能源安全研究中的前沿课题之一。总之，建设新型的能源价格体系对于中国能源发展战略转型具有重要的现实和战略意义。

本书主要研究新时期能源价格体系建设问题，分别从石油、天然气、煤炭、电力和碳排放等价格进行系统深入分析。理论分析与实证相结合，定性与定量相结合，获得能源价格分析新理论、新方法。主要内容分为7章：第1章为绪论；第2章为石油价格波动行为分析；第3章为天然气价格分析；第4章为煤炭价格与我国宏观经济；第5章为中外电力定价机制研究；第6章为碳价格分析；第7章为能源市场的调控效应。

全书由田立新教授总体规划设计及协调。第1章由肖江老师撰写；第2章主要由田立新教授、王明刚副教授撰写；第3章由朱乃平副教授撰写；第4章由龙如银教授、李文博博士撰写；第5章由孙梅教授、田立新教授、韩敦老师撰写；第6章由路正南教授、田立新教授撰写；第7章由田立新教授、王明刚副教授、张文彬副教授撰写；全书由田立新教授、肖江老师统稿及润色。感谢积极参与写作的教师们，他们是丁占文教授、杨宏林教授、蒋书敏副教授、董高高博士、傅敏博士、杜瑞瑾博士、李文超博士、白洋博士、张文彬博士等。感谢参与本书的研究生合作者们，他们是许培琳、夏俊、花爱勤、娄力云、潘将来、单海芳、丁振琪、高嘉静、金梦露。

本书相关研究内容得到下列基金项目的资助：国家社会科学基金重大项目（12&ZD062）、国家自然科学基金项目（51276081、91546118、71473108、71690242）、江苏省高等学校自然科学重大项目（14KJA110001）。

衷心感谢魏一鸣教授、张希良教授、范英研究员、耿涌教授、张金锁教授、周德群教授、齐中英教授、周宏春研究员、周鹏教授、齐绍洲教授、赵国浩教授等，感谢来自海外的杨自力教授、沈波教授、苏斌教授、严晋跃教授等，他们在本书的撰写和出版过程中提供了许多有益建议和帮助。同时，感谢著者们的团队长期以来合作交流的学者和管理人员的大力支持。再次感谢为本书撰写和出版提供帮助的所有人。

田立新

2017 年 5 月 20 日

目　　录

第1章 绪 论

能源在一国经济发展中的战略地位至关重要，世界各国都相继为节约能源和提高能源的利用效率做出积极努力。1979 年在瑞士日内瓦召开的第一次世界气候大会上，气候变化第一次作为一个受到国际社会关注的问题提上议事日程。1992年 6 月巴西里约热内卢召开的联合国环境与发展会议制定了《联合国气候变化框架公约》，明确规定发达国家与发展中国家应对全球气候保护承担"共同但有区别的责任"。1997 年 12 月日本京都联合国气候变化会议制定了《京都议定书》，这是设定强制性减排目标的第一份国际协议。2007 年 12 月在印度尼西亚巴厘岛召开的联合国气候变化大会确立了"巴厘路线图"，为气候变化国际谈判的关键议题确立了明确议程。2009 年 12 月哥本哈根世界气候大会发表了《哥本哈根协议》，决定延续"巴厘路线图"的谈判进程。2011 年 11 月德班世界气候大会决定实施《京都议定书》第二承诺期并启动绿色气候基金。2015 年 12 月巴黎气候变化大会上，全球近 200 个缔约方国家通过了《巴黎协定》，这是历史上首个关于气候变化的全球性协定，各方将以"自主贡献"的方式参与全球应对气候变化行动。国际社会提出的《京都议定书》等国际协议，要求世界各个国家既要节约能源，又要保护环境，即大力发展低碳经济。而能源价格作为市场经济中抑制环境污染、促进节能减排的有效政策工具，是低碳经济发展过程中的一种市场和计划有效结合的调节手段。一方面，能源产品的定价方式对优化资源配置、促进低碳经济发展具有十分关键的作用；另一方面，能源价格政策的制定实施必须综合考虑经济、生态、社会等多重效应。

1.1　能源价格概述

1.1.1　能源价格与其形成机制[1]

能源亦称能量资源或能源资源，是可产生各种能量（如热量、电能、光能和机械能等）或可做功的物质的统称，是指能够直接取得或者通过加工、转换而取得有用能的各种资源，包括煤炭、原油、天然气、煤层气、水能、核能、风能、太阳能、地热能、生物质能等一次能源，电力、热力、成品油等二次能源，以及其他新能源和可再生能源。能源价格包括上述能源产品的价格。能源的价格政策可促进生产，鼓励节约，使能源尽可能地获得充分合理、最有效的利用。能源价格形成机制是指影响能源商品及相关服务价格形成的各种因素与价格之间相互作用、相互影响的机制。由于能源经济对国民经济发展与工业化转型、产业结构优化的重要性，所以对能源价格机制的研究，不仅要从资源配置的微观角度分析其价格形成基础，还需要从资源利用的宏观角度对能源价格政策等给出有效的制度设计或安排。

能源价格形成机制具有其特殊性。一是体现在能源产品的特殊性上。能源产品，如石油、天然气与煤炭属于不可再生的一次化石能源，资源稀缺性极强，所以长期价格走向趋高，而且受资源供给的地域限制，价格受国际市场与产地市场价格的影响很大，能源金融衍生品价格（能源虚拟金融价格）对实体价格波动影响近年有加强趋势；电力属于二次能源，供需具有实时性与难以储存性等特点，供给成本受燃料价格影响大，在市场体系不发达时对系统安全性的考虑胜于其经济性，价格结构及形成机制与电力市场特征及市场化程度密切相关。二是体现在能源市场与管制政策的特殊性上。由于能源生产的规模经济效应导致的自然垄断性，以及能源产业经济地位和对国家军事战略安全的重要性，各国均对能源市场采取一定程度的管制，其中最主要形式就是能源价格管制，虽然近些年许多国家开始了能源市场化改革，但由于各国在能源市场结构、企业组织结构、技术与制度存在众多差异化，能源价格形成机制存在很大差异，此外，水力、风能、太阳能等可再生能源的利用受国家战略、技术开发与经济利用条件影响，属于新兴产业，价格形成也多受国家管制制度影响。

1.1.2　能源价格形成的理论基础[2]

一般而言，价值理论研究主要包括四个方面：劳动价值论、生产要素价值论、效用价值论和供求决定论。而能源资源是否具有价值，长期以来一直是颇有争议的话题，争论的焦点集中于马克思的"劳动价值论"与西方经济学的"效用价值论"。随着社会经济的发展，人们的认识也发生了转变，一些学者提出了能源资源多价值理论或综合价值论，认为能源资源具有存在价值、经济价值和环境价值。

1. 基于马克思劳动价值论的能源定价模型

由于受马克思主义政治经济学影响，中国学者自 20 世纪 80 年代中期，以劳动价值论为出发点，开始研究资源价格。从理论上说，他们承认自然资源的价格并不与马克思的劳动价值论相悖。他们认为能源资源价格应当根据中国实际情况，按劣等资源条件的生产平均成本，以包括开发、保护、恢复等费用在内的完全成本和综合利润率计价，并将成本增减因素和营业外开支作为参考加以确定。以此为依据，参照西方有关价格理论，提出能源资源的计价公式：

$$能源价格 = K+P+R$$

其中，K 为成本；P 为利润；R 为资源税。

2. 基于西方经济学价格理论的能源定价模型

根据价格理论确定能源资源价格的理论，目前主要有两种理论，除了上述马克思主义的劳动价值论以外，还有一种就是西方经济学的市场价格理论，其核心是效用价值论，该理论认为决定市场价格的是供给和需求，任何商品的市场价格就是供给和需求相等的价格，即均衡价格。国内外基于市场价格理论的能源资源定价模型主要包括：影子价格模型、边际机会成本模型、一般均衡价格模型、市场估价模型、李金昌模型、能量定价模型和能值定价模型。中国学者从不同的研究角度，结合中国能源资源开发过程中的具体问题，以提高资源配置效率为目标，拓展了一些新的能源资源定价模型。

3. 能源价格的形成

该问题主要说明能源价格是如何决定的，影响其价格形成的关键因素有哪些。从前面的相关理论分析来看，基于马克思劳动价值论的能源定价模型的主要依据是生产商品的社会必要劳动时间；基于西方经济学价格理论的能源定价模型的主要依据是在市场竞争中能源价格由供求关系形成，能源供求关系不断变化，其价格也随之波动。从表面上看，能源价格由供求关系决定，实际上同其他商品一样，能源市场价值是其市场价格的基础，价格是价值的货币表现。从本质上看，能源价格是由能源价值决定的，价格的上下波动正是价值规律发生作用的表现。由于供求关系的变化，价格有时高于价值，有时低于价值，从长期来看，价格的上下波动可以相互抵消，基本上同价值保持一致，供求对于市场价格的作用就等于零。然而，由于能源不同于普通商品，其价格形成除了反映一般商品价格形成的共性外，还应该反映能源资源的稀缺性和垄断性特征，强调能源价格在合理配置资源和促进资源节约方面的功能。因此，在决定能源价格形成的众多因素中，能源成本与垄断利润成为关键因素。

1.1.3 影响能源价格的因素[2]

在市场经济条件下，能源价格直接反映能源市场供给与需求的变化，并调节供需双方的资源配置和生产经营活动，它是国家宏观调控和企业进行资源配置及经济决策的重要依据之一。影响能源价格的因素，归纳起来主要有以下几种。

1. 需求与供给

由经济理论对需求与价格关系的一般解释可知，能源需求增加或减少，会引起能源价格水平的提高或下降；能源价格水平的提高或下降，会减少或增加能源消费需求。能源需求与价格两者之间哪一个是主动产生影响，哪一个是被动接受影响，需要进行综合考虑。供给与需求的相互作用，在完全竞争条件下，会产生均衡市场价格和均衡供需数量，即达到市场均衡。因此，在具体分析能源价格波动时，应对价格变化原因、特点、趋势进行全面分析，以便对价格变化进行准确判断。关于能源需求、供给与价格之间关系的实证研究主要关注对不同形式的能源长期与短期需求价格弹性检验，大多数研究认为存在能源需求的价格弹性，能源价格对能源需求具有调控作用。20 世纪 70~80 年代，石油价格上升导致市场对石油需求减少而转向煤炭等替代能源的事实很好地证明了上述检验结果。国外学者进行自然试验来检验能源消费对价格的敏感度，发现能源需求对高价格的反应是能源储备量与燃料进行替代，也包括能源与其他投入品的替代。还有一些研究表明能源使用对于其价格的时间序列数据是非弹性的，而国际差异的横截面数据是有弹性的。

2. 成本因素

在市场经济中，成本因素是影响商品价格运行的基本因素，能源生产和运输成本构成能源产品的内涵价值。从能源价格结构来看，能源价格主要由资源取得成本、生产成本、运输成本、转产成本、安全成本及单位产品利润等构成。一般而言，成本与能源价格的关系为：生产成本上升，能源价格相应提高，价格上升到一定程度，由于供求关系和市场竞争作用机制，价格反过来抑制需求，需求量减少，价格上升速度减慢。在考察能源成本与其价格的关系时需要重点关注：第一，能源成本变化是暂时性上升还是长期上升过程；第二，确定能源成本大小与能源对价格变化产生实际影响的临界值；第三，区分市场竞争条件下与垄断条件下的能源价格成本；第四，区分影响成本变化时间、空间及其相关因素；第五，能源成本在能源价格中所占的比例、能源价格对能源成本变动的敏感度。上述分析有利于研究成本在能源价格波动中的贡献率，以便考虑是否从加强成本控制角度来降低能源价格波动性。

3. 国际市场价格

随着市场进一步开放，能源产品国际贸易量扩大，国际市场能源价格对国内市场的影响正在日益加剧，两个市场价格的联动性正通过能源产品的进出口影响着石油、煤炭、天然气价格，即能源产品进出口量的多少直接影响能源市场的供求状况，进而影响到能源产品市场价格。当国内供应不变，进口量等于需求增加量时，国内能源价格的变化就取决于进口产品的国际市场价格，同时其影响也向非贸易品传递。可以预见，在未来相当长的时间里，世界石油、天然气和煤炭价格的变化与国内能源价格会产生联动效应。

4. 金融因素

20 世纪 70 年代的石油危机在给世界石油市场带来巨大冲击的同时，也为世界金融市场的发展提供了机遇——石油期货随即出现。除石油期货之外，国际能源金融衍生品市场上还包括电力和天然气等产品，但与石油类期货相比，这些金融衍生品的交易规模还较小。能源期货市场的出现使能源商品传统的战略物资特性和物质金融特性融合在一起，国际油价往往在石油期货交易中形成，石油市场与金融市场高度整合，金融因素的影响成为石油价格波动的一个重要推动力，从而扩散到其他能源产品上。美国西得克萨斯中质（West Texas intermediate，WTI）原油期货的成功，除深化国际金融市场的业务创新之外，还使得石油定价的主导权重新回到美国。美元汇率波动对能源价格的影响主要表现在两方面：第一，石油作为消费品属性下美元汇率对石油价格的影响；第二，石油金融属性下美元汇率对石油价格的影响。

5. 价格预期

在其他因素不能对能源价格波动进行有效解释时，经济学者把价格预期理论作为解释价格波动的一个重要变量。预期的种类很多，其中代表性的有外推式预期、适应性预期和理性预期。到目前，理性预期模型尚未取得一般形式，该模型仍在反复修改中。但在价格理论预期方面，理性预期的进展比较突出，经济学者将理性预期模型与资源可耗竭性模型相结合以解释能源价格波动。

1.2 能源价格形成的历史

1.2.1 国际石油价格形成机制[3]

1. 西方国家

1）美国

美国既是石油生产大国，又是石油消费大国，石油供求与我国比较相似，是石油净进口国。美国的石油市场竞争机制比较完善，早在 20 世纪 30 年代，美国政府就已经对国内石油价格完全放开。20 世纪 70～80 年代的两次石油危机期间，全球石油价格暴涨，美国采取了临时性的政府管制措施，包括建立多层次的定价体系、对炼油商给予补贴等。

目前，美国国内原油定价机制为：原油在国内市场上销售之前先由销售方根据原油的品质、国际市场的价格、市场需求等因素确定一个公告价格，公告价格加上运输、保险和其他费用构成购买方的实际进货成本（如果是进口原油，离岸价格相当于公告价格，离岸价加上运输、保险等费用构成实际进货成本），运输保险等杂费都是由购买方来承担的。美国成品油价格完全由市场竞争形成，图1-1为美国成品油市场的四种流通途径，从而形成三种不同的价格水平：零售价、批发价和国际市场价。

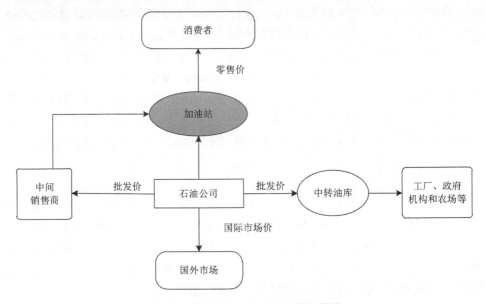

图 1-1　美国成品油的流通环节及价格

美国政府对石油价格的调控主要有以下几种手段：①为了保证国内石油市场平衡，政府通过降低矿区资源使用费、对新开发的油田实行减免税、加速折旧和建立国家能源战略储备等措施，鼓励石油生产企业加强石油勘探开发，提高石油产量；②为规范国内石油市场的价格行为，防止石油垄断和石油价格的盲目波动，颁布了公平交易法，对石油生产和销售征收暴利税，美国各种税收在零售价格中所占比重约为20%；③为促进资源的节约使用，对主要油品征收较高的消费税，对低耗油技术的推广应用则实行补贴等。

可见，美国政府主要通过法律、财政、税收等手段来对石油价格进行间接调控，只有在特殊时期才对石油价格进行干预。作为世界原油进口大国和成品油出口大国，美国政府的价格干预措施也只是集中在原油价格上，并没有对有竞争优势的成品油价格进行过多限制。

2）欧洲国家

欧洲各国是重要的石油消费国，欧洲主要国家也都在 20 世纪 80 年代基本实现了石油价格的市场化，政府不直接参与油价制定。政府对石油价格进行调控的主要措施是对原油产品征收重税。出于促进环境保护和抑制石油消费的目的，欧洲各国对石油消费征收高燃油税。据测算，欧洲油品零售价中的实际进口成本一般只占 30%左右，而燃油税在零售价格中的比重通常超过 50%，有的达 70% 以上。除了高燃油税外，各国政府还通过其他经济、法律手段来稳定国内石油市场价格。例如，荷兰、比利时为防止油商哄抬物价，政府对国际油价进行密切跟踪，同时通过立法来限制石油的"最高价格"；比利时还规定油品的价格超过一定限度时，国家可以降低燃油税来进行干预。近年来，瑞典等欧洲国家更是通过降低收入税、提高能源税来抑制国内石油需求。

可见，欧洲国家的高燃油税政策对于稳定石油市场、节约石油资源起到了一定的作用，但是对于经济高速发展的中国来说，过高的税收政策固然可以减少石油需求，但是同时也会对我国的经济增长产生不良的影响。我们可以学习其完善的法律制度，通过立法来限制石油寡头对市场的影响及由此导致的石油市场价格的非正常波动。

3）俄罗斯

俄罗斯的石油储量居全球第六，石油生产和出口居全球第二，石油产业是其国内的支柱产业。俄罗斯虽然是产油大国，但其生产的石油有将近 50%用于出口，国内能源消耗以天然气为主，石油所占比重还不足 10%。为了促进国内石油行业快速发展，早在 1992 年俄罗斯就开始实行石油企业私有化制度，大部分纵向一体化公司都掌握在私人资本手中。到 2004 年，俄罗斯政府对石油行业进行了国有化改造，石油行业重新划归国有。但即使如此，俄罗斯的石油市场一直以来都由少数几个石油巨头所主导，他们几乎完全控制着石油开采、加工及销售的各个环节，尤其是在石油批发领域的垄断程度最高，因此，石油企业是私有还是国有，都不会对石油巨头产生影响，他们总能设法结成价格同盟来主宰国内的石油价格。

俄罗斯政府对石油价格的调控包括经济手段（税收）和非市场手段（定额制度），同时，政府还对能源消费者给予很大程度的补贴。据统计，俄罗斯的石油租金中大约有 25%被税收征走，其中 42%用于补贴能源消费者，并且大约有 50%用于补贴本国以外的其他独联体国家。但是这种高额的税收和补贴政策也带来了一些弊端，目前，俄罗斯政府已经意识到了这些弊端并积极进行改革，通过改革，俄罗斯国内的石油价格目前已经基本接近美国。

总体来说，俄罗斯的石油价格主要是由石油寡头来决定的，政府通过税收、行政手段对其进行调控。以天然气来替代石油，降低了国内石油消耗，减少了由国际油价大幅波动对国内经济造成的冲击；同时，大量的石油出口给国家带来巨额财富，促进了国内经济增长。

2. 中东地区

中东地区拥有极为丰富的石油资源，在国际石油市场上拥有绝对的定价权，石油输出国组织（Organization of Petroleum Exporting Countries，OPEC）主要通过对石油产量的调节来维持国际石油市场价格的相对稳定。中东产油国石油的定价方式分为以下两类。

一类是与基准油挂钩的定价方式。分为两种情况：大多数中东国家是按不同的市场来定价的，出口北美地区的原油，参照美国 WTI 原油定价，出口欧洲的原油参照北海布伦特原油定价，出口远东地区的原油则参照阿曼和迪拜原油的价格定价；也有一些国家在参照原油的选择上，所有市场只用一种参照原油，同时对不同市场选用不同的升贴水。

另一类是出口国自己公布价格指数，称为"官方销售价格指数"。阿曼石油矿产部公布的原油价格指数为 MPM，卡塔尔国家石油公司公布的价格指数为 QGPC（包括卡塔尔陆上和海上原油价格），阿布扎比国家石油公司为 ADNOC 价格指数，这些价格指数每月公布一次，均为追溯性价格。目前，亚洲市场的许多石油现货交易都与官方销售价格指数挂钩。

3. 亚太地区

1）日本

日本是石油资源贫乏的国家，国内生产原油比率仅占总供应量的 0.3%左右。日本的石油消费主要依靠进口。根据国内经济发展情况、国际形势变化的要求，日本成品油价格经历了由政府定价到逐渐放松管制，最终实现了由市场竞争形成价格的改革过程，历次的价格改革都伴有完备的法律、法规，以保证改革的成功。

日本对石油市场的监管主要采取法制化管理的办法，立法着重突出石油安全的保障体系。经济产业省能源厅负责制定能源政策，但一般不直接干预石油公司的生产经营及石油产品的市场交易活动（包括石油价格制定）。另外，日本独特的石油战略也是值得借鉴的。日本将建立石油储备作为基本国策，建立国家和民间两级储备，储备方式多样化；积极推行石油外交政策，通过与发达国家进行合作、给发展中国家提供先进技术等手段来拓宽其石油进口渠道，并积极抢占海外石油资源，进行自主勘探和开发等。

2）韩国

韩国石油价格市场化进程和我国相似，经历了政府定价、与国际市场接轨和石油价格市场化三个阶段（图1-2）。

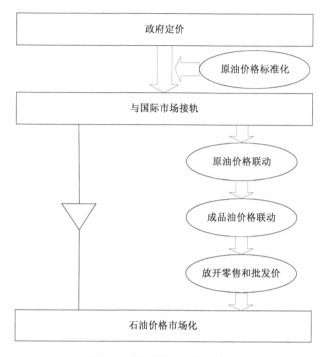

图 1-2 韩国石油市场化过程

第一阶段：1993 年以前，政府定价。在世界石油危机期间，为了稳定国内石油价格，韩国政府于 1979 年 7 月颁布实施了"原油价格标准化制度"，规定国内石油价格按照成本加利润的办法制定，并实行价格公告制度。

第二阶段：1994 年 1 月～1996 年 12 月，与国际市场接轨。分为两步走：1994 年 1 月建立与国际市场原油价格联动机制。原则是政府根据上个月进口原油的价格情况来调整本月的国内成品油（包括汽油、煤油、柴油和重油）价格。1994 年 11 月建立与国际市场成品油价格联动机制。其原则是政府根据国际成品油市场价格来确定国内价格，价格调整以前两个月的 26 日至前一个月的 25 日的数据为依据。1995 年 12 月 29 日韩国政府修订了《石油事业法》，宣布废除油品的最高批发价告示制，石油批发业的许可制变成了登录制，极大地促进了价格自由化发展。

第三阶段：1997 年 1 月以后，石油价格市场化。1997 年 1 月，韩国政府放开国内成品油的零售价和批发价，对内放开原油和成品油的进口及分销业务，并通过税收对市场价格加以调控。1998 年 5 月，韩国政府允许外资投资韩国炼油业，之后，韩国政府逐步放开了国内石油市场，2001 年允许加油站经营多种品牌油品，标志着韩国石油市场化时代的到来。

韩国政府对石油价格的宏观调控主要是通过税收和立法来实现的。在对石油价格通过税收进行调控的同时，对于国内的弱小产业（农业和渔业）用油实行免税，对出口的油品实行退税；制定"公平交易法"、成立公平交易委员会来规范石油市场行为，防止垄断等不正当竞争行为的出现。韩国的石油市场化是逐步推进的，从国内石油市场与国际市场价格联动开始到完全市场化共历时 6 年 8 个月，并且在实行市场化的同时制定了较为完备的制度来保证国内石油市场化顺利进行，防范不正当的市场行为。

3）印度

印度政府在 1997 年开始阶段性地解除石油的国家定价机制，于 2002 年将其完全废除，实行油品的市场定价。但是，印度的改革并不成功，在国际油价高涨期，暴露出越来越多的问题（表 1-1）。

表 1-1　印度石油定价机制的新旧对策比较

项目	规定	旧规定优点	产生的问题	新规定优点
价格	以进口平价确定炼油厂出厂价	提高竞争力	助长油品价格上涨，加重消费者经济负担	采取贸易平价法，并将其作为最高限价
税收	混合征税模式，销售税率高且各邦变化大	政府收入增加	加重消费者负担，导致油品价格上涨	单一征税模式：适当确定较高的消费税税率；降低联邦政府的销售税率
补贴	对煤油和家用液化天然气（liquefied nature gas，LNG）的补贴纳入政府财政预算，3～5 年后逐步取消	减轻民众负担	政府财政开支增加，要求石油公司共同承担补贴的责任结果；导致石油公司巨额亏损，资本投资及海外扩张能力降低	煤油：发放优惠券，或以银行转账、智能卡、发放现金等方式。LNG：确定目标，逐步提高批发价格；政府通过财政预算来保证整个补贴账户的平衡

针对这些问题，2005 年印度政府成立了由计划委员会、石油天然气部、财政部及国有石油公司共同组成的"印度石油产品定价与税收委员会"，来研究印度油品定价机制和税费结构调整问题，经过委员会的研究推出了一系列新措施，目前正在实施阶段。可见，印度政府先前改革失败的原因是在国际高油价下推行的改革措施，没有具体考虑自己国内的具体情况，过于急切地效仿西方发达国家的做法，不符合本国国情。

1.2.2　中国能源价格形成机制的进程及其特征[2, 4]

1. 中国能源价格政府定价阶段：1949～1978 年

中华人民共和国成立后，政府打破了旧的经济秩序，强化对经济的控制，经过三年国民经济的恢复与发展，建立了计划经济体制。理论上而言，计划经济体制的建立必然要求计划价格管理体制与之相适应。马克思说"生产资料的全国性集中将成为自由平等的生产者的联合体所构成的全国性基础，这些生产者将按照共同的合理的计划自觉地从事社会劳动"，列宁则指出"只有按照一个总的大计划进行建设，……才配称社会主义"。而我国这一时期正大力进行社会主义建设，在这一新形势下，政府充分利用计划价格体制对经济的调节作用，根据宏观经济形势的变化，对能源价格实行计划管理。1978 年以前，中国能源价格一直是单一的计划价格，很少进行价格调整。其中，煤炭价格只做了两次调整，1953 年每吨煤调高 2.64 元，此次调价与当时国家整体价格水平调整一致；1965 年调高 2.01元，与当时整体价格水平相背，缘于煤炭生产成本上升较大，生产耗费得不到补偿，就连维持简单再生产都有困难。与煤炭价格相比，电价调整幅度和频率较高。我国对石油实行几十年一贯的单一计划价格，任凭国际油价变化，仅在 1960 年和1971 年进行过两次调整，原油价格基本稳定在约 100 元/吨的水平上。

自 1978 年改革开放至今，我国能源价格改革大致可分为两个阶段：第一阶段是 1979～1997 年；第二阶段是 1998 年至今。

2. 中国能源价格机制形成初步探索阶段：1979～1997 年

1978 年底我国实施改革开放后，为了配合经济体制改革，进行了一系列能源价格体制改革（表 1-2），对促进能源工业发展和向市场化方向迈进起到了积极作用。虽然 1993 年开始了煤炭价格市场化改革，但直到 1998 年才决定对石油与电力实行市场主导定价。因此，将中国能源价格机制形成初步探索阶段定为 1979～1997 年，即能源价格的"双轨制"（含单轨制）阶段。双轨制阶段表现出两个主要特征：一是能源价格的计划属性与市场属性并存；二是能源价格体制改革的时间与重点存在差异。这种改革使能源价格发生了重大变化，拉开了能源价格不断攀升的序幕。

表 1-2　初步探索阶段能源价格体制的系列改革

类别	时间	价格调整	原因
石油	1981 年	在计划内、外价格基础上增加 10 元/吨	增产增收
	1982～1988 年	高价油比重不断加大	增产增收

续表

类别	时间	价格调整	原因
石油	1989 年	每吨原油提高 27 元	作为勘探开发基金
	1990 年	提高平价原油价格	改变亏损局面
	1991 年	提高平价原油价格，增加部分平转高	改变亏损局面
	1992~1993 年	增加部分平转高	缓解石油价格过低
	1994 年 5 月	全部实行国家定价	商品同质同价，理顺价格向改变价格转变
煤炭	1979 年	国家统配煤出厂价每吨平均提高 5.07 元	煤炭价格偏低，国有煤矿亏损
	1983 年	22 个部属煤矿超产加价	
	1985~1992 年	实行指令性、指导性和协议价三种价格方式	缓解煤炭行业亏损
电力	1979~1984 年	调整电价结构	产业结构调整
	1985~1997 年	成本加利润定价方式	电力短缺影响经济发展，刺激电力建设

该阶段价格改革进程大致经历了四个时期：依照计划经济为主、市场调节为辅的以调为主的调放结合时期（1979~1984 年）；按照有计划商品经济原则进行的以放为主的放调结合时期（1985~1988 年）；在治理经济环境、整顿经济秩序形势下的控中求改时期（1989~1991 年）；根据建立社会主义市场经济体制要求深化改革，建立以市场形成价格为主的机制和管理体制（1992~1997 年）。

第一阶段改革初期，能源价格改革的重点是确立企业的经济主体地位，解决企业自主经营、自我发展问题。当时的"放权让利"改革极大地调整了企业生产积极性，对解决当时经济的主要矛盾，即供给短缺起了重要作用。1993 年以后，改革目标逐步过渡到建立社会主义市场经济体系，能源价格改革与企业制度、行业管理及投资、税收、外贸等微观经济基础再造和宏观经济调控方式的改革同步推进。例如，取消了能源主管部委和行业管理部门；中央煤炭企业下放地方与煤炭价格放开；石油行业重组与石油定价方式调整；电力行业厂网分开与上网电价改革，建立现代企业制度等。这一阶段能源价格改革的主要目标是考虑能源价格定价方式如何与企业制度变革、产业组织调整相适应，而对能源价格体系问题，即能源成本计算是否全面、能源价格水平是高还是低等问题并没有过多涉及。从构建市场经济微观经济主体这一意义上看，当时能源价格改革是成功的，是富有成效的。但是，此次改革也是不彻底的，主要表现在以下几个方面。

一是出于战略性产业安全的考虑，国家对部分用途的能源（如电煤）和部分能源产品价格（如电价）等进行控制，在一定程度上制约了市场机制作用的有效发挥。与其他行业相比，能源价格市场化改革相对滞后，价格不能真实地反映市场供求关系和资源稀缺程度，缺乏对投资者、经营者和消费者的激励及约束作用。例如，煤电价格并未放开，电力竞争上网等改革方案并未完成，使得电力价格改革名存实亡。与国际油价接轨的油价定价机制，接轨时间与接轨程度实际上仍由政府掌控。

二是资源性产品的价格构成不合理，能源资源开采和产品加工过程中所形成的外部成本没有内部化，价格只反映资源开发成本，尚未包括由开发引起的资源破坏和环境治理成本。

三是能源产品之间的比价关系不合理，天然气等价格明显偏低，直接影响了天然气产业的发展。原油和成品油、电煤和电价的价格倒挂问题导致产业间发展不平衡。

四是由于上下游垄断，部分能源行业市场化程度较低，能源产品市场交易缺乏足够的市场主体，难以形成健全的能源市场体系。虽然我国能源市场规模庞大，但对国际市场能源产品价格的影响甚微。

能源价格改革不彻底导致的上述问题在 21 世纪逐步显现。根据国家统计局的数据计算，1990~2010 年的 20 年，我国能源消费量增加了 22.63 亿吨标煤。其中，1991~2000 年能源消费量增加了 4.69 亿吨标煤，2001~2010 年增加了 17.94 亿吨标煤，后十年的能源消耗是前十年的 3.6 倍。在我国"富煤、缺油、少气"的资源条件下，快速增长的能源需求，强化了以煤为主的能源消费结构，煤炭在能源生产总量中的比重由 1990 年的 74.2%上升到 2010 年的 76.5%。我国烟尘排放量的 70%、二氧化硫（SO_2）排放量的 90%、氮氧化物（NOx）排放量的 67%都来自燃煤。然而，根据中国工程院的分析，我国煤炭的科学产量仅 10 亿吨，煤炭资源过度开采和不安全开采非常严重，这使得能源生产和消费的负外部性加剧。发达国家 200 多年工业化进程中分阶段出现的环境问题在我国近 30 年内集中出现，资源与环境问题成为制约我国经济持续健康发展的主要障碍。2013 年 1 月以来，我国华北及中东部地区长时间的雾霾天气，使人们普遍感受到环境问题的严重后果。

3. 中国能源价格机制初步形成阶段：1998 年至今

能源价格双轨制与其他产品的价格形成机制不一致，导致能源领域的矛盾日渐突出。1998 年后我国能源价格开始了市场化的调控阶段，初步形成了国家宏观调控下的能源价格市场形成机制。由于能源产品的特殊性和该阶段国际石油价格的波动性增强，虽然能源价格以市场调控为基础，能源价格的波动频率较之以前更高，但能源价格的市场化程度仍然较低。以煤炭为例，其价格的市场化调控从 1993 年就开始了，国家放开煤炭价格，实行市场定价，但煤炭价格由于受流通体制和运输业市场化改革的影响仍然偏低。这个阶段能源价格改革滞后，价格杠杆效用较低，价格调控主动性较弱等，这些与我国这一时期的体制特征密切相关，既有计划经济时期的特点，又有经济体制转轨时期的特征和市场化调控特点。

第二段能源价格改革虽然是从 1998 年开始，但 2006 年后才陆续出台能源价格改革新举措。总体上看，第二阶段的改革力度小，推出的改革措施主要有：完善原油和成品油与国际油价接轨的办法；广东、福建两地开展天然气价格改革试点；推行居民阶梯电价及开展竞价上网和输配电价改革试点；完善水电、核电及可再生能源发电定价机制；取消煤炭价格双轨制，完善煤电联动机制等。

第二阶段的改革重点虽然放在了调整能源价格形成机制和不同能源产品价格比价等方面，但是问题依然没有根本性改变。例如，能源价格相对我国资源条件和供需状况来说仍然偏低，对改进能源利用效率和抑制能源消费过快增长没有发挥应有作用；能源生产和消费的环境成本没有得到充分补偿，能源环境治理成效不大。由于比价不合理，行业之间的利益矛盾仍然存在。从原油到石化和煤炭到火电两个产业链来看，石化和火电的劳动生产率大大高于其上游行业，但由于价格管制产值利润率明显低于上游行业，并且火电行业利润率低，一些非国有企业纷纷退出，火电建设投资也出现明显下滑。

造成第二轮能源价格改革成效不大的原因是能源价格改革只在原有基础上进行技术性的完善，基本上没有涉及深层体制机制问题，价格改革变成了涨不涨价的问题。由于行政管制和行业垄断，涨与不涨不是由市场供需关系说了算，而是由企业效益及政府宏观调控需要说了算。例如，煤电价格何时联动，油价何时调整，基本上是上述两种因素综合的结果，政府直接干预能源价格，价格成为企业与政府利益博弈的一种工具，丧失了优化资源配置的功能，难以反映企业真实的经营状况。

2014 年政府推出了《能源发展战略行动计划》，基本上描绘了"十二五"和"十三五"的经济转型及能源发展的轮廓。行动计划指出了能源价格和能源体制改革的必要性。通过价格机制抑制能源需求，有利于能源结构的清洁化，还可以促进能源体制改革。目前能源供需相对宽松，主要能源品种价格疲软，价格弱势还会维持相当一段时间，这些都是能源价格改革的有利条件。

随着能源体制改革进入深水区，其中的核心环节能源价格改革也进入攻坚期。2015 年 10 月 15 日发布的《中共中央　国务院关于推进价格机制改革的若干意见》，为石油、天然气、电力等领域的价格改革划定了清晰的时间表。该意见明确，到 2017 年，竞争性领域和环节价格基本放开，政府定价范围主要限定在重要公用事业、公益性服务、网络型自然垄断环节。到 2020 年，市场决定价格机制基本完善，科学、规范、透明的价格监管制度和反垄断执法体系基本建立，价格调控机制基本健全。

1.3　研究依据和内容

1.3.1　研究背景

作为生产和消费资料之一，能源一直是人类经济发展不可或缺的物质基础，是经济发展和社会进步的重要资源。随着各国将能源作为本国经济发展的战略物资进行储备，能源正式步入国际政治圈，成为影响世界政治和经济格局的重要因素。能源的可持续发展关系到中国经济的可持续发展和社会的安全，而能源的可持续发展很大程度上依赖于价格体系的合理性，能源价格又是决定宏观经济能源需求的重要因素，从而间接又与经济增长有着紧密的联系。长期的价格扭曲，导致能源消耗中的煤炭比重过高，石油、核能、天然气、可再生能源的比重过低，因而非常有必要构建新时期能源的价格体系来适应中国能源发展战略的转型，走低碳及能源可持续发展的道路。

中国能源价格体系存在较严重的扭曲。全球经济的衰退影响中国的实体经济已成必然，中国的制造业长期以来依赖世界需求的高速增长在当前形势下难以维持。下游制造业的萎缩必然导致对上游能源行业的需求减弱。中国政府出于缓解企业压力，防止企业生产成本增加和经营环境恶化的考虑，能源产品的价格大幅上涨的动力不足。目前国内石油价格明显高于国际市场价格，国内要求降低成品油价格的呼声渐高，国内石油价格有调整的动力。还有，中国市场化程度较高的煤炭产品价格的形成一直由市场供求决定。市场需求强劲时，煤炭价格水涨船高；需求急剧衰落时，煤炭价格呈现下滑的趋势。目前国际煤价大跌，国内煤价随之下跌，对煤炭市场的预期不乐观。从中长期来看，耗竭性能源的稀缺性及不可再生性决定能源价格上涨的趋势显而易见。长期以来，政府为实现中国企业生产低成本及保障居民生活的双重目标对能源产品实行价格管制，能源定价的市场化程度较低，能源价格更未能反映能源生产和使用的外部成本，促使能源产品的价格向其实际价值回归是实现中国产业结构的优化升级及经济的可持续发展的要求。

中国在未来的发展中，既要解决能源的供需矛盾问题，又要解决碳排放问题，而且要实现经济和社会的可持续发展问题，这是一个复杂的系统工程。在市场经济体制条件下，理顺能源的价格形成机制是解决上述众多矛盾的一条有益线索。事实上，各种能源矛盾在很大程度上集中体现在能源的价格形成机制上，中国目前的能源价格有相当程度的扭曲，这就无法优化和配置中国经济发展所急需的各类能源产品，进而影响相关产业的健康发展，最终影响到经济和社会的可持续发展。

中国能源价格体系具有很高的不确定性。随着中国重要能源供需缺口的不断扩大，中国成为能源进口国，能源在经济发展中的瓶颈作用开始凸显。中国能源资源在享受"两个市场、两种资源"经济便利的同时，也面临着国内、国外两个方面的风险和不确定性。能源是所有商品中价格波动程度最大的品种，与经济之间的关系也最为紧密，影响能源价格的因素极其复杂，包含自然灾害、气候条件、经济发展、人口数量、能源储量、金融操作、环境政策、政治因素等。在能源工业管制逐渐放松，能源市场体系逐步建立的国际大背景下，能源价格波动带来的风险不可避免地成为能源市场各方参与者正常运营的现实威胁。我国能源市场的发展严重滞后于国际能源市场，但是近年来不断加快的改革进程，如石油定价机制的改革和燃料油期货市场的建立等，使得中国能源工业的市场化程度和国际化程度日益加深。除此，新的市场主体——有实力的金融机构和对冲基金出现，能源期货的流动性得以增强，而且新的参与者改变了游戏规则，对价格变化发挥着显著的影响。越来越多的金融投资者将能源金融市场当作新的投资资产类别，一种新的投资渠道由此产生，并出现了许多复杂、长期、资本高度密集的交易。而且各种能源价格与金融资产价格相关性变大，投资组合中的风险要素更多，能源价格波动风险的形成和传导更复杂，政府、金融机构及能源企业面临着巨大的风险。

1.3.2　国内外研究动态

从工业革命开始，能源就是促进社会与经济发展的不竭动力，是一种生产生活过程中极其重要的要素投入，它几乎蕴涵于各种经济产品的生产过程中。随着人类对能源的需求和依存度的日益加深，能源价格作为衡量能源这种商品在市场流通过程的供需状况就显得特别重要。作为国民经济的基础产业，能源既是生产资料又是消费资料，能源价格的变动关系到生产和生活的各个层面。它不仅反映了微观能源市场的消费和供应，还体现了宏观经济评测时国家整体经济运行的状况，但由于能源价格波动幅度过大和影响因素难以预测，大量国际、国内学者从事能源价格相关研究。当前关于能源价格行为分析主要包括能源价格波动行为分析和能源价格溢出效应分析，影响行为又可细分为经济溢出和金融溢出两个方面，现将已查阅的文献综述如下。

1. 能源价格的波动行为与趋势分析

国外方面，对于能源价格波动机理的研究，以石油为例，Hotelling[5]通过建立著名的可耗竭资源模型，最先对石油价格的波动机理进行了研究。随后，Pindyck[6]

和 Gately[7,8]沿着 Hotelling 的研究思路，通过假定石油市场的不同结构和参与市场的不同主体，建立各类理论模型，引进各类参数来分析油价波动的原因和未来趋势。一些学者从不同的角度来解释油价波动的机理和原因，Porter[9]运用随机动态规划建立了基于生产行为的价格决定模型，来分析生产决策对取暖油价格的影响。Alvarez-Ramirez 等[10,11]利用多维 Hurst 方法和 Zipt 方法分析了原油价格动力学行为。Griffin[12]提出油价市场博弈论模型。Bernabe 等[13]建立了随机多模型动力学模型，把油价运动分为漂移和波动，相应的竞争也分为两个过程，从而发现原油市场存在两个稳定的均衡价格。Martina 等[14]利用多尺度熵分析方法研究了原油价格波动的动力学行为。Wagner 等[15]提出通过开放接入电网和结束化石燃料补贴，使风能和太阳能发电更便宜，推动可再生能源发展，促进碳定价。Christoph 等[16]提出通过技术政策补充碳价格，以保持气候目标的可达性。Laurent[17]指出油价的预测很棘手，这种不确定性可能会减缓气候缓解，除非决策者实施严格的气候政策。

国内方面，郝家龙[18]指出当前煤炭价格波动频繁，价格风险大增。建立煤炭价格指数是合理运用煤炭期货、期权等金融衍生工具的前提，煤炭价格指数应体现合同价格、主要港口、国内交易、消费、出矿、进出口、主要品种、期货等方面的价格。薛曜祖[19]指出煤炭价格指数应当包含煤炭生产地价格指数、煤炭消费区域价格指数、煤炭贸易价格指数和供需区域外煤炭价格指数四个方面的内容。王锋和张舒玮[20]运用状态空间模型预测中国煤炭价格走势，指出中国煤炭工业品出厂价格指数将从 2010 年 1 月的 248.5 升至 2020 年 12 月的 315.2，涨幅为 26.8%，但上涨幅度将从 2011 年的 3.5%降至 2020 年的 0.6%。邓祥周等[21-23]利用非线性微分方程理论描述了能源价格波动的动力学特征。Tian 等[24]构造国际原油价格收益率相关系数矩阵分析了国际原油市场的相关性，基于特征组合算法研究了相关系数矩阵所隐含的市场信息，通过吸收率算法、动态同步性比率、动态非同步性比率、动态聚类算法研究了国际原油价格市场的风险性和同步性。Wang 等[25-27]提出一种新的将时间序列转化成复杂网络的方法，即相空间粗粒化方法，划分了不同的波动时期，在不同时期内构建了国际原油、汽油价格的有向加权网络，揭示了原油、汽油价格在不同时期波动过程中的核心波动状态及其之间的转化关系。识别出了原油、汽油价格波动过程中的重要模态及其首次出现的时间，并给出了重要波动模态的时间分布特征。基于灰色关联分析、因子分析和偏最小二乘分析，研究中国的石油、煤炭和电力价格的波动，引入修正的灰色关联度的概念，将中国经济的发展分为四个时期应用修正的灰色关联度，给出了石油、煤炭和电力价格之间的关联度。刘玥等[28, 29]运用经验模态分解的向量自回归（vector auto regression，VAR）模型研究影响环渤海动力煤价格的影响因素，结果显示动力煤价格指数包含长期趋势、短期波动和重大事件三个主要影响因素，其中长期趋势由动力煤市场的均衡价格决定，重大事件是动力煤市场中期波动的主要原因，而正常的市场交易是市场短期波动的主要原因，并在此基础上运用经验模式分解-自回归滑动平均（empirical mode decomposition-auto regressive and moving average，EMD-ARMA）模型预测动力煤价格的走势，指出在未来一段时间内动力煤价格会震荡下行，但存在回调潜力。Sun 和 Shi[30]运用改进型自回归方法研究了原油价格的波动因素和趋势。

2. 能源价格的经济溢出效应分析

国外方面，众多学者利用 VAR 模型、方差分解和脉冲响应函数等方法研究了能源价格波动对国内生产总值（gross domestic product，GDP）的影响，如 Al-Mutairi[31]针对挪威、尼日利亚、墨西哥等几个石油出口国家，分析了油价波动对石油出口的影响。Keane 和 Prasad[32]研究认为，油价与经济活动具有显著的相关性。但 Hooker[33]的研究表明：1985 年以来，油价与经济活动的相关性很弱，油价与宏观经济的关系已发生了变化。Hakan B 和 Hakan T[34]利用土耳其 1990 年的投入-产出表，研究了油价波动对土耳其通货膨胀的影响。Doroodian 和 Boyd[35]利用可计算一般均衡（computable general equilibrium，CGE）模型研究了油价波动对美国各部门生产和消费指数的影响。LeBlanc 和 Chinn[36]运用增广菲利普斯曲线估计了油价变化对美国、英国、法国、德国等国家的通货膨胀的影响。Rasche 和 Tatom[37]、Ahmed 等[38]研究了油价对货币政策的影响，研究结果表明，油价上涨会引发紧缩的货币政策。Bernanke 等[39]认为积极的货币政策可以消除油价波动所造成的负面影响。Herrera 和 Pesavento[40]利用改进的 VAR 模型研究认为，油价变化会引发宏观经济活动一个较小的短暂波动，而一个系统的货币政策有利于平抑这种波动。Abbas [41]运用系统动力学方法研究原油价格与美国和加拿大成品油价格之间的动态关联，发现二者之间的关联自 2000 年后越来越紧密。McCollum 等[42]量化了石油价格对能源市场和碳排放长期影响的不确定性。Manzano[43]指出经济主体对石油价格波动有不同的期望，在确定石油价格冲击的时机和规模方面发挥着重要作用。研究表明，在建立石油价格冲击以掌握其对宏观经济结果和能源政策的影响时，应包括异质预期。Kok 等[44]研究了电力定价政策对可再生能源投资和碳排放的影响。

国内方面，林伯强和王锋[45]运用递归的结构向量自回归（structural vector auto regression，SVAR）模型模拟了在政府管制和不管制的情况下能源价格波动的宏观影响，结果显示如果不考虑价格预期，能源价格上涨导致一般物价上涨的可能性不大，政府对能源价格的管制具有一定的效果，能源价格波动对生产者物价指数（producer price index，PPI）的影响约在 6 个月后能显现出来，而对居民消费价格指数（consumer price index，CPI）的影响则十分微弱。杨继生[46]运用非线性平滑转换模型，研究国内外能源价格对能源效率的影响机制，发现当前能源价格对能源效率的影响比较接近高效运转状态，需要进一步增进能源价格的灵活性，以实现能源的自我选择从而提高能源效率。曹明[47]运用脉冲响应分析和 Granger 因果关系检验对中国能源价格及能源强度进行实证分析，发现能源价格是能源强度的 Granger 原因，为单向关联。能源强度对能源价格的脉冲响应衰减缓慢，一般为 6～7 年。王世进[48]运用 Granger 因果关系检验、VAR 模型及动态条件相关–广义自回归条件异方差（dynamic conditional correlation-generalized auto regressive conditional heteroskedasticty，DCC-GARCH）模型分析了国际能源价格波动对国内能源价格的影响，发现二者存在协整关系，国际能源价格对国内能源价格存在单向引导关系和双向溢出效应，但总体上国际能源价格的引导和溢出更为明显。徐晓华和高昊[49]运用投入产出模型研究煤炭价格波动的影响，发现价格波动不但会通过生活资料价格上涨反映到 CPI 中，还会以原材料和生产要素价格上涨反映到 PPI，尤其对电力、化工等行业影响显著。吴丽华和傅广敏[50]运用 SVAR 模型分析 1999 年 1 月～2013 年 3 月的煤油电价格指数、PPI 及 CPI，发现能源价格冲击对 PPI 影响明显，影响时期约为 9 个月，而对 CPI 的影响则不大。朱美峰和赵国浩[51]运用 VAR 模型研究煤炭价格波动对中国宏观和中观主要价格指数的影响，发现波动对 PPI 的影响速度和程度显著高于 CPI，对第一和第三产业的影响程度较低且持续时间短，对第二产业的影响程度较强且持续时间长。Zhou 等[52]研究了电力负价格的存在如何影响电力的存储策略结构。Du 等[53]基于随机矩阵理论，从需求侧的角度分析了全球原油进口网和出口网的总体拓扑结构特性及结构演化规律，揭示了原油市场的复杂时空动力学特性，发现原油市场竞争力与原油依赖大国的 GDP 的时间演化规律相一致。Wang 和 Tian[54]梳理能源价格、能源供应及经济增长之间的直接和间接的因果关系，进而依据能源价格、能源供应及经济增长之间的相互影响的复杂关系，建立一个非线性能源价格-供给-经济增长动力系统，利用系统模拟能源价格、能源供应及经济增长的演化轨迹，研究各种调控政策对系统中各变量的影响，定量分析各种调控政策的优缺点。

3. 能源价格的金融溢出效应分析

国外方面，Cunado 和 Gracia[55]基于 1995 年 2 月～2004 年 7 月数据，通过定量和定性方法分析了 WTI 价格和美国石油股价格之间的关系，指出 WTI 价格与石油股股价之间存在强负相关关系。Park 和 Ratti[56]以 1986 年 1 月～2005 年 12 月的月数据为样本考察了美国和欧洲 13 个国家的状况，发现国际油价波动对其实际股票收益率在统计上有显著影响。其中，挪威作为原油输出国，其实际股票收益率对油价上涨有显著的正向反应，油价波动能解释 6%股票收益率波动；而对于

许多欧洲国家来说，上升的油价显著地抑制了实际投票收益率的上升。Miller 和
Ratti[57]选取 1971 年 1 月~1980 年 5 月经济合作与发展组织（Organization for
Economic Co-operation and Development，OECD）中的美国、加拿大、法国、德
国、意大利、英国六国石油价格和国际金融市场股票价格月数据为样本，运用协
整检验和误差修正模型分析了国际原油价格与股票市场波动的长期关系，发现
1971 年 1 月~1980 年 5 月，1988 年 2 月~1999 年 9 月，OECD 中的美国、加拿
大、法国、德国、意大利、英国六国油价与股价之间存在长期关系，股价指数对
国际油价的上涨有负向反应；而在 1980 年 6 月~1988 年 1 月，两者的关系在统
计上并不显著，1999 年 9 月以后，两者的负关联不存在；由此说明实际原油价格
与股票价格间的关系是动态变化的。Sharma[58]利用 1986 年 11 月~1997 年 3 月原
油期货市场日价格指数数据，比较了不同模型预测原油价格波动和效果。Peura
和 Bunn[59]研究了电力生产商峰值生产的动态定价问题，分析了年度绩效目标如何
动态影响高峰者的定价决策，以及设定此类目标可能会对企业所有者有益或有害
的条件，进一步展示了如何利用较低的边际成本技术进行投资组合，成为峰值定
价的重要因素。Alizamir 等[60]捕捉关键的市场动态及投资者的战略行为，提出了
可再生能源技术的高效上网电价政策，提供了设计成本效益和社会最佳上网电价
计划的见解。

　　国内方面，王震等[61]运用 t 分布的广义自回归条件异方差（generalized auto
regressive conditional heteroskedasticity，GARCH）模型研究了美国股价指数和石
油价格指数在金融危机发生前后对中国股市收益率和波动率的影响，指出危机前
二者对中国股市影响不大，但是危机发生后美国股价指数对中国股市有显著正影
响，而石油价格则有微弱负影响。薛永刚[62]以 28 个国家的样本数据研究发现国
际油价与股票收益率存在长期均衡关联，但作用效力较低，与股票价格指数除个
别市场外不存在均衡关系。并进一步通过聚类分析发现，国际油价对于新兴市场
的溢出效应可能更为明显，其溢出效应大小与宏观调控政策有关。李成等[63]基于
VAR 模型，运用协整分析和 Granger 因果关系检验分析国际油价波动对美元指数
的影响，发现不同阶段国际油价与美元指数之间的关联是不同的，当美元指数
上涨时国际油价基本保持不变，而当国际油价上涨时美元指数是下跌的。王明
刚等[64]选取国际原油、汽油和取暖油期货价格收益率数据序列，利用相空间重构
技术论证能源期货市场是一复杂的非线性系统，通过最大 Lyapunov 指数、Hust
指数、关联维度和 Kolmogorov 熵的计算，得出能源期货价格的混沌特征和混沌
程度的估计。利用相空间重构数据，定义了价格发现和风险转移系数，对能源期
货市场定价效率进行了实证分析。Wang 等[65]提出一种多元时间序列的相关模态
及转换特征方法，并给出模态动态拓扑特征及应用于全球原油进口依赖国相互作
用模态的新的风险度量方法。

综上所述，能源价格波动对金融市场有直接和间接两类影响：一类是由于能源价格波动，股市与能源相关企业的股价出现波动的直接影响；另一类是由于能源价格波动，国际经济和股市波动间接影响到国内股市及其他金融市场。研究方法与能源价格波动对宏观价格的影响的研究方法类似，多为现有计量经济学模型，包括 VAR 模型和 GARCH 模型等。国内外学者对于单一能源价格的波动行为已经有全面深入的研究，主要运用现有的计量经济学模型对能源价格走势进行预测。但是能源价格波动序列本身是非线性、非平稳的，传统的方法大都分析价格变化的趋势，很难揭示价格要素的动力学特征，不能突出其本质行为。国内外学者对于市场经济条件下的能源价格行为分析进行了深入、持续的研究，研究的焦点集中在能源价格波动与预测、能源价格的经济与金融溢出效应这三个方面。运用方法包括财富最大方法、数理统计方法、博弈论方法、计量经济学方法及组合预测方法等。这些研究取得了丰硕的研究成果，但能源价格自身的波动存在网络特征，不同能源之间也存在可替代性，使得能源价格自身和不同能源价格之间均存在响应关联的动力学特征，关于这种响应关联研究，国内外文献更是研究甚少，因此，需要通过寻找新的方法定量研究能源价格自身及互相之间波动趋势的联系，方能更好地把握能源价格市场规律和建立更为精确的能源价格预测模型，进而揭示能源价格指数行为的本质。

1.3.3 研究意义

对中国能源价格系统理论和实践进行深入探讨，不仅具有很强的现实性、针对性、对策性和操作性，而且具有很强的基础性、战略性和前瞻性，是具有重大而深远意义的战略选题。

1. 研究能源价格的理论基础，探索新时期中国能源价格的理论创新，对加快建设符合中国国情的能源价格体系具有重要的理论意义

由于全球对能源的需求不断提升，加上全球金融市场一体化不断深入，能源价格波动成为影响各国经济稳定和金融市场稳定的重要因素。能源价格的波动及其风险含义集中表现在变化莫测的能源市场价格，影响能源价格的因素极其复杂，而这些不确定性因素又是相互作用的，其动态随机变动规律比较复杂，目前还没有完全被解析出来。另外，一种能源的价格的波动还会影响其他品种能源的价格，这使得能源价格波动风险的形成和传导更为复杂。因此，研究各品种能源价格之间的相互影响、能源价格的波动及其风险独特的形成机理，有利于降低国际能源价格波动对国内经济的冲击，是我国经济发展和能源发展模式转变过程中的重要问题。

尽管中国的能源定价还处于政府定价阶段，但随着能源消费和进出口的快速增长，国内能源市场逐渐与国际能源市场接轨，国际能源价格对国内能源价格的影响越加直接和显著。例如，国内成品油定价机制经历三次改革后日趋完善，国内成品油价格逐渐融入国际石油价格波动趋势中。因此，从目前国内能源定价与国际能源价格存在相关性角度来看，国际能源价格变动势必对中国经济发展产生影响。基于以上现状，研究国际能源价格波动与中国经济增长之间的关系，能让我们理清国际能源价格波动对中国经济的影响机理，为转变经济增长方式，调整产业结构，应对能源短缺，实现经济可持续发展及建立科学合理的能源定价机制等提供理论支持，具有重大的理论意义。

2. 理顺当前能源价格体系，建设新型的能源价格体系模式，对加快推进中国现有的能源价格体系改革具有重要的战略意义

2016 年 11 月 17 日李克强主持召开国家能源委员会会议，审议通过《能源发展"十三五"规划》时，表示要理顺能源价格体系，还原能源商品属性，充分发挥市场配置资源的决定性作用和更好地发挥政府作用，构建公平竞争的能源市场体系。这说明当前中国能源价格体系存在一定的扭曲性，需要进行合理化调整。一次能源作为中国能源消费的主要部分，其使用具有一定的替代性，使得这些能源的价格存在一定的关联，这些关联使得一次能源价格波动会对整个社会的供给与需求产生一定影响，研究这些关联与影响能够为理顺价格机制、优化一次能源配置提供合理的政策导向，也能够为能源价格相关研究提供一个理论框架进而不断改进。

能源价格在能源市场的资源配置中发挥着杠杆效应，是平衡能源供需和提高能源消费效率的重要经济手段。中国的能源价格体系已经不能适应现在经济发展的需要，因此，我们必须进行能源价格体系改革，要形成合理的价格体系。能源价格改革的目标是建立反映资源稀缺程度、市场供求关系和环境成本的价格形成机制。因此，在新时期的复杂条件下，建立完善的能源定价体系已成为能源安全研究中的前沿课题之一，建设新型的能源价格体系来适应中国能源发展战略转型具有重要的现实和战略意义。

1.3.4 研究内容

本书主要研究新时期能源价格体系建设，共 7 章，主要内容如下。

第 1 章为绪论。本章介绍能源价格的形成机制、理论基础和影响因素，阐述中外能源价格的形成历史，分析能源价格的研究背景及本书的研究内容。

第 2 章为石油价格波动行为分析。本章针对国际原油价格的波动周期行为、

自回归条件异方差（auto regressive conditional heteroskedasticity，ARCH）效应、价格演化行为进行分析，研究国际油价期货市场的定价效率。阐述国际成品油价格波动特征、与原油价格的关系，分析国际成品油期货市场的价格发现与风险转移功能，基于复杂网络对国际成品油价格进行动力学分析。分析中国石油、煤炭、电力价格波动趋势及中国能源价格影响因素，研究国际成品油价格与中国成品油价格的关系。通过波动性、相关性、趋势性、阶段性和影响分析研究中美石油股票的特征，并通过中美石油股票对比分析进一步挖掘中美石油股票波动不同的潜在原因。

第 3 章为天然气价格分析。本章首先对天然气市场价格一般波动特征、规律及影响因素进行定性和定量分析，并比较各国天然气价格改革演变过程。然后分析天然气终端类型工业用和居民用各自价格形成机制，重点分析 LNG 的价格形成机制及 LNG 价格变动对天然气消费的影响，并对 LNG 价格与石油价格挂钩趋势进行分析比较。最后针对我国天然气市场提出天然气价格改革的政策建议。

第 4 章为煤炭价格与我国宏观经济。本章首先分析我国总体的煤炭价格及波动影响因素。接着阐述煤炭价格波动对我国物价的影响效应，研究煤炭价格波动对我国产出的传导效应，并从宏观和微观层面给出煤炭价格对我国宏观经济的影响的政策建议。最后基于总量效应视角和结构效应视角，研究煤炭价格波动对区域经济的影响。

第 5 章为中外电力定价机制研究。本章首先介绍电力价格的形成基础，分析电力定价的各种方法，比较中外的电价机制。然后研究双寡头发电商电力生产博弈模型，通过对所建的电力生产模型进行分析，得到古诺纳什均衡点。最后研究有无政府参与下的供电公司与用户之间的非对称博弈模型，通过演化博弈的方法，运用复制动态公式求出稳定状态并对其进行讨论。

第 6 章为碳价格分析。本章对碳价格的定价机制作较为详细的分析与总结。基于边际减排成本（marginal abatement cost，MAC）的视角，探讨能源价格及影子成本与边际成本之间的线性关系，探讨点火价差在企业电力定价中的应用及在利润最大化下企业的能源选择。基于碳排放权交易的视角，阐述碳排放权交易的相关理论及其影响因素。演化出带碳税约束项的四维动态演化系统，并首次给出碳税对能源强度的拐点，进行碳税约束下的节能减排系统分析。研究开征碳税对我国电力行业的影响。在中观层面上，通过构建 CGE 模型模拟不同税率水平下征收碳税对电力行业产出价格、化石能源需求和电力产出水平的影响，并提出电力行业的低碳发展对策。从微观层面出发，对碳税背景下电力企业的环境成本和环境效益进行定性分析，并从财务角度出发分析碳税对电力企业财务业绩等方面的影响。

第 7 章为能源市场的调控效应。本章依据一个经济时期内的能源价格、能源供应和经济增长之间相互依存、相互制约的关系，建立一个新的能源市场中价格、供给、经济增长的发展演变的动力系统。理论并实证分析能源价格-供给-经济增长系统及其子系统的基本动力学行为，利用能源价格的作用体现能源市场这个无形之手的影响和政府的政策调控这个有形之手对市场的有序发展的引领作用，探讨能源市场演化发展规律。从电力市场化改革的实际出发，依据一个经济时期内的电力供应总量、电力消费总量及电力价格间的相互依存、相互制约的关系，建立一个新的电力市场系统，并分析该系统的复杂动力学行为。利用中国 1979～2012 年的统计数据，借助神经网络确定系统参数，得到一个具有实际意义的电力市场系统。

参 考 文 献

[1] 刘喜梅, 桂建廷, 傅渝洁. 能源价格形成机制研究. 广义虚拟经济研究, 2013, 4(2): 35-43.

[2] 贺刚. 论能源价格形成机制的改革. 价格月刊, 2013, (9): 9-12.

[3] 闫文娜, 刘慧芳, 汪安佑. 国际石油价格形成机制对我国的启示. 资源与产业, 2011, 13(5): 23-30.

[4] 史丹. 当前能源价格改革的特点、难点与重点. 价格理论与实践, 2013, (1): 18-20.

[5] Hotelling H. The economics of exhaustible resources. Journal of Political Economy, 1931, 39: 137-175.

[6] Pindyck R S. Gains to producer from cartelization of exhaustible resource. Review of Economics Statistics, 1978, (2): 238-251.

[7] Gately D. OPEC: retrospective and prospects 1972-1990. European Economic Review, 1983, 21: 313-331.

[8] Gately D. A ten-year retrospective: OPEC and the world oil market. Journal of Economics Literature, 1984, 3: 1110-1114.

[9] Porter J R. A production-based model for predicting heating oil prices. Cornell University: Adissertation for Ph. D, 2011.

[10] Alvarez-Ramirez J, Cisnerosl M, Ibarra-Valdez C, et al. Multifractal Hurst analysis of crude oil prices. Physica A, 2002, 313(3): 651-670.

[11] Alvarez-Ramirez J, Soriano A, Cisnerosl M, et al. Symmetry/anti-symmetry phase transitions in crude oil markets. Physica A, 2003, 322: 583-596.

[12] Griffin J M. OPEC behavior: a test of alternative hypotheses. American Economy Review, 1985, 5: 954-963.

[13] Bernabe A, Esteban M, Alvarez-Ramirez J, et al. A multi-model approach for describing crude oil price dynamics. Physica A, 2004, 338: 567-584.

[14] Martina E, Rodriguez E, Escarela-Perez R, et al. Multiscale entropy analysis of crude oil price dynamics. Energy Economics, 2011, 33(5): 936-947.

[15] Wagner G, Kåberger T, Olai S, et al. Push renewables to spur carbon pricing. Nature News,

2015, 525: 27-29.

[16] Christoph B, Gunnar L, Robert C P, et al. Complementing carbon prices with technology policies to keep climate targets within reach. Nature Climate Change, 2015, 5: 235-239.

[17] Laurent D. Energy economics: cheap oil slows climate mitigation. Nature Climate Change, 2016, 6: 660-661.

[18] 郝家龙. 煤炭价格指数的理论设计与应用研究. 经济问题, 2007, (11): 18-19.

[19] 薛曜祖. 山西煤炭市场价格指数体系建设研究. 价格理论与实践, 2013, (7): 66-67.

[20] 王锋, 张舒玮. 基于状态空间模型的中国煤炭价格长期趋势预测. 统计与信息论坛, 2011, (8): 67-72.

[21] 邓祥周, 田立新, 段希波. 能源价格的动态模型及分析. 统计与决策, 2007, (1): 9-10.

[22] 田立新, 钱和平. 能源价格的时滞微分方程模型及动力学分析. 江苏大学学报(自然科学版), 2010, 31(2): 240-244.

[23] 陈旭梅, 田立新, 吴丹. 能源价格系统在随机干扰作用下的分岔研究. 数学的实践与认识, 2013, 43(12): 81-86.

[24] Tian L X, Ding Z Q, Wang M G, et al. The spatiotemporal dynamic analysis of the implied market information and characteristics of the correlation coefficient matrix of the international crude oil price returns. Energy, Ecology and Environment, 2016, 1(4): 197-208.

[25] Wang M G, Tian L X. From time series to complex networks: the phase space coarse graining. Physica A: Statistical Mechanics and Its Applications, 2016, 461: 456-468.

[26] Wang M G, Tian L X, Du R J.Research on the interaction patterns among the global crude oil import dependency countries: a complex network approach. Applied Energy, 2016, 180: 779-791.

[27] Wang M G, Tian Z H, Tian L X. Empirical study on energy prices volatility of China during 1980-2010. International Journal of Global Energy Issues, 2015, 38(1/2/3): 145-163.

[28] 刘玥, 王春辉, 曾庆婷. 环渤海动力煤价格指数波动性分析. 价格理论与实践, 2013, (11): 47-48.

[29] 刘玥, 王春辉. 环渤海动力煤价格指数预测研究. 价格理论与实践, 2015, (8): 68-70.

[30] Sun J W, Shi W D. Breaks, trends, and unit roots in spot prices for crude oil and petroleum products. Energy Economics, 2015, 50: 169-177.

[31] Al-Mutairi N H. Business cycles in oil economies. The George Washington University: A Dissertation for Ph. D, 1991.

[32] Keane M P, Prasad E. The employment and wage effects of oil price changes: a sectoral analysis. Review of Economics and Statistics, 1996, 78: 389-400.

[33] Hooker M A. What happened to the oil price-macroeconomy relationship?. Journal of Monetary Economics, 1996, 38: 195-213.

[34] Hakan B, Hakan T. Inflationary effect of crude oil prices in Turkey. Physica A, 2002, 316(1/2/3/4): 568-580.

[35] Doroodian K, Boyd R. The linkage between oil price shocks and economic growth with inflation in the presence of technological advances: a CGE model. Energy Policy, 2003, 31: 989-1006.

[36] LeBlanc M, Chinn M D. Do high oil prices presage inflation? Business Economics, 2004, 39(2): 38-48.

[37] Rasche R H, Tatom J A. Energy price shocks,aggregate supply, and monetary policy: the theory and the international evidence. Carnegie-Rochester Conference Series on Public Policy, 1981, 14: 9-93.

[38] Ahmed E, Rosserm J B, Sheehan R G. A global model of OECD aggregate supply and demand using vector autoregressive techniques. European Economic Review, 1988, 32: 1711-1929.

[39] Bernanke B S, Gertler M L, Watson M W. Systematic monetary policy and the effects of oil price shocks. Working Papers, 1997, (1): 91-142.

[40] Herrera A M, Pesavento E. Oil price shocks, systematic monetary policy, and the "Great Moderation". Macroeconomic Dynamics, 2009, 13: 107-137.

[41] Abbas V. Dynamic effects of rising oil prices on consumer energy prices in Canada and the United States: evidence from the last half a century. Energy Economics, 2014, 45: 33-44.

[42] McCollum D L, Jewell J, Krey V, et al. Quantifying uncertainties influencing the long-term impacts of oil prices on energy markets and carbon emissions. Nature Energy, 2016, 1: 16077.

[43] Manzano B. Oil price: endless ability to surprise. Nature Energy, 2016, 1: 16060.

[44] Kök A G, Shang K, Yücel S. Impact of electricity pricing policies on renewable energy investments and carbon emissions. Management Science, 2016: 1-38.

[45] 林伯强, 王锋. 能源价格上涨对中国一般价格水平的影响. 经济研究, 2009, (12): 66-79.

[46] 杨继生. 国内外能源相对价格与中国的能源效率. 经济学家, 2009, (4): 90-97.

[47] 曹明. 我国能源强度与能源价格之间的脉冲响应分析. 统计与决策, 2011, (3): 94-95.

[48] 王世进. 国内外能源价格波动溢出效应研究. 资源科学, 2013, (4): 690-696.

[49] 徐晓华, 高昊. 中国煤炭价格对 GDP 价格总水平和相关产业价格影响的实证研究. 中国人口. 资源与环境, 2014, (6): 155-158.

[50] 吴丽华, 傅广敏. 能源价格变动对一般价格水平的传导影响. 当代经济科学, 2014, (9): 81-90.

[51] 朱美峰, 赵国浩. 基于 VAR 的煤炭价格波动效应时滞分析. 统计与决策, 2015, (4): 142-146.

[52] Zhou Y F, Scheller-Wolf A, Secomandi N, et al. Electricity trading and negative prices: storage vs. disposal. Management Science, 2016, 62(3): 880-898.

[53] Du R J, Dong G G, Tian L X, et al. Spatiotemporal dynamics and fitness analysis of global oil market: based on complex network. PLoS ONE, 2016, 11(10): e0162362.

[54] Wang M G, Tian L X. Regulating effect of the energy market: theoretical and empirical analysis based on a novel energy prices-energy supply-economic growth dynamic system. Applied Energy, 2015, 155: 526-546.

[55] Cunado J, Gracia F P D. Oil prices, economic activity and inflation: evidence for some Asian countries. The Quarterly Review of Economics and Finance, 2005, 45(1): 65-83.

[56] Park J, Ratti R A. Oil price shocks and stock markets in the U.S. and 13 European countries. Energy Economics, 2008, 30(4): 2587-2608.

[57] Miller J I, Ratti R A. Crude oil and stock markets: stability, instability and bubbles. Energy Economics, 2009, 31(4): 559-568.

[58] Sharma N. Forecasting oil price volatility. http://scholar.lib.vt.edu./theses/available/

etd-5398-184344/unrestricted/etd.pdf[2012-07-03].

[59] Peura H, Bunn D W. Dynamic pricing of peak production. Operations Research, 2015, 63 (6): 1262-1279.

[60] Alizamir S, Véricourt F, Sun P. Efficient feed-in-tariff policies for renewable energy technologies. Operations Research, 2016, 64 (1): 52-66.

[61] 王震, 李驭龙, 丁宝婷. 浅析美国股市与国际石油价格对中国股市收益与波动性的影响. 生产力研究, 2009, (6): 44-46.

[62] 薛永刚. 国际石油价格波动的股票市场溢出效应研究. 中央财经大学学报, 2011, (9): 30-36.

[63] 李成, 郑淑君, 白彩琴. 国际油价跳跃性上涨与美元指数持续走弱的动态关系比较. 统计与决策, 2013, (6): 148-151.

[64] 王明刚, 田立新, 许华. 能源期货价格的演化分析及定价效率实证研究. 数学的实践与认识, 2016, 46 (4): 60-73.

[65] Wang M G, Tian L X, Chen Y, et al. Fluctuation behavior analysis of international crude oil and gasoline price based on complex network perspective. Applied Energy, 2016, 175: 109-127.

第2章　石油价格波动行为分析

石油价格波动会对国民经济生产、居民生活等产生一系列影响，因此，油价波动历来受到各国政府、产业界、理论界的广泛关注。20 世纪 70 年代以前的廉价石油时代，由于油价长期稳定，人们对油价波动的关注度降低。自 20 世纪 70 年代两次大的石油危机后，人们普遍认为石油作为工业生产最基本的原材料，油价的持续上涨会产生成本推动型的通货膨胀，抑制消费需求，降低和减缓经济增长的速度，导致经济萧条。由于这些可能的消极影响，特别是自 2004 年以来油价的持续大幅度上涨，油价波动对各国经济的影响问题再次成为各国学者、政府关注的焦点和研究的热点。学术界对石油价格波动的机理、影响因素等方面进行了深入的研究[1-20]，但由于石油价格问题的复杂性，很多问题依然没有获得公认的结论，很多问题需要进一步的研究。本章将重点探讨以下问题：①利用 Johansen 协整检验、Granger 因果关系检验、脉冲响应函数、方差分解等方法，从原油供需、汇率、非市场因素等方面对国际原油价格波动的主要影响因素进行系统分析；②基于 HP 滤波分析和谱分析方法研究国际原油价格的波动周期，利用 GARCH 模型分析国际原油价格的 ARCH 效应，利用相空间重构技术、最大 Lyapunov 指数、Hurst 指数、关联维数、Kolmogorov 熵识别国际原油价格波动的混沌特征等；③基于计量经济学模型分析国际成品油价格波动的周期性、季节性和集聚性，构建向量误差修正（vector error correction，VEC）模型研究国际成品油价格波动与国际原油价格波动的关系，基于复杂网络理论研究国际成品油价格波动的动力学特征等；④基于多元统计方法、计量经济学模型等对中国油价波动行为进行研究；⑤利用石油股票波动指数、累积分布函数、VAR 模型、时变相关系数等对中美石油股票及石油价格对股票市场的影响进行系统分析。

2.1　国际原油价格影响因素分析

影响油价的因素很多、很复杂，并且其中许多因素经常发生变化，这就决定了油价波动的经常性和剧烈性。尤其 2003 年以来，国际原油价格节节攀升，屡创新高，油价成了全球瞩目的焦点。关于国际原油价格的影响因素研究成为重要的研究课题。

2.1.1　全球原油供需概述

原油商品的特殊性，决定了原油价格波动的复杂性，而原油生产国和消费国、OPEC 成员国之间，以及 OPEC 和非 OPEC 产油国之间的博弈，则进一步增加了供求的复杂性，导致国际原油市场成为垄断与竞争并存、经济因素与非经济因素相互交织的市场，从而使得原油价格受到自然因素、经济因素、政治因素、社会因素等诸多因素的共同影响。但是，尽管如此，原油的供给与需求仍然是原油价格主导性的决定因素。

1. 全球及各地区原油产量分析

事实上，20 世纪 70 年代以来的油价波动及其对全球主要经济体产生的冲击，曾引发了人们对原油枯竭问题的担忧。不过，原油价格上涨通过市场价格机制，推动技术进步、刺激勘探活动从而增加供给的作用。根据 OPEC 年度统计报告（2005 年、2010 年、2013 年）统计数据，整理得到 1970～2012 年全球及各地区原油探明储量，如图 2-1 所示。由图 2-1 可以清晰地看到全球原油探明储量呈现不断增加的趋势，但是对不同地区而言，各地区的原油探明储量有增有减，其中，北美地区原油探明储量呈现减少趋势，由 1970 年的 497.51 亿桶减少到 2012 年的 281.67 亿桶；拉美地区呈现增加趋势，由 1970 年的 261.71 亿桶增加到 2012 年的 3381.14 亿桶；东欧地区原油探明储量呈现增加趋势，由 1970 年的 610.14 亿桶增加到 2012 年的 1198.81 亿桶；西欧地区原油探明储量呈现增加趋势，由 1970 年的 69.26 亿桶增加到 2012 年的 115.59 亿桶；中东地区原油探明储量呈现增加趋势，由 1970 年的 3362.21 亿桶增加到 2012 年 7988.32 亿桶；非洲地区原油探明储量呈现增加趋势，由 1970 年的 511.07 亿桶增加到 2012 年 1300.71 亿桶；亚太地区原油探明储量呈现增加趋势，由 1970 年的 172.62 亿桶增加到 2012 年 515.87 亿桶；OPEC 的原油探明储量呈现增加趋势，由 1970 年的 3994.36 亿桶增加到 2012 年 12 008.3 亿桶。总体来看，全球的原油探明储量由 1970 年的 5484.52 亿桶增加到 2012 年 14 782.11 亿桶。

根据 OPEC 年度统计报告（2005 年、2010 年、2013 年）统计数据，整理得到 1970～2012 年全球及各地区原油产量，如图 2-2 所示。

由图 2-2 可以看到全球原油总产量呈现上升趋势，分地区来看，北美地区日均原油产量呈现下降趋势，由 1970 年的 0.109 634 亿桶减少到 2012 年的 0.078 129 亿桶；拉美地区日均原油产量呈现增加趋势，由 1970 年的 0.051 749 亿桶增加到 2012 年的 0.096 868 亿桶；东欧地区日均原油产量呈现增加趋势，由 1970 年的 0.074 112 亿桶增加到 2012 年的 0.126 704 亿桶；西欧地区日均原油产量呈现增加趋势，由 1970 年的 0.004 695 亿桶增加到 2012 年的 0.028 899 亿桶；中东地区日均原油

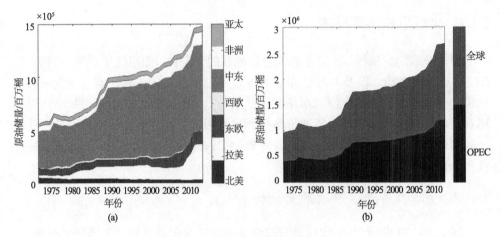

图 2-1　全球及各地区原油探明储量

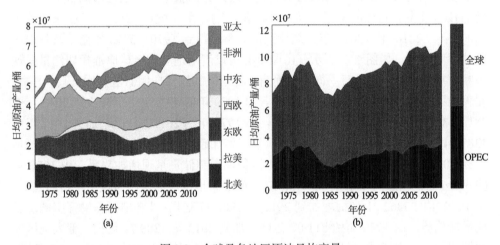

图 2-2　全球及各地区原油日均产量

产量呈现增加趋势,由 1970 年的 0.137 794 亿桶增加到 2012 年的 0.241 224 亿桶,非洲地区日均原油产量呈现增加趋势,由 1970 年的 0.060 321 亿桶增加到 2012 年的 0.082 027 亿桶;亚太地区日均原油产量呈现增加趋势,由 1970 年的 0.015 44 亿桶增加到 2012 年的 0.074 625 亿桶;OPEC 地区日均原油产量呈现增加趋势,由 1970 年的 0.233 001 亿桶增加到 2012 年的 0.324 242 亿桶。总体来看,全球日均原油产量由 1970 年的 0.453 746 亿桶增加到 2012 年的 0.728 585 亿桶。

　　根据全球及各地区原油探明储量及当年日均原油生产量,计算得到 1970~2012 年的可开采年数,如图 2-3 所示。

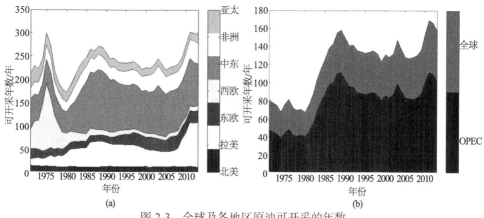

图 2-3　全球及各地区原油可开采的年数

图 2-3 表明了在当年的产量水平下，现有探明储量可供开采的年数。可以看到，北美原油可供开采的年数由 1970 年的 12 年减少到 2012 年的 9 年，拉美原油可供开采的年数由 1970 年的 13 年增加到 2012 年的 95 年，东欧原油可供开采的年数由 1970 年的 22 年增加到 2012 年的 25 年，西欧原油可供开采的年数由 1970 年的 40 年减少到 2012 年的 10 年，中东原油可供开采的年数由 1970 年的 66 年增加到 2012 年的 90 年，非洲原油可供开采的年数由 1970 年的 23 年增加到 2012 年的 43 年，亚太原油可供开采的年数由 1970 年的 30 年减少到 2012 年的 18 年，世界原油可供开采的年数由 1970 年的 33 年增加到 2012 年的 55 年，OPEC 原油可供开采的年数由 1970 年的 46 年增加到 2012 年的 101 年。

2. 全球及各地区原油需求量分析

根据 OPEC 年度统计报告（2009 年、2013 年）统计数据，整理得到 1970～2012 年全球及各地区原油日均需求量，如图 2-4 所示。

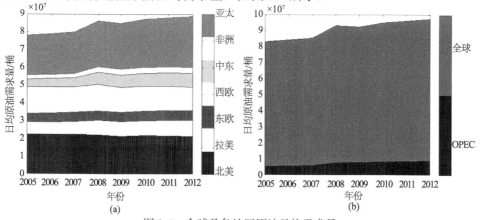

图 2-4　全球及各地区原油日均需求量

由图 2-4 可以看到全球原油需求量整体呈现上升趋势，分地区来看，北美地区原油日均需求量由 2005 年的 0.223 476 亿桶下降为 2012 年的 0.212 014 亿桶；拉美地区的原油日均需求量由 2005 年的 0.067 106 亿桶上升为 2012 年的 0.087 987 亿桶；东欧地区的原油日均需求量由 2005 年的 0.048 728 亿桶上升为 2012 年的 0.056 802 亿桶；西欧地区的原油日均需求量由 2005 年的 0.147 895 亿桶下降为 2012 年的 0.131 276 亿桶；中东地区的原油日均需求量由 2005 年的 0.046 09 亿桶上升为 2012 年的 0.078 821 亿桶；非洲地区的原油日均需求量由 2005 年的 0.022 178 亿桶上升为 2012 年的 0.034 243 亿桶；亚太地区的原油日均需求量由 2005 年的 0.224 284 亿桶上升为 2012 年的 0.287 542 亿桶；世界原油日均需求量由 2005 年的 0.779 757 亿桶上升为 2012 年的 0.888 685 亿桶；OPEC 原油日均需求量由 2005 年的 0.051 637 亿桶上升为 2012 年的 0.086 565 亿桶。

2.1.2　供需因素对国际原油价格影响的动态分析

1. 数据资料

本部分以 1996～2014 年国际原油价格数据和供需数据为研究对象，研究供需因素对国际原油价格的影响。数据的自然对数变换不改变原来数据间的协整关系，并能使其趋势线性化以消除时间序列中存在的差异方差，所以分别对国际原油价格、供给量和需求量进行自然对数变换，变换后的数据分别记为 ln cs、ln gj 和 ln xq。

2. 单位根检验

下面对数据列 ln cs、ln gj 和 ln xq 进行平稳性检验，选择最常用的 ADF 方法进行检验，结果如表 2-1 所示。

表 2-1　单位根检验结果（一）

变量	ADF 统计量	1%临界值	5%临界值	10%临界值	结论
ln cs	−1.245 502	−3.449 389	−2.869 825	−2.571 253	不平稳
dln cs	−14.636 41	−3.449 389	−2.869 825	−2.571 253	平稳
ln gj	−0.941 769	−3.450 038	−2.870 110	−2.571 405	不平稳
dln gj	−3.999 164	−3.450 038	−2.870 110	−2.571 405	平稳
ln xq	−1.849 547	−3.450 161	−2.870 164	−2.571 434	不平稳
dln xq	−4.558 455	−3.450 161	−2.870 164	−2.571 434	平稳

注：dln cs、dln gj 和 dln xq 分别表示 ln cs、ln gj 和 ln xq 的一阶差分序列

由表 2-1 的单位根检验结果可以看出，序列 ln cs、ln gj 和 ln xq 是不平稳的，而它们的一阶差分序列 dln cs、dln gj 和 dln xq 是平稳的，即都属于 I（1）过程。因此，可以判断国际原油价格与供需之间可能存在长期的协整关系，下面进行验证。

3. Johansen 协整检验

在进行 Johansen 协整检验之前，必须确定 VAR 模型的最佳滞后阶数 p，如果 p 太小，误差项的自相关会非常严重，这会导致被估参数的非一致性，所以可以通过增加 p 来消除误差项存在的自相关。但是 p 值又不能太大，如果 p 值太大会导致自由度减少，并直接影响被估参数的有效性。我们利用赤池信息准则（Akaike information criterion，AIC）和施瓦兹准则（Schwarz criterion，SC）进行判断，并考虑模型的拟合优度情况，VAR 模型在不同滞后阶数下选择准则的取值情况计算结果如表 2-2 和表 2-3 所示。

表 2-2　ln cs 和 ln gj VAR 模型在不同滞后阶数下选择准则的取值情况

滞后阶数	极大似然估计值	似然比统计量	最终预测误差准则	AIC	SC	汉南-奎因准则
0	−157.531 1	—	0.008 962	0.961 031	0.983 953	0.970 172
1	862.426 7	2 021.483	1.97×10^{-5}	−5.159 197	−5.090 429	−5.131 772
2	945.121 4	162.898 7	1.23×10^{-5}	−5.633 262	−5.518 649	−5.587 554
3	958.751 4	26.685 17	1.16×10^{-5}	−5.691 273	−5.530 816	−5.627 283
4	966.040 2	14.182 44	1.13×10^{-5}	−5.711 085	−5.504 783	−5.628 812
5	990.003 3	46.338 29	1.01×10^{-5}	−5.831 345	−5.579 198*	−5.730 789
6	999.866 7	18.954 38	9.71×10^{-6}	−5.866 667	−5.568 674	−5.747 828
7	1 012.29	23.725 66*	9.23×10^{-6}*	−5.917 415*	−5.573 577	−5.780 293*
8	1 013.812	2.886 758	9.37×10^{-6}	−5.902 483	−5.512 8	−5.747 078
9	1 014.596	1.478 453	9.55×10^{-6}	−5.883 11	−5.447 582	−5.709 422
10	1 014.94	0.644 627	9.77×10^{-6}	−5.861 086	−5.379 714	−5.669 115

*表示最优滞后阶数

表 2-3　ln cs 和 ln xq VAR 模型在不同滞后阶数下选择准则的取值情况

滞后阶数	极大似然估计值	似然比统计量	最终预测误差准则	AIC	SC	汉南-奎因准则
0	79.775 15	—	0.002 14	−0.471 37	−0.448 34	−0.462 18
1	880.772 7	1 587.432	1.71×10^{-5}	−5.301 65	−5.232 58	−5.274 1

续表

滞后阶数	极大似然估计值	似然比统计量	最终预测误差准则	AIC	SC	汉南-奎因准则
2	959.207 1	154.492	1.09×10^{-5}	−5.752 77	−5.637 65	−5.706 85
3	987.158 3	54.716 58	9.41×10^{-6}	−5.897 93	−5.736 76	−5.833 64
4	990.283 2	6.079 297	9.46×10^{-6}	−5.892 63	−5.685 4	−5.809 97
5	1 012.969	43.858 58	8.45×10^{-6}	−6.005 87	5.752 6	−5.904 84
6	1 022.077	17.499 33	8.19×10^{-6}	−6.036 83	−5.737 51	−5.917 44
7	1 042.765	39.494 66	7.40×10^{-6}	−6.137 97	−5.792 6	−6.000 21
8	1 044.703	3.675 703	7.50×10^{-6}	−6.125 47	−5.734 05	−5.969 34
9	1 063.453	35.342 1	6.86×10^{-6}	−6.214 87	−5.777 4	−6.040 37
10	1 066.861	6.381 173	6.88×10^{-6}	−6.211 28	−5.727 76	−6.018 41
11	1 073.662	12.655 57	6.77×10^{-6}	−6.228 26	−5.698 69	−6.017 02
12	1 134.087	111.694 8*	$4.81 \times 10^{-6*}$	−6.570 227*	−5.994 607*	−6.340 621*

*表示最优滞后阶数

由表 2-2 和表 2-3 计算结果，选择 ln cs 和 ln gj 的滞后阶数 p=7，ln cs 和 ln xq 的滞后阶数 p=12。

下面进行 Johansen 协整检验，ln cs 和 ln gj 的 Johansen 协整检验的滞后阶数取为 p−1=6，ln cs 和 ln xq 的 Johansen 协整检验的滞后期数取为 p−1=11，检验结果如表 2-4 和表 2-5 所示。

表 2-4　ln cs 和 ln gj 间的协整关系检验结果

原假设	特征根	迹统计量	5%临界值	概率 P
无协整关系	0.075 43	26.521 29	14.264 6	0.000 5
至少 1 个	0.001 699	0.569 752	3.841 466	0.450 4

表 2-5　ln cs 和 ln xq 间的协整关系检验结果

原假设	特征根	迹统计量	5%临界值	概率 P
无协整关系	0.061 216	23.776 05	15.494 71	0.002 3
至少 1 个	0.008 84	2.930 149	3.841 466	0.086 9

由表 2-4 和表 2-5 计算结果，可见在 5%置信水平下，ln cs 和 ln gj 间存在一

个协整关系，ln cs 和 ln xq 间存在一个协整关系。协整方程可以分别表示为

$$\ln cs = 1.457\,875 \ln gj \tag{2-1}$$

$$\ln cs = -0.372\,108 \ln xq \tag{2-2}$$

其中，ln cs 和 ln gj 间的调整系数 $D(\ln cs) = -0.014\,840$，$D(\ln gj) = 0.019\,082$；ln cs 和 ln xq 间的调整系数 $D(\ln cs) = -0.001\,121$，$D(\ln xq) = -0.011\,035$。计算得到的调整系数至少有一个为负值，说明协整关系是有效的，通过式（2-1）和式（2-2），可以得到国际原油价格与供给量之间存在正相关的协整关系，而国际原油价格与需求量之间存在负相关的协整关系：供给量每上升 1%，国际原油价格会上升 1.457 875%，需求量每上升 1%，国际原油价格会下降 0.372 108%。

4. Granger 因果关系检验

通过上文的分析，可以知道国际原油价格与供需之间存在长期稳定和短期差异性的均衡关系，下面继续验证这种均衡关系是否构成因果关系。对国际原油价格和供给量，以及国际原油价格和需求量分别进行 Granger 因果关系检验，检验结果如表 2-6 和表 2-7 所示。

表 2-6　ln cs 和 ln gj 间的 Granger 检验结果

原假设	卡方统计量	P	结论
gj 不是 cs 的 Granger 原因	14.371 45	0.025 8	拒绝
cs 不是 gj 的 Granger 原因	19.705 32	0.003 1	拒绝

表 2-7　ln cs 和 ln xq 间的 Granger 检验结果

原假设	卡方统计量	P	结论
xq 不是 cs 的 Granger 原因	22.036 44	0.024 1	拒绝
cs 不是 xq 的 Granger 原因	12.672 46	0.315 3	接受

由表 2-6 和表 2-7 可以看出，在 5% 的显著性水平下，国际原油价格与供给量之间呈双向的 Granger 原因，需求量是国际原油价格的 Granger 原因，而国际原油价格不是需求量的 Granger 原因。以上结果表明：供给量与国际原油价格是相互影响的，需求量也会影响国际原油价格。

5. 脉冲响应函数分析

脉冲响应函数用于衡量来自随机扰动项的一个标准差冲击，对内生变量当前

和未来取值的影响的变动轨迹，能比较直观地刻画出变量之间的动态交互作用及其效应。计算得到的脉冲响应图像如图 2-5 和图 2-6 所示。

由图 2-5（a）可知，国际原油价格对数 ln cs 受到供给量对数 ln gj 的一个正向冲击后，从第一期开始国际原油价格对数 ln cs 开始上升，并在第四到五期达到最高值，上升约为 0.02 个百分点，然后稳定一段时期后又开始缓慢下降。由图 2-5（b）可知，供给量对数 ln gj 受到国际原油价格对数 ln cs 一个正向冲击后，从第一期开始下降，下降约为 0.003 个百分点，并在第二期达到最小值，然后又上升，在第三期升为 0。由图 2-6（a）可知，国际原油价格对数 ln cs 受到需求量对数 ln xq 的一个正向冲击后，从第一期开始上升一直到第五期，然后开始缓慢下降，在第八期又开始上升。图 2-6（b）可知，需求量对数 ln xq 受到国际原油价格对数 ln cs 一个正向冲击后，从第一期开始下降，到第二期达到最小值，下降约为 0.002 个百分点，然后又上升，在第四期达到最大值，上升约为 0.004 个百分点，之后又开始下降，在第五期达到 0，之后开始在 0 附近上下波动。

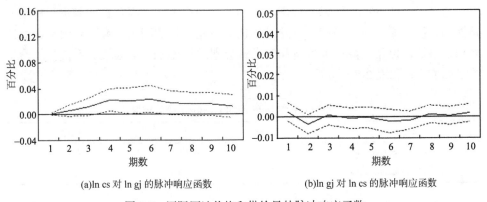

(a)ln cs 对 ln gj 的脉冲响应函数　　　　　　(b)ln gj 对 ln cs 的脉冲响应函数

图 2-5　　国际原油价格和供给量的脉冲响应函数

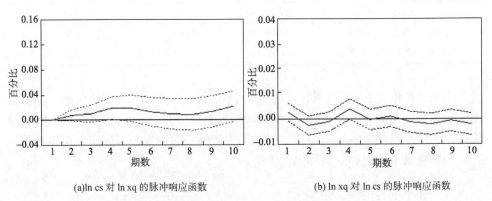

(a)ln cs 对 ln xq 的脉冲响应函数　　　　　　(b) ln xq 对 ln cs 的脉冲响应函数

图 2-6　　国际原油价格和需求量的脉冲响应函数

6. 方差分解

基于估计的 VEC 模型，对国际原油价格、供给量和需求量进行方差分解，结果如表 2-8 和表 2-9 所示。

表 2-8　国际原油价格和供给量的方差分解结果　　　　单位：%

	Dln cs	Dln gj
Dln cs	100	0
Dln gj	0.3072	99.6928

表 2-9　国际原油价格和需求量的方差分解结果　　　　单位：%

	Dln cs	Dln xq
Dln cs	100	0
Dln xq	0.7149	99.2851

由表 2-8 和表 2-9 可以看到，国际原油价格的方差变动 100%都来自自身；而供给量方差的变动有 0.3072%来自国际原油价格，需求量的方差变动有 0.7149%来自国际原油价格。

2.1.3　汇率对国际原油价格影响分析

美元成为全球石油贸易的结算货币以来，国内外学者对国际原油价格和美元实际汇率间的关系进行了大量的研究，主要集中在两个层面：一是由国际油价到美元汇率的传导关系研究，主要学者有 Krugman、Golub、Amano 等，Krugman[1]最早对石油价格与美元实际汇率之间的关系进行了研究，建立了一个理论模型来研究石油价格冲击对美元实际汇率的影响，结果表明油价上涨初期效应和长期效应呈相反方向变化，油价上涨初期导致美元升值，但最终会导致美元贬值。Golub[2]基于资产组合的方法也建立了一个理论模型来解释石油价格与美元实际汇率之间的关系，并在这一模型中纳入石油的需求弹性，该模型的研究结论与 Krugman 模型基本一致。Amano 和 van Norden[3]利用 1972～1993 年的月度数据分析了美元的实际有效汇率与石油价格之间的实证关系，结果表明石油价格是决定美元实际汇率水平的主要因素，Amano 和 van Norden 的实证研究支持了 Krugman 和 Golub 的观点。Bénassy-Quéré 等[4]的研究结论表明 10%的油价上升能导致 4.3%的美元贬值。二是从美元汇率影响油价的角度来分析，早期比较有代表性的研究者是Austvik[5]，他认为美元汇率的波动使得国际原油市场处于非均衡状态，美元贬值使得石油价格相对于本国货币表示的价格降低，这就刺激了石油的需求，最终导致用美元标价的石油价格上升。Cheng[6]与 Austvik 的研究角度相同，他认为美元贬值使得盯住美元汇率制度的国家有必要实行宽松的货币政策，宽松的货币政策刺激了石油需求，进而抬高了油价。佘升翔等[7]利用动态条件相关性模型、协整和 Granger 因果关系检验方法研究了"石油—美元"的关联机制和互动特征，揭示出从美元到石油的单向因果关系。由于研究方法、样本时间段和采用变量的不同，这两层面的研究结果截然相反，但是国际原油价格和美元实际汇率之间的强关联性已得到了学术界的普遍认可。

1. 数据资料

选取 1986 年 1 月~2014 年 6 月的月度数据进行分析，国际原油价格方面选取 WTI 原油现货价格（单位：美元/桶）为研究对象。数据来源为：美国能源信息署（American Energy Information Agency，EIA），美元实际有效汇率选取国际清算银行（Bank for International Settlements，BIS）（http://www.bis.org/）统计数据，其数据已剔除物价水平的影响。本部分我们以国际原油价格收益率序列和美元汇率收益率序列为研究对象，对汇率对国际原油价格的影响进行实证分析。将美元汇率收益率记为 hl_t，国际原油现货价格收益率数据记为 cs_t。

2. 平稳性检验

采用常用的 ADF 和 Phillips-Perron（PP）单位根检验对汇率、国际原油价格收益率时间序列进行平稳性检验，检验结果如表 2-10 所示。

表 2-10　单位根检验结果（二）

变量	ADF	PP
hl_t	−12.551 76（0.000 0）	−12.624 95（0.000 0）
cs_t	−14.133 78（0.000 0）	−13.701 82（0.000 0）

注：表中所列为 t 统计量的值，括号内为概率 P 的值

由表 2-10 可得，美元的实际汇率和国际石油现货价格收益率序列均是平稳序列。

3. VAR 模型估计的结果

确定 VAR 模型最佳滞后期有多种方法，本节采用常用的 AIC 选取 VAR 模型最佳滞后期，估计结果如表 2-11 所示。

表 2-11　VAR 模型的估计结果

系数	cs_t	hl_t
C	0.004 322	−0.000 390
	[0.994 39]	[−0.527 54]
cs（−1）	0.252 542	−0.006 386
	[4.740 21]	[−0.704 86]
cs（−2）	−0.045 790	−0.008 432
	[−0.860 61]	[−0.931 88]
hl（−1）	−0.387 287	0.365 328
	[−1.218 32]	[6.757 71]
hl（−2）	−0.213 719	−0.163 607
	[−0.671 25]	[−3.021 57]
极大似然估计值	1 348.342	
AIC	−8.062 300	

注：cs_t 表示国际原油现货价格，hl_t 表示美元实际汇率，方括号内为 t 值

表 2-11 结果表明，模型整体的对数似然函数值均较大，同时 AIC 值均较小，说明模型的整体解释能力很强，因此国际原油现货价格、美元实际汇率对数的收益率的 VAR 模型的最佳滞后阶数为 2，得到国际原油现货价格、美元实际汇率的收益率的 VAR 模型的表达式如下：

$$\begin{bmatrix} cs_t \\ hl_t \end{bmatrix} = \begin{bmatrix} 0.253 & -0.006 \\ -0.387 & 0.365 \end{bmatrix}\begin{bmatrix} cs_{t-1} \\ hl_{t-1} \end{bmatrix} + \begin{bmatrix} -0.046 & -0.008 \\ -0.214 & -0.164 \end{bmatrix}\begin{bmatrix} cs_{t-2} \\ hl_{t-2} \end{bmatrix} + \varepsilon_1$$

对 VAR 模型的平稳性进行检验，计算得到每个特征根的倒数的模均在单位圆内，说明建立的 VAR 模型通过了稳定性检验，模型是稳定的。

4. Granger 因果关系检验

在估计 VAR 模型的基础上，下面对国际原油现货价格和美元实际汇率之间的 Granger 因果关系进行检验，检验结果见表 2-12。

表 2-12　Granger 因果关系检验结果（一）

原假设	卡方统计量	概率
hl_t 不是 cs_t 的 Granger 原因	2.682 630	0.261 5
cs_t 不是 hl_t 的 Granger 原因	1.779 424	0.002 1

由表 2-12 可知，cs_t 不是 hl_t 的 Granger 原因在 5%的显著性水平下被拒绝，而 hl_t 不是 cs_t 的 Granger 原因在 5%的显著性水平下被接受。以上结果表明：国际原油现货价格能够引导美元实际汇率，所以国际原油现货价格是决定美元实际汇率的主要原因。

5. 脉冲响应函数分析

基于估计的 VAR 模型，对国际原油现货价格和美元实际汇率的脉冲响应函数进行分析，得到脉冲响应图像，如图 2-7 所示。

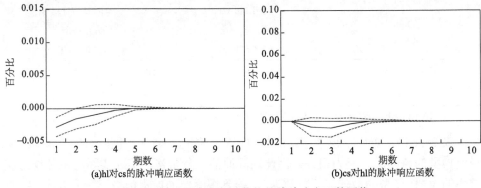

图 2-7　美元汇率和原油价格的脉冲响应函数图像

由图 2-7（a）可知，美元实际汇率收益率 hl_t 受到国际原油现货价格收益率 cs_t 的一个正向冲击后，从第一期开始美元实际收益率 hl_t 开始上升，并在第五期升到 0，后期一直为 0，升幅约为 0.03 个百分点；由图 2-7（b）可知，国际原油现货价格收益率 cs_t 受到美元实际汇率收益率 hl_t 的一个正向冲击后，从第一期开始下降，并在第三期下降到最小值，下降约为 0.01 个百分点，然后开始上升，在第五期后升为 0。

脉冲函数的分析结果表明，美元汇率受国际原油现货价格的影响大于国际原油现货价格受美元汇率的影响，进一步说明了国际原油现货价格的引导地位。

6. 方差分解

基于估计的 VAR 模型，对国际原油现货价格收益率 cs_t 和美元实际汇率的收益率 hl_t 的方差分解进行分析，发现国际原油现货价格收益率和美元实际汇率收益率的方差分解几乎全部来自国际原油现货价格市场。从短期来看，国际原油现货价格收益率方差分解呈下降趋势，而来自美元实际汇率收益率的方差分解呈上升趋势；从长期来看，国际原油现货价格收益率长期作用部分的方差分解最终都趋于稳定，结果见表 2-13。

表 2-13 国际原油现货价格和美元实际汇率变动长期作用部分的方差分解结果 单位：%

项目	国际原油现货价格收益率		美元实际汇率收益率		平均水平	
	现货市场	汇率市场	现货市场	汇率市场	现货市场	汇率市场
原油、汇率	100.00	0.00	4.22	95.78	52.11	47.89

由表 2-13 可知，在国际原油现货价格与美元实际汇率收益率的方差分解中，国际原油现货价格市场方差分解为 52.11%，美元汇率市场的方差分解为 47.89%，说明国际原油现货价格与美元实际汇率相互影响。

2.1.4 非市场因素对国际原油价格影响分析

非市场因素间接地、短期地影响原油的供给与需求，或者通过炒作和心理放大作用而直接影响油价。非市场因素影响原油价格的基本特征如下。

1. 短期性

一般来说，非市场因素并不总是发生，如战争、政治冲突等。同时，非市场因素往往是一些事件，或者投资者的炒作行为，其过程是比较短暂的。这两方面的特点决定了非市场因素对油价的影响是短期的。

2. 投机性

近几年来，股票投资收益低于大宗商品期货交易，大型银行、对冲基金和其他投资资金不断涌入原油期货市场，使原油期货成为一种金融投机工具。虽然很难准确估计国际原油期货市场中对冲基金规模有多大，但可以肯定的是，其规模是迅速增加的。美国的一家能源交易信息研究机构——能源对冲基金中心的统计数据显示，2004 年投资能源板块的对冲基金不到 180 只，而 2009 年已上升到 634 只，并且这个数字仍在不断地增长中。长期关注能源领域的分析师 P. 沃勒格指出，仅 2007 年进入国际商品期货交易市场的投资金额就超过 2100 亿美元，是 2006 年的两倍，其中约 1000 亿美元进入了原油期货市场。在原油期货市场中，对冲基金为了获利，会尽可能利用一切题材进行炒作，而非市场因素的发生往往是投资者进行炒作的绝好题材。这样一来，非市场因素对油价的影响就具有投机性的特点。

3. 情绪性

这一特点是由投机性的特征引申出来的。因为在原油期货市场中，投资者特别是投机者会借助一些题材进行炒作，而人们对同一事件所造成的影响往往具有不同的看法，存在各种各样的心理和情绪，如过分自信、过分保守、代表性启发式心理、损失厌恶心理、羊群行为心理、投机心理、贪婪、恐惧等。因此，非市场因素对油价的影响具有情绪性特征。也就是说，由非市场因素引起的油价上涨和下跌，这种趋势一般是不可持续的，一旦投资者的情绪化行为得到纠正，油价会回归正常。

4. 迅速性和直接性

在原油市场中，由于存在多种期货品种，投资者可以通过买卖期货合约来决定石油期货价格，进而决定现货价格。因此，当非市场因素发生后，为了追逐利益，原油期货投资者会迅速做出反应，油价也会随之波动。同时，非市场因素往往影响的是投资者的行为，从而对油价的影响是直接的。相对来说，市场因素影响石油的需求和供给比较缓慢，从而油价反应也比较缓慢。

国内外许多文献都提到了战争对油价的影响，Humphreys 和 Brett[8]利用 GARCH 模型检验了海湾战争中燃料油价格的解释变量的变化，得到变量存在结构性变化的结论。Marcus 和 Zhang[9]分析了战争与和平时期油价波动的影响因素的不同，然后运用实物期权理论检验了油价波动如何影响决策者的行动，同时他们还发现海湾战争前后油价均值是状态相关的，海湾战争时期油价上涨部分的3/4是由战争引起的，其余是由油价长期趋势造成的。周明磊[10]运用时间序列分析方法研究了一些突发事件，如"9·11"恐怖袭击等对国际油价的影响，得出突发事件对油价变化有重大影响的结论。国内外学者对投资者的一些心理与行为，如过分自信、过分保守、套利、投机等如何影响原油期货市场，大多以定性描述为主，定量分析比较少见，同时他们对投资者行为的作用及影响大小也是说法不一，一些文献认为投机对油价具有重要影响[11-13]，而另外一些文献认为套利的作用要大于投机[14-16]。

同时，国内外许多文献对其他一些非市场因素对油价的影响也进行了系统的研究[17, 18]，得到了许多有意义的结论，如在战争对油价的影响方面得到：①战争的不同阶段对油价的影响具有显著差异，同时战争的特点与影响阶段有一定的联系。对于突发战争，战前的酝酿阶段对油价影响很大，这是因为人们担心石油供给受到影响，石油市场提前对战争信息做出反应，从而使得战前油价往往高涨，而战争爆发后油价猛跌。②战争诱发了油价波动，使油价受越来越多的因素影响，油价波动也因此成为一件常事。工人罢工对油价影响方面主要得到如下结论：①石油工人罢工对国际油价的短期影响显著。但是，随着石油市场应对各种突发事件能力的加强，如国家石油战略储备的建立，石油工人罢工对油价的影响逐渐减弱。②石油工人罢工的阶段性对油价影响多具有滞后性。③不同类型的罢工对油价影响的方式不同。突发事件对油价的影响方面得到如下结论：①突发事件对国际油价的短期影响显著。突发事件会影响到石油的短期供求，同时影响人们对未来市场的预期。但随着石油市场应对突发事件能力的加强，如国家石油战略储备的建立，突发事件长期影响能力有减弱的趋势。②不同类型的突发事件对原油价格的波动性会产生不同的影响，应该结合事件性质和当时的总体经济环境具体分析。③自然灾害等突发事件通过对石油钻井等设施的破坏，影响石油的供求，从而影响石油价格。

2.2　国际原油价格波动行为分析

2.2.1　国际原油价格波动研究概述

国际市场的油价波动会直接影响到一个国家的经济增长速度和质量，对一个国家的社会可持续发展有着十分重大的影响，因此，国际油价的波动性一直是全球各界非常关注的问题。近几年，学术界对油价波动性有大量的研究，如Sadorsky[19]对石油期货价格的波动性建立了各种模型，并提供了对石油期货日度收益率波动的预测。Hotelling 通过建立著名的可耗竭资源模型最先对石油价格的波动机理进行研究[20]。随后，Pindyck 等[21-23]沿着 Hotelling 的研究思路，通过假定石油市场不同结构和参与市场不同主体，建立各类理论模型，引进各类参数来分析油价波动的原因和未来趋势。一些学者从不同的角度来解释油价波动的机理和原因。Porter[24]运用随机动态规划建立了基于生产行为的价格决定模型，来分析生产决策对取暖油价格的影响。Alvarez-Ramirez 等[25, 26]利用多维 Hurst 方法和 Zipt方法分析了原油价格动力学行为。Griffin[27]提出油价市场博弈论模型。Bernabe等[28]建立了随机多模型动力学模型，把油价运动分为漂移和波动，相应的竞争也分为两个过程，从而发现原油市场存在两个稳定的均衡价格。2011 年，Martina等[29]利用多尺度熵分析方法研究了原油价格波动的动力学行为。邓祥周等[30-32]利用非线性微分方程理论描述了能源价格波动的动力学特征。王世进[33]利用相关数据及燃料、动力类购进价格指数，运用 Granger 因果关系检验、VAR 模型和DCC-GARCH 模型，分析了国内外能源价格波动溢出效应。在能源价格波动对经济的影响方面，众多学者利用 VAR 模型、方差分解和脉冲响应函数等方法研究了能源价格波动对 GDP 的影响，如 Al-Mutairi[34]针对挪威、尼日利亚、墨西哥等几个石油出口国，分析了油价波动对石油出口的影响；Keane 和 Prasad[35]研究认为，油价与经济活动具有显著的相关性。但 Hooker[36]的研究表明：1985 年以来，油价与经济活动的相关性很弱，油价与宏观经济的关系已发生了变化。Berument 和 Tasci[37]利用土耳其 1990 年的投入-产出表，研究了油价波动对土耳其通货膨胀的影响。Doroodian 和 Boyd[38]利用 CGE 模型研究了油价波动对美国各部门生产和消费指数的影响。LeBlanc 和 Chinn[39]运用增广菲利普斯曲线估计了油价变化对美国、英国、法国、德国等国家的通货膨胀的影响。Rasche 和 Tatom[40]、Ahmed 等[41]研究了油价对货币政策的影响，研究结果表明，油价上涨会引发紧缩的货币政策。Bernanke 等[42]认为积极的货币政策可以消除油价波动所造成的负面影响。Herrera 和 Pesavento[43]利用改进的 VAR 模型研究认为，油价变化会引发宏观经济活动一个较小的短暂波动，而一个系统的货币政策有利于平抑这种波动。在影响能源价格因素研究方面，国内外学者将众多且复杂的影响能源价格的因素大致归纳为两类：市场因素和非市场因素。目前大多文献集中在对市场因素研究方面，Hammoudeh 和 Madan[44, 45]研究了集中 OPEC 石油政策机制对石油市场价格的影响。Kaufmann 等[46]研究了实际油价、OPEC 产能、OPEC 各国配额、OPEC 各国超额产量及 OPEC 原油储备之间的关系，发现它们之间的关系是显著的，但 OPEC 对油价的影响逐渐减弱。张永昶和戴正洪[47]运用相关分析和 Granger 因果关系检验分析了 OECD 石油储备与油价的关系，发现它们具有负相关性。在能源价格预测研究方面，许多学者开发了各种各样的预测方法来预测能源价格，这些方法大致可归为六大类：财富最大值方法[48, 49]、经济学分析方法[50, 51]、博弈论方法[52]、计量经济方法[53-55]、数理方法[56-58]和组合预测方法[59, 60]。

2.2.2　国际原油价格波动周期行为分析

1. 研究方法

1）HP 滤波

HP 滤波是一种非线性回归技术，被广泛应用于对宏观经济变量的时间序列的长期趋势做平滑估计。这种方法首先被 Hodrick 和 Prescott[61]用于分析美国的经济周期。从技术上讲，HP 滤波是双边线性的过滤器，通过最小化 y 相对于 s 的方差及 s 的二阶差分来计算 y 的平滑序列 $\overline{y}$，即

$$\min\left\{\sum_{t=1}^{T}(y_t - s_t)^2 + \lambda\sum_{t=2}^{T-1}\left[(s_{t+1} - s_t) - (s_t - s_{t-1})\right]^2\right\} \qquad （2-3）$$

其中，参数 λ 控制序列 $\overline{y}$ 的平滑程度，λ 越大则 $\overline{y}$ 越平滑；当 $\lambda \rightarrow \infty$ 时，序列 $\overline{y}$ 接近于线性趋势。一般来讲，使用年度数据时，$\lambda=100$；使用季度数据时，$\lambda=1600$；使用月度数据时，$\lambda=14\,400$。

2）谱分析

对经济周期的分析，一般都是在时域中进行，但时域分析是将时间序列作为一个整体进行研究，其不足之处在于它不能区别原时间序列所包含的各种周期分量的作用效果，从而可能导致对经济周期波动的本质产生错误认识。谱分析方法可以弥补时域分析的不足，谱分析的基本思想是：把时间序列看作互不相关的周期分量的叠加，通过研究和比较各分量的周期变化，以充分揭示时间序列的频域结构，掌握其主要波动特征[62, 63]。

设 $X(t)$ 为确定性周期函数，假设其周期为 $2T$，若满足 Dirichlet 条件，其复数形式的傅里叶展式为

$$X(t) = \sum_{-\infty}^{+\infty} A_k e^{i2\pi f_k t} \tag{2-4}$$

其中，$f_k = \dfrac{k}{2t}, k = 1, 2, \cdots$。

若 $X(t)$ 代表随时间变化的电流，则 $X(t)$ 在一个周期内通过一个单位电阻时的能量为

$$\int_{-T}^{T} X^2(t)\mathrm{d}t = 2T\left(A_0^2 + \sum_{k=1}^{\infty} 2|A_k|^2\right) = 2T\sum_{k=-\infty}^{\infty} 2|A_k|^2 \tag{2-5}$$

则 $X(t)$ 在单位时间上消耗的能量即 $X(t)$ 的功率为

$$P_x = \frac{1}{2T}\int_{-T}^{T} X^2(t)\mathrm{d}t = \sum_{k=-\infty}^{\infty} |A_k|^2 \tag{2-6}$$

因此，$X(t)$ 的总功率等于各频率分量的功率之和，式（2-6）的每一项 $|A_k|^2$ 为频率等于 f_k 的周期分量对 $X(t)$ 总功率的贡献，功率依不同频率的分布被称为功率谱密度，它反映了序列中不同频率分量对功率或方差的贡献程度[62, 63]。

对功率谱密度进行估计的方法主要有两种。一种为周期图估计，其计算公式如下：

$$I_N(f) = \frac{1}{N}\left|\sum_{t=1}^{N} x_t e^{i2\pi f t}\right|^2, \quad |f| \leqslant \frac{1}{2} \tag{2-7}$$

另一种方法为功率谱的窗谱估计，窗谱估计是在 $X(t)$ 期望为 0 的假设下，先对式（2-7）进行变形得到

$$I_N(f) = \sum_{k=-N+1}^{N-1} R(k) \mathrm{e}^{-i2\pi f_k} , \quad |f| \leqslant \frac{1}{2} \tag{2-8}$$

其中，$R(k)$ 为样本的自协方差函数。在此基础上进行加窗处理，得到谱密度的窗谱估计：

$$S_N(f) = \sum_{k=-N+1}^{N-1} \omega(k) R(k) \mathrm{e}^{-i2\pi f_k} , \quad |f| \leqslant \frac{1}{2} \tag{2-9}$$

其中，$\omega(k)$ 为 $R(k)$ 的权函数，又叫滞后窗。常用的窗函数主要有：矩形窗、巴特利特窗、图基-汉宁窗、图基-汉明窗和帕曾窗[62, 63]。

　　总的来说，谱分析方法弥补了时域分析的不足，它把经济序列分解成具有不同振幅、相位和频率的数个周期分量的叠加，通过比较周期分量的相对权重，可以找到原序列中隐含的各个主要周期分量，从而为说明经济周波动的内在机制、经济周期波动的监测预警和对策研究提供依据。

2. 数据资料

　　选取 WTI 现货价格（单位：美元/桶）为研究对象。数据来源为：美国能源信息署，分别选取 1986～2013 年的年度数据和 1986 年 1 月～2014 年 6 月的月度数据进行分析，分别记为 ycs 和 mcs（图 2-8）。

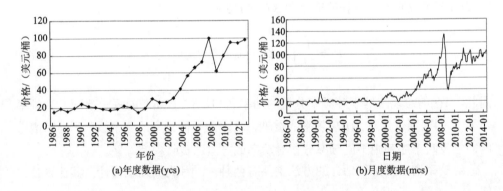

图 2-8　原油价格年度数据和月度数据

3. 基于 HP 滤波分析的原油价格波动周期

1）长期趋势分解

首先运用 HP 滤波分析法，将原油价格的年度数据、月度数据分解为趋势分量和波动周期分量，结果如图 2-9 和图 2-10 所示。

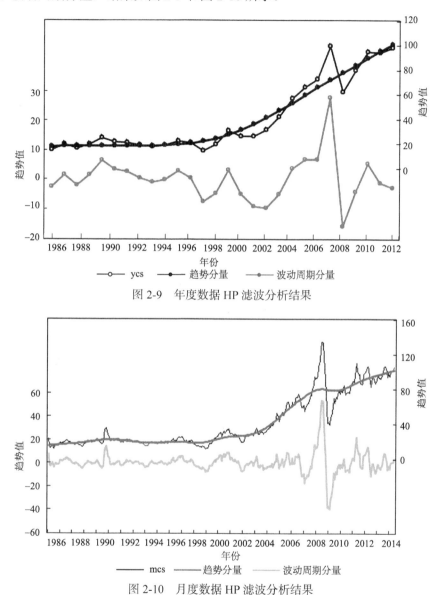

图 2-9　年度数据 HP 滤波分析结果

图 2-10　月度数据 HP 滤波分析结果

　　如图 2-9 和图 2-10 所示，从能源价格趋势分量的趋势可以看出原油价格整体上呈现上涨趋势，而从能源价格波动周期分量来看，1986～2014 年，能源价格波动存在多个波动周期。

2）波动周期划分

下面对能源价格年度数据进行分析，将图 2-10 中 1986～2013 年原油价格波动周期分量提取出来（图 2-11），根据图 2-11，采用"谷—谷"法划分周期（从一个波谷到另一个波谷为一个周期），结果见表 2-14。

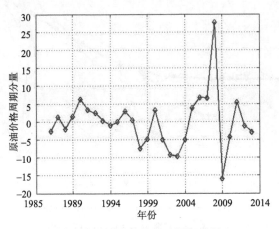

图 2-11　原油价格波动周期分量

表 2-14　周期划分

序号	时间范围	峰谷落差	周期/年
1	1986～1988 年	3.4098	2
2	1988～1994 年	7.2924	6
3	1994～1998 年	10.4068	4
4	1998～2003 年	12.7803	5
5	2003～2009 年	43.6594	6
6	2009～2013 年	8.2994	4
		平均周期=4.5 年	

由表 2-13 可以看出，1986～2013 年原油价格共经历了 6 个时期，平均每 4.5 年为 1 个周期，其中，波动剧烈的周期为第 3 个周期（1994～1998 年）、第 4 个周期（1998～2003 年）和第 5 个周期（2003～2009 年），峰谷落差最大的为第 5 个周期，落差为 43.6594 个周期波动分量。

根据对表 2-13 的划分，将给出原油价格的周期划分（图 2-12），综合来看，可以发现，原油价格每个波动周期内均伴随着重大国际事件的发生，充分说明重大国际事件如战争等对原油价格具有重大的影响作用。

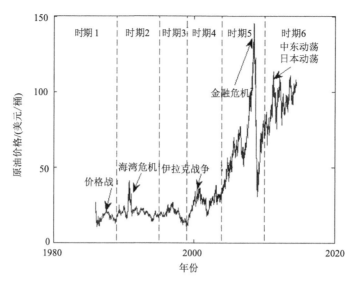

图 2-12　原油价格波动周期（1986～2014 年）

4. 基于谱分析的原油价格波动周期

1）数据处理

本部分选取 1986～2013 年的年度数据和 1986 年 1 月～2014 年 6 月的月度数据进行分析（图 2-8）。在运用谱分析方法进行分析时，首先需要满足谱分析对变量平稳性的要求，因此，首先对数据 ycs、mcs 进行平稳性检验。采用常用的 ADF 单位根检验法和 PP 单位根检验法检验原油价格月度数据的平稳性，结果如表 2-15 所示。

表 **2-15**　单位根检验结果（三）

变量	ADF		PP	
	原序列	一阶差分序列	原序列	一阶差分序列
ycs	−0.178 818（0.930 0）	−7.021 354（0.000 0）	0.287 553（0.973 1）	−7.196 264（0.000 0）
mcs	−1.319 311（0.621 5）	−12.577 98（0.000 0）	11.027 994（0.744 1）	−12.255 79（0.000 0）

注：表中所列为 t 统计量的值，括号内为概率 P 的值

由表 2-15 单位根检验结果可知，原油价格年度数据和月度数据序列 ycs、mcs 是非平稳序列，但它的一阶差分序列 d ycs、d mcs 是平稳序列。由于对数据进行差分是一种线性滤波，其传递函数为 $T(f) = 1 - \mathrm{e}^{-i2\pi f}$，因为 $\left|T(f)\right|^2 = 2(1 - \cos 2\pi f)$，$-\dfrac{1}{2} \leqslant f \leqslant \dfrac{1}{2}$，所以，$\left|T(f)\right|^2$ 在频率 $f = 0$ 处为零，然后随 f 增大由缓慢变成急速上

升，最后在 $f = \dfrac{1}{2}$ 处达到最大值，属于高速滤波。因此，差分消除了原序列的长期趋势，而保留了原数据的短周期部分。因此，对差分后的序列进行谱估计仍能反映原序列在高频部分的特征。基于此，选用原油价格年度数据和月度数据序列的一阶差分序列 d ycs、d mcs 进行谱分析。

2）谱估计结果

下面对 d ycs、d mcs 序列进行谱估计，分别选择 Tukey-Hamming 窗和 Parzen 窗进行分析，其权函数 $\omega(k)$ 分别为

$$\omega(k) = \begin{cases} 0.54 + 0.46\cos\dfrac{\pi k}{M}, & |k| \leqslant M \\ 0, & |k| > M \end{cases} \quad （\text{Tukey-Hamming 窗}）$$

$$\omega(k) = \begin{cases} 1 - 6\left(\dfrac{k}{M}\right)^2 + 6\left(\dfrac{|k|}{M}\right)^3, & |k| \leqslant \dfrac{M}{2} \\ 2\left(1 - \dfrac{|k|}{M}\right)^3, & \dfrac{M}{2} \leqslant |k| \leqslant M \\ 0, & |k| > M \end{cases} \quad （\text{Parzen 窗}）$$

得到频率与谱密度估计结果，如图 2-13 和图 2-14 所示。

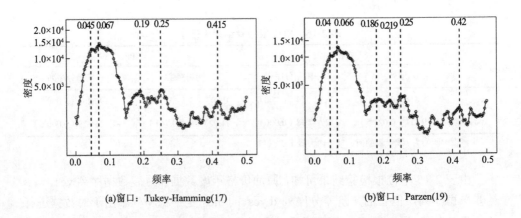

(a)窗口：Tukey-Hamming(17)　　　　　(b)窗口：Parzen(19)

图 2-13　原油价格月度数据的谱估计

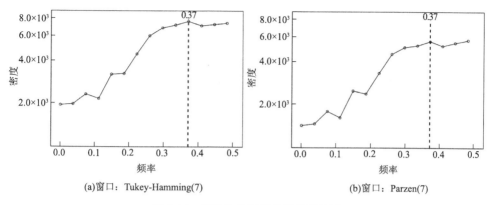

(a)窗口：Tukey-Hamming(7)　　　　　　　　(b)窗口：Parzen(7)

图 2-14　原油价格年度数据的谱估计

由图 2-13 可以看出，原油价格月度数据有一个最为显著的波峰，在第 22 个月左右，同时还有多个较小的波峰，分别在 2 个月和 5 个月左右，对原油价格月度数据的谱分析结果说明，原油价格波动具有 2 年的主周期，同时伴有一些短周期。由图 2-14 可以看出，原油价格年度数据谱密度的波峰不是很明显，在 2.5 年左右有一个波峰，说明原油价格存在 2.5 年左右的周期成分。综合来看，根据谱分析法，可以得到原油价格波动存在 2 年左右的主周期，同时伴有一些 2~5 个月的短周期，这是因为原油价格在波动过程中，可能会受到季节、重大国际事件等的冲击，形成不规则的波动周期。

2.2.3　国际原油价格波动的 ARCH 效应

价格或者收益率等高频数据往往会表现出一个大的波动后面常常会跟着另一个大的波动，而在一个小的波动后面常常跟着另一个小的波动的现象。这种现象被称为 ARCH 效应，本部分将对国际原油价格的 ARCH 效应进行检验，并构建 GARCH 模型，利用模型计算得到原油价格的条件异方差序列来描述原油价格的波动性。

1. 研究方法

1）ARCH 模型

ARCH 模型的核心思想是：误差项在时刻 T 的方差依赖于 $T-1$ 的残差平方的大小。因此，在 ARCH 模型中，要涉及两个核心的模型回归过程，即条件均值回归模型和异方差回归模型。ARCH（p）模型公式如下：

$$\varepsilon_t = \sqrt{h_t} \cdot v_t$$

$$h_t = \alpha_0 + \alpha_1 \varepsilon_{t-1}^2 + \cdots + \alpha_p \varepsilon_{t-p}^2 \qquad (2\text{-}10)$$

$$= \alpha_0 + \sum_{i=1}^{p} \alpha_i \varepsilon_{t-i}^2$$

其中，v_t 独立同分布，且 $E(v_t)=0$，$D(v_t)=1$；$\alpha_0 > 0$，$\alpha_i \geqslant 0$，$\sum_{i=1}^{p} \alpha_i < 1$。

2）ARCH 效应检验

序列是否存在 ARCH 效应，最常用的检验方法是拉格朗日乘数法，即拉格朗日乘数（Lagrange multiplier，LM）检验。若模型扰动项 $\varepsilon_t \sim \mathrm{ARCH}(q)$，则可以建立辅助回归方程：

$$h_t = \alpha_0 + \alpha_1 \varepsilon_{t-1}^2 + \cdots + \alpha_p \varepsilon_{t-p}^2 \qquad (2\text{-}11)$$

检验序列是否存在 ARCH 效应，即检验式（2-11）中所有回归系数是否同时为 0。若所有回归系数同时为 0 的概率较大，则序列不存在 ARCH 效应；若所有回归系数同时为 0 的概率很小，或者有一个系数显著不为 0，则序列存在 ARCH 效应。检验原假设和备择假设为

$$\mathrm{H}_0 : \alpha_1 = \alpha_2 = \cdots = \alpha_q = 0 ; \quad \mathrm{H}_1 : \exists \alpha_i \neq 0,\ 1 \leqslant i \leqslant q$$

检验统计量：

$$\mathrm{LM} = nR^2 \sim \chi^2(q)$$

其中，n 为计算辅助回归式（2-11）时的样本数据个数；R^2 为辅助回归式（2-11）的决定系数。给定显著性水平 α 和自由度 q，如果 $\mathrm{LM} > \chi_\alpha^2(q)$，则拒绝 H_0，认为序列存在 ARCH 效应；如果 $\mathrm{LM} \leqslant \chi_\alpha^2(q)$，则不能拒绝 H_0，认为序列不存在 ARCH 效应。

另一种比较直观的检验 ARCH 效应的方法是残差自相关图，残差自相关图给出了残差序列任意指定的滞后长度的自相关函数和偏自相关函数，并且计算了相应滞后阶数的 Q 统计量。Q 统计量的原假设是残差平方序列不存在自相关，如果相应的概率 $P < 0.05$（置信水平为 0.05），则拒绝原假设，认为残差平方序列存在自相关，则原序列存在 ARCH 效应。如果相应的概率 $P > 0.05$（置信水平为 0.05），则接受原假设，认为残差平方序列不存在自相关，则原序列

不存在 ARCH 效应。如果自相关函数出现"拖尾现象",则说明残差平方序列可以用自回归模型拟合,即原序列存在 ARCH 效应。如果自相关函数出现"截尾现象",则说明残差平方序列不可以用自回归模型拟合,即原序列不存在 ARCH 效应。

3)GARCH 模型

GARCH 模型通常也用于对回归模型或自回归模型的随机扰动项进行建模。若式(2-11)可以写成下面的形式:

$$
\begin{aligned}
h_t &= \alpha_0 + \alpha_1\varepsilon_{t-1}^2 + \cdots + \alpha_q\varepsilon_{t-q}^2 + \theta_1 h_{t-1} + \cdots + \theta_p h_{t-p} \\
&= \alpha_0 + \sum_{i=1}^{q}\alpha_i\varepsilon_{t-i}^2 + \sum_{j=1}^{p}\theta_j h_{t-j}
\end{aligned}
\tag{2-12}
$$

则称序列服从 GARCH(p, q)过程。

引入滞后算子 B,式(2-12)可以改写为

$$
h_t = \alpha_0 + \alpha(B)\varepsilon_t^2 + \theta_j(B)h_t
\tag{2-13}
$$

其中,$p > 0$,$q \geqslant 0$;$\alpha_0 > 0$,$\alpha_i \geqslant 0$,$i = 1, 2, \cdots, p$;$\theta_j \geqslant 0$,$j = 1, 2, \cdots, q$。为保证 GARCH(p,q)是宽平稳的,存在参数约束条件 $\alpha(B) + \theta(B) < 1$。

2. 数据准备及处理

选取 WTI 现货价格(单位:美元/桶)为研究对象,记为 cs。数据来源为美国能源信息署,时间段为 1986 年 1 月 2 日~2014 年 7 月 7 日,共 7292 个数据。

进行 ARCH 效应检验之前,先根据数据建立均值模型,均值模型一般表达式如下:

$$
\mathrm{cs}_t = C + \beta\mathrm{cs}_t(-p) + \varepsilon_t
\tag{2-14}
$$

根据数据的自相关函数和偏自相关函数的计算(图 2-15),自相关函数出现拖尾现象,偏自相关函数图自第 5 期出现截尾现象,因此,均值模型中取 $p = 5$。

由此,得到 ARCH 模型的均值方程如下:

$$
\mathrm{cs}_t = 0.126\,015 + 0.998\,173\mathrm{cs}_t(-5) + \varepsilon_t
\tag{2-15}
$$

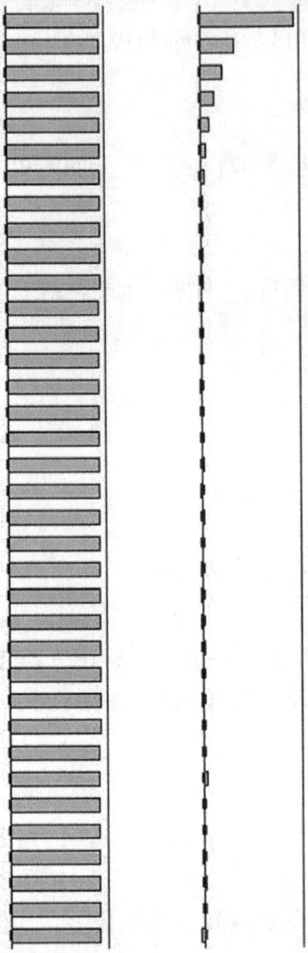

自相关	偏自相关		自相关系数	偏自相关系数	Q统计量	概率
		1	0.994	0.994	7 101.8	0.000
		2	0.992	0.365	14 180	0.000
		3	0.991	0.233	21 247	0.000
		4	0.990	0.137	28 302	0.000
		5	0.989	0.092	35 347	0.000
		6	0.988	0.045	42 378	0.000
		7	0.987	0.034	49 398	0.000
		8	0.986	0.019	56 406	0.000
		9	0.986	0.015	63 403	0.000
		10	0.985	0.012	70 388	0.000
		11	0.984	0.008	77 362	0.000
		12	0.983	0.001	84 325	0.000
		13	0.982	−0.008	91 274	0.000
		14	0.981	−0.003	98 211	0.000
		15	0.980	−0.013	105 135	0.000
		16	0.979	−0.005	112 046	0.000
		17	0.978	−0.004	118 945	0.000
		18	0.977	0.009	125 833	0.000
		19	0.976	−0.011	132 707	0.000
		20	0.975	0.012	139 570	0.000
		21	0.975	0.006	146 422	0.000
		22	0.973	−0.009	153 261	0.000
		23	0.972	−0.013	160 085	0.000
		24	0.971	−0.008	166 897	0.000
		25	0.971	0.021	173 699	0.000
		26	0.970	−0.006	180 488	0.000
		27	0.968	−0.023	187 261	0.000
		28	0.968	−0.002	194 022	0.000
		29	0.967	0.008	200 772	0.000
		30	0.966	0.034	207 514	0.000
		31	0.965	0.002	214 243	0.000
		32	0.964	−0.006	220 960	0.000
		33	0.963	−0.013	227 663	0.000
		34	0.962	0.014	234 356	0.000
		35	0.961	−0.006	241 037	0.000
		36	0.960	−0.026	247 702	0.000

图 2-15　cs 序列自相关函数和偏自相关函数图

计算结果的相关统计量结果如表 2-16 所示。

表 2-16　均值模型回归结果（一）

变量	系数	标准误差	t 统计量	概率
C	0.126 015	0.048 729	2.586 02	0.009 7
cs（−5）	0.998 173	0.000 934	1 068.388	0.000 0
R^2	0.993 83	被解释变量均值	42.063 33	
调整后的 R^2	0.993 829	被解释变量标准差	30.947 46	
标准误差	2.431 162	AIC	4.614 898	

续表

变量	系数	标准误差	t 统计量	概率
残差平方和	41 888.06	SC	4.616 835	
对数似然函数值	−16 355.51	汉南–奎因准则	4.615 565	
F 统计量	114 145 3	Durbin-Watson stat	0.466 091	
Prob（F 统计量）	0.000 000			

由表 2-16 可以看出回归因子 $cs_t(-5)$ 相应概率 P 值为 0.0000，表明该模型是可靠的。

3. ARCH 效应检验

1）直观检验

首先根据上面建立的均值方程，提取均值方程的残差序列，然后绘制该残差序列的时序图，根据时序图呈现的"集聚现象"直观判断是否存在 ARCH 效应。

计算得到该残差序列的时序图，如图 2-16 所示。

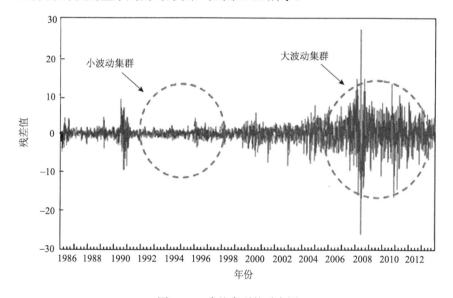

图 2-16 残差序列的时序图

由图 2-16 可以看出，在原油价格均值模型残差时序图中出现了波动集聚现象，即较大的波动后面常常伴随着较大的波动，较小的后面伴随着较小的波动，因此，可以直观判断，原油价格序列很可能存在 ARCH 效应。

2）ARCH 效应的自相关函数检验

ARCH 效应的自相关函数检验法主要是根据残差平方序列的自相关函数和偏自相关函数数值计算的 Q 统计量来判定是否存在 ARCH 效应。

我们首先给出残差平方序列的自相关检验结果（图 2-17），由图 2-17 可以看出，自相关函数（第一列）出现拖尾现象，并且图 2-17 所示的 Q 统计量的概率 P 值各期均小于 0.05，因此，拒绝残差平方序列不存在自相关的原假设，因此，可以基本判断原油价格序列存在 ARCH 效应。

自相关	偏自相关	自相关系数	偏自相关系数	Q统计量	概率
		1　0.527	0.527	1 968.2	0.000
		2　0.412	0.173	3 116.5	0.000
		3　0.376	0.156	4 119.4	0.000
		4　0.320	0.062	4 848.1	0.000
		5　0.413	0.240	6 060.4	0.000
		6　0.278	−0.086	6 608.4	0.000
		7　0.295	0.102	7 225.3	0.000
		8　0.326	0.087	7 979.8	0.000
		9　0.330	0.008	8 755.1	0.000
		10　0.257	−0.098	9 224.5	0.000
		11　0.268	0.110	9 735.1	0.000
		12　0.292	0.044	10 339	0.000
		13　0.306	0.079	11 005	0.000
		14　0.271	−0.043	11 529	0.000
		15　0.234	0.046	11 917	0.000
		16　0.249	−0.004	12 359	0.000
		17　0.265	0.059	12 858	0.000
		18　0.241	−0.030	13 272	0.000
		19　0.195	−0.004	13 544	0.000
		20　0.202	−0.011	13 833	0.000
		21　0.201	0.010	14 121	0.000
		22　0.190	−0.027	14 378	0.000
		23　0.162	−0.006	14 564	0.000
		24　0.175	0.026	14 782	0.000
		25　0.192	0.020	15 045	0.000
		26　0.207	0.035	15 349	0.000
		27　0.161	−0.036	15 532	0.000
		28　0.193	0.085	15 797	0.000
		29　0.200	−0.003	16 083	0.000
		30　0.181	0.008	16 316	0.000
		31　0.205	0.035	16 616	0.000
		32　0.200	0.072	16 901	0.000
		33　0.186	0.053	17 148	0.000
		34　0.195	0.046	17 420	0.000
		35　0.208	0.046	17 728	0.000
		36　0.191	0.013	17 987	0.000

图 2-17　自相关和偏自相关检验结果

3）ARCH 效应的 LM 检验

根据图 2-17 偏自相关函数图的结果（第二列），可以看到偏自相关图在第 11 期后出现截尾现象，因此，我们选取 ARCH 效应的 LM 检验滞后期为 11 期。检验结果如表 2-17 所示。

表 2-17　ARCH 检验结果

F 统计量	343.3908	F 统计量概率（11.5820）	0.0000
R^2	2295.355	卡方统计量概率（11）	0.0000

由表 2-17 可以看到，F 统计量和 χ^2 统计量的概率 P 值都小于 0.05，因此，ARCH 效应的 LM 检验结果认为，原油价格序列存在 ARCH 效应。

综合以上三种检验方法得到的结果，可以得到：直观检验法、自相关函数检验法和 LM 检验所得到的结果是一致的，因此，我们可以断定原油价格序列存在 ARCH 效应。

4. 原油价格序列的 GARCH 模型

上文的分析已经得到原油价格序列存在 ARCH 效应，因此，需要建立 GARCH 模型来拟合原油价格序列的集聚效应。考虑到原油价格波动与原油价格风险间的相关关系，我们在均值方程中加入随机误差的条件方差建立 GARCH-M 模型，与 GARCH 模型所得结果进行对比分析。

本书建立的原油价格的 GARCH 模型[式（2-16）]与 GARCH-M 模型[式（2-17）]的基本公式如下：

$$cs_t = C + \beta cs_t(-5) + \varepsilon_t, \quad u_t \sim N(0, \sigma_t^2)$$
$$\sigma_t^2 = \alpha_0 + \alpha_1 u_{t-1}^2 + \beta_1 \sigma_{t-1}^2 \tag{2-16}$$

$$cs_t = C + \beta cs_t(-5) + \gamma \sigma_t^2 + \varepsilon_t, \quad u_t \sim N(0, \sigma_t^2)$$
$$\sigma_t^2 = \alpha_0 + \alpha_1 u_{t-1}^2 + \beta_1 \sigma_{t-1}^2 \tag{2-17}$$

将原油价格数据带入式（2-16），得到原油价格的 GARCH 模型如下：

$$cs_t = 0.024\,274 + 1.002\,359 cs_t(-5) + \varepsilon_t, \quad u_t \sim N(0, \sigma_t^2)$$
$$\sigma_t^2 = 0.034\,173 + 0.440\,927 u_{t-1}^2 + 0.623\,488 \sigma_{t-1}^2 \tag{2-18}$$

根据 GARCH 模型结果，绘制原油价格序列的条件方差图，如图 2-18 所示。

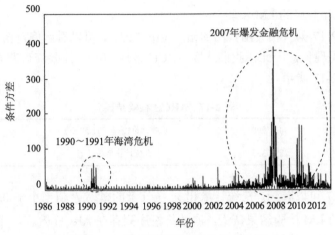

图 2-18　原油价格序列的条件方差图

通过图 2-18，可以看到原油价格的波动表现出一定的持久性特征，而不是频繁的跳跃式波动。2007 年 8 月之前能源价格波动基本上维持在低位水平，表明此段时间原油价格的风险水平较低，而 2007 年 8 月金融危机爆发以来，能源价格波动率开始迅速上升，其中，2008 年波动率达到最高峰，原油价格在 2008 年 7 月 3 日达到历史的最高值 145.31 美元/桶。

将原油价格数据带入式(2-17)，得到原油价格的 GARCH-M 模型如下：

$$cs_t = -0.013\,28 + 1.005\,495cs_t(-5) - 0.013\,28\sigma_t^2 + \varepsilon_t, u_t \sim N(0,\sigma_t^2)$$
$$\sigma_t^2 = 0.034\,082 + 0.443\,37u_{t-1}^2 + 0.622\,542\sigma_{t-1}^2$$

（2-19）

观察 GARCH-M 模型中的 GARCH 项，其系数估计值为-0.013 28，说明原油价格越高，价格风险就越低。从统计显著角度，GARCH 项的概率 P 值为 0.0002，小于 10%的显著性水平，因此，认为 GARCH 项在均值方程中具有统计上的显著性，总体而言，利用 GARCH-M 模型拟合原油价格序列要比 GARCH 模型的效果好。

2.2.4　国际原油价格演化行为分析

能源期货价格的演化过程包含了市场中的各种信息，综合反映了近乎无限的信息。能源期货价格的波动除受市场基本供求关系影响外，还受到其他许多因素如突发事件、投机行为、市场心理等的影响，其演化过程具有很大的不确定性，任何一个因素的微小的变化都可能导致难以预料的结果，因此，对能源期货市场的非线性特征进行定量的分析具有十分重要的现实意义。关于价格时间序列的非线性特征的研究，已经取得了大量的研究成果，如 Mandelbrot[64, 65]系统地研究了包括棉花、小麦等农产品在内的各种价格时间序列的非线性特征；Blank[66]研究了黄金市场收益率时间序列的非线性结构；自此以后，众多的学者将混沌和分形理论应用于经济系统中的时间序列的动力学分析[67-70]。目前，利用非线性动力学理论探讨经济系统的复杂性的研究取得了大量的成果，Sun 新[71-73]通过分析东部江苏省能源缺口、西部能源发展现状，以江苏能源需求与西部能源供给及江苏能源进口量之间相互支持、相互制约的复杂关系为背景建立了三维能源供需系统。在三维能源供需系统的基础上，增加可再生能源生产量这个变量，获得更能反映目前能源实际的四维能源供需系统，较三维系统有更加丰富的动力学行为。Fang 等[74, 75]依据节能减排、碳排放及经济增长三者相互依存的演化关系提出了一个新的三维节能减排演化系统，并给出了一些与实际相符合的建议。王明刚等[76, 77]将新能源的开发利用引入三维节能减排演化系统，建立了一个新的四维节能减排动态演化模型。利用线性反馈控制方法将四维节能减排系统的混沌态控制到原先不稳定的平衡点，给出了数值模拟结果，验证了理论分析的正确性。

1. 研究方法

1）相空间重构技术

相空间重构法[70]的基本思想是把需要研究的系统嵌入高维的相空间中，可得到系统状态在相空间上随时间的演化过程。系统的演变规律完全可以在一个不改变它的拓扑性质的重构相空间中描述。国际油价市场重构相空间基本原理如下。

（1）设实际观测到的长度为 N 的国际油价序列为 $x_1, x_2, \cdots, x_N$，将其嵌入 m 维欧氏子空间中，选定一个时滞 τ，从 x_1 开始取值，往后延迟一个时滞 τ 取一个值，取到 m 个数为止，得到 m 维子空间的第一个点：

$$r_1 : (x_1, x_{1+\tau}, \cdots, x_{1+(m-1)\tau})$$

（2）去掉 x_1，以 x_2 为第一个数，以同样的方法得到第二个点：

$$r_2 : (x_2, x_{2+\tau}, \cdots, x_{2+(m-1)\tau})$$

（3）由长度为 N 的时间序列依次可得到 $N_m = N - (m-1)\tau$ 个相点，构成 m 维子空间：

$$\begin{cases} r_1 : (x_1, x_{1+\tau}, \cdots, x_{1+(m-1)\tau}) \\ r_2 : (x_2, x_{2+\tau}, \cdots, x_{2+(m-1)\tau}) \\ \qquad \cdots\cdots\cdots\cdots \\ r_{N-(m-1)\tau} : (x_{N-(m-1)\tau}, \cdots, x_N) \end{cases}$$

注：①时滞 τ 和嵌入维数 m 的选取将影响分析的结果，关于这两个参数的选取，目前已有许多成熟的方法，将在下文实证分析部分介绍；②通过观察相空间中的演化轨迹，可以从直观上判断系统是否存在吸引子。

2）最大 Lyapunov 指数

Lyapunov 指数描述了系统轨道演化过程的特征[78]，度量了系统对于初始条件依赖的敏感性，其各指数符号组合能很好地判断出系统演化最终是否会出现混沌现象，并能区分出可能出现的吸引子的类型。在 Lyapunov 指数中，最大的指数非常重要，一是其倒数是系统长期演化的可预测时间长度的界限；二是若一个系统是混沌的，则至少存在一个正的 Lyapunov 指数，它反映了轨道从初始条件附近开始的指数发散速度，利用相空间重构技术，可以方便地计算最大 Lyapunov 指数，步骤如下。

（1）应用实测时间序列重构一个 m 维的相空间及相空间中的点集。

（2）以初始相点 x_0 为基点，在重构的相空间中选取一个与 x_0 相距至少一个轨道周期的最近点作为端点，构成一个初始向量 v_0，求出该向量的长度，记为 l_0。

（3）经过一个进化时间 τ_0，初始向量 v_0 运动发展为另一个向量 v_1，其相应的起点和端点分别为 $x_{t_0+\tau_0}$ 和 $y_{t_0+\tau_0}$，计算出其相长度为 l_1，相长度在时间内由 l_0 变为 l_1，用 λ_1 表示在此时间段内相长度的指数增长率，则有

$$\lambda_1 = \frac{1}{\tau_0} \ln \frac{l_1}{l_0} \tag{2-20}$$

（4）以 $x_{t_0+\tau_0}$ 为新的基点，按照（3）遍历所有的相点，然后取各指数增长率 λ_k 的平均值作为最大 Lyapunov 指数的估计值，即

$$L_\lambda = \frac{1}{m} \sum_{k=1}^{m} \frac{1}{\tau_{k-1}} \ln \frac{l_k}{l_{k-1}} \tag{2-21}$$

（5）依次增加嵌入维度，重复(2)、(3)、(4)直至 Lyapunov 指数估计值随 m 变化而变得相对平稳为止，此时得到的计算结果即为所求最大 Lyapunov 指数的估计值。

3）Hurst 指数

Hurst 指数可衡量一个时间序列是否具有分形结构和相关持久性[79]，当 $H = 0.5$ 时，时间序列就是标准的随机游走，不同时间的值是不相关的。当 $H \neq 0.5$ 时，说明时间序列各个观测值之间不是相互独立的，后面的观测值都带着在它之前的观测值的"记忆"。Hurst 指数的基本思路如下所示。

对于一个时间序列 $x = (x(1), x(2), \cdots, x(M))$ ，分成 A 个长度为 N 的等长子区间，对每一个子区间，令

$$X(a,t) = \sum_{i=1}^{t} (x_a(i) - M_a) , \quad t = 1, 2, \cdots, N$$

其中，$x_a(i)$ 为区间 a 的第 i 个观测值；M_a 为区间 a 的平均值。令

$$R = \max(X(a,t)) - \min(X(a,t))$$

Hurst 建立了以下关系：

$$R / S \approx (bN)^H \qquad （2-22）$$

其中，R/S 为重标极差；N 为区间长度；b 为常数；H 为 Hurst 指数，显然 $0 \leqslant H \leqslant 1$。

4）关联维数

关联维数是描述非线性系统复杂性程度的最要指标[70]，可确定所研究时间序列是否由动力学过程产生，该动力系统含有多少个自由度，即最少需要多少个变量可以表征该非线性系统。关联维数 D 定义为

$$\lim_{r \to 0} \frac{\ln C(m,r)}{\ln r} \qquad （2-23）$$

其中，$C(m,r) = \dfrac{2}{N(N-1)} \sum_{1 \leqslant i < j \leqslant N} \delta(r - d(r_i, r_j))$ ，$\delta(x) = \begin{cases} 1, x \geqslant 0 \\ 0, x < 0 \end{cases}$ 为阶跃函数。

5）Kolmogorov 熵

Kolmogorov 熵也叫测度熵，是系统混沌程度的度量[79]。Kolmogorov 熵描述了系统在单位时间信息的平均损失，它与分数维和 Lyapunov 指数之间关系密切，是刻画混沌行为的一个重要度量。

对于一个给定的 m 维动力系统，把它的相空间划分成 n 个边长为 r 的 m 维立方体小盒子，并将时间轴划分成长度为 τ 的小段。$x(t)$ 是落在吸引域中系统的一条轨线，$p(i_1, i_2, \cdots, i_u)$ 表示 $x(\tau)$ 在盒子 i_1 中，$x(2\tau)$ 在盒子 i_2 ……$x(n\tau)$ 在盒子 i_n 中的联合概率，Kolmogorov 熵定义为

$$K = -\lim_{\tau \to 0} \lim_{r \to 0} \lim_{n \to \infty} \frac{1}{n\tau} \sum_{(i_1, i_2, \cdots, i_n)} p(i_1, i_2, \cdots, i_n) \cdot \ln p(i_1, i_2, \cdots, i_n) \qquad （2-24）$$

当 $0 < K < \infty$ 时，系统是混沌的。通常用 K_2 熵作为 K 熵的一个估计。K_2 熵与关联

积分 $C(m, r)$ 存在如下关系：

$$K_{2,m}(r) = \frac{1}{i\tau} \ln \frac{C(m,r)}{C(m+i,r)}$$　　　　　（2-25）

2. 数据来源及处理

为分析国际油价市场的特征，本节选取国际原油、汽油、取暖油的期货价格为研究对象，分别记为 cfp，gfp，ofp，选取的数据来源为美国能源信息署，数据时间段为 2005 年 10 月 3 日～2014 年 4 月 30 日，共 2157 个数据。由于期货价格的波动除了受期货市场的内部因素影响之外，还受通货膨胀等外界因素的影响，为了尽可能减少外界因素的影响，并且不破坏原非线性系统的动力学结构，分析数据时使用的是期货价格的对数收益率，即

$$s(t) = \ln p(t) - \ln p(t-1)$$

其中，$s(t)$ 为 t 时刻国际油价收益率；$p(t)$ 为 t 时刻国际油价；$p(t-1)$ 为 $t-1$ 时刻国际油价，本节将处理后的三种国际油价收益率分别记为 cf_t、gf_t、of_t（图 2-19～图 2-21）。

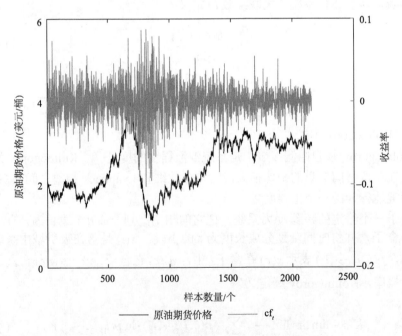

图 2-19　原油期货价格及其对数收益率图像

1 桶 = 158.9873 升

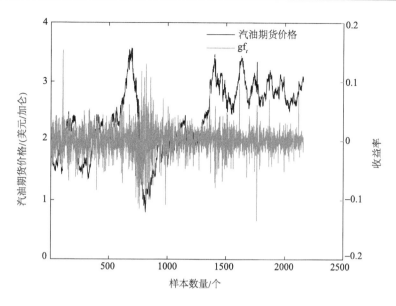

图 2-20 汽油期货价格及其对数收益率图像

1 加仑（美）= 3.785 43 升

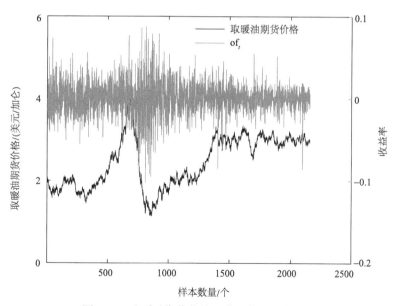

图 2-21 取暖油期货价格及其对数收益率图像

3. 国际油价市场的混沌特征实证分析

1）相空间图像

为了对国际油价进行相空间重构，得到相空间图像，首先确定时滞 τ，常用的选取方法主要有自相关函数法、偏自相关函数法、替代邻点法、互信息法、奇异值分解法、C-C 法等[80]。本节采用自相关函数法和偏自相关函数法进行选取，得到 cf_t、gf_t、of_t 的置信度为95%的自相关函数曲线和偏自相关函数曲线，如图2-22 所示。

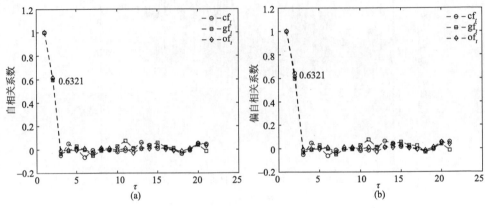

图 2-22　cf_t、gf_t、of_t 自相关函数曲线和偏自相关函数曲线

由图2-22 可以得到，当 $\tau = 2$ 时，cf_t、gf_t、of_t 自相关函数曲线和偏自相关函数曲线的值下降至 $1-1/e$，因此，将三种国际油价的最优时滞取为2。

当 $\tau = 2$ 时，得到 cfp、gfp、ofp、cf_t、gf_t、of_t 在二维、三维相空间上的图像，如图2-23～图2-25 所示。

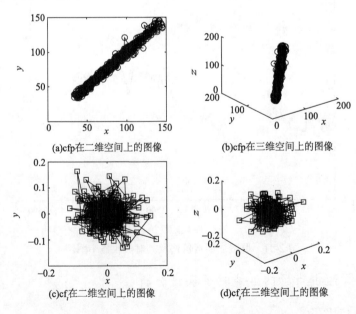

图 2-23　cfp、cf_t 在二维、三维相空间上的图像

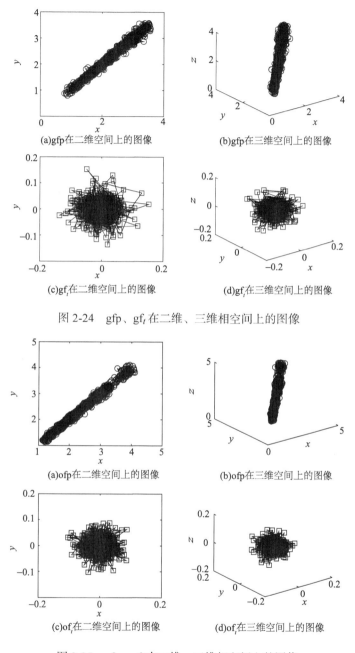

(a)gfp在二维空间上的图像　　　　　(b)gfp在三维空间上的图像

(c)gf$_t$在二维空间上的图像　　　　　(d)gf$_t$在三维空间上的图像

图 2-24　gfp、gf$_t$在二维、三维相空间上的图像

(a)ofp在二维空间上的图像　　　　　(b)ofp在三维空间上的图像

(c)of$_t$在二维空间上的图像　　　　　(d)of$_t$在三维空间上的图像

图 2-25　ofp、of$_t$在二维、三维相空间上的图像

从图 2-23～图 2-25 中 cf$_t$、gf$_t$、of$_t$ 在二维、三维相空间上的图像可以看到，不论是嵌入二维相空间还是三维相空间，相点的轨迹都不是杂乱无章的，而是存在明显的奇怪吸引子。这种复杂的形状暗示着国际油价时间序列具有混沌特性。

2）最大 Lyapunov 指数

采用 Wolf 算法计算国际油价的 Lyapunov 指数，分别取 $m = 5, 25, 45, 55$，得到 cf_t 在相空间内相长度的指数增长率 λ_k 的演化图像[图 2-26（a）]、gf_t 在相空间内相长度的指数增长率 λ_k 的演化图像[图 2-26（b）]和 of_t 在相空间内相长度的指数增长率 λ_k 的演化图像[图 2-26（c）]。通过图像可以看出，在不同的 m 值下，三种能源价格收益率的相空间内相长度的指数增长率均呈现下降趋势，并最终趋于稳定。计算 cf_t、gf_t、of_t 指数增长率 λ_k 的平均值，得到在不同的 m 值下，最大 Lyapunov 指数的估计值图像[图 2-26（d）]，利用式（2-21）进而得到 cf_t、gf_t、of_t 的最大 Lyapunov 指数的估计值分别为 $L_{cf} = 0.0971$、$L_{gf} = 0.054$、$L_{of} = 0.0768$。cf_t、gf_t、of_t 的最大 Lyapunov 指数均大于 0，表明无论系统怎么演化，都不可能趋向于点吸引子和极限环的形式，从而可以确定国际油价序列存在混沌现象。由此也说明对国际油价市场进行长期预测的结果是不可信的。

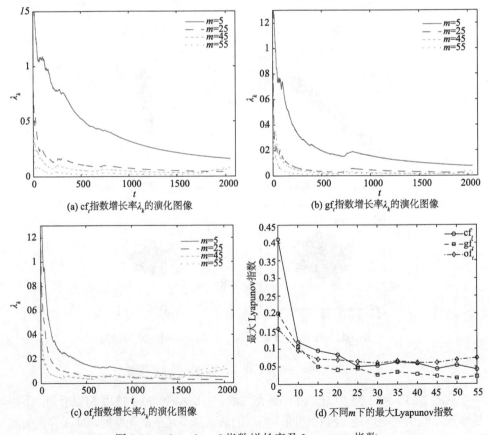

(a) cf_t 指数增长率 λ_k 的演化图像

(b) gf_t 指数增长率 λ_k 的演化图像

(c) of_t 指数增长率 λ_k 的演化图像

(d) 不同 m 下的最大 Lyapunov 指数

图 2-26　cf_t、gf_t、of_t 指数增长率及 Lyapunov 指数

3）Hurst 指数

我们将国际油价数据分成 N 个等长的子区间，分别计算每个子区间上的重标极差 R/S，得到三种国际油价的变化率时间序列 $\ln(R/S) - \ln N$ 关系图（图 2-27）。对 $\ln(R/S)$ 和 $\ln N$ 进行回归计算，得到三种国际油价时间序列的 Hurst 指数，分别为 $H_{cf}=0.2281\neq0.5$、$H_{gf}=0.2053\neq0.5$、$H_{of}=0.203\neq0.5$，说明国际油价的波动具有分形结构，这也是国际油价市场高风险性的表征，同时也说明国际油价之间不是相互独立的，后面的期货价格都带着在它之前的期货价格的"记忆"。

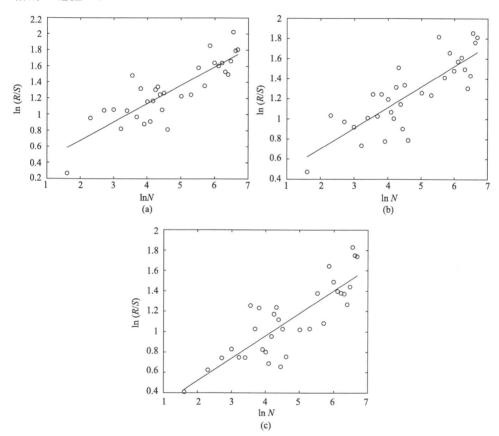

图 2-27 三种国际油价的变化率时间序列 $\ln(R/S) - \ln N$ 关系图

4）关联维数

我们利用式（2-23）计算关联维数，在计算时，用 $\ln C(m,r) - \ln r$ 的斜率估计关联维数 D 的值，随着嵌入维数 m 的增加，斜率趋于常数，这个常数即为关联维数 D。通过计算，分别得到 cf_t 的 $\ln C(m,r) - \ln r$ 图像[图 2-28（a）]、gf_t 的

$\ln C(m,r) - \ln r$ 图像[图 2-28（b）]和 of_t 的 $\ln C(m,r) - \ln r$ 图像[图 2-28（c）]。

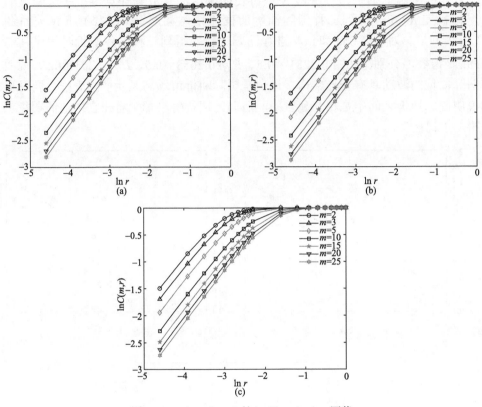

图 2-28　cf_t, gf_t, of_t 的 $\ln C(m,r) - \ln r$ 图像

从图 2-28 可以看出，随着 m 的增加，三组曲线趋于平行，即斜率趋于常数。对 cf_t, gf_t, of_t 的 $\ln C(m,r) - \ln r$ 分别作回归分析得到 cf_t, gf_t, of_t 序列的关联维数 D_{cf}, D_{gf} 和 D_{of} 随 m 的变化，如表 2-18 所示。

表 2-18　cf_t, gf_t, of_t 的关联维数

cf_t	m	2	3	5	10	15	20	25
	D_{cf}	1.6018	1.7356	1.8312	1.8187	1.6474	1.6718	1.6431
gf_t	m	2	3	5	10	15	20	25
	D_{gf}	1.6708	1.7843	1.8493	1.8040	1.6184	1.6363	1.6137
of_t	m	2	3	5	10	15	20	25
	D_{of}	1.5799	1.7287	1.8422	1.8564	1.7162	1.7291	1.6673

从表 2-18 可以看出，关联维数 D_{cf}、D_{gf} 和 D_{of} 均在 1～2 波动且逐渐趋于常数，取 $D_{cf}=1.6451$，$D_{gf}=1.6228$，$D_{of}=1.7042$，可见 D_{cf}、D_{gf} 和 D_{of} 均为非整实数，由此说明国际油价序列具有混沌特征，同时也表明建立国际油价的非线性动力模型至少需要 2 个状态变量。

5）Kolmogorov 熵

为度量国际油价市场的混沌程度，利用式（2-24）分别计算 cf_t、gf_t、of_t 序列的 Kolmogorov 熵，分别得到 $K_{2,m}(r)$ 随 m，r 变化的图像（图 2-29、图 2-30）。由图 2-29 可以看出，随着嵌入维数 m 的增加，$K_{2,m}(r)$ 逐渐趋于稳定，由图 2-30 得到，cf_t 的 Kolmogorov 熵波动范围为 0.0077～0.0176，gf_t 的 Kolmogorov 熵波动范围为 0.0079～0.0209，of_t 的 Kolmogorov 熵波动范围为 0.0072～0.0157，可见国际油价序列的 Kolmogorov 熵均大于 0，说明国际油价序列具有混沌特征，且得到的 Kolmogorov 熵数值均比较小，说明系统的混沌程度较低，也说明对国际油价进行短期预测是可行的。

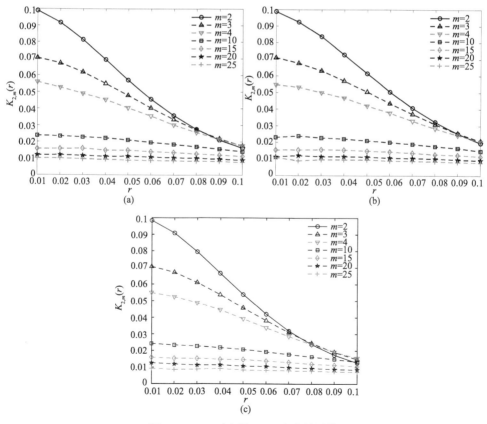

图 2-29　$K_{2,m}(r)$ 随 m、r 变化的图像

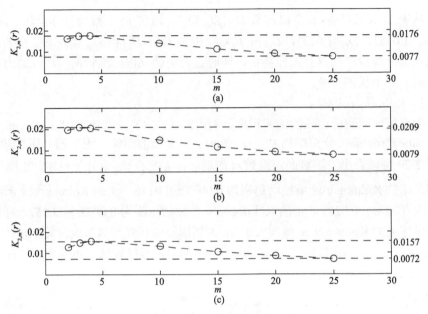

图 2-30　　$K_{2,m}(r)$ 随 m 变化的图像

2.2.5　国际油价期货市场的定价效率

期货市场定价效率是指期货价格在任何一个时点上均可以反映所有可以获得的对预测现货价格有用的信息，也即期货市场在价格发现功能的发挥效率[81]。Bigman 等[82]最早提出了可以验证期货市场定价效率的线性回归模型，并检验了美国芝加哥期货交易所小麦、玉米和大豆期货市场的定价效率。Maberly[83]认为由于检验数据的缺失，布罗施-戈弗雷（Breusch-Godfrey，BG）检验定价效率的线性回归模型并不合适。Engle 和 Granger[84]提出协整理论，为检验期货市场定价效率提供了一种全新的方法。Johansen[85]、Johansen 和 Juselius[86]进一步发展了协整理论，提出了运用最大似然估计法进行协整检验的方法。Zhang 和 Wang[87]综合利用多种计量经济学模型实证分析了 2003～2011 年的原油和汽油期货市场的价格发现及风险转移功能，得到了一些实用性的结论。

1. 数据资料

本部分以国际油价收益率序列和现货收益率序列为研究对象，对国际油价市场定价效率进行实证分析。将 Crude Oil、RBOB Regular Gasoline 和 No. 2 Heating Oil 期货价格收益率数据列分别记为 cf_t, gf_t, of_t（图 2-31），相应的现货价格收益率数据列分别记为 cs_t, gs_t, os_t（图 2-32）。

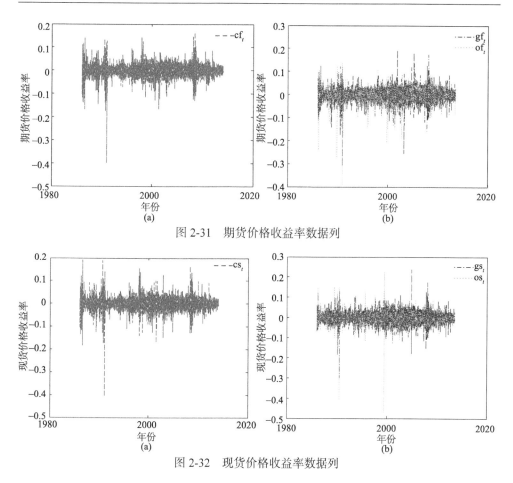

图 2-31　期货价格收益率数据列

图 2-32　现货价格收益率数据列

2. 平稳性检验

采用常用的 ADF 单位根检验和 PP 单位根检验对期、现货收益率时间序列进行平稳性检验，检验结果如表 2-19 所示。

表 2-19　单位根检验结果（四）

变量	ADF	PP
cf_t	−48.338 78（0.000 0）	−48.511 22（0.000 0）
cs_t	−46.715 19（0.000 0）	−46.745 54（0.000 0）
gf_t	−45.945 27（0.000 0）	−45.944 52（0.000 0）
gs_t	−47.429 26（0.000 0）	−47.456 00（0.000 0）
of_t	−47.098 78（0.000 0）	−47.110 61（0.000 0）
os_t	−47.921 30（0.000 0）	−47.918 54（0.000 0）

注：表中所列为 t 统计量的值，括号内为概率 P 的值

由表 2-19 可得，国际油价和现货价格收益率序列均是平稳序列。

3. VAR 模型估计的结果

确定 VAR 模型最佳滞后期有多种方法，常采用 AIC 选取 VAR 模型最佳滞后期，估计结果如表 2-20 所示。

表 2-20　VAR 模型的估计结果

系数	原油		汽油		取暖油	
	F	S	F	S	F	S
C	0.000 222 [0.441 47]	0.000 205 [0.406 88]	0.000 232 [0.450 65]	0.000 153 [0.241 89]	0.000 192 [0.448 76]	0.000 175 [0.414 68]
$F(-1)$	−0.091 277 [−1.411 83]	−0.051 931 [−0.803 06]	−0.003 067 [−0.115 29]	0.172 587 [5.271 44]	−0.169 107 [−3.609 59]	0.483 148 [10.418 60]
$F(-2)$	−0.176 559 [−2.875 17]	0.148 421 [2.416 39]	−0.028 238 [−1.054 99]	−0.014 060 [−0.426 88]	−0.150 439 [−2.761 66]	0.258 338 [4.791 07]
$F(-3)$	−0.036 181 [−0.560 32]	0.188 991 [2.926 14]	—	—	−0.115 766 [−2.118 62]	0.156 291 [2.889 60]
$F(-4)$	—	—	—	—	−0.058 596 [−1.226 60]	0.087 910 [1.859 13]
$S(-1)$	0.050 783 [0.788 90]	0.041 962 [0.651 70]	0.018 348 [0.848 72]	−0.102 618 [−3.857 44]	0.172 183 [3.637 62]	−0.463 932 [−9.901 84]
$S(-2)$	0.134 718 [2.198 35]	−0.162 736 [−2.654 94]	−0.006 710 [−0.311 46]	−0.022 461 [−0.847 25]	0.142 810 [2.622 94]	−0.248 969 [−4.619 64]
$S(-3)$	0.083 066 [1.298 06]	−0.094 326 [−1.473 67]	—	—	0.112 925 [2.081 88]	−0.152 534 [−2.840 97]
$S(-4)$	—	—	—	—	0.051 043 [1.097 33]	−0.078 190 [−1.698 18]
极大似然估 计值 AIC	12 504.89 −11.597 86		9 988.878 −9.261 14		12 495.04 −11.590 38	

注：F 代表期货价格，S 代表现货价格，方括号内为 t 值

表 2-20 的结果表明，模型整体的对数似然函数值均较大，同时 AIC 值均较小，说明模型的整体解释能力很强，因此，原油价格对数收益率的 VAR 模型的最佳滞后阶数为 3；汽油价格对数收益率的 VAR 模型的最佳滞后阶数为 2；取暖油价格对数收益率的 VAR 模型的最佳滞后阶数为 4。由此得到三种能源价格收益率的 VAR 模型的表达式，如下：

$$\begin{bmatrix} \mathrm{cf}_t \\ \mathrm{cs}_t \end{bmatrix} = \begin{bmatrix} -0.091 & -0.052 \\ 0.051 & 0.042 \end{bmatrix} \begin{bmatrix} \mathrm{cf}_{t-1} \\ \mathrm{cs}_{t-1} \end{bmatrix} + \cdots + \begin{bmatrix} -0.036 & 0.189 \\ 0.083 & -0.094 \end{bmatrix} \begin{bmatrix} \mathrm{cf}_{t-3} \\ \mathrm{cs}_{t-3} \end{bmatrix} + \varepsilon_t$$

$$\begin{bmatrix} \mathrm{gf}_t \\ \mathrm{gs}_t \end{bmatrix} = \begin{bmatrix} -0.003 & 0.173 \\ 0.018 & -0.103 \end{bmatrix} \begin{bmatrix} \mathrm{gf}_{t-1} \\ \mathrm{gs}_{t-1} \end{bmatrix} + \begin{bmatrix} -0.028 & -0.014 \\ -0.007 & -0.022 \end{bmatrix} \begin{bmatrix} \mathrm{gf}_{t-2} \\ \mathrm{gs}_{t-2} \end{bmatrix} + \varepsilon_t$$

$$\begin{bmatrix} \mathrm{of}_t \\ \mathrm{os}_t \end{bmatrix} = \begin{bmatrix} -0.169 & 0.483 \\ 0.172 & -0.464 \end{bmatrix} \begin{bmatrix} \mathrm{of}_{t-1} \\ \mathrm{os}_{t-1} \end{bmatrix} + \cdots + \begin{bmatrix} -0.059 & 0.088 \\ 0.051 & -0.078 \end{bmatrix} \begin{bmatrix} \mathrm{cf}_{t-4} \\ \mathrm{cs}_{t-4} \end{bmatrix} + \varepsilon_t$$

对 VAR 模型的平稳性进行检验，得到 VAR 模型的 AR 特征根的倒数的模的图像，如图 2-33 所示，由图像可知每个特征根的倒数的模均在单位圆内，说明建立的 VAR 模型通过稳定性检验，模型是稳定的。

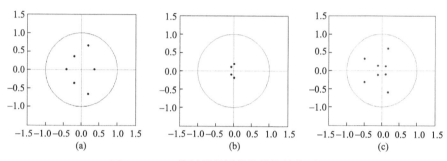

图 2-33　AR 特征根的倒数的模的单位圆图示

4. Granger 因果关系检验

在估计 VAR 模型的基础上，下面对期货价格和现货价格之间的 Granger 因果关系进行检验，检验结果见表 2-21。

表 2-21　Granger 因果关系检验结果（二）

原假设	卡方统计量	概率
cf_t 不是 cs_t 的 Granger 原因	17.969 2	0.000 4
cs_t 不是 cf_t 的 Granger 原因	7.238 783	0.064 7
gf_t 不是 gs_t 的 Granger 原因	28.541 83	0.000 0
gs_t 不是 gf_t 的 Granger 原因	0.889 876	0.640 9
of_t 不是 os_t 的 Granger 原因	108.791 9	0.000 0
os_t 不是 of_t 的 Granger 原因	14.578 01	0.005 7

由表 2-21 可知，cf、gf 和 of 不是 cs_t、gs_t 及 os_t 的 Granger 原因在 5%的显著性水平下均被拒绝，os_t 不是 of_t 的 Granger 原因在 5%的显著性水平下被拒绝，而 cs_t、gs_t 不是 cf_t、gf_t 的 Granger 原因在 5%的显著性水平下均被接受。以上结果表

明：原油、汽油期货价格能够引导现货价格，原油、汽油期货市场具有较高的定价效率。取暖油期货价格和现货价格具有相互的引导关系，对取暖油来说，期货价格和现货价格均具有定价效率。综合来看，国际油价市场对现货市场具有引导关系，国际油价市场具有较高的定价效率。

5. 脉冲响应函数分析

基于估计的 VAR 模型，对期货价格和现货价格的脉冲响应函数进行分析，得到脉冲响应图像，如图 2-34 所示。

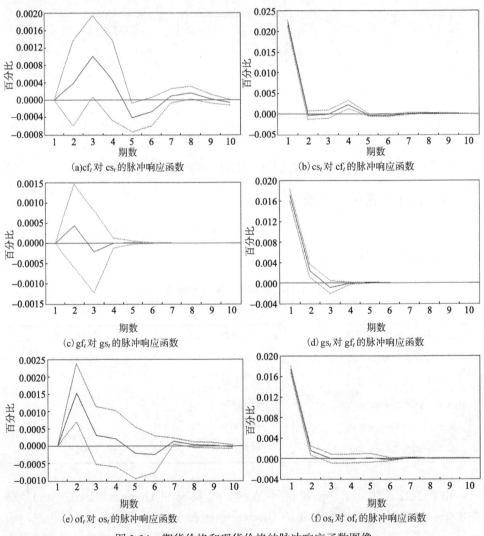

(a)cf_t对cs_t的脉冲响应函数

(b)cs_t对cf_t的脉冲响应函数

(c)gf_t对gs_t的脉冲响应函数

(d)gs_t对gf_t的脉冲响应函数

(e)of_t对os_t的脉冲响应函数

(f)os_t对of_t的脉冲响应函数

图 2-34 期货价格和现货价格的脉冲响应函数图像

由图 2-34（a）可知，原油期货价格收益率 cf_t 受到现货价格收益率 cs_t 的一个正向冲击后，从第一期开始期货价格收益率 cf_t 开始上升，并在第三期达到最高值，上升约 0.0008 个百分点，然后开始下降，第四期后降为 0；由图 2-34（b）可知，原油现货价格收益率 cs_t 受到期货价格收益率 cf_t 的一个正向冲击后，现货价格收益率 cs_t 开始迅速下降，并在第二期降为 0，降幅约为 0.02 个百分点；由图 2-34（c）可知，汽油期货价格收益率 gf_t 受到现货价格收益率 gs_t 的一个正向冲击后，从第一期开始期货价格收益率 gf_t 开始上升，并在第二期达到最高值，涨幅约 0.0005 个百分点，然后开始下降，第三期后降为 0；由图 2-34 （d）可知，汽油现货价格收益率 gs_t 受到期货价格收益率 gf_t 的一个正向冲击后，现货价格收益率 gs_t 开始迅速下降，并在第三期附近降为 0，降幅约 0.016 个百分点；由图 2-34（e）可知，取暖油期货价格收益率 of_t 受到现货价格收益率 os_t 的一个正向冲击后，从第一期开始期货价格收益率 of_t 开始上升，并在第二期达到最高值，上升约 0.0015 个百分点，然后开始下降，第四期后降为 0；由图 2-34（f）可知，取暖油现货价格收益率 os_t 受到期货价格收益率 of_t 的一个正向冲击后，现货价格收益率 os_t 开始迅速下降，并在第三期附近降为 0，降幅约 0.016 个百分点。

脉冲函数的分析结果表明，三种能源现货价格收益率受期货价格收益率的影响均大于期货价格收益率受现货价格收益率的影响，进一步说明了国际油价市场的引导地位。

6. 方差分解

基于估计的 VAR 模型，对期货价格收益率 cf_t，gf_t，of_t 和现货价格收益率 cs_t，gs_t，os_t 的方差分解进行分析，计算得到，原油、汽油和取暖油期货价格收益率的方差分解几乎全部来自期货市场，分别占到了 99.70%、99.96% 和 99.33%。从短期来看，原油、汽油和取暖油期货价格收益率方差分解来自期货市场的方差呈下降趋势，而来自现货市场的部分呈上升趋势。原油、取暖油现货价格收益率的方差分解来自期货市场的方差呈下降趋势，来自现货市场的部分呈上升趋势。而汽油现货价格收益率的方差分解来自期货市场的方差呈上升趋势，来自现货市场的部分呈下降趋势。从长期来看，能源价格收益率长期作用部分的方差分解最终都趋于稳定，结果见表 2-22。

表 2-22　对期货价格和现货价格变动长期作用部分的方差分解结果　　　单位：%

项目	期货价格收益率		现货价格收益率		平均水平	
	期货市场	现货市场	期货市场	现货市场	期货市场	现货市场
原油	99.70	0.30	89.10	10.90	94.40	5.60
汽油	99.96	0.04	34.57	65.43	67.27	34.74
取暖油	99.33	0.67	75.83	24.17	87.58	12.42

由表 2-22 可知，原油的期货市场的方差分解为 94.40%，进一步说明原油期货市场对现货市场的决定性作用，原油期货市场的定价效率较高；取暖油的期货市场的方差分解为 87.58%，说明取暖油期货市场也具有较高的定价效率；汽油的期货市场的方差分解为 67.27%，现货市场的方差分解为 34.74%，说明汽油的收益率由期货市场和现货市场共同决定，但依然是期货市场居于引导地位。综合来看，国际油价期货市场具有较高的定价效率。

2.3　国际成品油价格行为分析

成品油作为各行业、各部门的动力能源和中间投入要素参与经济生产或成为居民的最终消费品，是原油价格变化对经济影响的纽带和桥梁，研究成品油及成品油价格和原油价格之间的关系，对防范石油价格风险具有重要意义。关于原油价格动力学性质的研究，国内外学者做了一些有益的尝试，如 Bernabe 等[28]利用 Cremer 和 Isfahani 的竞争市场行为假设研究了原油价格的动力学行为，发现原油市场存在两个稳定的均衡价格。Alvarez-Ramirez 等[25, 26]运用多维分形分析方法对原油价格的波动性进行了研究，研究结果表明，原油市场是一个在不同时间标度上具有高度相互作用的非常复杂的过程，长程记忆机制影响原油价格的演化。同时，他们利用 Zipf 分析方法对国际原油价格的动力学行为进行了分析，发现原油价格动力学行为主要由投机商和消费者的行为所控制。2011 年，Martina 等[29]利用多尺度熵分析方法研究了原油价格波动的动力学行为。邓祥周等[30-32]利用非线性微分方程理论描述了能源价格波动的动力学特征。王世进[33]利用相关数据及燃料、动力类购进价格指数，运用 Granger 因果关系检验、VAR 模型和 DCC-GARCH 模型，分析了国内外能源价格波动溢出效应。关于成品油价格动力学性质的研究，现有的参考文献较少，研究方法也较单一。2006 年焦建玲等[88]运用 Zipf 分析方法对国际汽油日价格行为的动力学特点进行了研究，利用价格波动中的涨跌信息，观察到两个关键点，在这两个关键点处，发生不同交易主体控制下的交易行为的转换，利用复杂网络研究各类时间序列的动力学特征。

2.3.1　国际成品油价格波动特征分析

1. 研究方法

1）HP 滤波方法

HP 滤波方法是长期趋势分析中的一种常用方法, 该方法可以较好地分解出时间序列的趋势要素，其原理如下所示。

设 $\{Y_t\}$ 是包含趋势成分和波动成分的经济时间序列，$\{Y_t^{\mathrm{T}}\}$ 是其中含有的趋势成分，$\{Y_t^{\mathrm{C}}\}$ 是其中含有的波动成分，则

$$Y_t = Y_t^{\mathrm{T}} + Y_t^{\mathrm{C}}, \quad t = 1, 2, 3, \cdots, N \qquad (2\text{-}26)$$

HP 滤波就是从 $\{Y_t\}$ 中将 $\{Y_t^{\mathrm{T}}\}$ 分离出来。一般地，时间序列 $\{Y_t\}$ 中可观测部分趋势 $\{Y_t^{\mathrm{T}}\}$ 常被定义为下面的最小化问题的解：

$$\min \sum_{t=1}^{T} \left\{ \left(Y_t - Y_t^{\mathrm{T}}\right)^2 + \lambda \left[c(L) Y_t^{\mathrm{T}} \right]^2 \right\} \qquad (2\text{-}27)$$

其中，$c(L)$ 为滞后算子多项式：

$$c(L) = \left(L^{-1} - 1\right) - (1 - L) \qquad (2\text{-}28)$$

将式（2-28）代入式（2-27）中，则 HP 滤波的问题就是最小化下的损失函数，即

$$\min \sum_{t=1}^{T} \left\{ \left(Y_t - Y_t^{\mathrm{T}}\right)^2 + \lambda \sum_{t=1}^{T} \left[\left(Y_{t+1}^{\mathrm{T}} - Y_t^{\mathrm{T}}\right) - \left(Y_t^{\mathrm{T}} - Y_{t-1}^{\mathrm{T}}\right) \right]^2 \right\} \qquad (2\text{-}29)$$

最小化问题用 $\left[c(L) Y_t^{\mathrm{T}} \right]^2$ 来调整趋势的变化，并随 λ 的增大而增大。

2）BP 滤波方法

BP 滤波方法是利用谱分析对时间序列进行长期趋势、循环分解趋势等分解的重要方法。其基本思想是：把时间序列看作互不相关的频率分量叠加，通过研究和比较各分量的周期变化，以充分揭示时间序列的频率域结构，掌握其主要波动特征。

设时间序列 $X = \{x_1, x_2, \cdots, x_N\}$，$N$ 为样本长度。谱分析的实质是把时间序列 X 的变动分解成不同的周期波动之和，设频率用 λ 表示，周期用 p 表示，则频率 λ 和周期 p 有如下的关系：$\lambda \times p = 2\pi$。

对于随机过程 $\{u_t\}$ 是白噪声的情形，白噪声的功率谱可以表示为

$$f(\lambda) = \frac{\sigma^2}{2\pi} \qquad (2\text{-}30)$$

其中，σ^2 为 u_t 的方差。白噪声的功率谱为水平的，所以白噪声的功率谱的所有频率是具有统一权重的随机过程。对于随机过程 $\{u_t\}$ 是一般随机过程的情形，如果低频率处功率谱值较高，则表示长周期变动的比重高，那么该随机过程以长周期波动为主。相反，如果高频率处的功率谱值较高，则表示短周期波动的比重高，那么该随机过程是比白噪声还不规则的随机过程。如果在某个特定的频数附近功率谱值相对较高，则说明这个随机过程变动的大部分是由这个频数所确定的周期波动。

考虑随机过程 $\{x_t\}$ 的线性变换：

$$y_t = \sum_{j=-\infty}^{\infty} w_j x_{t-j} \tag{2-31}$$

其中，w_j 为确定的权重序列，表示 $\{x_t\}$ 的移动平均权重，式（2-31）可用滞后算子表示：

$$y_t = W(L)x_t, \quad W(L) = \sum_{j=-\infty}^{\infty} w_j L^j \tag{2-32}$$

则 $\{y_t\}$ 的功率谱可以表示为

$$f_y(\lambda) = \left| W\left(e^{-i\lambda}\right) \right|^2 f_x(\lambda) \tag{2-33}$$

其中，$w(\lambda) = W\left(e^{-i\lambda}\right)$ 为滤波的频率响应函数；$\left| W\left(e^{-i\lambda}\right) \right|$ 为滤波的增益；$\left| W\left(e^{-i\lambda}\right) \right|^2$ 为滤波的功率传递函数。式（2-33）可以将输入在某个频率的分量过滤掉，留下其他成分。根据留下的频率位于低频处、高频处或某个中间带上，分别称为低通滤波、高通滤波和带通滤波。BP 滤波是带通滤波，只通过范围在 $-\lambda_{L1} < |\lambda| < \lambda_{L2}$ 的频率，λ_{L1}、λ_{L2} 分别为两个低通滤波的切断频率。因此，可以将带通滤波看作两个低通滤波的差，则其响应函数为

$$w_B(\lambda) = w_{L2}(\lambda) - w_{L1}(\lambda) \tag{2-34}$$

3）CensusX12 季节调整方法

X12 季节调整方法共包括四种季节调整的分解形式：乘法、加法、伪加法和

对数加法模型。采用乘法、伪加法和对数加法模型进行季节调整时，时间序列中不允许有零和负数。

设 Y_t 表示一个无奇异值的月度时间序列，TC_t 表示趋势循环项，S_t 表示季节项，I_t 表示不规则要素，则四种季节调整的分解形式如下所示。

（1）加法模型：

$$Y_t = TC_t + S_t + I_t \tag{2-35}$$

（2）乘法模型：

$$Y_t = TC_t \times S_t \times I_t \tag{2-36}$$

（3）伪加法模型：

$$Y_t = TC_t(S_t + I_t - 1) \tag{2-37}$$

（4）对数加法模型：

$$\ln Y_t = \ln TC_t + \ln S_t + \ln I_t \tag{2-38}$$

下面以加法模型为例，介绍 X12 季节调整算法的实现步骤。

步骤 1：通过中心化 12 项移动计算平均趋势循环要素的初始估计：

$$TC_t^{(1)} = \left(\frac{1}{2} Y_{t-6} + Y_{t-5} + \cdots + Y_t + \cdots + Y_{t+5} + \frac{1}{2} Y_{t+6} \right) / 12 \tag{2-39}$$

步骤 2：计算 SI 项的初始估计：

$$SI_t^{(1)} = Y_t - TC_t^{(1)} \tag{2-40}$$

步骤 3：通过 3×3 移动平均计算季节因子 S 的初始估计：

$$\hat{S}_t^{(1)} = (SI_{t-24}^{(1)} + 2SI_{t-12}^{(1)} + 3SI_t^{(1)} + 2SI_{t+12}^{(1)} + SI_{t+24}^{(1)}) / 9 \tag{2-41}$$

步骤 4：消除季节因子中的残余趋势：

$$S_t^{(1)} = \hat{S}_t^{(1)} - (\hat{S}_{t-6}^{(1)} + 2\hat{S}_{t-5}^{(1)} + \cdots + 2\hat{S}_{t+5}^{(1)} + \hat{S}_{t+6}^{(1)}) / 24 \tag{2-42}$$

步骤 5：季节调整结果的初始估计：

$$\mathrm{TCI}_t^{(1)} = Y_t - S_t^{(1)} \tag{2-43}$$

步骤 6：利用 Henderson 移动平均公式计算暂定的趋势循环要素：

$$\mathrm{TC}_t^{(2)} = \sum_{j=-H}^{H} h_j^{(2H+1)} \mathrm{TCI}_{t+j}^{(1)} \tag{2-44}$$

步骤 7：计算暂定的 SI 项：

$$\mathrm{SI}_t^{(2)} = Y_t - \mathrm{TC}_t^{(2)} \tag{2-45}$$

步骤 8：通过 3×5 项移动平均计算暂定的季节因子：

$$\hat{S}_t^{(2)} = (\mathrm{SI}_{t-36}^{(2)} + 2\mathrm{SI}_{t-24}^{(2)} + 3\mathrm{SI}_{t-12}^{(2)} + 3\mathrm{SI}_t^{(2)} + 3\mathrm{SI}_{t+12}^{(2)} + 2\mathrm{SI}_{t+24}^{(2)} + \mathrm{SI}_{t+36}^{(2)}) / 15 \tag{2-46}$$

步骤 9：计算最终的季节因子：

$$S_t^{(2)} = \hat{S}_t^{(2)} - (\hat{S}_{t-6}^{(2)} + 2\hat{S}_{t-5}^{(2)} + \cdots + 2\hat{S}_{t+5}^{(2)} + \hat{S}_{t+6}^{(2)}) / 24 \tag{2-47}$$

步骤 10：季节调整的第二次估计结果：

$$\mathrm{TCI}_t^{(2)} = Y_t - S_t^{(2)} \tag{2-48}$$

步骤 11：利用 Henderson 移动平均公式计算最终的趋势循环要素：

$$\mathrm{TC}_t^{(3)} = \sum_{j=-H}^{H} h_j^{2H+1} \mathrm{TCI}_{t+j}^{(2)} \tag{2-49}$$

步骤 12：计算最终的不规则要素：

$$I_t^{(3)} = \mathrm{TCI}_t^{(2)} - \mathrm{TC}_t^{(3)} \tag{2-50}$$

2. 数据资料及处理

在 2003 年 6 月～2014 年 6 月的纽约港气油现货价格（单位：美元/加仑）、洛杉矶汽油现货价格（单元：美元/加仑）、纽约港取暖油现货价格（单位：美元/加仑）、洛杉矶柴油价格（单元：美元/加仑）中，选取每组 133 个数据作为研究对象，分别用符号 NGS，LGS，HS 和 DS 表示。数据来源为美国能源信息署。各成品油价格波动趋势如图 2-35 所示。

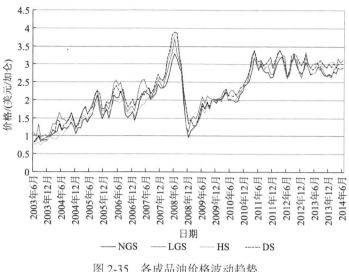

图 2-35　各成品油价格波动趋势

3. 国际成品油价格波动周期分析

首先运用 HP 滤波分析法，将纽约港汽油 NGS、洛杉矶汽油 LGS、取暖油 HS 和柴油 DS 价格月度数据分解为趋势分量和波动周期分量，结果如图 2-36 所示。

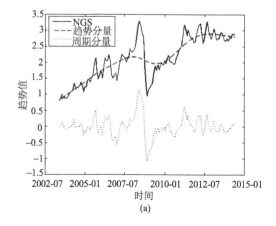

(a)

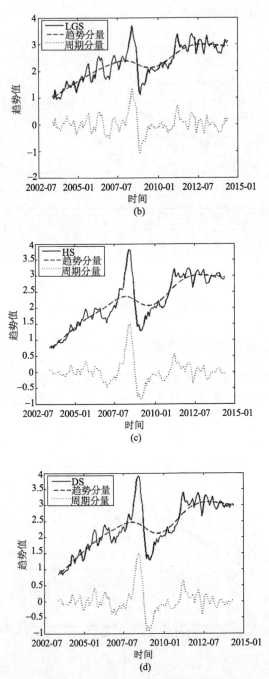

图 2-36　四种成品油价格波动趋势分解

由图 2-36 可知，从四种成品油价格的价格趋势分量的趋势可以看出国际成品油价格整体上呈现上涨趋势，而且在上涨的过程中会出现波动。从四种成品油价格波动周期分量来看，2003～2014 年，能源价格波动存在多个波动周期。

下面提取四种成品油价格的趋势分量，得到四种成品油价格趋势分量变化的对比图（图 2-37）和四种成品油趋势分量所占比重（图 2-38）。

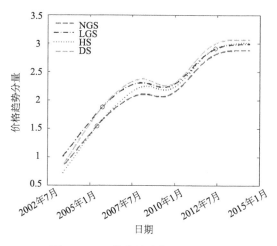

图 2-37　四种成品油价格趋势分量

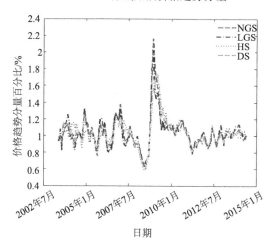

图 2-38　四种成品油价格趋势分量所占比重

由图 2-37 四种成品油价格趋势分量的变化情况可以看到，2003 年 6 月时，取暖油的趋势分量最小，数值为 0.712 649，纽约港汽油次之，数值为 0.824 593，然后是柴油，数值为 0.847 576，洛杉矶汽油趋势分量最大，数值为 1.004 587。随着时间推移，2005 年 6 月，取暖油趋势分量超过纽约港汽油趋势分量；2005 年 10 月，柴油趋势分量首次超过洛杉矶汽油趋势分量，至此，四种成品油趋势分量的大小关系，由小到大变为纽约港汽油（1.646 184）<取暖油（1.657 468）<洛杉矶汽油（1.875 316）<柴油（1.875 645）。直到 2012 年 6 月，取暖油趋势分量首次超过洛杉矶汽油，至 2014 年 6 月，四种成品油趋势分量的大小关系，由小到大变为纽约港汽油（2.875 526）<洛杉矶汽油（2.986 765）<取暖油（3.007 364）<柴油（3.062 016）。

为定量分析国际成品油价格趋势分量波动的相关性，我们计算各分量间的相关系数，计算公式如下：

$$\rho_{XY} = \frac{\text{Cov}(X,Y)}{\sqrt{D(X)}\sqrt{D(Y)}}　　　　　　　　　（2-51）$$

其中，X，Y 为随机变量；$\text{Cov}(X,Y)$ 为 X，Y 的协方差；$D(X)$，$D(Y)$ 分别为 X，Y 的方差。

国际成品油价格趋势分量波动的相关性计算结果如表 2-23 所示，四种成品油价格趋势分量所占比重的相关性计算结果如表 2-24 所示。

表 2-23　国际成品油趋势分量相关系数

	NGS	LGS	HS	DS
NGS	1.0000			
LGS	0.9984	1.0000		
HS	0.9984	0.9984	1.0000	
DS	0.9961	0.9994	0.9976	1.0000

表 2-24　国际成品油趋势分量所占比重相关系数

	NGS	LGS	HS	DS
NGS	1.0000			
LGS	0.9500	1.0000		
HS	0.8596	0.7751	1.0000	
DS	0.9146	0.8714	0.9525	1.0000

由表 2-23 可以看到，柴油和洛杉矶汽油趋势分量相关性最高，相关系数为 0.9994；其次为洛杉矶汽油和纽约港汽油、取暖油和纽约港汽油、取暖油和洛杉矶汽油，相关系数均为 0.9984；柴油与纽约港汽油相关性最低，相关系数为 0.9961。从国际成品油趋势分量所占比重相关性来看，由表 2-24 可知，柴油和取暖油相关性最高，相关系数为 0.9525；其次为洛杉矶汽油和纽约港汽油，相关系数为 0.9500；取暖油和洛杉矶汽油相关性最低，相关系数为 0.7751。

提取四种成品油价格的周期分量，得到四种成品油价格周期分量变化的对比图（图 2-39）。

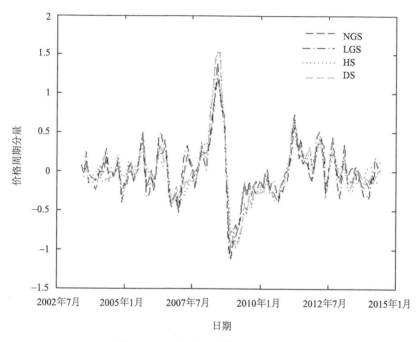

图 2-39 四种成品油价格的周期分量

由图 2-39 可以看到，2003～2014 年，四种成品油价格波动具有类似的周期，都存在多个波动周期。下面通过 BP 滤波来测定四种成品油价格波动的周期。

基于 BP 滤波方法，得到四种成品油价格序列的 BP 滤波分解结果（图 2-40～图 2-43）。其中，图 2-40（a）、图 2-41（a）、图 2-42（a）、图 2-43（a）给出了成品油价格原序列、非循环序列和循环序列的结果图像，其上半部分描述了原序列和非循环序列，其下半部分描述了循环序列；图 2-40（b）、图 2-41（b）、图 2-42（b）、图 2-43（b）给出了频率响应函数的描述结果的理想情况和实际情况。

通过图 2-40（b）、图 2-41（b）、图 2-42（b）、图 2-43（b）可以看到，四种成品油价格序列的频率响应函数基本吻合，说明各成品油的价格具有类似的周期，从图像可以看到，在每幅图中 2～3 年的权重最大，说明国际成品油价格序列存在 2～3 年的周期循环。对比 2.2.2 小节得到的国际原油价格波动周期，可以得到，国际成品油价格的波动周期要小于国际原油价格的波动周期。

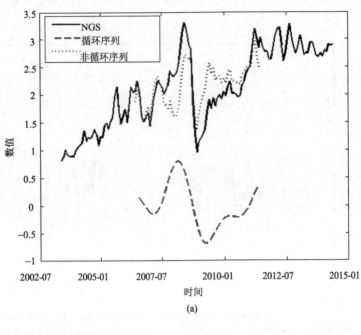

(a)

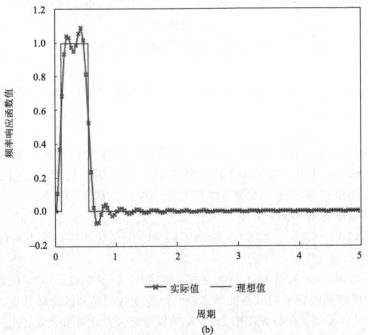

(b)

图 2-40　纽约港汽油 BP 滤波分解结果

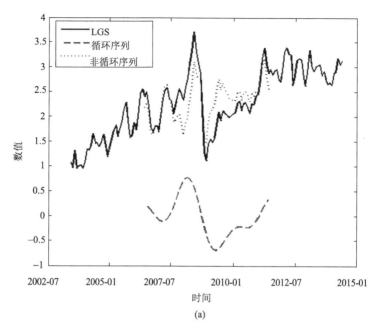

(a)

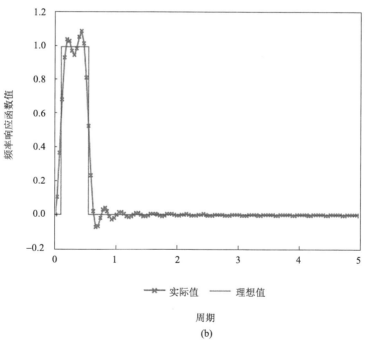

(b)

图 2-41　洛杉矶汽油 BP 滤波分解结果

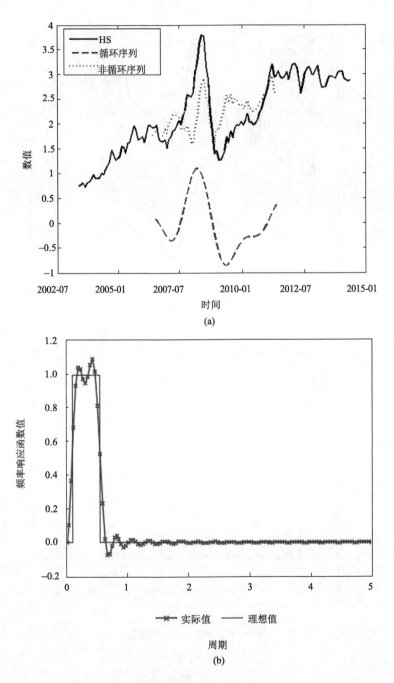

图 2-42　取暖油 BP 滤波分解结果

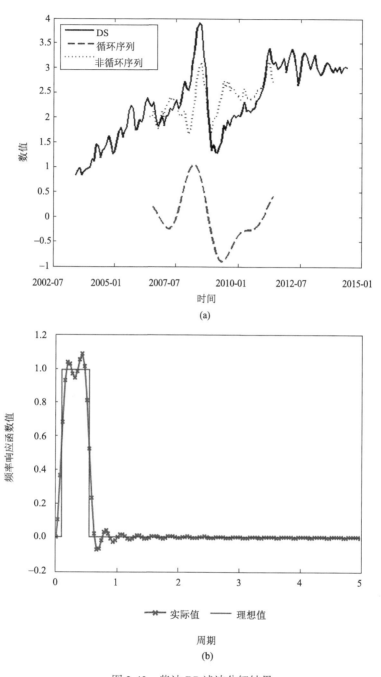

(a)

(b)

图 2-43　柴油 BP 滤波分解结果

4. 国际成品油价格季节性波动分析

通过 X12 季节调整法将四种成品油价格变动中的季节因子分离出来（图 2-44～图 2-47）。由四种成品油价格的季节因子可以看到，四种成品油价格变动具有显著的季节性特点。由图 2-44 纽约港汽油季节因子可以看到，2010 年之前，每年的 5月、6月、7月和 8 月纽约港汽油价格较高，每年的 2 月和 12 月纽约港汽油价格较低；2010～2014 年，每年的 4 月纽约港汽油价格较高，每年的 11 月和 12 月纽约港汽油价格较低。由图 2-45 洛杉矶汽油季节因子可以看到，2003～2008 年，每年的 5 月洛杉矶汽油价格最高，每年的 12 月洛杉矶汽油价格最低；2008～2011 年，每年的 6 月洛杉矶汽油价格最高，每年的 12 月洛杉矶汽油价格最低；2011～2014 年，每年的 4 月洛杉矶汽油价格最高，每年的 12 月洛杉矶汽油价格最低。由图 2-46 取暖油季节因子可以看到，2006～2007 年，每年的 8 月取暖油价格最高，每年的 2月取暖油价格最低；2007～2010 年，每年的 6 月取暖油价格最高，每年的 2 月取暖油价格最低；2010～2012 年，每年的 4 月取暖油价格最高，每年的 12 月取暖油价格最低；2012～2014 年，每年的 2 月取暖油价格最高，每年的 6 月取暖油价格最低。由图 2-47 柴油季节因子可以看到，2003～2008 年，每年的 4 月、5月、8 月柴油的价格最高，每年的 1 月、12 月柴油的价格较低；2008～2010 年，每年的 6 月柴油的价格最高，每年的 1 月、12 月柴油的价格较低；2010～2014 年，每年的 4 月柴油的价格最高，每年的 12 月柴油的价格较低。

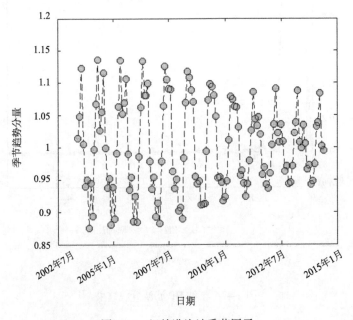

图 2-44　纽约港汽油季节因子

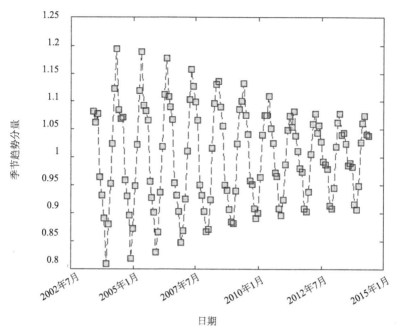

图 2-45　洛杉矶汽油季节因子

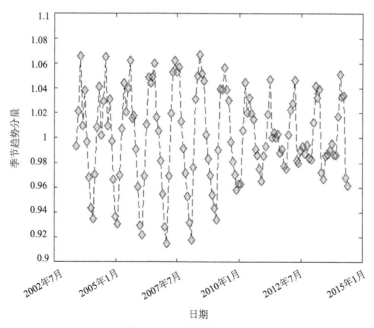

图 2-46　取暖油季节因子

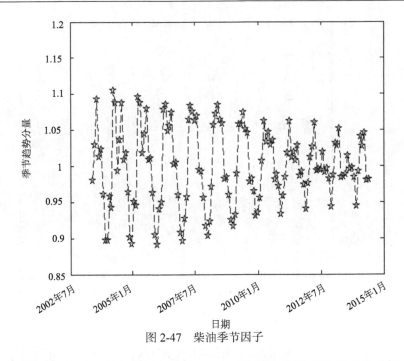

图 2-47　柴油季节因子

下面利用 F 检验、非参数 Kruskal-Wallis 检验和参数移动季节性检验方法对四种成品油时间序列的季节性进行检验，检验结果如表 2-25 所示。

表 2-25　国际成品油价格季节性实证检验结果

项目	季节稳定性 F 检验	Kruskal-Wallis 检验	移动季节性检验
NGS	7.548**	63.3856**	4.292**
LGS	11.364**	76.2150**	4.076**
HS	2.139***	21.4084***	3.644**
DS	5.230**	45.0094**	5.161**

表示通过 1%的显著性水平检验，*表示通过 5%的显著性水平检验

从表 2-25 可以看到，无论是季节稳定性 F 检验，还是 Kruskal-Wallis 检验或移动季节性检验，都表明四种成品油价格具有显著的季节性特征。

5. 国际成品油价格集聚性波动分析

进行集聚效应检验之前，首先根据数据建立四种成品油价格序列的均值模型，均值模型一般表达式如下（以纽约港汽油为例）：

$$\text{NGS}_t = C + \beta \text{NGS}_t(p) + \varepsilon_t \qquad (2\text{-}52)$$

根据数据的自相关函数和偏自相关函数的计算（图 2-48），四种成品油价格序列自相关函数出现拖尾现象，偏自相关函数图分别在第 2、2、3、2 期出现截尾

现象，因此，均值模型中四种成品油价格序列的滞后期分别取 2、2、3、2。

(a) NGS

滞后	自相关系数	偏自相关系数	Q统计量	概率
1	0.943	0.943	120.85	0.000
2	0.864	−0.218	223.22	0.000
3	0.792	0.053	309.93	0.000
4	0.726	−0.020	383.22	0.000
5	0.663	−0.007	444.90	0.000
6	0.611	0.051	497.65	0.000
7	0.570	0.049	544.00	0.000
8	0.543	0.071	586.29	0.000
9	0.528	0.083	626.68	0.000
10	0.520	0.025	666.10	0.000
11	0.504	−0.064	703.46	0.000
12	0.478	−0.057	737.38	0.000
13	0.447	−0.027	767.23	0.000
14	0.422	0.077	794.13	0.000
15	0.399	−0.013	818.34	0.000
16	0.372	−0.024	839.59	0.000
17	0.344	−0.019	857.89	0.000
18	0.320	0.014	873.91	0.000
19	0.296	−0.056	887.67	0.000
20	0.278	0.053	899.96	0.000
21	0.266	0.017	911.33	0.000
22	0.253	−0.022	921.64	0.000
23	0.234	−0.030	930.58	0.000
24	0.210	−0.068	937.83	0.000
25	0.195	0.091	944.18	0.000
26	0.170	−0.154	949.06	0.000
27	0.137	−0.021	952.25	0.000
28	0.110	−0.050	954.34	0.000
29	0.089	−0.003	955.72	0.000
30	0.074	0.024	956.68	0.000
31	0.074	0.105	957.64	0.000
32	0.086	0.041	958.95	0.000
33	0.090	−0.085	960.40	0.000
34	0.095	0.069	962.05	0.000
35	0.093	−0.102	963.64	0.000
36	0.078	−0.069	964.78	0.000

(b) LGS

滞后	自相关系数	偏自相关系数	Q统计量	概率
1	0.924	0.924	116.17	0.000
2	0.821	−0.230	208.44	0.000
3	0.733	0.095	282.72	0.000
4	0.653	−0.051	342.10	0.000
5	0.582	0.024	389.63	0.000
6	0.531	0.076	429.43	0.000
7	0.494	0.033	464.17	0.000
8	0.470	0.065	495.84	0.000
9	0.471	0.160	528.00	0.000
10	0.478	−0.005	561.33	0.000
11	0.483	0.052	595.60	0.000
12	0.464	−0.143	627.58	0.000
13	0.428	−0.041	655.00	0.000
14	0.394	0.044	678.48	0.000
15	0.353	−0.089	697.41	0.000
16	0.312	0.038	712.34	0.000
17	0.273	−0.040	723.87	0.000
18	0.248	0.058	733.44	0.000
19	0.221	−0.073	741.16	0.000
20	0.201	−0.002	747.58	0.000
21	0.199	0.076	753.92	0.000
22	0.207	0.040	760.86	0.000
23	0.202	−0.098	767.51	0.000
24	0.185	0.004	773.17	0.000
25	0.184	0.075	778.61	0.000
26	0.148	−0.221	782.28	0.000
27	0.095	−0.055	783.80	0.000
28	0.048	0.040	784.19	0.000
29	0.019	0.078	784.25	0.000
30	0.004	0.057	784.26	0.000
31	0.005	0.044	784.26	0.000
32	0.022	0.050	784.35	0.000
33	0.036	−0.053	784.59	0.000
34	0.045	−0.042	784.95	0.000
35	0.060	−0.102	785.62	0.000
36	0.067	−0.109	786.45	0.000

(c) HS

滞后	自相关系数	偏自相关系数	Q统计量	概率
1	0.961	0.961	125.73	0.000
2	0.908	−0.212	238.81	0.000
3	0.844	−0.149	337.13	0.000
4	0.776	−0.037	420.90	0.000
5	0.706	−0.034	490.88	0.000
6	0.642	0.046	549.23	0.000
7	0.584	0.011	597.80	0.000
8	0.533	0.039	638.65	0.000
9	0.492	0.047	673.66	0.000
10	0.457	0.011	704.18	0.000
11	0.424	−0.049	730.68	0.000
12	0.393	−0.028	753.55	0.000
13	0.362	−0.006	773.15	0.000
14	0.337	0.060	790.24	0.000
15	0.318	0.066	805.60	0.000
16	0.300	−0.040	819.37	0.000
17	0.287	0.048	832.08	0.000
18	0.272	−0.053	843.65	0.000
19	0.258	−0.012	854.17	0.000
20	0.243	−0.026	863.52	0.000
21	0.228	0.021	871.88	0.000
22	0.215	0.033	879.35	0.000
23	0.198	−0.057	885.78	0.000
24	0.177	−0.072	890.93	0.000
25	0.164	0.144	895.41	0.000
26	0.149	−0.083	899.14	0.000
27	0.139	0.052	902.40	0.000
28	0.133	0.041	905.41	0.000
29	0.132	0.029	908.40	0.000
30	0.130	−0.018	911.37	0.000
31	0.132	0.013	914.43	0.000
32	0.135	−0.001	917.66	0.000
33	0.134	−0.044	920.89	0.000
34	0.127	−0.068	923.82	0.000
35	0.116	−0.069	926.30	0.000
36	0.103	−0.002	928.27	0.000

(d) DS

滞后	自相关系数	偏自相关系数	Q统计量	概率
1	0.949	0.949	122.62	0.000
2	0.880	−0.218	228.75	0.000
3	0.805	−0.063	318.21	0.000
4	0.733	0.010	393.01	0.000
5	0.660	−0.072	454.10	0.000
6	0.595	0.051	504.19	0.000
7	0.532	−0.049	544.57	0.000
8	0.479	0.046	577.50	0.000
9	0.444	0.142	606.04	0.000
10	0.420	0.009	631.79	0.000
11	0.402	0.012	655.52	0.000
12	0.372	−0.159	676.01	0.000
13	0.337	−0.034	692.97	0.000
14	0.312	0.137	707.66	0.000
15	0.293	−0.012	720.71	0.000
16	0.273	−0.010	732.16	0.000
17	0.257	0.044	742.41	0.000
18	0.238	−0.058	751.25	0.000
19	0.215	−0.025	758.52	0.000
20	0.192	−0.045	764.37	0.000
21	0.178	0.068	769.46	0.000
22	0.163	−0.021	773.75	0.000
23	0.146	−0.012	777.21	0.000
24	0.124	−0.024	779.73	0.000
25	0.110	0.056	781.75	0.000
26	0.088	−0.156	783.04	0.000
27	0.071	0.078	783.90	0.000
28	0.058	0.018	784.48	0.000
29	0.054	0.063	784.99	0.000
30	0.047	−0.019	785.37	0.000
31	0.048	0.063	785.77	0.000
32	0.055	0.010	786.32	0.000
33	0.061	−0.056	786.98	0.000
34	0.057	−0.086	787.57	0.000
35	0.053	0.045	788.08	0.000
36	0.047	−0.014	788.49	0.000

图 2-48　四种成品油价格序列自相关函数和偏自相关函数图

由此，我们得到 ARCH 模型的均值方程如下：

$$NGS_t = 0.277\,992 + 0.881\,864NGS_t(-2) + \varepsilon_t \qquad (2\text{-}53)$$

$$LGS_t = 0.392\,603 + 0.839\,841LGS_t(-2) + \varepsilon_t \qquad (2\text{-}54)$$

$$HS_t = 0.345\,716 + 0.861\,747HS_t(-3) + \varepsilon_t \qquad (2\text{-}55)$$

$$DS_t = 0.276\,654 + 0.893\,135DS_t(-2) + \varepsilon_t \qquad (2\text{-}56)$$

计算结果的相关统计量结果如表 2-26 所示。

表 2-26　均值模型回归结果（二）

	概率	R^2	AIC	SC
NGS	0.000 0	0.803 730	0.456 250	0.500 146
LGS	0.000 0	0.728 466	0.718 505	0.762 402
HS	0.000 0	0.787 279	0.726 289	0.770 405
DS	0.000 0	0.832 906	0.438 043	0.481 939

由表 2-26 可以看出各回归因子 NGS（-2），LGS（-2），HS（-3），DS（-2）相应概率 P 值为 0.0000，表明该模型是可靠的。

根据上面建立的均值方程，提取均值方程的残差序列，然后绘制该残差序列的时序图，根据时序图呈现的"集聚现象"直观判断是否存在 ARCH 效应。

计算得到该残差序列的时序图如图 2-49 所示。

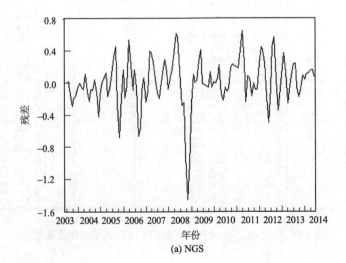

(a) NGS

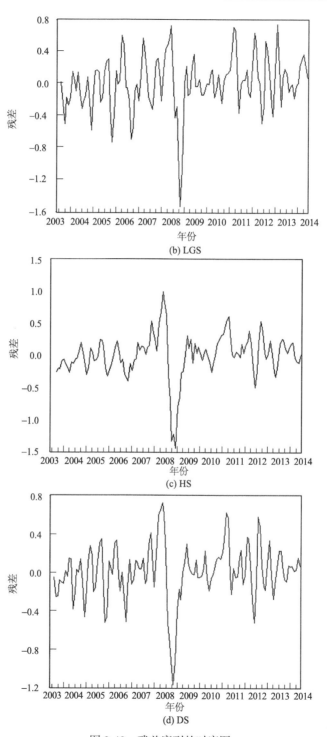

(b) LGS

(c) HS

(d) DS

图 2-49　残差序列的时序图

由图 2-49 可以看出，在四种成品油价格均值模型残差时序图中出现了波动集聚现象，即较大的波动后面常常伴随着较大的波动，较小的波动后面伴随着较小的波动，因此，可以直观判断，原油价格序列存在 ARCH 效应。

2.3.2　国际成品油价格与原油价格关系研究

1. 研究方法

1）VAR 模型

VAR 模型是用模型中的所有当期变量对所有变量的若干滞后变量进行回归，VAR 模型用来估计联合内生变量的动态关系，不以严格的经济理论为基础。一个包含 n 个变量的 p 阶 VAR 模型，记为 VAR（p），其公式为

$$Y_t = c + A_1 Y_{t-1} + \cdots + A_p Y_{t-p} + BX_t + \varepsilon_t \tag{2-57}$$

其中，Y_t 为 k 维内生变量向量；X_t 为 d 维外生向量；p 为滞后阶数；$A_1, A_2, \cdots, A_p$ 为 $k \times k$ 维系数矩阵；B 为 $k \times d$ 维系数矩阵；ε_t 为 k 维扰动向量。

2）VEC 模型

VEC 模型是含有协整约束的 VAR 模型，多用于具有协整关系的非平稳时间序列建模。根据 Johansen 的定义，n 维向量 X_t 的 VAR 模型可以表述为以下过程：

$$X_t = A_1 X_{t-1} + A_2 X_{t-2} + \cdots + A_p X_{t-p} + \varepsilon_t \tag{2-58}$$

其中，每一个 A_i 都为 $n \times n$ 的系数矩阵；ε_t 为服从独立均匀分布的 n 维向量。式（2-58）可以写成 VEC 模型的形式：

$$\Delta X_t = \alpha \mathrm{ECM}_{t-1} + A_1 \Delta X_{t-1} + A_2 \Delta X_{t-2} + \cdots + A_p \Delta X_{t-p} + \varepsilon_t \tag{2-59}$$

其中，ECM 为根据协整方程计算的误差修正项，误差修正项反映了变量之间偏离长期均衡关系的非均衡误差；α 为调整系数，用于反映变量当期的变化回归到长期均衡关系或者消除非均衡误差的速度。

2. 数据资料及处理

在 1996 年 4 月 17 日～2014 年 7 月 15 日的 WTI 原油现货价格（单位：美元/桶）、纽约港汽油现货价格（单位：美元/桶）、纽约港取暖油现货价格（单位：美元/加仑）和洛杉矶柴油现货价格（单位：美元/加仑）中，选取每组 4583 个数据作为研究对象，分别用符号 cs，gs，hs 和 ds 表示。数据来源为美国能源信息署。

数据的自然对数变换不改变原来的协整关系，并能使其趋势线性化以消除时间序

列中存在的异方差，所以分别对原油、汽油、取暖油和柴油价格序列 cs，gs，hs 和 ds
进行自然对数变换，变换后的数据分别用符号 ln cs，ln gs，ln hs 和 ln ds 表示。

3. 原油与成品油价格之间的相关性

由于原油与成品油之间关系密切，原油与成品油价格之间应该有很强的相关
性，计算得到原油与汽油、取暖油和柴油间的相关系数，如表 2-27 所示。

表 2-27　相关系数矩阵

	原油	汽油	取暖油	柴油
原油	1.0000			
汽油	0.9814	1.0000		
取暖油	0.9879	0.9872	1.0000	
柴油	0.9861	0.9887	0.9940	1.0000

由表 2-27 可以看出，原油与各成品油价格之间均具有较高的相关系数，所有
相关系数均达到 0.98 以上，说明原油与成品油价格、成品油与成品油价格间均具
有很强的相关性。其中，原油与取暖油的关系最为密切，相关系数高达 0.9879，
原油与汽油的相关系数最低，为 0.9814；而在成品油与成品油价格之间，取暖油
与柴油间的相关程度最高，相关系数高达 0.9940，汽油与取暖油的相关程度最低，
相关系数为 0.9872。

由于原油与各成品油价格单位不统一，为方便进行绘图比较，将四组数据均
进行标准化处理，得到标准化处理后的原油与各成品油价格序列图像（图 2-50）。

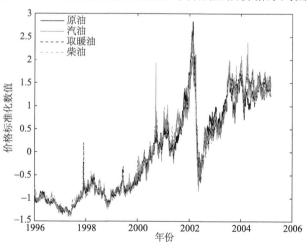

图 2-50　国际原油与各成品油价格走势

由图 2-50 可以看出，国际原油与各成品油价格走势大致相同，因此，国际原油与各成品油价格之间有很强的联动性。

4. VEC 模型构建

1）单位根检验

下面对数据列 ln cs、ln gs、ln hs 和 ln ds 之间的关系进行系统的分析，先对各数据序列的平稳性进行检验。选择用最常用的 ADF 单位根检验方法进行检验，结果如表 2-28 所示。

表 2-28　单位根检验结果（五）

变量	ADF 统计量	1%临界值	5%临界值	10%临界值	结论
ln cs	−1.147 347	−3.431 594	−2.861 975	−2.567 044	不平稳
dln cs	−50.331 1	−3.431 595	−2.861 975	−2.567 044	平稳
ln gs	−1.351 861	−3.431 594	−2.861 975	−2.567 044	不平稳
dln gs	−65.426 3	−3.431 595	−2.861 975	−2.567 044	平稳
ln hs	−1.122 933	−3.431 596	−2.861 975	−2.567 045	不平稳
dln hs	−36.731 98	−3.431 596	−2.861 975	−2.567 045	平稳
ln ds	−1.309 349	−3.431 596	−2.861 975	−2.567 045	不平稳
dln ds	−29.932 25	−3.431 596	−2.861 975	−2.567 045	平稳

注：dln cs，dln gs，dln hs 和 dln ds 分别表示 ln cs，ln gs，ln hs 和 ln ds 的一阶差分序列

由表 2-28 单位根检验结果可以看出，序列 ln cs，ln gs，ln hs 和 ln ds 是不平稳的，而它们的一阶差分序列 dln cs，dln gs，dln hs 和 dln ds 是平稳的，即都属于 $I(1)$ 过程。因此，可以判断国际原油与各成品油价格之间可能存在长期的协整关系，下面进行验证。

2）Johansen 协整检验

在进行 Johsansen 协整检验之前，必须确定 VAR 模型的最佳滞后阶数 p，如果 p 太小，误差项的自相关会非常严重，这会导致被估参数的非一致性，所以可以通过增加 p 来消除误差项存在的自相关。但是 p 值又不能太大，如果 p 的取值太大，会导致自由度减少，并直接影响被估参数的有效性。利用 AIC 和 SC 进行判断，并考虑模型的拟合优度情况，VAR 模型在不同滞后阶数下选择准则的取值情况如表 2-29 所示。

表 2-29 VAR 模型在不同滞后阶数下选择准则的取值情况

滞后阶数	极大似然估计值	似然比统计量	最终预测误差准则	AIC	SC	HQ
0	10 916.11	NA	9.84×10^{-8}	-4.782 867	-4.777 234	-4.780 884
1	45 063.22	68 219.37	3.13×10^{-14}	-19.742 81	-19.714 64	-19.732 89
2	45 101.4	76.211 62	3.10×10^{-14}	-19.752 53	-19.701 83	-19.734 68
3	45 122.34	41.771 14	3.10×10^{-14}	-19.754 7	-19.681 47	-19.728 91
4	45 155.42	65.902 38	3.07×10^{-14}	-19.762 18	-19.666 42	-19.728 46
5	45 238.18	164.765 6	2.98×10^{-14}	-19.791 44	-19.673 15	-19.749 79
6	45 267.61	58.536 87	2.97×10^{-14}	-19.797 33	-19.656 51	-19.747 74
7	45 286.76	38.052 2	2.96×10^{-14}	-19.798 71	-19.635 36	-19.741 19
8	45 309.76	45.678 22	2.95×10^{-14}	-19.801 78	-19.615 89	-19.736 33
9	45 327.78	35.749 65	2.95×10^{-14}	-19.802 67	-19.594 25	-19.729 28
10	45 340.57	25.347 71	2.95×10^{-14}	-19.801 26	-19.570 31	-19.719 94

根据表 2-29 的计算结果，选择滞后阶数 $p = 9$。

下面进行 Johsansen 协整检验，Johsansen 协整检验的滞后期数取为 $p - 1 = 8$。检验结果如表 2-30 所示。

表 2-30 国际原油与各成品油间的协整关系检验结果

原假设	特征根	迹统计量	概率 P	最大特征根统计量	概率 P
无协整关系	0.019 844	204.882 9	0.000 0	91.677 56	0.000 0
至少 1 个	0.014 003	113.205 4	0.000 0	64.501 3	0.000 0
至少 2 个	0.010 371	48.704 06	0.000 0	47.684 88	0.000 0
至少 3 个	0.000 223	10.019 173	0.312 7	1.019 173	0.312 7

由表 2-30 可知，在 0.05% 置信水平下，四个变量之间存在两个协整关系。协整方程可以表示为

$$\ln cs = -10.054\,36 \ln gs - 12.895\,96 \ln hs + 23.362\,44 \ln ds$$
$$(2.086\,81) \qquad\qquad (2.229\,67) \qquad\qquad (2.447\,63)$$

（2-60）

其中，调整系数 $D(\ln cs) = -0.000\,0106$，$D(\ln gs) = 0.000\,371$，$D(\ln hs) = 0.000\,591$，$D(\ln ds) = -0.001\,343$。

由于计算得到的调整系数至少有一个为负值，说明协整关系是有效的，通过式（2-60），可以得到国际原油与汽油和取暖油之间存在负相关的协整关系，而与柴油价格之间存在正相关的协整关系：国际汽油价格每上升 1%，原油价格会下降 10.054 36%；取暖油价格每上升 1%，原油价格会下降 12.895 96%；而柴油价格每上升 1%，原油价格会上升 23.362 44%。或者说，若原油价格每上升 1%，汽油价格就会下降 0.099 459%，取暖油价格会下降 0.077 544%，柴油价格会上升 0.042 804%。

3）VEC 模型

协整方程说明了变量间的长期均衡关系，而没有考虑各变量在短期不均衡的情况，下文基于变量之间存在的协整关系，进一步建立将短期波动与长期均衡联系在一起的 VEC 模型。

先计算得到 VEC 模型中的误差修正项为

$$
\begin{aligned}
\text{Coint EQ1} &= \ln\text{cs} + 0.002\,608\ln\text{hs} - 0.606\,629\ln\text{ds} - 0.000\,202 \\
\text{Coint EQ2} &= \ln\text{gs} + 0.716\,015\ln\text{hs} - 1.250\,305\ln\text{ds} - 0.000\,237
\end{aligned}
\tag{2-61}
$$

VEC 模型可以表示为

$$
\Delta X_t =
\begin{bmatrix} -1.41 \\ 0.19 \\ -0.05 \\ 0.03 \end{bmatrix}
\text{Coint EQ1} +
\begin{bmatrix} 0.19 \\ -0.74 \\ -0.47 \\ 0.21 \end{bmatrix}
\text{Coint EQ2} +
\begin{bmatrix} 0.37 & -0.17 & 0.02 & -0.01 \\ -0.17 & -0.17 & 0.43 & -0.16 \\ -0.12 & 0.46 & -0.59 & -0.07 \\ -0.55 & -0.76 & -0.55 & -0.69 \end{bmatrix}
\Delta X_{t-1}
$$
$$
+ \cdots +
\begin{bmatrix} 0.05 & 0.02 & 0.04 & 0.05 \\ -0.04 & -0.08 & 0.03 & -0.06 \\ -0.03 & 0.04 & -0.10 & -0.01 \\ -0.05 & -0.04 & -0.06 & -0.06 \end{bmatrix}
\Delta X_{t-9} +
\begin{bmatrix} -0.000\,019 \\ -0.000\,000\,3 \\ -0.000\,008\,8 \\ -0.000\,004\,2 \end{bmatrix}
+ \varepsilon_t, \quad
\Delta X =
\begin{bmatrix} D(\ln\text{cs}) \\ D(\ln\text{gs}) \\ D(\ln\text{hs}) \\ D(\ln\text{ds}) \end{bmatrix}
\tag{2-62}
$$

模型整体的对数似然值为 44 910.02，足够大，同时 AIC 值和 SC 值分别为 −19.573 94 和−19.343 37，足够小，说明模型整体拟合得较好，解释能力较强。

通过模型的系数矩阵可以看出，滞后一期的汽油价格和柴油价格对原油价格的上涨具有负效应，即汽油和柴油价格每上涨 1%，原油价格则下降 0.17%和 0.01%；而取暖油价格对原油价格的上涨具有正效应，即柴油价格每上涨 1%，原油价格上涨 0.02%，其余各滞后期的相互关系可以类似得到。这说明原油与各成品油之间存在短期的不均衡关系。

4）Granger 因果关系检验

通过上文的分析，可以知道国际原油价格与各成品油价格之间存在长期稳定和短期差异性的均衡关系，下面我们继续验证这种均衡关系是否构成因果关系。对国际原油价格、汽油、取暖油和柴油价格间的 Granger 因果关系的检验结果如表 2-31 所示。

表 2-31　变量间的 Granger 因果关系检验结果

原假设	卡方统计量	概率	结论
gs 不是 cs 的 Granger 原因	20.789 91	0.013 6	拒绝
hs 不是 cs 的 Granger 原因	22.317 52	0.007 9	拒绝
ds 不是 cs 的 Granger 原因	144.330 6	0.000 0	拒绝
cs 不是 gs 的 Granger 原因	25.695 02	0.002 3	拒绝
hs 不是 gs 的 Granger 原因	122.184 3	0.000 0	拒绝
ds 不是 gs 的 Granger 原因	219.611 1	0.000 0	拒绝
cs 不是 hs 的 Granger 原因	42.899 7	0.000 0	拒绝
gs 不是 hs 的 Granger 原因	82.668 54	0.000 0	拒绝
ds 不是 hs 的 Granger 原因	143.152 2	0.000 0	拒绝
cs 不是 ds 的 Granger 原因	11.462 16	0.245 4	接受
gs 不是 ds 的 Granger 原因	26.555 82	0.011 7	接受
hs 不是 ds 的 Granger 原因	9.954 466	0.354 2	接受

由表 2-31 可以看出，在 5% 的显著性水平下，短期内原油价格变动与汽油价格变动之间呈双向的 Granger 原因；原油价格与取暖油价格之间呈双向的 Granger 原因；原油价格与柴油价格之间呈单向的 Granger 原因，即柴油价格是原油价格的 Granger 原因，而原油价格不是柴油价格的 Granger 原因。在成品油价格之间：汽油与取暖油价格之间存在双向的 Granger 原因；汽油与柴油价格之间存在单向的 Granger 原因，即柴油是汽油价格的 Granger 原因，但汽油价格不是柴油价格的 Granger 原因；取暖油与柴油价格间呈单向 Granger 原因，即柴油价格是取暖油价格的 Granger 原因，但取暖油价格不是柴油价格的 Granger 原因。

国际原油、汽油、取暖油和柴油价格之间的相互关系如图 2-51 所示，图中实线箭头表示存在 Granger 原因，虚线箭头表示不存在 Granger 原因。

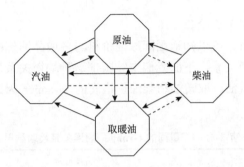

图 2-51　国际原油、汽油、取暖油和柴油价格之间的相互关系

5）脉冲响应函数

脉冲响应函数用于衡量来自随机扰动项的一个标准差冲击，对内生变量当前和未来取值的影响的变动轨迹，能比较直观地刻画出变量之间的动态交互作用及其效应。计算得到脉冲函数图，如图 2-52 所示。

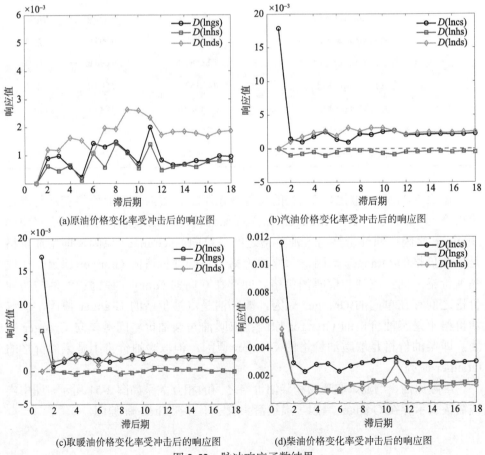

图 2-52　脉冲响应函数结果

由图 2-52（a）可以看出，原油价格变化率受到汽油、取暖油、柴油价格变化率一个正向冲击后，从第 1 期开始上升，第 2 期达到第一个峰值，随后开始在波动中上升，在第 9～11 期达到响应的最高峰，随后开始下降，第 12 期后影响趋于稳定。由图 2-52（b）可以看出，汽油价格变化率受到原油价格变化率一个正向冲击后，从第 1 期开始下降，第 3 期达到最低值，随后在波动中直到第 12 期影响趋于稳定；汽油价格变化率受到取暖油价格变化率一个正向冲击后，从第 1 期开始降为负值，第 3 期达到最低值，随后在波动中直到第 12 期影响趋于稳定；汽油价格变化率受到柴油价格变化率一个正向冲击后，从第 1 期开始上升，第 7 期达到最高峰，随后开始下降，第 12 期后影响趋于稳定。由图 2-52（c）可以看出，取暖油价格变化率受到原油价格变化率一个正向冲击后，从第 1 期开始下降，第 2 期达到最低值，随后在波动中直到第 12 期影响趋于稳定；取暖油价格变化率受到汽油价格变化率一个正向冲击后，从第 1 期开始下降，第 2 期降为 0，随后在 0 附近波动，直到第 12 期影响趋于稳定；取暖油价格变化率受到柴油价格变化率一个正向冲击后，从第 1 期开始上升，第 5 期达到最高峰，随后在波动中直到第 12 期影响趋于稳定。由图 2-52（d）可以看出，柴油价格变化率受到原油价格变化率一个正向冲击后，从第 1 期开始下降，第 3 期达到最低值，随后在波动中直到第 12 期影响趋于稳定；柴油价格变化率受到汽油价格变化率一个正向冲击后，从第 1 期开始下降，第 6 期达到最低值，随后在波动中直到第 12 期影响趋于稳定；柴油价格变化率受到取暖油价格变化率一个正向冲击后，从第 1 期开始下降，第 3 期达到最低值，随后在波动中直到第 12 期影响趋于稳定。

6）方差分解

基于估计的 VEC 模型，对原油、汽油、取暖油和柴油价格序列进行分解，结果如表 2-32 所示。

表 2-32　方差分解结果

	$D(\ln cs)$	$D(\ln gs)$	$D(\ln hs)$	$D(\ln ds)$
$D(\ln cs)$	0.9121	0.021	0.012	0.055
$D(\ln gs)$	0.396	0.527	0.0053	0.072
$D(\ln hs)$	0.397	0.045	0.504	0.054
$D(\ln ds)$	0.283	0.068	0.057	0.594

由表 2-32 可以看到，原油价格的方差变动有 91.21%来自原油价格自身，仅有 8.79%来自成品油市场；而汽油价格方差变动有 39.6%来自原油市场，取暖油价格方差变动有 39.7%来自原油市场，柴油价格方差变动有 28.3%来自原油市场，可见成品油市场的价格变动的 35%左右受原油价格影响。同时，成品油价格之间

也存在相互影响的关系，如汽油价格变动的 7.73%受取暖油和柴油价格变化影响；取暖油价格变动的 9.9%受汽油和柴油价格变动的影响；柴油价格变动的 12.5%受汽油和取暖油价格变化的影响。

5. 研究结论

本部分对国际原油与成品油价格间的相互影响关系进行了实证分析，得到如下的结论。

（1）原油与各成品油价格之间均具有较高的相关系数，所有相关系数均达到 0.98 以上，说明原油与成品油价格、成品油与成品油价格间均具有很强的相关性。其中，原油与取暖油的关系最为密切，相关系数高达 0.9879，原油与汽油的相关系数最低，为 0.9814；而在成品油与成品油价格之间，取暖油与柴油间的相关程度最高，相关系数高达 0.9940，汽油与取暖油的相关程度最低，相关系数为 0.9872。

（2）通过 Johsansen 协整检验，在长期上，得到国际原油与汽油和取暖油之间存在负相关的协整关系，而与柴油价格之间存在正相关的协整关系：国际汽油价格每上升 1%，原油价格会下降 10.054 36%；取暖油价格每上升 1%，原油价格会下降 12.895 96%；而柴油价格每上升 1%，原油价格会上升 23.362 44%。或者说，若原油价格每上升 1%，汽油价格就会下降 0.099 459%，取暖油价格会下降 0.077 544%，柴油价格会上升 0.042 804%。

（3）根据 VEC 模型的系数矩阵可以看出，在短期上，滞后一期的汽油价格和柴油价格对原油价格的上涨具有负效应，即汽油和柴油价格每上涨 1%，原油价格则下降 0.17%和 0.01%；而取暖油价格对原油价格的上涨具有正效应，即柴油价格每上涨 1%，原油价格上涨 0.02%。

（4）通过 Granger 因果关系检验得到，在 5%的显著性水平下，短期内原油价格变动与汽油价格变动之间呈双向的 Granger 原因；原油价格与取暖油价格之间呈双向的 Granger 原因；原油价格与柴油价格之间呈单向的 Granger 原因，即柴油价格是原油价格的 Granger 原因，而原油价格不是柴油价格的 Granger 原因。在成品油价格之间：汽油与取暖油价格之间存在双向的 Granger 原因；汽油与柴油价格之间存在单向的 Granger 原因，即柴油是汽油价格的 Granger 原因，但汽油价格不是柴油价格的 Granger 原因；取暖油与柴油价格间呈单向 Granger 原因，即柴油价格是取暖油价格的 Granger 原因，但取暖油价格不是柴油价格的 Granger 原因。

（5）脉冲响应函数分析结果显示：原油价格变化率受到成品油价格变化率一个正向冲击后，从第 1 期开始上升，第 2 期达到第一个峰值，随后开始在波动中上升，在第 9～11 期达到响应的最高峰，随后开始下降，第 12 期后影响趋于稳定；成品油价格变化率受到原油价格变化率一个正向冲击后，从第 1 期开始下降，第 2～3 期达到最低值，随后在波动中直到第 12 期影响趋于消失。

（6）方差分解结果显示：原油价格的方差变动有 91.21%来自原油价格自身，仅有 8.79%来自成品油市场；而成品油价格的方差变动有 65%左右来自成品油市场自身，有 35%左右来自原油市场。

2.3.3　国际成品油期货市场的价格发现与风险转移功能

1. 研究方法

1）协整检验

假设期货价格序列记为 $F = \{F_t\}$，现货价格序列记为 $S = \{S_t\}$，若它们都是一阶平稳的，即 $F \sim I(1)$，$S \sim I(1)$，如果 $\exists \alpha$ 使得 $F_t - \alpha S_t$ 为平稳序列，则称 F_t 与 S_t 之间存在协整关系，协整关系反映了两个变量之间的长期均衡关系。期货价格 F_t 与现货价格 S_t 之间存在协整关系，可以得到如下的协整方程：

$$
\begin{aligned}
F_t &= \alpha_1 + \beta_1 S_t + \varepsilon_{1t} \\
S_t &= \alpha_2 + \beta_2 F_t + \varepsilon_{2t}
\end{aligned}
\tag{2-63}
$$

其中，α_1、α_2 为常数项；β_1、β_2 为协整系数，反映了变量间的长期均衡关系；ε_{1t}、ε_{2t} 为误差项。

2）因果检验

期货价格 F_t 与现货价格 S_t 之间的引导关系可以通过建立 VEC 模型来进行描述，在式（2-63）的基础上，可以构建 VEC 模型，表达式如下：

$$
\begin{aligned}
\Delta F_t &= \lambda_1 + \sum_{i=1}^{k} \varphi_{1i} \Delta F_{t-i} + \sum_{i=1}^{k} \delta_{1i} \Delta S_{t-i} + \gamma_1 \text{ECT}_{1,t-1} + \varepsilon_{1t} \\
\Delta S_t &= \lambda_2 + \sum_{i=1}^{k} \varphi_{2i} \Delta S_{t-i} + \sum_{i=1}^{k} \delta_{2i} \Delta F_{t-i} + \gamma_2 \text{ECT}_{2,t-1} + \varepsilon_{2t}
\end{aligned}
\tag{2-64}
$$

其中，Δ 为一阶差分算子；k 为滞后期；γ_1、γ_2 为扰动项系数；$\text{ECT}_1 = F_t - \alpha_1 - \beta_1 S_t$，$\text{ECT}_2 = S_t - \alpha_2 - \beta_2 F_t$，$\text{ECT}_1$ 和 ECT_2 反映了变量间短期差异性的均衡关系。若 $\gamma_1 \neq 0$，则说明从长期来说现货价格变化是期货价格变化的原因；若 $\gamma_2 \neq 0$，则说明从长期来说期货价格变化是现货价格变化的原因。若至少有一个 $\delta_{1i} \neq 0$，则说明在短期内现货价格变化是引起期货价格变化的原因；至少有一个 $\delta_{2i} \neq 0$，则说明在短期内期货价格变化是引起现货价格变化的原因。

3）价格发现系数与风险转移系数

期货市场价格发现功能的本质在于信息能否及时在现货价格或期货价格中得到体现。Garbade-Silber（GS）模型可用来分析是期货价格还是现货价格在信息传递和价格发现中起主导作用。GS 模型表达式如下：

$$\begin{bmatrix} S_t \\ F_t \end{bmatrix} = \begin{bmatrix} \mu_s \\ \mu_f \end{bmatrix} + \begin{bmatrix} 1-\gamma_s & \gamma_s \\ \gamma_f & 1-\gamma_f \end{bmatrix} \begin{bmatrix} S_{t-1} \\ F_{t-1} \end{bmatrix} + \begin{bmatrix} \varepsilon_{s,t} \\ \varepsilon_{f,t} \end{bmatrix} \frac{n!}{r!(n-r)!} \qquad (2\text{-}65)$$

其中，误差项 ε_s 和 ε_f 具有如下的性质：

$$\sigma^2(\varepsilon_s) = \sigma^2(\upsilon) + \sigma^2(u)\left[\frac{1-\gamma_s^2}{N_s} + \frac{\gamma_s^2}{N_f}\right]$$

$$\sigma^2(\varepsilon_f) = \sigma^2(\upsilon) + \sigma^2(u)\left[\frac{\gamma_f^2}{N_s} + \frac{1-\gamma_f^2}{N_f}\right] \qquad (2\text{-}66)$$

$$\mathrm{Cov}(\varepsilon_s, \varepsilon_f) = \sigma^2(\upsilon) + \sigma^2(u)\left[\frac{\gamma_f(1-\gamma_s)}{N_s} + \frac{\gamma_s(1-\gamma_f)}{N_f}\right]$$

其中，$\upsilon \sim N(0, \sigma_\upsilon^2)$ 为所有市场参与者的价格变化；$u \sim N(0, \sigma_u^2)$ 为特定的某个市场参与者的价格变化。γ_s 反映了滞后一期的期货价格对当期现货价格的影响，λ_f 反映了滞后一期的现货价格对当期期货价格的影响。μ_s、μ_f 反映了价格序列的变动趋势。

定义价格发现系数 θ 如下：

$$\theta = \frac{|\gamma_s|}{|\gamma_s| + |\gamma_f|} \qquad (2\text{-}67)$$

价格发现系数 θ 反映了期货价格和现货价格在价格发现中的重要性程度，若 $0 < \theta < 0.5$，说明现货市场在价格发现中的作用大于期货市场；若 $0.5 < \theta < 1$，则说明期货市场在价格发现中的作用更为重要；若 $\theta = 1$，说明现货价格完全跟随期货价格，价格发现完全由期货市场决定；若 $\theta = 0$，说明期货价格完全跟随现货价格，价格发现完全由现货市场决定。

将式（2-65）变形，可以得到如下的方程：

$$F_t - S_t = \mu + \xi(F_{t-1} - S_{t-1}) + \varepsilon_t \qquad (2\text{-}68)$$

其中，$\mu = \mu_f - \mu_s$；$\varepsilon_t = \varepsilon_{f,t} - \varepsilon_{s,t}$；$\xi = 1 - \gamma_f - \gamma_s$。定义 ξ 为风险转移系数，它反

映了在基价调整的过程中，现货价格与期货价格趋同的速度，ξ 越小，期货价格与现货价格收敛的速度就越快。

2. 数据资料及处理

在成品油期货价格方面，选取 2005 年 10 月 3 日～2014 年 7 月 15 日的纽约港汽油期货价格（单位：美元/加仑）和取暖油期货价格（单位：美元/加仑）作为研究对象，分别用符号 gf 和 hf 表示，对应的现货价格选取洛杉矶汽油现货价格和纽约港取暖油现货价格作为研究对象，分别用符号 gs 和 hs 表示[图 2-53（a）]。同时为了比较成品油期货市场与原油期货市场的价格发现和风险转移功能的异同，我们在原油价格方面选取相同时段的 WTI 原油期货和现货价格进行对比分析，分别用符号 cf 和 cs 表示[图 2-53（b）]。每组数据 2210 个，共 13 260 个数据。数据来源为美国能源信息署。

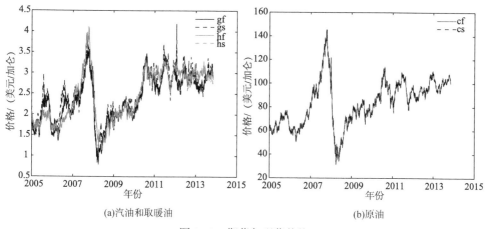

(a)汽油和取暖油 (b)原油

图 2-53　期货与现货价格

数据的自然对数变换不改变原来的协整关系，并能使其趋势线性化以消除时间序列中存在的异方差，所以分别对汽油、取暖油和原油价格的期货价格序列 gf、hf、cf 和现货价格序列 gs、hs 和 cs 进行自然对数变换，变换后的数据分别用符号 ln gf、ln hf、ln cf、ln gs、ln hs 和 ln cs 表示。

3. 实证分析

1）成品油市场长期均衡关系分析

首先采用的 ADF 单位根检验和 PP 单位根检验对序列 ln gf、ln hf、ln cf、ln gs、ln hs 和 ln cs 进行平稳性检验，检验结果如表 2-33 所示。

表 2-33　单位根检验结果（六）

序列	ADF		PP	
	水平	一阶差分	水平	一阶差分
ln gf	−2.604 314（0.278 4）	−46.521 42（0.000 0）	−2.590 881（0.284 6）	−46.521 36（0.000 0）
ln gs	−2.786 604（0.160 3）	−47.990 07（0.000 1）	−2.743 123（0.167 0）	−48.015 65（0.000 1）
ln hf	−1.699 662（0.431 3）	−47.676 61（0.000 1）	−1.672 647（0.445 1）	−47.688 75（0.000 1）
ln hs	−1.736 063（0.412 9）	−48.584 09（0.000 1）	−1.702 104（0.430 1）	−48.581 86（0.000 1）
ln cf	−2.220 773（0.199 0）	−48.937 48（0.000 1）	−2.067 512（0.258 1）	−49.113 36（0.000 1）
ln cs	−2.204 617（0.204 8）	−47.305 00（0.000 1）	−2.158 435（0.222 0）	−47.337 52（0.000 1）

注：表中所列为 t 统计量的值，括号内为概率 P 的值

　　由表 2-33 的结果可以看到，本节所研究的成品油和原油价格序列都是非平稳的，但是它们的一阶差分序列都是平稳序列，即都是 I（1）序列。因此，可以对序列 ln gf、ln hf、ln cf、ln gs、ln hs 和 ln cs 进行协整检验，考察每组期货与现货价格之间是否存在长期均衡关系。对每组序列进行 Johansen 协整检验，结果如表 2-34 所示。

表 2-34　Johansen 协整检验结果（一）

	结果	迹统计量	最大特征根统计量
ln gf，ln gs	无*	81.645 96（0.000 0）	77.312 16（0.000 0）
	至多一个	4.333 799（0.057 4）	4.333 799（0.057 4）
ln hf，ln hs	无*	35.732 89（0.000 0）	32.781 29（0.000 0）
	至多一个	2.951 600（0.085 8）	2.951 600（0.085 8）
ln cf，ln cs	无*	224.487 1（0.000 1）	220.671 5（0.000 1）
	至多一个	3.815 659（0.050 8）	3.815 659（0.050 8）
ln gf，ln hf	无*	29.822 01（0.000 2）	24.617 28（0.000 8）
	至多一个	5.204 725（0.022 5）	5.204 725（0.022 5）
ln gf，ln cf	无*	27.078 85（0.000 6）	20.292 04（0.005 0）
	至多一个	6.786 806（0.009 2）	6.786 806（0.009 2）
ln hf，ln cf	无*	17.003 98（0.029 4）	13.876 58（0.057 5）
	至多一个	3.127 404（0.077 0）	3.127 404（0.077 0）

*表示在显著性水平 5% 下拒绝原假设，括号内为概率 P 的值

由表 2-34 可以看到，汽油、取暖油、原油期货价格与现货价格之间均存在长期的均衡关系；取暖油期货价格与原油期货价格之间存在长期的均衡关系，但是汽油期货价格与取暖油期货价格之间不存在长期的均衡关系，汽油期货价格与原油期货价格之间不存在长期的均衡关系。

如果存在长期均衡关系，利用式（2-63），得到各个协整系数 β，如表 2-35 所示。

表 2-35　协整方程系数结果

项目	ln gf/ln gs	ln hf/ln hs	ln cf/ln cs	ln hf/ln cf
β	-1.121 440	-0.992 208	-0.993 593	-1.191 269

由表 2-35 可以得到各组期货价格与现货价格间的定量关系：从长期来看，若汽油现货价格上升 1%，则会导致汽油期货价格将下降 1.121 440%；若取暖油价格上升 1%，则引起取暖油期货价格下降 0.992 208%；若原油现货价格上升 1%，则会引起原油期货价格下降 0.993 593%；若原油期货价格上升 1%，则会导致取暖油期货价格下降 1.191 269%。

2）价格发现与风险转移功能分析

利用 GS 模型，我们计算得到汽油、取暖油、原油期货市场与现货市场的 GS 模型如下：

$$\begin{bmatrix} \ln gs_t \\ \ln gf_t \end{bmatrix} = \begin{bmatrix} 0.004\,197 \\ -0.000\,151 \end{bmatrix} + \begin{bmatrix} 0.974\,855 & 0.021\,770 \\ 0.004\,197 & 0.995\,747 \end{bmatrix} \begin{bmatrix} \ln gs_{t-1} \\ \ln gf_{t-1} \end{bmatrix} + \begin{bmatrix} \varepsilon_{gs,t} \\ \varepsilon_{gf,t} \end{bmatrix}$$

$$\begin{bmatrix} \ln hs_t \\ \ln hf_t \end{bmatrix} = \begin{bmatrix} -0.001\,309 \\ 0.000\,731 \end{bmatrix} + \begin{bmatrix} 0.915\,091 & 0.085\,150 \\ 0.020\,896 & 0.978\,537 \end{bmatrix} \begin{bmatrix} \ln hs_{t-1} \\ \ln hf_{t-1} \end{bmatrix} + \begin{bmatrix} \varepsilon_{hs,t} \\ \varepsilon_{hf,t} \end{bmatrix}$$

$$\begin{bmatrix} \ln cs_t \\ \ln cf_t \end{bmatrix} = \begin{bmatrix} -0.006\,232 \\ 0.003\,931 \end{bmatrix} + \begin{bmatrix} 0.725\,760 & 0.275\,570 \\ 0.043\,750 & 0.955\,380 \end{bmatrix} \begin{bmatrix} \ln cs_{t-1} \\ \ln cf_{t-1} \end{bmatrix} + \begin{bmatrix} \varepsilon_{cs,t} \\ \varepsilon_{cf,t} \end{bmatrix}$$

$$\begin{bmatrix} \ln hf_t \\ \ln cf_t \end{bmatrix} = \begin{bmatrix} -0.006\,848 \\ 0.007\,078 \end{bmatrix} + \begin{bmatrix} 0.997\,981 & 0.001\,958 \\ 0.001\,045 & 0.998\,193 \end{bmatrix} \begin{bmatrix} \ln hf_{t-1} \\ \ln cf_{t-1} \end{bmatrix} + \begin{bmatrix} \varepsilon_{hf,t} \\ \varepsilon_{cf,t} \end{bmatrix}$$

提取模型的系数，结果如表 2-36 所示。

表 2-36　GS 模型计算结果

项目	系数							
	γ_{gs}	γ_{gf}	γ_{hs}	γ_{hf}	γ_{cs}	γ_{cf}	γ_{hf}	γ_{cf}
ln gf, ln gs	0.021 770 (0.000 0)	0.004 197 (0.316 8)	—	—	—	—	—	—
ln hf, ln hs	—	—	0.085 150 (0.000 0)	0.020 896 (0.117 1)	—	—	—	—
ln cf, ln cs	—	—	—	—	0.275 570 (0.000 0)	0.043 750 (0.129 2)	—	—
ln hf, ln cf	—	—	—	—	—	—	0.001 958 (0.483 2)	0.001 045 (0.730 0)

注：括号内为概率 P 的值

利用式（2-67）、式（2-68）得到各组序列价格发现系数与风险转移系数，如表 2-37 所示。

表 2-37　价格发现系数与风险转移系数

项目	ln gf, ln gs	ln hf, ln hs	ln cf, ln cs	ln hf, ln cf
θ	0.8348	0.8030	0.8630	0.6520
ξ	0.9740	0.8940	0.6807	0.9970

由表 2-36、表 2-37 可以得到：对于汽油期货和现货市场，$\gamma_{gs}>0$ 且在 5% 的置信水平下显著，说明上一期的基价（$Z_{t-1}=F_{t-1}-S_{t-1}$）对下一期现货价格的变化起引导作用，也就是说，期货价格对现货价格具有引导作用。由于 $\gamma_{gs}>0$，在上一期基价大于 0 的情况下，根据平均值来说下一期现货价格将上升；$\gamma_{gf}>0$，但在 5% 的置信水平下不显著，说明上一期的基价对下一期期货价格的变化的影响不显著，也就是说，现货价格对期货价格不具有引导作用。$\theta=0.8348>0.5$，说明在汽油价格市场中，汽油期货市场承担了 83.48% 的价格发现功能，因此，汽油期货市场在价格发现中的作用要大于现货市场。$\xi=0.9740$，反映了从上一个交易日的基差持续到下一个交易日的比例为 97.4%，说明汽油期货市场风险转移的功能较低。

对于取暖油期货和现货市场，$\gamma_{hs}>0$ 且在 5% 的置信水平下显著，说明上一期的基价对下一期现货价格的变化起引导作用，也就是说，期货价格对现货价格具有引导作用。由于 $\gamma_{hs}>0$，在上一期基价大于 0 的情况下，根据平均值来说下一期现货价格将上升；$\gamma_{hf} > 0$，但在 5% 的置信水平下不显著，说明上一期的基价对下一期期货价格的变化的影响不显著，也就是说，现货价格对期货价格不具有引导作用。$\theta = 0.8030 > 0.5$，说明在取暖油价格市场中，取暖油期货市场承担了 80.3% 的价格发现功能，因此，取暖油期货市场在价格发现中的作用要大于现货市场。$\xi = 0.8940$，反映了从上一个交易日的基差持续到下一个交易日的比例为 89.4%，说明取暖油期货市场风险转移的功能较低。

对于原油期货和现货市场，$\gamma_{cs} > 0$ 且在 5% 的置信水平下显著，说明上一期的基价对下一期现货价格的变化起引导作用，也就是说，期货价格对现货价格具有引导作用。由于 $\gamma_{cs} > 0$，在上一期基价大于 0 的情况下，根据平均值来说下一期现货价格将上升；$\gamma_{cf} > 0$，但在 5% 的置信水平下不显著，说明上一期的基价对下一期期货价格的变化的影响不显著，也就是说，现货价格对期货价格不具有引导作用。$\theta = 0.8630 > 0.5$，说明在汽油价格市场中，汽油期货市场承担了 86.3% 的价格发现功能，因此，汽油期货市场在价格发现中的作用要大于现货市场。$\xi = 0.6807$，反映了从上一个交易日的基差持续到下一个交易日的比例为 68.07%，说明汽油期货市场风险转移的功能较高。

对于原油期货市场和取暖油期货市场来说，γ_{hf}、$\gamma_{cf} > 0$，说明原油期货市场和取暖油期货市场间存在相互关系，在 5% 的置信水平下不显著，说明上一期的基价对下一期期货或现货价格的变化的影响不显著。$\theta = 0.6520 > 0.5$，说明在原油期货市场和取暖油期货市场，原油期货市场承担了 65.2% 的价格发现功能，因此，原油期货市场在价格发现中的作用要大于取暖油期货市场。$\xi = 0.9970$，反映了原油期货市场和取暖油期货市场间较低的风险转移功能。

2.3.4　基于复杂网络的国际成品油价格动力学分析

运用复杂网络思想研究时间序列复杂的动力学特征，近年来取得了大量的研究成果。周磊等[89]利用粗粒化方法，将中国 1961～2002 年逐日平均温度序列转化为由 5 个特征字符构成的温度符号序列，利用复杂网络基本统计量研究了中国温度序列的拓扑性质。陈卫东等[90]根据周磊等的研究的思路，将国际原油价格用 3 个涨落字符 $\{R, e, D\}$ 表示，构建了国际原油价格网络，并讨论了其拓扑性质。高湘昀等[91]选取 2002 年 11 月 25 日～2010 年 9 月 24 日的国际原油期货价格和中国大庆原油现货价格作为样本，利用复杂网络研究了原油市场中期货价格和现货价格之间的联动变化规律。

本小节基于复杂网络思想研究国际成品油价格波动的动力学特征，其基本研究思路是：首先，应用相空间重构技术，将国际成品油价格嵌入到高维相空间中去，在相空间中观察国际成品油价格的演化轨迹；其次，利用粗粒化方法将相空间中的国际成品油价格序列转化为符号序列，根据给定的连边规则，构建国际成品油价格波动网络；再次，利用复杂网络的基本统计量，研究国际成品油价格波动网络的拓扑动力学性质；最后，将构建的国际成品油价格波动网络与随机网络和 Lorenz 混沌序列网络的拓扑性质进行对比分析，说明成品油价格波动网络的新性质。

1. 研究方法

1）相空间重构技术

相空间重构法[92]的基本思想是把需要研究的系统嵌入到高维的相空间中，可以得到系统状态在相空间上随时间的演化过程。系统的演变规律完全可以在一个不改变它的拓扑性质的重构相空间中描述。相空间重构的理论基础是 Takens 定理，Takens 定理描述如下：M 是 d 维流形，$\upsilon : M \rightarrow M$，$\upsilon$ 是一个光滑的微分同胚，$y : M \rightarrow \Pi$，y 有二阶连续导数，

$$\Phi(\upsilon, y) : M \rightarrow \Pi^{2m+1} \qquad (2\text{-}69)$$

其中，$\Phi(\upsilon, y) = \left[y(x), y(\upsilon(x)), y(\upsilon^2(x)), \cdots, y(\upsilon^{2d}(x)) \right]$，则 $\Phi(v, y)$ 为从 M 到 Π^{2m+1} 的一个嵌入。包含着 $\Phi(\upsilon, y) : M \rightarrow \Pi^{2m+1}$ 的空间称作嵌入空间，嵌入空间的维数称作嵌入维数，它是指能够完全包含以状态转移构成的吸引子的最小相空间的维数，吸引子在该相空间中不能有任何交叠之处。

Takens 定理说明：在由一维观测序列及其适当延时值所构成的维数合适的相空间中，系统演化动力学行为可由此空间中点的演化轨迹无奇异地表达出来。这个由观测值及其延时值所构成的空间称为重构相空间。如果观测序列为某动力学变量的一个标量 $S(n)$，则多变量动力学的几何结构可通过将这套标量 $S(n)$ 转化为重构相空间矢量 $y(n)$，即

$$y(n) = \left[S(n), S(n+\tau), S(n+2\tau), \cdots, S(n+(m-1)\tau) \right] \qquad (2\text{-}70)$$

其中，τ 为时间延迟；m 为嵌入维数。选择合适的 τ 和 m 是重构吸引子成功的关键。

2）粗粒化方法

粗粒化常用的方法是对系统区间进行同质划分，它将整个区间平均分成有限个子区间[89-91]。对划分后的每个子区间赋予一个符号，则整个系统区间就转换成一个符号序列，对粗粒化序列的研究也就是对相应时间序列的研究，粗粒化过程

舍去了小层次上的细节，粗粒化形式的符号序列又具有有限性，这就使得粗粒化方法能突出系统的本质特征。

利用粗粒化方法分析时间序列的有效性在很大程度上取决于粗粒化的精度，这要求在进行粗粒化转换时，确定符号种类不能太多，每一个符号尽可能代表在系统变化中的某一种基本的、相对独立的状态。

本书设置的粗粒化方法如下：设 $x(t)$ 表示 t 期的能源期货价格，$t=1,2,\cdots,N$，$p(t)$ 表示 Δt 时期内能源期货价格的波动率，则

$$p(t)=\frac{x(t+\Delta t)-x(t)}{\Delta t} \qquad (2\text{-}71)$$

对每一个 $p(t)$，定义符号序列 S_i：

$$S_i=\begin{cases} R, & M_p<p(t) \\ r, & 0<p(t)\leqslant M_p \\ e, & p(t)=0 \\ d, & -M_p\leqslant p(t)<0 \\ D, & p(t)<-M_p \end{cases} \qquad (2\text{-}72)$$

其中，$M_p=\dfrac{1}{N}\displaystyle\sum_{t=1}^{N}\left|p(t)\right|$；$R$ 为能源期货价格快速上升；r 为能源期货价格上升；e 为能源期货价格保持平稳；d 为能源期货价格下降；D 为能源期货价格快速下降。依据这一思想，可以将能源期货价格序列转化成相应的符号序列：

$$S=\left\{s_1,s_2,s_3,\cdots\right\}, \quad s_i\in(R,r,e,d,D)$$

2. 相空间上成品油价格波动网络的构建

以成品油的期货价格作为研究对象，选取 2005 年 10 月 3 日～2014 年 6 月 30 日的纽约港普通汽油和纽约港 2 号取暖油期货价格数据，分别记为 gfp、hfp，数据来源为美国能源信息署。利用式（2-71）计算得到期货价格序列 gfp、hfp 的波动率序列分别记为 gf_t、hf_t。利用相空间重构技术，得到汽油、取暖油期货价格波动在二维、三维相空间上的演化轨迹，如图 2-54 所示。

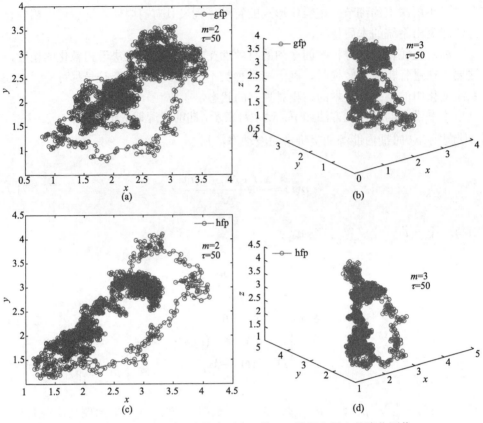

图 2-54　汽油、取暖油价格序列在二维、三维相空间上的演化图像

　　从图 2-54 可以看到，不论是嵌入二维相空间还是三维相空间，相点的轨迹都不是杂乱无章的，而是存在明显的奇怪吸引子。这种复杂的形状暗示着国际成品油价格时间序列具有混沌特性。

3. 相空间上能源期货价格波动网络

　　为了对成品油期货价格波动率序列 gf_t、hf_t 进行相空间重构，我们先确定时滞 τ，常用的选取方法主要有自相关函数法、偏自相关函数法、替代邻点法、互信息法、奇异值分解法、C-C 法等[93]。在本书的 2.2.4 小节，利用自相关函数法和偏自相关函数法对 τ 的选取进行讨论，这里不再赘述，直接利用 2.2.4 小节所得结论，当 $\tau = 2$ 时，cf_t、gf_t、of_t 自相关函数曲线和偏自相关函数曲线的值下降至 $1-1/e$，因此，将汽油、柴油期货价格的最优时滞取为 $\tau = 2$。

　　对于相空间嵌入维数 m 的确定，常用的方法主要有：最大特征值不变法、几何不变量法、虚假邻点法、预测误差最小法、最小 Shannon 熵法等（见 2.2.4 小节）。

根据 2.2.4 节计算的能源期货价格演化过程中的关联维数 $D \approx 1.6574$，根据 Takens 定理[92]，当重构相空间的嵌入维数 $m > 2D + 1$ 时，重构相空间和原动力学系统结构拓扑等价，因此，主要研究当嵌入维数 $m = 5$ 时的成品油期货价格波动网络演化特征。

在相空间上，利用式（2-72）分别对汽油、取暖油期货价格波动率序列进行粗粒化处理，得到每个相点的粗粒化相点，以粗粒化后的相点作为网络的节点构造网络。例如，当嵌入维数 $m = 5$ 时，以每个相点作为波动网络的节点，则得到汽油、取暖油期货价格波动网络的有向连接形式，如图 2-55 所示。由此可以得到在相空间上汽油、取暖油期货价格波动率各相点间相互作用的有向含权网络图，其权重就是两个相点（网络节点）之间的直接连边的次数，反映了两个相点间的关联程度。所有相点间的相互作用反映了汽油、取暖油期货价格波动的动力学特征。

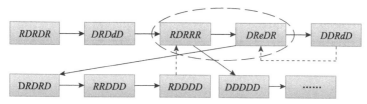

图 2-55　成品油期货价格波动网络有向连接形式示意图

基于以上思想，利用汽油期货价格波动率数据，取 $\tau = 2$、$m = 5$，我们构建国际汽油价格有向加权网络（图 2-56）。

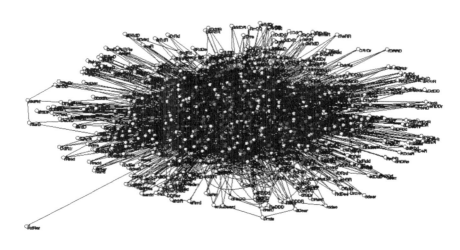

图 2-56　国际汽油价格有向加权网络

4. 相空间上成品油期货价格波动网络的动力学特征

我们所构建的相空间上的汽油、取暖油期货价格波动网络是一个有向网络，其节点度分为出度和入度，出度是指在相空间上从某一节点指向其他节点的边数，入度是指从其他节点指向该节点的边数[10-12]。在相空间的汽油、取暖油期货价格波动网络中，节点的入度是指在相空间上其他相点向某一相点的直接演化，节点的出度是指在相空间上某一相点向其他相点的直接演化。由于相空间内的节点是通过时间顺序来连接的，所以在汽油、取暖油期货价格波动网络中，除了第一个和最后一个节点，其他节点的出度和入度必定是相等的。在本节中，选取节点的出度作为研究对象，记为 k，网络中的所有节点度的平均值记为 $< k >$。在相空间中，节点度的大小反映了该相点与其他相点之间相关的强弱，节点的度越大就意味着这个节点在整个网络中的地位越重要。我们给出了在汽油和取暖油期货价格波动网络中节点度大于等于 10 的各节点（表 2-38）。

表 2-38　汽油、取暖油期货价格波动网络中的重要节点

	节点	*rrrrr*	*drrdd*	*rrdrr*	*drddr*	*rddrr*	*rrrdr*	*rrrrd*
汽油	度	23	14	14	14	14	13	13
	节点	*rdrrd*	*ddrrr*	*drrrd*	*rrddr*	*dDdrd*	*rddRd*	*rrDrr*
	度	12	12	11	11	10	10	10
	节点	*dddrr*	*rrdrd*	*ddrdd*	*rdrdd*			
	度	10	10	10	10			
取暖油	节点	*rddrd*	*drrrd*	*rrrdd*	*drddr*	*rrdrr*	*drrdd*	*rdrrd*
	度	15	13	13	11	11	11	11
	节点	*rrrrr*	*rrrrd*	*rrddr*				
	度	10	10	10				

从表 2-38 可以看出，在汽油期货价格波动网络中，$k \geqslant 10$ 的节点共有 18 个，其中，代表价格快速上升的字符 R 出现 0 次；代表价格上升的字符 r 出现 18 次，比率为 100%，rr 出现 13 次，比率为 72.22%，rrr 出现 5 次，比率为 27.78%，$rrrr$ 出现 2 次，比率为 11.11%，$rrrrr$ 出现 1 次，比率为 5.56%；代表价格平稳的字符 e 出现 0 次；代表价格下降的字符 d 出现 16 次，比率为 88.89%，dd 出现 8 次，比率为 44.44%，ddd 出现 1 次，比率为 5.56%；代表价格快速下降的字符 D 出现 2 次，比率为 11.11%；代表价格上升与价格下降直接转换的字符 dr 或 rd 出现 16 次，比率为 88.89%。在取暖油期货价格波动网络中，$k \geqslant 10$ 的节点共有 10 个，其中，代表价格快速上升的字符 R 出现 0 次；代表价格上升的字符 r 出现 10 次，

比率为 100%，*rr* 出现 8 次，比率为 80%，*rrr* 出现 4 次，比率为 40%，*rrrr* 出现 2 次，比率为 20%，*rrrrr* 出现 1 次，比率为 10%；代表价格平稳的字符 *e* 出现 0 次；代表价格下降的字符 *d* 出现 9 次，比率为 90%，*dd* 出现 5 次，比率为 50%，*ddd* 出现 0 次；代表价格快速下降的字符 *D* 出现 0 次；代表价格上升与价格下降直接转换的字符 *dr* 或 *rd* 出现 9 次，比率为 90%。在汽油、取暖油波动网络中各字符出现的比率的对比结果如图 2-57 所示。由此可见，在成品油期货价格波动网络中，代表上升的字符 *r*、*rr*、*rrr*、*rrrr*、*rrrrr* 出现的比率明显高于代表下降的字符 *d*、*dd*、*ddd*、*dddd*、*ddddd*，而代表能源价格平稳不变的字符 *e* 出现 0 次，说明从长期来看，成品油期货价格上升的趋势强于下降的趋势，成品油期货价格整体呈上升趋势。进一步来看，在汽油和取暖油期货价格波动网络中，上升或下降字符直接转换的概率分别高达 88.89% 和 90%，说明汽油和取暖油期货价格演化过程中，上升和下降是主要的转换模态，平稳变化的几乎不存在，这在一定程度上反映出成品油期货价格变化的激烈程度。

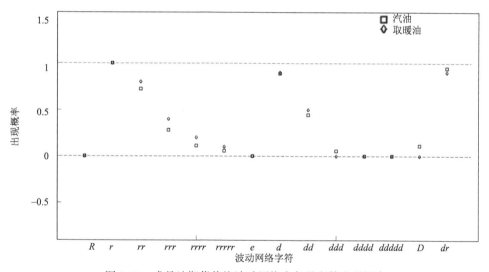

图 2-57　成品油期货价格波动网络中各种字符出现概率

　　下面给出当相空间的嵌入维数分别为 3～6 时的汽油期货价格波动网络的度分布关系（图 2-58）和取暖油期货价格波动网络的度分布关系（图 2-59）。可以看出，在不同的嵌入维数的相空间上，汽油和取暖油期货价格波动网络度分布关系较为复杂，整体上表现为较少的节点具有较高的度值，大部分节点的度值较低。从图 2-58（b）、图 2-59（b）可以看出，随着相空间嵌入维数的不断增加，对度分布的双对数曲线利用最小二乘法回归的精度逐步提高。当 $m = 5$ 时，利用最小二乘回归，分别得到回归方程 $y = -2.1925x - 0.0970$，检验统计量 $R^2 = 0.9411$，

$F = 207.8024$ ，　$P = 0.0000$ ；　$y = -2.3720x + 0.0794$ ，检验统计量 $R^2 = 0.9188$ ，

$F = 124.4888$ ，　$P = 0.0000$ ，说明汽油和取暖油期货价格波动网络服从幂律分布。相空间上的成品油期货价格波动网络节点度的幂律分布反映了成品油期货价格波动复杂的内在动力学特征。

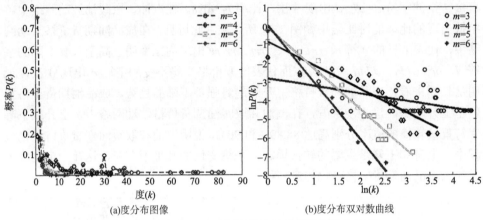

图 2-58　相空间上汽油期货价格波动网络度分布关系

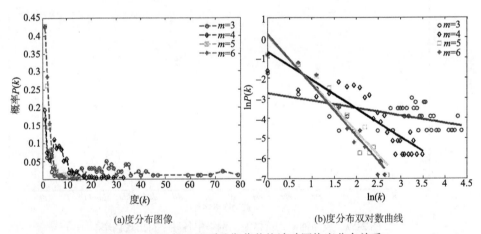

图 2-59　相空间上取暖油期货价格波动网络度分布关系

5. 加权集聚系数

相空间上的汽油、取暖油期货价格波动网络是含权网络，则网络中某一节点的集聚系数可以定义为

$$C_i = \frac{1}{\mu_i (k_i - 1)} \sum_{j,k} \frac{\omega_{ij} + \omega_{ik}}{2} a_{ij} a_{jk} a_{ik} \tag{2-73}$$

其中，ω_{ij} 为两个节点 (i,j) 连边的边权；μ_i 为节点的强度；$\mu_i = \sum_j \omega_{ij}$；$k_i$ 为节点的度；$\sum_{k>j} a_{ij} a_{jk} a_{ik}$ 为网络中包含节点 i 的三角形的总数。显然 $0 \leqslant C \leqslant 1$，若 $C=0$ 表示所有的节点均为孤立节点；$C=1$ 表示网络是全局耦合的，即网络中任意两个节点均相连。

　　利用式（2-73）计算得到汽油、取暖油期货价格波动网络、随机序列波动网络、混沌时间序列波动网络的集聚系数随节点度的分布图，如图 2-60 所示。由图 2-60 可以看到，随机时间序列波动网络的集聚系数随节点度的变化不大，而成品油价格波动网络的集聚系数呈现出节点度较小时，集聚系数趋于零，节点度较大时，集聚系数趋于零，节点度适中时，集聚系数较大的特点，因此，成品油价格波动网络并不是完全随机的，而是在程度上类似于社会关系网络，但又不同于社会关系网络，因为社会关系网络中，度数小的节点有着较大的集聚系数，度大的节点有较小的集聚系数，而成品油价格网络中，度数小的节点集聚系数亦较小。

　　如果在波动网络中节点的度和集聚系数均较大，则说明此节点在整个网络中具有主导波动趋势的作用，在汽油价格波动网络和取暖油价格波动网络中，分别得到 5 个具有主导波动趋势的节点，如表 2-39 所示。

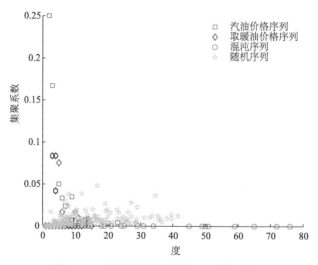

图 2-60　成品油价格网络集聚系数分布图

表 2-39　成品油价格波动网络中具有主导趋势的节点

	节点	$rrrr$	$rddrr$	$drrdd$	$drddr$	$rrrdr$
汽油	度	23	14	14	14	13
	集聚系数	0.0040	0.0082	0.0055	0.0055	0.0064
	节点	$drrrd$	$drddr$	$rrddd$	$rdddd$	$Rrddr$
取暖油	度	13	11	9	6	5
	集聚系数	0.0064	0.0091	0.0069	0.0167	0.0750

6. 平均最短路径长度

记两个节点 i 和 j 之间的距离为 d_{ij}，网络直径 D 定义为所有节点间距离的最大值，即

$$D = \max d_{ij} \qquad (2\text{-}74)$$

网络的平均路径长度 L 定义为任意两个节点间距离的平均值。在有向网络中，L 的计算公式为

$$L = \frac{1}{N(N-1)} \sum_{i \neq j} d_{ij} \qquad (2\text{-}75)$$

其中，N 为网络节点数。

利用式（2-74）、式（2-75）计算得到汽油、取暖油价格波动网络直径和平均距离分别为 $D_{gs}=24$、$D_{hs}=24$、$L_{gs}=6.5644$、$L_{hs}=6.9777$。利用同样长度的随机序列，在相空间上构建随机波动网络，计算得到随机网络的网络直径和平均距离分别为 $D_{rd}=6$、$L_{rd}=2.67275$。比较发现，成品油价格波动网络的网络直径和平均距离均比随机网络要大，说明在成品油价格波动网络中，各节点之间的转换具有多样性，从一个节点向另一个节点转换要经过较长的时间，即表现出长程关联的节点相对较多，这说明在成品油价格波动网络中，存在一系列小规模的群簇，群簇内部节点间的关联性较好，而群簇之间的关联性较差。

为了更好地研究成品油期货价格网络的拓扑性质，在相空间上利用同样的方式构造随机波动网络和 Lorenz 混沌序列波动网络。计算各网络的拓扑统计量，结果如表 2-40 所示。

表 2-40　基本拓扑统计量

网络类别	数据量	m	N_m	N	M	$<k>$	D	L	γ	C
汽油价格网络	2 193	5	2 191	901	2 19	2.427 3	24	6.564 4	2.192 5	0.001 6
取暖油价格网络	2 193	5	2 191	945	2 187	2.312 2	24	6.977 7	2.372	0.000 34
随机序列网络	2 193	5	2 191	201	2 19	10.948 2	6	2.672 75	0.923 317	0.006 283
混沌序列网络	2 193	5	2 802	52	2 801	22.25	17	8.237 1	0.312 2	0.000 16

由表 2-40 可以看到，成品油期货价格波动网络与随机序列网络、混沌序列网络具有不同的拓扑性质：①在数据量相同的情况下，网络中所包含的网络节点数目有明显的差别，成品油期货价格的网络节点数目最多，随机网络次之，混沌网络最少。根据网络节点构造的方式，可以看到成品油期货价格序列波动幅度最大，而 Lorenz 混沌序列虽然结构也很复杂，但是数据间的波动幅度较成品油期货价格序列要小很多。这也说明了成品油期货价格序列波动的复杂性。②根据网络平均度来看，成品油期货价格网络的平均度最小，随机网络次之，Lorenz 混沌网络最大。这说明在成品油期货价格网络中大部分节点具有较小的度，而部分节点具有较高的度，从图 2-60 中可以清晰地看到这一点。③从网络直径和平均距离来看，成品油期货价格网络与 Lorenz 混沌序列网络具有类似的较大的网络直径和平均距离，而随机序列网络则表现出较小的网络直径和平均距离。这说明成品油期货价格网络与 Lorenz 混沌序列网络各节点间的转换表现出多样性，各节点间的转化需要较长的路径；而随机序列网络各节点间的联系较紧密，各节点间的联系不需要花太长的时间。④从网络集聚系数上看，成品油期货价格网络与 Lorenz 混沌序列网络具有类似的较小的平均集聚系数，结合图 2-60 可以看出，虽然成品油期货价格网络平均集聚系数较小，但是网络中度适中的节点的集聚系数明显大于随机序列网络节点中度最大的节点的集聚系数，这也说明在成品油期货价格网络中存在一些主导期货价格波动趋势的重要节点，这些节点具有较大的度和较大的集聚系数。从以上分析中可以看出，成品油期货价格波动网络是一种不同于 Lorenz 混沌序列网络和随机序列网络的新型的网络。

2.4　中国油价波动行为分析

能源是被人类利用并由此获得能量的自然资源，在国民经济，社会发展，以及建设资源节约、环境友好型社会等方面具有举足轻重的作用，随着经济的发展，能源的供需问题和能源价格体系的建设引起世界各国的广泛关注，尤其对石油、煤炭和电能的价格体制的研究最为常见[93-99]。

目前国内外学者对能源价格的研究主要集中在四个方面：一是能源价格波动机理研究；二是能源价格波动对经济的影响研究；三是影响能源价格因素研究；四是能源价格预测研究。

在能源价格波动机理研究方面，以石油为例，Hotelling 通过建立著名的可耗竭资源模型，先对石油价格的波动机理进行了研究[20]。随后，Pindyck[100]沿着 Hotelling 的研究思路，通过假定石油市场不同结构和参与市场不同主体，建立各类理论模型，引进各类参数来分析油价波动的原因和未来趋势。一些学者从不同的角度来解释油价波动的机理和原因。Porter[101]运用随机动态规划建立了基于生产行为的价格决定模型，来分析生产决策对取暖油价格的影响；Alvarez-Ramirez 等[25, 26]利用多维 Hurst 方法和 Zipt 方法分析了原油价格动力学行为；Griffin[27]提出油价市场博弈论模型；Bernabe 等[28]建立了随机多模型动力学模型，把油价运动分为漂移和波动，相应的竞争也分为两个过程，从而发现原油市场存在两个稳定的均衡价格。在能源价格波动对经济的影响方面，众多学者利用 VAR 模型、方差分解和脉冲响应函数等方法研究了能源价格波动对 GDP 的影响，如 Al-Mutairi[34]针对挪威、尼日利亚、墨西哥等几个石油出口国家，分析了油价波动对石油出口的影响。Keane 和 Prasad[35]研究认为，油价与经济活动具有显著的相关性。但 Hooker[36]研究表明：1985 年以来，油价与经济活动的相关性很弱，油价与宏观经济的关系已发生了变化。Berument 和 Taşçı[102]利用土耳其 1990 年的投入-产出表，研究了油价波动对土耳其通货膨胀的影响。Doroodian 和 Boyd[103]利用 CGE 模型研究了油价波动对美国各部门生产和消费指数的影响。LeBlanc 和 Chinn[39]运用增广菲利普斯曲线估计了油价变化对美国、英国、法国、德国等国家的通货膨胀的影响。Rasche 和 Tatom[40]研究了油价对货币政策的影响，研究结果表明，油价上涨会引发紧缩的货币政策。Bernanke 等[42]认为积极的货币政策可以消除油价波动所造成的负面影响。Herrera 和 Pesavento[43]利用改进的 VAR 模型研究认为，油价变化会引发宏观经济活动一个较小的短暂波动，而一个系统的货币政策有利于平抑这种波动。在影响能源价格因素研究方面，国内外学者将众多且复杂的影响能源价格的因素大致归纳为两类：市场因素和非市场因素。目前大多文献集中在对市场因素研究方面，Hammoudeh 和 Madan[44, 45]研究了集中 OPEC 石油政策机制对石油市场价格的影响。在能源价格预测研究方面，许多学者开发了各种各样的预测方法来预测能源价格，这些方法大致可归为六大类：财富最大值方法、经济学分析方法、博弈论方法、计量经济方法、数理方法和组合预测方法。

2.4.1　石油、煤炭、电力价格波动趋势分析

1. 数据来源

通过查阅《中国统计年鉴》等资料，得到 1980～2010 年电力工业、煤炭工业和石油工业的出厂价格（表 2-41）。

表 2-41　1980～2010 年电力工业、煤炭工业和石油工业的出厂价格

年份	1980	1981	1982	1983	1984	1985	1986	1987
电力	98.4	101.6	98.9	105.6	102.1	103.4	102.4	103.1
煤炭	106.4	102.6	101.9	101.5	102.6	117.6	96.8	102.8
石油	102.1	99.3	100.5	106.3	112	107.2	104.6	104
年份	1988	1989	1990	1991	1992	1993	1994	1995
电力	101.7	105.9	107.4	116.9	108.8	135.9	139.5	109.5
煤炭	110.6	112.2	106.2	113.1	116.1	139.7	122.2	111.3
石油	106.8	108.4	107.1	118.8	115.3	171.3	148.7	121.2
年份	1996	1997	1998	1999	2000	2001	2002	2003
电力	113.1	114	105.5	100.9	102.4	102.3	100.75	100.9
煤炭	113.7	108	96.6	94.8	98.1	106.5	111.56	107
石油	104.6	107.4	93	109.6	144.3	99.1	95.21	115.6
年份	2004	2005	2006	2007	2008	2009	2010	
电力	102.4	104.15	102.76	102.2	101.8	102.3	101.95	
煤炭	115.9	118.19	105.78	105.4	131.4	98.5	110.86	
石油	114.2	122.42	120.3	103.4	118.5	83.1	124.73	

利用表 2-41 中的数据，绘制出 1980～2010 年电力工业、煤炭工业和石油工业的出厂价格曲线，根据三种能源的价格曲线，绘制出三种能源价格波动的趋势线，如图 2-61 所示。

从图 2-61（a）电力价格的波动趋势线可以看出，电力价格在 1980～2010 年呈现出先增长后下降的波动趋势。从图 2-61（b）煤炭价格的波动趋势线可以看出，煤炭价格呈现出周期震荡的波动趋势。从图 2-61（c）石油价格的波动趋势线可以看出，石油价格同煤炭价格类似，呈现出周期震荡的波动趋势，但是与煤炭价格不同的是：石油价格的波动周期要比煤炭价格的波动周期长。从图 2-61（d）三种能源价格曲线可以看出，三种能源价格在某些时期具有类似的波动趋势，如 1994～1995 年三种能源的价格几乎同时达到历史高点，1995 年以后开始回落，

1999年左右三种能源的价格达到历史低谷。1999年之后电力工业出厂价格呈现出较为稳定的波动趋势，而石油工业和煤炭工业出厂价格则出现新一轮的幅度较大的波动趋势。

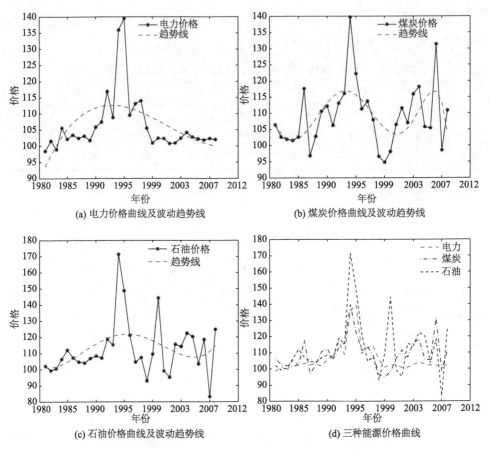

(a) 电力价格曲线及波动趋势线　　　　　　　　(b) 煤炭价格曲线及波动趋势线

(c) 石油价格曲线及波动趋势线　　　　　　　　(d) 三种能源价格曲线

图 2-61　　1980～2010年三种能源价格曲线及波动趋势线

2. 互动关联度分析

1）研究方法

　　能源价格的互动关联反映了一种能源价格变化对另一种能源价格的影响程度。为了对石油、煤炭、电力价格波动关联情况进行定量分析，将石油、煤炭、电力价格波动的动态历程看作一个系统，建模的基本思想是，根据各种能源价格随时间波动曲线变化趋势的接近程度来分析各种能源价格波动的关联行为。对于能源价格波动曲线，利用价格数据在曲线对应时段上的斜率的接近程度来反映能源价格间的相互关联程度，若价格曲线在各时段上斜率相等或相差较少，则认为能源间的关联程度就大，反之就小。基于以上思想，按如下计算步骤去寻求能源价格系统中各子系统（石油、煤炭、电力价格）之间的数值关系。

步骤 1：选取石油在各时期的价格数据作为反映系统行为特征的指标，记为

$$\overline{X}_0 = \left[x_0(1), x_0(2), \cdots, x_0(k) \right]$$

煤炭、电力在各时期的价格数据作为影响系统行为指标，记为

$$\overline{X}_i = \left[x_i(1), x_i(2), \cdots, x_i(k) \right], \quad i = 1, 2$$

步骤 2：利用式（2-76）对所选取的数据进行标准化处理：

$$X_0 = \left\{ x_0(j) / D_0, \ j = 1, 2, \cdots, k \right\}$$

$$X_i = \left\{ x_i(j) / D_i, \ i = 1, 2, 3, \cdots, \ j = 1, 2, \cdots, k \right\} \qquad (2\text{-}76)$$

$$D_0 = \frac{1}{k-1} \sum_{j=1}^{k-1} \left| x_0(j+1) - x_0(j) \right|, \quad D_i = \frac{1}{k-1} \sum_{j=1}^{k-1} \left| x_i(j+1) - x_i(j) \right|$$

步骤 3：计算变化率序列：

$$\Delta X_0 = \left\{ \Delta x_0(j) = \frac{x_0(j) - x_0(j-1)}{x_0(j)}, \ j = 2, 3, \cdots, k \right\}$$

$$\Delta X_i = \left\{ \Delta x_i(j) = \frac{x_i(j) - x_i(j-1)}{x_i(j)}, \ j = 2, 3, \cdots, k \right\}$$

步骤 4：利用式（2-77），计算石油价格与煤炭或电力价格在各时刻的关联度：

$$L_{0i}(k) = \begin{cases} \operatorname{sgn}\left(\Delta x_0(k) \cdot \Delta x_i(k) \right) \dfrac{\Delta_{\min} + \lambda \Delta_{\max}}{\Delta + \lambda \Delta_{\max}}, & i = 1, 2, \ \Delta x_0(k) \cdot \Delta x_i(k) \neq 0 \\ 0, & \Delta x_0(k) \cdot \Delta x_i(k) = 0 \end{cases} \qquad (2\text{-}77)$$

其中，$\operatorname{sgn}(\xi) = \begin{cases} 1, & \xi > 0 \\ -1, & \xi < 0 \end{cases}$，即当 $\Delta x_0(k) \cdot \Delta x_i(k) > 0$ 时，表示能源价格变化率一致，即正关联；当 $\Delta x_0(k) \cdot \Delta x_i(k) < 0$ 时，表示能源价格变化率方向相反，即负关联；当 $\Delta x_0(k) \cdot \Delta x_i(k) = 0$ 时，表示能源价格间无关联。$\Delta_{\min} = \min\limits_i \min\limits_k \left| \Delta x_0(k) - \Delta x_i(k) \right|$ 表

示各时刻能源价格变化率之差的最小绝对值；$\Delta_{\max} = \max_i \max_k \left| \Delta x_0(k) - \Delta x_i(k) \right|$ 表示各时刻能源价格变化率之差的最大绝对值；$\Delta = \left| \Delta x_0(k) - \Delta x_i(k) \right|$ 表示各时刻不同能源价格变化率之差的绝对值；$L_{0i}(k)$ 为石油价格对煤炭或电力价格在 k 时刻的关联度；λ 为分辨系数，其作用在于提高各个时刻关联度之间的差异显著性，λ 越小，分辨力越大，一般情况下 $\lambda \in (0.1, 1)$，当 $\lambda \leqslant 0.5463$ 时，分辨力最好，本书我们取 $\lambda = 0.5$。

步骤 5：利用式（2-78）计算石油价格对煤炭或电力价格在 T 时期的关联度。

$$R_{0i} = \frac{1}{T} \sum_{k=1}^{T} L_{0i}(k) \qquad (2\text{-}78)$$

显然，R_{0i} 的取值范围为 $-1 \sim 1$，在能源价格系统发展过程中，如果两种能源价格变化的态势是一致的，即同步变化程度较高，则两者关联度较大，$\left| R_{0i} \right|$ 趋近于 1；反之，则两者关联度较小，R_{0i} 趋近于 0。为便于研究，我们将石油价格对煤炭、电力价格在 T 时期的关联度分别记为 R_{oc}、R_{op}；煤炭价格对石油、电力价格在 T 时期的关联度分别记为 R_{co}、R_{cp}，如图 2-62 所示。

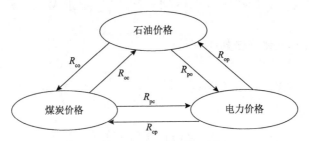

图 2-62　三种能源价格间的关联关系

步骤 6：计算能源价格间的互动关联度。

根据步骤 1～步骤 4 可知，由于反映能源价格系统行为特征的指标不同，能源价格间的关联度是不同的。在能源价格系统中，任意一种能源价格均可以作为反映能源价格系统行为特征的指标，因此，任意两种能源价格间的关联度将有两个不同的数值，为便于分析，我们定义能源价格间的互动关联度用如下的符号表示：$\mathrm{AR}_{\mathrm{pc}}$ 表示电力价格和煤炭价格间的互动关联度；$\mathrm{AR}_{\mathrm{po}}$ 表示电力价格和石油价格间的互动关联度；$\mathrm{AR}_{\mathrm{co}}$ 表示煤炭价格和石油价格间的互动关联度。计算公式分别为

$$\mathrm{AR}_{\mathrm{pc}} = \theta R_{\mathrm{pc}} + (1 - \theta) R_{\mathrm{cp}} \qquad (2\text{-}79)$$

$$AR_{po} = \theta R_{po} + (1-\theta) R_{op} \tag{2-80}$$

$$AR_{co} = \theta R_{co} + (1-\theta) R_{oc} \tag{2-81}$$

其中，$\theta \in [0,1]$，θ 取值的大小反映了各种能源在经济中的重要性程度，在下文的计算中，取 $\theta = 0.5$。互动关联度反映了两种能源价格间波动趋势的互动关联程度，互动关联度的取值越大，表明两种能源价格间的关联性越大，或者说两种能源价格波动相互影响程度越大。一般认为，能源价格间的互动关联度小于 0.6 时，能源价格间的关联行为的程度较低；能源价格间的互动关联度为 0.6～0.7 时，能源价格间的关联行为的程度适中；能源价格间的互动关联度大于 0.7 时，能源价格间的关联行为的程度较高。

2）结果分析

A. 1980～2010 年三种能源价格间的互动关联分析

利用式（2-76）～式（2-78），计算得到石油、煤炭、电力价格数据波动趋势的关联度和互动关联度，结果如图 2-63 所示。

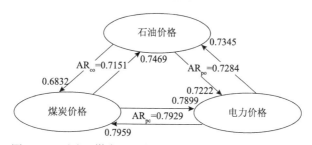

图 2-63　石油、煤炭、电力价格波动关联度和互动关联度

由图 2-63 可知，石油价格、煤炭价格、电力价格波动趋势具有较高的相关性，如果选取电力价格作为参考数据列，得到煤炭价格、石油价格与电力价格的互动关联度分别为 0.7899 和 0.7222，可见电力价格波动趋势与煤炭价格波动趋势的一致性程度更高，说明煤炭与电力价格的联系程度要大于石油与电力价格的联系程度。如果选取煤炭价格作为参考数据列，得到电力价格、石油价格与煤炭价格的互动关联度分别为 0.7959 和 0.6832，可见煤炭价格波动趋势与电力价格波动趋势的一致性程度要高于煤炭价格波动趋势与石油价格波动趋势的一致性程度。如果选取石油价格作为参考数据列，得到电力价格、煤炭价格与石油价格的互动关联度分别为 0.7345 和 0.7469，可见石油价格波动趋势与煤炭价格波动趋势的一致性程度要高于石油价格波动趋势与电力价格波动趋势的一致性程度。同时由图 2-63 可以看出，电力价格与煤炭价格的互动关联度为 0.7929，电力价格与石油价格的互动关联度为 0.7284，煤炭价格与石油价格的互动关联度为 0.7151，可见，在 1980～2010 年，石

油价格、煤炭价格、电力价格数据波动趋势的两两比较的关联性程度由高到低为：电力价格和煤炭价格（AR_{pc}）>电力价格和石油价格（AR_{po}）>煤炭价格和石油价格（AR_{co}）。

B. 不同经济时期内的三种能源价格的互动关联分析

由以上的分析可以看出，石油、煤炭、电力价格波动趋势具有较高的相关性。但是中国经济的发展经历了不同的经济时期，不同的经济时期具有不同的经济特征，对能源的需求呈现出不同情形。下面分析在不同的经济时期三种能源价格间的关联性。我们将中国经济发展分为四个时期：时期 1，1980～1992 年；时期 2，1993～1996 年；时期 3，1997～2000 年；时期 4，2001～2010 年。各时期三种能源的价格曲线如图 2-64 所示。

利用式（2-79）～式（2-81），计算得到在不同的经济时期内的石油、煤炭、电力价格数据波动互动关联度和综合互动关联度，见表 2-42 和图 2-65。

表 2-42　不同经济时期的石油、煤炭、电力价格波动互动关联度

时期	项目	电力	煤炭	石油
时期 1 （1980～1992 年）	电力	—	0.7085	0.7435
	煤炭	0.7672	—	0.7304
	石油	0.7234	0.7921	—
时期 2 （1993～1996 年）	电力	—	0.8012	0.5688
	煤炭	0.7916	—	0.7011
	石油	0.4518	0.7125	—
时期 3 （1997～2000 年）	电力	—	0.9507	0.6861
	煤炭	0.9496	—	0.7054
	石油	0.6142	0.7086	—
时期 4 （2001～2010 年）	电力	—	0.7333	0.5414
	煤炭	0.9496	—	0.5875
	石油	0.6413	0.6066	—

从表 2-42 可以看出，在第一个经济时期内，电力价格与煤炭价格的互动关联度为 0.7085 和 0.7672，说明电力价格和煤炭价格在此经济时期内的关联度较高；电力价格与石油价格的互动关联度为 0.7435 和 0.7234，说明在此经济时期内电力价格与石油价格具有较为紧密的联系；煤炭价格与石油价格的互动关联度为 0.7304 和 0.7921，说明在此经济时期内，煤炭价格与石油价格相互影响程度较高。

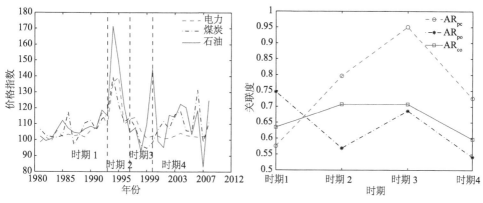

图 2-64　四个经济时期内的能源价格曲线　　图 2-65　四个经济时期内的互动关联度

在第二个经济时期内,电力价格与煤炭价格的互动关联度为 0.8012 和 0.7916,说明电力价格和煤炭价格在此经济时期内相互影响程度较高;电力价格与石油价格的互动关联度为 0.5688 和 0.4518,说明在此经济时期内电力价格与石油价格关联程度较低;煤炭价格与石油价格的互动关联度为 0.7011 和 0.7125,说明在此经济时期内,煤炭价格与石油价格相互影响程度较高。

在第三个经济时期内,电力价格与煤炭价格的互动关联度为 0.9507 和 0.9496,说明电力价格和煤炭价格在此经济时期内具有紧密的联系;电力价格与石油价格的互动关联度为 0.6861 和 0.6142,说明在此经济时期内电力价格与石油价格关联程度适中;煤炭价格与石油价格的互动关联度为 0.7054 和 0.7086,说明在此经济时期内,煤炭价格与石油价格相互影响程度较高。

在第四个经济时期内,电力价格与煤炭价格的互动关联度为 0.7333 和 0.9496,说明电力价格和煤炭价格在此经济时期内具有较紧密的联系;电力价格与石油价格的互动关联度为 0.5414 和 0.6413,说明在此经济时期内电力价格与石油价格关联程度较低;煤炭价格与石油价格的互动关联度为 0.5875 和 0.6066,说明在此经济时期内,煤炭价格与石油价格相互影响程度较低。

由图 2-65 可以看出,在第一个经济时期内,电力价格和煤炭价格的综合互动关联度为 $AR_{pc}=0.57535$,电力价格和石油价格的综合互动关联度为 $AR_{po}=0.74615$,煤炭价格和石油价格的综合互动关联度为 $AR_{co}=0.6345$,因此,在第一个经济时期内 $AR_{po}>AR_{co}>AR_{pc}$。在第二个经济时期内,电力价格和煤炭价格的综合互动关联度为 $AR_{pc}=0.7964$,电力价格和石油价格的综合互动关联度为 $AR_{po}=0.5688$,煤炭价格和石油价格的综合互动关联度为 $AR_{co}=0.7068$,因此,在第二个经济时期内 $AR_{pc}>AR_{co}>AR_{po}$。在第三个经济时期内,电力价格和煤炭价格的综合互动关联度为 $AR_{pc}=0.95015$,电力价格和石油价格的综合互动关联度为 $AR_{po}=0.6861$,煤炭价格和石油价格的综合互动关联度为 $AR_{co}=0.707$,因此,在第

三个经济时期内 $AR_{pc}>AR_{co}>AR_{po}$。在第四个经济时期内，电力价格和煤炭价格的综合互动关联度为 $AR_{pc}=0.7258$，电力价格和石油价格的综合互动关联度为 $AR_{po}=0.5414$，煤炭价格和石油价格的综合互动关联度为 $AR_{co}=0.597\,05$，因此，在第四个经济时期内同样有 $AR_{pc}>AR_{co}>AR_{po}$，但是第四个经济时期内的三种能源价格间的综合互动关联度相较于第三个经济时期有了较大的下降，这是由于随着中国经济的发展，各种新能源的出现直接导致了三种主要能源间的关联性的下降，这样的结果将更有利于经济的稳定发展。

综上分析，不同经济时期三种能源价格波动互动关联程度如表 2-43 所示。

表 2-43　不同经济时期三种能源价格互动关联程度的关系

经济时期	电力-煤炭	电力-石油	煤炭-石油	三者关系
第一经济时期（1980~1992 年）	低	高	中	$AR_{po}>AR_{co}>AR_{pc}$
第二经济时期（1993~1996 年）	高	低	高	$AR_{pc}>AR_{co}>AR_{po}$
第三经济时期（1997~2000 年）	高	中	高	$AR_{pc}>AR_{co}>AR_{po}$
第四经济时期（2001~2010 年）	高	低	低	$AR_{pc}>AR_{co}>AR_{po}$

3. 波动周期分析

1）研究方法

在式（2-78）关联度的定义中引入一延滞时间 τ，则式（2-78）变为如下形式：

$$R_{0i}(\tau)=\frac{1}{T-\tau}\sum_{k=1}^{T-\tau}L_{0i}(k)\,,\quad \tau=0,1,2,\cdots,m \qquad (2\text{-}82)$$

式（2-77）变为

$$L_{0i}(k)=\begin{cases}\operatorname{sgn}\big(\Delta x_0(k)\cdot\Delta x_i(k+\tau)\big)\dfrac{\Delta_{\min}+\lambda\Delta_{\max}}{\Delta+\lambda\Delta_{\max}}\,, & i=1,2,\ \Delta x_0(k)\cdot\Delta x_i(k)\neq 0\\[2mm]0\,, & \Delta x_0(k)\cdot\Delta x_i(k+\tau)=0\end{cases} \qquad (2\text{-}83)$$

其中，$\Delta_{\min}=\min\limits_{i}\min\limits_{k}\big|\Delta x_0(k)-\Delta x_i(k+\tau)\big|$；$\Delta_{\max}=\max\limits_{i}\max\limits_{k}\big|\Delta x_0(k)-\Delta x_i(k+\tau)\big|$；$\Delta=\big|\Delta x_0(k)-\Delta x_i(k+\tau)\big|$。式（2-82）表示能源 $x_0(k)$ 的当前价格变化在某种程度

上对其他能源 τ 时间之后的价格变化有影响，称 $x_i(k+\tau)$ 与 $x_0(k)$ 具有关联行为，若 $x_i = x_0$，称式（2-82）为能源价格的自关联度函数。自关联度函数是利用时间特性对能源价格波动的定量描述。

定义：

$$R_k = \frac{1}{m}\sum_{\tau=0}^{m} R_{0i}(\tau)\cos\omega_\tau\tau \qquad （2-84）$$

为能源价格能量关联度，能量关联度是利用频率特性对能源价格波动的描述，通过对能源价格波动序列关联度的计算，可以分析包含在时间函数中的主要周期。在式（2-84）中，$\omega_k = \frac{2\pi k}{m}$，波数 k 的最大取值为 $\frac{m}{2}$。令 $L = 2k$，则波数 L 取值范围为 0 到 m 之间的任一整数，因此，式（2-84）变为

$$R_L = \frac{1}{m}\sum_{\tau=0}^{m} R_{0i}(\tau)\cos\frac{\pi L}{m}\tau \qquad （2-85）$$

则对应的周期 $T = \frac{2\pi}{\omega_k} = \frac{2m}{L}$。在计算过程中 m 的取值是人为选择的，m 值的改变会使计算的能量关联度发生变化。当 m 的取值较小时，能量关联度值过密，就是说能量关联度平滑效果较高，这时就不易确定时间序列的主要周期；当 m 取值较大时，能量关联度出现较多的波动值，这些波动并不意味着有对应的周期现象存在，这些时间序列的周期是虚假的，因此，m 的取值是至关重要的，一般取为序列长度的 1/10～1/3。

2）实证结果

取 $m = 10$，利用式（2-82）和式（2-83）计算得到三种能源价格的自关联度，结果如表 2-44 所示。

表 2-44　能源价格自关联度函数值

波数 L	1	2	3	4	5
电力价格	−0.7661	−0.8412	0.7008	0.7950	−0.7332
煤炭价格	−0.7341	−0.6743	0.5930	0.6738	−0.6805
石油价格	−0.7314	−0.7296	0.6498	−0.6577	−0.6337

波数 L	6	7	8	9	10
电力价格	−0.7801	0.7289	0.7492	−0.7103	0.7104
煤炭价格	−0.6357	−0.6631	0.7558	0.6865	−0.6449
石油价格	0.6816	0.6599	0.7521	−0.7079	0.6579

利用式（2-84）和式（2-85）计算得到三种能源价格的周期关联度，如表 2-45 所示。

表 2-45　能源价格的周期关联度及对应周期

波数 L	1	2	3	4	5
电力价格	−0.0580	0.0767	−0.0499	−0.0557	0.3455
煤炭价格	0.0280	0.1013	−0.1002	−0.0338	0.4385
石油价格	−0.1299	0.0710	0.1879	−0.0491	0.0484
周期	20	10	6.67	5	4
波数 L	6	7	8	9	10
电力价格	0.4136	−0.0487	0.2573	−0.0441	0.2413
煤炭价格	0.0939	0.3057	−0.0314	0.1505	0.1273
石油价格	0.3785	0.1888	0.2581	−0.1242	0.2468
周期	3.33	2.86	2.5	2.22	2

从表 2-45 可以看出：电力价格波动的主要周期为 3.33 月的短周期，次要周期为 4 月的短周期；煤炭价格波动的主要周期为 4 月的短周期，次要周期为 2.86 月的短周期；石油价格波动的主要周期为 3.33 月的短周期，次要周期为 2.5 月的短周期。

4. 交叉弹性分析

1）研究方法

能源价格的交叉关联反映了一种能源价格变化对另一种能源消费量的影响程度，由第 j 种能源需求量变化率和第 i 种能源价格变化率的比值得到，如式（2-86）所示。

$$\varepsilon_{ij} = \frac{\mathrm{d}Q_j \cdot P_i}{Q_j \cdot \mathrm{d}P_i} \qquad (2\text{-}86)$$

其中，ε_{ij} 为能源 i 与能源 j 的价格交叉弹性；$\mathrm{d}Q_j$ 为能源 j 的消费量的变化；Q_j 为基准情景下能源 j 的消费量；$\mathrm{d}P_i$ 为能源 i 的价格变化；P_i 为能源 i 在基准情景下的价格。一般来说，能源价格弹性 ε 越趋于 0，价格弹性的刚性就越大。当 $\varepsilon =0$ 时，该能源价格的弹性为刚性。

2）实证结果

利用式（2-86），计算得到石油、煤炭、电力三种能源价格的交叉弹性，如

图 2-66 所示。

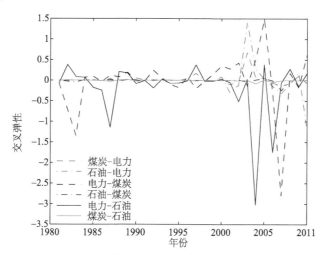

图 2-66　石油、煤炭、电力三种能源价格的交叉弹性

不同能源间价格波动对其他能源的使用量的影响，计算结果如表 2-46 所示。

表 2-46　1980～2010 年石油、煤炭、电力的交叉弹性表

能源种类	电力	煤炭	石油
电力	—	0.0506	0.1539
煤炭	0.3697	—	0.0168
石油	0.3279	0.0091	—

由图 2-66 可以看出，2001 年之前，中国能源交叉弹性系数趋于 0，能源价格弹性偏于刚性；2001 年后，能源价格弹性逐渐增大。由表 2-46 可以看出，1980～2010 年石油、煤炭、电力的整体平均交叉弹性系数小于 1，各能源间存在替代关系。进行电力消费时，要同时关注煤炭和石油价格的变化，其关联度较高；消费煤炭时，主要关注电力价格变化；消费石油时，主要关注电力价格，说明电价变化对中国能源市场的稳定运行有重大的意义。

2.4.2　中国能源价格影响因素分析

1. 能源价格影响因素指标体系

随着我国能源价格市场变化改革的不断深入，越来越多的因素对能源价格的变化起着较明显的影响作用，识别出影响能源价格的主要因素并定量分析其影响

程度，对于把握能源市场的变化规律及国家主管部门宏观调控能源市场都具有重要的意义。国内外研究表明，影响能源价格的因素很多，目前对能源价格的研究集中在经济增长、能源需求与能源价格的关系等，从宏观角度给出了它们之间的关系，这样的分析稍显粗糙，因为影响能源价格的因素是多方面的，而单纯从简单的几个因素去探讨对能源价格的影响是片面的。本节将从宏观经济和微观供需层面，综合对能源价格直接产生影响和间接产生影响的因素进行分析，具体指标如表 2-47 所示。

表 2-47　能源价格影响因素

目标层 A	准则层 B	指标层	变量名
能源价格	供给因素	能源生产总量/万吨标准煤	x_{sc}
	供给数量	能源进口量/万吨标准煤	x_{in}
	投资	能源生产弹性系数	x_{ep}
	成本	燃料购进价格指数	x_{gm}
	需求因素	能源消费总量/万吨标准煤	x_{xf}
	需求数量	能源出口量/万吨标准煤	x_{ck}
	产业结构	第二产业贡献率	x_{si}
	人口因素	城镇人口比重	x_{ct}
		人均能源消费量/千克标准煤	x_{ri}
		恩格尔系数	x_{eg}
	宏观经济因素	GDP 指数	x_{gd}
	经济产出		
	经济增长	能源消费弹性系数	x_{ec}
	一般价格水平	CPI	x_{ci}
		PPI	x_{pi}
	能源效率	单位 GDP 能耗/（吨标准煤/万元）	x_{nh}

资料来源：本节数据由各期《中国统计年鉴》整理、计算得到，计算结果保留四位小数。缺失数据采用三次样条插值方法进行处理。价格指数、消费指数、生产总值指数、消费价格指数均以上年为基期

下面将表 2-47 中的部分因素选取的原因及数据选取叙述如下。

（1）能源效率（E_{xl}）。能源效率的高低会直接影响对能源的需求，能源效率的提高会降低对能源的需求，因为生产相同的产出会由于能源利用率的提高而只需要较少的能源供给。本书采用单位 GDP 能耗 x_{nh} 作为反映能源效率的指标。

（2）产业结构（CJ）。不同的产业结构会造成不同的能源消费，随着中国产业结构的不断升级和优化，第三产业和出口导向型轻工业将得到加强，这些变化

会对中国的能源需求产生冲击，但是第二产业才是能源消费的主力，尤其是制造业，其能源消耗量通常占总消耗量的 60% 左右，考虑到第二产业在能源消耗中的特殊地位，本书采用第二产业贡献率 x_{si} 作为反映产业结构的指标参与分析。

（3）人口结构（RJ）。不同的人口结构对能源的需求显然不同，城镇人口的能源消耗远高于农村人口，所以本书将人口结构（以城镇人口比重 x_{ct}）作为影响能源需求的一个重要因素进行分析。

（4）能源消费能力 E_{xf}。本书用能源消费总量 x_{xf} 和能源出口量 x_{ck} 作为直接反映能源需求的因素。尽管生活消费所造成的能源消耗较少，但是生活消费具有很强的关联性，经济发展带来生活水平的提高，会进一步增加对电力、水、电子产品等其他各行业产品的需求，最终会影响能源强度，进而影响能源需求，本书用人均能源消费量 x_{ri} 和恩格尔系数 x_{eg} 来反映消费水平参与分析。

（5）宏观经济环境（H）。在宏观经济环境中，经济产出是影响能源需求的主要因素，生产需要能源作支撑，经济增长会提高生活水平，进而影响能源消费。研究表明 GDP 与能源消耗之间存在因果关系，即 GDP 增长是能源需求增长的原因；物价水平会影响能源效率，而且价格会带来替代效应和收入效应，会对消费者的消费行为产生显著影响，因此，物价水平是影响能源需求的重要因素之一；消费水平可以反映经济的发展阶段，而经济的发展阶段是影响能源需求的重要因素之一，因此，消费水平可以作为影响能源需求的重要因素。本书选取 GDP 指数 x_{gd}、能源消费弹性系数 x_{ec}、CPI x_{ci} 和 PPI x_{pi} 作为反映经济产出、经济增长和一般价格水平的指标参与分析。

2. 供需视角下的能源价格模型

1）供给因素影响下的能源价格模型

能源的供给量 E_s 主要取决于能源生产企业的能力 W、盈利状况 R 及市场中的其他因素 Q_s，用函数形式表达为

$$E_s = F(W, R, Q_s) \tag{2-87}$$

其中，能源生产企业的能力 W 主要取决于对能源生产的投资 I；盈利状况 R 则取决于能源的价格 E_p 及能源的生产成本 E_{pc}，因此，式（2-87）可表示为

$$E_s = F(I, E_p, E_{pc}, Q_s) \tag{2-88}$$

由式（2-88）可以看出，能源价格 E_p 与能源供给量 E_s、能源生产投资 I、能源生产成本 E_{pc} 之间有密切的联系，利用式（2-88），我们可以得到供给因素影响下的能源价格模型：

$$E_p = G(X_1) = G(E_s, E_{pc}, Q_s) \qquad (2\text{-}89)$$

其中，$G(x)$ 为 $F(x)$ 的反函数。

为便于建模分析，我们考虑式（2-89）的线性形式：

$$E_p = \beta_0 + \sum \beta_i X_{1i} + \varepsilon_1 \qquad (2\text{-}90)$$

将能源供给量 E_s 用能源生产总量 x_{sc} 和能源进口量 x_{in} 表示；能源生产投资 I 用能源生产弹性系数 x_{ep} 表示、能源生产成本 E_{pc} 用燃料购进价格指数 x_{gm} 表示，则式（2-90）可进一步表示为

$$E_p = \beta_0 + \beta_1 x_{sc} + \beta_2 x_{in} + \beta_3 x_{ep} + \beta_4 x_{gm} + \varepsilon_1 \qquad (2\text{-}91)$$

2）需求因素影响下的能源价格模型

在能源需求市场上，能源需求量 E_d 主要取决于能源价格 E_p、能源效率 E_{xl}、产业结构 CJ、人口结构 RJ、能源消费能力 E_{xf}、宏观经济环境 H 和其他外界因素 Q_d。

用函数形式表达为

$$E_d = F\left(E_p, E_{xl}, \mathrm{CJ}, \mathrm{RJ}, E_{xf}, H, Q_d\right) \qquad (2\text{-}92)$$

由式（2-92）可以看出，能源价格 E_p 与能源供给量 E_d、能源效率 E_{xl}、产业结构 CJ、人口结构 RJ、能源消费能力 E_{xf}、宏观经济环境 H 和其他外界因素 Q_d 之间有密切的联系，利用式（2-92），我们可以得到需求因素影响下的能源价格模型：

$$E_p = G\left(X_2\right) = G\left(E_d, E_{xl}, \mathrm{CJ}, \mathrm{RJ}, E_{xf}, H, Q_d\right) \qquad (2\text{-}93)$$

将式（2-93）表达为线性关系式为

$$E_p = \beta_0 + \sum \beta_i X_{2i} + \varepsilon_2 \qquad (2\text{-}94)$$

3）供需均衡下的能源价格模型

当能源供给量与市场能源需求量相等时形成能源均衡价格，用函数表示为

$$E_s = E_d$$

将式（2-88）和式（2-92）代入上式，得

$$F\left(I, E_p, E_{pc}, Q_s\right) = F\left(E_p, E_{xl}, \mathrm{CJ}, \mathrm{RJ}, E_{xf}, H, Q_d\right) \qquad (2\text{-}95)$$

式（2-95）反映出能源价格与其他因素之间存在着联系，通过一定的函数关系转换，可以得到供需均衡下的能源价格模型：

$$E_p = G(X_3) = G(E_s, I, E_{pc}, Q_s, E_d, E_{xl}, CJ, RJ, E_{xf}, H, Q_d) \qquad （2-96）$$

将其用线性函数表示为

$$E_p = \beta_0 + \sum \beta_i X_{3i} + \varepsilon_3 \qquad （2-97）$$

将影响能源价格的因素代入式（2-97），可以得到供需均衡下的线性化的能源价格模型：

$$\begin{aligned}
E_p = {} & \beta_0 + \beta_1 x_{sc} + \beta_2 x_{in} + \beta_3 x_{ep} + \beta_4 x_{gm} + \beta_5 x_{xf} + \beta_6 x_{ck} \\
& + \beta_7 x_{si} + \beta_8 x_{ct} + \beta_9 x_{ri} + \beta_{10} x_{eg} + \beta_{11} x_{gd} + \beta_{12} x_{ec} \\
& + \beta_{13} x_{ci} + \beta_{14} x_{pi} + \beta_{15} x_{nh} + \varepsilon_3
\end{aligned}$$

我们将在下文中利用偏最小二乘（partial least squares，PLS）回归方法确定模型中的参数。

3. 能源价格对影响因素关联行为分析

1）研究方法

A. 能源价格的关联系数

能源价格的关联系数反映了影响能源价格的因素的变化对能源价格的影响程度，由能源价格的变化率和影响因素变化率的比值得出，如式（2-98）所示。

$$E = \frac{\mathrm{d}P}{P} \cdot \frac{Q}{\mathrm{d}Q} \qquad （2-98）$$

其中，E 为能源价格对能源价格影响因素变化的关联系数；$\mathrm{d}P$ 为能源价格的波动；P 为能源在基准情景下的价格；$\mathrm{d}Q$ 为影响能源价格波动的因素的变化；Q 为基准情景下影响能源价格的因素的数值。一般来说，E 越趋于 0，说明此因素对能源价格的影响就越小。

B. 因子分析模型

因子分析的基本目的就是用少数几个因子去描述许多指标或因素之间的联系，即将相关比较密切的几个变量归在同一类中，每一类变量就成为一个因子（之所以称其为因子，是因为它是不可观测的，即不是具体的变量），以较少的几个因子反映原资料的大部分信息。因子分析模型可以描述为：设 p 个变量 $X_i(i = 1, 2, \cdots, p)$ 可以表示为

$$X_i = \mu_i + \alpha_{i1}F_1 + \cdots + \alpha_{im}F_m + \varepsilon_i , \quad m \leqslant p$$

或

$$X - \mu = \Lambda F + \varepsilon$$

其中,

$$X = \begin{bmatrix} X_1 \\ X_2 \\ \vdots \\ X_p \end{bmatrix}, \quad \mu = \begin{bmatrix} \mu_1 \\ \mu_2 \\ \vdots \\ \mu_p \end{bmatrix}, \quad \Lambda = \begin{bmatrix} \alpha_{11} & \alpha_{12} & \cdots & \alpha_{1m} \\ \alpha_{21} & \alpha_{22} & \cdots & \alpha_{2m} \\ \vdots & \vdots & & \vdots \\ \alpha_{p1} & \alpha_{p2} & \cdots & \alpha_{pm} \end{bmatrix}, \quad F = \begin{bmatrix} F_1 \\ F_2 \\ \vdots \\ F_p \end{bmatrix}, \quad \varepsilon = \begin{bmatrix} \varepsilon_1 \\ \varepsilon_2 \\ \vdots \\ \varepsilon_p \end{bmatrix}$$

其中, $F_1, F_2, \cdots, F_p$ 为公共因子, 为不可观测的变量, 它们的系数为载荷因子; ε_i 为特殊因子, 为不能被前 m 个公共因子包含的部分, 并且满足:

$$E(F) = 0, \quad E(\varepsilon) = 0, \quad \text{Cov}(F) = I_m$$

$$D(\varepsilon) = \text{Cov}(\varepsilon) = \text{diag}\left(\sigma_1^2, \sigma_2^2, \cdots, \sigma_m^2\right), \quad \text{Cov}(F, \varepsilon) = 0$$

C. PLS 回归模型

PLS 回归模型的原理和建模步骤在文献[104]中有较为详细的叙述, 下面我们给出一种较为简洁的计算方法。

记自变量和因变量组标准化数据矩阵分别为 E_0 和 F_0:

$$E_0 = \begin{bmatrix} x_{11} & \cdots & x_{1m} \\ \vdots & & \vdots \\ x_{n1} & \cdots & x_{nm} \end{bmatrix}, \quad F_0 = \begin{bmatrix} y_{11} & \cdots & y_{1p} \\ \vdots & & \vdots \\ y_{n1} & \cdots & y_{np} \end{bmatrix}$$

步骤 1: 求矩阵 $E_0^{\text{T}} F_0 F_0^{\text{T}} E_0$ 最大特征值所对应的特征向量 w_1, 求得成分得分向量 $\hat{t}_1 = E_0 w_1$ 和残差矩阵 $E_1 = E_0 - \hat{t}_1 \alpha_1^{\text{T}}$, 其中, $\alpha_1 = E_0^{\text{T}} \hat{t}_1 / \|\hat{t}_1\|^2$。

步骤 2: 求矩阵 $E_1^{\text{T}} F_0 F_0^{\text{T}} E_1$ 最大特征值所对应的特征向量 w_2, 求得成分得分向量 $\hat{t}_2 = E_1 w_2$ 和残差矩阵 $E_2 = E_1 - \hat{t}_2 \alpha_2^{\text{T}}$, 其中, $\alpha_2 = E_1^{\text{T}} \hat{t}_2 / \|\hat{t}_2\|^2$。如此计算下去, 至第 r 步, 求矩阵 $E_{r-1}^{\text{T}} F_0 F_0^{\text{T}} E_{r-1}$ 最大特征值所对应的特征向量 w_r, 求得成分得分向量 $\hat{t}_r = E_{r-1} w_r$。

步骤 3: 进行交叉有效性检验, 定义交叉有效性:

$$Q_h^2 = 1 - \text{PRESS}(h) / \text{SS}(h-1)$$

其中，$\text{PRESS}(h) = \sum_{i=1}^{p} \text{PRESS}_j(h)$，$\text{SS}(h) = \sum_{j=1}^{p} \text{SS}_j(h)$；$\text{PRESS}_j(h)$ 为抽取 h 个成分时第 j 个因变量 y_j 的预测误差平方和；$\text{SS}_j(h)$ 为采用所有的样本点，拟合含 h 个成分的回归方程时 y_j 的误差平方和。设定限制值为 0.05，在建模的每一步计算结束时，计算 Q_h^2 的值，如果在第 h 步有 $Q_h^2 < 1 - 0.95^2 = 0.0975$，则模型达到精度要求，对应的 h 即为所求的成分个数。

步骤 4：根据步骤 3 确定提取 r 个成分 $t_1, \cdots, t_r$，则求 F_0 在 $\hat{t}_1, \cdots, \hat{t}_r$ 上的普通最小二乘回归方程为

$$F_0 = \hat{t}_1 \beta_1^{\mathrm{T}} + \hat{t}_2 \beta_2^{\mathrm{T}} + \cdots + \hat{t}_r \beta_r^{\mathrm{T}} + F_r$$

把 $t_k = \tilde{w}_{k1} x_1 + \cdots + \tilde{w}_{km} x_m (k = 1, 2, \cdots, r)$ 代入 $Y = t_1 \beta_1 + \cdots + t_r \beta_r$，即得 p 个因变量的偏最小二乘回归方程式

$$y_j = a_{j1} x_1 + a_{j2} x_2 + \cdots + a_{jm} x_m, \quad j = 1, 2, \cdots, p$$

其中，$\tilde{w}_h = (\tilde{w}_{h1}, \cdots, \tilde{w}_{hm})$ 满足 $\hat{t}_h = E_0 \tilde{w}_h$，$\tilde{w}_h = \prod_{j=1}^{h-1} (I - w_j \alpha_j^{\mathrm{T}}) w_h$。

2）基于因子分析模型的实证分析

利用因子分析模型分析影响能源价格的主要因素，首先我们消除各个指标的量纲，将各指标值 x_{ij} 转换成标准化指标值 $\tilde{x}_{ij}$，有

$$\tilde{x}_{ij} = \frac{x_{ij} - \mu_j^{(1)}}{s_j^{(1)}}, \quad i = 1, 2, \cdots, m, \ j = 1, 2, \cdots, n \tag{2-99}$$

其中，$\mu_j^{(1)} = \frac{1}{m} \sum_{i=1}^{m} x_{ij}$，$s_j^{(1)} = \sqrt{\frac{1}{m-1} \sum_{i=1}^{m} \left(x_{ij} - \mu_j^{(1)} \right)^2}$，$j = 1, 2, \cdots, n$。

利用标准化处理后的数据，计算相关系数矩阵：

$$R = (r_{ij})_{p \times p}, \quad r_{ij} = \frac{\sum_{k=1}^{n} x_{ki}^* x_{kj}^*}{n-1}, \quad i, j = 1, 2, \cdots, p \tag{2-100}$$

其中，$r_{ii} = 1$，$r_{ij} = r_{ji}$。

计算结果如表 2-48 所示。

表 2-48　能源价格影响因素间的相关系数

系数	x_{sc}	x_{in}	x_{ep}	x_{gm}	x_{xf}	x_{ck}	x_{si}	x_{ct}	x_{ri}	x_{eg}	x_{gd}	x_{ec}	x_{ci}	x_{pi}	x_{nh}
x_{sc}	1.00	0.98	0.22	0.11	0.99	0.68	0.51	0.97	0.94	−0.87	0.15	0.19	−0.51	−0.16	−0.72
x_{in}	0.98	1.00	0.20	0.06	0.98	0.62	0.51	0.94	0.93	−0.86	0.13	0.17	−0.49	−0.24	−0.62
x_{ep}	0.22	0.20	1.00	0.03	0.21	0.41	−0.02	0.22	0.22	−0.24	−0.10	0.82	0.00	0.18	−0.05
x_{gm}	0.11	0.06	0.03	1.00	0.12	0.01	0.25	0.07	0.11	−0.02	0.35	0.08	0.28	0.70	−0.26
x_{xf}	0.99	0.98	0.21	0.12	1.00	0.69	0.53	0.97	0.94	−0.88	0.16	0.18	−0.52	−0.16	−0.72
x_{ck}	0.68	0.62	0.41	0.01	0.69	1.00	0.35	0.81	0.52	−0.88	0.09	0.46	−0.59	−0.21	−0.74
x_{si}	0.51	0.51	−0.02	0.25	0.53	0.35	1.00	0.49	0.34	−0.53	0.15	−0.06	−0.14	−0.11	−0.37
x_{ct}	0.97	0.94	0.22	0.07	0.97	0.81	0.49	1.00	0.85	−0.96	0.11	0.21	−0.64	−0.21	−0.82
x_{ri}	0.94	0.93	0.22	0.11	0.94	0.52	0.34	0.85	1.00	−0.70	0.19	0.22	−0.40	−0.03	−0.56
x_{eg}	−0.87	−0.86	−0.24	−0.02	−0.88	−0.88	−0.53	−0.96	−0.70	1.00	−0.10	−0.24	0.63	0.32	0.78
x_{gd}	0.15	0.13	−0.10	0.35	0.16	0.09	0.15	0.11	0.19	−0.10	1.00	0.00	0.38	0.28	−0.11
x_{ec}	0.19	0.17	0.82	0.08	0.18	0.46	−0.06	0.21	0.22	−0.24	0.00	1.00	−0.06	0.16	−0.03
x_{ci}	−0.51	−0.49	0.00	0.28	−0.52	−0.59	−0.14	−0.64	−0.40	0.63	0.38	−0.06	1.00	0.44	0.61
x_{pi}	−0.16	−0.24	0.18	0.70	−0.16	−0.21	−0.11	−0.21	−0.03	0.32	0.28	0.16	0.44	1.00	−0.05
x_{nh}	−0.72	−0.62	−0.05	−0.26	−0.72	−0.74	−0.37	−0.82	−0.56	0.78	−0.11	−0.03	0.61	−0.05	1.00

由表 2-48 可以看出能源生产总量与能源进口量、能源消费总量、能源出口量、城镇人口比重、人均能源消费量具有高度的正相关性，相关系数分别为 0.98、0.99、0.68、0.97、0.94，与恩格尔系数和单位 GDP 能耗具有高度的负相关性，相关系数分别为-0.87 和-0.72；能源生产弹性系数与能源消费弹性系数具有高度正相关性，相关系数为 0.82；燃料购进价格指数与 PPI 具有高度正相关性，相关系数为 0.70；CPI 与城镇人口比重、恩格尔系数、单位 GDP 能耗具有较高的相关性，相关系数分别为-0.64、0.63、0.61。

根据表 2-48 中的数据，利用 Matlab 作聚类分析，结果如图 2-67 所示。

由图 2-67 可知，按照平均值距离进行聚类，如果将 15 个指标分成四类，则属于第一类的指标有 7 个——能源生产总量、能源进口量、能源生产弹性系数、燃料购进价格指数、能源消费总量、能源出口量、第二产业贡献率；属于第二类的指标有 2 个——城镇人口比重和人均能源消费量；属于第三类的指标有 3 个——恩格尔系数、GDP 指数、能源消费弹性系数；属于第四类的指标有 3 个——CPI、PPI、单位 GDP 能耗。

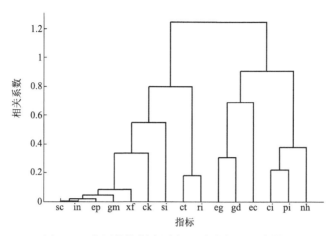

图 2-67　能源价格影响因素 15 个指标的聚类结果

通过以上分析，看到影响能源价格的指标之间，存在多重相关性，多个变量之间的相关系数达 0.9 以上，因此，可以寻找公共因子对以上变量进行综合分析。

计算相关系数矩阵 R 的特征值 $\lambda_1 \geqslant \lambda_2 \geqslant \cdots \geqslant \lambda_p \geqslant 0$ ，以及对应的特征向量 $u_1, u_2, \cdots, u_p$ ，其中， $u_j = \left(u_{1j}, u_{2j}, \cdots, u_{nj} \right)^{\mathrm{T}}$ ，则初等载荷矩阵

$$A = \begin{bmatrix} \sqrt{\lambda_1} u_1 & \sqrt{\lambda_2} u_2 & \cdots & \sqrt{\lambda_p} u_p \end{bmatrix}$$

初等载荷矩阵中的元素记为 a_{ij} ，则变量共同度为 $h_i^2 = \sum_{j=1}^{m} \alpha_{ij}^2$ ；特殊因子的方差用 $R - AA^{\mathrm{T}}$ 的对角元来估计，即

$$\sigma_i^2 = 1 - \sum_{j=1}^{m} \alpha_{ij}^2$$

各公共因子的计算结果如表 2-49 所示。

表 2-49　因子载荷矩阵的统计性质

因子	因子贡献	贡献率/%	累计贡献率/%	共同度	特殊方差
FAC-1	7.6000	50.6666	50.6666	0.9929	0.0071
FAC-2	2.2891	15.2604	65.9270	0.9746	0.0254
FAC-3	1.8951	12.6340	78.5610	0.8981	0.1019
FAC-4	0.9873	6.5820	85.1430	0.8518	0.1482
FAC-5	0.7876	5.2507	90.3937	0.9939	0.0061
FAC-6	0.7357	4.9046	95.2983	0.8976	0.1024

因子	因子贡献	贡献率/%	累计贡献率/%	共同度	特殊方差
FAC-7	0.2602	1.7347	97.0330	0.7208	0.2792
FAC-8	0.2051	1.3674	98.4004	0.9940	0.0060
FAC-9	0.1181	0.7873	99.1877	0.9816	0.0184
FAC-10	0.0657	0.4378	99.6255	0.9601	0.0399
FAC-11	0.0444	0.2959	99.9214	0.7672	0.3328
FAC-12	0.0090	0.0601	99.9815	0.9125	0.0875
FAC-13	0.0018	0.0120	99.9935	0.8897	0.1103
FAC-14	0.0008	0.0054	99.9989	0.9187	0.0813
FAC-15	0.0002	0.0013	100.0002	0.9055	0.0945

由表 2-49 可以看出，R 的前 4 个公共因子对样本方差的累计贡献率 85.143%，因此，对前 4 个主成分进行分析已经能够反映全部数据的大部分信息，因此，我们选取 4 个因子作为主因子是可行的。选取 4 个公共因子进行分析，计算得到因子的特殊方差和因子载荷矩阵的共同度（表 2-49）。进行因子共同度分析，最低值为 0.7208，平均值为 0.9106，因此，所有的因子都可以被解释。

为更好地对公共因子反映的实际意义进行解释，考虑对初等载荷矩阵 A 进行旋转，得到旋转后的初等载荷矩阵 $B = AT$，T 为正交矩阵

$$T = \begin{pmatrix} 0.9669 & -0.0050 & 0.1641 & -0.1952 \\ 0.0453 & 0.8279 & 0.3110 & 0.4646 \\ -0.2070 & -0.2012 & 0.9265 & -0.2414 \\ 0.1419 & -0.5235 & 0.1341 & 0.8293 \end{pmatrix}$$

得到旋转前后 4 个主因子的初等载荷矩阵，如表 2-50 所示。

表 2-50　旋转前后 4 个主因子的初等载荷矩阵

指标	变量因子载荷估计				旋转因子载荷估计			
	F_1	F_2	F_3	F_4	$T^{\mathrm{T}}F_1$	$T^{\mathrm{T}}F_2$	$T^{\mathrm{T}}F_3$	$T^{\mathrm{T}}F_4$
x_{sc}	0.9691	0.0528	-0.0913	0.1360	0.9776	-0.0140	0.1091	-0.0298
x_{in}	0.9400	-0.0020	-0.0971	0.2326	0.9620	-0.1086	0.0948	0.0320
x_{ep}	0.2712	0.3254	0.8405	0.1023	0.1175	0.0454	0.9381	-0.0198
x_{gm}	0.0871	0.8137	-0.2602	-0.3374	0.1271	0.9022	-0.0190	0.1441
x_{xf}	0.9720	0.0518	-0.1054	0.1260	0.9819	-0.0067	0.0948	-0.0356
x_{ck}	0.8249	-0.0139	0.2868	-0.1913	0.7105	0.0268	0.3711	-0.3953

续表

指标	变量因子载荷估计				旋转因子载荷估计			
	F_1	F_2	F_3	F_4	$T^{\mathrm{T}}F_1$	$T^{\mathrm{T}}F_2$	$T^{\mathrm{T}}F_3$	$T^{\mathrm{T}}F_4$
x_{si}	0.5275	0.1094	−0.3533	0.1022	0.6027	0.1055	−0.1930	0.1180
x_{ct}	0.9949	−0.0284	−0.0400	−0.0242	0.9656	−0.0078	0.1141	−0.2178
x_{ri}	0.8606	0.1379	−0.0616	0.2488	0.8864	−0.0080	0.1604	0.1174
x_{eg}	−0.9545	0.0935	−0.0133	0.0416	−0.9101	0.0631	−0.1343	0.2674
x_{gd}	0.1140	0.5775	−0.3641	0.3775	0.2653	0.3531	−0.0884	0.6470
x_{ec}	0.2652	0.3447	0.8401	0.0837	0.1100	0.0713	0.9402	−0.0250
x_{ci}	−0.6254	0.5520	−0.1005	0.4204	−0.4992	0.2603	0.0324	0.7514
x_{pi}	−0.2050	0.8444	−0.0145	−0.3202	−0.2024	0.8707	0.1725	0.1703
x_{nh}	−0.7967	−0.0688	0.1758	0.4842	−0.7411	−0.3418	0.0757	0.4827

从表 2-50 可以看出：因子载荷矩阵经旋转后载荷系数有了明显的两极分化。计算 4 个主成分在各年份的得分，由此绘制出 4 个主成分与能源价格波动的趋势图（图 2-68）。

通过表 2-50、图 2-68，我们可以得到：第一主成分的贡献率为 50.6666%，表现为因子变量在能源生产总量、能源进口量、能源消费总量、能源出口量、第二产业贡献率、城镇人口比重、人均能源消费量、恩格尔系数上有较大的载荷，这些因素分别从能源供应和能源需求两个层面来反映和影响能源价格，因此，第一主成分可以解释为影响能源价格的供需因素因子。从图 2-68（a）可以看出，能源供需因素的变化与能源价格的变动趋势最为接近。此时，能源价格对能源供需变化的关联系数为 0.6796，说明能源供需变化对能源价格的影响作用最大。

第二主成分的贡献率为 15.2604%，表现为因子变量在燃料购进价格指数和 PPI 上有较大的载荷，PPI 是用来衡量工业企业产品出厂价格变动趋势和变动程度的指数，是反映某一时期生产领域价格变动情况的重要经济指标，因此，第二主成分可以解释为影响能源价格的一般商品价格因素因子。从图 2-68（b）可以看出，第二主成分与能源价格的变动趋势差异较大，表现在：①第二主成分的波动幅度较能源价格大；②第二主成分的波动趋势较能源价格具有明显的滞后性，说明生产领域价格波动影响能源价格具有一定的滞后性。计算得到，能源价格对一般商品价格变化的关联系数为 0.5392，说明一般商品价格变化对能源价格的波动具有一定的冲击。

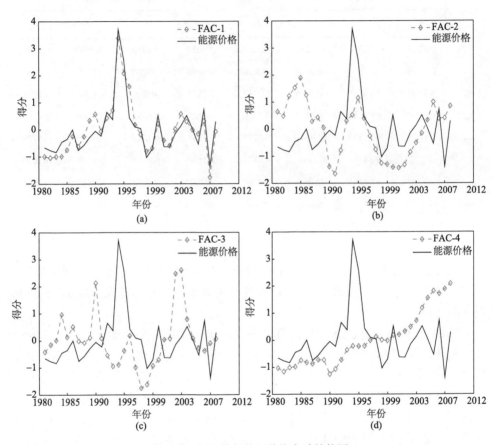

图 2-68　主成分与能源价格变动趋势图

　　第三主成分的贡献率为 12.6340%，表现为因子变量在能源生产弹性系数和能源消费弹性系数上有较大载荷，该因子主要反映了能源生产和消费的增长速度与国民经济增长速度之间的关系对能源价格的影响，因此，第三主成分可以解释为影响能源价格的经济发展因子。从图 2-68（c）可以看出，第三主成分与能源价格的变动趋势差异明显，在一个时间段波动趋势一致，但另一时间段会出现完全相反的波动趋势，如 1990～1993 年，能源价格呈现上升趋势，而第三主成分则呈现下降趋势。计算得到，能源价格对经济发展的关联系数为 0.1802，说明经济发展对能源价格的波动的影响较小，说明不能单纯地从经济发展程度来衡量能源价格的高低。

　　第四主成分的贡献率为 6.5820%，表现为因子变量在 GDP 指数和 CPI 上有较大载荷，该因子主要反映了市场经济情况与政府货币政策的重要指标，因此，第四主成分可以解释为影响能源价格的政府货币政策因子。从图 2-68（d）可以看出，第四主成分与能源价格的变动趋势差异显著。计算得到，能源价格对政府货币政策调整的关联系数为 0.0417，说明政府可以通过货币政策的调整来调控能源价格。

3）基于 PLS 回归模型的实证分析

A. 数据和变量的选取

以分析石油价格为例，选取石油工业出厂价格作为反映能源价格的指标，记为 y_{oil}。选取电力出厂价格指数（x_{power}）、煤炭工业出厂价格指数（x_{coal}）及表 2-47 中的指标作为影响能源价格波动的分析指标，记为 x_{sc}，x_{in}，x_{ep}，x_{gm}，x_{xf}，x_{ck}，x_{si}，x_{ct}，x_{ri}，x_{eg}，x_{gd}，x_{ec}，x_{ci}，x_{pi}，x_{nh}。为减少分析指标数量，我们将表 2-47 中部分指标进行整合，将能源生产总量（x_{sc}）与能源消费总量（x_{xf}）的比值作为一个新的参量，记为 x_{sx}；将能源进口量（x_{in}）能源出口量（x_{ck}）的比值作为一个新的参量，记为 x_{ic}。通过查阅《中国统计年鉴》等资料，得到 1980～2010 年各变量的数据（表 2-51）。

B. 能源价格对其影响因素的关联系数

为消除各指标的量纲，利用式（2-99）对所有数据进行标准化处理。利用标准化处理后的数据，我们用式（2-100）计算相关系数矩阵，通过相关系数矩阵，分别计算并提取自变量和因变量的成分，计算得出自变量和因变量提取成分的贡献率（图 2-69）。

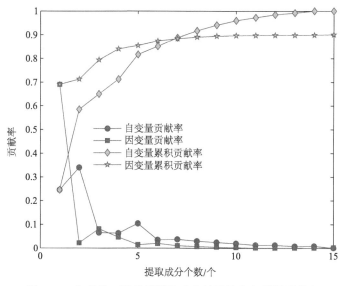

图 2-69　自变量、因变量提取成分的贡献率和累积贡献率

表 2-51　1980～2010 年各变量的数据

年份	y_{oil}	x_{power}	x_{coal}	x_{sx}	x_{ep}	x_{gm}	x_{ic}	x_{si}	x_{ct}	x_{ri}	x_{eg}	x_{gd}	x_{oc}	x_{ci}	x_{pi}	x_{nh}
1980	102.1	98.4	106.4	0.9457	0.53	100.5	11.7165	0.4822	19.39	100	56.9	107.8	0.45	107.5	100.5	13.2601
1981	99.3	101.6	102.6	0.9191	0.34	101.5	2.8535	0.4611	20.16	106.8	55.1	105.2	0.6	114.3	100.2	13.3228
1982	100.5	98.9	101.9	0.9004	0.38	101.4	2.6325	0.4476	21.13	106.7	54	109.1	0.62	118	99.8	12.8865
1983	106.3	105.6	101.5	0.8893	1.01	100.5	3.2917	0.4438	21.62	106.6	53.4	110.9	0.72	119.3	99.9	11.9409
1984	112	102.1	102.6	0.8876	0.61	99.2	5.4104	0.4309	23.01	113.5	53.2	115.2	0.49	118.7	101.4	10.2232
1985	107.2	103.4	117.6	0.8964	0.73	98	16.9824	0.4289	23.71	126.7	53.3	113.5	0.6	116.6	108.7	8.5051
1986	104.6	102.4	96.8	0.9175	0.34	97.2	20.875	0.4372	24.52	127.3	53.6	108.8	0.61	113.7	103.8	7.8685
1987	104	103.1	102.8	0.9492	0.31	97.1	8.8772	0.4355	25.32	132.1	53.9	111.6	0.62	110.3	107.9	7.1843
1988	106.8	101.7	110.6	0.9707	0.44	98.3	8.9869	0.4379	25.81	141	54.2	111.3	0.65	107.1	115	6.1822
1989	108.4	105.9	112.2	0.9537	1.49	101	7.5025	0.4283	26.21	139.3	54.4	104.1	1.02	104.5	118.6	5.7046
1990	107.1	107.4	106.2	0.9498	0.58	105.6	4.4847	0.4134	26.41	139.2	54.2	103.8	0.47	103.1	104.1	5.2873
1991	118.8	116.9	113.1	0.9899	0.10	109.1	1.6284	0.4179	26.94	139	53.8	109.2	0.55	103.4	106.2	4.7647
1992	115.3	108.8	116.1	1.0178	0.16	111	1.0194	0.4345	27.46	134.2	53	114.2	0.37	106.4	106.8	4.0548
1993	171.3	135.9	139.7	1.0444	0.26	135.1	0.9725	0.4657	27.99	133.5	50.3	114	0.45	114.7	124	3.2828
1994	148.7	139.5	122.2	1.0338	0.53	118.2	1.3293	0.4657	28.51	129.3	50.0	113.1	0.44	124.1	119.5	2.5465
1995	121.2	109.5	111.3	1.0166	0.80	115.3	1.2419	0.4718	29.04	130.7	50.1	110.9	0.63	117.1	114.9	2.1577
1996	104.6	113.1	113.7	1.0162	0.31	103.9	1.1012	0.4754	30.48	120.5	48.8	110	0.31	108.3	102.9	1.8994
1997	107.4	114	108	1.0184	0.03	101.3	0.7691	0.4754	31.91	119.3	46.6	109.3	0.06	102.8	99.7	1.721
1998	93	105.5	96.6	1.0489	0.12	95.8	0.8441	0.4621	33.35	119	44.7	107.8	0.03	99.2	95.9	1.6135
1999	109.6	100.9	94.8	1.0654	0.21	96.7	0.6809	0.4576	34.78	121.8	42.1	107.6	0.42	98.6	97.6	1.5675
2000	144.3	102.4	98.1	1.0776	0.28	105.1	0.672	0.4592	36.22	124	39.4	108.4	0.42	100.4	102.8	1.4668
2001	99.1	102.3	106.5	1.0454	0.79	99.8	0.8273	0.4515	37.66	127.2	38.2	108.3	0.4	100.7	98.7	1.3716
2002	95.21	100.75	111.56	1.0582	0.52	97.7	0.6986	0.4479	39.09	134	37.7	109.1	0.66	99.2	97.8	1.3249
2003	115.6	100.9	107	1.0691	1.41	104.8	0.6335	0.4597	40.53	153	37.1	110	1.53	101.2	102.3	1.3532
2004	114.2	102.4	115.9	1.0855	1.43	111.4	0.5361	0.4623	41.76	175.7	37.7	110.1	1.6	103.9	106.1	1.3351
2005	122.42	104.15	118.19	1.0915	0.88	108.3	0.4248	0.4737	42.99	194.1	36.7	111.3	0.93	101.8	104.9	1.2761

续表

年份	y_{oil}	x_{power}	x_{coal}	x_{sx}	x_{ep}	x_{gm}	x_{ic}	x_{si}	x_{ct}	x_{ri}	x_{eg}	x_{gd}	x_{ec}	x_{ci}	x_{pi}	x_{nh}
2006	120.3	102.76	105.78	1.1142	0.58	106	0.3505	0.4795	44.34	211.8	35.8	112.7	0.76	101.5	103	1.1958
2007	103.4	102.2	105.4	1.1344	0.46	104.4	0.295	0.4734	45.89	233.8	36.3	114.2	0.59	104.8	103.1	1.0553
2008	118.5	101.8	131.4	1.1186	0.56	110.5	0.2381	0.4745	46.99	240.8	37.9	109.6	0.41	105.9	106.9	0.928
2009	83.1	102.3	98.5	1.1166	0.59	92.1	0.1784	0.4624	48.34	254.2	36.5	109.2	0.57	99.3	94.6	0.8995
2010	124.73	101.95	110.86	1.0944	0.78	109.6	0.1355	0.4667	49.95	258.3	35.7	110.4	0.58	103.3	105.5	0.8093

　　由图 2-69 可以看出，前 6 个成分解释自变量的比率为 85.04%，解释因变量的比率为 87.34%，因此，我们取 6 个成分进行分析。求得自变量和因变量与 6 个成分 $u_1, u_2, \cdots, u_6$ 之间的回归方程对应的系数（表 2-52）。

表 2-52　自变量和因变量与 6 个成分之间的回归系数

	u_1	u_2	u_3	u_4	u_5	u_6
$\bar{x}_{coal}$	4.6770	−0.1559	−1.3500	−0.6159	−0.7495	1.0898
$\bar{x}_{power}$	4.4442	1.7136	0.3880	−1.5620	0.5015	−0.5701
$\bar{x}_{sx}$	1.8184	−4.7224	1.7551	−0.3048	0.5612	−0.3468
$\bar{x}_{ep}$	0.1199	−1.2534	−0.4337	1.7022	−4.6330	1.1656
$\bar{x}_{gm}$	5.0944	0.4656	1.0592	0.4331	0.0468	0.8470
$\bar{x}_{ic}$	−1.7564	2.9388	−1.9127	2.1045	0.0341	0.4655
$\bar{x}_{si}$	1.5028	−2.7982	0.6582	−0.1676	0.9267	−1.5640
$\bar{x}_{ct}$	0.7651	−5.3139	0.6926	0.3290	0.1652	0.4234
$\bar{x}_{ri}$	0.9918	−4.6145	−1.1693	0.9163	0.3177	1.3622
$\bar{x}_{eg}$	−0.3791	5.1022	−1.3473	−0.5807	−0.0993	0.0072
$\bar{x}_{gd}$	2.7436	−0.5382	−2.1852	2.3855	1.4621	−2.4449
$\bar{x}_{ec}$	0.1603	−1.0603	0.4944	2.7779	−4.3944	0.0073
$\bar{x}_{ci}$	1.6746	3.5796	−2.5079	1.2837	0.0734	−0.4739
$\bar{x}_{pi}$	4.2381	1.8804	−0.4523	0.7531	−1.1863	0.8639
$\bar{x}_{nh}$	−2.0096	3.9979	−1.9192	0.8946	−0.1790	0.5238
$\bar{y}_{oil}$	4.5506	0.8161	1.5574	1.1796	0.6530	0.7655

　　将成分 $u_i (i = 1, 2, \cdots, 6)$ 代入 $\bar{y}_{oil}$ 的回归方程，得到标准化后的石油价格与各影响因素间的回归模型，利用回归模型可以得到石油价格对各影响因素变化的关联系数。同样对于煤炭和电力价格，重复上述步骤，也可以得到它们与标准化指标变量之间的回归模型，进而得到石油、煤炭和电力价格对各影响因素变化的关联系数，如图 2-70 所示。

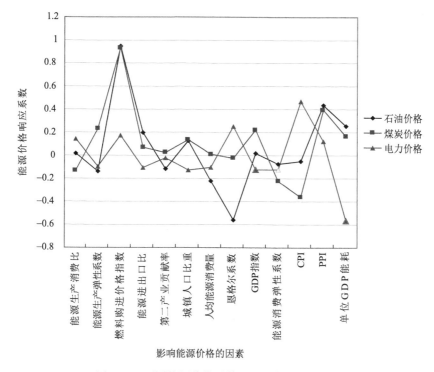

图 2-70　不同能源价格对其影响因素的关联系数

从图 2-70 中可以观察到，石油价格对其影响因素的关联系数变化范围为
-0.5619～0.9478，石油价格对能源生产消费比、燃料购进价格指数、能源进出口
比、城镇人口比重、GDP 指数、PPI 和单位 GDP 能耗的冲击的关联系数是正的，
关联系数分别为 0.0176、0.9478、0.1957、0.1249、0.0186、0.4357、0.2543；石油
价格对能源生产弹性系数、第二产业贡献率、人均能源消费量、恩格尔系数、能
源消费弹性系数、CPI 的冲击的关联系数是负的，关联系数分别为-0.1388、
-0.1166、-0.2226、-0.5619、-0.0738、-0.0508。对石油价格冲击较大的四个因素
分别是燃料购进价格指数、恩格尔系数、PPI 和单位 GDP 能耗，因此，在调控石
油价格时，应重点关注这四个因素。

煤炭价格对其影响因素的关联系数变化范围为-0.3629～0.9337，煤炭价格对
能源生产弹性系数、燃料购进价格指数、能源进出口比、第二产业贡献率、城镇
人口比重、人均能源消费量、GDP 指数、PPI、单位 GDP 能耗的冲击的关联系数
是正的，关联系数分别为 0.229、0.9337、0.0674、0.023、0.1332、0.0094、0.2207、
0.3955、0.1643；煤炭价格对能源生产消费比、恩格尔系数、能源消费弹性系数、
CPI 的冲击的关联系数是负的，关联系数分别为-0.1305、-0.0252、-0.2251、
-0.3626。对煤炭价格冲击较大的四个因素分别是燃料购进价格指数、PPI、CPI

和能源生产弹性系数。因此，在调控煤炭价格时，应重点关注这四个因素。

电力价格对其影响因素的关联系数变化范围为–0.5681~0.4693，电力价格对能源生产消费比、燃料购进价格指数、恩格尔系数、CPI、PPI 的冲击的关联系数是正的，关联系数分别为 0.1424、0.1723、0.25、0.4693、0.122；电力价格对能源生产弹性系数、能源进出口比、第二产业贡献率、城镇人口比重、人均能源消费量、GDP 指数、能源消费弹性系数、单位 GDP 能耗的冲击的关联系数是负的，关联系数分别为–0.0971、–0.1067、–0.0229、–0.1279、–0.1047、–0.1246、–0.1228、–0.5681。对电力价格冲击较大的四个因素分别是单位 GDP 能耗、CPI、恩格尔系数和燃料购进价格指数。因此，在调控电力价格时，应重点关注这四个因素。

C. 能源价格与其影响因素的定量关系

将标准化后的石油价格与各影响因素间的回归模型分别还原成原始变量得到石油价格的回归方程：

$$
\begin{aligned}
y_{\text{oil}} =\ & -51.3763 - 0.5375 x_{\text{coal}} + 0.1227 x_{\text{power}} + 3.9606 x_{\text{sx}} - 6.3341 x_{\text{ep}} + 1.9568 x_{\text{gm}} \\
& + 0.6563 x_{\text{ic}} - 105.3692 x_{\text{si}} + 0.2344 x_{\text{ct}} - 0.0843 x_{\text{ri}} - 1.2493 x_{\text{eg}} + 0.1137 x_{\text{gd}} \\
& - 3.8865 x_{\text{ec}} - 0.1208 x_{\text{ci}} + 1.064 x_{\text{pi}} + 1.0539 x_{\text{nh}}
\end{aligned}
$$

使用模型对石油价格进行预测，结果如表 2-53 所示，并与实际观测值进行比较，结果如图 2-71 所示。通过图 2-71 可以看出，模型的回归方程的拟合值与原值差异很小。采用残差检验、后验差检验和关联度检验三种检验方式对模型的预测精度进行检验，检验结果如表 2-54 所示，通过表 2-54，可以看出模型的相对误差为 0.0425，关联度为 0.9456，均方差比值为 0.3558，小概率误差为 1，说明模型的预测效果是令人满意的，因此，建立的回归模型的精度是令人满意的。

表 2-53　预测结果（一）

项目	1980 年	1981 年	1982 年	1983 年	1984 年	1985 年	1986 年	1987 年	1988 年	1989 年	1990 年
实际值	102.10	99.30	100.50	106.30	112.00	107.20	104.60	104.00	106.80	108.40	107.10
预测值	100.88	102.68	104.12	99.84	102.79	104.13	111.52	104.54	107.33	106.96	111.42

项目	1991 年	1992 年	1993 年	1994 年	1995 年	1996 年	1997 年	1998 年	1999 年	2000 年	2001 年
实际值	118.80	115.30	171.30	148.70	121.20	104.60	107.40	93.00	109.60	144.30	99.10
预测值	119.16	120.18	173.84	143.19	131.65	103.11	103.91	98.19	103.86	126.96	106.75

项目	2002 年	2003 年	2004 年	2005 年	2006 年	2007 年	2008 年	2009 年	2010 年
实际值	95.21	115.60	114.20	122.42	120.30	103.40	118.50	83.10	124.73
预测值	100.43	110.70	119.67	116.46	118.49	115.22	113.90	84.63	122.56

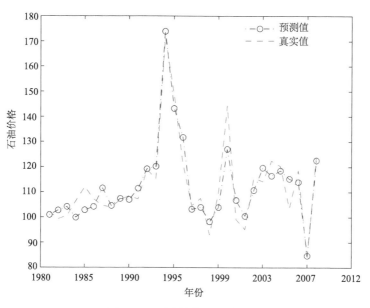

图 2-71　石油价格预测效果图

表 2-54　精度检验结果（一）

相对误差	关联度	均方差比值	小概率误差
0.0425	0.9456	0.3558	1

利用模型，可以得到电力价格的回归方程，结构如图 2-72（a）所示，预测相对误差为 0.0270，关联度为 0.9258，均方差比值为 0.4634，小概率误差为 1。具体见表 2-55。

$$
\begin{aligned}
y_{\text{power}} = {} & 19.524 + 0.1203x_{\text{coal}} + 0.064x_{\text{oil}} + 17.5507x_{\text{sx}} - 2.4232x_{\text{ep}} + 0.1945x_{\text{gm}} \\
& - 0.1956x_{\text{ic}} - 11.3283x_{\text{si}} - 0.1312x_{\text{ct}} - 0.0217x_{\text{ri}} + 0.304x_{\text{eg}} - 0.4165x_{\text{gd}} \\
& - 3.5369x_{\text{ec}} + 0.6102x_{\text{ci}} + 0.1629x_{\text{pi}} - 1.2873x_{\text{nh}}
\end{aligned}
$$

利用模型，可以得到煤炭价格的回归方程，结构如图 2-72（b）所示，预测相对误差为 0.0297，关联度为 0.9243，均方差比值为 0.4942，小概率误差为 1。

$$
\begin{aligned}
y_{\text{coal}} = {} & -76.5608 + 0.152x_{\text{oil}} - 0.2694x_{\text{power}} - 16.97x_{\text{sx}} + 6.0281x_{\text{ep}} + 1.1117x_{\text{gm}} \\
& + 0.1303x_{\text{ic}} + 12.0139x_{\text{si}} + 0.1442x_{\text{ct}} + 0.002x_{\text{ri}} - 0.0323x_{\text{eg}} + 0.7779x_{\text{gd}} \\
& - 6.8373x_{\text{ec}} - 0.4973x_{\text{ci}} + 0.5571x_{\text{pi}} + 0.3926x_{\text{nh}}
\end{aligned}
$$

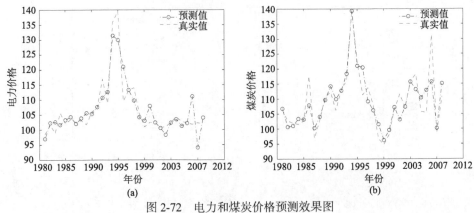

图 2-72　电力和煤炭价格预测效果图

表 2-55　精度检验结果（二）

项目	相对误差	关联度	均方差比值	小概率误差
电力价格	0.0270	0.9258	0.4634	1
煤炭价格	0.0297	0.9243	0.4942	1

D. 2011~2015 年能源价格预测

利用石油、煤炭、电力价格预测模型，预测中国 2011~2015 年三种能源价格并计算三种能源价格的综合互动关联度，结果见表 2-56。

表 2-56　预测结果（二）

项目	2011 年	2012 年	2013 年	2014 年	2015 年
电力价格	101.7462	101.7723	101.7312	101.5056	101.4702
煤炭价格	111.3398	108.9393	102.481	108.1803	104.1341
石油价格	106.4026	110.9787	111.2869	119.9458	124.531
综合互动关联度	AR_{pc}=0.7585，AR_{po}=0.6388，AR_{co}=0.5785				

从表 2-56 可以看出，在 2011~2015 年，中国的电力价格和煤炭价格将呈现出下降的趋势，而石油价格则呈现出上涨的趋势。在 2011~2015 年，电力价格和煤炭价格的综合互动关联度为 0.7585，说明在 2011~2015 年，煤炭价格和电力价格呈现出较为紧密的联系；电力价格与石油价格的综合互动关联度为 0.6388，说明在 2011~2015 年，电力价格和石油价格的关联度较低；煤炭价格与石油价格的综合互动关联度为 0.5785，说明煤炭价格与石油价格相互影响程度较低。在 2011~

2015 年，三种能源间的灰色关联度的大小关系为 $AR_{pc}>AR_{po}>AR_{co}$，这与前面讨论的四个经济时期都是不同的，说明随着中国经济的发展、各种新能源的不断开发，中国未来将迈入一个崭新的经济时期。

2.4.3　国际成品油价格与中国成品油价格关系研究

1. 数据资料及处理

在国际成品油价格方面，选取纽约港汽油现货价格（单位：美元/加仑）和洛杉矶柴油现货价格（单位：美元/加仑）为研究对象，分别记为 IGS 和 IDS。相应的国内成品油价格方面选取汽油（单位：元/吨）和柴油（单位：元/吨）为研究对象，分别记为 DGS 和 DDS。国际成品油价格数据来源为美国能源信息署，时间段为 2005 年 3 月 23 日～2014 年 4 月 24 日。国内成品油价格数据来源为国家发展和改革委员会网站数据。

由于国际数据为日数据，而国内每次对成品油价格的调整时间不统一，为使数据一一对应，在每段时期内如国家发展和改革委员会未对油价进行调整，则视此段时期油价不变。由此，得到国际、国内成品油价格波动趋势曲线，如图 2-73 所示。

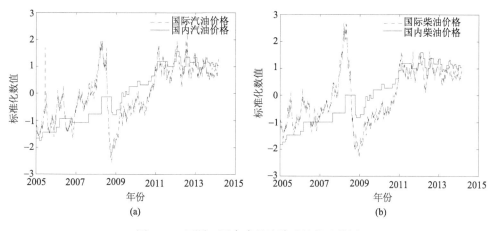

图 2-73　国际、国内成品油波动趋势比较图

由图 2-73 可以看到，国内汽油、柴油价格波动趋势与国际汽油、柴油波动趋势较为接近。比较价格波动趋势中出现的波峰和波谷，可以明显地看出，国内成品油价格在波动过程中出现波峰和波谷的时间明显滞后于国际成品油价格在波动过程中出现波峰和波谷的时间。

2. 国际成品油价格与国内成品油价格的关联度

为定量地分析国际成品油价格波动与国内成品油价格波动的相关性，计算相关系数，计算公式如下：

$$\rho_{XY} = \frac{\mathrm{Cov}(X,Y)}{\sqrt{D(X)}\sqrt{D(Y)}} \qquad (2\text{-}101)$$

其中，X、Y 为随机变量；$\mathrm{Cov}(X,Y)$ 为 X、Y 的协方差；$D(X)$，$D(Y)$ 分别为 X、Y 的方差。

计算结果如表 2-57 所示。

表 2-57　国际、国内成品油相关系数

	国际汽油	国内汽油	国际柴油	国内柴油
国际汽油	1.0000			
国内汽油	0.7155	1.0000		
国际柴油	0.9570	0.6339	1.0000	
国内柴油	0.7359	0.9978	0.6602	1.0000

由表 2-57 可以看出，国内汽油与柴油之间的相关系数为 0.9978，高于国际汽油与柴油间的相关系数 0.9570，这是由于在国内成品油的零售基准价仍由管理部门决定，没有完全放开，而管理部门制定汽油和柴油的零售基准价的原则是相同的，这就导致国内汽油与柴油之间的相关系数高于国际市场。国际汽油与国内汽油间的相关系数为 0.7155，高于国际柴油与国内柴油间的相关系数 0.6602，说明我国汽油价格比柴油价格更多、更快地反映出了国际市场的变化情况。国内汽油价格调整比柴油价格调整更充分。

国家发展和改革委员会于 2013 年 3 月 26 日公布进一步完善的成品油价格形成机制，意味着国内成品油价格调整进入了大约两周一调的"常态化"阶段。这次改革是中国成品油价格向完全市场化过渡的重要一步，下面利用相关系数，实证分析价格调整期由 22 个工作日调整成 10 个工作日后，国际成品油价格与国内成品油价格间的关系。首先选用 2005 年 3 月 23 日～2013 年 3 月 27 日数据作为调整前的价格数据。由于调整后的数据量较少，为保证计算的可靠性，在调整前的价格数据序列中剔除 2008 年 6 月 20 日前的数据，将 2013 年 3 月 27 日后的数据补充进数据列，即选用 2008 年 6 月 20 日～2014 年 4 月 24

日的数据作为调整后的数据列，计算得到调整前后的国际成品油价格与国内成品油价格间的相关系数，如表 2-58 所示。

表 2-58　调整前后国际、国内成品油相关系数

项目		国际汽油	国内汽油	国际柴油	国内柴油
调整前	国际汽油	1.0000			
	国内汽油	0.6843	1.0000		
	国际柴油	0.9547	0.5970	1.0000	
	国内柴油	0.7075	0.9975	0.6267	1.0000
调整后	国际汽油	1.0000			
	国内汽油	0.8193	1.0000		
	国际柴油	0.9684	0.7862	1.0000	
	国内柴油	0.8372	0.9962	0.8153	1.0000

由表 2-58 可以看到，国内成品油价格调整日由 22 个工作日改为 10 个工作日后，国际、国内成品油价格之间的相关系数得到了显著的提高：国际汽油与国内汽油间的相关系数由 0.6843 变为 0.8193，提高了 13.5 个百分点；国际柴油与国内柴油间的相关系数由 0.6267 变为 0.8153，提高了 18.86 个百分点，说明通过缩短国内成品油价格调整日，可以有效地提升国内成品油市场的市场化水平。

3. 国际成品油价格与国内成品油价格的长期均衡关系

进行协整分析之前，首先对国际、国内成品油价格序列的平稳性进行检验。考虑到对各时间序列的数据取对数之后不会改变各时间序列之间的协整关系，且得到的数据较易获得平稳序列，故对国际、国内成品油价格进行对数处理，并分别用 $\ln \text{IGS}$、$\ln \text{IDS}$、$\ln \text{DGS}$、$\ln \text{DDS}$ 表示国际汽油、柴油价格和国内汽油、柴油价格。检验结果如表 2-59 所示。

表 2-59　序列的平稳性检验结果

项目	ADF			
	原数据		一阶差分	
	t 统计量	1% 的显著性水平	t 统计量	1% 的显著性水平
$\ln \text{IGS}$	−2.403 485（0.140 9）	−3.433 013	−46.253 35（0.000 1）	−3.433 015

续表

项目	ADF			
	原数据		一阶差分	
	t 统计量	1%的显著性水平	t 统计量	1%的显著性水平
ln IDS	−2.061 164（0.260 8）	−3.433 013	−47.957 37（0.000 1）	−3.433 015
ln DGS	−1.607 154（0.478 7）	−3.433 013	−47.862 06（0.000 1）	−3.433 015
ln DDS	−1.974 277（0.298 4）	−3.433 013	−47.868 00（0.000 1）	−3.433 015

检验结果表明,在 1%的显著性水平下不能拒绝原假设,即原序列是非平稳的,而其一阶差分序列都是平稳的,因此, ln IGS 、 ln IDS 、 ln DGS 、 ln DDS 均是一阶单整的, 从而国际、国内成品油价格之间可能存在长期协整关系,下面进行 Johansen 检验, 结果如表 2-60 所示。

表 2-60　Johansen 协整检验结果（二）

项目	结果	迹统计量	最大特征根统计量
ln IGS ， ln DGS	无*	26.417 27（0.000 8）	23.680 35（0.001 2）
	至多一个	2.736 915（0.098 1）	2.736 915（0.098 1）
ln IDS ， ln DDS	无*	20.670 66（0.007 6）	17.686 36（0.013 8）
	至多一个	2.984 299（0.084 1）	2.984 299（0.084 1）

*表示在显著性水平 5%下拒绝原假设, 括号内为概率 P 的值

由表 2-60 可以看到,无论是最大特征根的检验结果还是迹统计量的检验结果,都认为国际汽油 ln IGS 与国内汽油 ln DGS 、国际柴油 ln IDS 与国内柴油 ln DDS 之间都存在一个协整关系。

协整方程如下:

$$\ln DGS = 1.105\ 636 \ln IGS \qquad (2\text{-}102)$$

$$\ln DDS = 1.069\ 748 \ln IDS \qquad (2\text{-}103)$$

通过协整方程可以看到, 国际汽油 ln IGS 与国内汽油 ln DGS , 国际柴油 ln IDS 与国内柴油 ln DDS 之间都是正相关的长期均衡关系: 国际汽油 ln IGS 每上升 1%, 国内汽油就会上升 1.105 636%; 国际柴油 ln IDS 每上升 1%, 国内柴油 ln DDS 就会上升 1.069 748%。同时可以得到 $D\ln DGS = -0.003\ 173$, $D\ln DDS = -0.003\ 362$,

说明得到的协整关系是有效的。

4. 国际成品油价格与国内成品油价格的短期关系分析

上面说明了国际汽油 ln IGS 与国内汽油 ln DGS 、国际柴油 ln IDS 与国内柴油 ln DDS 之间存在长期的协整关系,下面继续研究国际、国内油价间相互影响的短期关系及因果关系。首先建立 VEC 模型。

$$\Delta Y_t = \begin{bmatrix} -0.17 \\ 1.33 \end{bmatrix} \text{Coint EQ1}_{t-1} + \begin{bmatrix} -0.55 & -0.08 \\ -0.78 & -0.04 \end{bmatrix} \Delta Y_{t-1} + \begin{bmatrix} -0.27 & -0.04 \\ -0.41 & -0.01 \end{bmatrix} \Delta Y_{t-2} + \varepsilon_t \quad (2\text{-}104)$$

其中,$\Delta Y = \begin{bmatrix} D \ln DGS \\ D \ln IGS \end{bmatrix}$, $\text{Coint EQ1} = \ln DGS - 0.664\,138 \ln IGS - 0.000\,105$。

$$\Delta X_t = \begin{bmatrix} -0.95 \\ 0.47 \end{bmatrix} \text{Coint EQ2}_{t-1} + \begin{bmatrix} -0.03 & -0.07 \\ -0.33 & -0.64 \end{bmatrix} \Delta X_{t-1} + \begin{bmatrix} -0.02 & -0.03 \\ -0.25 & -0.35 \end{bmatrix} \Delta X_{t-2} + \varepsilon_t$$

其中,$\Delta X = \begin{bmatrix} D \ln DDS \\ D \ln IDS \end{bmatrix}$, $\text{Coint EQ2} = \ln DDS - 0.110\,12 \ln IDS - 0.000\,339$。

Granger 因果关系检验结果如表 2-61 所示。

表 2-61 Granger 因果关系检验结果(三)

原假设	卡方统计量	概率
$D \ln IGS$ 不是 $D \ln DGS$ 的 Granger 原因	72.821 78	0.000 0
$D \ln DGS$ 不是 $D \ln IGS$ 的 Granger 原因	138.471 3	0.000 0
$D \ln IDS$ 不是 $D \ln DDS$ 的 Granger 原因	89.521 19	0.000 0
$D \ln DDS$ 不是 $D \ln IDS$ 的 Granger 原因	23.220 54	0.000 0

由表 2-61 可以看到,国际汽油 ln IGS 与国内汽油 ln DGS 互为 Granger 原因,国际柴油 ln IDS 与国内柴油 ln DDS 也互为 Granger 原因,可见国际汽油 ln IGS 与国内汽油 ln DGS 、国际柴油 ln IDS 与国内柴油 ln DDS 之间具有相互引导的关系。

5. 国际成品油价格与国内成品油价格的动态影响分析

基于估计的 VEC 模型,对国际汽油 ln IGS 与国内汽油 ln DGS 、国际柴油 ln IDS 与国内柴油 ln DDS 之间的脉冲响应函数进行分析,得到脉冲响应图像,如

图 2-74 和图 2-75 所示。

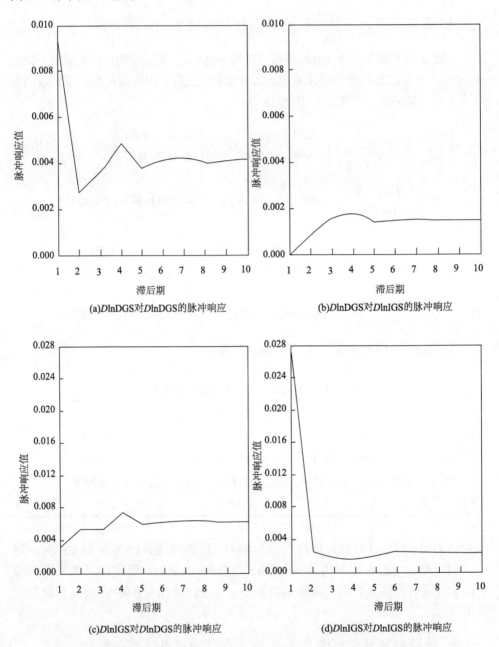

(a)$D\ln DGS$对$D\ln DGS$的脉冲响应

(b)$D\ln DGS$对$D\ln IGS$的脉冲响应

(c)$D\ln IGS$对$D\ln DGS$的脉冲响应

(d)$D\ln IGS$对$D\ln IGS$的脉冲响应

图 2-74 国际汽油 $\ln IGS$ 与国内汽油 $\ln DGS$ 之间的脉冲响应函数

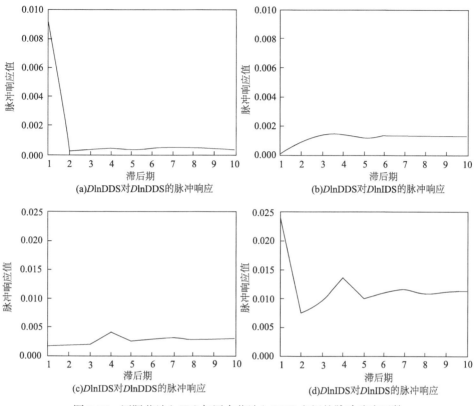

图 2-75　国际柴油 ln IDS 与国内柴油 ln DDS 之间的脉冲响应函数

由图 2-74 国际汽油 ln IGS 与国内汽油 ln DGS 之间的脉冲响应函数可以得到，国内汽油价格受到国际汽油价格一个正向冲击后，由第一期便开始上升，第四期达到冲击的最高峰，随后开始下降，第五期后开始变得平稳；国际汽油价格受到国内汽油价格一个正向冲击后，第一期到第三期便开始缓慢上升，第三期后上升速度加快，第四期达到冲击的最高峰，随后开始下降，第五期后开始变得平稳。

由图 2-75 国际柴油 ln IDS 与国内柴油 ln DDS 之间的脉冲响应函数可以得到，国内柴油价格受到国际柴油价格一个正向冲击后，由第一期便开始上升，第四期达到冲击的最高峰，随后开始下降，第五期后开始变得平稳；国际柴油价格受到国内汽油价格一个正向冲击后，第一期到第三期国际价格基本保持不变，第三期后开始上升，第四期达到冲击的最高峰，随后开始下降，第五期后开始变得平稳。

2.5　中美石油股票分析及石油价格对股票市场的影响

2.5.1　绪论

1. 研究背景

石油作为现代工业的"血液"，不仅是国家生存和发展不可或缺的战略资源，对保障国家经济、社会发展及国防安全有着不可估量的作用，更是一种军事、外交资源。随着经济增长，石油成为各国竞相追逐的目标，并逐渐成为制约许多国家可持续发展的战略性问题，成为大国间政治交涉的重点。可见，石油已成为国家经济的命脉、安全的保障，直接关系到国家的经济发展、政治稳定和国家安全。

石油的战略地位是由石油的多重属性决定的。首先，石油是一种不可再生资源，且现代社会对其高度依赖。其次，石油是一种商品，而且是世界上最大宗的国际贸易商品。最后，随着石油商品的金融化，石油金融化的色彩越来越浓烈。最重要的是，由于世界石油资源分布极不平衡及国家经济发展对石油的高度依赖性，石油具有明显的政治属性，成为国家间博弈的工具和武器。

随着现代社会的高速发展，石油在国家经济发展中的地位日益凸显，近些年来，研究石油已经成为一个热点问题。现有的研究主要从石油价格、石油进口安全、国际石油贸易等方面研究石油，而本节却从一个新的角度——股票的角度来研究石油。我们为什么关注石油股票呢？首先，石油股票是衡量石油工业整体水平的一个重要指标，同时与石油商品市场有着千丝万缕的联系。其次，石油行业股票作为整个股票市场的一个重要组成部分有自身的运动特征，而这种特征往往被整个股市的运动特征所掩盖。最后，石油股票易于受到政治、经济和市场的影响。

全球市场一体化的加速发展和信息载体的迅猛发展，为信息的跨市场传播创造了条件。尤其是自2008年以来，受金融危机的冲击，全球商品市场与资本市场之间不确定性传播效应明显加强。其中，石油市场与股票市场之间的研究更是备受关注。2014年下半年在全球总体经济形势平稳的情况下，国际石油价格急剧下跌，从每桶100多美元的水平迅速降至每桶50多美元。围绕石油价格大幅异常波动所产生的阴谋论和政治博弈论广泛传播开来。国际石油价格下跌给石油市场带来更大的不确定性，那么在最新一轮的国际石油价格低位运行期石油市场与股票市场的关系究竟是怎么样的呢？这是一个非常值得探索的问题。

2. 研究现状

现存的文献关于石油的研究很多，主要从石油价格、石油进口安全和国际石油贸易等角度展开。关于石油价格与股票市场的关系的研究主要基于市场和行业两个层面。此外，这部分我们还介绍了基于 VAR 模型的研究成果。

1）石油价格、石油安全及石油贸易研究

石油价格变动不仅是全球石油供需的衡量标准，也与国际经济环境和地缘政治密切相关。Katircioglu 等[105]应用第二代计量经济学方法研究了 OECD 国家石油价格波动与宏观经济总量——GDP、CPI 和失业率之间的关系，发现石油价格对 OECD 国家的 GDP、CPI 及失业率有显著的负影响。Fowowe[106]使用 Chan 和 Maheu 的条件自回归模型研究了石油价格和南非汇率之间的关系，结果显示石油价格上涨会导致南非货币兰特贬值。Rafiq 和 Salim[107]基于时间序列截面和时间序列计量经济学技术研究了石油价格波动对亚洲六个主要新兴经济体的影响，他们的实证结果显示石油价格对这些新兴经济体的经济有决定性的影响。Nazlioglu 等[108]通过波动溢出测试检验石油价格与金融压力之间是否存在波动传递，发现石油价格与金融压力是由长期波动主导的，且有证据证明危机前后石油价格风险向金融压力转移。研究石油进口安全有助于评估和分散石油进口国的石油进口风险，并为其石油安全提供一些建议。Wu 等[109]基于投资组合理论和多样化指标量化了中国石油进口风险，发现中国成品油的多样化指数和进口风险均小于原油进口。Ge 和 Fan[110]通过风险评估模型量化了中国石油进口风险，结果显示中国在中东地区还有分散石油进口风险的空间，并建议中国应从中东风险小的国家进口石油。Zhang 等[111]从石油供应链的角度构建了一个两阶段的 DEA-like 模型用于评估石油进口安全，并以中国为例进行研究。结果显示，自 1993 年以来中国石油进口风险不断增加，在石油供应链每阶段的潜在威胁中外部供应的威胁是中国石油进口最大的挑战。Sun 等[112]通过对石油出口区域国家风险及运输风险加权计算，量化了中国石油进口风险。他们的研究结果显示，当原油进口风险增加 10% 时，中国原油进口成本会增加 3.4685 亿美元。Li 等[113]从能源安全的角度出发，基于多目标规划方法研究了石油进口国家的国家风险，结果显示，中东地区战争会显著增加中东国家的国家风险，中国石油进口需相应地调整石油进口策略。近几年来，国际石油商品贸易蓬勃发展，国家在石油贸易中的作用和地位也不断提升。Zhang 等[114]基于复杂网络理论研究了石油贸易竞争模式和传播的演变，结果表明石油贸易已形成全球竞争模式，且亚太地区在该竞争模式中的作用日益突出。此外，他们还通过建立石油贸易核心网络分析其整体特征，发现石油出口核心网络具备无标度行为并把当前国际石油贸易网络分为三大地带[115]。另外，他们还通过研究石油贸易网络的时空特征，发现大部分石油输出国集中向北美出口石油，而对欧亚地区石油出口比价平衡，且石油的供需、技术和能效是影响石油贸易网络的重要因素[116]。除上述研究之外，还有石油主权风险[117]、石油进口易损性[118]研究等。可见，石油在国家发展中具有非常重要的战略地位，因此，本节从股票这个新视角探索石油安全具有非常重要的现实意义。

2）石油价格对股票市场的影响

基于市场层面，最早对国际石油价格和股票市场的研究始于资产定价的角度，将国际石油价格作为一个定价因子引入多因子模型中。Chen 等[119]对美国股票市场收益率的影响因素进行了分析，认为没有证据表明国际石油价格风险是股票价格的定价因子。Basher 和 Sadorsky[120]研究国际石油价格风险对新型股票市场收益的影响，发现石油价格风险影响新兴股市收益。Sadorsky[121]基于美国的月度数据，通过四变量 VAR 模型评估国际石油价格变动与股票市场之间的溢出效应，研究发现，国际石油价格冲击能够解释一定比例的股票收益率预测误差方差，而且国际石油价格变动对股票价格的影响具有非对称特征，国际石油价格上涨的影响要大于国际石油价格下跌的影响。Apergis 和 Miller[122]将国际石油价格变动分解为石油供给冲击、全球总需求冲击和全球石油需求冲击三个结构性冲击，发现股票市场收益率对石油市场冲击的响应统计上虽然显著，但对经济的影响很小。Wang 等[123]利用 SVAR 模型分别研究了国际石油价格冲击对石油进口国和石油出口国股票收益的影响，研究发现影响的强度、持续时间等与该国是石油净出口或石油净进口的地位有关。此外，国际石油价格与股票市场的最新的研究有 Kang 等[124]、Sim 和 Zhou[125]及 Phan 等[126]的研究。基于行业层面，金洪飞和金荦[127]基于双因子模型探索了国际石油价格对中国 14 个行业股票收益率的影响，其研究结果显示，国际石油价格对中国石油和天然气行业的股票收益率有显著的正影响，对汽车和零件行业、建筑和材料行业、金融行业、卫生保健行业、个人与家庭用品行业、旅游与休闲行业、公用事业行业的股票收益率有显著的负影响。Sadorsky[128]基于 1983～1999 年的月度数据研究加拿大石油和天然气公司股票收益率的风险因素，结果发现市场超额收益率、汇率变化率、国际石油价格变化率等风险因素在回归方程中都是显著的。Sadorsky[129]使用资产资本定价模型研究了可再生能源公司的风险，发现国际石油价格提高会增加可再生能源公司的风险而销售额增加会降低公司风险。刘希宋和陈蕊[130]利用投入-产出模型衡量了石油价格波动对其他行业的影响，发现国际油价上涨会引起石油行业及相关的化工行业成本大幅上涨。

3）VAR 模型应用研究

VAR 模型是基于数据的统计性质建立的一种经典的计量经济学模型，广泛用于分析相互联系的时间序列及变量的随机动态冲击的影响。Liu 等[131]基于 VAR 模型研究了 2008～2012 年石油市场与其他市场的相互作用，结果显示市场波动指数间无明显的长期均衡关系，并证实了石油市场与其他市场间存在短期不确定性转移。Cong 等[132]通过多重 VAR 模型研究国际油价对中国股市的影响，发现石油价格冲击对制造业指数和一些石油公司股票的实际收益有显著的影响。Sari 等[133]运用 VAR 模型检验了四种贵金属现货价格、国际油价及美元与欧元汇率之间的协同运动和信息传输，发现它们之间存在短期的强回馈及长期的弱均衡关系，且贵金属现货市场对来自其他金属价格及汇率的冲击均有显著响应。Dagher 和 El Hariri[134]基于 VAR 模型研究了布伦特现货石油价格对黎巴嫩的几个股票指数的影响，得到石油价格是引起股票价格波动的原因。Fang 和 You[135]利用 VAR 模型评估了石油价格对中国、印度和俄罗斯三个国家的股票市场的影响，发现石油价格对这三个国家的影响是混合的并对此进行解释。Zhang 和 Wei[136]调查了石油市场和黄金市场之间的协整关系、因果关系，发现 2000~2008 年石油市场和黄金市场显著正相关，且两个市场存在长期协整关系。Le 和 Chang[137]通过 SVAR 模型研究了 1994~2011 年石油价格波动对黄金市场收益的影响，结果显示石油价格冲击对黄金收益有显著的同期正影响，这有助于金融当局和政策制定者监控主要商品价格，有助于投资者和管理者优化投资组合。Souček[138]调查了股票市场、原油市场和黄金期货市场之间的协同关系，发现股市和原油期货套期保值需求正相关，但是与其他市场未平仓量负相关。鉴于石油在发展国家经济和确保能源安全中的重要战略地位，分析石油价格对经济变量的影响备受关注。此外，石油股票价格收益与整个股市收益之间关系密切[139]。因此，本节中我们用 VAR 模型试图获得石油市场与石油股票、股票市场之间的动态关系，理解石油市场不确定性是怎样转向其他市场的。

自股票市场成立以来，国内外学者为探索石油价格和股票市场之间的关系做出了不懈努力，为世界各国股市发展提出许多建设性提议。发达经济体的股市机制尤其值得新兴经济体借鉴，也为新兴经济体股市未来的发展指明了方向。但是，与石油价格和整体股票市场的研究相比，石油股票的相关研究甚少，尤其是探索发达经济体和新兴经济体石油股票特征的相关研究。而本节则立足于发达经济体（以美国为代表）和新兴经济体（以中国为代表）的石油股票，研究了两个不同经济体石油行业股票的特征，并分析其异同点。此外，研究石油价格对股票市场的影响的文章也很多，但研究最新一轮石油价格持续走低期内石油价格与股票市场的关系的很鲜见。故而本节探究了国际石油价格与股票市场之间的关系，同时，我们还研究了该时期内石油价格对我国石油股票指数的影响。

3. 研究内容及意义

本节的主要内容是：①定义股票波动指数，通过波动性分析比较中国和美国股票市场及其石油股票的波动特征；分析 2008 年全球性金融危机及 2011 年利比亚战争对石油股票价格行为的影响；根据趋势分析和阶段分析了解石油股票上涨趋势和下跌趋势运动特征及阶段性特征；基于脉冲响应函数分析石油价格和股票市场对中国和美国石油股票的影响。②运用 VAR 模型探索了 2014 年 6 月以来国际石油价格与中国石油股票指数、上海证券综合指数（以下简称上证综指）、标准普尔 500 指数（以下简称标普 500 指数）、纳斯达克指数和道琼斯工业平均指数之间的关系。

本节致力于从整体上更全面地分析中国和美国石油股票的特征，从而揭示中美石油股票运动特征，并为完善中国石油市场和股票市场提出建议。研究石油股票将有助于投资者更好地理解股票市场和石油股票、石油股票和石油价格之间的关系，从而降低风险投资行为。

本节立足于 2014 年下半年以来的国际石油价格持续走低事实，探究了该段时期以来国际石油价格对中国石油股票、中国和美国股票市场的影响。并将该结果与国际石油价格平稳期对比，这将有助于市场投资者根据市场之间的关系相应地调整期权投资策略，更好管理资源配置、规避风险。

2.5.2 相关理论

1. 石油股票波动指数

股价波动主要是由股票的供求关系决定的，此外股价波动还受地缘政治、政府政策、经济增长、汇率、利率和公司运营情况等因素的影响。为了衡量石油股票波动的幅度，股票波动指数定义如下[140]：

$$VI_m = \frac{1000}{s_m - 1} \sum_{t=1}^{s_m - 1} (\log(I_{m,t+1}/I_{m,t}))^2 \qquad (2\text{-}105)$$

其中，VI_m 为 m 年的股票波动指数；$I_{m,t}$ 为 m 年 t 天的股票指数；s_m 为 m 年内股票交易的总天数。

股票价格波动是指股票价格的变化形态，通常股票价格波动状态主要有三种趋势：上涨趋势波动、下跌趋势波动和无趋势波动。为了量化股票上涨和下跌趋势波动的强弱，引入了突破强度和衰竭强度。突破是指新一期的股票价格大于前一期股票价格的极大值，总是表现出股票价格上涨的趋势；而衰竭是指新一期的股票价格小于前一期的极小值，总是表现出股票价格下降的趋势。在本节中，参照刘璐等关于突破强度和衰竭强度的定义计算了石油股票的突破强度和衰竭强度。再将归一化的突破强度 $R(i)$ 和衰竭强度 $R'(i)$ 定义如下：

$$R(i) = \frac{P_{max}(i+1) - P_{min}(i)}{P_{max}(i) - P_{min}(i)} \qquad (2\text{-}106)$$

$$R'(i) = \frac{P_{\max}(i+1) - P_{\min}(i+1)}{P_{\max}(i+1) - P_{\min}(i)} \qquad (2\text{-}107)$$

其中，$R(i)$ 和 $R'(i)$ 为 i 期的突破强度和衰竭强度。根据突破和衰竭的定义可知，R 和 R' 都大于 1。很明显，R 和 R' 都表示股价正在进行的运动趋势，并且它们都代表更大的价格波动。

2. 累积分布函数

对于离散变量 X，累积分布函数是 $X \geqslant x$ 的概率分布[141]，即 $F_X(x)$，也称作互补累积分布函数或尾端分布函数。定义如下：

$$F_X(x) = P(X \geqslant x) \qquad (2\text{-}108)$$

这里定义的 $F_X(x)$ 是单调递减函数。对于任意的正实数，都满足以下两个条件：

$$\lim_{x \to 0} F_X(x) = 1 \qquad (2\text{-}109)$$

$$\lim_{x \to +\infty} F_X(x) = 0 \qquad (2\text{-}110)$$

为了与上文保持一致，这里的 X 实际上代表 R 或 R'。根据前面 R 和 R' 的定义可知，R 和 R' 总是大于 1，因此，累计概率分布函数具有正尾性。

3. VAR 模型

VAR 模型是一种常用的计量经济模型，它最早是在 1980 年由 Sims[142]引入经济学中的。VAR 模型通常用于多变量的时间序列系统的预测和分析系统随机扰动项对该系统的动态影响。VAR 模型要求模型中每一个时间序列变量都是平稳的，因此，首先要对时间序列进行平稳性检验。如果序列不稳定，则要对非平稳序列进行差分，得到平稳的时间序列，再建立 VAR 模型。一个 VAR(p)模型可以写成

$$Y_t = A_0 + A_1 Y_{t-1} + \cdots + A_p Y_{t-p} + \varepsilon_t, \ \varepsilon_t \sim N(0, \Omega) \qquad (2\text{-}111)$$

其中，$Y_t = (y_{1t}, y_{2t}, \cdots, y_{nt})^\mathrm{T}$ 为 n 阶向量；$A_0 = (a_1, a_2, \cdots, a_n)^\mathrm{T}$ 为 n 阶常数向量；Y_{t-i} $(i = 1, 2, \cdots, p)$ 为因变量的滞后项；ε_t 为 p 阶向量自回归过程的残差项，均值为 0，协方差为 Ω。

　　一个模型的建立，首先要对该模型所适用的条件进行识别和检验来判断数据是否符合该模型最初的假定及经济意义。在本节中会用到平稳性检验、单位根检验、Johansen 协整检验。下面对这些检验进行简单介绍。

　　1）平稳性检验

　　时间序列与截面数据的最大区别是时间序列过程是不可重复的，因此，需要对均值和方差进行明确定义。如果数据的均值和方差不受时期 t 的影响，我们称时间序列数据是平稳的。检验时间序列平稳的方法很多，在本节中采用平稳性检验的 Graph 形式，若所有的特征根都在单位圆内则通过平稳性检验。

　　2）单位根检验

　　单位根检验实际上是检查序列中是否存在单位根，存在单位根的序列为非平稳序列。单位根是指单位根过程，证明序列中存在单位根的过程就不平稳，这种情况下进行回归分析会导致伪回归的出现。在本节中使用了 ADF 检验方法对时间序列是否存在单位根进行判断。

　　3）Johansen 协整检验

　　实际中多数的时间经济变量是非平稳序列，本节通过 Johansen 协整检验来确定各时间序列之间是否存在长期的均衡关系。如果变量之间存在长期均衡关系，那么残差序列应该是平稳的，这样不会产生伪回归的问题。

4. 时变相关系数

　　为了直观呈现中国和美国不同石油公司股票价格相关性随时间 t 变化的整体趋势，在本节中引入时变相关系数[143]。

　　定义 $P_i(t)$ 为第 i 个石油公司 t 天的石油价格，则第 t 天的对数收益为

$$R_i(t) = \ln P_i(t) - \ln P_i(t-1) \tag{2-112}$$

　　第 t 天的移动窗口为 $[t-s+1, t]$，步长为 s，并计算这段时期的相关系数矩阵 C_i，其中，每一个元素 C_{ij} 代表 i 石油公司股票价格和 j 石油公司股票价格之间的皮尔逊相关系数。

$$C_{ij}(t) = \frac{1}{\sigma_i \sigma_j} \sum_{k=t-s+1}^{t} [R_i(k) - \mu_i][R_j(k) - \mu_j] \tag{2-113}$$

　　其中，μ_i 和 μ_j 分别为 i 和 j 石油公司股票价格的均值；σ_i 和 σ_j 分别为 i 和 j 石油公司股票价格的标准差。

2.5.3 中美石油股票分析

股票市场素来有宏观经济的"晴雨表"之称，而石油股票作为股票市场的重要组成部分不仅能反映宏观经济环境，更是整个石油行业的重要指标。下文从波动性分析、相关性分析、趋势性分析、阶段性分析和石油价格及股票市场对石油股票的影响分析五个方面研究和分析中国与美国石油股票的异同点。

本节数据为深圳证券交易所中国石油公司的日、月收盘价，以及纽约证券交易所美国石油公司的日、月收盘价。此外，还收集了深圳证券交易所成分股价指数（以下简称深证成指）和道琼斯工业平均指数作为中国和美国股票市场指数的代表，从整体上分析中国和美国股市的不同，进而与石油股票波动作对比分析。数据从 2014 年 6 月 24 日回溯到该股票上市时间。以上数据均来自雅虎金融[144]。此外，本节还用到了大庆现货价格和 WTI 原油现货价格，数据来自《油价与相关指数走势》。

1. 石油股票的波动性分析

为了探索石油股票异于股票市场总体指数的特征及分析中国和美国石油股票波动的相似性和不同点，基于式（2-105），计算了中国和美国股票市场指数及其石油股票价格指数 2000~2014 年的波动性，结果如图 2-76 和图 2-77 所示。

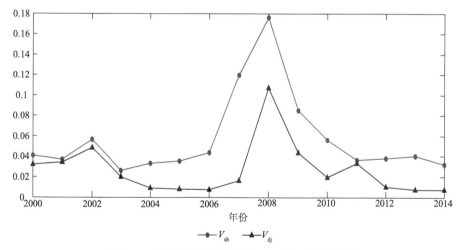

图 2-76 深证成指和道琼斯工业平均指数波动性

由图 2-76 可知，在 2000~2014 年深证成指的波动性总是大于道琼斯工业平均指数，这表明中国股市往往比美国股市体验更大的风险波动，表现得更加不稳定。该结果得到刘璐等关于中国股市和美国股市的研究结果的支持。自 1990 年中国股市成立以来，我们共同见证中国股市的成长和发展，但中国股市仍然是一个新兴的股票市场，与成熟的股票市场相比，其市场化程度较低、市场监管效率不高、规范股民行为的法律法规严重匮乏。

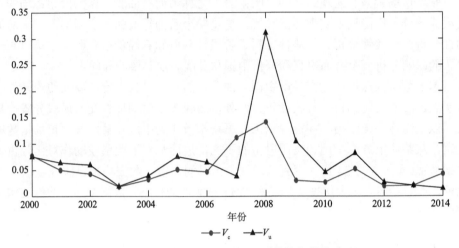

图 2-77　中国和美国石油股票价格指数波动

由图 2-77 可知，在大部分时候中国石油股票波动小于美国石油股票，这与图 2-76 的结果截然不同。这是由于美国股市发展成熟，市场机制比较完备，石油股票价格能够较好地反映市场供需情况；而中国石油公司上市相对较晚，且处于一个新兴的股票交易市场，中国政府对股票市场的波动表现得过分谨慎，给予股市高度的监控和管制。

然而，2013 年后美国石油股票的波动性明显降低且低于中国石油股票。随着美国页岩气的迅速发展，美国本土石油产量显著增加，从而降低了对外依存度。美国页岩革命的进一步推进使得美国由国际石油进口大国变为国际原油出国大国。据美国能源信息署[145]报道，2013 年美国原油产量经历了一次快速增长，与 2012 年相比原油增产 5000 万吨，达 25 年来的最高水平，同时石油进口创 1987 年以来新低，仅为 2.55 亿吨。相反，中国海关总署[146]发布的数据显示，中国 2013 年进口原油 2.8 亿吨，与 2012 年相比增长了 4%。美国页岩气的不断发展势必影响全球能源格局，有助于减少世界石油供应中断，改变全球石油价格居高不落的状态，并以先进者的姿态引领全球页岩气的开发利用。受美国成功推进页岩气发展的鼓舞，中国页岩气发展和探索也在逐步走入研究者的视野中[104, 147, 148]。

2. 石油股票的相关性分析

上一部分的结果表明中国和美国石油股票的波动性与股票市场不同，然而我们发现，石油股票指数和股票市场指数的波动性在 2008 年都是最大的，因此，这部分将对自 2008 年以来石油股票价格的相关性展开研究，试图分析 2008 年全球金融危机对石油股票价格行为的影响。此外，还考虑了 2011 年利比亚战争的影响，因为利比亚是世界上的石油出口大国之一且在国际石油贸易中扮演着重要的角色。为了直观呈现中国和美国石油股票整体相关性随时间 t 变化趋势，基于式（2-112）和式（2-113）并通过 Matlab 编程得到中国和美国石油公司股票价格的时变相关性。2007 年中国上市的石油公司数据比较少，因此我们不再考虑 2007 年。结果如图 2-78 和图 2-79 所示。

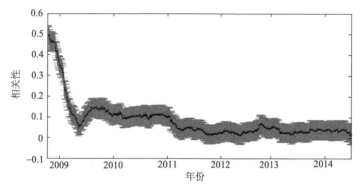

图 2-78　中国石油股票价格的时变相关性

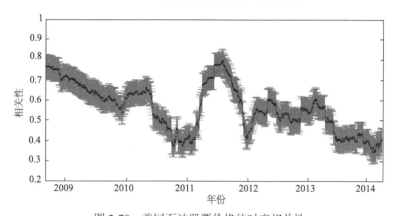

图 2-79　美国石油股票价格的时变相关性

　　由图 2-78 和图 2-79 可知，2008～2009 年中国石油股票的相关性为整个样本时期最高的，2009 年之后石油股票的相关性比较平稳，这表明在全球性金融危机期间中国石油股票有更大的风险体验，在之后的时间内石油股票整体相关性比较小，风险比较小。而美国石油股票整体相关性比较大，尤其是 2008～2009 年与 2011 年中期左右，这反映了美国石油股票比中国石油股票承担了更大的风险。2011～2012 年中国石油股票相关性很低，而美国石油股票同期相关性非常高（超过 0.8）。2011 年利比亚战争影响石油股票的相关性了吗？实际上，对美国来说，

2011 年可谓是不平静的一年，美国的社会、政治、经济[149-151]都有较大幅度的波动。此外，利比亚是中国石油贸易重要的合作伙伴，受 2011 年利比亚战争的影响，中国 2011 年从利比亚进口石油减少了 64.9%[152]，但是其石油股票时变相关性没有因为战争而变化。可见，利比亚战争不会对石油股票产生明显的影响。这是因为利比亚战争是利比亚国内战争，其影响力与全球性金融危机相比相差甚远，故而很难对石油股票产生明显的影响。另外，自 21 世纪以来世界石油市场格局悄然变化，石油出口国之间的竞争也愈演愈烈。当一个石油出口国因为冲突或战争导致其对外石油出口减少时，其他石油出口国会借机增加石油出口量或降低石油出口价格，从而增加其国际石油出口的份额，提升其在国际石油市场的地位。

下面我们计算了 2008 年、2009 年和 2011 年中美石油股票相关性。为了清晰地呈现相关性的结果并易于进一步比较分析，对图 2-80 中所有子图的横、纵坐标采用了相同的设置。其中，横坐标代表的是相关系数的个数，纵坐标代表相关系数的大小。很明显，2008 年中国石油股票价格相关系数的个数明显比美国少，这是由于中国石油公司上市比较晚。随着中国经济和股市的发展，越来越多的石油公司竞相加入到股票市场，因此，2009 年及 2011 年中国石油股票价格相关系数的个数明显多于 2008 年。

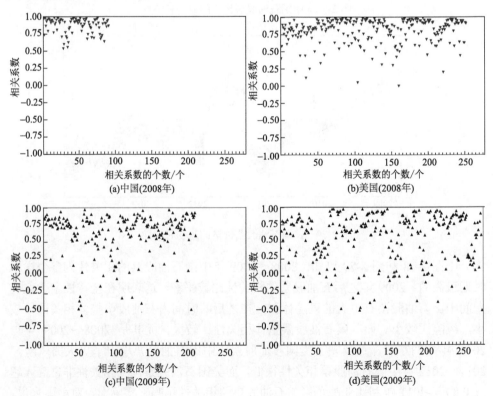

(a)中国(2008年)　　　　　　　　(b)美国(2008年)

(c)中国(2009年)　　　　　　　　(d)美国(2009年)

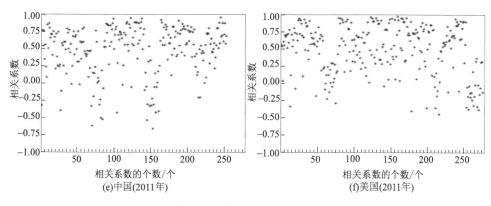

图 2-80　2008 年、2009 年和 2011 年石油股票价格相关性

还可以得到，2008 年中国和美国石油股票的相关系数较其他年份更加集中，且中国和美国石油股票相关系数大于 0.5 的比例，其分别为 100% 和 92.1%。而在 2009 年，该比例为 79.5% 和 62.4%。相比之下，2011 年中国和美国石油股票相关系数大于 0.5 的比例，其分别为 58.1% 和 56.9%，且相关系数的值更加分散。通过以上分析，不难得出：在全球金融危机期间，石油股票价格高度相关，这个结果与图 2-80 中 2008～2009 年中美石油股票相关性一致，且该结果得到 Nobi 等[153] 关于 2008 年全球金融危机对韩国综合股价指数 200 的影响的研究的支持。但是 2011 年中期美国石油股票高度相关在图 2-80 中无法反映出来，这主要是因为逐年计算的相关系数之间会相互抵消。

3. 石油股票的趋势性分析

本小节第 1 部分和 2 部分分别研究了 2000～2014 年中美石油股票的波动性及 2008 年前后石油股票价格的相关性，这一部分旨在通过对趋势的分析捕捉石油股票上涨和下跌的运动特征。基于式（2-106）和式（2-107），计算了中国和美国石油股票突破强度和衰竭强度的均值和标准差，详见表 2-62。

表 2-62　石油股票突破强度和衰竭强度的均值和标准差

项目	突破强度		衰竭强度	
	均值	标准差	均值	标准差
中国石油股票指数	5.40	10.92	5.17	9.94
美国石油股票指数	5.60	11.32	4.33	9.27

如表 2-62 所示，中国和美国石油股票突破强度的标准差均大于对应的衰竭强度，这表明石油股票价格上涨比股票价格下跌具有更大的波动性。然而，分别比

较中国和美国石油股票的突破强度和衰竭强度标准差,不难发现中国石油股票突破强度的均值和标准差略小于美国,而衰竭强度的均值和标准差大于美国。因为中国股市起步较晚,一旦股市面临较大的波动,中国政府会迅速采取措施,通过降低股票的波动性来确保中国股市健康发展。

　　为了更好地理解石油股票价格的动态机制,我们借助累积分布函数进行进一步的分析。基于式(2-108),计算了中国和美国石油股票指数的突破强度和衰竭强度在不同时间间隔($\Delta t=1$,$\Delta t=5$,$\Delta t=22$)[①]中的累积分布函数和整个时间间隔[②]的累积分布函数,如图2-81所示。

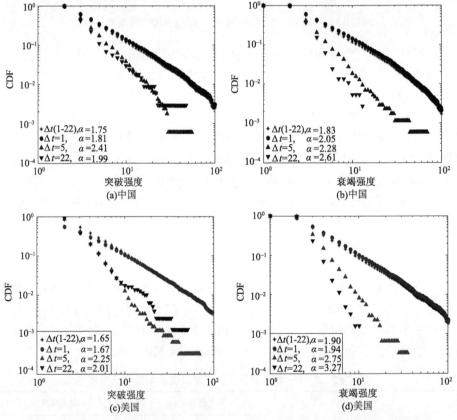

图 2-81　中国和美国石油股票突破强度及衰竭强度的累积分布函数

　　由图 2-81 可知,石油股票突破(或衰竭)强度的累积分布函数在双对数

---

　　① 股票价格图中除了分时线,还有日 K 线、周 K 线和月 K 线。相应地,我们设定 $\Delta t=1$,$\Delta t=5$,$\Delta t=22$ 分别代表相隔一天、一周和一个月。

　　② 整个时间间隔是从 $\Delta t=1$ 到 $\Delta t=22$。

坐标中几近直线，表明其累积布函数服从幂律分布，即 $P(x)\sim x^{-\alpha}$，这说明石油股票具有标度效应，标度指数 α 的值越小代表股票运动越不稳定。中国石油股票整个时间间隔的突破强度和衰竭强度的幂律指数分别是 1.75 与 1.83，美国的分别为 1.65 与 1.90。这表明石油股票价格上涨运动往往比下跌运动表现出更大的波动。

通过比较不同时间间隔的突破强度和衰竭强度的累积分布函数不难发现：① $\Delta t =1$ 时，中国石油股票 R 和美国石油股票 R' 的累积分布函数与整体分布函数（$\Delta t =22$）很接近，它们各自的标度指数印证了这一点；②从 $\Delta t =1$ 到 $\Delta t =22$，R' 的标度指数都有增大的趋势，即随着时间间隔的增加，石油股票下跌的波动减少，但从 $\Delta t =7$ 增加到 $\Delta t =22$，R 的标度指数变小，波动性增大。这表明石油股票上涨与下跌趋势具有明显的不对称性。这种不对称是由石油股票价格操纵、内幕交易信息的不对称性和资金流入流出方向决定的。

4. 石油股票的阶段性分析

上一部分研究了中国和美国石油股票突破强度和衰竭强度的运动特征，发现石油股票具有标度效应。由于石油价格与石油股票指数分别反映了石油在商品市场和期权市场的供需情况及外部因素的影响，且它们之间存在联系，这部分将试图探索石油股票和石油价格不同阶段的波动特征。

自 21 世纪以来，石油价格历经几次跌宕起伏。如图 2-82 所示，2000 年 1 月～2003 年 3 月，国际原油价格比较平稳，在 30 美元/桶上下波动；2003 年 4 月～2011 年 12 月，国际原油价格大致上三起三落，这期间经历了美伊战争、全球性金融危机、欧洲债务危机及利比亚战争；2012 年 1 月～2014 年 6 月，国际原油价格在 100 美元/桶上下波动，油价高位运行。

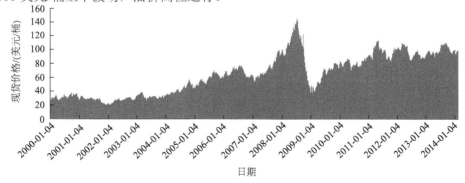

图 2-82　国际原油现货价格走势[①]

---

① 数据来自美国能源信息署（http://www.eia.gov/petroleum/）。

因此，根据国际原油现货价格及石油股票波动性，以美伊战争为分割点将 2000 年 1 月～2014 年 6 月分为三个阶段。第一阶段为 2000 年 1 月～2003 年 3 月，国际油价比较平稳；第二阶段为 2003 年 4 月～2011 年 12 月，国际油价波动较大；第三阶段为 2012 年 1 月～2014 年 6 月，国际油价在 100 美元/桶上下波动，高位运行。根据各时期国际原油现货价格走势特点，将三个时期分别称为油价平稳上升时期、油价剧烈波动时期与油价高位运行时期。下面具体分析三个时期内国际石油价格和石油股票波动的情况。

1）石油价格的波动特征

这里分别用大庆石油价格和 WTI 石油价格作为中国和美国石油价格的代表。大庆是中国最大的石油生产基地，其石油产量占中国陆地石油总产量的 40%还要多[154]。WTI 石油价格一直以来被视为全球石油的基准，在国际石油定价中发挥着重要的作用。基于式（2-105）计算了中国和美国石油价格波动指数，如图 2-83 所示。大体上来说，中国石油价格的波动大于美国石油价格的波动。这可以从以下几点进行解释：第一，中国石油进口一直遵循着"买涨不买落"实践，且中国目前尚无国际油价话语权；第二，中国的石油进口主要来源于中东和北非等地缘政治和经济环境不稳定的地区，给石油价格带来更大的不确定性；第三，国际市场的石油交易都是以美元计价和结算，"石油美元"交易规则加剧了中国石油价格的波动；第四，中国石油储备非常有限，这导致当中国面临石油供应中断时没有能力释放充足的石油资源以稳定石油价格。最重要的一点是，近些年来随着中国经济的快速增长，原油进口需求不断攀升，这导致中国过度依赖原油进口。如图 2-84 所示，2000 年后中国石油年产量趋于稳定，但是消费量却逐年攀升，使得中国石油供应缺口不断扩大。面对这巨大的缺口，中国别无选择只能从国外进口更多的石油。除此之外，还有许多因素影响石油价格波动，如石油资源稀缺、恐怖主义威胁[155]、美元汇率及石油供求不平衡[156]等。

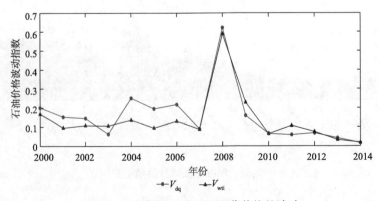

图 2-83　大庆和 WTI 原油现货价格的波动

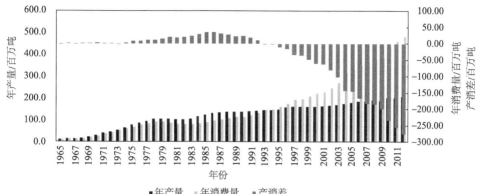

图 2-84 中国 1965～2012 年石油年产量、年消费量及产消差[①]

我们还计算了大庆和 WTI 现货原油价格三个阶段的均值和标准差，如表 2-63 所示。在油价平稳上升阶段，大庆和 WTI 原油平均价格分别为 24.42 美元/桶和 25.83 美元/桶，它们的标准差都是三个阶段中最小的；在油价剧烈波动阶段，中国和美国原油价格的均值都在 67 美元/桶左右，约是第一阶段原油价格的 3 倍，其标准差是三个阶段中最大的；在油价高位运行阶段，国际原油价格处于三个阶段中的最高水平，但标准差明显小于第二阶段，这与世界经济恢复和疲软的美元[157, 158]密不可分。

表 2-63 大庆和 WTI 原油价格的均值及标准差

	项目	第一阶段	第二阶段	第三阶段
大庆	均值/（美元/桶）	24.42	67.09	108.13
	标准差	5.70	27.05	7.80
WTI	均值/（美元/桶）	25.83	67.71	97.05
	标准差	5.60	24.22	6.30

值得注意的是，三个阶段中，中国原油现货平均价格的标准差大于美国，这表明中国石油价格的波动性更大。这与图 2-83 的结果一致。

2）石油股票波动特征

表 2-64 报告了中国和美国石油股票指数的标准差。由表 2-64 不难得到，中美石油股票指数每一阶段 R 的标准差均要大于对应阶段 R' 的标准差，即石油股价上涨趋势往往要比股价下跌趋势体现更大的波动性。另外，中国石油股票突破和衰竭强度的标准差分别为 14.14 和 13.78，为三个阶段中最大的，第三阶段次之，第一阶段波动最小，即第二阶段石油股价上涨趋势波动最大。美国亦是如此。

———————————

① 数据来自《BP 世界能源统计年鉴 2013》。

表 2-64　石油股票突破强度和衰竭强度的标准差

阶段	CSP 指数		USP 指数	
	突破强度	衰竭强度	突破强度	衰竭强度
第一阶段	12.09	9.8	11.25	10.81
第二阶段	14.14	13.75	13.78	11.38
第三阶段	12.56	9.81	13.50	11.02

　　为了更好地理解石油股票指数的波动特征，图 2-85 给出了中国石油股票指数和美国石油股票指数的突破强度与衰竭强度的累积分布函数。由图可知每一阶段中 R 和 R' 的累积分布函数都服从幂律分布，表现出标度行为。由图 2-85（a）石油股票不同阶段的标度指数可知，中国石油股价上涨趋势比下跌趋势的波动性更大。中国石油股票第二阶段 R 和 R' 的标度指数分别为 1.60 与 1.62，为三个阶段中最小，且标度指数相近，因此，图 2-85（a）中第二阶段中国石油股票指数分布函数几乎重合，这也反映了在第二阶段中国石油股票上涨运动和下跌运动的波动为三

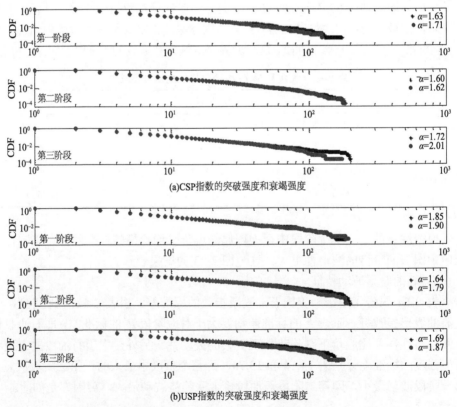

(a)CSP指数的突破强度和衰竭强度

(b)USP指数的突破强度和衰竭强度

图 2-85　中国石油股票指数和美国石油股票指数的突破强度与衰竭强度的累积分布函数

个阶段中最大的。而第一阶段和第三阶段标度指数值相对较大，这表明第一阶段和第三阶段中国石油股票波动比较小，且上涨和衰竭强度的标度指数之间差异比较大，因此，其分布函数尾部分离。

再看美国石油股票的分布函数，三个阶段中第二阶段指数最小，第三阶段次之，且这两个阶段分布函数指数值相差较大，因此，图 2-85（b）中第二阶段、第三阶段的两个分布函数尾端分离，第一阶段指数为三个阶段中最大的，但数值接近，故其分布函数尾部趋于重合。简言之，中美石油股票价格的上涨趋势往往比下跌趋势的体验更大的波动，且三个阶段中第二阶段石油股票波动性最大，第三阶段次之，第一阶段最小。

3）石油价格和股票的比较分析

将 1）中每一阶段中美石油价格波动与 2）对应的石油股票指数波动进行对比，发现中美石油股票指数波动趋势与两国的石油价格具有如下的特征。

（1）第一阶段（国际油价平稳上升期）石油股票和石油价格波动都为三个阶段中最小。亚洲金融危机对世界经济有深远影响，亚洲许多国家刚从贫穷中走出来，又要面对经济衰退。亚洲金融危机过后，WTI 原油现货价格由 1998 年 12 月 10 日的 10.82 美元/桶缓慢回升，至 2000 年 7 月 18 日达到 31.55 美元/桶。中美石油股票经历亚洲金融危机期间起伏后逐步趋于平稳，2000 年石油股票稳步上升。受同年美国"9·11"事件的影响，美国纽约证券交易所和纳斯达克证券交易所被迫关闭，股市在短期内暴跌。同期中国石油股票由原来的持续走高转向走低。

（2）第二阶段（国际油价剧烈波动期）石油价格波动为三个阶段中最大，石油股票亦是如此。为了控制海湾石油，加大美元对国际油价的影响，2003 年美国发起对伊战争。2007 年美国次贷危机爆发，同年 8 月次贷危机波及其他金融市场，世界各地区主要股市及与次贷相关的债券市场出现大幅震动，国际油价也遭到重创，十几个交易日内累计跌幅接近 12%。美国作为全球经济的推动者，其经济的不景气导致石油需求明显下降，投资者投资股市热情降低。美国的次贷危机最终演变成全面的金融危机，随后迅速从局部扩散到全球，从发达国家扩散到发展中国家，从金融领域扩散到实体经济领域。

（3）第三阶段（国际油价高位运行期）石油股票波动明显低于第二阶段。这是因为随着全球性金融危机结束，世界经济开始缓慢回温，世界格局多极化从曲折中向前发展。这阶段，全球石油强劲需求推动油价高位运行。股市开始走好，石油股价也开始逐渐上升，石油股票波动有减少之势。

5. 石油价格和股票市场对石油股票的影响分析

阶段性分析的结果表明每个阶段石油股票和石油价格的波动具有一致性，这部分使用 Pesaran 和 Shin[159]改进的广义脉冲响应函数来研究石油价格和股票市场对石油股票收益的影响。根据 AIC 和 SC 确定最优滞后期数 $p=2$。各时间序列收益定义如下：

$$R_{it} = \ln P_{it} - \ln P_{it-1}, \quad i = 1, 2, \cdots, 6$$

其中，R_{it} 为第 i 个时间序列 t 月的收益；P_{it} 为第 i 个时间序列 t 月的价格。其中，R_{it}（$i = 1, 2, \cdots, 6$）分别代表中国石油股票收益、深证成指股票收益、大庆石油价格收益、美国石油股票收益、道琼斯指数收益和 WTI 原油价格收益。

首先，对时间序列数据进行单位根检验，如表 2-65 所示。由表 2-65 可知，时间序列不存在单位根，即所有的变量不存在持续的影响。

表 2-65　单位根检验结果（七）

收益	ADF 检验（不含趋势项）	ADF 检验（含趋势项）
R_1	−8.7419	−8.7209
R_2	−11.2806	−7.6775
R_3	−7.6687	−10.5171
R_4	−12.8485	−11.2124
R_5	−10.4710	−12.7770
R_6	−10.8625	−10.8484

注：所有结果均在 1%的水平下显著

脉冲响应函数的结果如图 2-86 所示，样本数据区间为 2000 年 1 月～2014 年 6 月。由图 2-86（a）可知中国股票市场对石油股票收益的影响初期为正，且于第二期达到正向最大，随后这种影响逐渐消失。与石油价格对石油股票收益的冲击响应相比，来自股票市场的冲击表现得更加显著，持续时间更长，这表明石油股票与股票市场联系紧密。中国股市素来有"政策市"之称，中国政府对股市调控的大手随处可见，而石油股票处于中国股市大环境中，因此，中国股市对其石油股票影响比较大。

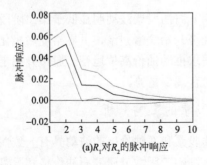

(a)R_1对R_2的脉冲响应

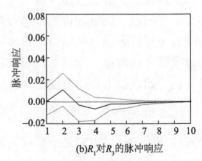

(b)R_1对R_3的脉冲响应

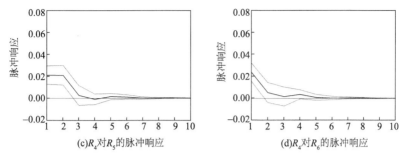

图 2-86　中美石油股票对石油价格和股票市场冲击的脉冲响应

由图 2-86（b）可知石油价格对石油股票的影响初期为零，第二期达到正向最大，这反映了中国石油价格对石油股票收益有滞后影响。统计显示中国 2009 年成为世界第二大石油进口国，其石油进口依存度高达 57%。然而，由于政府对成品油管制的约束，中国国内成品油价格的波动要低于国际油价的波动，因此，国际油价的持续上涨会导致国内原油和成品油的"倒挂"，从而造成石油炼制业的亏损，拖累石油股票业绩。

如图 2-86（c）所示，与中国股票市场对石油股票收益的影响相比，美国股票市场对其石油股票的影响相对较弱，持续时间较短。这是因为美国股市是一个开放的成熟的市场，市场法律法规完善，股票价格更能反映股票供需。图 2-86（d）的结果表明美国石油股票对来自石油价格的冲击在初期做出正向最大响应。这说明美国石油市场和石油股票有很好的联动性。

2.5.4　石油价格对股票市场的影响

石油市场对股票市场的影响一直以来备受关注，尤其是在特殊时期。而 2014 年 6 月以来石油市场的异动——全球石油价格骤然下跌并持续走低，引起社会各界的骚动。本部分我们旨在探索在最近一轮的国际石油价格持续走低期石油价格是怎样影响石油股票及股票市场的，并与油价平稳期对比分析。

本节主要使用了 2013 年 11 月 1 日～2014 年 2 月 5 日的 WTI 原油期货价格、中国石油股票指数、上证综指、标普 500 指数、纳斯达克指数和道琼斯工业平均指数作为本部分的样本数据。其中，WTI 原油期货价格来自美国能源信息署[139]，作为国际石油价格的代表。中国石油股票指数和上证综指分别代表中国石油行业和新兴股市，用以衡量中国石油公司整体水平及中国股市发展水平；标普 500 指数、纳斯达克指数和道琼斯工业指数代表国际成熟股市，股票数据来自雅虎金融[140]。

1. 石油价格与股指走势分析

图 2-87 给出了 2000～2015 年 WTI 原油价格走势。由图可知 2000～2002 年

国际原油价格基本上比较稳定，2002~2006 年石油价格曲折前进，但总体呈现出价格上涨的趋势。2008 年国际原油价格上涨尤为凸显，2009 年跌进谷底，这充分说明 2008 年金融危机极大地冲击了原油市场，给石油价格带来更多的不确定性。之后，石油价格一路上涨。随着利比亚战争和欧洲债务危机带来的恐慌，2011 年中期石油价格创第二次新高（仅次于 2008 年）。随后，石油价格高位运行，直至2014 年 6 月原油价格出现了持续走低的趋势。

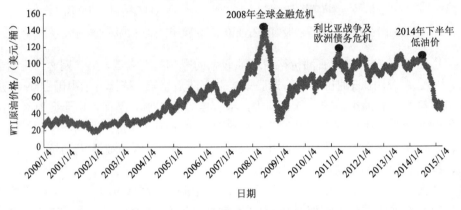

图 2-87　WTI 原油价格走势

图 2-88~图 2-91 给出了 2000~2015 年中国上证综指和美国三个股票指数的走势图。由图 2-88 可知，2000~2007 年上证综指基本上没有比较大波动，而 2008年波动为整个时期最大的，这主要是受全球性金融危机的影响。之后，上证综指也表现得比较平稳，而在 2014 年 6 月后突然上涨。

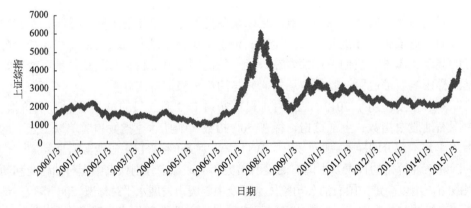

图 2-88　上证综指走势

图 2-89　标普 500 指数走势

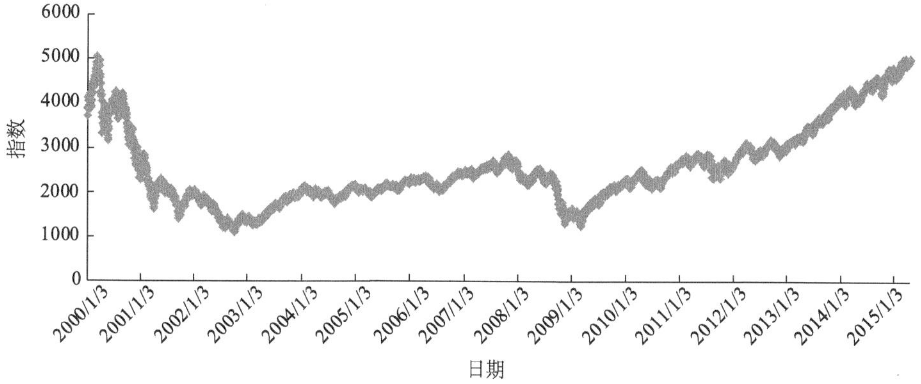

图 2-90　纳斯达克指数走势

图 2-91　道琼斯工业平均指数走势

由图 2-89～图 2-91 可知 2000～2003 年标普 500 指数、纳斯达克指数和道琼斯工业平均指数不断下跌，这主要是由美国高科技泡沫破裂及随后的"9·11"事件导致的。之后股指一路平稳上涨，受美国次贷危机及全球金融危机的影响，三个指数 2008～2009 年波动比较明显。之后三个指数不断上涨。

自 2014 年下半年以来国际石油价格突然下跌，而同期中国上证综指开始上涨，美国主要股票指数也持续走好，新兴股市的突然变化是否受到石油价格走低的刺激，成熟股市有没有受石油市场的影响，这些都是值得研究的问题。

2. 样本数据统计特征

由图 2-92 可知，2013 年 11 月 1 日～2014 年 6 月 30 日，国际石油价格在 100 美元/桶左右，我们称这段时间为国际石油价格平稳期；而 2014 年 7 月 1 日～2015 年 2 月 5 日，全球国际石油价格持续降低，我们称这段时期为国际石油价格降低期。

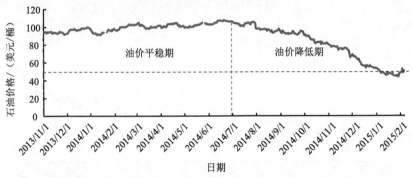

图 2-92　2013 年 11 月 1 日～2015 年 2 月 5 日国际石油价格走势

表 2-66 给出了国际石油价格平稳期与国际石油价格下降期国际油价、中国石油股票指数、上证综指、标普 500 指数、纳斯达克指数和道琼斯工业平均指数的描述性统计，分别用 WTI、CPI、SZ、S&P 500、NASDAQ 和 INDU 表示。为了避免数据剧烈波动，将原序列进行对数处理，LW、LC、LS、LP、LN、LD 分别为上述变量的对数序列。

表 2-66　数据的描述统计

项目		LW	LC	LS	LP	LN	LD
油价平稳期	均值	4.600 429	2.220 384	7.640 997	7.519 917	8.329 568	9.695 886
	标准差	0.042 508	0.040 464	0.030 349	0.030 242	0.032 430	0.023 381
	偏度	−0.125 520	0.545 617	0.822 283	0.257 978	−0.059 160	−0.245 665
	峰度	2.079 766	2.145 140	2.705 034	2.401 980	2.058 412	2.347 279
	Jarque-Bera 统计量	6.179 414[**]	13.050 70[***]	18.959 63[***]	4.236 899	6.116 496[**]	4.533 095
	样本数量	163	163	163	163	163	163

续表

项目		LW	LC	LS	LP	LN	LD
油价下跌期	均值	4.337 785	2.315 685	9.077 947	7.600 505	8.426 123	9.753 632
	标准差	0.276 541	0.067 872	0.152 492	0.025 033	0.032 108	0.026 859
	偏度	−0.666 600	−0.531 450	0.724 548	−0.476 903	−0.392 442	−0.195 894
	峰度	2.029 645	1.915 053	1.985 195	3.089 618	2.467 055	2.352 217
	Jarque-Bera 统计量	16.427 370***	13.937 320***	18.908 660***	5.544 903*	5.437 938*	3.462 605
	样本数量	145	145	145	145	145	145

*、**和***分别代表结果在 10%、5%和 1%水平下显著

　　由表 2-66 可知，国际石油价格平稳期六个变量的标准差几乎没有什么差别，而且都比较小。与标准正态分布的偏度 0 相比，国际油价、纳斯达克指数和道琼斯工业平均指数的偏度系数均小于 0，即数据集中位置偏向较大的一侧，这表明国际油价、纳斯达克指数和道琼斯工业平均指数的分布函数左偏。而中国石油指数、上证综指和标普 500 指数的偏度系数均大于 0，即数据集中位置偏向较小的一侧，这表明中国股票石油指数、上证综指和标普 500 指数分布函数右偏。此外，所有变量的峰度系数均在 2～3，这表明这些变量数据比较分散。

　　然而，由表 2-66 可知，在国际油价下降期石油价格的标准差明显大于其他指数，上证综指的标准差也比较大，这表明在油价下降期石油价格和中国股票市场体验更大的风险波动。此外，除了上证综指外，其余变量的偏度系数都小于 0，这表明它们的分布图像左偏。标普 500 指数峰度系数大于 3，即标普 500 指数分布集中，呈尖峰态分布，其余变量数据分布都较为分散。由 Jarque-Bera 检验结果可以确定国际油价、石油股票指数及股票指数不服从标准正态分布。

　　为了进一步说明石油市场和股票市场之间的关系，我们对时间序列变量做了相关性分析，结果如表 2-67 所示。

表 2-67　相关性结果

项目	相关性	LW	LC	LS	LP	LN
油价平稳期	LC	−0.513 803***				
	LS	−0.432 193***	0.815 738***			
	LP	0.761 908***	−0.658 123***	−0.630 118***		
	LN	0.636 436***	−0.577 760***	−0.633 219***	0.807 686***	
	LD	0.605 535***	−0.611 432***	−0.610 633***	0.955 131***	0.735 863***

续表

项目	相关性	LW	LC	LS	LP	LN
	LC	−0.840 456***				
	LS	−0.970 734***	0.787 845***			
油价下跌期	LP	−0.570 636***	0.528 149***	0.558 110***		
	LN	−0.673 738***	0.650 594***	0.664 886***	0.973 674***	
	LD	−0.634 886***	0.581 656***	0.610 382***	0.982 258***	0.952 563***

***结果在 1%的水平下显著

　　观察油价平稳期结果表我们可以得到以下几点：第一，国际石油价格与中国石油股票指数、上证综指显著负相关，其相关系数分别为−0.513 803 与−0.432 193。这表明当国际石油价格该时期不断上涨时，中国石油股票指数和股票指数会持续下跌。第二，中国石油股票与中国股票市场的相关性很高（0.815 738），然而，中国石油股票指数、上证综指与其余三个股票市场指数显著负相关。这反映了新兴经济体股票市场还未与世界主要股市接轨，同时也反映了中国股市目前发展阶段的特殊性。第三，国际石油价格与三个国际股票指数均是显著的正相关关系，且这三个指数之间显著正相关，这表明石油价格上涨，标普 500 指数、纳斯达克指数和道琼斯工业平均指数也会上涨。

　　而在油价下降期，国际石油价格与中国石油股票指数、上证综指、标普 500指数、纳斯达克指数和道琼斯工业平均指数间为显著负相关（部分相关程度大于油价平稳期）。且与中国石油股票指数、上证综指的相关程度相对较高，这反映了自 2014 年下半年以来石油价格持续走低，而中国石油股票指数和上证综指持续上涨，且涨幅要大于标普 500 指数、纳斯达克指数和道琼斯工业平均指数。同时，表明该时期中国石油股票和中国股市更容易受到国际石油市场的影响，国际石油市场的不确定性会给中国股市带来更大的风险体验。这个结果与油价平稳期明显不同。中国石油股票指数、上证综指、标普 500 指数、纳斯达克指数、道琼斯工业平均指数间显著正相关，这表明在油价下降期股票市场前景比较好，股价运动行为比较一致，股票指数之间联动效应比较明显。

　　此外，发现无论是油价平稳期还是油价下降期，标普 500 指数、纳斯达克指数和道琼斯工业平均指数的相关系数都很高，这是因为这三个指数都源于美国主要股市，处于同一经济环境，它们都反映了美国股市的供需及股市环境，因此，它们之间联系比较密切。

3. 实证分析

　　本节旨在分析国际石油价格与几个主要股票市场之间的动态关系。因此，得到如下 VAR 模型：

$$
\begin{bmatrix} DLW_t \\ DLC_t \\ DLS_t \\ DLP_t \\ DLN_t \\ DLDL_t \end{bmatrix} = \begin{bmatrix} C_1 \\ C_2 \\ C_3 \\ C_4 \\ C_5 \\ C_6 \end{bmatrix} + \begin{bmatrix} A_{11} \\ A_{12} \\ A_{13} \\ A_{14} \\ A_{15} \\ A_{16} \end{bmatrix}\begin{bmatrix} DLW_{t-1} \\ DLC_{t-1} \\ DLS_{t-1} \\ DLP_{t-1} \\ DLN_{t-1} \\ DLDL_{t-1} \end{bmatrix} + \begin{bmatrix} A_{21} \\ A_{22} \\ A_{23} \\ A_{24} \\ A_{25} \\ A_{26} \end{bmatrix}\begin{bmatrix} DLW_{t-2} \\ DLC_{t-2} \\ DLS_{t-2} \\ DLP_{t-2} \\ DLN_{t-2} \\ DLDL_{t-2} \end{bmatrix} + \begin{bmatrix} A_{p1} \\ A_{p2} \\ A_{p3} \\ A_{p4} \\ A_{p5} \\ A_{p6} \end{bmatrix}\begin{bmatrix} DLW_{t-p} \\ DLC_{t-p} \\ DLS_{t-p} \\ DLP_{t-p} \\ DLN_{t-p} \\ DLDL_{t-p} \end{bmatrix} + \begin{bmatrix} e_{t1} \\ e_{t2} \\ e_{t3} \\ e_{t4} \\ e_{t5} \\ e_{t6} \end{bmatrix} \quad (2\text{-}114)
$$

其中，C_j（$j=1,\cdots,6$）为 VAR 模型中的常数；A_{ij}（$i=1,\cdots,p$，$j=1,\cdots,6$）为 1×6 的向量，其中，每一个元素都是该模型的回归系数；p 为滞后期数；e_{tj}（$j=1,\cdots,6$）为误差项。

1）平稳性检验、单位根检验

该 VAR 模型特征根的位置见图 2-93。如图所示，在国际石油价格下降期和国际石油价格平稳期，VAR 模型的所有特征根的位置均在单位圆之内，即所有变量都是平稳的。

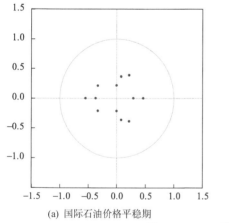
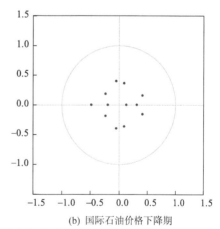

(a) 国际石油价格平稳期　　　　　　　　　(b) 国际石油价格下降期

图 2-93　VAR 模型特征根的位置

使用 ADF 方法对国际石油价格、中国石油股票指数、上证综指、标普 500 指数、纳斯达克指数和道琼斯工业平均指数对数序列进行了单位根检验，我们发现这些序列都存在单位根。接着，对这些对数序列差分后重新进行单位根检验，检验结果如表 2-68 所示。ADF 单位根检验的零假设是变量的时间序列存在单位根。由表 2-68 可知，在两个不同时期，这些序列的差分均在 1% 的置信水平下通过了单位根检验，这说明差分序列不存在单位根，即 LW、LC、LS、LP、LN、LD 是一阶单整的 I（1）。

表 2-68　单位根检验结果（八）

项目		ADF 检验（不含趋势项）	ADF 检验（含趋势项）
油价平稳期	LW	−12.185 64***	−12.190 31***
	LC	−10.893 90***	−10.862 01***
	LS	−11.821 42***	−11.850 45***
	LP	−13.406 83***	−13.490 67***
	LN	−13.258 22***	−13.277 15***
	LD	−11.258 80***	−11.216 10***
油价下跌期	LW	−12.187 64***	−12.167 90***
	LC	−10.893 90***	−10.829 40***
	LS	−13.406 83***	−10.829 40***
	LP	−13.406 83***	−13.490 67***
	LN	−13.258 22***	−13.277 15***
	LD	−13.207 25***	−13.200 63***

***代表在 1%的水平下显著

2）JJ 协整检验

通过上面的平稳性检验和单位根检验可知 LW、LC、LS、LP、LN、LD 序列都是一阶单整 I（1）的，它们之间可能存在某种关系，即协整关系。这部分使用 JJ 检验方法对这四个时间序列进行协整检验。根据 AIC 和 SC，确定了最优滞后阶数 $p=3$。表 2-69 是 JJ 检验的结果。

表 2-69　JJ 协整检验结果

项目	原假设	特征根	迹统计量	临界值	概率
油价平稳期	$r \leqslant 0$	0.216 653	97.296 98	95.753 66	0.029**
	$r \leqslant 1$	0.161 267	58.960 77	69.818 89	0.038 7**
	$r \leqslant 2$	0.089 447	31.350 36	47.856 13	0.067 7
	$r \leqslant 3$	0.074 06	16.638 92	29.797 07	0.666 6
油价下降期	$r \leqslant 0$	0.247 492	107.516	95.753 66	0.006 1**
	$r \leqslant 1$	0.187 14	67.707 91	69.818 89	0.032 8**
	$r \leqslant 2$	0.147 336	38.700 45	47.856 13	0.272 4
	$r \leqslant 3$	0.061 834	16.385 85	29.797 07	0.684 9

**代表在 5%的水平下显著

由表 2-69 可知在 5%的显著水平下，两个不同时期的 VAR 模型都存在两个协整关系。经过标准化的协整向量 LW、LC、LS、LP、LN、LD 平稳期和下降期的长期协整关系分别为

$$LW=1.18LC-1.61LS+8.8LP-3.6LN-7.8LD \qquad (2\text{-}115)$$

$$LW=0.08LC+1.28LS-25.20LP+5.56LN+19.22LD \qquad (2\text{-}116)$$

令其向量误差修正项分别为

$$ECM_{1t}=LW-1.18LC+1.61LS-8.8LP+3.6LN+7.8LD \qquad (2\text{-}117)$$

$$ECM_{2t}=LW-0.08LC-1.28LS+25.20LP-5.56LN-19.22LD \qquad (2\text{-}118)$$

对 ECM_t 进行单位根检验，发现 ECM_t 不存在单位根，即 ECM_t 序列是平稳的，也就是说 LW、LC、LS、LP、LN、LD 之间存在长期均衡关系。

3）广义脉冲响应

国际石油价格、中国石油股票指数、上证综指、标普 500 指数、纳斯达克指数和道琼斯工业平均指数的广义脉冲响应函数如图 2-94～图 2-99 所示。

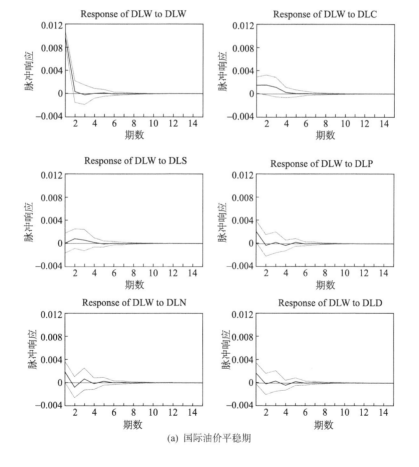

(a) 国际油价平稳期

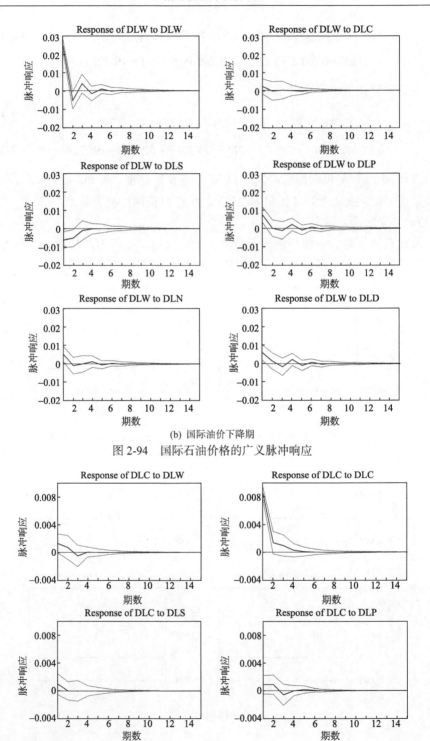

(b) 国际油价下降期

图 2-94　国际石油价格的广义脉冲响应

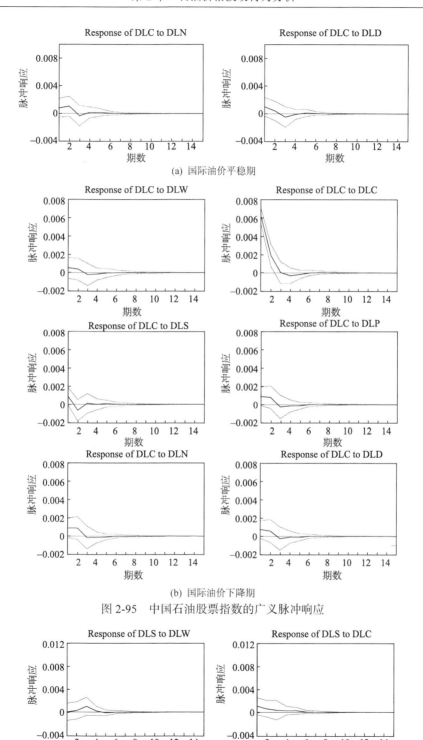

(a) 国际油价平稳期

(b) 国际油价下降期

图 2-95 中国石油股票指数的广义脉冲响应

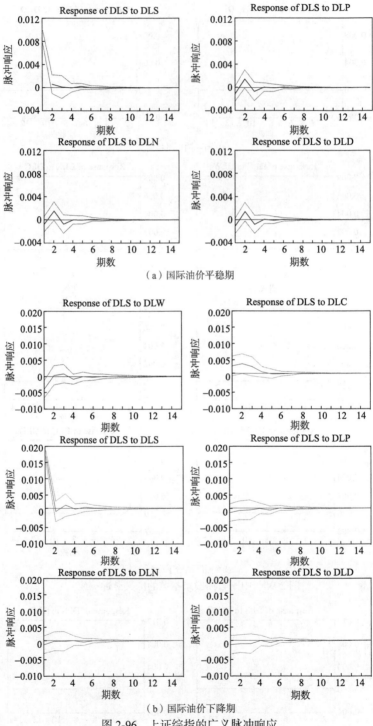

（a）国际油价平稳期

（b）国际油价下降期

图 2-96　上证综指的广义脉冲响应

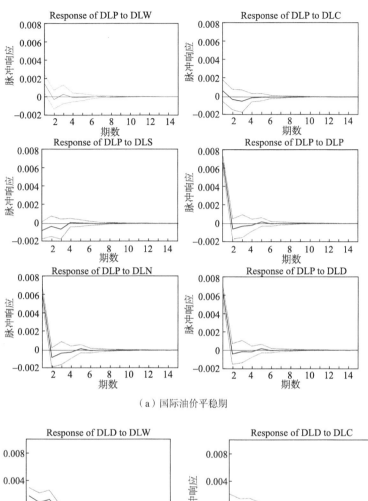

（a）国际油价平稳期

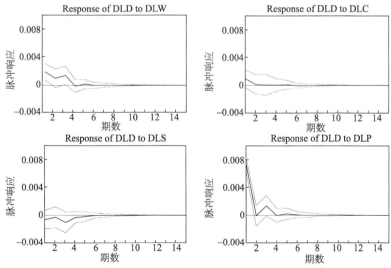

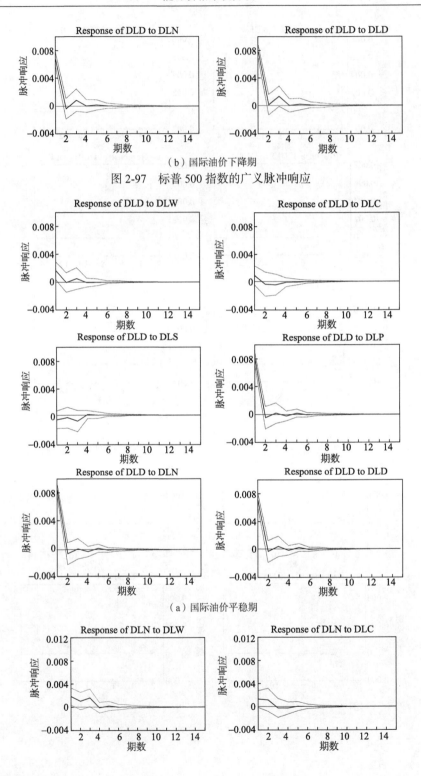

（b）国际油价下降期

图 2-97　标普 500 指数的广义脉冲响应

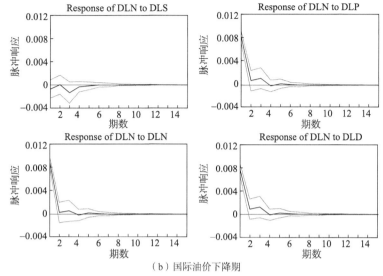

（b）国际油价下降期

图 2-98 纳斯达克指数的广义脉冲响应

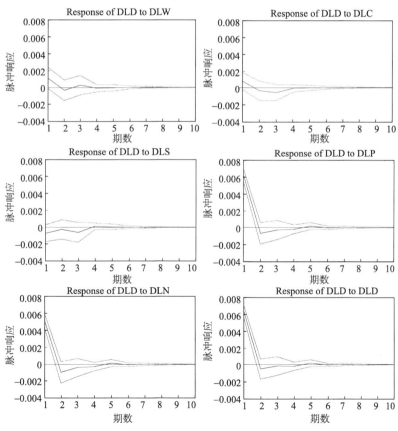

（a）国际油价平稳期

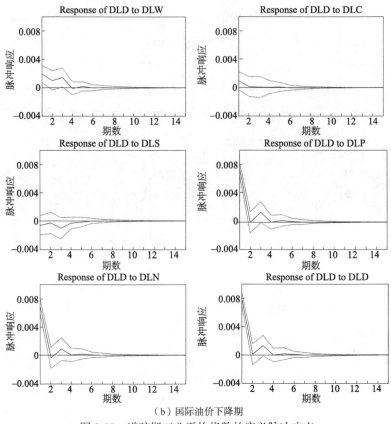

（b）国际油价下降期

图 2-99　道琼斯工业平均指数的广义脉冲响应

由图 2-94 可以得到两个时期国际石油价格对自身—标准差的冲击初期为正向响应，而且最显著。在国际油价平稳期，该冲击的影响在第二天消失。而在国际油价下跌期，该影响第二天变为负的，随后逐渐消失了，这表明原油市场的投资者很可能会对石油市场内的非预期信息产生过激反应，然后随着更多的信息进入市场而调整他们的预期，因此，国际石油价格在每一次冲击后都能恢复平均水平。

油价下降期国际石油价格对自身或其他变量冲击的响应强度要明显大于石油价格平稳期，且对中国石油股票指数、标普 500 指数、纳斯达克指数和道琼斯工业平均指数信息冲击初期影响为正，这表明在油价下降期石油市场与股票市场之间的联动性明显增强。不同的是，在油价下降期国际石油价格对来自上证综指的冲击表现为显著的负影响，而在油价平稳期有滞后影响，这主要是因为中国股市起步比较晚，受当前市场水平的约束，尚未与国际石油市场形成稳定的信息传导机制。

此外，通过图 2-94 可知，国际石油市场与美国主要股票市场之间联动性比较强，这主要是因为美国在国际石油市场占有主导地位，且国际石油价格以美元计算这一现实情况加大了美国对石油市场的控制。

如图 2-95 所示，在油价平稳期，中国石油股票对自身—标准差的冲击一直为正向响应，且该响应第六期才消失，而在油价下降期，中国石油股票对自身新息的冲击初期为正向响应，第三期转为负向响应，直到第六期结束。同样地，油价平稳期，中国石油股票对来自上证综指的冲击响应为正，但油价下降期，期初的正向响应于第二期变为负的。以上结果说明油价下降期，中国石油股票不确定性增强，将面临更多的风险体验。

由图 2-96 可知：①油价下降期上证综指对自身和其他变量信息冲击响应强度大于油价平稳期。②油价平稳期，上证综指对来自石油价格—标准差的冲击有滞后效应，而在油价下降期，上证综指对国际石油价格冲击表现为显著的负响应，这与图 2-94 中上证综指对国际石油价格冲击影响一致。③油价平稳期，标普 500 指数、纳斯达克指数和道琼斯工业平均指数—标准差冲击对上证综指的影响初期为负，于第二期转为负的，之后很快（都于第 4 天）消失。而在油价下降期，这些指数对上证综指的影响总是表现为负的，且持续更长的时间（大约持续 8 天）才消失。这反映了油价下降期，美国主要股市对中国股市的影响相对比较大，更持久。

如图 2-97～图 2-99 所示，两个不同时期标普 500 指数、纳斯达克指数和道琼斯工业平均指数对来自其自身及中国际石油价格、中国石油股票指数—标准差冲击响应期初为正，而对来自上证综指冲击响应影响为负。这说明中国股市的信息不能为其他股市有效反映。而中国石油股票指数作为中国股市一个重要组成部分，却能够与国际市场间形成有效的信息链接，这说明中国石油股票并不能为中国整体股市真实反映。而美国三个股指之间冲击响应程度很高，这是因为它们同在美国经济环境下，相关性很高，联动性也比较强。

2.6　本　章　小　结

本章首先利用 Johansen 协整检验、Granger 因果关系检验、脉冲响应函数、方差分解等方法，从原有供需、汇率、非市场因素等方面对国际原油价格波动的主要影响因素进行系统分析，研究发现：①国际原油价格与供给量之间存在正相关的协整关系，而国际原油价格与需求量之间存在负相关的协整关系：供给量每上升 1%，国际原油价格会上升 1.457 875%，需求量每上升 1%，国际原油价格会下降 0.372 108%；②在 5%的显著性水平下，国际原油价格与供给量之间呈双向的 Granger 原因，需求量是国际原油价格的 Granger 原油，而国际原油价格不是需求量的 Granger 原因；③国际原油价格的方差变动 100%都来自自身；而供给量方差的变动有 0.3072%来自国际原油价格，需求量的方差变动有 0.7149%来自国际原油价格。

在国际原油价格波动行为分析方面，本章利用 HP 滤波分析法和谱分析方法对原油价格波动的周期行为进行了研究，得到如下的结论：①能源价格波动存在多个波动周期，1986～2013 年原油价格共经历了 6 个周期，平均每 4.5 年为 1 个周期，其中，波动剧烈的周期为第 3 个周期（1994～1998 年），第 4 个周期（1998～2003 年）和第 5 个周期（2003～2009 年），峰谷落差最大的为第 5 个周期，落差为 43.6594 个周期波动分量。并且每个波动周期内均伴随着重大的国际事件发生。②原油价格波动存在 2 年左右的主周期，同时伴有一些 2～5 月的短周期。综合来看，我们得到原油价格波动存在 2 年左右波动周期，因为 HP 滤波分析法所得到 4.5 年左右的平均周期是 2 年的倍数。原油价格波动过程中容易受到国际重大事件的冲击，因此，波动过程中会伴随 2～5 月的短周期。通过对国际原油价格波动的 ARCH 效应研究发现：①原油价格序列存在 ARCH 效应。②原油价格的波动表现出一定的持久性特征，而不是频繁的跳跃式波动。2007 年 8 月之前能源价格波动基本上维持在低位水平，表明此段时间原油价格的风险水平较低，而 2007 年 8 月金融危机爆发以来，能源价格波动率开始迅速上升，其中，2008 年波动率达到最高峰，表明此段时间原油价格的风险水平较高。③GARCH-M 模型结果表明：原油价格越高，价格风险就越低。国际原油价格演化行为研究表明：①国际油价收益率序列存在混沌和分形特征，价格收益率序列演化存在一个奇异吸引子；②国际油价收益率序列具有分形结构，建立国际油价的非线性动力模型至少需要 2 个状态变量；③国际油价收益率序列的混沌程度较低，也说明对国际油价收益率进行短期预测是可行的。

国际成品油价格波动行为分析方面，研究结果表明：①国际成品油价格波动存在多个波动周期。②柴油和洛杉矶汽油趋势分量相关性最高，其次为取暖油和纽约港汽油、取暖油和洛杉矶汽油；柴油与纽约港汽油相关性最低。③国际成品油价格的波动周期要小于国际原油价格的波动周期，且成品油价格具有显著的季节性特征。④从长期来看，成品油期货价格上升的趋势强于下降的趋势，成品油期货价格整体呈上升趋势。汽油和取暖油期货价格演化过程中，上升和下降是主要的转换模态，平稳的变化几乎不存在，这在一定程度上反映出成品油期货价格变化的激烈程度。⑤在不同的嵌入维数的相空间上，汽油和取暖油期货价格波动网络度分布关系较为复杂，整体上表现为较少的节点具有较高的度值，大部分节点的度值较低。通过计算说明了汽油和取暖油期货价格波动网络服从幂律分布。相空间上成品油期货价格波动网络节点度的幂律分布，反映了成品油期货价格波动复杂的内在动力学特征。⑥成品油价格波动网络的集聚系数呈现出节点度较小时，集聚系数趋于零，节点度较大时，集聚系数趋于零，节点度适中时，集聚系数较大的特点，说明了成品油期货价格网络中存在一些主导期货价格波动趋势的重要节点。⑦将成品油期货价格波动网络与随机序列网络、混沌序列网络的拓扑性质进行了对比研究，发现成品油期货价格波动网络是一种不同于 Lorenz 混沌序列网络和随机序列网络的新型网络。成品油期货价格波动网络既具有类似混沌序列网络的拓扑性质，同时也具有类似随机序列网络的拓扑性质。因此，这也说明了将成品油价格进行趋势分解，然后进行分类研究的思路是可行的。

中国油价波动行为分析表明：①石油价格对其影响因素的关联系数变化范围为 -0.5619～0.9478，石油价格对能源生产与消费比值、燃料购进价格指数、能源进出口比值、城镇人口比重、GDP 指数、PPI 和单位 GDP 能耗冲击的关联是正的，关联系数分别为 0.0176、0.9478、0.1957、0.1249、0.0186、0.4357、0.2543；石油价格对能源生产弹性系数、第二产业贡献率、人均能源消费量、恩格尔系数、能源消费弹性系数、CPI 冲击的关联是负的，关联系数分别为 -0.1388、-0.1166、-0.2226、-0.5619、-0.0738、-0.0508。对石油价格冲击较大的四个因素分别是燃料购进价格指数、恩格尔系数、PPI 和能源效率，因此，在调控石油价格时，应重点关注这四个因素。②2011～2015 年，中国的电力价格和煤炭价格将呈现出下降的趋势，而石油价格则呈现出上涨的趋势。在未来的五年间，电力价格和煤炭价格的综合互动关联度为 0.7585，说明在未来的五年，煤炭价格和电力价格呈现出较为紧密的联系；电力价格与石油价格的综合互动关联度为 0.6388，说明在未来的五年，电力价格和石油价格的关联度较低；煤炭价格与石油价格的综合互动关联度为 0.5785，说明煤炭价格与石油价格相互影响程度较低。在未来的五年，三种能源间的灰色关联度的大小关系为 $AR_{pc} > AR_{po} > AR_{co}$，这与我们前面讨论的四个经济时期都是不同的，说明随着中国经济的发展，各种新能源的不断开发，中国未来将迈入一个崭新的经济时期。

通过对国际原油价格、中国石油股票指数、上证综指、标普 500 指数、纳斯达克指数和道琼斯工业平均指数之间的相互影响进行研究表明：①油价下降期国际石油价格与其余五个指数间均显著负相关，且与中国石油股票指数、上证综指的负相关程度尤为突出，这表明在油价下降期中国股市和中国石油股票更容易受到国际石油价格的影响，国际石油市场不确定性会带给中国股市带来更大的风险体验。中国石油股票指数、上证综指、标普 500 指数、纳斯达克指数、道琼斯工业平均指数间显著正相关，这表明在油价下降期股票市场前景比较好，股指走向也比较一致。②油价下降期国际石油价格对自身或其他变量冲击的响应强度要明显大于石油价格平稳期，且对中国石油股票指数、标普 500 指数、纳斯达克指数和道琼斯工业平均指数新息冲击初期影响为正，这表明在油价下降期石油市场与股票市场之间的联动性明显增强。③油价下降期国际石油价格对来自上证综指的冲击表现为显著的负影响，而在油价平稳期有滞后影响，这说明中国股市当前发展水平还不能与国际石油市场形成稳定的信息传导机制。

参 考 文 献

[1] Krugman P. Oil and the dollar. Nathional Bureau of Economic Research Working Paper, No. 554, 1980.

[2] Golub S S. Oil prices and exchange rates. The Economic Journal, 1983, (9): 576-593.

[3] Amano R A, van Norden S. Oil prices and the rise and fall of the US real exchange rate. Journal of International Money and Finance, 1998, 17(2): 299-316.

[4] Bénassy-Quéré A, Mignon V, Penot A. China and the relationship between the oil price and the dollar. Energy Policy, 2007, 35(11): 5795-5805.

[5] Austvik O G. Oil prices and the dollar dilemma.OPEC Energy Review, 1987, (4): 399-412.

[6] Cheng K C. Dollar depreciation and commodity price. World Economic Outlook. Washington D C: International Monetary Fund, 2008: 72-75.

[7] 佘升翔, 陆强, 马超群. "石油-美元"机制及其互动特征的实证研究. 系统工程, 2010, 28(6): 36-39.

[8] Humphreys, Brett H. Applications of GARCH models to energy commodities. The Pennsylvania State University: A dissertation for Ph. D, 1997.

[9] Marcus M, Zhang L. Oil price hikes and development triggers in peace and war. The Economic Journal, 1996, 106(435): 445-457.

[10] 周明磊. 事件对国际石油价格影响的时间序列分析. 数学的实践与认识, 2004, (8): 12-18.

[11] Berry J. Speculation's role in high oil prices. Transport Topics, 2005, (7): 7.

[12] Weiner R J. Speculation in international crises: report from the gulf. Journal of International Business Studies, 2005, 36(5): 576-587.

[13] Han G H. Chinese petroleum reserve and counter-measures to the rising price when participating in the international oil market . The Sixth Us-China OGIF, 2005.

[14] Moosa I A, Al-Loughani N E. The effectiveness of arbitrage and speculation in the crude oil futures market. Journal of Futures Markets, 1995, 15(2): 167-186.

[15] Ederington L, Lee J H. Who trades futures and how: evidence from the heating oil futures market. The Journal of Business, 2002, 75(2): 353-373.

[16] Ciner C. Hedging or speculation in derivative markets: the case of energy futures contracts. Applied Financial Economic Letters, 2006, 2(3): 189-192.

[17] 吴振信, 金玉静, 王书平. 石油工人罢工的阶段性对国际油价的影响分析. 河北经贸大学学报, 2010, (1): 59-62.

[18] 王书平. 石油价格: 非市场因素与运动规律. 北京: 中国经济出版社, 2011.

[19] Sadorsky P. Modeling and forecasting petroleum futures volatility. Energy Economics, 2006, 28: 467-488.

[20] Hotelling H. The Economics of Exhaustible Resources. Journal of Political Economy, 1931, 39: 137-175.

[21] Pindyck R S. Gains to producer from cartelization of exhaustible resource. Review of Economics Statistics, 1978, (2): 238-251.

[22] Gately D. OPEC: retrospective and prospects 1972-1990. European Economic Review, 1983, 21: 313-331.

[23] Gately D. A ten-year retrospective: OPEC and the world oil market. Journal of Economics Literature, 1984, 3: 1110-1114.

[24] Porter J R, Roundy R A. A Production-based Model for Predicting Heating Oil Prices. Cornell University: A dissertation for Ph.D, 2011.

[25] Alvarez-Ramirez J, Cisneros M, Ibarra-Valdez C, et al. Multifractal Hurst analysis of crude oil prices. Physica A: Statistical Mechanics and its Applications, 2002, 313 (3): 651-670.

[26] Alvarez-Ramirez J, Soriano A, Cisneros M, et al. Symmetry/anti-symmetry phase transitions in crude oil markets. Physica A: Statistical Mechanics and its Applications, 2003, 322: 583-596.

[27] Griffin J M. OPEC behavior: a test of alternative hypotheses. The American Economic Review, 1985, 75 (5): 954-963.

[28] Bernabe A, Martina E, Alvarez-Ramirez J, et al. A multi-model approach for describing crude oil price dynamics. Physica A: Statistical Mechanics and its Applications, 2004, 338 (3): 567-584.

[29] Martina E, Rodriguez E, Escarela-Perez R, et al. Multiscale entropy analysis of crude oil price dynamics. Energy Economics, 2011, 33 (5): 936-947.

[30] 邓祥周, 田立新, 段希波. 能源价格的动态模型及分析. 统计与决策, 2007, (1): 9-10.

[31] 田立新, 钱和平. 能源价格的时滞微分方程模型及动力学分析. 江苏大学学报(自然科学版), 2010, 31 (2): 240-244.

[32] 陈旭梅, 田立新, 吴丹. 能源价格系统在随机干扰作用下的分岔研究. 数学的实践与认识, 2013, 43 (12): 81-86.

[33] 王世进. 国内外能源价格波动溢出效应研究. 资源科学, 2013, 35 (4): 690-696.

[34] Al-Mutairi N H. Business cycles in oil economies. The George Washington University: A Dissertation for Ph.D, 1991.

[35] Keane M P, Prasad E. The employment and wage effects of oil price changes: a sectoral analysis. Review of Economics and Statistics, 1996, 78: 389-400.

[36] Hooker M A. What happened to the oil price-macroeconomy relationship?. Journal of Monetary Economics, 1996, 38: 195-213.

[37] Berument H, Tasci H. Inflationary effect of crude oil prices in Turkey. Physica A, 2002, 316 (/1/2/3/4/): 568-580.

[38] Doroodian K, Boyd R. The linkage between oil price shocks and economic growth with inflation in the presence of technological advances: a CGE model. Energy Policy, 2003, 31: 989-1006.

[39] LeBlanc M, Chinn M D. Do high oil prices presage inflation? The evidence from G-5 countries. UC Santa Cruz Economics Working Paper, 2004, (561): 04.

[40] Rasche R H, Tatom J A. Energy price shocks, aggregate supply and monetary policy: the theory and the international evidence. North-Holland: Carnegie-Rochester Conference Series on Public

Policy, 1981, 14: 9-93.

[41] Ahmed E, Rosser J B, Sheehan R G. A global model of OECD aggregate supply and demand using vector autoregressive techniques. European Economic Review, 1988, 32(9): 1711-1729.

[42] Bernanke B S, Gertler M, Watson M, et al. Systematic monetary policy and the effects of oil price shocks. Brookings papers on economic activity, 1997, (1): 91-157.

[43] Herrera A M, Pesavento E. Oil price shocks, systematic monetary policy, and the "Great Moderation". Macroeconomic Dynamics, 2009, 13(1): 107-137.

[44] Hammoudeh S, Madan V. The dynamic stability of OPEC's oil price mechanism. Energy economics, 1992, 14(1): 65-71.

[45] Hammoudeh S, Madan V. Escaping the tolerance trap: implications of rigidity in OPEC's output adjustment mechanism. Energy Economics, 1994, 16(1): 3-8.

[46] Kaufmann R K, Dees S, Karadeloglou P, et al. Does OPEC matter? An econometric analysis of oil prices. The Energy Journal, 2004, 2: 67-90.

[47] 张永昶, 戴正洪.石油库存储量对油价的作用机制的仿真及数量分析. 石油化工技术经济, 2002, (1): 52-61.

[48] Cremer J, Weitzman M L. OPEC and the monopoly price of world oil. European Economic Review, 1976, 8(2): 155-164.

[49] Hnyilicza E, Pindyck R S. Pricing policies for a two-part exhaustible resource cartel: the case of OPEC. European Economic Review, 1976, 8(2): 139-154.

[50] Solow R M, Wan F Y. Extraction costs in the theory of exhaustible resources. The Bell Journal of Economics, 1976, 8: 359-370.

[51] Livernois J R, Uhler R S. Extraction costs and the economics of nonrenewable resources. Journal of Political Economy, 1987, 95(1): 195-203.

[52] Salant S W. Exhaustible resources and industrial structure: a Nash-Cournot approach to the world oil market. The Journal of Political Economy, 1976, 84(5): 1079-1093.

[53] Granger C W J, Newbold P. Forecasting Economic Time Series. New York: Academic Press, 1977.

[54] Nelson D B. Conditional heteroscedasticity in assert returns: a new approach. Econometrica, 1991, 59: 347-370.

[55] Tang L, Hammoudeh S. An empirical exploration of the world oil price under the target zone model. Energy Economics, 2002, 24(6): 577-596.

[56] Pingdyck.The Long-run evolution of energy prices. The Energy Journal, 1999, 20(2): 1-27.

[57] Rodriguez C P, Anders G J. Energy price forecasting in the Ontario competitive power system market. IEEE Transactions on Power Systems, 2004, 19(1): 366-374.

[58] Abramson B, Finizza A. Probabilistic forecasts from probabilistic models: a case study in the oil market. International Journal of Forecasting, 1995, 11(1): 63-72.

[59] Yu L, Wang S, Lai K K. An integrated data preparation scheme for neural network data analysis. IEEE Transactions on Knowledge and Data Engineering, 2006, 18(2): 217-230.

[60] Kadlec P, Gabrys B, Strandt S. Data-driven Soft Sensors in the process industry. Computers & Chemical Engineering, 2009, 33: 795-814.

[61] Hodrick R J, Prescott E C. Postwar US business cycles: an empirical investigation. Journal of Money, Credit, and Banking, 1997, 4: 1-16.

[62] Webster T J, Szenberg M. Spectral analysis of secondary market mexican external debt prices. International Advances in Economic Research, 1995, 1(1): 10-18.

[63] Granger C W J. The typical spectral shape of an economic variable. Econometrica, 1966, 34(1): 150-161.

[64] Mandelbrot B. The variation of certain speculative prices. Journal of Business, 1963, 36: 394-419.

[65] Mandelbrot B. The variation of the prices of cotton, wheat, and railroad stocks, and of some financial rates. Journal of Business, 1967, 40: 393-413.

[66] Blank S C. "Chaos" in futures markets? A nonlinear dynamical analysis. Journal of Futures Markets, 1991, 11(6): 711-728.

[67] Hsieh D A. Chaos and nonlinear dynamics: application to financial markets. The Journal of Finance, 1991, 46(5): 1839-1877.

[68] Savit R. Nonlinearities and chaotic effects in options prices. Journal of Futures Markets, 1989, 9(6): 507-518.

[69] Sauer T, Yorke J A, Casdagli M. Embedology. Journal of statistical Physics, 1991, 65(3/4): 579-616.

[70] Panas E, Ninni V. Are oil markets chaotic? A non-linear dynamic analysis. Energy Economics, 2000, 22(5): 549-568.

[71] Sun M, Jia Q, Tian L X. A new four-dimensional energy resources system and its linear feedback control. Chaos Solitons & Fractals, 2009, 39(1): 101-108.

[72] Sun M, Tian L X, Fu Y, et al. Dynamics and adaptive synchronization of the energy resource system. Chaos Solitons & Fractals, 2007, 31(4): 879-888.

[73] Sun M, Tian L X, Jiang S, et al. Feedback control and adaptive control of the energy resource chaotic system. Chaos Solitons & Fractals, 2007, 32(5): 1725-1734.

[74] Fang G C, Tian L X, Sun M, et al. Analysis and application of a novel three-dimensional energy-saving and emission-reduction dynamic evolution system. Energy, 2012, 40(1): 291-299.

[75] 方国昌, 田立新, 付敏, 等. 新能源发展对能源强度和经济增长的影响. 系统工程理论与实践, 2013, 33(11): 2795-2803.

[76] 王明刚, 田立新. 一个新的四维节能减排系统的动力学分析及其控制. 系统科学与数学, 2012, 32(7): 811-820.

[77] 王明刚, 廖为鲲, 许华, 等. 政府调控下的能源供需系统动力学分析. 数学的实践与认识, 2013, 43(8): 50-61.

[78] Grassberger P, Procaccia I. Estimation of Kolmogorov entropy from a chaotic signal. Physica, 1999, 127: 48-60.

[79] 叶中行, 曹奕剑. Hurst 指数在股票市场有效性分析中的应用. 系统工程, 2001, 19(3): 21-24.

[80] Sims C A. Macroeconomics and reality. Econometrica, 1980, 48(1): 1-48.

[81] Samuelsonp A . Proof that properly anticipated prices fluctuate randomly. Industrial

Management Review, 1965, 6(2): 41-49.

[82] Bigman D, Goldfarb D, Schechtman E. Futures market efficiency and the time content of the information sets. Journal of Futures Markets, 1983, 3(3): 321-334.

[83] Maberly E D. Testing futures market efficiency—a restatement. Journal of Futures Markets, 1985, 5(3): 425-432.

[84] Engle R F, Granger C W J. Cointegration and error correction: representation, estimation, and testing. Econometrica, 1987, 55(2): 251-276.

[85] Johansen S. Statistical analysis of cointegration vectors. Journal of Economic Dynamics and Control, 1988, 12: 231-254.

[86] Johansen S, Juselius K. Maximun likelihood estimation and inferences on cointegration-with application to the demand for money. Oxford Bulletin of Economics and Statistics, 1990, 52: 169-210.

[87] Zhang Y J, Wang Z Y. Investigating the price discovery and risk transfer functions in the crude oil and gasoline futures markets: some empirical evidence. Applied Energy, 2013, 104: 220-228.

[88] 焦建玲, 范英, 魏一鸣, 等. 基于 Zipf 的汽油价格行为研究. 系统工程理论与实践, 2006, 10: 44-49.

[89] 周磊, 龚志强, 支蓉, 等. 利用复杂网络研究中国温度序列的拓扑性质. 物理学报, 2008, 57(11): 7380-7389.

[90] 陈卫东, 徐华, 郭琦. 国际石油价格复杂网络的动力学拓扑性质. 物理学报, 2010, 59(7): 4514-4523.

[91] 高湘昀, 安海忠, 刘红红, 等. 原油期货与现货价格联动性的复杂网络拓扑性质. 物理学报, 2011, 60(6): 1-10.

[92] Grassberger P, Procaccial I. Characterization of stranger attractors. Phy Rev Lett, 1983, 50: 346-349.

[93] Kanamura T. A supply and demand based volatility model for energy prices. Energy Economics, 2009, 31(5): 736-747.

[94] Kadian R, Dahiya R P, Garg H P. Energy-related emissions and mitigation opportunities from the household sector in Delhi. Energy Policy, 2007, 35(12): 6195-6211.

[95] Askari H, Krichene N. An oil demand and supply model incorporating monetary policy. Energy, 2010, 35(5): 2013-2021.

[96] 蒋书敏, 田立新, 丁占文. 政策调控下的石油生产与消费模型. 统计与决策, 2009, (22): 61-62.

[97] 张麟, 舒良友, 李永平, 等.我国能源及煤炭供需分析与预测. 郑州煤炭管理干部学院学报, 1996, 2(14): 28-32.

[98] 魏一鸣. 能源-经济-环境复杂系统建模与应用进展. 管理学报, 2005, 2(2): 159-170.

[99] 王珏, 鲍勤. 基于小波神经网络的中国能源需求预测模型. 系统科学与数学, 2009, (11): 1542-1551.

[100] Pindyck R S. Gains to producers from the cartelization of exhaustible resources. The Review of Economics and Statistics, 1978, 60(2): 238-251.

[101] Porter J R, A production-based model for predicting heating oil prices. Cornell University: A

dissertation for Ph.D, 2011.

[102] Berument H, Taşçı H. Inflationary effect of crude oil prices in Turkey. Physica A: Statistical Mechanics and its Applications, 2002, 316(1): 568-580.

[103] Doroodian K, Boyd R. The linkage between oil price shocks and economic growth with inflation in the presence of technological advances: a CGE model. Energy Policy, 2003, 31(10): 989-1006.

[104] Wang H Y, Liu Y Z, Dong D Z, et al. Scientific issues on effective development of marine shale gas in southern China. Petroleum Exploration and Development, 2013, 40(5): 615-620.

[105] Katircioglu S T, Sertoglu K, Candemir M, et al. Oil price movements and macroeconomic performance: evidence from twenty-six OECD countries. Renewable and Sustainable Energy Reviews, 2015, 44: 257-270.

[106] Fowowe B. Modelling the oil price–exchange rate nexus for South Africa. International Economics, 2014, 140: 36-48.

[107] Rafiq S, Salim R. Does oil price volatility matter for Asian emerging economies?. Economic Analysis and Policy, 2014, 44(4): 417-441.

[108] Nazlioglu S, Soytas U, Gupta R. Oil prices and financial stress: a volatility spillover analysis. Energy Policy, 2015, 82: 278-288.

[109] Wu G, Liu L C, Wei Y M. Comparison of China's oil import risk: results based on portfolio theory and a diversification index approach. Energy Policy, 2009, 37(9): 3557-3565.

[110] Ge F L, Fan Y. Quantifying the risk to crude oil imports in China: an improved portfolio approach. Energy Economics, 2013, 40: 72-80.

[111] Zhang H Y, Ji Q, Fan Y. An evaluation framework for oil import security based on the supply chain with a case study focused on China. Energy Economics, 2013, 38: 87-95.

[112] Sun M, Gao C, Shen B. Quantifying China's oil import risks and the impact on the national economy. Energy Policy, 2014, 67: 605-611.

[113] Li J, Tang L, Sun X, et al. Oil-importing optimal decision considering country risk with extreme events: a multi-objective programming approach. Computers & Operations Research, 2014, 42: 108-115.

[114] Zhang H Y, Ji Q, Fan Y. Competition, transmission and pattern evolution: a network analysis of global oil trade . Energy Policy, 2014, 73: 312-322.

[115] Ji Q, Zhang H Y, Fan Y. Identification of global oil trade patterns: an empirical research based on complex network theory. Energy Conversion and Management, 2014, 85: 856-865.

[116] Zhang H Y, Ji Q, Fan Y. What drives the formation of global oil trade patterns?. Energy Economics, 2015, 49: 639-648.

[117] Sharma S S, Thuraisamy K. Oil price uncertainty and sovereign risk: evidence from Asian economies. Journal of Asian Economics, 2013, 28: 51-57.

[118] Gupta E. Oil vulnerability index of oil-importing countries. Energy Policy, 2008, 36(3): 1195-1211.

[119] Chen N F, Roll R, Ross S A. Economic forces and the stock market. Journal of Business, 1986, 59(3): 383-403.

[120] Basher S A, Sadorsky P. Oil price risk and emerging stock markets. Global Finance Journal, 2006, 17(2): 224-251.

[121] Sadorsky P. Oil price shocks and stock market activity. Energy Economics, 1999, 21(5): 449-469.

[122] Apergis N, Miller S M. Do structural oil-market shocks affect stock prices?. Energy Economics, 2009, 31(4): 569-575.

[123] Wang Y D, Wu C, Yang L. Oil price shocks and stock market activities: evidence from oil-importing and oil-exporting countries. Journal of Comparative Economics, 2013, 41(4): 1220-1239.

[124] Kang W S, Ratti R A, Yoon K H. The impact of oil price shocks on the stock market return and volatility relationship. Journal of International Financial Markets, Institutions and Money, 2015, 34: 41-54.

[125] Sim N, Zhou H. Oil prices, US stock return, and the dependence between their quantiles. Journal of Banking & Finance, 2015, 55: 1-8.

[126] Phan D H B, Sharma S S, Narayan P K. Oil price and stock returns of consumers and producers of crude oil. Journal of International Financial Markets, Institutions and Money, 2015, 34: 245-262.

[127] 金洪飞, 金荦. 石油价格与股市的溢出效应——基于中美数据的比较分析. 金融研究, 2008, (2): 83-97.

[128] Sadorsky P. Risk factors in stock returns of Canadian oil and gas companies. Energy Economics, 2001, 23(1): 17-28.

[129] Sadorsky P. Modeling renewable energy company risk. Energy Policy, 2012, 40: 39-48.

[130] 刘希宋, 陈蕊. 石油价格对国民经济波及效应研究. 经济师, 2004, (3): 9-10.

[131] Liu L M, Ji Q, Fan Y. How does oil market uncertainty interact with other markets? An empirical analysis of implied volatility index. Energy, 2013, 55: 860-868.

[132] Cong R G, Wei Y M, Jiao J L, et al. Relationships between oil price shocks and stock market: an empirical analysis from China. Energy Policy, 2008, 36(9): 3544-3553.

[133] Sari R, Hammoudeh S, Soytas U. Dynamics of oil price, precious metal prices, and exchange rate. Energy Economics, 2010, 32(2): 351-362.

[134] Dagher L, El Hariri S. The impact of global oil price shocks on the Lebanese stock market. Energy, 2013, 63: 366-374.

[135] Fang C R, You S Y. The impact of oil price shocks on the large emerging countries' stock prices: evidence from China, India and Russia. International Review of Economics & Finance, 2014, 29: 330-338.

[136] Zhang Y J, Wei Y M. The crude oil market and the gold market: evidence for cointegration, causality and price discovery. Resources Policy, 2010, 35(3): 168-177.

[137] Le T H, Chang Y. Oil price shocks and gold returns. International Economics, 2012, 131: 71-103.

[138] Souček M. Crude oil, equity and gold futures open interest co-movements. Energy Economics, 2013, 40: 306-315.

[139] Fan Y, Jiao J L. Oil Prices: Theoretical and Empirical Study. Beijing: Science Press, 2008.

[140] Liu L, Wei J R, Huang J P. Scaling and volatility of breakouts and breakdowns in stock price dynamics. PLoS ONE, 2013, 8(12): e82771.

[141] Clauset A, Shalizi C R, Newman M E J. Power-law distributions in empirical data. SIAM Review, 2009, 51(4): 661-703.

[142] Sims C A. Macroeconomics and reality. Econometrica: Journal of the Econometric Society, 1980, 48(1): 1-48.

[143] Meng H, Xie W J, Jiang Z Q, et al. Systemic risk and spatiotemporal dynamics of the US housing market. Scientific Reports, 2014.

[144] Yahoo Finance. http: //finance.yahoo.com/#morequotes[2016-07-21].

[145] US Energy Information Administration. http: //www.eia.gov/[2016-06-22].

[146] General Administration of Customs of People's Republic of China. http: //www. customs. gov. cn/publish/portal0/[2016-06-10].

[147] Hu D S, Xu S Q. Opportunity, challenges and policy choices for China on the development of shale gas. Energy Policy, 2013, 60: 21-26.

[148] Lee W J, Sohn S Y. Patent analysis to identify shale gas development in China and the United States. Energy Policy, 2014, 74: 111-115.

[149] 尹中立. 美元强弱与全球经济格局. 中国金融, 2012, (1): 74-76.

[150] 刘建飞. 2011 年美国动态评析. 中国党政干部论坛, 2012, (1): 48-50.

[151] 杨琳. 美国债务结构, "国际货币" 地位及其未来潜质. 改革, 2012, (1): 101-110.

[152] 田春荣. 2011 年中国石油和天然气进出口状况分析. 国际石油经济, 2012, (3): 56-66.

[153] Nobi A, Maeng S E, Ha G G, et al. Effects of global financial crisis on network structure in a local stock market. Physica A: Statistical Mechanics and its Applications, 2014, 407: 135-143.

[154] Reboredo J C, Rivera-Castro M A, Zebende G F. Oil and US dollar exchange rate dependence: a detrended cross-correlation approach. Energy Economics, 2014, 42: 132-139.

[155] Kollias C, Manou E, Papadamou S, et.al. Stock markets and terrorist attacks: comparative evidence from a large and a small capitalization market. European Journal of Political Economy, 2011, 27: S64-S77.

[156] An H Y, Gao X Y, Fang W, et al. Research on patterns in the fluctuation of the co-movement between crude oil futures and spot prices: a complex network approach. Applied Energy, 2014, 136: 1067-1075.

[157] Beckmann J, Czudaj R. Oil prices and effective dollar exchange rates. International Review of Economics & Finance, 2013, 27: 621-636.

[158] Gallo A, Mason P, Shapiro S, et al. What is behind the increase in oil prices? Analyzing oil consumption and supply relationship with oil price. Energy, 2010, 35(10): 4126-4141.

[159] Pesaran H H, Shin Y. Generalized impulse response analysis in linear multivariate models. Economics Letters, 1998, 58(1): 17-29.

第3章 天然气价格分析

天然气是一种清洁高效能源。随着世界天然气需求持续增长，天然气在世界能源结构中的地位不断上升。国际能源机构（International Energy Agency，IEA）预计，到 2030 年天然气将成为全球第一大能源。天然气市场正在发生缓慢变化，呈现两个发展动态：美国的页岩气"革命"及天然气分割性区域市场的不断整合，对天然气的生产、消费和贸易产生重要影响，这些影响最终体现为天然气价格的变化和改革。随着各国政府对天然气工业管制的放松和 LNG 国际贸易的迅速发展，全球天然气市场价格波动更加激烈。本章基于全球天然气市场态势的 SWOT 分析，对天然气价格波动规律和联动效应进行实证分析，发现 2010 年以后天然气价格与石油价格失去了联动效应；运用解释结构模型（interpretative structural modeling，ISM）分析探索天然气价格影响因素链和层级逻辑关系，研究发现虽然天然气市场供求和竞争是天然气价格的直接因素，但是国家清洁能源利用政策和国际气价等是天然气价格更高层级的影响因素；从天然气价格的影响因素着手深入分析天然气价格的定价机理，分别提出中国工业用天然气、居民用天然气及进口 LNG 的价格形成机制。本章研究结论对天然气企业规避价格风险和政府推进天然气价格改革具有理论和实践指导价值。

3.1 天然气生产及消费分析

天然气是较为安全的燃气之一，它不含一氧化碳，也比空气轻，一旦泄漏，立即会向上扩散，不易积聚形成爆炸性气体，安全性较高。采用天然气作为能源，可减少煤和石油的用量，因而大大改善环境污染问题；天然气作为一种清洁能源，能减少二氧化硫和粉尘排放量近 100%，减少二氧化碳排放量 60% 和氮氧化合物排放量 50%，并有助于减少酸雨形成，舒缓地球温室效应，从根本上改善环境质量。

天然气工业链中上游的天然气勘探生产、中游的管道运输及地下储存和下游的城市配送，是组成天然气工业的基本业务单元。随着 LNG 国际贸易的发展，天然气工业的业务构成又增添了新内容，即天然气液化、LNG 远洋运输及 LNG 的接受、储存和再汽化，它们构成了 LNG 业务链，如图 3-1 所示。

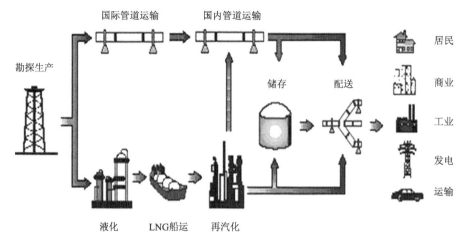

图 3-1　天然气工业链

资料来源：http://www.xinhuanet.com/energy/zt/rht/10.htm

　　IEA 预测 2030 年天然气将取代煤炭成为全球第一大能源。纵观近年来世界各国能源战略，高效利用天然气是一项重要的能源战略。随着勘探技术的提高，天然气探明储量有所增长（图 3-2），世界天然气总探明储量 2013 年已达 185.7 万亿立方米，呈现稳步增长趋势，非 OECD 国家天然气增长最为明显。没有改变的一个趋势是储量的增长。储量一直是较受欢迎的统计数据，但在石油、天然气和煤炭消费经历了迅猛增长后，提出探明储量有所增加的说法在当时引起的质疑远多于现在。但世界天然气的探明储量的确在增长：仅以 1999～2009 年论，石油和天然气的探明储量分别增加 27% 和 19%——尽管产量增幅为 11% 和 29%。天然气和石油一样也是储存在地下岩层的孔隙、微裂缝、孔洞中，有的和原油同时存在，

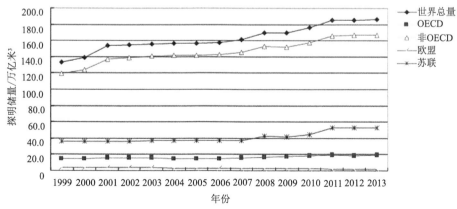

图 3-2　世界天然气探明储量

资料来源：《BP 世界能源统计年鉴 2014》

有的单独存在。地下的天然气，在高温高压的作用下，其形态有些是溶于原油里，有些储存于油藏的顶部，还有些地层只有天然气没有石油。随着压力的降低溶于原油里的天然气也将逐步分离出来变成气体。

3.1.1 天然气生产分析

到 2040 年，世界能源供应结构中，四类能源将平分秋色：石油、天然气、煤炭和低碳能源。根据《BP 世界能源统计年鉴 2014》有关数据分析：2013 年世界天然气总产量 33 699 亿立方米，2013 年比 2012 年增长 1.1%。欧洲和欧洲大陆 10 329 亿立方米，2013 年较 2012 年增长 0.7%；中东天然气生产量增长最大，2013 年较 2012 年增长 4.5%。美国天然气产量增长率从 2011 年的 7.3%降至 2012 年的 5%，进而减至 2013 年的 1.3%。从 2013 年主要国家天然气生产量占比来看，美国天然气生产量增幅达到 1.3%，占世界天然气生产总量的 20.6%，居于首位。2013 年加拿大受北美天然气价格疲软的影响，天然气生产量占比下降至 4.6%。俄罗斯天然气需求快速反弹回升推动了俄罗斯天然气产量的快速上涨，达到 17.9%，仅次于美国。2013 年印度尼西亚、中国及印度天然气生产量保持增长态势，占比分别为 2.1%、3.5%和 1.0%，如图 3-3 所示。

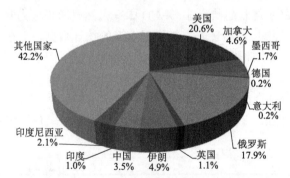

图 3-3　2013 年主要国家天然气生产量占比

资料来源：《BP 世界能源统计年鉴 2014》

　　2013 年天然气生产占比分区域来看，欧洲及欧亚地区占世界天然气生产的 31%，占比最大。2013 年北美洲天然气生产占比也较大达到 27%，这两个洲的天然气生产占比总和约为 60%，超过世界天然气生产总量的一半水平。非洲及中南美洲天然气生产占比较小，分别为 6%和 5%。中东及亚太地区天然气生产占比分别为 17%和 14%，如图 3-4 所示。

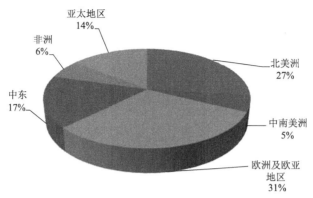

图 3-4　2013 年分区域天然气生产占比
资料来源:《BP 世界能源统计年鉴 2014》

　　2013 年天然气生产分区域来看，非洲天然气生产出现较大的负增长状态。从增长的相对指标来看，2013 年亚太地区（不含中国）天然气生产增幅达到 1.1%，其中，处于亚太地区的中国的生产增幅达到 9.5%，远超世界平均水平。2013 年北美洲（不含美国）天然气生产增幅达到 0.9%。此外，北美洲中的美国的生产增幅达到了 1.3%，超过了北美洲地区的平均水平。中东地区 2013 年天然气生产增幅较大，达到 4.5%，如图 3-5 所示。

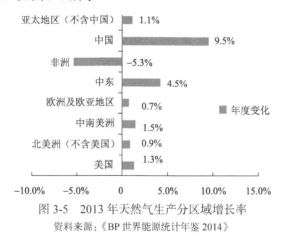

图 3-5　2013 年天然气生产分区域增长率
资料来源:《BP 世界能源统计年鉴 2014》

　　2000~2013 年世界天然气总产量稳步增长，美国和俄罗斯天然气生产量增长较大，远超其他国家，绝大多数国家天然气生产量增长温和。从产量增长的国家来看，美国的天然气生产量增幅最大。美国持续加大对非常规天然气的开发力度，非常规能源供应继续增长。印度和中国天然气产量增长依然保持较快增长态势，推动了亚太地区天然气的整体增长。从产量下降的国家来看，加拿大受北美天然气价格疲软的影响，天然气产量减幅较大且持续下跌，如图 3-6 所示。

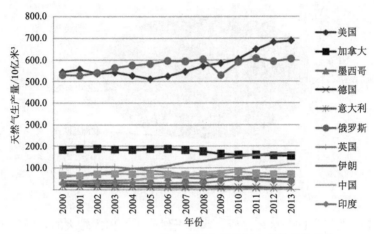

图 3-6　2000～2013 年主要国家天然气生产量变化趋势

资料来源：《BP 世界能源统计年鉴 2014》

3.1.2　天然气消费分析

　　天然气的需求将增长 50% 以上，是化石燃料中增长最快的。日益灵活的全球 LNG 贸易降低了天然气供应中断的风险。天然气市场正在发生缓慢变化，呈现两个发展动态：美国的页岩气"革命"及目前分割性区域市场在 LNG 迅速发展的推动下实现不断整合。2013 年，这些因素的势头减缓：美国的页岩气产量增长放缓，而 LNG 发展幅度仍然很小。从全球来看，消费（1.4%）、生产（1.1%）和贸易（1.8%）增长均有所放缓，区域价差缩小。与其他的所有化石燃料一样，发展中国家的需求放缓更为明显。中国在实现提高天然气在能源结构中的比重（2015 年为 5.1%），这一既定政治目标方面取得了巨大的进展。2013 年，中国的天然气消费增长 10.8%（153 亿米^3），居世界首位。虽然中国的天然气生产实现全球第二大增量（9.5%，99 亿米^3），但仍有巨大的缺口需要通过增加进口予以解决。

　　从天然气消费占世界天然气总消费的比重来看，如图 3-7 所示，2013 年美国依然是天然气消费最大的国家，世界天然气消费量比重达 22%。其次是俄罗斯，占比达 12%。中国天然气消费量占世界消费量的比重是 5%，占比小幅提高，但仍然低于世界平均水平。

　　全球天然气消费分区域来看，欧洲及欧亚大陆 2013 年天然气消费占比最大，达到 32%，约占全球天然气消费的 1/3。其次是北美洲，达到 28%。亚太地区，位居第三，占 19%。上述区域天然气消费总量占到全球消费总量的 80% 左右，如图 3-8 所示。

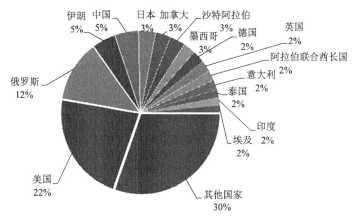

图 3-7　2013 年主要国家天然气消费量占比

资料来源：《BP 世界能源统计年鉴 2014》

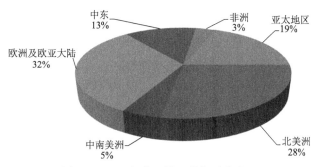

图 3-8　2013 年分区域天然气消费占比

从天然气消费变化趋势来看，2000～2013 年主要国家天然气消费基本呈逐步上升趋势。美国天然气消费量远超其他国家，增幅也较大，2013 年美国天然气消费量达到历史新高。加拿大天然气消费缓慢上升，幅度较小。伊朗 2000～2013 年天然气消费量增幅也较大。中国天然气消费总量虽然较小，但 2010～2013 年在国家政策鼓励及下游消费旺盛等因素共同影响下，天然气消费量快速上升。

天然气市场正在发生缓慢变化，呈现两个发展动态：美国的页岩气"革命"及目前分割性区域市场在 LNG 迅速发展的推动下实现不断整合。世界平均天然气消费增长率为 1.4%，由图 3-9 可见大部分区域均超过平均水平。由于俄罗斯的供应，欧洲暂缓对 LNG 的争夺。欧盟的 LNG 产量似乎每况愈下，而消费量则降至1999 年以来的最低水平。2013 年欧洲及欧亚大陆消费增长率为-1.4%，呈现负增长状态。非洲天然气消费增长也低于世界平均水平。中国天然气消费总量虽不高，但 2013 年中国在实现提高天然气在能源结构中的比重这一既定政治目标方面取得了巨大的进展，达到 10.8%居世界首位。

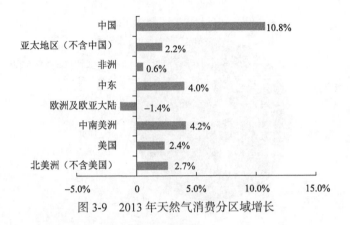

图 3-9　2013 年天然气消费分区域增长

3.1.3　天然气消费对碳排放的影响分析

1. 天然气消费的碳减排效应分析

早期有学者指出应在工业、发电、国内分销、车辆舰队转换四个领域中应用天然气，并提出相应的鼓励措施以减少其他燃料对环境的负面影响。Zhang 等[1]分析了中国在 1991～2006 年各种能源相关的二氧化碳排放量。Lin 等[2]评估了城市的成效节能和温室气体减排措施。De Gouw 等[3]研究了美国发电厂利用技术将煤炭转向利用天然气，从而减少了排放 CO_2，NO_x 和 SO_2。国内文献也有不少学者对天然气消费的碳排放效应进行了研究，如赵敏等[4]在研究上海市能源消费碳排放分析过程中，指出当低碳能源所占比例增加时，平均碳排放系数将减小，能够体现能源结构调整对碳排放影响。华贲[5]在《低碳发展时代的世界与中国能源格局》一文中，倡导中国应在 2020 年之前快速发展非化石能源、加速产业转型、大力发展天然气、大幅提高能效，这样就完全能够与世界减排同行。许士春等[6]发现煤炭类能源消耗的碳排放因子最大，其次是石油类能源，天然气的碳排放因子最小，由此提出即使天然气的比重上升，也会使得碳排放量减少。

单位能源的碳排放在各种燃料之间差异巨大（表 3-1），因此，燃料结构的演变会对碳排放产生影响。2013 年，发电部门使用的非化石燃料实现较为强劲的增长，其在一次能源中的总体比重有所提高（从 13.1%提高至 13.3%）。尽管如此，由于煤炭的比重不断提高，全球碳排放的增速几乎与一次能源总量增速持平（2.1%对比 2.3%）。这是过去多年里出现的非常重要的趋势——在能效提高的推动下，碳排放的增速低于 GDP 的增速，但与能源消费的增速同步。

由于化石燃料是二氧化碳排放的主要来源，表 3-1 反映了中国 2006～2011 年电力行业对原煤、原油和天然气这三种化石燃料的消费量（标准量）。经分析可知，中国电力行业对煤炭的消耗占绝对优势，尤其在"十一五"期间，对原煤的消耗逐年上升，直到 2011 年才有所下降。而在发达国家，煤炭发电已不再是主要的供电方式，如美国煤电比例占 50%、法国煤电只占 5%。可见，中国发电能源结构十分不合理，这在很大程度上导致了大量的碳排放。

表 3-1　电力行业对三种主要化石能源消耗对比

年份	原煤/万吨标准煤	原油/万吨标准煤	天然气/万吨标准煤
2006	1970.99	1.66	5.69
2007	1862.17	0.37	5.99
2008	1986.63	2.04	4.79
2009	2341.06	0.71	6.22
2010	2213.44	0.37	6.84
2011	1727.91	0.06	5.82

资料来源：历年中国能源统计年鉴

二氧化碳排放可分为自然排放和人为排放[7]，后者包括化石燃料消耗、生物质燃烧等，是二氧化碳排放的主要来源。目前，国际上对碳排放的测算主要根据化石能源的消费量来估算，本书也将以原煤、原油和天然气这三种一次能源的消耗量为基础测算电力行业的碳排放。根据财政部财政科学研究所苏明等[8]的研究，化石燃料消耗产生二氧化碳排放量为化石燃料消耗量与二氧化碳排放系数之积。其中，二氧化碳排放系数是指单位化石燃料产生的二氧化碳排放量。

具体到原煤、原油和天然气这三种化石燃料，可以得出碳排放公式如下：

$$TC = \sum_{i=1}^{3} E_i \delta_i \tag{3-1}$$

其中，TC 为碳排放量；E_i 为三种化石燃料的标准煤消耗量（i= 1, 2, 3 分别代表原煤、原油和天然气）；δ_i 分别为三种能源的碳排放系数。这里的能源消耗量主要参考历年《中国能源年鉴》中的数据，按万吨标准煤折算。而三种能源的碳排放系数参考政府间气候变化专门委员会（Intergovernmental Panel on Climate Change，IPCC）碳排放计算指南，并将能量单位转化为标准煤[4]，详见表 3-2。

表 3-2　碳排放系数表

项目	原煤/（10^4 吨/10^4 吨标准煤）	原油/（10^4 吨/10^4 吨标准煤）	天然气/（10^4 吨/10^4 吨标准煤）
δ_i	0.7559	0.5857	0.4483

全球燃料结构中的碳强度在 2003～2013 年中没有发生变化。由于非化石燃料的比重提高，OECD 2013 年单位能源的碳排放有所下降。但在非 OECD，非化石燃料比重的提高被煤炭比重的提高和天然气比重的下降抵消——排放增速与一

次能源增速持平（3.1%）。上述情况的最终结果是碳排放仍然增长过快而且令人不安——能效提高发挥了一定作用，但全球燃料结构的变化未能对碳排放产生积极影响，由碳排放变化趋势图（图 3-10）可以看出。但是天然气的减排效应是大家公认的。例如，在美国，随着发电部门再次青睐煤炭而摒弃天然气，2012 年实现的大幅减排在 2013 年被逆转。从系统的各方面来看，很容易发现，即使小规模煤改气也能极大地影响到全球碳排放增长。美国 2013 年天然气消费量减少，碳排放量增加较多，即较少的天然气消费量就会带来较大的碳排放量变化，如图 3-10 所示。

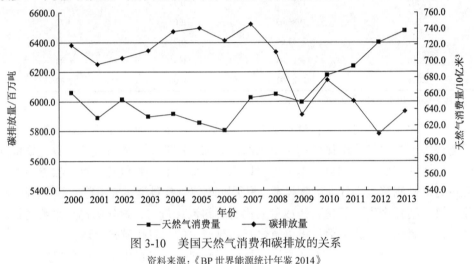

图 3-10　美国天然气消费和碳排放的关系

资料来源：《BP 世界能源统计年鉴 2014》

2. 天然气消费总量和碳排放总量的相关性分析

Hekkert 等[9]的研究表明，交通运输中使用天然气作为一种能源代替石油，导致最大的二氧化碳排放量的减少（高达 40%）。Lotfalipour 等[10]的研究表明，天然气的消费还会促进经济的增长。Shahbaz 等[11]研究了巴基斯坦的天然气消费量和经济增长情况。Pétron 等[12]对石油和天然气排放的新面貌情况进行了研究。Hansell[13]对天然气的碳捕捉能力进行了研究，发现其碳捕捉能力强。张晓平[14]研究了 20 世纪 90 年代以来中国能源消费的时空格局及其影响因素，指出今后中国以煤为主的能源消费结构虽然很难在短期内得到根本改变，但能源消费结构调整和优化的方向应是逐步降低煤炭消费比例，加速发展天然气，依靠国内外资源满足国内市场对石油的基本需求，积极发展水电、核电和可再生能源。朱勤等[15]在研究中国能源消费碳排放变化的因素分解及实证分析中指出，相对低碳的天然气在中国一次能源消费中长期呈现过低比例（低于 3%），这与世界平均高于 25%的水平极不相称，并提出如何通过调整产业政策及国际贸易政策促进天然气产业在中国的发展也是一个值得重视的问题。冯悦怡和张力小[16]预测低碳情景下 2030

年终端能源需求构成中,煤炭占终端能源总需求的 15.06%,清洁能源的比重达到
57.75%,其中,天然气占 23.75%。

　　2013 年天然气消费量 3347.6 个单位(10 亿立方米),碳排放总量达到 35 094.4
个单位(百万吨)。20 年来天然气消费和碳排放都呈增长趋势。2013 年天然气消费
增长 1.4%,碳排放增长 2.1%,这和 2013 年、2014 年有些国家的“煤改气”逆转可
能有很大关系。如图 3-11 所示,分析两条曲线斜率,总体而言天然气消费增长速度
高于碳排放增长速度,说明天然气消费对碳排放还是有显著的抑制作用。但是曲线
平滑度有三个明显阶段:1993~1997 年、1997~2009 年、2009~2013 年。分析不同
时间阶段所呈现的天然气消费和碳排放的特点和关系及其原因,对各国天然气使用
政策制定应该会很有帮助。虽然碳排放还是呈现增长,但是随着天然气消费的增长,
碳排放增长趋缓。碳排放的增长主要还是由于能源总体消费随着经济增长而增长。

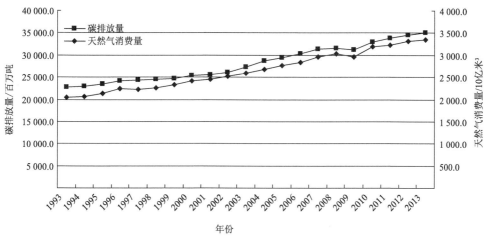

图 3-11　天然气消费和碳排放趋势

资料来源:《BP 世界能源统计年鉴 2014》

　　为了进一步验证碳排放和天然气消费趋势的一致性,还用美国能源信息署数据,
在全球 210 个国家(地区)里选取了 30 个主要国家,以 2000~2013 年 30 个国家的天
然气消费和碳排放总量为样本,其中,天然气消费总量为自变量,碳排放总量为因变
量,进行回归分析,结果如表 3-3 和表 3-4 所示。从表 3-3 和表 3-4 可以看出方程的拟
合度为 0.463,F 值为 360.549,通过了显著性检验(P 值为 0.000),回归具有统计意
义,有一定的解释力。表 3-5 是方程的回归系数,t 值为 18.988,Sig.为 0.000,表明天
然气消费总量与二氧化碳的排放总量呈显著正相关。天然气对碳排放的抑制效应不显
著,另外也说明碳排放量的增加受全球经济增长显著影响。这也是本书发现的一个有
趣现象,继续用中国、美国的碳排放量和天然气消费量进行回归检验,同样得到了高
度正相关的结论,我们将针对这个问题对天然气消费的碳减排效应进行后续研究。

表 3-3　回归总体参数表（世界）

R	R^2	调整 R^2	标准估计的误差
0.681[a]	0.463	0.462	$1.141\ 340\ 5 \times 10^3$

a. 预测变量：（常量），VAR0.0001

表 3-4　方差分析（世界）

项目	平方和	自由度	均方	F 值	Sig.
回归	4.697×10^8	1	4.697×10^8	360.549	0.000[a]
残差	5.445×10^8	418	1 302 658.201		
总计	1.014×10^9	419			

a. 预测变量：（常量），VAR0.0001

表 3-5　回归系数显著性（世界）

项目	非标准化系数		标准系数 试用版	t 值	Sig.
	B	标准误差			
（常量）	240.824	63.252		3.807	0.000
天然气消费量	8.026	0.423	0.681	18.988	0.000

此外，考虑可能是样本时间跨度的原因，利用美国和中国 1984～2013 年 30 年的天然气消费数据及二氧化碳排放数据回归结果如下，从表 3-6～表 3-11，我们得知美国天然气的使用量和碳排放的数量同样呈现显著正相关。回归结果再次表明了：可能是二氧化碳排放受多种因素影响，本身一直增长，天然气带来的递减效应太小。

表 3-6　回归总体参数表（中国）

R	R^2	调整 R^2	标准估计的误差
0.969[a]	0.939	0.937	587.340 513 5

a. 预测变量：（常量），VAR0.0001

表 3-7　方差分析（中国）

项目	平方和	自由度	均方	F 值	Sig.
回归	1.493×10^8	1	1.493×10^8	432.706	0.000[a]
残差	9 659 128.608	28	344 968.879		
总计	1.589×10^8	29			

a. 预测变量：（常量），VAR0.0001

表 3-8　回归系数显著性（中国）

项目	非标准化系数		标准系数试用版	t 值	Sig.
	B	标准误差			
（常量）	2 024.693	154.026		13.145	0.000
天然气消费量	52.858	2.541	0.969	20.802	0.000

表 3-9　回归总体参数表（美国）

R	R^2	调整 R^2	标准估计的误差
0.774[a]	0.599	0.585	310.095 389 0

a. 预测变量：（常量），VAR0.0001

表 3-10　方差分析（美国）

项目	平方和	自由度	均方	F 值	Sig.
回归	4 027 784.850	1	4 027 784.850	41.887	0.000[a]
残差	2 692 456.208	28	96 159.150		
总计	6 720 241.057	29			

a. 预测变量：（常量），VAR0.0001

表 3-11　回归系数显著性（美国）

项目	非标准化系数		标准系数试用版	t 值	Sig.
	B	标准误差			
（常量）	2638.290	502.652		5.249	0.000
天然气消费量	5.306	0.820	0.774	6.472	0.000

3. 天然气消费波动和碳排放波动的关系分析

Ang 等[17]运用平均 Divisia 指数分解法进行因素分解，研究结果均认为经济增长是碳排放的主要来源，能源强度是减少碳排放的最重要的因素。Tunc 等[18]将土耳其碳排放分解成经济增长影响、结构影响、能源利用效率影响、能源种类影响及各能源碳排放系数影响五个影响因素，这项研究涵盖了 1970～2006 年，通过使用不同的能源包括固体燃料、石油、天然气和电力，调查不同的宏观经济政策对二氧化碳排放的影响。

周跃忠和李婷[19]在对天然气消费需求影响因素探讨中指出，天然气作为一种优质能源，一直受到工业发达国家的重视，近 20 年来更是得到广泛应用，2001~2006年，中国天然气消费量年均增长 16%，比 2006 年翻一番还多，根据国家能源局的预测，中国天然气消费在未来也将快速增长，2010 年、2015 年和 2020 年将分别达到1068 亿立方米、1534 亿立方米和 2107 亿立方米，平均增长率达 11.1%，远远高于世界平均 2.5%的增长水平。林伯强等[20]在研究节能和碳排放约束下的中国能源结构战略调整中提出，要从供给和需求双侧管理来考虑满足能源需求问题，要将二氧化碳排放作为满足能源需求的一个约束，发现当排放约束从 86 亿吨继续下调至 84 亿吨时，主要是天然气和风电在一次能源中的比例上升，分别上升至 10%和 2.15%。张晓燕和孙志忠[21]对 1992~2011 年西北五省碳排放总量及各类能源消费引起的碳排放量进行研究，选取了煤炭、石油、天然气三类能源，在这三类能源引起的碳排放量中，每年均是煤炭消费引起的碳排放量最多，天然气消费引起的碳排放量最少。

　　世界范围的碳排放量和天然气消费量呈现显著的正相关关系（图 3-12），美国作为天然气生产排名第一，也是显著正相关。中国 2013 年天然气消费增长排名世界第一，《BP 世界能源统计年鉴 2014》表明，天然气消费增长中国排名第一。回归结果出现了同样的结论。天然气的碳减排效果是全世界公认的，但是天然气消费持续增长趋势，为何出现和预期相反的结论呢？再次对天然气消费变动率和碳排放增长率进行了相关性分析。

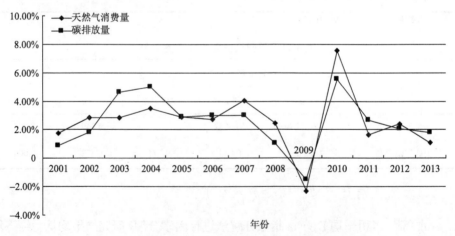

图 3-12　世界天然气消费波动与碳排放波动趋势比较

资料来源：《BP 世界能源统计年鉴 2014》

　　以 2013 年全球 30 个主要国家天然气消费波动量和碳排放波动量为样本，进行回归分析，具体如表 3-12~表 3-14 所示，从表 3-12 和表 3-13 可以发现，F 值为 15.410，方程具有显著性，表 3-14 中 t 值为 3.926>2，Sig.为 0.001<0.05，说明天然气消费波动与碳排放波动也呈显著正相关。同样得到了有趣的结论，依然表

明天然气消费带来的碳排放递减效应太小，还不足以显著改变碳排放增长趋势。

表 3-12　回归总体参数表

R	R^2	调整 R^2	标准估计的误差
0.596[a]	0.355	0.332	0.035 599 997

a. 预测变量：（常量），VAR0.0001

表 3-13　方差分析

项目	平方和	自由度	均方	F 值	Sig.
回归	0.020	1	0.020	15.410	0.001[a]
残差	0.035	28	0.001		
总计	0.055	29			

a. 预测变量：（常量），VAR0.0001

表 3-14　回归系数显著性

项目	非标准化系数		标准系数	t 值	Sig.
	B	标准误差	试用版		
（常量）	0.000	0.007		0.028	0.978
天然气消费波动	0.361	0.092	0.596	3.926	0.001

3.1.4　中国天然气生产和消费市场的 SWOT 分析

SWOT 是一种战略分析方法，通过对被分析对象的优势、劣势、机会和威胁等加以综合评估与分析得出结论，通过内部资源、外部环境有机结合来清晰地确定被分析对象的资源优势和缺陷，了解所面临的机会和挑战，从而在战略与战术两个层面加以调整方法、资源，保障被分析对象的实行，以达到所要实现的目标。SWOT 分析法又称为态势分析法，它是由旧金山大学的管理学教授于 20 世纪 80 年代初提出来的，是一种能够较客观而准确地分析和研究一个单位现实情况的方法。SWOT 分别代表：strengths（优势）、weaknesses（劣势）、opportunities（机遇）、threats（挑战）。

世界各国如火如荼的能源市场化改革，体现了古老格言"市场为王"。但是得了解市场才能让市场发挥作用。中国已然充分认识到发展天然气工业的减排潜力。从 2000～2013 年，中国天然气产量年均增长率达到 13.3%，消费量的年均增长率达到 17.7%，远高于世界 2013 年的 1.4%。中国在实现提高天然气在能源结构中的比重（目前为 5.1%）这一既定政治目标方面取得了巨大的进展。2013 年中国的天然气消费增长 10.8%（153 亿米^3），居世界首位，世界平均 1.4%；中国的天然气生产实现全球第二大增量（9.5%，99 亿米^3），世界平均增长率为 1.1%，但仍有巨大的缺口，达到 445 亿米^3（2013 年消费 1616 亿米^3，生产 1171 亿米^3）[22]。如图 3-13 所示。

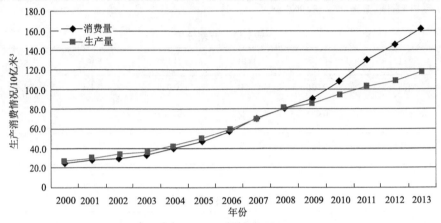

图 3-13　2000～2013 年中国天然气生产消费情况

资料来源：《BP 世界能源统计年鉴 2014》

　　加快天然气的开发和利用是中国能源发展和环境保护的重要战略。"知己知彼，百战不殆"，因此，全面系统地分析中国天然气市场的优势、劣势、机会和威胁对于中国天然气市场化改革非常重要。

　　随着中国综合实力的不断提高，中国天然气产业也具有相当的优势，具体表现为资源较为丰富、市场发展空间广阔、消费潜力较大、天然气具备快速发展的资源基础，中国进口管输天然气的地缘优越[23]。虽然中国发展速度一直保持较快，但天然气产业也存在着一些问题（劣势），亟待解决：一是天然气勘探开发难度较大；二是科技总体水平不高；三是市场监管体系不完善；四是垄断市场本身的局限性。在中国天然气产业中，机遇是大于风险的：一是自主品牌市场潜力巨大；二是宏观经济的持续向好；三是金融危机的影响；四是科技将推动天然气行业进一步发展；五是非常规天然气开采成为供给增长新动力；六是能源政策优化发展环境。虽然中国天然气产业处于积极的发展态势，但同时也面临着一些威胁，如中国垄断的中国石油天然气集团公司（以下简称中国石油）、中国石油化工集团公司（以下简称中国石化）受到外国公司的竞争和挑战；天然气供需矛盾突出，产量相对于生产严重不足，缺口很大；天然气价格机制不完善；天然气利用效率低下。另外，替代品带来风险。天然气的可替代品包括煤炭、成品油、液化石油气和电力等，新的替代能源不断涌现，如天然气水合物、氢气等将来有望部分替

代煤、石油和天然气，成为 21 世纪的能源新宠，它们作为补充气源，在一定程度
上缓解国内天然气供应的紧张形势，但是同时也威胁到天然气的地位。天然气相关
的法律法规不健全。政府在石油和天然气开采方面已经有了一定的政策和法律，但
是在天然气中下游仍然没有相关法律和明确的制度，这就为天然气的行业投资带来
一定的不确定性和风险。能源安全研究落后。中国天然气资源开发缺乏整体系统的
规划。以前对能源安全只注重强调自给自足、能源工业体系完整，中国对外界能源
依赖程度高、能源在全球配置情况下的国家安全缺乏研究[24]。

3.2　天然气市场价格分析

3.2.1　天然气市场价格波动特征和规律

1. 天然气价格波动特征

Regnier[25]研究了美国从 1945 年 1 月到 2005 年 8 月的每月上千种产品的出厂价
格，结果表明，原油、精炼石油、天然气价格波动性比国内生产商销售的 95%的产
品价格波动性更大。Hartley 等[26]研究了天然气和原油价格之间的关系和影响因素，
发现它们之间的关系是间接的。聂光华 [27]利用计量经济学方法，采用定性和定量
分析相结合的评价方式，对与天然气价格相关联的若干因素进行了重点分析，运用
Granger 因果关系检验方法, 通过构建 VAR 模型进一步探索了天然气价格传导效应
及经济变量间的相互影响程度。陈琪 [28]利用偏 t 分布下的 GARCH 族模型对北美天
然气价格的波动进行实证分析，使用风险跌幅（Drawdown at Risk，DaR）作为天然
气价格的风险度量指标，并通过模型对未来跌幅风险进行预测，研究结果表明，
基于偏 t 分布下的 GARCH 族模型较好地反映出天然气价格波动的各种特点。

截至 2013 年，欧洲和亚洲的天然气价格有所上涨，但北美的天然气价格下跌，
美国天然气产量的增长推动北美天然气价格相对于原油及国际天然气市场价格之
间的价差创下新高。在 2003~2013 年, 国际市场上天然气的价格随石油价格波动，
两者的价格变化呈较强的正相关关系。随着石油价格的不断上涨，天然气价格也
呈现出整体上涨的趋势，但是上涨幅度要小于石油。LNG 国际贸易的长期合同价
格一直低于国际石油价格，高于管道天然气价格。但是近年来随着欧盟碳排放权
交易市场的建立和温室气体减排活动的推进，整个欧洲市场对天然气的需求迅速
增长，加上来自俄罗斯的管道天然气供应存在不稳定造成对 LNG 调峰的需求，欧
盟的管道天然气价格逐渐超过了 LNG 的价格，虽然 2008 年的美国金融危机导致
了全球经济衰退和市场萎缩，对国际天然气市场造成了很大冲击，但是随着全球
气候变化，节能减排越来越成为国际社会关注的热点，天然气作为一种清洁高效

的能源，其在国际能源市场中的份额将不断扩大，价格也将持续走高。但是近几年美国和加拿大的天然气价格走低，这和美国大量的"页岩气"供应有很大关系。具体见图 3-14～图 3-16。

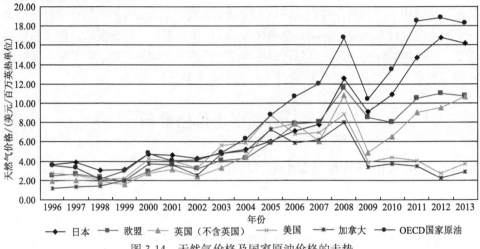

图 3-14　天然气价格及国家原油价格的走势

资料来源：《BP 世界能源统计年鉴 2014》

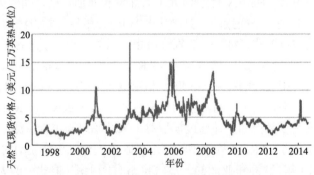

图 3-15　美国 Henry Hub 天然气现货价格日波动

资料来源：《BP 世界能源统计年鉴 2014》

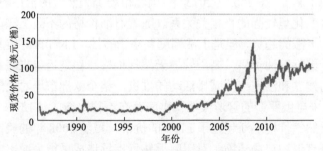

图 3-16　WTI 原油现货价格日波动

资料来源：《BP 世界能源统计年鉴 2014》

2. 天然气价格与石油价格的联动分析

国际天然气价格与石油价格的联动非常密切,两者之间存在着一定的替代性,而按照等热值原则计算的石油与天然气的比价应在 0.6 左右,而且在国际天然气贸易中存在天然气和石油价格的联动机制。日本、韩国进口的 LNG 和欧洲进口的管道天然气,在贸易合同中一般会约定交易价格并影响到原油或者石油产品的价格联动。当原油价格变化时,天然气价格与原油价格按相同趋势发生变化。以北美为目的地的 LNG 贸易,虽然是以北美几个主要的天然气现货交易中心的报价为定价基础,但考虑到天然气与石油之间的替代性,仍与原油价格之间存在一种内部联系。

油气的可替代性是两者价格变化正相关的一个根本原因。虽然从定价机制上看,进口 LNG 价格似乎不与原油价格直接挂钩,但由于天然气与原油之间存在可替代性,当石油价格上升时,会引起市场对天然气的需求增加,从而导致天然气价格上升。油气价格的正相关还与长期合同相联系。日本进口 LNG 和欧洲进口管道气时,在合同中约定 LNG 或管道气的交易价格与原油或石油产品的价格联动,这样也就保证了天然气价格会随着原油价格的变化按相同趋势改变。但是,受管制的中国天然气价格相对稳定,没有随国际油气价出现暴涨或暴跌的局面。金融危机以来,国际油气价大幅度波动,而中国天然气的出厂价格指数基本稳定。但是,如果国际油价进一步上行,油气价格的正相关性将对中国天然气价格上涨产生巨大的压力。

由于受到全球天然气资源本身和供需不均衡因素的影响,天然气的价格弹性大。因此,与石油相比,天然气市场短期供需平衡对价格影响更大,在天然气管网及储气库体系较为完善的市场中,可以通过储气来应对突发性短期供应不足或短期需求上升,环节季节性或临时性的市场价格波动。但是,大规模存储天然气的成本相当高,因此,突发性的供求平衡可能会造成天然气现货价格的暴涨或暴跌。Serletis 等就指出在解除管制后,美国 Henry Hub 现货价格的短期波动比 WTI 原油现货价格更为激烈,其价格时间序列的尖峰肥尾特征也更为明显。

图 3-17 是美国 Henry Hub 天然气现货价格与 WTI 原油现货价格走势图,2010 年之前走势还呈现正向关系,但是自 2010 年以后出现了负相关关系,这和美国的页岩气革命有关,天然气供应充足。另外,北美天然气市场几乎可以自给自足,其价格的推动力主要来自北美自身。虽然美国 LNG 进口量逐年增长,但还达不到能影响管道气价的水平。美国能源信息署数据显示 2013 年北美的进口 LNG 也只占供给量的 12%。比较而言,石油市场是全球化的,其价格变动取决于全球市场的供需状况、炼油能力和地缘政治等因素。因此,在 2009 年末至 2011 年中期的北美市场,石油价格波动高于天然气价格,如图 3-17 所示。

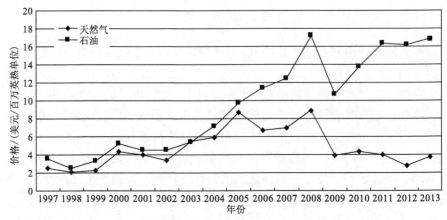

图 3-17　美国 Henry Hub 天然气现货价格与 WTI 原油现货价格走势比较

资料来源:《BP 世界能源统计年鉴 2014》

3.2.2　天然气市场价格波动对相关行业的影响

2011 年我国天然气利用结构:汽车燃气 8%、民用燃气 9%、工业燃料 34%、发电 17%、化工原料 21%、公共服务 6%、采暖 5%。"十二五"期间天然气的市场格局将为:城市燃气 32%、工业 31%、发电 21%、化工 16%。从趋势来看,未来城市燃气(包括民用、车用、公共服务、采暖等)占比将上升,并且受天然气提价的影响,工业用气的需求占比将下降。由于我国目前人为的扭曲天然气价格,下游行业从需求到盈利都出现了很多错配。天然气价格市场化改革最终实现市场化定价,对天然气中下游行业将产生长期深远的影响,具体如下。

1. 天然气化工行业

以天然气价格适度上涨为例。对下游行业而言,天然气价格调整后,与使用可替代能源相比,天然气仍具有竞争优势。比如,化肥行业,调价后气制尿素与煤制尿素生产成本基本持平。由于我国气制尿素产能和产量只占总量的 30% 左右,尿素产能富余,气价调整不会对化肥市场价格产生大的影响。如果化肥市场价格出现上涨,国家将按照已经建立的农资综合直补政策对种粮农民进行补贴。在我国天然气利用禁止类行业中就包括天然气化工这一行业,原因主要是天然气化工(如用天然气制甲醇、二甲醚、天然气制油燃料)将小分子合成为大分子,不利于能源使用效率的提高。对玻璃、陶瓷、甲醇等产能过剩的行业,天然气价格上调将起到优化产业结构,提高资源利用效率,加快淘汰落后产能、促进结构调整的作用。

2. 出租车交通行业

在国家发展和改革委员会"出租车行业,车用气价格相当于汽油价格的 60%

左右"的政策指导下,即便是价格上升之后,天然气相对于汽油仍具有较大的成本优势,而且各地也采取针对天然气出租车补贴调价等措施。出租车行业,气价调整后,车用气价格相当于汽油价格的 60%左右,仍具有明显竞争优势。同时,会结合当地实际和已建立的运价与燃料价格联动机制,通过调整出租车运价或燃料附加标准的办法,化解气价调整的影响。城市公交和农村道路客运,继续按现行补贴政策执行[29]。

3. 天然气发电行业

在市场成熟的欧洲,已经出现了由于天然气价格上涨而"以煤代气"的逆转现象。随着天然气价格的攀升,2012 年欧洲煤炭发电成本平均比天然气发电成本低 45%,导致欧洲发电行业开始放弃天然气重新用煤发电。据 BP 集团首席经济学家克里斯托夫-鲁尔介绍,以欧洲最大的五个电力市场作为整体看,该地区 2012 年天然气发电量下滑了 19%,而煤炭发电量却上升 12%。总体而言,2012 年欧洲的天然气消费减少了 2.3%,煤炭消费却增加了 3.4%。

天然气市场价格增长趋势将使天然气发电会明显受损:调价明显提高这些行业的成本,下游行业中,天然气发电受影响较大。发电成本过高是制约我国天然气发电的主要因素。一般来说直接的发电成本由以下几个部分构成:总投资的折旧成本、运行和维护成本、燃料成本。其中,最关键的是总投资的折旧成本和燃料成本,在固定资产燃气轮机这一块,我国很多新装机组采用的都是国外进口燃气机组,目前成本偏高。天然气发电相比光伏已经没有明显的成本优势,如果不提高天然气发电销售电价,未来发展将会受到很大限制。燃气发电、供热等其他行业,天然气价格上升后成本会有所增加,对此将采取用气价格优惠或由地方政府给予适当补贴等方式妥善解决[30]。

4. 城燃与 LNG 行业

由于城市燃气和 LNG 无法完全转嫁的成本都在增加,行业的净资产收益率水平都会明显下滑,但同时数量确定性的增长,还是保证了行业的中长期发展,因此,调价对行业的发展是利大于弊。燃气公司的盈利模式主要分为两类:成熟的燃气公司利润主要来自天然气的批零价差;而新进入一个城市的燃气公司,其利润则主要来自初装费。目前初装费在二三线城市普遍存在,每户家庭基本在2000~3000 元,该项业务的毛利率高达 80%,单户利润高达 2000 元。而平均每户家庭天然气年消费量为 120~140 立方米,燃气费不会超过 400 元,如果以正常的 25%毛利率测算,则年天然气销售利润为 100 元。这也就意味对于增量城燃来说,每户家庭的初装费利润相当于 20 年的天然气销售利润。因此,在天然气价格增长趋势下,如果天然气的增量供应有保障的话,具备异地扩张能力的企业将显著受益。

3.2.3　天然气市场价格影响因素的 ISM 分析

1. 天然气价格的具体影响因素

国际、国内能源市场改革正在如火如荼地进行。未来的天然气市场逐渐放开、公平竞争。天然气的国际市场价格不仅由成本确定，天然气从井口开采到净化、管输，还要加上液化、船运、再汽化，产业链长，耗费大量投资，而且由区域位置、政治格局、供需情况等各种因素综合决定，成本只占市场价格的一小部分。而因此，天然气产业投资成本高于石油，价格波动幅度相对较小。因此，系统地分析影响天然气价格的各种因素，梳理它们的层级结构，找到影响天然气价格的直接原因、中层原因和深层原因，对于天然气价格策略和天然气企业运营优化，在未来能源市场的竞争中处于不败之地，有着重要意义。作为一种能源商品，天然气价格会受到多种因素的影响与制约，从宏观上看，考虑天然气能源自身特点，天然气价格还受如下一些具体因素的影响：国际气价（P_1）、国家能源发展战略（P_2）、天然气交易成本（P_3）、天然气储量及开采能力（P_4）、石油等可替代能源价格（P_5）、天然气市场供给（P_6）、天然气市场需求（P_7）、天然气进出口数量（P_8）、政府对天然气价格管制（P_9）、天然气市场竞争（P_{10}）、国家清洁能源利用和环保政策（P_{11}）、天然气运输距离与管网建设（P_{12}）。

2. 全球气市场价格影响因素的 ISM 分析

ISM 模型是美国 J. 华费尔特教授于 1973 年提出的分析复杂的社会经济系统有关问题的一种方法。其特点是把复杂的系统分解为若干子系统（要素），将这些子系统（要素）之间的零乱的、复杂的关系（包括单向或双向的因果关系、大小关系、排斥关系、相关关系、从属关系等）分析成清晰的多级递阶的结构模型，以提高对问题的认识和理解。ISM 模型的运用比较广泛，对于能源、经济等社会类学科都有较大的意义。建立 ISM 模型的基本步骤如下。

（1）分析要研究的问题，列出相关因素。

（2）根据要素之间的关系建立邻接矩阵，运用布尔运算求得可达矩阵。

（3）根据系统的可达矩阵分解，得到系统的结构模型，进行级别、关系划分。

（4）绘制系统的多级递解结构图，分析解释模型，得出结论。

根据分析所得的风险因素，讨论各因素两两之间的关系建立邻接矩阵，邻接矩阵加上单位矩阵就是可达矩阵。

$$A = \begin{bmatrix} a_{ij} \end{bmatrix} \quad a_{ij} = 1 \text{，当节点 } i \text{ 有矢线到达节点 } j \tag{3-2}$$

$$a_{ij} = 0 \text{，当节点 } i \text{ 没有矢线到达节点 } j$$

i 节点有矢线到达 j 节点表示 i 因素能够影响或导致 j 因素，i 可以成为 j 发生的原因之一；无矢线到达表示 i 不能影响 j，i 不是 j 发生的原因。下面就上述的 12 项风险因素两两判断相互的关系，用符号依次代替因素的名称，得到影响因素关系表如表 3-15 所示。

表 3-15　影响因素关系表

	P_1	P_2	P_3	P_4	P_5	P_6	P_7	P_8	P_9	P_{10}	P_{11}	P_{12}
P_1	0	1	1	1	1	1	1	0	1	1	0	0
P_2	0	0	1	1	1	1	1	0	0	1	1	0
P_3	0	0	0	1	1	1	1	0	1	1	0	0
P_4	0	0	1	0	1	1	1	0	1	1	0	0
P_5	0	0	1	1	0	1	1	0	1	1	0	0
P_6	0	0	0	0	0	0	1	0	0	0	0	0
P_7	0	0	0	0	0	1	0	0	0	0	0	0
P_8	0	0	0	0	0	1	1	0	0	1	1	0
P_9	0	0	0	0	0	1	1	0	0	1	0	0
P_{10}	0	0	0	0	0	1	1	0	0	0	0	0
P_{11}	0	0	0	0	0	0	1	0	1	1	0	0
P_{12}	0	0	0	0	0	1	1	1	1	1	1	0

根据关系表直接得到邻接矩阵如下：

$$A = \begin{bmatrix} 0 & 1 & 1 & 1 & 1 & 1 & 1 & 0 & 1 & 1 & 0 & 0 \\ 0 & 0 & 1 & 1 & 1 & 1 & 1 & 0 & 0 & 1 & 1 & 0 \\ 0 & 0 & 0 & 1 & 1 & 1 & 1 & 0 & 1 & 1 & 0 & 0 \\ 0 & 0 & 1 & 0 & 1 & 1 & 1 & 0 & 1 & 1 & 0 & 0 \\ 0 & 0 & 1 & 1 & 0 & 1 & 1 & 0 & 1 & 1 & 0 & 0 \\ 0 & 0 & 0 & 0 & 0 & 0 & 1 & 0 & 0 & 0 & 0 & 0 \\ 0 & 0 & 0 & 0 & 0 & 1 & 0 & 0 & 0 & 0 & 0 & 0 \\ 0 & 0 & 0 & 0 & 0 & 1 & 1 & 0 & 0 & 1 & 1 & 0 \\ 0 & 0 & 0 & 0 & 0 & 1 & 1 & 0 & 0 & 1 & 0 & 0 \\ 0 & 0 & 0 & 0 & 0 & 1 & 1 & 0 & 0 & 0 & 0 & 0 \\ 0 & 0 & 0 & 0 & 0 & 0 & 1 & 0 & 1 & 1 & 0 & 0 \\ 0 & 0 & 0 & 0 & 0 & 1 & 1 & 1 & 1 & 1 & 1 & 0 \end{bmatrix}$$

I 为单位矩阵，可达矩阵可以通过邻接矩阵加上单位矩阵，经过以下所示的布尔逻辑运算得到。令

$$A_1 = A + I \tag{3-3}$$

$$A_r = (A + I)^r \tag{3-4}$$

若 $A_1 \neq A_2$, $A_2 \neq A_3$, $\cdots$, $A_{r-1} \neq A_r$, 而 $A_r = A_{r+1}$, 则称 $M = A_r$ 为可达矩阵。

针对我们得到的邻接矩阵使用 Matlab 做布尔逻辑运算得到

$$(A+I)^2 = (A+I)^3 \tag{3-5}$$

计算得可达矩阵 M:

$$M = \begin{bmatrix} 1 & 1 & 1 & 1 & 1 & 1 & 1 & 0 & 1 & 1 & 1 & 0 \\ 0 & 1 & 1 & 1 & 1 & 1 & 1 & 0 & 1 & 1 & 1 & 0 \\ 0 & 0 & 1 & 1 & 1 & 1 & 1 & 0 & 1 & 1 & 0 & 0 \\ 0 & 0 & 1 & 1 & 1 & 1 & 1 & 0 & 1 & 1 & 0 & 0 \\ 0 & 0 & 1 & 1 & 1 & 1 & 1 & 0 & 1 & 1 & 0 & 0 \\ 0 & 0 & 0 & 0 & 0 & 1 & 1 & 0 & 0 & 0 & 0 & 0 \\ 0 & 0 & 0 & 0 & 0 & 1 & 1 & 0 & 0 & 0 & 0 & 0 \\ 0 & 0 & 0 & 0 & 0 & 1 & 1 & 1 & 1 & 1 & 1 & 0 \\ 0 & 0 & 0 & 0 & 0 & 1 & 1 & 0 & 1 & 1 & 1 & 0 \\ 0 & 0 & 0 & 0 & 0 & 1 & 1 & 0 & 0 & 1 & 0 & 0 \\ 0 & 0 & 0 & 0 & 0 & 1 & 1 & 0 & 1 & 1 & 1 & 0 \\ 0 & 0 & 0 & 0 & 0 & 1 & 1 & 1 & 1 & 1 & 1 & 1 \end{bmatrix}$$

分解可达矩阵,进行级别划分。

对任一单元 P_i,定义可能到达 P_i 的单元集合为 P_i 的前因集,记为 $S(P_i)$。它是 P_i 列中元素为 1 的相应单元集合。同时定义,从 P_i 出发可以到达 P_i 的单元集合为的可达集,记为 $R(P_i)$。它是 P_i 行中元素为 1 的相应单元集合。根据可达矩阵 M,在表格中显示任一单元的前因集、可达集,并计算两者的交集。结果如表 3-16 所示。

表 3-16　交集计算结果

单元 P_i	$S(P_i)$	$R(P_i)$	$R(P_i) \cap S(P_i)$
1	1	1~7, 9~11	1
2	1, 2	2~7, 9~11	2
3	1~5	3~7, 9, 10	3, 4, 5
4	1~5	3~7, 9, 10	3, 4, 5
5	1~5	3~7, 9, 10	3, 4, 5
6	1~12	6, 7	6, 7
7	1~12	6, 7	6, 7
8	8, 12	6~11	8
9	1~5, 8, 9, 11, 12	6, 7, 9, 10	9

续表

单元 P_i	$S(P_i)$	$R(P_i)$	$R(P_i) \cap S(P_i)$
10	1~5, 8~12	6, 7, 10	10
11	1, 2, 8, 11, 12	6, 7, 9, 10, 11	11
12	12	6~12	12

第一级单元满足的条件是：

$$R(P_i) = R(P_i) \cap S(P_i)$$

从表中可以看出 P_6、P_7 满足最高级条件，组成第一级系统 $L_i = \{6, 7\}$。

在原表格中删去 P_6、P_7 项，按如下条件进行级别划分：

$$L_k = \left\{ P_i \in G_{k-1} \middle| R_{k-1}(P_i) \cap S_{k-1}(P_i) \right\} = R_{k-1}(P_i)$$

其中，R_{k-1} 为删除 P_6、P_7 项；S_{k-1} 为删除 $R（P_6）$、$R（P_7）$ 项；G 为余下的集合。系统中所有要素均在同一区域，依次划分有：$L_2 = \{10\}$，$L_3 = \{9\}$，$L_4 = \{3, 4, 5, 8, 11\}$，$L_5 = \{2, 12\}$，$L_6 = \{1\}$。

任意两个风险中都有矢线指向对方，称为强连接性。具有强连接性的单元有 $L_1 = \{6, 7\}$ 和 $L_4 = \{3, 4, 5\}$。强连接单元构成子集回路，这表示各子集之间相互的影响力很大，在具体考虑问题时选择一个代表性单元即可。根据系统的划分情况绘制多级递阶结构图，如图 3-18 所示。

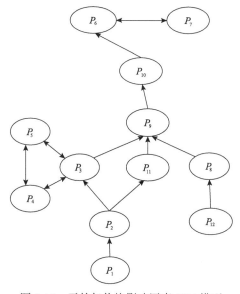

图 3-18　天然气价格影响因素 ISM 模型

通过 ISM 模型的建立，划清了天然气价格影响因素系统的层级和各因素之间的影响关系。

第一层：P_6，P_7。

第二层：P_{10}。

第三层：P_9。

第四层：P_3，P_4，P_5，P_8，P_{11}。

第五层：P_2，P_{12}。

第六层：P_1。

这 6 层因素集中反映了影响天然气价格的原因，它们之间的层次关系形成了有一定逻辑关系的影响因素链。从图 3-18 所示的递阶结构模型可以看出影响因素及相互关系，在影响天然气价格的因素链中，最直接因素，也就是表层现象原因取决于天然气市场供给 P_6 和天然气市场需求 P_7。进一步分析天然气价格表面直接表现为天然气市场竞争 P_{10}。中层原因较多，主要表现为政府对天然气的价格管制（P_9）、国家清洁能源利用和环保政策（P_{11}）、天然气进出口数量（P_8）、天然气交易成本（P_3）、天然气储量及开采能力（P_4）、石油等可替代能源价格（P_5）。更为深层次的原因是国家能源发展战略（P_2）和天然气运输距离与管网建设（P_{12}）。而影响一国天然气价格的根源则是国际气价（P_1）。

3.2.4　天然气市场价格改革的演变分析

1. 国际天然气市场价格演变趋势

从美国、俄罗斯和英国天然气定价机制演变过程来看，天然气定价机制发展基本都经历了三个阶段[31]，如图 3-19 所示。

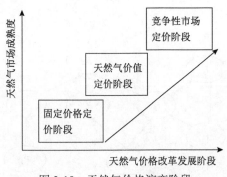

图 3-19　天然气价格演变阶段

在第一阶段，由于市场成熟度较低，天然气价格处于政府管制下，一般采用成本加成定价法，属于固定价格定价阶段。这种固定价格定价方法在天然气产业发展初期作用很大，避免了寡头垄断带来的福利损失，刺激了天然气需求，推动了天然气产业的发展。但是，当外部环境随着时间推移发生较大变化时，固定价格定价法由于灵活性不强，难以跟上市场变化，从而不能正确反映天然气市场价值，导致供需失衡，阻碍天然气产业的发展。第二阶段称为天然气价值定价阶段。在意识到成本加成定价法的缺陷后，美国、英国等国家在天然气定价时考虑竞争性替代能源价格的影响，然而这一阶段，天然气价格管制依然存在。第三阶段，随着天然气市场发展成熟，价格管制逐步被取消，天然气价格转而由竞争性市场来决定。由此可以看出以下几个发展趋势。

1）政府管制定价是天然气定价发展的必经阶段

在天然气产业发展初期，各国都采取天然气价格管制。这是由天然气产业初期的自然垄断特性更强、进入门槛更高决定的。在这一阶段，实行价格管制是避免垄断定价、增加用户福利的重要手段。从结果来看，价格管制限制了垄断，提高了用户消费天然气的积极性，同时促进了本国天然气产业的发展。

2）放开管制是天然气定价发展的最终方向

管制价格难以跟上也不可能跟上市场的变化，同时会挫伤生产者的积极性，导致天然气价格不能真正反映其价值，从而损害天然气产业的发展。基于此，各国都采取了放开价格管制的措施，让市场决定天然气价格。放开价格管制增加了天然气供给，从供应端促进了天然气产业的发展。从各国价格管制改革的过程来看，放开价格管制应当是逐步的、循序渐进的过程。

3）放开价格管制，首先应当进行市场结构改革

放开价格管制的前提是调整市场结构，否则价格改革不能取得理想的效果。美国天然气产业发展初期，管输企业处于主导地位，美国政府通过强制管输市场公开准入，同时使管输企业职能单一化、简单化，在此基础上，才最终解除井口价管制，通过市场决定价格取得了很好的效果。对比俄罗斯天然气价格改革来看，Gazprom 掌握着天然气管道，同时又是俄罗斯最大的天然气生产商，在这种一体化的天然气供输格局下，俄罗斯政府虽然试图放开价格管制，引入竞争，但效果不是十分理想。因此，俄罗斯若要推进天然气定价市场化进程，改变天然气市场结构是必要的。英国天然气市场被誉为"真正意义上的竞争性市场"，这与其天然气生产、管输、零售环节相互独立及充满竞争的市场结构密切相关。

2. 我国天然气价格改革的演变分析

我国属于天然气市场化程度和天然气定价机制开放程度都较低的国家，天然气出厂价、管输费和城市燃气费都处在政府的管制下。为了推进市场化，2011年底，我国在广东和广西两地推行天然气价格改革，用市场净回值法取代成本加成

定价法，建立天然气与可替代能源价格挂钩的定价机制。2012 年，我国多个省市纷纷开展天然气价格改革试点，为我国全面推进天然气价格改革奠定了基础。目前市场上存在两种计价方式——成本加成法和市场净回值法，后者 2013 年、2014 年在广东和广西试点。市场净回值法计价建立了天然气与可替代能源价格挂钩机制，在这个基础上，考虑天然气市场资源主体流向和管输费用，确定各省（自治区、直辖市）天然气门站价格。为保障天然气市场供应、促进节能减排，提高资源利用效率，国家发展和改革委员会自 2013 年 7 月 10 日起，调整非居民用天然气门站价格，居民用天然气价格不做调整。此次非居民用天然气价格调整，将天然气分为存量气和增量气。存量气门站价格每立方米提价幅度最高不超过 0.4 元，其中，化肥用气最高不超过 0.25 元。增量气门站价格按可替代能源（燃料油、液化石油气）价格的 85%确定。调整后，全国平均门站价格由每立方米 1.69 元提高到每立方米 1.95 元。

国家对天然气价格管理由出厂环节调整为门站环节，门站价格实行最高上限价格管理，供需双方可在国家规定的价格范围内协商确定具体价格。门站价格以下的销售价格，由地方价格主管部门管理。实行门站价格的范围为国产陆上天然气、进口管道天然气。为鼓励非常规天然气发展，2011 年已放开页岩气、煤层气、煤制气出厂价格及 LNG 气源价格。

3.3　工业用天然气价格分析

天然气终端主要分居民和非居民，非居民又分车用、工业、商业等。21 世纪以来，我国天然气消费以年均 15%的速度快速增长，国产资源已不能满足市场需求，进口数量逐年增加，国内天然气价格与进口天然气销售价格严重倒挂，尽管已上调一次价格，我国天然气市场供求形势依然偏紧，2013 年进口天然气 530 亿立方米左右，对外依存度已经超过 30%。我国已经历多次天然气价格上调，调价是把双刃剑，工业用气价格上调会增加上游企业开采积极性，特别是对于页岩气等非常规天然气气田开发，但同时又加大了下游工业用户的生产成本。天然气作为基础能源消费品，价格上行对整个工业制造业的影响不容忽视。

3.3.1　工业用天然气价格水平及波动情况

从美国能源信息署网站工业用天然气价格数据可以看出（图 3-20），近年来除了英国、美国、加拿大等少数国家价格下降外，世界整体工业用天然气价格上扬。我国 2010 年同比增长率为 5.0%，2010 年天然气消费量增长率为 19.44%，2013 年天然气消费增长率为 10.1%，排名全世界第一位，说明在我国天然气领域的确已经呈现量价齐升局面，这和我国天然气利用政策有关，逐步增加天然气使用占一次能源的比重，下面罗列出了一些国家（地区）的天然气 2010 年价格水平，以及 2001～2010 年工业用天然气价格的波动趋势，只能查找到截至 2010 年的价格，如图 3-21 所示。

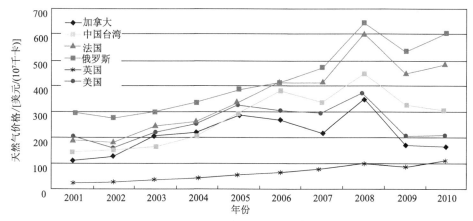

图 3-20　2001～2010 年工业用天然气价格趋势

资料来源：美国能源信息署网站

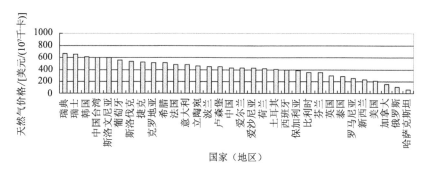

图 3-21　2010 年部分国家（地区）工业用天然气价格水平

由表 3-17 可以看出，2010 年中国工业用天然气价格为 432.8 美元/(10^7 千卡)，在世界各国（地区）天然气价格中处于中层水平。

表 3-17　2010 年部分国家（地区）工业用天然气价格水平　单位：美元/(10^7 千卡)

国家（地区）	2010 年价格水平	国家（地区）	2010 年价格水平
瑞典	662.7	爱尔兰	431.2
瑞士	661.6	爱沙尼亚	423.9
韩国	610.3	荷兰	413.9

续表

国家（地区）	2010 年价格水平	国家（地区）	2010 年价格水平
中国台湾	600.9	土耳其	407.3
斯洛文尼亚	600.2	西班牙	390.4
葡萄牙	555.5	保加利亚	381.7
斯洛伐克	534.7	比利时	354.9
捷克	530.5	芬兰	350.4
克罗地亚	520.4	英国	303.3
希腊	517.6	泰国	286.8
法国	484.4	罗马尼亚	255.2
意大利	483.0	新西兰	234.0
立陶宛	460.3	美国	207.4
波兰	454.8	加拿大	160.1
卢森堡	449.7	俄罗斯	109.0
中国	432.8	哈萨克斯坦	74.4

资料来源：《2012 国际能源与电力价格分析报告》

　　由表 3-18 可以看出，2006～2010 年我国的工业用天然气价格呈现上涨趋势，年均增长率达到 8.1%，高于世界平均水平。俄罗斯上涨幅度最大，年均增长率达到 18.2%。西班牙、意大利、英国工业用天然气价格水平较稳定，年均增长率分别为 1.0%、0.2%、–1.4%。加拿大工业用天然气价格呈现下降趋势，且降幅最大，达到年均降幅 14.5%。

表 3-18　2006～2010 年部分国家（地区）工业用天然气价格波动比较

国家（地区）	2006 年价格 /[本币元/ (10^7 千卡）]	2007 年价格 /[本币元/ (10^7 千卡）]	2008 年价格 /[本币元/ (10^7 千卡）]	2009 年价格 /[本币元/ (10^7 千卡）]	2010 年价格 /[本币元/ (10^7 千卡）]	年均增长率 /%	2010 年同比增长率 /%
俄罗斯	1 689.9	1 961.7	2 467.6	2 706.2	3 295.7	18.2	21.8
波兰	912.9	1 036.9	1 281.4	1 349.6	1 371.2	10.7	1.6
韩国	471 525.6	511 693.2	549 949.5	611 362.5	704 896.5	10.6	15.3
中国台湾	13 460.6	15 617.7	20 447.8	17 369.4	19 031.1	9.0	9.6
哈萨克斯坦	7 871.2	8 239.9	8 957.5	11 220.3	10 954.7	8.6	–2.4
中国	2 156.0	2 307.3	2 623.5	2 806.8	2 946.2	8.1	5.0
芬兰	197.7	195.6	254.6	239.6	264.6	7.6	10.4

续表

国家（地区）	2006 年价格 /[本币元/ (10^7 千卡)]	2007 年价格 /[本币元/ (10^7 千卡)]	2008 年价格 /[本币元/ (10^7 千卡)]	2009 年价格 /[本币元/ (10^7 千卡)]	2010 年价格 /[本币元/ (10^7 千卡)]	年均增长率 /%	2010 年同 比增长率 /%
葡萄牙	318.0	313.0	374.8	348.6	419.4	7.2	20.3
克罗地亚	2 340.4	2 340.4	1 918.4	2 217.5	2 875.2	5.3	29.7
土耳其	504.4	573.0	744.2	723.4	610.5	4.9	−15.6
瑞士	611.0	691.9	808.0	764.9	690.0	3.1	−9.8
泰国	8 239.3	7 958.3	10 218.8	9 930.0	9 251.2	2.9	−6.8
捷克	9 088.0	7 947.6	10 488.8	10 058.4	10 121.9	2.7	0.6
法国	328.5	302.3	415.4	316.0	365.7	2.7	15.7
斯洛伐克	372.8	344.2	441.3	372.0	403.7	2.0	8.5
西班牙	282.9	277.6	332.8	312.3	294.8	1.0	−5.6
意大利	362.0	358.5	442.2	401.5	364.7	0.2	−9.2
英国	208.2	166.5	243.3	207.5	196.5	−1.4	−5.3
爱尔兰	371.3	—	421.5	348.1	325.6	−3.2	−6.5
新西兰	373.9	378.8	341.4	370.6	324.8	−3.5	−12.4
美国	302.0	293.8	371.3	202.8	207.4	−9.0	2.3
加拿大	308.4	232.1	376.3	196.9	164.9	−14.5	−16.3

资料来源：《2012 国际能源与电力价格分析报告》

3.3.2 工业用天然气价格的形成机制

国际上工业用天然气价格主要分为两类：由市场定价和政府主导定价。在欧洲和北美市场，天然气价格波动激烈，企业通过交易合同方式规避价格风险。亚太市场，天然气价格机制差异较大。工业用天然气价格和区域天然气市场的供应方式关联性很强。

1. 全球工业用天然气价格形成机制概况

当前，世界天然气区域市场价格相对独立，亚洲溢价较为突出。区域定价机制不同造成美洲地区、欧洲地区及亚太地区等世界三大天然气市场价格存在较大差异。天然气在三大市场竞争性替代能源存在差异，特别是历史上亚太地区 LNG 与石油直接形成替代，加之天然气市场流动性不足，是造成三大市场价格高低差异的根本原因。北美地区价格完全由市场竞争形成，欧洲地区主要采用净回值定价，与油价挂钩，同时考虑替代能源价格和需求状况，而亚太地区的 LNG 进口价格与日本原油综合（Japan crude cocktail，JCC）指数挂钩。不过，技术分析表明，三大地区市场价格相对独立，关联性不强。而供需态势和定价机制共同作用，形成亚洲溢价。

从三大市场气价与对应油价的比值关系来看，整体呈下降趋势，证明气价涨幅落后于油价。亚洲和欧洲的气价与油价比值相对平稳，反映了当地气价与油价存在关联。北美市场是完全竞争市场，气价与油价脱钩，随着 2005 年后非常规气的爆发式增长，气价走势与 WTI 原油价格走势背离，比值大幅下降。供需矛盾日益严重是溢价持续存在的基础，油价高是形成亚洲溢价的主要推动力。

2. 美国工业用天然气价格形成机制

20 世纪 70 年代在政府管制价格的情况下，由于天然气价格没有及时反映生产成本和供求情况，美国一度发生了天然气供应短缺，这促使美国政府对天然气工业进行改革，主要措施包括逐渐解除对井口价格控制直到完全解除对井口价格管制并强制要求管道实行公开准入，通过这些措施，美国在 20 世纪 90 年代初建立了"气与气（供应商与供应商）"竞争的竞争型天然气市场，如图 3-22 所示。

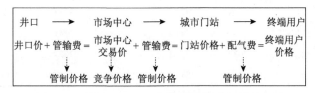

图 3-22　美国工业用天然气价格形成机制示意图

在通过管道公开准入方式建立的"气与气"竞争市场中，管道运输价格（包括储气服务价格）受到政府严格监管，天然气价格则完全通过市场竞争形成（图 3-22）。目前美国的天然气市场已发展成为高度竞争的天然气市场，天然气主要通过短期合同交易，天然气交易价格通过市场交易中心由众多买方和卖方竞争形成。无论是当地的管道天然气还是进口 LNG，交易价格都与市场交易中心的价格指数挂钩，同时美国工业用天然气价格与替代燃料石油的价格呈现相同的变化趋势（图 3-23）。

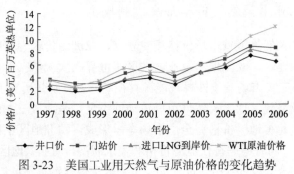

图 3-23　美国工业用天然气与原油价格的变化趋势

价格管制的解除促进了美国天然气产业的发展，形成了世界最大的天然气市场。天然气市场体系和市场机制逐渐完善，市场的放开吸引更多新的资本加入，消费者从激烈的市场竞争中得到更多的实惠。目前，美国天然气价格基本上由其现货市场与期货市场共同决定，是完全市场化的定价机制。完善的价格机制是美国成为世界最大的天然气市场的重要原因。

3. 日本工业用天然气价格形成机制

亚太地区天然气资源丰富，但生产和消费地域分布不平衡。与北美和欧洲市场的天然气贸易以管道气为主不同，亚太市场的天然气贸易以 LNG 为主。LNG 贸易离开了液化工厂、运输船、接收站等专用设施是无法进行的，而这些专用设施需要巨额投资，这使得 LNG 项目的开发具有专供性（Dedication）特点，LNG 合同具有刚性特点（长期照付不议合同）。亚太市场也不像欧美市场那样借助某个市场交易中心由众多买方和卖方通过竞争方式形成价格，只能采取一对一的谈判方式形成价格，价格公式是事先约定好的，价格条款成为 LNG 照付不议合同最重要的内容之一。

随着经济发展水平的提高和国际天然气市场价格的波动，日本国内的天然气价格也随之发生变化，而这一切都是在日本政府制定的天然气收费制度框架下有条不紊地进行。作为日本主要的能源监管部门——日本通产省制定了燃气价格规制，其中，包含三项原则，一是成本主义原则，按完全成本作为核定气价的基础；二是企业报酬原则，给予公司投资者合理的利润；三是公平原则，对同样性质的用户不能采取歧视性的价格，但如用户有特殊要求，使燃气公司的成本发生变化，则允许采用不同的价格与成本相适应，以维护公平交易。在计算城市燃气价格三大原则的指导下，日本政府又制定了计算规程和调价程序，根据这些规制，东京燃气公司拟定具体的价格公式和调价方法，并予以公示。

4. 墨西哥工业用天然气价格形成机制

位于北美的墨西哥，其天然气价格的形成与美国和加拿大两个北美国家完全不一样。墨西哥的天然气勘探开发、高压运输、批发及进出口完全由国有石油天然气公司 Pemex 所控制，天然气价格无法通过竞争方式形成，而是由政府制定。目前，墨西哥政府制定天然气井口价格（1991 年确定了定价公式）主要考虑以下三个因素：天然气机会成本（考虑天然气替代燃料的使用成本）、国际市场竞争环境（墨西哥从美国进口天然气，同时也向美国出口天然气）和天然气销售的地理位置（气田距离市场的远近）。

5. 我国工业用天然气价格形成机制

在我国天然气行业的上游，即勘探、开采阶段，由市场调控定价；在中游，即管道运输阶段，由政府调控价格；在下游，即批发零售阶段，由市场调控定价。我国天然气价格调整的基本思路是，按照市场化取向，建立起反映市场供求和资源稀缺程度的与可替代能源价格挂钩的动态调整机制，逐步理顺与可替代能源比价关系。2011 年国家在广东和广西开展了试点，取得了预期效果。国家对天然气价格管理由出厂环节调整为门站环节，门站价格实行最高上限价格管理，供需双方可在国家规定的价格范围内协商确定具体价格。门站价格以下的销售价格，由地方价格主管部门管理。实行门站价格的范围为国产陆上天然气、进口管道天然气。为鼓励非常规天然气发展，2011 年已放开页岩气、煤层气、煤制气出厂价格及 LNG 气源价格。

国务院批准国家发展和改革委员会《关于 2013 年深化经济体制改革重点工作的意见》，提出推进天然气价格改革，逐步理顺天然气与可替代能源的比价关系。按照市场化取向，建立起反映市场供求和资源稀缺程度的与可替代能源价格挂钩的动态调整机制。近期的主要方法是建立与可替代能源价格挂钩的动态调整机制，逐步理顺与可替代能源比价关系，为最终实现天然气价格完全市场化奠定基础。在建立动态调整机制的同时，改进天然气的价格管理环节和形式。2013 年 7 月 10 日起，调整非居民用天然气门站价格，居民用天然气价格不作调整。此次非居民用天然气价格调整，将天然气分为存量气和增量气，存量气门站价格每立方米提价幅度最高不超过 0.4 元，调整后，全国平均门站价格由每立方米 1.69 元提高到每立方米 1.95 元。

由于我国天然气产业链从开采、管输到燃气配送都没有形成有效竞争，当前，我国天然气价格形成机制以国家定价为主、市场调整为辅，在定价模式上主要为政府对天然气门站价格实行最高上限价格管理，增量气最高上限价格采取市场净回值法形成，存量气价格逐步调整到位。此外，虽然政府价格主管部门对存量天然气价格也仅限于制定天然气门站政府指导价格管理上，但考虑到价格形成机制变化对存量天然气用户的影响，以及当前的存量天然气门站价格仍受根据成本加成法形成的天然气门站价格的影响，天然气价格制定要进一步进行成本加成分析。

另外，我国工业用天然气价格过低，不能反映清洁高效能源的市场价值，短期内虽然有利于促进天然气的推广使用，但长此以往，势必削弱发展后劲，影响资源供应和天然气市场的持续健康发展，也不利于增强企业的节约意识，提高资源利用效率，将造成天然气盲目发展，扩大供求矛盾。调整工业用天然气价格，有利于促进企业节能减排，加快淘汰落后产能。

3.3.3　工业用天然气价格的影响因素

工业用天然气包括发电用天然气、化工天然气等，其价格除与整体经济发展水平相关以外，还与其替代品价格有密切的关系。天然气产业链中的上游是天然气的开采和勘探、中游是运输、下游终端包括居民用和工业用户。居民用天然气价格和民生有关一般趋于稳定。而随着能源市场化改革，工业用天然气价格波动受天然气市场和国际国内经济环境影响显著。根据天然气产业链概况及前文分析，得出了如下工业用天然气价格的一般影响因素，见表 3-19。

表 3-19　工业用天然气价格影响因素

产业链位置	上游		中游		下游		
产业名称	勘探	开采	管道建设	管道运输	化工业配送	电力行业配送	工业配送
影响因素	勘探成本、科技发展水平	开采成本、天然气质量、矿产分布	建设成本、管道架设路线	运输损耗、维护费用	输配送费用、城市管网架设费用、工业区布局		
					化工原料替代品价格	煤炭、石油价格	工业原料替代品价格

由于天然气联合循环（natural gas combined cycle，NGCC）的技术经济优势，世界上更是激发了对天然气发电的兴趣。事实上很多国家天然气发电占比在飞速增长[32-34]。如美国天然气发电增长最快，从 1996 年的 17%到 2009 年的 20%，2035 年计划达到 35%，估计 2012～2035 年新增发电容量的 60%为天然气发电[35]，欧洲平均占比超过 30%。墨西哥天然气发电在 2007～2035 年预计将以年 3.2%的年均增长率增长[36]。目前日本天然气发电比重占到 26%，澳大利亚天然气发电占比为 12.7%[37]。我国也积极提高天然气在一次能源消费中的占比，"十二五"规划增加天然气发电的比重，规划目标天然气发电装机容量能达到 600 亿瓦特，达到总装机容量的 6%，即使我国能完成未来规划目标，还是落后于很多国家。天然气发电效率高、排放少、启停快，需要大力发展[38]。天然气发电作为一种清洁优质能源，符合当前我国严峻的环境形势。目前国际社会针对碳减排最广泛采用的就是碳税政策，自 20 世纪 90 年代芬兰最早开征碳税以来，许多国家纷纷制定了相应的碳税政策并取得显著成效，如丹麦、荷兰、德国、瑞典、日本等。国际经验表明，碳税作为削减二氧化碳排放的强有力政策约束，通过价格机制的作用能大幅降低能源消耗和碳排放。在我国，近年来开征碳税的呼声也不断高涨，其中，以 2010 年 6 月财政部财政科学研究所苏明等的研究报告——《中国碳税税制框架设计》最吸人眼球。该报告在分析我国征收碳税的必要性的基础上提出了碳税的

设计框架，并对碳税实施的影响进行了预测和评价，对将来引进我国的碳税制度提供了重要参考。在这样的国内外形势下，研究征碳税对天然气发电工业的影响不仅具有理论意义，也具有强烈的现实意义。

3.4　居民用天然气价格分析

天然气是重要的能源商品，其价格也要反映市场供求、遵循市场规律。综合考虑我国天然气生产、供应、消费面临的形势，2013 年国家决定只调整非居民用天然气价格，不调整居民用天然气价格，在理顺价格的同时，保障居民基本生活不受影响。虽然我国在 2013 年、2014 年居民用天然气价格基本不做调整，但是居民用天然气价格随着天然气价格改革最终也要体现市场供求情况。分析国际国内居民用天然气价格形势，对于我国天然气价格改革具有借鉴启示意义。

3.4.1　居民用天然气价格水平及波动情况

由于数据可获得性，我们只能查找到截至 2010 年的部分国家（地区）的居民用天然气价格（表 3-20）。美国能源信息署网站数据显示（表 3-20），2010 年居民用天然气价格最高的是瑞典和丹麦。中国价格水平很低，仅仅高于哈萨克斯坦，为 387.0 美元/（10^7 千卡）。但是纵观 2006～2010 年居民用天然气价格变化趋势，大多数国家（地区）呈现上涨趋势，加拿大、美国、墨西哥、爱尔兰、葡萄牙呈现下降趋势。中国 2010 年相对 2009 年价格上行。

表 3-20　2010 年部分国家（地区）居民用天然气价格水平　单位：美元/（10^7 千卡）

国家（地区）	2010 年价格水平	国家（地区）	2010 年价格水平
瑞典	1636.5	奥地利	946.6
丹麦	1449.4	葡萄牙	942.2
智利	1359	比利时	872.9
意大利	1093.6	英国	745.2
希腊	1084.7	法国	864.0
瑞士	1015.7	西班牙	859.1
新西兰	1009.5	爱尔兰	822.8
荷兰	1001.2	捷克	797.3
斯洛文尼亚	962.7	波兰	772.9

续表

国家（地区）	2010 年价格水平	国家（地区）	2010 年价格水平
韩国	655.5	加拿大	430.8
中国台湾	584.5	美国	429.5
土耳其	526.4	罗马尼亚	425.3
芬兰	496.5	中国	387.0
墨西哥	453.4	哈萨克斯坦	77.5

资料来源：《2012 国际能源与电力价格分析报告》

由图 3-24 可以看出，2010 年中国的居民用天然气价格为 387.0 美元/（10^7 千卡），在世界范围内处于较低水平，与同一年工业用天然气 432.8 美元/（10^7 千卡）的价格相比，也处于较低水平。这表现出由于居民用天然气属于公共事业，中国政府对居民用天然气价格进行了调控，中国居民用天然气价格相对较低，也表现出中国政府重视民生的执政理念。表 3-21 是 2006～2010 年部分国家（地区）居民用天然气价格波动比较。

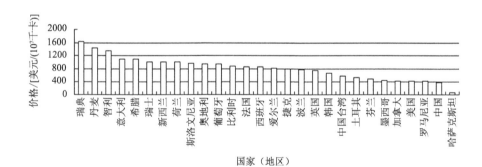

图 3-24　2010 年部分国家（地区）居民用天然气价格水平

表 3-21　2006～2010 年部分国家（地区）居民用天然气价格波动比较

国家（地区）	2006 年价格/[本币元/（10^7 千卡）]	2007 年价格/[本币元/（10^7 千卡）]	2008 年价格/[本币元/（10^7 千卡）]	2009 年价格/[本币元/（10^7 千卡）]	2010 年价格/[本币元/（10^7 千卡）]	年均增长率/%	2010 年同比增长率/%
智利	468 820.5	507 997.6	718 453.9	620 088.0	693 062.8	10.3	11.8
英国	349.3	376.9	450.9	512.7	482.9	8.4	−5.8
克罗地亚	2 340.4	2 340.4	2340.4	2 697.0	3 234.6	8.4	19.9
哈萨克斯坦	8 412.1	9 028.3	9 946.4	10 891.4	11 415.8	7.9	4.8

续表

国家（地区）	2006年价格/[本币元/(10^{7}千卡)]	2007年价格/[本币元/(10^{7}千卡)]	2008年价格/[本币元/(10^{7}千卡)]	2009年价格/[本币元/(10^{7}千卡)]	2010年价格/[本币元/(10^{7}千卡)]	年均增长率/%	2010年同比增长率/%
波兰	1 720.6	1 903.7	2 249.3	2 500.8	2 330.3	7.9	−6.8
芬兰	280.8	280.0	356.1	341.6	374.9	7.5	9.7
土耳其	594.0	675.5	856.3	880.2	789.1	7.4	−10.3
韩国	610 708.0	662 005.4	698 034.0	737 842.5	757 102.5	5.5	2.6
捷克	12 277.7	11 719.5	14 499.2	15 525.8	15 212.5	5.5	−2.0
新西兰	1 145.4	1 335.4	1 593.2	1 499.8	1 401.2	5.2	−6.6
法国	563.4	573.6	629.6	610.5	652.3	3.7	6.8
中国	2 290.6	2 357.7	2 427.3	2 551.1	2 634.5	3.6	3.3
奥地利	625.6	683.3	700.6	750.3	714.7	3.4	−4.7
卢森堡	445.3	—	594.6	512.5	508.6	3.4	−0.8
意大利	746.5	741.8	788.4	762.8	825.7	2.6	8.2
瑞士	958.9	1 056.2	1 185.4	1 114.9	1 059.4	2.5	−5.0
西班牙	603.2	633.6	702.3	666.6	648.6	1.8	−2.7
荷兰	717.1	752.8	848.1	837.1	755.9	1.3	−9.7
葡萄牙	811.6	784.8	729.4	691.0	711.4	−3.2	3.0
爱尔兰	730.8	802.6	707.2	732.3	621.2	−4.0	−15.2
墨西哥	6 782.0	6 902.3	4 993.0	5 678.1	5 727.3	−4.1	0.9
美国	528.2	500.7	533.5	459.5	429.5	−5.0	−6.5
加拿大	546.1	519.3	539.4	454.0	443.7	−5.1	−2.3

资料来源：《2012 国际能源与电力价格分析报告》

　　由图 3-25 可以看出，2006～2010 年中国居民用天然气价格水平在逐年上涨，但涨幅不大，年均增长率为 3.6%，相比较于工业用天然气价格 8.1%的年均涨幅处于较低水平，大多数国家居民用天然气价格都比工业用天然气价格波动稳定，这再次说明居民用天然气作为公用事业，必须要保持价格稳定。

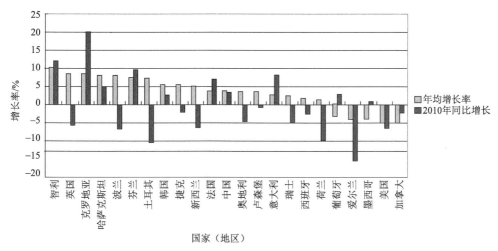

图 3-25　2006～2010 年部分国家（地区）居民用天然气价格波动比较

3.4.2　居民用天然气价格的形成机制

Nick 和 Thoenes[39]为德国天然气市场开发了一个结构向量自回归模型（structural vector auto regression，SVAR），并利用这个模型分析其天然气价格的决定因素，发现温度、存储、供应的短缺会影响短期的天然气价格，而长期的天然气价格会受到原油和煤炭价格的影响。李志学和彭飞[40]对美国的天然气价格形成机制与管理体制进行了剖析，认为我国应逐步建立和完善天然气市场体系，在加强市场宏观调控的同时，适度放松政府管制，进一步引入竞争机制。从荣刚[41]对影响世界天然气价格的一般因素和影响区域天然气市场的特殊因素进行了分析和总结，发现市场供给是影响北美天然气市场的主要因素，市场供给和替代燃料价格是影响欧洲天然气市场的主要因素，市场需求和替代燃料价格是影响亚太天然气市场的主要因素。汪锋和刘辛[42]建立了数理经济学模型，分析了天然气供应商在不同价格形成机制下的最优决策和对应的市场结构，其结论认为，由成本加成定价法向市场净回值定价法转变的天然气价格形成机制改革，适应我国天然气来源多元化和输气管道网络化的新形势，有效地引入市场竞争，有利于促进我国天然气工业的健康发展，进而优化我国的整体能源结构。

1. 天然气的定价方法

天然气的定价方法主要有两种，即成本加成定价法和市场净回值定价法。我国居民用天然气价格主要是成本加成法。

1）根据成本加成法形成的天然气价格

2013 年 7 月以前，我国大部分存量天然气的价格管理主要包括对出厂价、管输价及天然气终端价格的管制。存量天然气出厂价、管输价及天然气终端价格的制定大多采取成本加成法。成本加成法是根据天然气的补偿成本加上运营厂商的合理利润，兼顾用户承受能力来确定天然气的价格。

具体来看，由成本加成法形成的天然气出厂价格主要由天然气的生产成本、应纳税金及厂商合理利润三个部分组成。天然气生产成本包括天然气勘探开发成本、采掘成本及净化成本等；厂商应纳税收根据国家相关法律法规依法征收；厂商合理利润部分则由国家根据相关价格政策进行调控，一般情况下由政府价格主管部门确定合理利润率并在一个生产周期内将各个时间点流入和流出的资金以合理的折现率折算到一个固定时间节点，在此基础上确定厂商的合理利润。

天然气管输价执行"新线新价、一线一价"的政策，具体的形成机制为"天然气管输价格=管输成本+应缴税金+厂商合理利润"。厂商应缴税收标准执行我国运输行业的税收标准；厂商合理利润率的确定会根据不同用户、不同距离及不同地区的管道来确定。不少管线的管输价格采取两部制价格形成机制，实行"两部制"价格兼顾了终端用户支付天然气管道费用的公平性和效率性，在总费用不变的情况下，天然气消费量多的用户需要比消费量少的用户支付更多的费用。

由成本加成法确定的天然气终端用户价格主要由天然气城市配气费、税收及厂商合理利润构成。天然气进入城市门站后，城市燃气商使用燃气管网输配天然气的过程中会发生增容费、调峰费、员工工资等成本及费用，这些成本及费用构成了天然气城市配气费。

成本加成法兼顾了天然气供应企业的成本并给予企业一定的利润空间，能够保障天然气开采及管输企业的基本投资收益，促进天然气产业投资。然而，近年来企业成本刚性上升，同时天然气价格与其替代能源价格的差距越来越大，受政府管制的天然气价格调整步伐难以跟上形势变化节奏，故从2013年7月开始，我国政府已不采用成本加成法作为天然气价格形成机制的根据。

2）根据市场净回值法形成的天然气价格

市场净回值法是指根据商品的市场价值（主要根据具有替代关系的商品市场价格来衡量）来确定商品上游各个环节的供货价格。根据市场净回值法形成的天然气价格体系构成如下：政府依据计价基准点、可替代能源品种及价格关联系数等参数及变量来建立天然气价格与可替代能源价格之间的动态调整机制以确定天然气门站价格。天然气终端销售价格由地方价格主管部门建立的上下游价格联动机制来形成。

市场净回值定价法的计算公式如下：

$$P_{天然气} = K \times \left(\alpha \times P_{燃料油} \times \frac{H_{天然气}}{H_{燃料油}} + \beta \times P_{LPG} \times \frac{H_{天然气}}{H_{LPG}} \right) \times (1+R) \qquad （3-6）$$

其中，$P_{天然气}$为中心市场门站价格（含税），单位：元/米^3；K为折价系数，暂定

0.9；α、β分别为燃料油和液化石油气的权重，分别为 60%和 40%；$P_{燃料油}$、P_{LPG} 分别为计价周期内海关统计进口燃料油和液化石油气的价格，单位：元/千克；$H_{燃料油}$、H_{LPG}、$H_{天然气}$分别为燃料油、液化石油气和天然气的净热值（低位热值），分别取 10 000 千卡/千克、12 000 千卡/千克和 8000 千卡/米^3；R 为天然气增值税税率，目前为 13%。

从天然气价格管理模式来看，国务院价格主管部门管理天然气门站价格并制定天然气门站政府指导价格，天然气供需双方可在不超过政府指导价格的范围内协商确定天然气门站价格；省级价格主管部门建立完善天然气上下游价格联动机制以理顺天然气终端价格与天然气门站价格的关系。按照市场净回值法形成的天然气门站价格使得其与天然气替代能源的市场价格挂钩，更好地反映天然气的市场价值，并将天然气供需情况等市场信号有效地传递给消费者及厂商。

2. 美国的居民用天然气定价机制

美国的居民用天然气价格形成机制设计的要求是不收资源税（费），只回收成本，实现收支平衡。具体目的是：保证居民用天然气经营企业有稳定的收入来源（用税收和财政转移支付调节企业盈亏）；在各类用户之间公平分摊系统成本；为用户提供稳定的价格和服务；以"生命线价格"形式保证低收入家庭的生活必要需求；价格调整要征求用户意见，要考虑用户的理解和接受程度。

3. 日本的居民用天然气定价机制

日本是世界上最大的天然气进口国，历史时间长、进口量大、进口来源国家多。成立于 1885 年的东京燃气公司是日本最大的燃气公司，至今已有 120 余年的时间。随着日本天然气市场的发展，兼顾企业、消费者和国家三方利益，该公司逐渐形成了一套较为透明成熟的燃气价格调整机制。

日本东京燃气公司实行的是按月计算的天然气收费方式，收费公式为

$$C = (A + p \times Q)(1 + r) \tag{3-7}$$

其中，C 为总费用；A 为按月计算的基价，其按月消费量分为 6 档，该档的消费量越大，该档的缴费基价越高；p 为每立方米的燃气单价，也按每月的消费量分为 6 档，该档的消费量越大，该档的缴费单价越低；Q 为用户每月实际使用燃气量（以立方米为单位）；r 为税率（当前日本的消费税率为 5%）。

这一收费方式便于燃气公司预估用户的需求量，平衡大客户和小客户的消费成本，适用于日本全部依靠进口气源的国情。因为国际天然气市场价格不断波动，供求关系时紧时松，燃气公司的进口天然气业务承担较大的成本风险，通过式

（3-7）能较有效地降低成本回收风险。

东京燃气公司在其网站上公开的燃气价格调整制度规定：在外汇汇率和原油价格等因素变化引起进口天然气价格变化时，将对天然气价格作出相应的调整。其调整机制如下。

1）对于每月收费基价（A）的调整

每月收费基价在 2005 年 1 月上调过一次，又在 2008 年 7 月下调一次，这两次调价主要源于国际油价的变动，2004～2005 年原油价格开始飙升，从 2003 年的每桶 30 美元左右一路攀升至 60～70 美元，拉动天然气价格不断走高油价上升的势头在 2008 年全球金融危机爆发后戛然而止，以 2008 年 7 月为分水岭，快速回落至每桶 40～50 美元，天然气价格也应声下落。东京燃气公司的收费基价调整较灵敏地反映了进口天然气价格的变动。

2）对于燃气单价（p）的调整

根据该公司最新公布的价格调整机制总结为以下步骤：①设定一个燃料进口基准价格 0 和燃气销售基准单价 0；②当过去 3～5 个月 LNG 和液化石油气的进口价格的加权平均值相对于基准平均价格 0 的变动幅度超过 5%时，用户的天然气单价需要调整；变动幅度在 5%以内时，燃料单价不做调整；③进口燃气每吨成本每变化 100 日元，每立方米燃气单价调整 0.084 日元；变化量不足 100 日元时，不做调整；④如果进口成本超出上限 86 100 日元/吨，则在计算中按该上限水平封顶，不再继续上调价格；⑤进口天然气和石油气的价格是基于清关的实际成本；⑥在价格安排中要尽量避免价格上涨。

4. 韩国居民用天然气定价机制

天然气供应依赖进口 LNG 的日本和韩国，也逐步引入竞争机制，实行管道公开准入制度，天然气井口价格通过竞争方式形成。日本在 1991 年要求管道向年消费量超过百万立方米的大用户开放。韩国政府计划通过引入竞争和对天然气行业的垄断性国有企业 Kogas 公司进行重组，使其天然气工业自由化，新的自由化法律已经导致 Kogas 之外的一些公司同境外供应商签订了第一批购买协议。进口价格由谈判形成，与替代燃料（石油）价格直接挂钩，政府对管输价格和下游配气费以成本加成的形式进行价格管制（图 3-26）。

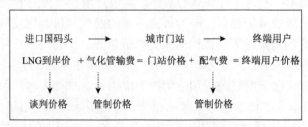

图 3-26　韩国居民用天然气价格形成机制

5. 我国居民用天然气价格机制

我国现行天然气定价机制可以概括为国家调控下的成本加成定价方法。天然气价格分为出厂价、管输费、城市门站价和终端用户四个环节，定价以行政为主、市场为辅，由政府部门根据生产与供应成本再加合理利润确定。其中，出厂价和管输价由国家发展和改革委员会制定，城市配送服务费由地方政府确定。用公式表示为：终端用户价=出厂价+管输费+配气费。我国天然气价格历经多次调整，但是近年来国家发展和改革委员会对居民用天然气价格暂未做调整。

居民用天然气行业属于公用事业，随着城市化的发展和居民天然气用品的普及，天然气行业将关系到每个人的日常生活。近年来，我国天然气消费量逐年上升，不少地区在年度用气高峰时期出现"气荒"现象，天然气供需缺口不断加大。而造成我国天然气"气荒"现象发生的一个重要原因就是我国的天然气价格形成机制尚未理顺，不少地方的天然气价格较其可替代能源价格显著偏低，在一些地区甚至出现天然气终端售价不能覆盖成本的情况。偏低的天然气价格水平难以反映天然气资源的稀缺情况及市场供需情况，对天然气的合理利用构成挑战。

3.4.3　居民用天然气价格的影响因素

居民用天然气和工业用天然气在上游产业和中游产业，即开采、勘探和管道运输部分是几乎相同的，它们的主要差异表现在下游产业，即天然气配送零售业。因此，居民用天然气价格的影响因素除了与开采成本、勘探成本、运输成本有关外，还与运输配送费、CPI 及其替代品，如煤气、液化石油气等有重要关系。根据前文研究，我们得出了居民用天然气价格主要受成本因素的影响，具体影响因素如表 3-22 所示。

表 3-22　居民用天然气价格影响因素

产业链位置	上游		中游		下游
产业名称	勘探	开采	管道建设	管道运输	居民零售配送
影响因素	勘探成本、科技发展水平	开采成本、天然气质量、矿产分布	建设成本、管道架设路线	运输损耗、维护费用	输配送费用、城市管网架设费用、居民区布局、政府调控
					液化石油气、煤气价格

3.5　进口 LNG 价格分析

LNG 项目规模庞大，而且需要巨额投资。目前，LNG 的供应增长正处于多年以来的低潮，产能扩建非常有限。2013 年，供应仅增加了 0.6%。这使市场供应呈现紧张状况，并将灵活的货物调配给愿意且能够支付高价的客户。2013 年，81% 的亚洲天然气进口是 LNG，亚洲仍是 LNG 贸易的主要目的地，吸纳了近 75% 的 LNG 货物。显然分析 LNG 价格机理及其影响因素对于亚洲天然气市场尤其重要。

3.5.1　世界 LNG 市场分析

　　LNG 是近年来世界能源市场交易中发展最为迅速的一种产品。其增长速度超过管道天然气增长的近 4 倍，年增长率达到 8%。目前 LNG 占世界天然气需求的 7% 左右，到 2030 年这一指标将达到 20%。LNG 的主要需求方是东南亚、欧洲、美国。最大的进口国是日本和韩国，这两个国家对 LNG 的需求占全球需求总量的 56%（分别为 41% 和 15%）[43]。据预测，随着时间的推移，市场将发生变化，北美的需求量可能会增加 2 倍以上。LNG 主要用于发电、采暖及居民用气。它的价格比普通的天然气价格高（由于再加工和运费的原因），但比重油和柴油的价格低。与其他形式的燃料相比，LNG 具有一定的价格优势。LNG 是目前世界上很多国家采用的一种替代能源。替代型能源的价格通常与石油价格相关联，但它的起伏变化却始终滞后于石油价格。LNG 与石油及其他油品的价格变动相比有半年左右时间上的滞后。这样，在市场上石油价格提高的情况下，LNG 就对重油和柴油具有了竞争优势。据分析，LNG 的价格将由于天然气的提价而上涨。但是，和其他形式燃料存在价格差距。从市场形成的角度看，目前世界 LNG 市场主要有三个：亚太市场、欧洲市场和美英市场。近年来，后两个市场在逐渐融合，而亚太市场由于其发展特点呈相对独立的状态。从价格形成的角度看，亚太市场、欧洲市场和美英市场都具有自己独特的价格体系，它们彼此间大同小异，但在短期内不会在全球范围统一标准。

　　1. 亚太市场

　　日本首次进口 LNG 在 1969 年，LNG 的价格与 JCC 指数相关联。目前日本的 LNG 价格是在 JCC 指数和在价格公式中采用相关参数的基础上确定的，而该参数在石油价格剧烈动荡时起到平抑作用。韩国和我国台湾地区 LNG 的价格情况与日本相似，但价格公式中不含平抑参数，因为韩国和我国台湾地区开始进口 LNG 分别是在 1986 年和 1990 年，那时石油价格还处于较低的水平。

　　2. 欧洲市场

　　欧洲 LNG 价格与 Brent 石油、柴油和其他燃料的价格形成有紧密的关联，与来自俄罗斯、北海、北非等管道天然气价格也有关联。在鹿特丹有一系列 LNG 价格与石油一揽子价格、动力煤价格等相关联的事例。

3. 美英市场

在美国，管道天然气交易基本是在期货市场完成的，如 Henry Hub。在英国是在国家平衡点（national balancing point，NBP）完成天然气交易。应该指出，在欧洲和美英市场以管道天然气交易为主，以 LNG 交易为辅，在这里 LNG 的作用主要是调节管道气供应的不足部分和增加燃料交易的多元化成分。在这方面欧洲与美英两个市场非常接近，LNG 的价格机制也同样高度近似。

与美英市场不同的是，亚太市场目前还没有干线天然气管道。在这个市场上应对增长的需求或者 LNG 新项目都需要一单一谈、一单一签。因此，实际上既没有完整的价格条款规定又没有批发交易中心。这是该市场区别于欧洲和美国的一个突出特点。

尽管如此，在"照付不议"基础上形成的长期贸易传统模式仍在亚太市场上占主导地位，然而，类似现货或期货的非传统贸易形式在将来也会出现，亚洲市场价格体系可望有一系列改动，如价格形成不一定与 JCC 指数关联，也许与 Brent 石油价格联动[44]。

3.5.2　进口 LNG 价格形成机制

Fujime[45]研究了东亚的 LNG 价格形成机制和市场；Jensen[46]研究了国际 LNG 市场的发展。徐亮等[47]在对北美（美国）、欧洲和亚太（日本、韩国、中国台湾）等地区进口 LNG 定价方法进行分析的基础上，根据我国的实际情况，提出购进 LNG 价格可借鉴日本成熟的经验，与原油价格挂钩联动，并确定了具体的价格公式。谢丹[48]研究了国内天然气定价方式对 LNG 进口的影响，通过分析 LNG 进口在资源引进、LNG 贸易、天然气计量方式、LNG 国内经营模式及国内天然气价格等方面的影响，结合我国国情和世界天然气贸易发展状况，对天然气定价机制进行了研究。

由于资源状况、运输距离等的不同，从不同渠道进口 LNG 的价格不同。LNG 供应成本主要由天然气开采费用、净化和液化费用、运输费用及接受和再汽化等费用构成。根据资源状况和运输距离、进口来源市场的不同，各项费用所占比例变化范围非常大。由于 LNG 的特殊形态，运输成本比较大。但是卡塔尔的 LNG 价格最具有竞争力，主要原因不是运输成本，而是其开采成本较低。

1. 分区域市场 LNG 的定价机理

LNG 的定价机制与市场的发展演变关系非常密切，尤其是市场规模大小和流动性密切相关。LNG 的全球市场规模仍不够大，流动性也不是很强，因此，目前 LNG 的贸易单位价格以英国热值计价（美元/百万英热单位），与竞争燃料价格和区域天然气价格挂钩，并通过定价公式来进行调整。LNG 的贸易价格参照的区域天然气价格体系主要是日本对外公布的 LNG 到岸价、美国 Henry Hub 的现货价格和英国 NBP 的现货价格，三者共同构成了世界天然气贸易参考价格体系。这一体系也是国际 LNG 价格水准的最重要参考基准和价格涨跌的风向标。将来随着全球市场规模的扩大，LNG 将会形成更加独立的定价机制和价格体系。

北美地区由于拥有完善的国内天然气管网及健全市场化的交易体制，目前的进口的 LNG 主要供应现货市场，LNG 合同的价格主要是 Henry Hub 的现货价格。欧洲地区进口 LNG 主要是为了实现能源供应的多元化，因此，短期合同价格则主要参考英国的 NBP、比利时的 Zeebrugge 和荷兰天然气交易中心三个交易中心的现货交易价格，长期合同则通常参考低硫民用燃料油、汽油等竞争燃料价格。亚太地区进口 LNG 则是以保障天然气长期稳定供应为目的，LNG 贸易以长期合同方式为主，主要与 JCC 指数挂钩，现在也有部分是与印度尼西亚官方石油价格即印度尼西亚出口原油价格加权平均值（Indonesian Crude oil Price，ICP）挂钩。但是亚太地区仍缺少国际权威的能源定价中心，使得 LNG 进口国的议价能力较弱，大部分长期合同仍采用目的地船上交货的贸易方式，价格要比欧美地区高出 1 美元/百万英热单位左右。

2. LNG 定价机制的演变分析

由于早期的世界 LNG 贸易的主要买方市场在亚太地区，而形成议价方式对后来 LNG 的定价机制产生了很大的影响。LNG 进口价格公式从早期单一与原油直接挂钩的公式发展到现在的直线价格公式、S 曲线价格公式，是一个不断演变的过程，具体见表 3-23。

表 3-23　全球 LNG 市场规模及定价机制演变历程

项目	时间	20 世纪 60 年代	20 世纪 70 年代	20 世纪 80 年代	20 世纪 90 年代	2000 年至今
市场规模	市场发育	起步阶段	逐步发展	逐步发展	快速发展	快速发展
	新加入买方	英国、法国、意大利、西班牙、日本	美国	韩国、比利时	中国台湾	多米尼加、波多黎各、希腊、中国、印度、英国
	新加入卖方	阿尔及利亚、美国阿拉斯加	利比亚、文莱、印度尼西亚、阿布扎比	马来西亚、澳大利亚	卡塔尔、特立尼亚和多巴哥、尼日利亚	阿曼、埃及
	贸易量/10 亿立方米	1.4～3	3～3.5	35～78	78～140	140～226
	流动性	几乎没有	几乎没有	几乎没有	流动性较小	流动性较高

续表

项目		时间	20 世纪 60 年代	20 世纪 70 年代	20 世纪 80 年代	20 世纪 90 年代	2000 年至今
定价机制	定价方式		固定价格法、等热值挂钩法	等热值挂钩法、直线价格法	直线价格法、S 曲线法	直线价格法、S 曲线法	直线价格法、S 曲线法、价格重定条款
	贸易合同		25～30 年长期合同	中长期合同为主	中长期合同为主	短期、现货、互换、期货	多样化
	区域特点		区域化	区域化	区域化	区域化	区域化
	挂靠天然气		100%	80%左右	80%～90%	80%左右	70%～80%

资料来源：王震等[49]

1）直接挂钩

1975～1986 年，日本 LNG 进口价格采取与原油价格直接挂钩的方式，按等热值计算，即

$$P_{LNG} = AP_{oil}$$

其中，P_{LNG} 为 LNG 进口价格；P_{oil} 为原油价格；A 为与原油挂钩系数按等热值原则进行换算，比如，当一桶原油高热值取 5.81 百万英热单位时，A 为 17.2。

2）直线价格公式

1986 年后，日本 LNG 进口价格开始发展出直线价格公式，LNG 价格不再100%与原油价格挂钩，但挂钩幅度通常比较高，即

$$P_{LNG} = AP_{oil} + BP_{LNG} = AP_{oil} + B$$

其中，P_{LNG} 为 LNG 进口价格；A 为与原油挂钩系数；B 为调整量，谈判确定。另外，在合同中往往规定了公式适用的油价范围，如果油价超出此范围，则另行谈判调整。

3）S 曲线价格公式

20 世纪 90 年代以来，为了避免国际油价剧烈波动对 LNG 价格的影响，澳大利亚和日本的 LNG 贸易合同开始采用 S 曲线价格公式。2000 年后，欧洲进口 LNG合同也开始采用这一定价模式。即

$$P_{LNG} = AP_{oil} + B + S$$

其中，S 为当油价过高或过低时的曲线部分。由于合同中规定了公式适用的油价范围，如果油价超出此范围，则另行谈判调整。S 曲线部分能有效保护合同各方免受油价大幅振荡带来的影响。按照此公式，当油价过低时，LNG 价格则低于直线公式价格，以保护买方利益；当油价在中间幅度时，LNG 价格等同直线价格公式。具体的合同谈判的焦点是油价区段的划分和调价常数的确定。2000 年后，许

多欧洲合同也都采用了这个模式。此外，目前有的区域还出现了所谓的电力价格指数公式，即与电力挂钩的计算公式，以电力价格作为 LNG 价格的参照。该方法主要适用于与电力竞争的地区。直线价格公式、S 曲线价格公式、电力价格指数公式各有其特点，依据当地的主要竞争能源，价格公式适用的对象有所不同。

一般来说，直线价格公式参照原油、燃料油等价格的比重较大；S 曲线价格公式参照煤炭、管道天然气等其他能源价格的比例相对大一些；而电力价格指数公式则参照电力的价格指数。三者比较，很难直接判断哪个公式对买卖哪一方有利。由于直线价格公式与 S 曲线价格公式相对来说更能满足买卖双方对减少 LNG 价格波动的要求，目前的 LNG 贸易中普遍采用这两种方式。

3.5.3　进口 LNG 价格对天然气消费的影响分析

李宏勋等[50]研究了日本政府促进天然气消费的政策措施并得出启示，认为我国应建立和完善与天然气相关的法律法规体系，成立一些中介机构，鼓励开拓天然气利用的新途径，采取优惠措施鼓励居民使用天然气，同时政府应积极参与和支持新技术的研究、开发、应用和推广。华贲和杨艳利[51]分析了 LNG 产业链各环节的费用对最终供气成本的影响，结果表明，由于下游各个环节的费用相对稳定，最终供气成本增加幅度小于国际贸易价格（即离岸价）上涨的幅度，提出了积极进口 LNG、采取措施进一步降低成本、做好市场的开拓工作的建议。Yanagisawa[52]研究了日本在进口美国天然气时负担减少的影响。王海涛和白桦[53]定量、定性分析了北美、欧洲、亚太地区三大天然气市场的供需形势和价格趋势。

1. LNG 价格与天然气消费相关性分析

目前，数据显示天然气占国际能源消费水平的 23.8%，随着生活水平的提高，以及减排治霾的需要，天然气已经成为全球增长最快的能源种类，消费数量也呈逐年上涨趋势，有专家认为，天然气的消费与 LNG 的价格有着紧密联系，但同时也有人反对这种观点。众说纷纭，下面仍然以美国市场为例，对天然气消费和进口 LNG 价格进行相关性分析。

2. LNG 价格对天然气消费影响的回归分析

从图 3-27 可以看出，LNG 的价格波动激烈，尤其是在 2008 年金融危机时期，LNG 价格最高；而天然气消费量却一直呈平稳上升趋势，这初步证明天然气消费量的增长与天然气价格波动无太大关系。根据图 3-27 初步判断进口 LNG 价格和天然气消费没有相关性，即 LNG 价格不影响天然气消费变化。为了进一步检验 LNG 进口价格对天然气消费的影响，我们还进行了回归分析，回归结果仍然不支持 LNG 进口价格影响天然气消费的说法，没有统计显著性检验。有关回归分析数据如表 3-24～表 3-26 所示。

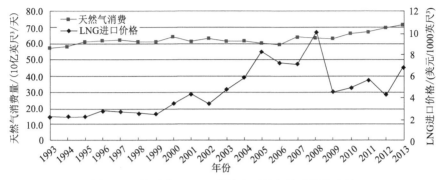

图 3-27　美国进口 LNG 价格和天然气消费趋势比较

资料来源：美国能源信息署，《BP 世界能源统计年鉴 2014》

表 3-24　LNG 价格对天然气消费影响的回归总体参数表

R	R^2	调整 R^2	标准估计的误差
0.065 854 305	0.004 336 79	−0.137 900 812	960 553.039 4

表 3-25　LNG 价格对天然气消费影响的方差分析

项目	平方和	自由度	均方	F	Sig.
回归	28 131 742 079	1	28 131 742 079	0.030 489 754	0.866 326 608
残差	$6.458\,63×10^{12}$	7	$9.226\,62×10^{11}$		
总计	$6.486\,77×10^{12}$	8			

表 3-26　LNG 价格对天然气消费影响的回归系数显著性

项目	非标准化系数		标准系数 试用版	t	Sig.
	回归系数	标准误差			
（变量）	70 366 608.59	964 214.008 8		72.978 206 03	$2.385\,88×10^{-11}$
LNG 价格	−28 455.033 4	162 960.420 6	−0.174 613 156	0.866 326 608
	下限 95%	上限 95%		下限 95.0%	上限 95.0%
	68 086 604.76	72 646 612.42		68 086 604.76	72 646 612.42
	−413 795.195 8	356 885.129		−413 795.195 8	356 885.129

由以上回归分析的结果来看，相关系数 R=0.065 854 305，因此，原假设成立（LNG 价格和天然气消费不相关），LNG 价格的波动和天然气消费量没有直接关系。下面通过 t 值的方法进行检验，t 值是回归系数与其标准误差的比值，即有

$$t_a = \frac{a}{\hat{s}_a}, \quad t_b = \frac{b}{\hat{s}_b} \tag{3-8}$$

根据表 3-26 中的数据容易计算出：

$$t_a = 70\ 366\ 609/162\ 960.42 = 431.801\ 838\ 75$$

$$t_b = 964\ 214.009/(-28\ 455) = -33.885\ 574\ 029$$

对于一元线性回归，t 值可用相关系数或测定系数计算，公式如下：

$$t = \frac{R}{\sqrt{\dfrac{1-R^2}{n-m-1}}} \tag{3-9}$$

将 R=0.065 854 305，n=9，m=1 带入式（3-9）得

$$t = -0.174\ 013\ 155\ 4$$

通过 t 值检验，提出的假设成立。

LNG 价格一直处于波动状态，没有稳定性，但是随着人们的生活水平的提高，也是为了减排治霾的需要，天然气已经成为全球增长最快的能源种类，因此，无论 LNG 价格上涨或下跌，天然气消费量一直处于增长趋势。相对于石油、煤炭，天然气价值被严重低估已成为制约天然气产业发展的一个重要原因。天然气定价机制改革，首先需放松对天然气出厂价格的管制，使其适应市场供求关系。天然气改革试点城市有望进一步扩大，天然气管道运输到各省（自治区、直辖市）的价格也有望放开。短期来看，试点区域内的天然气价格不会出现较大的上涨，但是随着天然气改革范围的逐步扩大，以及进口天然气的逐步增加，天然气价格将会呈现出不断上涨的态势。整体来看，未来我国天然气将进入"量价齐升"的局面，天然气在一次能源消费中的比例将得到大幅度提升。

3.5.4　进口 LNG 价格与石油价格的相关性分析

王艳[54]研究了天然气价格与原油价格的关系及其发展趋势，预计石油产量在今后的 10～30 年将达到顶峰，相对而言，天然气的用量在家用、工业、发电和运输等各个领域也都在不断增长；Villar 和 Joutz[44]研究了 WTI 原油和天然气期货价格之间的关系；华贲和罗家喜[55]分析了国际原油价格波动对国际 LNG 价格的影

响，以及影响国际 LNG 价格变动因素，如油气进口国的协调、LNG 现货和期货贸易、管道天然气贸易的影响等；殷建平等[56]通过建立静态和动态计量经济学模型，对我国 LNG 进口价格与国际原油价格之间的关系进行实证研究，得出了"两者在长期内存在稳定均衡关系"的结论。

1. 进口 LNG 价格与石油价格波动趋势分析

长期以来，国际能源界一直坚信石油价格与 LNG 价格具有紧密的联系。剑桥能源研究协会（Cambridge Energy Research Associates，CERA）的两位专家 Farina 和 Palmer 结合多年的统计数据和部分研究成果，通过基本信息和统计分析提出了北美油气价格的相关性结论，揭示了在自由市场条件下两者之间长期趋同的主要原因，值得研究与借鉴。我们对美国进口 LNG 价格和美国 WTI 原油现货价格的变动趋势考察两者关系，发现 LNG 进口价格波动和石油价格波动趋势具有高度的一致性（图 3-28）。

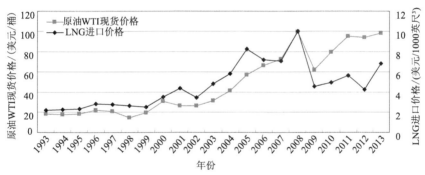

图 3-28　进口 LNG 价格与原油 WTI 价格的变动趋势

资料来源：美国能源信息署

2. 价格与石油价格正相关的原因分析

从长期历史数据来看，北美油气价格存在很强的基础性联系，两者的长期变动趋势一致。有如下三个原因：首先，生产商在投资决策时考虑了油气的共同开发，因此，两者的投资周期相同；其次是油气开发的融资市场相同；最后是油气对经济增长的作用相同。油气价格长期变动趋势的一致性是由于两者具有共同的推动因素[57]。

第一，油气的投资周期一致。虽然两者的短期价格差异不影响投资决策，但长期必然导致资本转移，因为两者之间的替代性较强。如历史上美国曾经使用天然气替代较昂贵的石油作为空调燃料，结果造成大量的投资主要用于勘探开发石油，石油供应的增加导致其效用和价格的下降，而气价又相对上升。

第二，无论是石油生产商还是天然气生产商都要使用相同的勘探开发装备，或者他们本身就是一体的。如果在等热值下石油相对于天然气价格较高，那么更多的勘探开发装备将用于开采石油。在装备资源有限的条件下，石油成本可能上升，同时也给天然气成本的上升带来压力。

第三，LNG 的进口强化了油气价格之间的相关性。北美与欧洲同处大西洋盆地的 LNG 市场，欧洲 LNG 进口价格的变动以残渣燃料油为基础。当美国出现天然气供应短缺时，就需要与可能流向欧洲的 LNG 竞争，为了赢得足够的 LNG 供应，北美气价必然将对欧洲气价升水。当然，这种联系的强度取决于全球 LNG 市场的供需状况，如果 LNG 产量过剩，那么，油气价格之间的联系便相对较弱。

第四，部分井既产油又产气，本身就形成了油气价格之间的天然联系。增加或减少原油生产必然会增加或减少伴生气的生产，从而也将增加或减少天然气供应，导致气价下降或上升。此外，天然气还要用作某些石油炼制过程的原料及油砂合成油的生产，因此，要提高从油砂中得到的原油产量必须提高天然气产量。

3.6 政策建议

从美国、英国等典型国家天然气价格改革的过程来看，我国天然气价格改革的最终目标同样是解除管制，实现由市场供需决定价格。然而，解除价格管制必须建立在市场充分发展的基础上，否则难以取得良好效果。由于我国天然气产业发展还处在初级阶段，天然气市场结构还不尽完善，我国天然气价格管制短期内不能解除，价格改革应主要集中在管制方式改革上，这样既能保留管制，又能提高管制价格的效率，是当前我国天然气价格改革较为优化的选择。

3.6.1 天然气定价方法的建议

对于出厂价来说，应当采用市场净回值法进行定价。市场净回值法是通过天然气替代能源价格计算出终端市场的天然气终端价格，除去城市配气费、管输费得到天然气出厂价格。对于工业用户和城市居民用户来说，对于不同定价区来说，替代能源的选择和比例不尽相同，需要视实际情况而定。不同品种一次能源价格，不仅与"热值"要挂钩，与"减排成本"也要挂钩。作为参考，本部分提出广义石化燃料价格模型：

$$p = p_0 + c_1 \frac{FF}{FF_0} - c_2 \frac{FE}{FE_0} \tag{3-10}$$

其中，p 为单位石化燃料或一次能源价格；p_0 为石化燃料或一次能源基准价；FF_0 为单位天然气热值；FF 为其他化石燃料或一次能源可比热值；FE_0 为单位天然气碳排放量；FE 为其他化石燃料或一次能源可比碳排放量；c_1、c_2 为调价系数。

对于管输费来说，应当采用二部制定价法。二部制定价符合天然气管道建设和营运的特性，能够保证管输企业回收成本，又利于国家进行市场调控，因而是在国外天然气市场中成熟国家普遍采用的管输费定价方式。二部制管输费分为"容量预定费"和"实际使用费"两部分。容量预定费是固定费用，用户只要预定，无论是否发生实际输送，用户都必须缴纳此费用才有使用管道的权力；实际使用费是根据实际输送量确定。二部制定价法有助于管道投资者收回投资并获得合理收益；又有利于提高管输系统负荷，充分利用管输能力，降低单位输气量成本[58]。

对于城市配气费来说，世界各国城市配气费主要采用成本加成法、市场价值法和服务成本法三种定价方式，并且成本加成法使用得最为普遍。考虑到城市燃气商成本易于核算及我国使用成本加成法的传统，建议仍然可以采用此种定价方式，各省（自治区、直辖市）应根据区域内的实际情况分别核算。

3.6.2　天然气市场改革的建议

天然气市场化改革的目标就是适应未来全国"多气源、多用户、统一管网"供气格局的市场化定价机制，使天然气的价格能够与其他能源价格相匹配，能够随国际价格的浮动而在合理的区间波动，反映天然气的市场价值，实现同一个地区来自不同气源的天然气由价格市场定价。

1. 实现天然气供应多样化，允许民间资本进入

中国石油在 2012 年启动了西气东输三期工程建设，预计 2～3 年内将完成项目建设。西三线西起新疆霍尔果斯口岸，东至福建省福州市，途经新疆、甘肃、宁夏等 10 个省（自治区），干线全长 2445 千米，设计输气量每年 300 亿立方米。在西气东输三线建设上，中国石油将引入其他战略性投资者，包括政府控制的相关投资，也包括其他所有制的投资和民营资本。此次天然气价格机制改革，适时开放天然气上游领域，打破国企垄断僵局，鼓励民间资本进入，最终实现多途径气源供应[59]。目前，非常规天然气开发技术的成熟和规模的扩大，对国际天然气市场供需平衡和贸易格局产生了巨大冲击。对中国而言，国际天然气市场出现的这一新形势也许是一个千载难逢的能源市场改革契机。由于全球各主要天然气生产国都在急于寻求长期、稳定的出口市场，而中国经济的快速增长，对天然气等高效清洁能源的需求也快速增长，是潜在的全球最大的天然气市场，两者建立长

期合作机制，对双方而言，将是一种双赢的局面。目前中国在局部区域已经初步形成了"多气源、多用户、统一管网"的供气格局，随着进口天然气管道项目的陆续实施和供气管网的不断完善，国内市场的气源将更加多元化，形成进口 LNG、进口管道天然气、国产气田等多种气源并存的竞争供气局面。除了多条已经投入使用和正在建设的跨国天然气管道，未来还应进一步加大沿海港口的 LNG 接收站等基础设施的建设，扩大海外天然气供应来源。

2. 完善天然气价格体系，全面推行价格联动机制

在天然气价格体系改革过程中，调价程序复杂，政策滞后效应明显。在保持居民用天然气价格基本稳定的前提下，使用天然气上下游价格联动机制很有必要。一方面这是国家对下游天然气价格改革的明确要求，有利于天然气价格形成机制的进一步完善；另一方面通过实现上下游价格的及时传导，有利于理顺天然气价格与其他可替代能源的比价关系，引导资源合理配置，有效缓解天然气供求紧张的状况。同时，随着上下游价格联动机制的实行，用户使用天然气价格也将随之调整。

考虑到中国天然气市场处于一个快速发展的阶段，但是按等热值原则的国内天然气与石油比价仍处于偏低水平。国际市场天然气价格通常为等热值原油价格的 60%左右（出厂环节），而目前，国产陆上天然气平均出厂基准价格仅相当于国际市场原油价格的 25%左右。与其他的可替代能源相比，国内天然气价格相当于等热值 LPG 价格的 1/4，燃料油价格的 1/3，进口天然气价格的一半左右。如果考虑到环境污染等外部成本，天然气价格水平更不合理。合理的天然气价格既要考虑国内市场的承受力，又要保证天然气生产商和供应商的积极性，还要综合考虑未来国际温室气体减排压力下的节能减排需求。因此，随着多条建设的完成，以及国内天然气官网的逐步完善，抓住有利时机积极推进天然气市场建设，建立并完善天然气市场化定价机制就成为中国天然气工业发展的重要方向。将来天然气价格形成机制应该实现三个联动，即天然气出口价格和国内国际市场联动，天然气价格和国际替代能源价格联动，同时实现天然气上、中、下游价格联动，进一步建立统一的天然气价格参照体系，实现同地同价，即不同主干线输送进入城市管网的价格一致。未来的天然气价格体系应该实现下游城市配气商参照可替代燃料市场价格，按照等热值能源等价的原则，自动实现定期调价，以使终端用户的价格更加接近能源市场的实际情况；考虑到目前国内天然气管道运营的实际情况，在引进"第三方准入"机制前，可以采取两部分制定价法来完善现有的天然气管输收费方式，即将天然气管输费分为"管输容量预订费"和"管输使用费"两部分，前者是固定费率，仅根据管输用户向管输公司预定的管输容量而定，主要用于补偿天然气管道建设的固定

资产投资，后者是变动费率，仅根据用户实际的输气量收取，其费率水平与天然气管输中的变动成本和相关变动费用有关；上游天然气井口价则可以利用净回值法来确定，以及井口价等于城市门站价减去管输费。

3. 调整天然气产业结构，循序渐进放送管制

发达国家天然气市场的发展历程，是一个从垄断走向竞争、从管制走向放松的过程，即通过充分利用市场来调节天然气的供需平衡，促进天然气工业的发展，保证国内天然气市场的健康发展。但是，放松政府管制并不意味着完全由市场来主导，而是在市场可以调节的部分引入竞争，在市场调剂不灵的地方引入管制，而对中游的管网输气公司虽然也引入了适当的市场竞争机制，但仍主要借助法律的手段遏制其垄断行为。在天然气价格机制方面，2012 年中国已经形成了市场净回值方案并在两广试点。天然气价格形成机制推广到全国是必然的趋势，但如果按照新机制一步到位，价格调整的幅度过大，会使企业、居民用户在很短时间内难以消化和接受[11]。在实行完全的价格机制前，建议保证一个过渡性的机制或者价格，以给居民用户一个调整的时间和适应的过程。

目前中国天然气产业结构仍是以三大国有石油公司为主导，要突破这种垄断格局，必须进行天然气行业结构调整。首先，是开放上游勘探开发环节，可以以非常规天然气勘探开发为突破口，吸引民营企业进入上游环节。目前，国内已经有一些小规模属于地区政府的天然气生产商，以及民营的 LNG 生产商。1996 年成立的中联煤层气有限责任公司是唯一一家具有开发煤层气的国有公司。2007 年，中国煤层气业务向外国投资者开放，中联煤层气有限责任公司成为中国唯一获得授权可以对外签订煤层气合作合同的公司。其次，是对中游管道输送环节实行"统一调控、建管分开"的管理模式，最终向第三方准入机制转化，改变目前中国石油和中国石化两大公司之间管道互不干涉，且与邻为壑的低效率运营模式。所谓"统一调控"，是指把天然气管网的调度运营集中到一个中心来进行集中管理。2006 年，中国石油成立了北京油气调控中心，将所有干线管道逐渐集中到调控中心进行统一调控。统一调控有利于提高管网的运营效率，降低管网的运营成本。所谓"建管分开"，是指将管道的建设和运营管理分开，由不同的部门分别负责。中国石油已经成立了管道建设项目经理部门，专门负责中国石油旗下油气管道的建设。这种运行体制有利于调动各生产力要素，有利于资源的优化配置。最后，是开放下游配送环节，尤其是允许城市燃气供应商展开竞争，允许终端用户可以获得自由选择供求来源的权利，降低用气成本。

当然，天然气价格体系的改革和市场的构建还需要其他的配套改革措施，比如，在天然气管网的枢纽附近配套建设地下储气库或 LNG 接收站，以便未来在这些节点上形成的现货交易中心调节市场供求，抑制市场投机；电力价格体系改革，

理顺气价与电价倒挂问题，并对燃气电厂予以适当的财税补贴等。

天然气是重要的能源商品，其价格也要反映市场供求、遵循市场规律。美国页岩气革命和天然气分区域市场的不断整合，带来了天然气生产、消费和贸易格局的变化，直接导致了天然气价格波动激烈。从全球趋势来看，天然气市场呈现了量价齐升局面。但是天然气利用仍然是各国能源发展战略的重要内容。我们放眼于全球天然气市场，采用定性和定量分析相结合的方法对天然气价格进行系统全面的分析。本章首先对天然气市场价格一般波动特征、规律和影响因素进行定性和定量分析，并比较各国家（地区）天然气价格改革演变过程；然后分天然气终端类型工业用和居民用进行详细分析探讨各自价格形成机制；重点分析了 LNG 的价格形成机制及 LNG 价格变动对天然气消费的影响，并对 LNG 价格是石油价格挂钩趋势进行分析比较；最后针对中国天然气市场提出了中国天然气价格改革的政策建议。

3.7　本章小结

本章在天然气生产、消费市场分析的基础上展开天然气价格系统分析。首先，对天然气市场价格一般波动特征、规律和影响因素进行定性和定量分析，提出天然气价格各影响因素之间的层级关系和关键因素，并比较各国天然气价格改革演变过程；其次，分别针对天然气终端类型工业用和居民用进行详细分析探讨各自价格形成机制；再次，重点分析了进口 LNG 的定价机理、价格形成机制，以及 LNG 价格波动对天然气消费的影响，并对 LNG 价格与石油价格挂钩趋势进行分析比较；最后，结合我国天然气生产和消费市场及能源价格改革现状，从定价方法和市场改革两个层面提出了我国天然气价格改革的政策建议。

参 考 文 献

[1] Zhang M, Mu H, Ning Y, et al. Decomposition of energy-related CO$_2$ emission over 1991–2006 in China. Ecological Economics, 2009, 68(7): 2122-2128.
[2] Lin J, Cao B, Cui S, et al. Evaluating the effectiveness of urban energy conservation and GHG mitigation measures: the case of Xiamen city, China. Energy Policy, 2010, 38(9): 5123-5132.
[3] De Gouw J A, Parrish D D, Frost G J, et al. Reduced emissions of CO$_2$, NO$_x$, and SO$_2$ from US power plants owing to switch from coal to natural gas with combined cycle technology. Earth's Future, 2014, 2(2): 75-82.
[4] 赵敏, 张卫国, 俞立中. 上海市能源消费碳排放分析. 环境科学研究, 2009, 22(8): 984-989.
[5] 华贲. 低碳发展时代的世界与中国能源格局. 中外能源, 2010, (2): 1-9.

[6] 许士春, 习蓉, 何正霞. 中国能源消耗碳排放的影响因素分析及政策启示. 资源科学, 2012, 34(1): 2-12.

[7] IPCC. Climate change 2007. http://www.ipcc.ch/pdf/assessment-report/ar4/syr/ar4_syr_cn.pdf [2011-10-24].

[8] 苏明, 傅志华, 许文. 我国开征碳税问题研究. 经济研究参考, 2009, (31): 2-16.

[9] Hekkert M P, Hendriks F H J F, Faaij A P C, et al. Natural gas as an alternative to crude oil in automotive fuel chains well-to-wheel analysis and transition strategy development. Energy Policy, 2005, 33(5): 579-594.

[10] Lotfalipour M R, Falahi M A, Ashena M. Economic growth, CO_2 emissions, and fossil fuels consumption in Iran. Energy, 2010, 35(12): 5115-5120.

[11] Shahbaz M, Lean H H, Farooq A. Natural gas consumption and economic growth in Pakistan. Renewable and Sustainable Energy Reviews, 2013, 18: 87-94.

[12] Pétron G, Karion A, Sweeney C, et al. A new look at methane and nonmethane hydrocarbon emissions from oil and natural gas operations in the Colorado Denver-Julesburg Basin. Journal of Geophysical Research: Atmospheres, 2014, 119(11): 6836-6852.

[13] Hansell C. Carbon dioxide capture: natural gas scrubs up well. Nature Chemistry, 2014, 6(8): 656-657.

[14] 张晓平. 20 世纪 90 年代以来中国能源消费的时空格局及其影响因素. 中国人口·资源与环境, 2005, 15(2): 38-41.

[15] 朱勤, 彭希哲, 陆志明, 等. 中国能源消费碳排放变化的因素分解及实证分析. 资源科学, 2009, 12: 2072-2079.

[16] 冯悦怡, 张力小. 城市节能与碳减排政策情景分析——以北京市为例. 资源科学, 2012, 34(3): 541-550.

[17] Ang B W, Zhang F Q, Choi K H. Factorizing changes in energy and environmental indicators through decomposition. Energy, 1998, 23(6): 489-495.

[18] Tunc G I, Turut-Asik S, Akbostanci E. A decomposition analysis of CO_2 emissions from energy use:Turkish case. Energy Policy, 2009, 37(11): 4689-4699.

[19] 周跃忠, 李婷. 天然气消费需求影响因素探讨. 商场现代化, 2008, (28): 187-188.

[20] 林伯强, 姚昕, 刘希颖. 节能和碳排放约束下的中国能源结构战略调整. 中国社会科学, 2010, 1: 58-71.

[21] 张晓燕, 孙志忠. 西北地区能源消费, 经济增长与碳排放的关系研究. 石河子大学学报(哲学社会科学版), 2014, 28(1): 76-84.

[22] 付庆云. 天然气在世界能源供应中的作用. 国土资源情报, 2004, (3): 54-56.

[23] 夏春波, 程禹. 浅谈天然气市场的潜力. 黑龙江科技信息, 2009, (26): 65-65.

[24] 栾立群. 我国天然气行业 SWOT 分析及发展对策. 煤气与热力, 2012, 32(7): 40-43.

[25] Regnier E. Oil and energy price volatility. Energy Economics, 2007, 29(3): 405-427.

[26] Hartley P R, Medlock III K B, Rosthal J E. The relationship of natural gas to oil prices. The Energy Journal, 2008, 29(3): 47-65.

[27] 聂光华. 中国天然气价格变动传导效应分析. 天然气工业, 2012, 32(12): 114-117.

[28] 陈琪. 北美天然气价格波动研究及其风险度量——基于 DaR-GARCH 模型. 时代金融, 2013, 23: 18-19.

[29] 王保群. 天然气价改——几家欢乐几家愁. 石油知识, 2014, (1): 22-23.

[30] 刘玮, 张继勇. 五大电力集团发力燃气发电. 中国经济信息, 2014, (5): 46-47.

[31] 李君臣. 典型国家天然气价格改革及启示. 中国市场, 2013, (19): 47-50.

[32] Fernandes E, Fonseca M V A, Alonso P S R. Natural gas in Brazil's energy matrix: demand for 1995-2010 and usage factors. Energy Policy, 2005, 33(3): 365-386.

[33] Kjarstad J, Johnsson F. Prospects of the European gas market. Energy Policy, 2007, 35 (2):869-888.

[34] Shukla P R, Dhar S, Victor, et al. Assessment of demand for natural gas from the electricity sector in India. Energy Policy, 2009, 37 (9):3520-3534.

[35] EIA.Natural Gas Year In Review 2009. http: //www.Eia.Gov/ cneaf/electricity/epa/epa_sum.html [2010-09-26].

[36] EIA. World Energy Outlook 2011. http://www.Eia.gov/forecasts/ ieo/index.cfm#17[2011-03-05].

[37] Dong J, Zhang X, Xu X L. Techno-economic assessment and policy of gas power generation considering the role of multiple stakeholders in China. Energy Policy, 2012, (48): 209-221.

[38] Schreifels J J, Fu Y, Wilson E J. Sulfur dioxide control in China: policy evolution during the 10th and 11th Five-year Plans and lessons for the future. Energy Policy, 2012, (48): 779-789.

[39] Nick S, Thoenes S. What drives natural gas prices?—A structural VAR approach. Energy Economics, 2014, 45: 517-527.

[40] 李志学, 彭飞. 美国天然气价格形成机制及其对我国的启示. 资源与产业, 2005, 1: 6.

[41] 从荣刚. 世界天然气价格影响因素研究. 西部经济管理论坛, 2012, 23(4): 61-69.

[42] 汪锋, 刘辛. 中国天然气价格形成机制改革的经济分析. 天然气工业, 2014, 34(9): 135-142.

[43] Brown S P A, Yucel M K. What drives natural gas prices? The Energy Journal, 2008, 29(2): 45-60.

[44] Villar J A, Joutz F L. The relationship between crude oil and natural gas prices. Energy Information Administration, Office of Oil and Gas, 2006, 10: 1-43.

[45] Fujime K. LNG market and price formation in east Asia. Tokyo: Institute for Energy Economics, 2002.

[46] Jensen J T. The development of a global LNG market. Oxford: Oxford Institute for Energy Studies, 2004.

[47] 徐亮, 匡建超, 何春蕾, 等. 中国购进 LNG 定价方法及气源选择参考. 天然气工业, 2007, 27(4): 136-138.

[48] 谢丹. 国内天然气定价方式对 LNG 进口的影响. 天然气工业, 2009, 29(5): 122-124.

[49] 王震, 刘念, 周静. 全球液化天然气定价机制: 演进、趋势和基准价形成. 价格理论与实践, 2009, 8: 30-31.

[50] 李宏勋, 赵玺玉, 张荣旺. 日本政府促进天然气消费的政策措施及其启示. 天然气工业, 2002, 22(6): 109-111.

[51] 华贲, 杨艳利. 进口 LNG 产业链下游环节对供气成本的影响. 天然气工业, 2007, 27(9):116-118.

[52] Yanagisawa A. The burden reduction effects of importing US LNG for Japan. IEEJ Energy Economics, 2013, 8(2): 33-35.

[53] 王海涛, 白桦. 2013 年国际天然气市场供需形势及价格走势分析与展望. 天然气工业, 2014, 34(7): 123-127.

[54] 王艳. 天然气价格与原油价格的关系及其发展趋势. 国际石油经济, 2006, 14(6): 15-17.

[55] 华贲, 罗家喜. 国际 LNG 市场价格走势分析. 天然气工业, 2007, 27(1): 140-144.

[56] 殷建平, 黄志健, 张云凌. 我国液化天然气进口价格与国际原油价格相关性实证分析. 价格月刊, 2012, (10): 57-60.

[57] 徐博. 北美天然气与石油价格相关性分析. 天然气技术, 2008, 1(6): 9-11.

[58] 周志斌. 天然气定价机制及相关政策研究. 北京: 石油工业出版社, 2008.

[59] 吴晓明. 天然气价格形成机制改革及其影响效应初探. 管理科学, 2013, (8): 85-87.

第4章　煤炭价格与我国宏观经济

煤炭作为我国的基础能源，在我国一次能源生产和消费结构中，比重一直保持在 65%以上。煤炭行业作为我国的上游产业，其价格波动将对我国各相关产业及经济发展有着重要影响。本章 4.1 节介绍我国煤炭资源及其价格概况。4.2 节对宏观经济、煤炭价格影响效应等概念的研究范畴进行界定，并进一步指出：煤炭价格波动对我国宏观经济的影响效应主要从总量效应和结构效应两个层面进行研究，总量效应从总物价和总产出两个视角入手，突出动态和静态、总量与结构的比较分析。在结构效应的视角下，主要研究煤炭价格波动对消费水平、投资水平和出口的影响。这些突破了以往研究的单一视角。在此基础上，对煤炭价格波动对宏观经济的总量变量和结构变量的传导机制进行了剖析。4.3 节基于面板数据，采用变截距固定效应模型，立足于东部、中部、西部地区的划分，分别从经济结构效应和总量效应两个层面上研究煤炭价格波动对东部、中部、西部地区经济的影响，研究煤炭价格波动对不同区域影响的差异性。

4.1　煤炭资源及其价格概况

4.1.1　煤炭资源概况

1. 煤炭主要产地

中国煤炭资源丰富，除上海以外其他各省（自治区、直辖市）均有分布，但分布极不均衡。在中国北方的大兴安岭至太行山、贺兰山之间的地区，地理范围包括煤炭资源量大于 1000 亿吨的内蒙古、山西、陕西、宁夏、甘肃、河南 6 省（自治区）的全部或大部分，是中国煤炭资源集中分布的地区，其资源量占全国煤炭资源量的 50%左右，占中国北方地区煤炭资源量的 55%以上。在中国南方，煤炭资源量主要集中于贵州、云南、四川三省，这三省煤炭资源量之和为 3525.74 亿吨，占中国南方煤炭资源量的 91.47%；探明保有资源量也占中国南方探明保有资源量的 90%以上[1]。

2. 煤炭消费用途

煤炭的用途十分广泛，可以根据其使用目的总结为两类，即动力煤和炼焦煤。

1）动力煤

从世界范围来看，动力煤产量占煤炭总产量的 80% 以上。世界十大煤炭公司以生产动力煤为主，动力煤产量比重约占这十大公司煤炭总产量的 82%；美国动力煤产量占其煤炭总产量的 90% 以上；我国动力煤产量也占到煤炭总产量的 80% 以上。在国外，动力煤绝大部分用来发电，工业锅炉也有一些用量。全世界约有 55% 的煤炭用于发电，煤炭需求的增量部分基本上都在电力部门，但中国例外，在中国实施工业化的进程中，各行各业都需要大量的煤炭（动力煤）。见表 4-1。从动力煤的品种来看，以长焰煤和不粘煤储量最大，分别占全国动力煤总储量的 21.70% 和 20.35%；褐煤和无烟煤也占有相当的比例，而贫煤和弱粘煤则相对较少，仅为全国动力煤总储量的 7.66% 和 2.49%[2]。我国的动力煤可以分为：发电用煤、蒸汽机车用煤、建材用煤、一般工业锅炉用煤、生活用煤、冶金用动力煤[3]。

表 4-1　主要分类的动力煤储量　　　　　　　　　　　　单位：%

煤种	占全国动力煤储量	占全国煤炭总储量
长焰煤	21.70	16.14
不粘煤	20.35	15.14
褐煤	17.63	13.12
无烟煤	16.02	11.92
贫煤	7.66	5.70
弱粘煤	2.49	1.86

2）炼焦煤

我国虽然煤炭资源比较丰富，但炼焦煤资源还相对较少，炼焦煤储量仅占我国煤炭总储量 27.75%。炼焦煤类包括气煤（占 13.84%），肥煤（占 3.53%），主焦煤（占 5.82%），瘦煤（占 4%），其他为未分牌号的煤（占 0.56%）；非炼焦煤类包括无烟煤（占 10.92%），贫煤（占 5.53%），弱碱煤（占 1.71%），不缴煤（占 13.74%），长焰煤（占 12.55%），褐煤（占 12.74%），天然焦（占 0.18%），未分牌号的煤（占 13.81%）和牌号不清的煤（占 1.07%）。炼焦煤的主要用途是炼焦炭，焦炭由焦煤或混合煤高温冶炼而成，一般 1.3 吨左右的焦煤才能炼 1 吨焦炭。焦炭多用于炼钢，是目前钢铁等行业的主要生产原料，被喻为钢铁工业的"基本食粮"，是各国在世界原料市场上必争的原料之一[4]。

3. 中国煤炭生产、消费的基本状况

中国煤炭生产、消费的基本状况可以概括为两个第一。即中国一次能源赋存条件决定了煤炭在能源生产、消费格局中位居第一；中国煤炭生产、消费总量位居世界第一。中国是一个富煤、少油、贫气的国家。改革开放以来，经济发展保持强劲增长势头，工业化步伐不断加快，消费结构也在升级，对能源，特别是对煤炭的开发和利用不断得到强化。煤炭的生产和消费在一次能源生产和消费结构中始终位居第一（表 4-2），并且比重不断上升。在中国一次能源生产、消费格局中，煤炭始终居于主导地位，并且占据 70%左右的权重（表 4-3）。可见煤炭是中国经济社会发展的能源基础和支柱[5]。

表 4-2　中国一次能源消费结构　　　　　　单位：百万吨油当量

年份	原油	天然气	煤	核能	水利发电	再生能源	总计
2003	266.4	29.5	834.7	9.9	63.7		1204.2
2004	318.9	35.1	978.2	11.4	80.0		1423.5
2005	327.8	41.2	1095.9	12.0	89.9		1566.7
2006	353.2	50.5	1215.0	12.4	98.6		1729.8
2007	362.8	62.6	1313.6	14.1	109.8		1862.8
2008	375.7	72.6	1406.3	15.5	132.4		2002.5
2009	388.2	80.6	1556.8	15.9	139.3	6.9	2187.7
2010	428.6	98.1	1713.5	16.7	163.1	12.1	2432.2
2011	461.8	117.6	1839.4	19.5	157.0	17.7	2613.2
2012	483.7	129.5	1873.3	22.0	194.8	31.9	2735.2
2013	507.7	145.5	1925.4	25.7	205.4	42.8	2852.4
2014	520.1	166.4	1961.6	29.7	240.7	53.5	2972.1

表 4-3　中国各种一次能源消费的百分比　　　　　　单位：%

年份	原油	天然气	煤	核能	水利发电	再生能源	总计
2003	22.1	2.5	69.3	0.8	5.3	0.0	100
2004	22.4	2.5	68.7	0.8	5.6	0.0	100
2005	20.9	2.6	69.9	0.9	5.7	0.0	100
2006	20.4	2.9	70.3	0.7	5.7	0.0	100
2007	19.5	3.4	70.5	0.7	5.9	0.0	100
2008	18.8	3.6	70.2	0.7	6.6	0.0	100
2009	17.7	3.7	71.2	0.7	6.4	0.3	100
2010	17.6	4.0	70.5	0.7	6.7	0.5	100
2011	17.7	4.5	70.4	0.7	6.0	0.7	100
2012	17.7	4.7	68.5	0.8	7.1	1.2	100
2013	17.8	5.1	67.5	0.9	7.2	1.5	100
2014	17.5	5.6	66.0	1.0	8.1	1.8	100

从 2000 年开始，中国能源的生产、消费结构中，煤炭的生产、消费总量持续快速增长，并且占世界煤炭生产、消费的比例也在不断提高（图 4-1、图 4-2）。从 2001 年的占世界煤炭生产、消费总量不足 30%，快速增加到占世界煤炭生产、消费总量的 40%以上。进入"十五"以来，随着我国经济的快速发展，特别是高耗能行业的快速发展，煤炭需求迅速回升。"十五"期间，煤炭消费年均增速已经达到 10%，2005 年我国的煤炭消费量达到 21.4 亿吨，比 2000 年增长 62%。

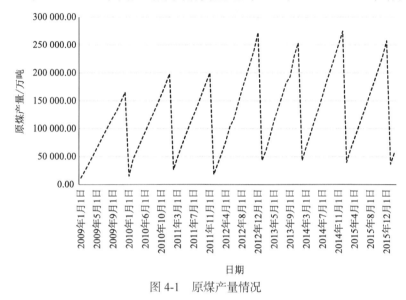

图 4-1　原煤产量情况

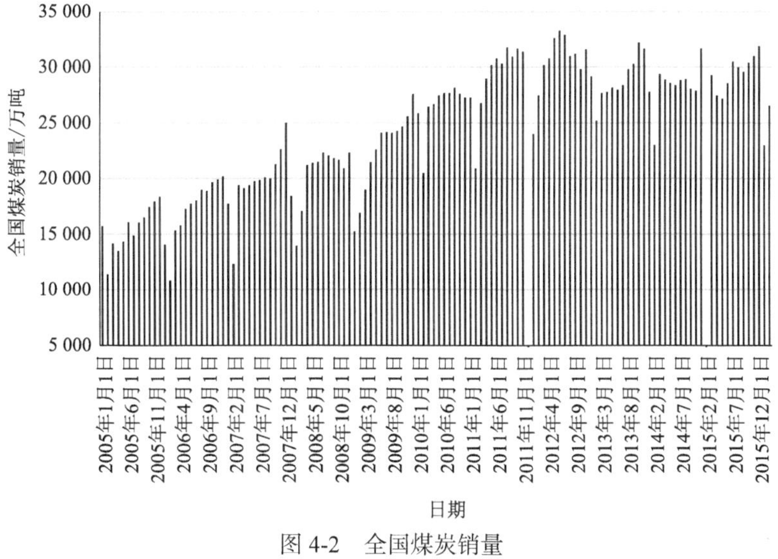

图 4-2　全国煤炭销量

2006年以来，我国煤炭消费量逐年增加，虽然在金融危机期间煤炭行业受到较大影响，煤炭消费增幅有所下滑，但总量上仍保持上升趋势[6]。国内煤炭消费量在高速增长后，从2014年起开始下降，降幅有所扩大。国家统计局公布的国民经济和社会发展统计公报显示，2014年中国煤炭消费量首次同比下降，降幅2.9%，2015年降幅扩大为3.7%，至2015年我国煤炭消费量达到43亿吨。

从我国煤炭需求构成看，电力、钢铁、建材和化工是煤炭的主要消耗行业。火电下游行业：钢铁、水泥、有色、化工、生活消费。钢铁下游行业：房地产、基础建设、机械、汽车。水泥下游行业：基础建设、房地产。这四大行业煤炭消费量在全国煤炭消费量中的比重已由1990年的52.8%上升到2003年的80.5%。2004年电力、钢铁、建材及化工四大行业消耗的煤炭占我国煤炭消费的比重分别为52.6%、8.8%、9.1%和5.5%，占我国煤炭消费总量的76%。至2015年，四大耗煤行业所消耗的煤炭占我国煤炭消费总量的比例已接近80%，电力、钢铁、建材及化工四大行业的煤炭消费占比分别为51%、11%、12%和4%[7]。

4. 中国煤炭贸易的基本状况

随着中国经济的快速增长，能源的急速消耗问题已经受到了越来越多的关注。煤炭作为占中国一次能源消耗70%以上的支柱型能源，其供给结构的合理和稳定应该值得我们予以更多关注。特别是2009年以来，中国由一个煤炭净出口国转变为净进口国。图4-3显示，截至2014年，中国进口煤炭2.91亿吨，约占全球煤炭贸易量的1/4，已成为全球煤炭进口量最大的国家[8]。

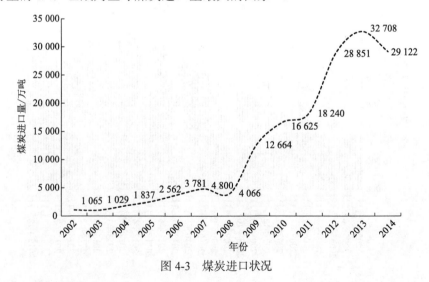

图4-3　煤炭进口状况

4.1.2　我国总体煤炭价格分析

1. 影响煤炭价格的因素

煤炭的价格包括坑口价格、出厂价格、车板价格、港口价格、终端消费价格等多种类型。本部分以煤炭的整个生命周期为考察对象,讨论的是煤炭的终端消费价格。

1) 影响煤炭价格的内部因素

所谓内部因素是指煤炭的价格构成,可分为生产阶段价格、流通环节价格两部分。生产阶段价格包括生产企业的采煤成本,生产环节产生的税费,生产企业利润,生产过程中产生的健康、安全与环境成本等。流通环节的价格分为两部分,煤炭经销商与煤炭经销商之间的价格增值,煤炭经销商与最终消费者之间产生的价格增值。这样,流通环节的价格包括煤炭经销商与生产企业之间的交易成本、运输成本,流通环节的各种税费,贸易企业的利润;煤炭经销商和煤炭经销商之间的交易成本、运输成本,流通环节的各种税费,贸易企业的利润;煤炭经销商与消费企业之间的交易成本、交易过程中产生的税费等几部分[9]。

在煤炭的实际流通过程中,存在两种情况。一种是煤炭生产企业与消费企业之间直接贸易。另一种是煤炭经销商从煤炭生产企业批得煤炭后,再销售给煤炭消费企业,这个过程可能经手一个或多个煤炭经销商。第一种情况只产生生产企业与销售企业之间产生的价格增值;第二种情况下,如果只经手一个煤炭经销商,则会产生生产企业与煤炭经销商之间的价格增值,煤炭经销商与最终消费者之间的价格增值,如果倒手多个经销商,则三种价格增值都会产生[10]。

2) 影响煤炭价格的外部因素

将煤炭价格的外部影响因素归纳为煤炭供需因素、国民经济发展状况、煤炭替代能源发展状况、国家相关政策、煤炭定价机制、煤炭开采外部性成本缺失、货币发行量与通货膨胀、国际煤炭市场煤炭价格等几类。其中,煤炭供需因素包括煤炭供需总量差额、煤炭储量、煤炭运输能力和煤炭的分布与开发顺序。煤炭供需总量又包括煤炭产量、煤炭消费量、煤炭进口量、煤炭出口量和煤炭资源储备情况。煤炭替代能源包括石油、天然气、核能、水电、海洋能源、太阳能和风能等。国家相关政策包括煤炭的产业政策、货币与投资政策、资源政策、财税政策、安全政策、进出口政策等[11]。

2. 国内煤炭市场价格概况

国内煤炭价格从 1997 年开始一路下跌,直到 2001 年才触底反弹。到 2004年,缺煤问题开始凸显,煤价大幅上涨,此后尽管煤炭产量连年上涨,2007 年全国煤炭产量达到 25 亿吨左右，却都不能改变煤价持续上涨的局面。2008 年初，受冰冻雨雪灾害天气的影响，煤炭运输受阻，煤炭价格大幅上涨，秦皇岛港发热量为 5500 大卡/千克的动力煤的平仓价格达到 610～625 元，创下历史新高，平均上涨了 20%以上。2 月中旬，受煤炭库存提高、运力增加及煤炭消费淡季逐步到来的影响，煤炭价格开始小幅回落，回调 20 元/吨左右，但仍然处于较高水平。随着我国电厂库存电煤的增加，运力恢复及煤炭消费淡季的到来，煤炭市场供需形势缓和，煤价将呈现小幅回落的态势，但仍将维持高位[12]。

国内经济的快速增长，对煤炭的需求仍将较大，预计 2008 年全年煤炭需求量在 27 亿吨左右，比 2007 年增加 2 亿吨左右；而煤炭运力增加有限，2008 年我国煤炭跨省份运力调控目标为 7.85 亿吨，仅增加 4700 万吨，这给市场的有效供给带来了压力；油价上涨所引发的煤炭运费提高，以及国际煤价的强劲走势都为国内煤炭价格上涨提供了动力支撑。但考虑到我国煤炭的生产能力依然强大，据统计，我国现有煤矿和在建煤矿总产能为 31 亿吨左右。同时国家减少了煤炭出口配额，2008 年我国第一批煤炭出口配额 3180 万吨，比去年 4200 万吨下降 24%，这也将在一定程度上增加国内煤炭的供给量，抑制煤炭价格的快速上涨[13]。

2010 年后，煤炭价格一直保持低迷的状态。其原因有以下几点：一是国际煤价的连续走低和国内煤矿企业的产能过剩导致了煤炭价格降低和国内港口煤炭堆积。受国际经济形势整体不景气的影响，国外煤炭需求的不畅直接导致进口煤大量销往中国，国际三大动力煤现货价格指数均创年内新低，预计国际动力煤市场短期内仍将下行，由于进口煤炭价格比国内价格低，我国又是煤炭主要进口国，所以国内煤炭价格的劣势逐渐显现。二是在国际油价下跌的过程中，石化、煤炭、新能源等多个相关行业均受其影响，导致大宗商品价格的平衡被打乱，这其中受煤炭与石油的联动作用较大[14]。另外，作为常规能源的重要补充，页岩气、煤层气、油砂等非常规能源逐渐进入人们的视野。在过去十年，美国页岩气产量增加了 12 倍，未来十年页岩气将会成为一种超越传统天然气的新能源，欧洲等国家也开始增大对页岩气等新能源的开发力度，这进一步影响了煤炭等能源的消耗[15]。

3. 国内外煤炭市场价格的联系

（1）中国煤炭消费需求的加大对全球化市场中煤炭贸易的影响。中国不仅是煤炭的生产大国，也是煤炭的消费大国和出口大国。近几年中国煤炭出口数量的大幅度增长，使许多煤炭进口国对中国煤炭产生了依赖[16]。当中国开始减少煤炭出口，同时增加煤炭进口时，煤炭不足的恐慌先从全球煤炭消费者的心理开始形成，这也构成了提价抢购的基础。于是，世界煤炭市场的价格从 2003 年下半年开始猛涨，例如，澳大利亚动力煤的现货价格在 2004 年 7 月 1 日一度达到了 FOBT

纽卡索港 62 190 美元/吨的高度。

国际煤炭价格的上涨，反过来进一步促使中国出口煤炭提价，中国强黏结煤现货出口价格高达 FOBT 中国港口 130 100～140 100 美元/吨，动力煤现货高达 FOBT 中国港口 65 100 美元/吨左右，无烟煤现货高达 FOBT 中国港口 70 100 美元/吨左右。近年来，随着国际煤炭市场供货能力的提高，动力煤价格虽然有了不同程度的下降，但是从总体上看，煤炭价格仍在高位运行，特别是高质量的强黏结煤和无烟煤价格仍然难以下降。

（2）世界煤炭供货能力的增加，将促使煤炭价格回归，中国煤炭降价不可避免。中国动力煤价格的回落先从国际煤炭市场开始。尽管国际煤炭市场动力煤降价趋势已经从 2004 年 7 月 1 日以后开始显现，但从目前的价格水平来看，中国动力煤用户还很难大量使用进口煤。如果澳大利亚、印度尼西亚等国家的动力煤沿着目前价格回落的趋势继续发展，再加上煤炭海运运费的降低，中国东南沿海煤炭用户使用进口煤炭的积极性会不断提高。于是就会出现：世界煤炭市场供给量增加、价格下降→中国动力煤进口量增加→世界煤炭市场需求增加（中国国内煤炭市场需求减少）→世界煤炭市场价格趋升（中国国内煤炭市场价格趋降）→中国煤炭生产企业出口煤炭积极性增强→世界煤炭市场煤炭供给量增加、价格下降，如此循环几个周期后，煤炭的供求关系在新的基础上达到暂时的平衡，这一平衡将在新的技术或者新的经济模式出现后再次被打破。

4.1.3　动力煤价格分析

1. 我国动力煤价格波动的历史轨迹

煤炭市场化改革就是要充分发挥市场配置资源的基础性作用，结合宏观调控手段，形成以全成本定价为依据的定价体系，这是我国经济体制改革、转变经济发展方式、节能降耗减排的客观要求。作为市场作用的最有效调节机制，价格机制不仅能客观有效地反映煤炭供需双方力量的消减，调节煤炭的生产和消费的总量及结构，而且能全面反映供需因素外的资源成本、运输费用等因素对煤炭价格的冲击[17]。

随着我国经济体制、能源价格机制改革的不断推进，我国煤炭价格总体上也呈现出不断上涨的趋势。由1980年的100上涨到2011年的1411，上涨幅度1311%，年均增长 8.91%。从定基增长率上看呈现明显的阶段性特征。1980～1991 年增长平稳；1992～1997 年增长迅速；1998～2001 年增长呈现下降趋势；2002～2010年则出现急剧性增长态势[18]。

图 4-4 为 2004 年 1 月～2015 年 1 月秦皇岛港大同优混价格走势情况。2004年 1～12 月，煤炭价格持续上涨，尤其是 2004 年下半年，由 370 元/吨上涨到 420

元/吨。2005 年 1 月～2006 年 12 月，煤价处于平稳波动阶段，维持在 430 元/吨。2007 年 1 月～2008 年 8 月，煤炭价格开始急速上涨，煤价上涨接近 100%。而后随着金融危机，需求的萎缩又导致煤价暴跌，从峰值的 980 元/吨下降到 2009 年 3 月的 585 元/吨。而后开始震荡性波动调整，到 2011 年 11 月煤价升至 850 元/吨。2011 年 12 月开始，煤价开始第二轮持续性下跌，到 2013 年 3 月煤价仅为 620 元/吨，下跌幅度达到 27.06%。

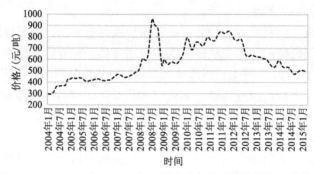

图 4-4　2004 年 1 月～2015 年 1 月秦皇岛港大同优混价格走势图

2. 影响我国动力煤价格波动的主要因素

1）需求因素

需求因素是影响动力煤价格波动的主要诱因，经济增长及电力、建材和化工等下游产业的发展决定了动力煤需求的旺盛程度。在供给不变或小幅变动的前提下，耗煤产业的高速发展使动力煤价格呈现上涨态势。并且价格受季节性因素的影响较大，每年随着夏季发电用煤和冬季取暖用煤高峰来临，动力煤价格都会受到明显的影响。

2）供给因素

A. 动力煤资源丰富，占煤炭比重大

我国动力煤资源丰富，煤种齐全。据国土资源部编制发布的《中国矿产资源报告（2014）》显示，2011 年、2012 年、2013 年我国煤炭勘查新增查明资源储量分别为 749 亿吨、616 亿吨和 673 亿吨，三年累计新增煤炭资源储量 2038 亿吨。2014 年，我国新增煤炭资源储量与 2013 年相比减少了 20.3%，为 536.2 亿吨，累计查明煤炭储量达到 1.53 万亿吨，人均占有量为世界平均水平的 70% 以上。

B. 地域分布不平衡，以"两北"为主

动力煤查明资源储量和煤种在地域分布上极为不平衡。从地域集中度上看，我国动力煤资源主要集中在西北地区和华北地区。两者资源储量分别为 4053.31 亿吨和 3516.32 亿吨。分别占全国动力煤查明资源量 8794.11 亿吨的 46.09% 和 39.98%，合计 86.07%。其中，内蒙古自治区储量最多，为 2859.50 亿吨，占全国动力煤储量的 32.52%。

C. 产量总体呈增长趋势，波动较大

2011 年，全国煤炭产量 35.2 亿吨，同比增长 8.7%，连续多年居世界第一。2012 年上半年，煤炭产量达到 19.5 亿吨，同比增长 7.7%。从 2002 年开始动力煤产量逐步增加，2008 年、2009 年受金融危机的影响，波动幅度较大。2009 年我国成为动力煤纯进口国，产量减少 3.9%。2010 年在宏观经济转好的情况下，出现 20.3% 的大幅度增长。2011 年全国动力煤产量保持稳步增长，但增速放缓，根据产需存平衡原理测算，2011 年我国动力煤产量为 2.7 总吨，同比增长 5.1%，增幅比 2010 年减少 15.2%。

3）成本因素

从动力煤炭价格构成来看，动力煤价格主要有生产成本、运输成本及各涉及单位的利润构成，尤其是运输对动力煤价格的影响举足轻重。从国内运输来看，我国动力煤主要分布在西北地区和华北地区，而与工业经济发达的消费地——南方的距离较远，尤其是在我国煤炭生产重心西移的趋势下，交通运输成为制约动力煤价格的重要因素。由于公路运输损耗大，运价高，加之运输过程中严格的超载治理惩罚，以及石油价格提升引起的汽油、柴油价格的上涨，我国公路运输成本提高明显，这直接提高了国内动力煤价格水平。除运费外，国内煤炭生产企业要上缴名目繁多的各类税费、基金。有的是合理的，有的则是被强加的，而这些都无疑要附加到最终的煤价上。

4）政策因素

A. 市场化定价机制改革不断深化，双轨制取消

动力煤价格正处于市场化改革阶段，政府政策对其影响较大。动力煤改革以市场化为方向，供求关系决定的价格机制作用日益明显。与我国经济体制改革密切相关的煤炭定价机制，在中华人民共和国成立以来先后经历过统购统销阶段（1953～1978 年）、价格调整阶段（1979～1984 年）、调放结合—以放为主阶段（1985～1992 年）、电煤政府指导的半市场化阶段（1993～2002 年）及市场化改革阶段（2002 年至今），共五个阶段。其中，具有标志性影响的主要有：1984 年放开计划及乡镇煤矿煤炭的价格管制，实行自行销售，打破了国家统一制定价格的计划体制；1993 年国家放开了东北、华北等地重点煤矿的煤炭价格，确立了以市场为主的价格机制；2004 年，国家发展和改革委员会对电煤实行价格联动定价机制。煤电联动对煤炭企业，尤其是电煤企业非常有利。2012 年国务院发布《关于深化电煤市场化改革的指导意见》，宣布自 2013 年起，取消重点合同和实施近 20 年的电煤价格双轨制。市场化定价机制的建立，将使动力煤价格能够及时、准确地反映市场供求信息，体现资源的完全成本和价值，因此，动力煤价格的

波动与往期相比更加频繁。

B. 矿业权整合不断推进，资源税费改革深化

始于 2005 年的矿业权资源整合，对于提高煤炭产业集中度，提升煤炭企业议价能力产生重大影响。有些学者认为现阶段煤炭价格的上涨主要是对小矿的矿业权整合，促使有效供给不足，形成资源短缺。从长期来看，整合有利于煤炭产业的发展，有利于动力煤企业走规模大、一体化的路子，提高与下游企业讨价还价的能力。各产出地加大了对矿山的整理重组力度，内蒙古自治区 2011 年通过的煤炭企业兼并重组工作方案中，提出的目标是 2013 年底通过兼并重组将煤炭企业数从 353 家减少到 80~100 家，并且清除生产规模在 120 万吨\年的企业，提高准入门槛。另外，煤炭资源税改革也处于酝酿之中，改变以量计税的方式，采用以价和量计税，这将直接推动动力煤价格水平上涨。1999 年国家为减轻煤炭生产过剩的压力，实施出口退税政策，刺激我国煤炭大量出口，2014 年和 2015 年出口量分别高达 574 万吨和 533 万吨。随着国内对煤炭需求的不断增加及资源观念的转变，国家对动力煤出口的政策不断加紧，而进口政策不断放松。

5）替代因素

动力煤进口大量增加，国际动力煤的价格优势对国内市场冲击加大。2009 年 4 月以前我国是动力煤的净出口国，国内市场煤炭价格和国际市场煤炭价格的联动性并不强，但是随着我国动力煤进口量的不断增多，国际市场的煤价对我国动力煤价格的冲击效果明显加大。动力煤进口表现出先减后增的趋势，由 2002 年的 763.91 万吨，下降到 2004 年的 378.41 万吨。2005 年进口规模开始迅速增长，到 2012 年达到 1.01 亿吨，10 年间增长了 12.28 倍。同期动力煤出口在 2004 年达到 7456 万吨后，逐年下降到 2012 年的 451.92 万吨，仅为 2004 年的 6.06%。2012 年 12 月我国进口动力煤 1297.57 万吨，出口仅为 26.32 万吨。净进口的走势与进口规模的走势相一致。从进口来源上看，我国动力煤进口主要来源于印度尼西亚、澳大利亚和俄罗斯三个国家。2009 年，三者占我国动力煤进口总量的 40.7%、33.8% 和 15.9%。2010 年我国从印度尼西亚、俄罗斯进口动力煤比重分别下降到 33.7% 和 10.7%，而由于澳大利亚煤炭的发热量高，煤质较好，更多地从澳大利亚进口动力煤，其所占比例增加到 26.1%。从动力煤进口占我国煤炭总进口量比重上看，2009 年以来随着我国煤炭进口量不断增加，动力煤所占比重也日益扩大。由 2006 年的 27.5% 上升到 2010 年的 31%，2012 年进一步上升到 35%。在 2013 年再次刷新煤炭进口量的新高。海关总署统计数据显示，2013 年累计进口煤炭 3.27 亿吨，同比增长 13.4%。由于一系列限制政策，进口量在 2014 年后出现了较大幅度的下滑，中国 2014 年煤炭进口 2.9 亿吨，下滑 11.3%。

除政策鼓励进口，限制出口外，价格优势也是近年来国外动力煤大量进入我国市场的重要因素。相对于政府对国内动力煤价格的管制，国外动力煤价格的市

场化程度较高，价格机制在调节动力煤资源配置的作用更为明显。受国内经济增长放缓的影响，印度尼西亚、澳大利亚等国增加了动力煤的出口规模。通过我国国内秦皇岛港动力煤价格（大同优混）与亚洲市场动力煤现货价格指数间的走势比较（图 4-5），发现国内动力煤价格长期高于国外动力煤价格，从 2008 年底开始价格差维持在 80～200 元/吨。

图 4-5　2004 年 1 月～2015 年 2 月国内外动力煤价格比较

　　而此时国际的航运价格正处于低潮期，波罗的海干散货指数由 2008 年 5 月最高峰的 11 777 点下降到 2008 年 12 月的 670 点左右。随后在 2009 年初 2010 年底在 2000 点到 4000 点波动，2012 年初开始更是在 600 点到 1200 点徘徊。以加里曼丹到广州为例，2008 年每吨运费从最高时的 50 美元下降到年底的 7 美元，从而为我国大量进口动力煤奠定基础。2009 年到 2010 年末运价在 10 美元到 25 美元间波动，而 2011 年初开始跌破 10 美元，处于 6～7 美元。因此，扣除运费之外，2009 年后每吨进口动力煤到岸价格比国内动力煤便宜 50～100 元。近年来，在国内煤价下滑的同时，国际煤价也在震荡走低。虽然当前国内外煤价价差有所缩小，但对于华东地区和东南沿海地区来说，部分进口煤仍然具有一定价格优势。2015年，广州港进口 5500 大卡澳大利亚动力煤到岸含税成本不足 400 元，比同等发热量的"三西"煤到岸成本偏低 30 元左右。价格优势的存在，再加上国内煤价企稳预期增强，短期煤炭进口势必会继续保持一定规模。

　　国际石油价格频繁波动，一定程度上会对我国动力煤价格造成影响。相比天然气和新能源，石油与煤炭一直是我国的主体能源，两种基本能源价格存在相互替代作用，因此，石油价格的上涨在一定程度上也会影响动力煤价格。近年来，石油价格的持续上涨使得国内煤炭需求上升，这对我国国内动力煤价格的上升起到推波助澜的效果。2015 年我国石油对外依存度首次突破 60%，国际石油价格的变化会通过石油进口及相关产品造成我国动力煤价格的波动。

4.1.4　发电用煤价格分析

1. 我国发电用煤价格形成机制的历史沿革

在过去的 60 多年当中，我国电煤价格的形成机制伴随着经济体制的改革、外部环境的变化而几经变迁，每次变迁都有着深刻的经济社会背景和体制基础。应该说中国的渐进增量式改革总体上取得了良好成绩，电煤价格的市场化就是这当中重要的一部分[19]。

1）计划单轨制（1949～1985 年）

中华人民共和国成立之初，我国产品定价理论和实践受到苏联社会主义改造和建设理论的深刻影响，即为了加快实现国家的工业化进程，要求轻工业和其他部门为重工业部门利润的提高提供基础和条件，即主张采用原材料和工业品价格剪刀差的政策。但这种交叉补贴方式的弊端很快就显现出来，例如，煤炭行业由于技术水平的进步，综合开采机械化程度不断提高，企业的绩效有所改善，在整体生活水平上升的情况下，煤炭行业职工的待遇和劳动条件都要相应提升，成本的上升在原有的计划煤炭价格体制下导致了煤炭行业长期亏损，煤炭价格上涨的压力日渐上涨。但在渐进增量改革的总体战略思想指导下，稳定依然压倒一切，期间政府五次提高煤炭价格，但涨幅微弱，与物价水平和经济增速极为不协调。很明显计划单轨制下的电煤价格形成不由价值也不由供求决定。

2）横向双轨制（1985～1991 年）

1984 年，国务院通过决定：在实行煤炭行业投入产出总承包的基础上，对煤矿的增产部分实行层级加价的调控政策，其目的在于扭转煤炭产量长期徘徊不前和全行业亏损的状态。由此，煤炭的价格形成机制出现了"计划指令价、行政指导价和协议价"三种主要形式。然而，由于多种现实因素的影响和阻碍，政策措施在实施中多被扭曲，政府又在 1990 年对计划外煤炭实行了管制，采取最高限制价格。作为煤炭行业改革的初期阶段，这一阶段价格扭曲的主要表现就是价格双轨导致的计划内外煤炭出现巨大的价格差。同时，由于电力产业国有化程度很高，政策层面倾向于电力产业，发电用煤炭供应主要是计划内统购调拨的模式，国家其实是用煤炭行业的利润补贴了电力产业。从整个观察期来看，该时期的价格扭曲程度也是最高的。

3）市场化改革伊始与制度反复（1992～1995 年）

针对重点电煤计划内价格的方式导致出现行业亏损的不利情况，1992 年国家试点地区提高了计划内的煤炭价格，但效果不尽如人意，为此国家从 1993 年开始在华东、东北等地区试点放开包括电煤在内的煤炭价格，试图在 1994 年底实现全部调配煤矿的出厂价格"市场化"的目标。然而，对于电煤的生产和消费、供需双方都具有一定的垄断性，基于垄断势力对比下的讨价还价和争议不断，导致电厂停机和用户停电等严重恶劣事故多次发生，迫使政府价格监管部门对若干地区的电煤价格进行协调，并最终无奈决定再次从 1996 年起对电煤实行国家指导价。

4）政府指导价和电煤内部双轨制（1996～2001 年）

1996 年起，国家计划委员会又对电煤实施政府指导价。这种规制方式在当时确实取得了良好的政策效果，基本协调好了交易双方的利益关系，也使得煤炭行业扭转了连续 13 年的亏损局面，成为彼时国有重点煤炭企业总体盈利的主要因素和关键因素。到 20 世纪 90 年代末期，电力供应已经出现了局部过剩，为避免浪费并减少固定资产投资，国家压缩了部分火电投资，此时对电煤需求出现了短期徘徊和停滞，供过于求现象出现并且日益严重。前面提到国家对计划内电煤价格采取了年度提价政策，使得计划内电煤价格增长较快，发电企业则基于利润最大化、成本最小化的诉求不断减少计划内电煤的采购量，取而代之的是从游离于国家规制体系之外的乡镇和地方小煤窑大量采购低价煤炭。在这个时候，国内的电煤价格扭曲既体现在电煤与其他用途煤炭之间的价格差异上，也体现在计划内外电煤价格差异上面，双重扭曲作用之下，电煤价格形成机制的缺陷更是成为煤电纵向产业链矛盾的焦点。

5）国家指导下的电煤价格协商制（2002～2006 年）

基于政府指导价的诸多弊端，国家于 2002 年作出决定取消发电用煤指导价，但由于煤电双方在最终产品的涨价幅度上存在巨大分歧，"煤炭订货会"上，国家发展计划委员会不得不公布一个参考性的涨幅限制，甚至于动用对铁路运能的行政权力来"迫使"双方在规定的时间截止前必须签订包含既定价格和数量的电煤购销合同。为了消减反复和繁杂的煤炭讨价还价过程，自 2005 年起，国家推出了"煤电价格联动机制"，让电力价格可以随时有所调整从而减少发电企业在原料成本上的压力，但 2006 年重点电煤合同的签约成功率依然少于 70%。"煤电价格联动机制"作为一种"精巧"的价格调节机制，在设计之初确实承载着规制者良好的期望，但效果事与愿违，煤电"顶牛"依然在持续。

6）干预下的市场机制（2006 年至今）

2006 年，国家取消了对电煤的价格干预，让其完全由市场调节。这似乎意味着从 1992 年开始一直实行的"市场煤"与"重点合同煤"的横向双轨制的终结，标志着国内电煤价格步入市场化调节时代。虽然政府宣称电煤的价格由市场供求决定，但到 2006 年时，已经进行了两次"煤电价格联动"，2006 年国家发展和改革委员会下发的《关于做好 2007 年跨省区煤炭产运需衔接工作的通知》中明确表示：2007 年继续实施煤电联动政策，行政干预经济色彩浓厚。2008 年更是爆发新一轮反季节的"电荒"，电煤价格上涨，国家发展和改革委员会采取了直接干预的措施，设置电煤价格上限，2009 年规定将继续保持与上年价格持平，禁止上涨。该阶段全国煤炭产运需衔接合同汇总依然在持续中，考虑到 2011 年和 2012 年物价总水平的稳定性，国家发展和改革委员会采取适当控制上涨幅度（5%）和设定最高限价的措施。一言以蔽之，所谓的电煤价格市场化远没有真正实现。

2. 我国发电用煤价格形成的影响因素

1）成本因素

煤炭价格由很多部分组成，其中，相当大的部分体现在它的成本上：一是外部成本。生产过程造成的外部成本主要包括以下几个方面：空气污染、水污染、土壤污染、重金属污染、生态破坏和土地塌陷、气候变化等[20]。煤炭在变成商品的这一过程中所产生的对生态环境的破坏及对人类和人类生产活动造成的损失都应从煤炭收益中来补偿，并在价格中获得体现。煤炭价格对外部成本的补偿远远不够。二是内部成本。包括在探矿采煤过程中所发生的矿工体能损耗及死亡和相关的生产成本。随着经济整体的上行态势，目前国内 CPI 连续处于高位，生产成本亦会进入上升的轨道。煤矿工人的工作时间除了采煤用时外，还包括往返井口到工作面的时间，井下的噪声和各种粉尘对矿工的身体产生的危害。因此，大多数矿工会因健康问题提前丧失劳动能力，平均寿命也相对较短。当然这还是日常工作造成的人身损害，在出现矿难等突发事件时，矿工死亡的概率是相当高的。据统计，我国煤矿百万吨死亡率是美国的 70 倍，是南非的 17 倍，是俄罗斯和印度的 7 倍，并且对死亡矿工赔偿额度比较低。

2）供求因素

依据供求定理，商品的供求是商品价格的决定性因素。电煤市场也不例外，综合来说，电煤市场供需结构对电煤市场的均衡价格有深刻影响。影响电煤供给的主要因素。一是资源约束。目前的国情是煤炭资源总量丰富，但由于煤炭开采受外部生态环境制约而我国生态环境又很脆弱，有效供给不足；二是开采技术水平与生产效率[21]。我国煤炭行业集中度较低，综合开采技术不高，煤炭回采率低，供给效率低下。三是煤炭企业的投资建设和生产能力。基于国有煤炭企业在行业的比重，国家和政府的投资将在一定程度上影响煤炭市场的供给，前期计划煤价的低下导致大量重点煤矿亏损，导致煤炭企业投资激励不足，并最终影响产能。四是铁路运力。国内煤炭的运输基本上依靠铁路运力，并将在一段时间内持续，在煤炭生产的以运定产原则下，铁路运力对煤炭产量将产生深刻影响。五是生产成本。生产成本作为煤炭价格的大部分对煤炭价格将产生重大影响，生产成本的上升将会影响煤炭企业的利润，进而影响供给。

3）规制因素

我国电煤的价格形成机制经历多次的反复，政府对形成合意的电煤价格要采取何种规制举棋不定，究其原因，则主要是规制受实际经济因素的影响，使得建立合理的市场化电煤价格的目标服从了如工业化发展、物价稳定等被认为是更重要的宏观经济指标。毋庸置疑，从宏观经济学的角度讲，保持经济的持续快速增长，保持物价总水平基本稳定是两个最重要的宏观经济指标，电煤价格作为资源领域要素价格的一部分，在大体宏观经济环境和国内总体市场化水平有待提高的情况下，做出适当控制是非常有必要的[22]。中国式"渐进增量改革"要求在经济发展的初期，在市场化的大背景下实行"双轨制"，然后再逐渐的将计划轨并入市场轨[23]。计划经济时代，政府对煤炭价格采取完全管制的政策，后逐步放开，直到 2006 年电煤价格彻底结束双轨制，基本由市场调节定价，规制因素始终对我国电煤价格的形成产生重大影响。

　　4）结构因素

　　国民经济的结构或者说组织由各部分构成并有机组合在一起。各部分的比重、地位和对经济的贡献都会有所差别，这样会对各部门产品的产量和价格产生影响[24]。当然这是宏观意义的结构。现行说得比较多的是产业结构或产业组织，产业组织可以指横向的组织，也可以指纵向的组织，如本部分的所讲的煤电纵向组织。具体而言，煤电的纵向组织是有煤炭和电力两个产业组成，两者各成体系又紧密联系，并且存在上、下游的供应链关系，既合作又竞争，这种竞争不是同一市场中同一产品或同类产品的数量和价格的竞争，而是利益之争，争论的焦点显然在中间产品——电煤的价格上。中间产品市场是一个特殊的市场，夹在煤炭市场和电力市场中间，受各种因素的影响和制约，因此，传统的单个市场简单的供求分析显然无法对纵向产业链的均衡给出满意的解释，需要对上、下游两个行业的产业组织分别进行透彻的分析，然后整合在一起，分别考虑两个产业的利益诉求、市场势力和面临的不同外部环境。在煤、电纵向产业链中，煤炭和电力产业处在链条的不同位置，煤炭的产品是电力的投入品，在中间起到连接作用的就是电煤，并且关键因素在于电煤的价格[25]。因此，产业链是否能实现均衡，就在于产业链的组织或结构及其通过这个结构作用的各外部因素对电煤价格的合理形成上。

　　3. 我国发电用煤价格上涨原因

　　1）产业规制调整、电煤价格放开

　　经过多年安全规制和资源整合，我国煤炭行业的产业结构趋于合理，集中度有了很大的提高，大量的小煤窑被关闭，矿井的规模经济和综合开采技术得到进一步提升，矿井的安全系数也有了很大的提高。规制的变革改变了过去长期以来供过于求、产量严重过剩的尴尬境地，电煤的市场交易价格逐步向市场均衡价格回升。特别地，自 2001 年以来，在经济增速加快、国家政策倾斜的双重作用下，煤炭行业摆脱了多年萎靡不振的状态，行业景气和员工福利都有了大幅提升，在这种激励之下，煤炭业生产秩序明显好转，非法开采小矿井得到了很大程度的遏制，原煤开采总量增幅下降，但产品结构进一步优化，电煤价格理应回到上升通道，并且由于产业多年的压抑，回升的势头相当强劲[26]。

2）电力供应偏紧、电煤需求旺盛

煤炭行业的安全规制和资源整合，提高了煤炭行业的进入壁垒，一方面导致总的供应量很难有大幅的上升，因为小煤矿被淘汰，煤炭企业的数目绝对量减少；另一方面，资源的整合使得企业规模经济有所加强，企业资产和综合实力均有所上升，能够购买更好的设备，在边际报酬递减规律下，产量增长明显减缓，导致电厂可能购买不到足够的电煤而导致电力产量下降，当然，也可能是电厂购买不到和之前一样的低价电煤而不愿在利润减少的情况下开工发电以致电力供应紧张。

3）生产成本提高、电煤运力短缺

由于经济的高速增长，近年来物价都保持较高水平，原材料行业——如煤矿矿用原材料价格都呈现上涨趋势，部分材料的价格升幅较大，提高了煤炭生产成本，导致煤炭开采企业直接提高煤炭出厂价格。

4）产业组织变化、谈判势力转变

不同的国民经济产业和经济发展阶段对煤炭的需求是有差别的。在 20 世纪的绝大部分时间里，我国为实现经济高速增长，重工业获得优先发展机会，第二产业特别是重工业在经济中占据了相当大的比重。煤炭和电力虽然都属于能源产业，但煤炭是一次能源，而电力是二次能源。从我国"以煤炭为基础，以电力为中心"的长期的能源战略来看，电力行业对经济体的作用更直接，政府在一定程度上压制了煤炭产业的发展，而我国电煤价格长期偏低就是一个实证。这个阶段煤炭产业数量众多，规模小，分散竞争，集中度低，在电煤的谈判中常处于弱势[27]。

4.1.5　政策建议

市场化改革方向是解决煤炭价格矛盾，促进煤炭行业可持续发展的根本途径。目前我国正在处于计划经济体制向市场经济体制的转型时期，作为发展中国家，成熟的市场经济体制尚未建立，法制体制尚未完善，这样的国情决定了我国绝不能走西方国家一味放松管制的道路，这一时期不应是弱化政府管制，而是要重新界定政府的作用。调整和改善政府与企业、政府与其他社会组织的关系，在管制与放松管制的动态过程中，实现政府角色的合理定位。所以，政府管理经济过程中，管制与放松管制的动态平衡是我国政府管制改革的双重选择。在转型初期，政府应该成为推动者；转型过程中，政府应发挥对宏观经济的管理职能和制度安排方面的职能，对经济转轨和参与经济全球化过程实行宏观调控，对市场进行主动干预，控制改革的速度和节奏，充分考虑经济社会对于改革结果的承载能力，避免激进式改革，达到市场经济与国家宏观调控的有机结合。

1. 强化反不正当竞争的政府行为

煤炭市场规则，尤其是价格运行规则，是保障市场机制正常运行、规范煤炭市场主体行为、保证市场运行有序的基本准则。按市场机制的要求，制定市场组建规则、进入或退出市场规则、制定反不正当竞争行为、公平交易及平等竞争规则、诚实信用文明经营规则等。具体在煤炭经销领域，就是要加强煤炭经营监管制度建设等基础工作，结合本地区实际情况进一步修订和完善煤炭经营监管实施细则和煤炭经营企业合理布局规划。煤炭经营企业合理布局与总量调控规划既是总量调控的规划，又是推进结构调整的规划，要在保持煤炭经营企业数量基本稳定的前提下，紧紧围绕和突出结构调整这个中心，以科学发展观为指导，合理确定煤炭经营企业的功能定位，保障经济社会发展的煤炭供给。

2. 深化国家能源管理体制改革

当前我国能源行业管理的政府职能过度分散，缺少代表国家意志的、国家统一的能源管理部门，导致各部门出台的煤矿管理制度和政策有时缺乏协调，企业无可适从。近几年来煤炭行业管理机构变动频繁，管理人员锐减，行业管理弱化。1998 年，在新一轮政府机构改革中，国务院决定撤销国家煤炭工业部，其职能交由中国煤炭工业协会等行业协会行使；在国家发展和改革委员会中设立能源局煤炭处来行使煤炭工业的宏观调控工作。现在的煤炭管理部门实际由三个部门构成，相当分散，在国际能源领域竞争日趋激烈的今天，在国内能源工业内部结构又亟待调整的情况下，如此分散的煤炭管理体制，非常不利于煤炭工业的健康发展，也难以承担起长期保障国家能源安全的重任。

世界其他主要产煤国能源管理体制值得我国借鉴。美国不但在联邦政府有煤炭资源管理机构负责煤炭资源价格确定和招标等，还在各州有协调组专门负责煤炭资源管理；以国有煤矿为主的印度也有专门的煤炭资源开采招标管理机构。而我国没有专门的煤炭资源管理机构，煤炭矿业权的确定、招标、拍卖和转让等的随意性很大。因此，深化国家能源管理体制改革，加强煤炭行业管理和宏观调控，制定煤炭工业发展战略，统筹煤炭工业开发利用等十分必要。

3. 加快推进煤炭及相关领域体制改革

加快推进煤炭行业结构调整，进一步提高煤炭行业集中度，培育有竞争力的市场主体。坚持以资源整合为主、新建为辅的原则，加强煤炭开发规划及管理，以建设一批大型煤炭基地为契机，认真清理和整顿煤炭在建项目，抓紧新建一批大中型现代化矿井，支持国有大型煤炭企业吸引境内外战略投资者，通过联合、兼并、收购、重组等方式改造中小煤炭企业，组建一批大型煤炭企业集团，不断提高市场竞争力。同时，对于因自然资源枯竭而需要关闭的煤炭企业，国家应提供必要的政策、资金和技术支持，如适当降低市场退出门槛、提供部分援助资金、允许企业职工再就业享受某些优惠政策等，以促进煤炭行业结构调整，进一步提高煤炭行业整体竞争力。

4. 加快推进煤炭企业成本核算制度和煤炭税费改革

确定合理的煤炭成本费用核算框架，把资源、环境和企业退出支出列入成本开支范围，完整准确地核算煤炭成本与价值。建立起符合我国煤炭市场实际，与国际市场紧密联系，准确反映煤炭价格变动趋势，能够引导市场，规避买卖双方价格风险，反映煤炭主产区、主要运输港口内外贸市场交易价格和长期协议价格变动的价格指数体系。

5. 完善煤炭行业法律法规，依法规范煤炭交易市场

完善配套法律法规，为煤炭企业建立良好的市场发展环境，并提供公平竞争的平台。完备的法律包括《中华人民共和国煤炭法》《中华人民共和国矿产资源法》《中华人民共和国电力法》，以及相应的环保、安全、合同、质量、流通等规范市场行为的法律法规，同时还要完善鼓励技术进步、清洁高效利用能源的法律。用法律约束市场主体行为，减少政府直接干预[28]。

煤炭市场交易行为的规范和市场化煤炭交易体系的建立是煤炭价格市场机制建立的基础。目前，在制度层面上缺乏相应的煤炭交易法律来依法规范煤炭经营秩序；在交易方式上，缺乏一个以煤炭期货交易所为主体，以区域市场为补充，市场主体自由交易、期货、现货交易并存，多种交易手段并存的市场煤炭交易体系。

6. 设立煤炭价格管理机构，统一监管全国煤炭价格

煤炭价格一直是国家宏观调控的主要目标。以往在国家价格管理部门中一直设立煤炭价格管理机构。据了解，因煤炭价格放开，国家煤炭价格管理机构已经撤并。煤炭是我国的主要能源和重要工业原料，煤炭价格是否合理，关系到煤炭稳定供应能力，关系到我国的能源安全，为保持煤炭市场的稳定，进一步加强煤炭价格监测工作，建议国家发展和改革委员会在价格司内增设煤炭价格处，统一监管和协调全国煤炭价格。

改进和完善政府宏观调控及市场监管，调节市场供求。比如，政府有关部门可以根据国内市场供求关系的变化，适时调整煤炭出口政策，以调节国内市场供求；加强价格公共服务。通过价格信息网络及时公布煤炭价格信息，对价格现状和走势进行分析，以引导生产和消费；要逐步打破政府行政性公司在流通领域的

垄断地位，引入竞争机制，赋予煤炭生产企业和消费企业自主选择营销企业的权利，避免价格垄断。

7. 发挥第三部门行业组织作用，提高企业自律能力

在国家与市场的关系中，市场失灵使政府的干预成为必要，而如果政府干预失败也必然要求形成有能力补充、监督和纠偏政府行为的力量。那么非政府公共组织可以在政府与市场之间建立一种缓冲力量，承担部分公共管理职责，对于具体的公共管理活动有积极作用。

为更好地推进煤炭价格机制改革，建议成立全国煤炭价格协会。作为第三部门行业组织，类似"欧洲煤钢联盟"或"DPEC"。主要职能是研究煤炭市场动向，提供信息，协调解决有关产量、价格及利益分配等矛盾问题，逐步成为既能实现政府与企业及企业与企业、行业组织与行业组织、区域之间的沟通，又能维护煤炭市场公平竞争的社会民间组织，在促进企业应变能力、协调控制能力和价格自律等方面发挥其应有的作用。为此，建议政府授权该组织机构上述有关职权，尤其是协助政府同煤矿签订生产计划合同，提出使用煤炭价格调控基金的使用计划等权力。这些服务和职能既维护了市场秩序，加强了行业管理，也提高了政府宏观调控和监督管理的能力和效率。

4.2　煤炭价格对我国宏观经济的影响

能源是一国经济发展的重要推动力量，其不仅为生产活动提供动力，还会促进产业的发展、新产业的诞生及技术的创新。我国作为目前世界上经济发展速度最快的国家之一，也是一个能源消耗大国。2014 年我国 GDP 增长率为 7.4%，虽然这是 1990 年以来的最低增长速度，但仍然高于全球 3.7%的增长率。同时，我国 2014 年全年能源消费总量为 42.6 亿吨标准煤，占世界能源消费总量的 21.5%。可以看到我国经济的快速发展是以能源的大规模消耗为代价的。能源行业作为我国经济的主导产业及国民经济的上游产业，其价格波动涉及面较为广泛。由于我国经济处于重化工业发展阶段，能源价格变化将直接推动以能源为主要原料的相关产业的成本和价格发生变化，而以上产业的成本和价格变化又会继续传导至其下游各相关产业，进而通过影响投资、消费、进出口等，最终对我国经济发展造成影响。由于煤炭在我国一次能源消费结构中的比重一直保持在 70%左右，且在我国电力结构中煤炭发电占到了近 70%，我国能源消耗的主体是煤炭，因而煤炭价格变动在很大程度上能够反映出我国能源价格波动的总体情况。本部分将从产出和物价两个方面研究煤炭价格波动对我国实体经济的影响效应。

4.2.1　煤炭价格波动对我国物价的影响效应

大量参考文献研究表明，能源价格波动无论对发展中国家还是对发达国家的经济发展都会构成一定的影响[29]。针对煤炭价格波动对我国宏观经济的传导效应，本部分先从煤炭价格波动对我国的物价水平，即 PPI、CPI 的影响效应入手。为了定量分析对物价水平的影响效应，本部分采用相关计量经济学模型，通过大量的面板数据，实证分析煤炭价格波动与我国 PPI、CPI 之间的关系，探寻其传导机理[30]。

1. 变量选择与预处理

1）数据来源

我国在 2002 年 1 月停止发布电煤政府指导价格，煤炭价格完全依赖市场调控，这从政策层面上确立了煤炭价格市场化的形成。因此，在对煤炭价格对我国宏观经济的传导效应的研究中，针对 2002 年 1 月以后的时间区间进行研究更具有现实意义，所以本部分选取 2002 年 1 月～2010 年 12 月的月度数据进行分析。由于我国煤炭品种和煤炭价格类型较多，同时考虑到数据的代表性和权威性，选用中经网产业数据库的煤炭开采和洗选业出厂价格指数月度同比数据作为我国煤炭价格的月度数据。

CPI 是指居民购买并用于个人或家庭消费的商品和服务项目价格水平的变动趋势和变动幅度的指数，其包含的商品和服务项目较多，一般用其代表一国或一区域物价总水平。主要包含城乡居民日常生活需要的各类消费品，也包括与人民生活密切相关的各种服务项目，如水、电、教育、医疗、交通等费用。所选用的 CPI 环比数据来源于中经网产业数据库。

PPI 是指全部工业品出厂价格总水平的变动趋势和变动程度的指数，包括工业企业销售给本企业以外所有单位的各种产品和直接销售给居民用于生活消费的产品。考虑到所选数据统计口径的一致性，本章选用的 PPI 同比数据来源于中经网产业数据库。

2）变量预处理

由于同比数据难以进行定基化处理，所以需要将同比数据转化为环比数据。对于煤炭开采和洗选业出厂价格指数月度同比数据，选用国家商务部网站公布的烟煤优混和无烟煤优混 2009 年的月度价格数据，借鉴林伯强和王锋[31]于 2009 年提出的数据定基处理方式，对选用的同比数据进行以 2002 年 1 月为基期的定基环比数据处理；对于 PPI，考虑到环比数据的不可获得性，根据 2009 年披露的每月工业品环比增长数据对同比数据进行环比处理，从而得到 2002～2010 年各月 PPI 环比数据，并进行以 2002 年 1 月为基期的定基化处理；CPI 本身即为环比数据，所以直接对其进行定基化处理，从而保证了煤炭价格指数（COP）、PPI、CPI 数据的形式统一性，以便于后期数据处理和比较。

基于以上分析，考虑协整建模的需要，对原始数据做如下处理。

（1）由于数据为 2002～2010 年的月度数据，为了消除时间序列中的季节变动要素，从而显示出序列潜在的趋势循环分量，因为趋势循环分量能够真实地反映经济时间序列运动的客观规律，以进行客观的经济分析[32]。采用 CensusX12 方法对数据季节调整，调整后的变量记为 COP_SA、PPI_SA、CPI_SA。

（2）为了消除时间序列中的异方差，并将指数趋势转变为线性趋势，对季节调整后的序列取对数，从而得到序列 LCOP、LPPI 和 LCPI。

2. 煤炭价格波动对物价传导效应的一般性检验

1）序列平稳性检验

在进行协整分析时，一般要求时间序列平稳，即残差无单位根，其含义为序列的均值和协方差不随时间变化而变化。但一般的经济时间序列不符合平稳性特征，当序列非平稳时，其残差为非平稳的单位根过程，中心趋势随时间的变化而变化，从而无法用样本均值和方差推断各时间点随机变量的分布特征，协整回归分析的基础性和有效性就难以得到保证。因此，在选择模型并设定参数之前，须对所选用的经济时间序列进行单位根检验，以避免出现"伪回归"。

从表 4-4 可以看出，三个变量 LCOP、LCPI、LPPI 的原始序列都是不平稳序列，但其一阶差分后都为平稳序列。基于三个序列都是同阶的单整序列，可以进一步检验各变量之间的长期均衡关系。

表 4-4　单位根检验结果

变量	ADF 统计量	5%显著水平下的临界值	AIC	结论
LCOP	−0.5004	−3.495	−5.309	不平稳
D（LCOP）	−3.916	−3.495	−5.323	平稳
LCPI	0.637	−3.494	−8.802	不平稳
D（LCPI）	−8.225	−3.494	−8.109	平稳
LPPI	−1.687	−3.494	−7.937	不平稳
D（LPPI）	−4.364	−3.494	−7.929	平稳

2）Granger 因果关系检验

由于变量 LCOP、LCPI、LPPI 均为 I（1）序列，所以先对这三个序列进行差分，转化为平稳序列，然后基于平稳序列进行因果关系检验。结合 VAR 模型，并根据 AIC，确定 Granger 因果关系检验的滞后阶数为 3，检验结果如表 4-5 所示。

表 4-5　**D（LCOP）、D（LCPI）和 D（LPPI）的 Granger 因果关系检验**

原假设	F 值	P 值	滞后期
D（LCOP）不是 D（LCPI）的 Granger 原因	1.334 33	0.267 72	3
D（LCPI）不是 D（LCOP）的 Granger 原因	0.984 12	0.403 62	3
D（LCOP）不是 D（LPPI）的 Granger 原因	5.667 65	0.001 28	3
D（LPPI）不是 D（LCOP）的 Granger 原因	1.214 34	0.308 70	3
D（LCPI）不是 D（LPPI）的 Granger 原因	0.531 05	0.662 04	3
D（LPPI）不是 D（LCPI）的 Granger 原因	3.770 60	0.013 13	3

从表 4-5 可以看出，煤炭价格不是 CPI 和 PPI 变动的 Granger 原因，煤炭价格波动对物价水平不具有传递关系。但是由于原始序列是在取了对数后又进行了差分，损失了部分信息，有可能会降低检验结果的真实性。所以考虑用季节处理后的数据在平稳性检验的基础上直接对序列进行 Granger 因果关系检验。表 4-6 为平稳性检验的结果。

表 4-6　**COP_SA、CPI_SA 和 PPI_SA 的平稳性检验**

变量	ADF 统计量	5%显著水平下的临界值	AIC	结论
COP_SA	1.348	−2.889	6.024	不平稳
D（COP_SA）	−3.937	−2.889	6.022	平稳
CPI_SA	0.293	−2.893	1.163	不平稳
D（CPI_SA）	−3.914	−2.893	1.143	平稳
PPI_SA	−0.997	−2.893	1.534	不平稳
D（PPI_SA）	−4.970	−2.893	1.526	平稳

从表 4-6 可以看出，COP_SA、CPI_SA 和 PPI_SA 均为 I（1）序列。对其差分后进行 Granger 因果关系检验，结果如表 4-7 所示。

表 4-7　**D（COP_SA）、D（CPI_SA）和 D（PPI_SA）的 Granger 因果关系检验**

原假设	F 值	P 值	滞后期
D（COP_SA）不是 D（CPI_SA）的 Granger 原因	4.904 87	0.003 22	3
D（CPI_SA）不是 D（COP_SA）的 Granger 原因	0.570 37	0.635 84	3
D（COP_SA）不是 D（PPI_SA）的 Granger 原因	0.740 20	0.000 10	3
D（COP_SA）不是 D（PPI_SA）的 Granger 原因	7.798 46	0.530 58	3
D（CPI_SA）不是 D（PPI_SA）的 Granger 原因	0.623 62	0.601 40	3
D（PPI_SA）不是 D（CPI_SA）的 Granger 原因	4.193 24	0.007 75	3

　　从表 4-7 的检验结果看：调整后的煤炭价格 D（COP_SA）是 D（CPI_SA）和
D（PPI_SA）变动的 Granger 原因，其具有单向因果关系；PPI 是 CPI 变动的 Granger
原因，具有单向的因果关系。所以从 Granger 因果关系检验结果可以看出，煤炭
价格对 CPI 和 PPI，PPI 对 CPI 具有明显的传递关系。

　　通过 Granger 因果关系检验可以初步判断各序列间的制约或促进关系，但是
由于 Granger 因果关系检验在滞后期选择等方面存在一定局限性，其检验结果的
可靠性降低。但由于 VAR 模型对内生变量和外生变量不加以区别对待，经常可
以看作更精确的因果关系检验。我们将对相关变量进行基于 VAR 模型的相关检
验，以更好地测度煤炭价格波动对物价的传导效力和传导速度的影响，从而反映
其传导效应。

　　3）长短期作用效力测度

　　煤炭价格波动对我国宏观经济的物价传导效力的考察思路：在 Granger 因果
关系检验的基础上，构建相关序列的 VAR 模型，并对相关变量进行协整检验，
对具有协整关系的变量，分别构建协整模型和 VEC 模型，以测度煤炭价格波动对
物价的长、短期效力。若变量间不存在协整关系，则通过构建 Almon 模型测度变
量间的长、短期作用效力。

　　A. 长期效力测度

　　考察煤炭价格波动对宏观经济中的物价的长期影响效力，首先需要构建稳定
的 VAR 模型，以反映变量间基本的长期关系。先对相关变量间的 VAR 模型的滞
后准则进行比较，基于 AIC 和实际经济意义，构建 LCOP 与 LCPI 的 VAR（3）
模型、LCOP 和 LPPI 之间的 VAR（2）模型、LCPI 和 LPPI 之间的 VAR（2）模
型，结果如表 4-8～表 4-10 所示。

表 4-8　LCOP 对 LCPI 的 VAR（3）模型

变量	效力	标准误	T 值
LCPI（−1）	1.155 503	（0.099 54）	[11.608 8]
LCPI（−2）	0.027 128	（0.153 05）	[0.177 25]
LCPI（−3）	−0.181 982	（0.106 09）	[−1.715 27]
LCOP（−1）	0.032 619	（0.031 22）	[1.044 92]
LCOP（−2）	−0.069 522	（0.051 22）	[−1.357 30]
LCOP（−3）	0.037 088	（0.029 95）	[1.238 33]
C	−0.002 434	（0.029 95）	[1.238 33]

R^2	0.997 123	调整后的 R^2	0.996 947	F 统计量	5 661.438
决定性方差协方差	2.79×10⁻⁹	AIC	−13.894 57	SC	−13.540 71

表 4-9　LCOP 对 LPPI 的 VAR（2）模型

变量	效力	标准误	T 值
LPPI（－1）	1.761 491	（0.082 58）	[21.330 0]
LPPI（－2）	－0.806 806	（0.080 68）	[－9.999 58]
LCOP（－1）	－0.006 079	（0.036 78）	[－0.165 27]
LCOP（－2）	0.013 743	（0.035 34）	[0.388 88]
C	0.175 446	（0.078 90）	[2.223 68]

R^2	0.997 570	调整后的 R^2	0.997 474	F 统计量	10 365.93
决定性方差协方差	2.45×10^{-9}	AIC	－14.060 01	SC	－13.808 74

表 4-10　LCPI 对 LPPI 的 VAR（2）模型

变量	效力	标准误	T 值
LCPI（－1）	1.076 748	（0.103 77）	[10.376 0]
LCPI（－2）	－0.082 825	（0.104 20）	[－0.794 88]
LPPI（－1）	0.173 148	（0.066 60）	[2.600 01]
LPPI（－2）	－0.163 649	（0.066 16）	[－2.473 37]
C	－0.015 055	（0.028 95）	[－0.519 99]

R^2	0.997 121	调整后的 R^2	0.997 006	F 统计量	8 743.721
决定性方差协方差	2.42×10^{-10}	AIC	－16.375 06	SC	－16.123 79

从表 4-8、表 4-9 和表 4-10 可以看出，三个 VAR 模型的决定性方差协方差、AIC 和 SC 较小，三个 VAR 模型的优度较好。

B. 协整关系确认

采用 Johansen 检验对序列分别进行协整检验。由于协整检验对检验方程的滞后阶数比较敏感，本小节根据建立的 VAR 模型，确定协整方程中的差分项的滞后阶数（VAR 模型最佳滞后阶数减 1）。因此，协整方程中的差分项的滞后阶数分别为 2、1、1。根据协整检验结果可以判定，LCOP 与 LCPI 之间、LCOP 与 LPPI 之间及 LCPI 与 LPPI 之间均存在协整关系。根据协整检验，进一步写出协整方程为

$$\text{LCPI}=0.150\ 762\text{LCOP}+3.858\ 426 \tag{4-1}$$
$$（-0.043\ 65）\quad（0.032\ 56）$$

$$LPPI=0.166\ 362LCOP+3.823\ 520 \qquad （4\text{-}2）$$
$$（0.119\ 8）\qquad （0.064\ 80）$$

$$LCPI=0.632\ 778LPPI \qquad （4\text{-}3）$$
$$（0.065\ 41）$$

从上述协整方程可以看出：煤炭价格波动对我国的 CPI 和 PPI 都有影响，当煤炭价格每波动 1%，长期来看将对 CPI 和 PPI 的影响效力分别为 0.150 762%和 0.166 362%，对工业品出厂价格的长期影响效力略大于 CPI 的影响效力。从 PPI 和 CPI 的长期关系也可以对以上结论作出解释，当 PPI 每变动 1%，长期来看 CPI 将同向变动 0.632 778%，这比较符合传导机制的理论描述。

C. 短期效力测度

以上协整方程描述了序列之间的长期关系，考察煤炭价格波动对物价的短期作用效力需要进一步构建 VEC 模型。通过 VEC 模型可以得到 LCOP 与 LCPI、LCOP 与 LPPI、LCPI 与 LPPI 的短期效力方程，结果如下：

$$
\begin{aligned}
D(LCPI) = &-0.0007(LCPI(-1)-0.1556LCOP(-1)-3.8584) \\
&+0.1589D(LCPI(-1)) \\
&+0.1846D(LCPI(-2))+0.0327D(LCOP(-1)) \\
&-0.0371D(LCOP(-2))+0.0016
\end{aligned}
\qquad （4\text{-}4）
$$

$$
\begin{aligned}
D(LPPI) = &-0.0448(LPPI(-1)-0.1671LCOP(-1)-3.8616) \\
&+0.8057D(LPPI(-1))+0.0137D(LCOP(-1))+0.0010
\end{aligned}
\qquad （4\text{-}5）
$$

$$
\begin{aligned}
D(LCPI) = &-0.014(LCPI(-1)-0.9328LPPI(-1)-0.2622) \\
&+0.0964D(LCPI(-1))+0.1598D(LPPI(-1))+0.0016
\end{aligned}
\qquad （4\text{-}6）
$$

从式（4-4）和式（4-5）可以看出，VEC 模型的误差修正项分别为-0.0007 和-0.0448，均显著小于 0，误差修正项为负反馈机制，并在统计上显著，符合修正的意义。VEC 模型说明，煤炭价格对 CPI、PPI 具有短期作用效力，同时模型也反映了对偏离长期均衡的调整力度，当短期波动偏离长期均衡时，将分别以-0.07%和 4.48%的速度对下一期的 D（LCPI）和 D（LPPI）的值产生影响，并在经过短期误差修正后，最终实现长期均衡。从理论上讲，误差修正速度的大小反映了 VEC 模型从非均衡状态向均衡状态靠近的快慢程度，在实践中表示煤炭价格波动作用于物价水平的把握程度。从模型可以看出，模型的修正速度较慢，说明煤炭价格波动对我国物价水平的短期影响效力不明显。从煤炭价格波动对 CPI 短期效力看，煤炭价格每变动 1%，当期引起 CPI 同向变动 0.0327%，第二期引起反向变动

0.0371%，总体效力为-0.0044%；煤炭价格波动对 PPI 的短期影响效力来看：煤炭价格波动每变动 1%，当期引起 PPI 同向变动 0.0137%，总体效力为 0.0137%。总体上来看，煤炭价格波动对 CPI 和 PPI 的短期效力作用不太明显，其对于 PPI 的短期效力略大于对 CPI 的短期效力。

从式（4-6）可以看出，VEC 模型的误差修正项为-0.0144，误差修正项为负反馈机制，并在统计上显著，符合修正的意义。VEC 模型说明，PPI 对 CPI 具有短期作用效力，同时模型也反映了对偏离长期均衡的调整力度，当短期波动偏离长期均衡时，将以-1.44%的速度对下一期的 D（LCPI）的值产生影响，并在经过短期误差修正后，最终实现长期均衡。从模型可以看出，模型的修正速度较慢，说明 PPI 对 CPI 的短期影响效力不明显。PPI 对 CPI 的影响从短期效力看，PPI 每变动 1%，当期引起 CPI 同向变动 0.1598%，总体效力为 0.1598%。总体上来看，PPI 对 CPI 的短期效力作用相对较为明显。

4）传导时滞测度

本部分运用脉冲响应函数和预测方差分解来确定变量间的冲击变动及时滞。

A. 脉冲响应函数

在 VAR 模型中，脉冲响应函数描述了结构式冲击的单位变化对内生变量的动态影响过程，或者内生变量对结构式冲击一个标准差变化所产生的当期或者滞后反应。当某一变量期的扰动项变动时，会通过变量之间的动态联系，对 t 期以后各变量产生一连串的连锁作用。脉冲响应函数将描述系统对冲击的动态反应，并从动态反应中判断变量间的时滞关系。

图 4-6、图 4-7 和图 4-8 是 D（LCPI）、D（LCOP）、D（LPPI）、D（LCOP）及 D（LCPI）、D（LPPI）之间的脉冲响应函数的结果。

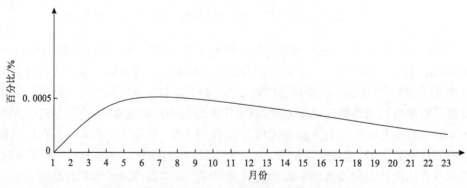

图 4-6 煤炭价格对 CPI 的脉冲响应函数（30 个月）

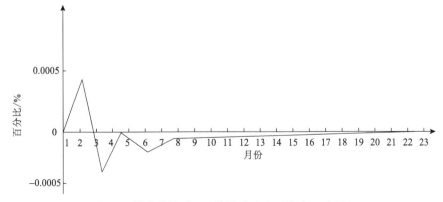

图 4-7　煤炭价格对 PPI 的脉冲响应函数（30 个月）

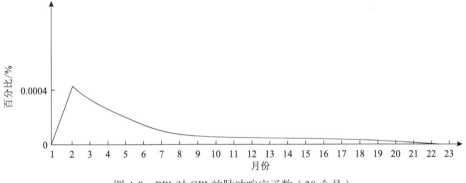

图 4-8　PPI 对 CPI 的脉冲响应函数（30 个月）

从图 4-6 可以看出，CPI 对于煤炭价格的一个标准差新息的冲击相对于 PPI 的响应相对较小。CPI 对于煤炭价格的响应开始时表现得不太明显，煤炭价格波动对我国 CPI 的脉冲响应初始值在第 1 个月为 0，随后新息冲击强度开始显现，此后呈波动上升趋势，并于第 6 个月达到峰值为 0.000 519%，此后呈稳步下降状态，并于第 18 个月后趋于稳定。

从图 4-7 可以看出，煤炭价格波动对我国 PPI 的脉冲响应函数在第 1 个月就有反应，但反应相对较小，但随后呈快速上升趋势，并于第 2 个月达到峰值为 0.000 432%，此后波动性较小，并于第 8 个月后趋于零。

从图 4-8 可以看出，PPI 对我国的 CPI 脉冲响应函数在第 1 个月就有反应，但反应相对较小，但随后呈快速上升趋势，并于第 2 个月达到峰值为 0.000 439%，此后呈快速下降趋势，并于第 9 个月后趋于零。

B. 预测方差分解

基于预测方差分解所测算的煤炭价格波动对于我国的 CPI 和 PPI 及 PPI 对 CPI 的贡献率结果如表 4-11～表 4-13 所示。

表 4-11　*D*（LCPI）的预测方差分解

预测期	标准误	*D*（LCPI）	*D*（LCOP）
1	0.004 056	100.000 00	0.000 000
2	0.004 143	98.910 84	1.089 160
3	0.004 242	98.568 34	1.431 664
4	0.004 250	98.573 29	1.426 707
5	0.004 256	98.477 57	1.522 426
6	0.004 256	98.458 83	1.541 167
7	0.004 257	98.435 76	1.564 237
8	0.004 257	98.426 93	1.573 074
9	0.004 257	98.421 88	1.578 123
10	0.004 257	98.429 75	1.570 252

表 4-12　*D*（LPPI）的预测方差分解

预测期	标准误	*D*（LPPI）	*D*（LCOP）
1	0.004 147	100.000 00	0.000 000
2	0.005 534	99.827 68	0.172 324
3	0.005 987	99.520 96	0.479 041
4	0.006 018	99.485 97	0.514 026
5	0.006 047	98.569 20	1.430 803
6	0.006 206	94.554 68	5.445 321
7	0.006 346	92.803 68	7.196 313
8	0.006 448	92.803 75	7.196 248
9	0.006 695	92.809 33	7.190 670
10	0.006 899	92.805 02	7.194 980

表 4-13　*D*（LPPI）对 *D*（LCPI）的预测方差分解

预测期	标准误	*D*（LCPI）	*D*（LPPI）
1	0.004 044	100.000 00	0.000 000
2	0.004 127	98.293 98	1.706 022
3	0.004 226	97.502 43	2.497 574
4	0.004 250	97.095 88	2.904 123
5	0.004 259	96.986 22	3.013 778
6	0.004 262	96.959 76	3.040 244
7	0.004 263	96.955 47	3.044 529
8	0.004 263	96.954 94	3.045 064
9	0.004 263	96.954 91	3.045 092
10	0.004 263	96.954 91	3.045 088

从表 4-11 可以看出：CPI 的预测误差主要来自自身变动的不确定性，第 1 期自身贡献率为 100%，此后逐步减少，第 8 期后稳定在 98.42%左右。煤炭价格波动对 CPI 的贡献在第 1 期为 0，第 2 期为 1.089%，从第 7 期开始稳定在 1.56%左右。

从表 4-12 可以看出：PPI 的预测误差主要来自自身变动的不确定性，第 1 期自身贡献率为 100%，此后逐步减少，第 7 期后稳定在 92.80%左右。煤炭价格波动对 CPI 的贡献在第 1 期为 0，第 2 期为 0.172%，从第 7 期开始稳定在 7.19%左右。

从表 4-13 可以看出：CPI 的预测误差主要来自自身变动的不确定性，第 1 期自身贡献率为 100%，此后逐步减少，第五个月后稳定在 96.96%左右。PPI 对 CPI 的贡献在第一个月为 0，第 2 期为 1.706%，从第 5 期开始稳定在 3.03%左右。

综合以上分析结果，可以判断：煤炭价格波动对 PPI 和 CPI 作用的平均时滞为 4.5 个月和 7 个月，可见，在样本区间内，煤炭价格波动对 CPI 的作用时滞要大于对 PPI 的作用时滞，时滞延长 2.5 个月。PPI 对 CPI 的平均作用时滞为 3.5 个月，由此可见，煤炭价格的价格传导首先传导到 PPI，然后经由 PPI 传导到 CPI，从传导效力和传导平均时滞的实证检验结果上基本可以做出这一判断。

3. 基于状态空间模型的动态性检验

1）煤炭价格波动对我国物价的时变效应分析

运用 EViews6.0，基于传导的机理和特征分析，以 AIC 和 SC 确定最优滞后期，对 lnCOP 与 lnCPI 之间及 lnCOP 和 lnPPI 之间分别构建状态空间模型，并进一步生成状态序列（对异常变动，剔除原值，采用前后两期的平均值），得到煤炭价格波动对 CPI 和 PPI 作用的时变参数轨迹，结果如下：煤炭价格波动对我国 CPI 的作用力度在 2002 年初期较大，而后呈现较大幅度的波动，2009 年后表现相对平稳。状态序列 SV_14F 在[0.1483，0.1559]波动，作用效力最大值出现在 2002 年 3 月，其值为 0.1559，其后呈下滑趋势；作用效力的最小值出现在 2007 年 1 月，其值为 0.1483，其后适度上扬，自 2008 年 2 月后，煤炭价格波动对我国 CPI 的作用效力一直维持在 0.1495 左右。这说明煤炭价格每增加 1%，CPI 将增加 0.1495%。存在着效率减损，但不明显。总体来看，煤炭价格波动对我国 CPI 有一定的影响。此外，状态序列 SV_16F 在[0.1787，0.1866]波动，作用效力的最小值出现在 2002 年 7 月，其值为 0.1787，其后呈波动上升趋势；其作用效力最大值出现在 2009 年 1 月，其值为 0.1866，其后适度下滑，并于 2009 年 7 月后稳定在 0.1850 左右。

综合以上分析可以看出：煤炭价格波动对 PPI 的影响弹性总体略大于对 CPI 的影响弹性。煤炭价格波动对我国物价的影响弹性波动较大，特别是 2002~2004 年，这是由于 2002 年是我国加入 WTO 的第二年，整个国民经济形势较好，同时国家发展和改革委员会出台了自 2002 年起停止发布电煤指导价的政策，标志着从政策层面上确立了煤炭价格市场化机制的形成，导致煤炭价格对我国物价的大幅波动。2008 年煤炭价格对 PPI 和 CPI 的影响弹性都呈上升趋势，并出现了阶段性的峰值，主要是由于 2008 年我国的自然灾害频发，如 2008 年初的雪灾及四川地震等，而我国经济对煤炭的依赖程度进一步提高，这从我国 2008 年后的能源消耗比重变化可以得到解释。2008 年至今，煤炭价格波动对 CPI 的影响弹性趋于稳定，而对 PPI 的影响弹性呈下降趋势，主要是由于我国近年来积极推进产业结构调整。

2）煤炭价格对物价传导的时变效应与煤炭价格波动状态的关联

价格作为市场经济中最活跃的因素，其将随着市场供求等因素的变化而发生波动，随着我国煤炭市场化改革的推进，煤炭价格将在市场经济调控和宏观经济调控的双重影响下频繁波动，所以我国煤炭价格变化将成为一种常态。从前述实证研究可以看出，煤炭作为我国的主要基础性能源，其价格变化将对我国的物价构成影响，由于煤炭价格波动的动态性，其对于我国物价的影响效力也是时变的。

本部分首先对样本考察期内的煤炭价格和 CPI、PPI 进行 HP 滤波，去除其趋势成分，初步考察其波动成分之间是否具有匹配性；然后进一步基于煤炭价格对 CPI 和 PPI 的时变参数进行趋势分离，以考察其弹性的波动成分与煤炭价格波动状态的匹配性，从而进一步说明煤炭价格波动对 CPI、PPI 传导效应的增大或减小与煤炭价格扩张或收缩之间是否存在某种关联。

A. 对 CPI 的时变效应与煤炭价格波动状态的关联

考察煤炭价格对 CPI 的时变效应与煤炭价格波动状态之间的关联，即检验二者之间是否存在某种联系。

a）煤炭价格的波动状态与 CPI 波动状态的比较

先将样本区间内的煤炭价格与 CPI 月度数据进行 HP 滤波，去除其趋势成分，分离出其波动状态，并对其进行比较分析。可以发现，样本考察期内煤炭价格的波动状态与 CPI 的波动状态具有一定的对应性，总体来看，煤炭价格波动的幅度大于我国 CPI 变动的幅度，其原因从我国经济的实际运行中可以得到解释。第一，煤炭价格波动向 CPI 传导的过程中产生损耗。煤炭行业作为我国国民经济的上游产业，其价格波动在向下游传导的过程中，会经历一系列的中间环节，从而会发生价格信号传递耗损的现象，这在林伯强等的研究成果中得到类似的验证。第二，与我国的宏观调控政策吻合。中国人民银行自 1996 年起开始实行物价稳定基础上的经济增长的宏观调控政策，我国在积极推进经济增长的同时，也对我国的 CPI 给予了高度关注，所以国家相关部门运用多种调控工具和调控手段来影响我国的物价水平，以避免物价总水平发生较大幅度的波动而影响广大人民的生活水平。

b）煤炭价格与 CPI 波动状态的"0-1"处理比较

为进一步考察其内部关系，对煤炭价格和 CPI 的波动成分进行"0-1"处理，具体做法如下所示。

第一，对于煤炭价格，波动成分大于 0 的，视为扩张期，用"1"表示；波动成分小于 0 的，视为紧缩期，用"0"表示。

第二，对于 CPI，去除明显不稳定时期的波动，对于剩余的稳定时期的波动，波动成分大于 0 的，视为扩张期，用"−1"表示；波动成分小于 0 的，视为收缩期，用"0"表示。

基于以上，分析处理后的序列之间的相关性，图 4-9 是煤炭价格波动与 CPI 波动状态的比较结果（其中，黑色表示煤炭价格波动状态为扩张，灰色表示 CPI 波动状态为扩张）。

从图 4-9 可以看出以下几点。

第一，在整体样本区间内，煤炭价格波动状态和 CPI 的波动状态不具有严格的对应关系。总体来看，煤炭价格和 CPI 的波动状态较为频繁，虽然其之间不存在严格的对应关系，但样本区间内的大多数时期，煤炭价格波动的扩张期对应 CPI 的扩张期在一定程度上滞后，这和前面的实证结论基本吻合。

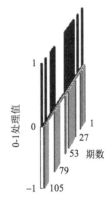

图 4-9　煤炭价格波动与 CPI
波动状态"0-1"处理比较

第二，在样本考察期内的 2002～2005 年，煤炭价格波动和 CPI 波动相对较为频繁。我国 2001 年加入 WTO 后，使我国经济得以快速融入世界经济，我国经济开始活跃，经济发展呈稳步上升趋势，由于欧美经济的恢复和发展，对我国商品形成了强劲需求，整个经济生产对我国煤炭需求量加大。但由于我国 1997～ 2000 年煤炭市场不景气，影响和限制了煤炭行业的投资，而煤炭行业投资和产出之间有一定的滞后性，同时我国 2002 年 1 月 1 日以后，政府从宏观政策层面上确立了煤炭价格的市场化地位，使煤炭价格波动主要受市场供求关系的影响，导致 2002～2005 年煤炭价格波动相对较为频繁。2004～2005 年底，考察期内煤炭价格和 CPI 大部分都处于扩张期，这是由于这期间我国经济发展较为强劲，在经历了持续多年的低迷后，2004 年 GDP 增速达到 10.1%，进出口贸易、投资、消费等宏观指标均呈现快速增长的势头。

第三，2006～2010 年，煤炭价格波动和 CPI 波动相对较小，对应性较为明显。这是由于我国经济经过近几年的发展，宏观调控部门对我国融入世界经济的调控能力得以适应和增强，促使我国经济的市场化得以有效推进和深化，同时煤炭行业投资使煤炭产出逐年增长，有效地缓解了煤炭的需求压力。

　　c）煤炭价格波动与其对 CPI 时变弹性的比较分析

　　本部分运用前述煤炭价格波动对 CPI 时变弹性的结论，进一步对煤炭价格波动及煤炭价格波动对 CPI 的时变弹性做滤波，以比较其波动状态。具体做法如下。

　　第一，对于煤炭价格，波动成分大于 0 的，视为扩张期，用"1"表示；波动成分小于 0 的，视为紧缩期，用"0"表示。

　　第二，对于煤炭价格波动对 CPI 传导的时变效力，去除明显不稳定时期的波动，对于剩余的稳定时期的波动，波动成分大于 0 的，视为弹性增大，用"−1"表示；波动成分小于 0 的。视为弹性减小，用"0"表示。可以得出以下结论。

　　其一，煤炭价格波动对 CPI 传导的时变弹性与煤炭价格波动虽然不具有严格的一一对应关系，但样本区间内的大多数时期，煤炭价格波动的扩张期和其对 CPI 传导的时变弹性的增大期存在一定的匹配性和滞后性，表明煤炭价格波动对 CPI 传导效应的增大或减小与煤炭价格扩张或收缩之间存在关联。

　　其二，煤炭价格的波动相对较为集中，而对 CPI 传导的时变弹性相对较为分散。主要是因为我国虽然从政策层面上确定了煤炭价格的市场化，但由于我国电力市场改革的滞后性，我国宏观部门为了保障国民经济的平稳运行，不定期对煤炭价格特别是电煤价格进行宏观指导，甚至直接干预，导致每年年初或者年末的电煤订货会基本上就确立了当年的煤炭价格大致行情和走势，而电煤在我国煤炭消耗中的比重较大，所以我国煤炭价格虽然呈逐年上涨的趋势，但波动相对较为集中。而煤炭价格一旦确定，其对 CPI 的传导有个时滞过程，同时其影响也不是一蹴而就，每做一次煤炭价格调整，会对 CPI 构成多次冲击，从而导致其时变弹性相对较为分散。

　　其三，样本考察期的 2002～2005 年，煤炭价格波动对 CPI 传导的时变弹性较大。主要是由于我国经济是投资驱动型的经济，在 2005 年前，特别是 2003～2004 年，我国政府为了刺激经济增长，进行了一系列的投资，但由于各级政府没有相应的环保意识，低水平、重复建设较为严重。一些水泥、钢材等对煤炭依赖度较强、能耗较高的项目纷纷上马，煤炭价格急剧上涨，导致煤炭价格波动对我国 CPI 传导的时变弹性也得以加强。

　　其四，样本考察期的 2006～2010 年，煤炭价格对 CPI 传导的时变弹性相对较弱。2006 年，虽然我国经济得以迅速发展，GDP 增速达到 10.7%，但我国 2006 年的煤炭价格不同于 2005 年一路上涨，而 2006 年煤炭价格相对较为稳定，呈现稳中有升的良好局面，这主要得益于我国政府的科学发展观和和谐发展观的实践。"九五"到"十五"初期，我国一直鼓励煤炭出口，但近年来我国政府已经意识到一次能源稀缺性及我国经济对一次性能源消费量将持续急剧增加，2006 年我国政府出台了针对煤炭行业的限制出口、鼓励进口的税收政策，使 2006 年煤炭出口下降，进口大幅度上升，同时煤炭库存趋于理性，各级政府在进行投资时开始关注环境保护和碳排放，在项目的审批上更为严格和科学。以上有效的措施，使我国煤炭价格在 2006 年较为稳定，其对于我国 CPI 的时变弹性不明显。2007～2008 年煤炭价格波动及其对 CPI 传导的时变弹性都有所提高，主要是因为我国开始改变对煤炭成本的传统看法，有关煤矿生态环境恢复治理方面的相关政策开始实施，同时国际油价上涨及我国遭受了前所未有的自然灾害，如 2008 年初的冰雹灾害、四川地震等，导致我国煤炭价格上涨加快，进一步导致其对于 CPI 传导的时变弹性较大。2009～2010 年，我国开始关注产业结构优化，低水平、高污染、重复建设项目难以获批，使煤炭价格平稳上涨。

其五，煤炭价格波动与其对 CPI 传导的时变弹性不具有对称性。煤炭价格波动与其对 CPI 传导的时变弹性不具有一一对应关系，但考察期内的大多数时期，煤炭价格波动的扩张期对应于煤炭价格对 CPI 传导效率的扩大期。通过前述时变弹性的分析结果可以看出：煤炭价格上涨对 CPI 的传导效应小于煤炭价格下降对 CPI 的传导效应。即煤炭价格下降会导致 CPI 更大幅度的降低，而煤炭价格上涨只能导致 CPI 一定程度的上涨。

B. 对 PPI 的时变效应与煤炭价格波动状态的关联

a）煤炭价格的波动状态与 PPI 波动状态的比较

基于上述分析，先将样本区间内的 PPI 月度数据进行 HP 滤波，去除其趋势成分，分离出其波动状态，并将其与煤炭价格波动状态进行比较分析。通过比较可以看出：根据样本考察期内煤炭价格的波动状态和 PPI 的波动状态总体来看，具有类似的波动趋势。总体来看，煤炭价格的波动幅度大于我国 PPI 波动的幅度。其原因主要是煤炭价格波动向 PPI 传导过程中产生损耗。煤炭行业作为我国国民经济的上游产业，其价格波动会对其下游相关产业的成本和价格构成影响，进而对 PPI 构成影响，但在传递过程中会发生价格信号耗损现象；同时也与我国的宏观调控政策吻合，中国人民银行自 1996 年起开始实行物价稳定基础上的经济增长宏观调控政策，由于 PPI 对 CPI 有直接的传导和影响，我国在积极推进经济增长的同时，也对我国的 PPI 给予了高度关注，所以国家相关部门会运用多种调控工具和调控手段来影响我国 PPI 的波动。

b）煤炭价格与 PPI 波动状态的"0-1"处理

为进一步考察其内部关系，对煤炭价格和 PPI 的波动成分进行"0-1"处理，具体做法如下所示。

第一，对于煤炭价格，波动成分大于 0 的，视为扩张期，用"1"表示；波动成分小于 0 的，视为紧缩期，用"0"表示。

第二，对于 PPI，去除明显不稳定时期的波动，对于剩余的稳定时期的波动，波动成分大于 0 的，视为扩张期，用"−1"表示；波动成分小于 0 的，视为收缩期，用"0"表示。

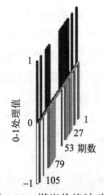

图 4-10　煤炭价格波动与
PPI 波动状态的比较

基于以上，分析处理后的序列之间的相关性，图 4-10 是煤炭价格波动与 PPI 波动状态的比较。

从图 4-10 可以看出以下几点。

第一，在整体样本区间内，煤炭价格波动状态和 PPI 的波动状态具有一定的对应关系。总体来看，煤炭价格波动对我国 PPI 具有明显的冲击效应，其变动频率基本吻合。虽然其之间不存在严格的一一对应关系，但样本考察区间内的大多数时期，煤炭价格波动的扩张期对应 PPI 的扩张期一定程度上滞后，这和前面论述的煤炭价格波动对 PPI 会构成正向影响但存在一定程度上的滞后期的实证结论基本吻合。

第二，在样本考察期内的 2002~2005 年，煤炭价格和 PPI 波动相对较为频繁。主要是由于我国 2001 年加入 WTO 后，我国经济获得快速发展，特别是一些高耗能项目的审批，对能源特别是煤炭需求较大，而我国煤炭行业前几年投资较少，导致产能无法跟上市场需求，从而使煤炭价格开始持续上涨。同时由于我国"富煤、贫油、少气"的能源赋存特点，我国大力发展的重化工业对煤炭需求急剧增加，煤炭价格在相关工业中的成本所占比重较大，导致煤炭价格上涨直接引起了 PPI 的上涨。

第三，2006~2010 年，煤炭价格波动和 PPI 波动的扩张期相对较为稀疏。主要是由于前几年的煤炭行业投资及我国"两高一资"的出口政策的调整，我国的煤炭供给紧张的状况得到了有效的缓解，同时我国各级政府着力调整推进产业结构调整，对一些高能耗、高污染的产业进行关、停、并、转，这也从一定程度上缓解了煤炭的需求压力，从而导致 2006~2010 年煤炭价格和 PPI 的扩张期较为稀疏。

c）煤炭价格波动与其对 PPI 时变弹性的比较分析

本部分运用前述煤炭价格波动对 PPI 时变弹性的结论，进一步对煤炭价格波动及煤炭价格波动对 PPI 的时变弹性做滤波，以进一步比较其波动状态。具体做法如下所示。

第一，对于煤炭价格，波动成分大于 0 的，视为扩张期，用"1"表示；波动成分小于 0 的，视为紧缩期，用"0"表示。

第二，对于煤炭价格波动对 PPI 传导的时变效力，去除明显不稳定时期的波动，对于剩余的稳定时期的波动，波动成分大于 0 的，视为弹性增大，用"–1"表示；波动成分小于 0 的，视为弹性减小，用"0"表示。可以看出以下几点。

其一，煤炭价格波动对 PPI 传导的时变弹性与煤炭价格波动状态具有一定对应关系。在样本考察区间内的大多数时期，煤炭价格波动的扩张期和其对 PPI 传导的时变弹性的增大期存在一定的匹配性，表明煤炭价格波动对 PPI 传导效应的增大或减小与煤炭价格扩张或收缩之间存在关联。

　　其二，煤炭价格波动的扩张期较为集中，而对 PPI 传导的时变弹性相对较为分散。主要是由于我国煤炭价格的宏观调控色彩较浓，导致每年年初或者年末的电煤订货会基本上就确立了当年的煤炭价格大致行情和走势，而电煤在我国煤炭消耗中的比重较大，所以我国煤炭价格虽然呈逐年上涨的趋势，但波动相对较为集中。而煤炭价格向 PPI 传导过程中，由于对每个下游行业的影响大小、快慢的差异，导致煤炭价格每做一次调整，会对 PPI 构成多次冲击，从而导致煤炭价格波动对 PPI 的时变弹性影响较为分散。

　　其三，样本考察期的 2002～2005 年，煤炭价格波动扩张期对 PPI 时变弹性的扩张期具有严格的对应关系；2006～2010 年，二者之间的对应性降低。主要是由于我国经济的投资驱动型特征，所以投资在我国经济中居于重要地位。在 2005 年以前，特别是 2003～2004 年，我国进行了一系列对能源消耗特别是煤炭消耗较高的项目，导致煤炭价格急剧上涨。同时由于煤炭价格对 PPI 传导的时滞相对较短，煤炭价格的扩张期与 PPI 的扩张期具有较为明显的一一对应关系。但 2006 年以后，我国开始重视环境保护和可持续发展，对一些低水平、重复建设的高耗能项目进行了关、停、并、转，产业结构开始逐步升级，导致对煤炭需求的上涨幅度有所减缓。特别是 2006 年，国家通过对煤炭鼓励进口、限制出口的税收政策，以及对投资项目审批的科学规范等措施的实施，使我国煤炭价格在 2006 年较为稳定，在 2006 年，我国的煤炭价格波动及其对 PPI 传导的时变弹性均处于紧缩期。2007 年中旬以后煤炭价格波动及其对 PPI 传导的时变弹性都有所提高，主要是我国对煤炭成本的核算方式发生变化，环境治理等费用在煤炭价格中开始体现，同时一些自然灾害也加剧了我国对煤炭的需求，导致煤炭价格开始上扬，但我国开始关注产业结构优化和提升，增加了一些新型能源的使用，从而导致煤炭价格波动的扩张期和 PPI 的扩张期之间对应关系的降低，特别是 2009 年以后。

　　其四，煤炭价格波动与其对 PPI 传导的时变弹性具有对称性。煤炭价格波动与其对 PPI 传导的时变弹性基本具有一一对应关系，考察期内的大多数时期，煤炭价格波动的扩张期对应其对 PPI 的传导效率的扩大期，且滞后性相对于 CPI 不明显，这也符合前述的实证结论。通过前述时变弹性的分析结果可以看出，煤炭价格上涨对 PPI 的影响效力与煤炭价格下降对 PPI 的影响效力基本吻合，即煤炭价格下降会导致 PPI 降低的幅度与煤炭价格上涨导致 PPI 上升的幅度几乎是一致的。

4.2.2　煤炭价格波动对我国产出的传导效应研究

1. 变量选择与预处理

1）变量选择

　　本部分主要测度煤炭价格波动对我国产出的影响效应，而对于产出分析又分为总量效应和结构效应。总量效应主要考察煤炭价格波动对我国 GDP 总量的影响效应,而结构效应主要分析煤炭价格波动对我国总产出中的投资、消费和进出口的影响效应,其中,煤炭价格、GDP、投资、消费、进出口分别用 COP、GDP、INV、CO、INX 表示。

2)数据来源

煤炭价格数据的选取和 4.2.1 小节的数据选取一致,为了保持数据来源和统计口径的统一性,本部分选用的 GDP、投资、消费和进出口数据均来源于中经网产业数据库。由于投资变量的全社会固定资产投资的月度数据的难以获得性,本部分采用城镇固定资产投资的月度数据代表我国投资的月度数据。

3)变量的统计特征描述

建模分析之前,先对相关变量统计特征进行描述,以进一步反映各变量在样本区间的整体运行状况,并初步判断变量之间的关联性。通过比较发现:在样本区间内,煤炭价格指数和 GDP 都呈上升趋势。其中,GDP 数据的波动性相对较大,而煤炭价格指数相对较为平稳,仅在 2008 年 3~11 月波动较大,这和 2008 年的总体经济形势是比较吻合的。此外,在样本区间内,我国投资、消费和进出口都呈现上升趋势,投资的上升趋势更为明显。其中,投资和消费的变动趋势相同,周期性趋势比较明显,2006 年之前两者的变化相对较为平稳,此后波动性加大。而我国的进出口也呈现稳步增长状态,总体波动性相对较小,在 2008 年底、2009 年初出现较大幅度下滑,比较符合当时的经济形势。

4)变量预处理

由于本部分需采用的是 2002 年 1 月~2010 年 12 月的月度数据,所以需要对所选数据进行预处理。由于中经网产业数据库中的 GDP 数据为季度数据,所以需要进行月度处理,采用工业增加值的月度数据对 GDP 的季度数据进行月度处理,具体处理方式为:通过工业增加值的月度数据计算出工业增加值的季度数据,然后计算出工业增加值各月的权数,基于工业增加值每个月的权数和 GDP 的季度数据,进一步计算出每个月的 GDP 数值。煤炭价格指数的预处理采用第 3 章的处理方式,由于中经网产业数据库能够查询到消费、投资和进出口的月度数据,所以对数据本身不需要进行转换处理。

基于以上分析,考虑协整建模的需要,对原始数据做如下处理。

(1)由于数据为 2002~2010 年的月度数据,为了消除时间序列中的季节变动要素,从而显示出序列潜在的趋势循环分量,因为趋势循环分量能够真实地反映经济时间序列运动的客观规律,以进行客观的经济分析。采用 CensusX12 方法对数据季节调整,调整后的煤炭价格、GDP、投资、消费及进出口分别记为:COP_SA、GDP_SA、INV_SA、CO_SA、INX_SA。

(2)为了消除时间序列中的异方差,并将指数趋势转变为线性趋势,对季节调整后的序列取对数,从而得到序列 LCOP、LGDP、LINV、LCO、LINX。

2. 煤炭价格波动对产出传导效应的一般性检验

1）序列平稳性检验

先对各变量的水平值进行平稳性检验,以 ADF 检验为主,同时对各序列进行 Elliott-Rothenberg-Stock（ERS）检验。以 AIC 作为判断最优滞后期的标准,检验结果表明,各相关变量的原始序列均没有通过平稳性检验,均存在单位根。基于此,对各变量的差分序列进行平稳性检验,各序列的一阶差分均通过了 ADF 检验、ERS 检验,各序列平稳,无单位根。因此,可以判断各序列均为 I（1）序列,这为进一步确定变量间的关系奠定了基础。

2）Granger 因果关系检验

由于本部分主要考察煤炭价格波动对我国产出的总量效应和结构效应,所以在进行各变量因果关系检验时,主要考察煤炭价格与我国产出的总量和结构之间的因果关系。由于 LCOP、LGDP、LCO、LINV、LINX 序列均为 I（1）序列,所以对以上序列进行差分以转化为平稳序列,然后基于平稳序列进行因果关系检验。检验结果表明:煤炭价格与产出的总量变量和结构变量均具有因果关系,因而可以认为煤炭价格对产出的各变量具有传递关系。

通过 Granger 因果关系检验可以初步了解变量间的促进或制约关系,但由于滞后期选择等方面的局限性,其结果并不具有很强的可靠性。下面将对各相关变量进行基于 VAR 模型的相关检验,以便于更精确地测度煤炭价格波动对各产出变量的传导效力和传导速度的影响,从而反映其传导效应。

3）长短期作用效力测度

对于煤炭价格波动对我国产出的传导效力的考察思路如下:在因果关系检验的基础上,建立 VAR 模型,对煤炭价格与产出的总量变量和结构变量分别进行协整检验,对具有协整关系的变量建立协整模型,以考察其长期效力,并进一步通过 VEC 模型考察其短期效力。如果变量间不存在协整关系,则通过建立 Almon 模型来确定变量间的关系。

A. 总量效应作用效力测度

a）长期效力测度

对总量变量的长期效力测度,需要建立起长期稳定的方程,以反映变量之间最根本的关系。通过检验发现 LCOP 和 LGDP 之间具有协整关系,其协整方程为

$$\text{LGDP}=0.180\,292\,3\text{LOCP}+0.010\,04 \qquad (4\text{-}7)$$

根据协整方程可以看出,煤炭价格与我国 GDP 之间的关系不符合理论的分析,煤炭价格与 GDP 之间的关系与理论分析的方向相反。为进一步确认这种关系的准确性,对煤炭价格与 GDP 的原序列、季节调整后的序列和季节调整后取对数

的序列作相关性检验，得到的相关系数分别为：0.965 8、0.946 8 和 9.253 6，均为正相关关系，这说明出现与理论分析不一致的结果并非模型构建中变量处理不当造成的，而是由序列本身所具有的关系造成的。通过协整方程可以得出，煤炭价格对我国 GDP 的长期效力具有较为明显的冲击效应，煤炭价格每变动 1%，GDP 将同向增加 0.180 923%。这和我国长期一贯的能源政策和产业结构有关，由于我一贯奉行能源低价政策，近年来虽然大力推进市场化改革，但能源价格特别是煤炭价格并没有体现煤炭的应用价值。在产业结构方面，煤炭价格上涨，将使煤炭采掘及加工产业的利润大幅度增加；同时以煤炭为主要原材料的上游产业有的具有一定的垄断性，其原材料——煤炭的价格上涨，其能够将成本直接转移到下游产业；同时一些以煤炭为原材料的下游产业由于行业竞争激烈，会使其行业利润受到影响，但综合而言，煤炭价格上涨会促使我国的 GDP 上升。

　　b）短期效力测度

　　协整方程体现了变量之间的长期作用效力，考察变量之间的短期作用效力需要建立短期动态方程—VEC 模型。VEC 模型可以视为短期效力测度方程，根据估计的结果，煤炭价格对 GDP 的短期效力方程为

$$D(LGDP) = -0.1237(LGDP(-1) - 0.8296LCOP(-1) - 5.3386) - 0.3303D(LGDP(-1))$$
$$- 0.0700D(LGDP(-2)) - 0.1845D(LGDP(-3)) + 0.0740D(LCOP(-1))$$
$$+ 0.3660D(LCOP(-2)) - 0.7829D(LCOP(-3)) + 0.0246$$

$$（4\text{-}8）$$

　　从式（4-8）可以看出，VEC 模型的误差修正项为-0.1237（<0），误差修正项为负反馈机制，并在统计上显著，符合修正的意义。说明煤炭价格对 GDP 具有短期作用效力，同时模型也反映了对偏离长期均衡的调整力度，当短期波动偏离长期均衡时，将以-12.37%的速度对下一期的 D（LGDP）产生影响，并在经过短期误差修正后，最终实现长期均衡，理论上讲，修正速度的大小反映了 VEC 模型从非均衡向均衡靠近的快慢程度。

　　从短期效力看，煤炭价格每变动 1%，GDP 当期、第二期和第三期分别变动 0.0740%、0.3660%、-0.7829%，总体效力为：-0.3429%，即煤炭价格波动对我国 GDP 具有短期负效应。

　　B. 结构效应作用效力测度

　　a）长期效力测度

　　先验证 LCOP 分别与 LINV、LCO、LINX 之间的协整关系，为确保合理认定截距项和趋势项等信息，结合变量特征对各种选择进行比较分析。

　　第一，LCOP 与 LINV 的协整关系进行检验。

　　基于 LCOP 与 LINV 之间协整关系的检验可以看出，LCOP 和 LINV 之间具

有协整关系，其协整方程为

$$LINV = 0.546\,909LCOP + 0.012\,021 \tag{4-9}$$

第二，LCOP 与 LCO 协整关系检验。

检验结果表明，LCOP 和 LCO 之间具有协整关系，其协整方程为

$$LCO = 0.011\,094LCOP + 5.784\,632 \tag{4-10}$$

第三，LCOP 与 LINX 协整关系检验。

检验结果表明，LCOP 和 LINX 之间具有协整关系，其协整方程为

$$LINX = -4.826\,948LCOP + 0.086\,568 \tag{4-11}$$

由以上分析可以得出长期效力测度结论：煤炭价格波动对我国的投资、消费具有长期的正向作用效力，这与前述理论不符。为了进一步确认其关系的准确性，对煤炭价格与投资、消费的原序列、季节调整后的序列及季节调整后的取对数后的序列作相关性检验，得到相关系数为 0.9632、0.9856、1.8954 和 0.6529、0.6702、5.6219，均为正相关关系，这说明出现这种与理论不一致的结论并不是模型构建过程中变量的处理不当造成的，而是由序列本身特征的表现造成的。出现这种结论一方面是因为单变量传导效率研究一般认为各变量的作用不受其他变量的影响，但实际上影响投资、消费变量较多，是个综合作用的结果；另一方面，也说明我国的实际经济运行情况有其自身独特的运行特征。煤炭价格波动对我国进出口总额有明显的负向影响，且从系数来看，具有明显的放大效应，这比较符合理论实际，煤炭价格上涨，会导致我国出口产品的成本大幅上升，从而使我国商品的国际市场竞争力下降，同时我国经济又具有出口型经济特征，所以煤炭价格上涨对我国进出口变量具有明显的负向效应。

从协整方程来看，煤炭价格波动对投资、消费具有长期正向的传导效力，而对进出口变量具有负向效应，即煤炭价格每波动 1%，投资、消费将同向变动 0.546\,909%、0.011\,094%，而进出口将反向变动 4.826\,948%。

b）短期效力测度

由于 LCOP 与 LINV、LCO、LINX 分别具有协整关系，可以构建 VEC 模型。根据 AIC 和 SC，确定最优滞后期分别为第二期、第二期和第三期。根据上述分析，VEC 模型可以视为短期效力测度方程，煤炭价格对投资、消费、进出口的短期效力方程分别为

$$\begin{aligned}
D(LINV) = &-0.1767(LINV(-1) - 1.3102LCOP(-1) - 1.8551) \\
&-0.3377D(LINV(-1)) - 0.2028D(LINV(-2)) \\
&-0.1335D(LCOP(-1)) - 0.3658D(LCOP(-2)) + 0.0403
\end{aligned} \tag{4-12}$$

$$D(\text{LCO}) = -0.0312(\text{LCO}(-1) - 0.9272\text{LCOP}(-1) - 3.7609)$$
$$- 0.2720D(\text{LCO}(-1)) - 0.0764D(\text{LCO}(-2)) \qquad (4\text{-}13)$$
$$+ 0.2306D(\text{LCOP}(-1)) - 0.1543D(\text{LCOP}(-2)) + 0.0169$$

$$D(\text{LINX}) = -0.0506(\text{LINX}(-1) - 0.8691\text{LCOP}(-1) - 2.4878)$$
$$- 0.3252D(\text{LINX}(-1)) + 0.0882D(\text{LINX}(-2))$$
$$+ 0.1840D(\text{LINX}(-3)) + 0.6509D(\text{LCOP}(-1)) \qquad (4\text{-}14)$$
$$+ 0.9636D(\text{LCOP}(-2)) - 1.6963D(\text{LCOP}(-3)) + 0.0189$$

从式（4-12）可以看出，VEC 模型的误差修正项为-0.1767（<0），误差修正项为负反馈机制，并在统计上显著，符合修正的意义。说明从短期来看，煤炭价格能作用于投资，并能够以-17.67%的速度对下一期 D（LINV）的值产生影响，并在经过短期误差修正后，最终实现长期均衡。从短期效力看，煤炭价格每变动 1%，投资将在当期、第二期分别变动-0.1335%、-0.3658%，总体效力为：-0.4993%，即煤炭价格波动对我国投资具有短期负效应。

从式（4-13）可以看出，VEC 模型的误差修正项为-0.0312（<0），误差修正项为负反馈机制，并在统计上显著，符合修正的意义。说明从短期来看，煤炭价格能作用于消费，并能够以-3.12%的速度对下一期 D（LCO）的值产生影响，并在经过短期误差修正后，最终实现长期均衡。从短期效力看，煤炭价格每变动 1%，消费将在当期、第二期分别变动 0.2306%、-0.1543%，总体效力为：0.0763%，即煤炭价格波动对我国消费具有短期正效应，但短期作用效力较小。

从式（4-14）可以看出，VEC 模型的误差修正项为-0.0506（<0），误差修正项为负反馈机制，并在统计上显著，符合修正的意义。说明从短期来看，煤炭价格能作用于进出口，并能够以-5.06%的速度对下一期 D（LINX）的值产生影响，并在经过短期误差修正后，最终实现长期均衡。从短期效力看，煤炭价格每变动 1%，进出口将在当期、第二期和第三期分别变动 0.6509%、0.9636%和-1.6963%，总体效力为：-0.0818%，即煤炭价格波动对我国进出口具有短期负效应。

4）传导时滞测度

基于脉冲响应函数和预测方差分解来确定变量之间的冲击变动状态及其时滞。由于脉冲响应函数和预测方差分解时要求 VAR 模型必须稳定的，而由于序列本身的一些特征，有些序列的原序列所构建的 VAR 模型即为平稳的，而某些序列的差分序列才是平稳序列。在这种情况下，不同序列之间的脉冲响应函数和预测方差分解可能建立在不同的 VAR 模型之上，本书对此不予探讨，而是将其视为变动的一次性冲击而予以考察。

A. 总量变量的作用时滞测度

对 LCOP 与 LGDP 构建的 VAR 模型进行稳定性诊断，依据 AIC，确定其 VAR

模型的最优滞后阶数为 3,基于此,进行脉冲响应函数和预测方差分解分析,图 4-11 为 LCOP 对 LGDP 的脉冲响应结果。

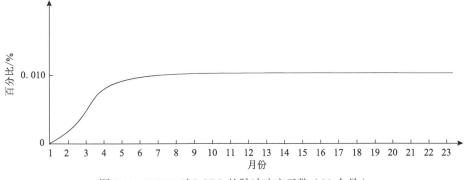

图 4-11   LCOP 对 LGDP 的脉冲响应函数（30 个月）

从图 4-11 可以看出,煤炭价格波动对 GDP 的脉冲响应在第 1 个月为 0,此后呈逐步上升趋势,但前 3 个月上升幅度较小,并于第 6 个月达到最大值,为 0.010 408%,此后波动非常小,并逐渐呈现出稳定状态。方差分解的结果表明 GDP 的预测误差主要来自自身变动的不确定性,第 1 个月自身贡献率为 100%,此后逐步减少,第 20 个月后稳定在 86.5%左右。煤炭价格对 GDP 的贡献在第 1 个月为 0,从第 2 个月开始逐步上升,至第 20 个月稳定在 13.5%左右。

综合以上分析,可以判断,煤炭价格波动对 GDP 的平均时滞为 11.5 个月。

B. 结构变量的作用时滞测度

a）煤炭价格对投资的作用时滞

对 LCOP 与 LINV 构建的 VAR 模型进行稳定性诊断,依据 AIC,确定其 VAR 模型的最优滞后阶数为 3,基于此,进行脉冲响应函数和预测方差分解分析,图 4-12 为 LCOP 对 LINV 的脉冲响应结果。

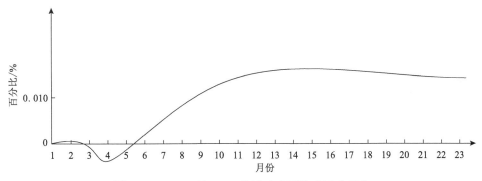

图 4-12   LCOP 对 LINV 脉冲响应函数（30 个月）

结果表明，煤炭价格波动对投资的脉冲响应在第 1 个月为 0，此后呈小幅波动趋势，并于第 4 个月达到最小值后呈逐步上升趋势，于第 14 个月达到峰值 0.016 588%，此后缓慢降低，并于 22 个月后呈稳定状态。方差分解的结果显示投资的预测误差在第 1 个月自身贡献率为 100%，此后逐步减少，第 24 个月后基本稳定在 68.8% 左右。煤炭价格对投资的贡献在第 1 个月为 0，从第 2 个月开始逐步上升，至第 24 个月基本稳定在 31.2% 左右。

综合以上分析，可以判断，煤炭价格波动对我国投资的平均时滞为 19 个月。

b）煤炭价格对消费的作用时滞

对 LCOP 与 LCO 构建的 VAR 模型进行稳定性诊断，依据 AIC，确定其 VAR 模型的最优滞后阶数为 3，基于此，进行脉冲响应函数和预测方差分解分析，图 4-13 为 LCOP 对 LCO 的脉冲响应结果。

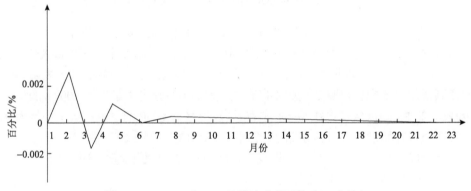

图 4-13　LCOP 对 LCO 的脉冲响应函数（30 个月）

从图 4-13 可以看出，煤炭价格波动对消费的脉冲响应在第 1 个月为 0，此后呈上升趋势，并于第 2 个月达到峰值 0.003 155%，然后呈波动状态，并于 8 个月后趋于零。

表 4-14 是 D（LCO）与 D（LCOP）预测方差分解结果，反映预测期内煤炭价格波动对我国产出的结构变量——CO 预测误差的相对贡献度。

表 4-14　D（LCO）的预测方差分解

预测期	标准误	D（LCPI）	D（LCOP）
1	0.013 408	100.000 00	0.000 000
2	0.014 271	95.113 73	4.886 270
3	0.014 327	94.509 76	5.490 243
4	0.014 369	94.412 13	5.587 867
5	0.014 377	94.383 79	5.616 213

续表

预测期	标准误	D（LCPI）	D（LCOP）
6	0.014 377	94.383 77	5.616 228
7	0.014 378	94.376 52	5.623 482
8	0.014 378	94.374 71	5.625 293
9	0.014 378	94.373 93	5.626 072
10	0.014 378	94.373 26	5.626 738
11	0.014 378	94.372 98	5.627 016
12	0.014 378	94.372 83	5.627 171
13	0.014 378	94.372 74	5.627 259
14	0.014 378	94.372 70	5.627 304
15	0.014 378	94.372 67	5.627 329

从表 4-14 中可以看出消费的预测误差在第 1 期自身贡献率为 100%，此后逐步减少，第 7 期后基本稳定在 94.372%左右。煤炭价格对投资的贡献在第 1 期为 0，从第 2 期开始逐步上升，至第 11 期基本稳定在 5.627%左右。

综合以上分析，可以判断，煤炭价格波动对我国消费的平均时滞为 6.5 个月。

5）煤炭价格对进出口的作用时滞

先对煤炭价格与进出口构建的 VAR 模型进行稳定性诊断，表 4-15 为其 AR 根表。

表 4-15　LCOP 与 LINX 的 VAR（4）模型稳定性诊断

根	模
0.992 260	0.992 260
0.922 189	0.922 189
0.625 049 − 0.229 949i	0.666 005
0.625 049 + 0.229 949i	0.666 005
−0.472 576 − 0.349 063i	0.587 514
−0.472 576 + 0.349 063i	0.587 514
−0.315 843	0.315 843
0.083 750	0.083 750

从表 4-15 的稳定性检验结果可以看出，模型根的值都小于 1，AR 模型稳定。基于此，进行脉冲响应函数和预测方差分解分析。图 4-14 为 LCOP 对 LINX 脉冲响应结果。

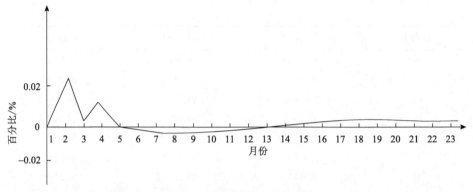

图 4-14　LCOP 对 LINX 脉冲响应函数（30 个月）

可以看出，煤炭价格波动对进出口的脉冲响应在第 1 个月为 0，此后呈上升趋势，并于第 2 个月达到最峰值 0.022 109%，此后呈小幅波动趋势，并于 22 个月后呈稳定状态。方差分解结果显示，进出口的预测误差在第 1 个月自身贡献率为 100%，此后逐步减少，第 21 个月后基本稳定在 97.19%左右。煤炭价格对投资的贡献在第 1 个月为 0，从第 2 个月开始逐步上升，至第 21 个月基本稳定在 2.80%左右。

综合以上分析，可以判断，煤炭价格波动对我国进出口的平均时滞为 11.5 个月。

3. 基于状态空间模型的动态性检验

1）煤炭价格波动对我国产出总量的时变效应分析

基于传导的机理和特征，以 AIC 和 SC 确定最优滞后期，对 LCOP 与 LGDP 之间构建状态空间模型。利用卡尔曼滤波算法，其状态空间模型的估计结果表明模型的拟合性都较好，各项参数均显著通过检验，基于以上分析，LCOP 对 LGDP 传导的状态空间模型如式（4-15）所示。

LCOP 对 LGDP 的状态空间模型：

$$\text{LGDP}_t = \underset{(35.840)}{5.327} + \beta_t \text{LCOP}_{t-2} + \mu_t$$
$$\beta_t = \underset{(335.710)}{0.829}\, \beta_{t-1} + \varepsilon_t \tag{4-15}$$

根据状态空间模型的结果，生成状态序列（对异常变动，剔除原值，采用前后两期的平均值），状态序列 SV12F 在[0.7891,0.8319]波动。作用效力的最小值出现在 2002 年 3 月，其值为 0.7891，其后适度上扬；作用效力最大值出现在 2005 年 1 月，其值为 0.8319，其后呈小幅下滑趋势。自 2007 年后，煤炭价格波动对我国 GDP 的作用效力一直维持在 0.828 左右。这说明煤炭价格每增加 1%，GDP 将增加 0.828%。存在着效率减损，但不明显。

2）煤炭价格波动对我国产出结构效应的时变分析

A. 煤炭价格波动对投资的时变效应分析

以 AIC 和 SC 确定最优滞后期，对 LCOP 与 LINV 之间构建状态空间模型，利用卡尔曼滤波算法，LCOP 对 LINV 的状态空间模型如式（4-16）所示：

$$\mathrm{LGDP}_t = \underset{(4.750)}{1.514} + \beta_t \mathrm{LCOP}_{t-2} + \mu_t$$
$$\beta_t = \underset{(288.694)}{1.378} \beta_{t-1} + \varepsilon_t \qquad (4\text{-}16)$$

根据状态空间模型的结果：煤炭价格波动对我国投资具有明显的正向作用。由于我国春节等因素，2002 年 1 月投资为零，煤炭价格在 2002 年 3 月开始对投资有作用效力。作用效力自 2002 年 3 月后呈稳步上升状态，并于 2002 年底开始微调，而后缓慢上升，2005 年后表现相对平稳，具体分析如下：状态序列 SV112F 在[1.239, 1.385]波动。作用效力的最小值出现在 2002 年 3 月，其值为 1.239，其后快速上扬；作用效力最大值出现在 2005 年 1 月，其值为 1.385，其后呈小幅下滑趋势。自 2005 年 5 月后，煤炭价格波动对我国投资的作用效力一直维持在 1.37 左右。这说明煤炭价格每增加 1%，投资将增加 1.37%，存在着效率放大效应。

B. 煤炭价格波动对消费的时变效应分析

先以 AIC 和 SC 确定最优滞后期，对 LCOP 与 LCO 之间构建状态空间模型，其状态空间模型如下：

$$\mathrm{LGDP}_t = \underset{(42.594)}{3.997} + \beta_t \mathrm{LCOP}_{t-2} + \mu_t$$
$$\beta_t = \underset{(570.505)}{0.882} \beta_{t-1} + \varepsilon_t \qquad (4\text{-}17)$$

进一步得到煤炭价格波动对我国消费作用的时变参数轨迹：煤炭价格波动对我国消费具有正向作用。作用效力自 2002 年 2 月的峰值 0.9073 迅速下滑，而后呈波动状态，之后呈稳步上升状态，并于 2006 年 9 月达到最小值 0.8787，具体分析如下：状态序列 SV19F 在[0.8787, 0.9073]波动。作用效力的最大值出现在 2002 年 2 月，其值为 0.9073；作用效力最小值出现在 2006 年 9 月，其值为 0.8787，而后呈小幅波动趋势，存在着效率紧缩效应。

C. 煤炭价格波动对进出口的时变效应分析

利用卡尔曼滤波算法，构建 LCOP 与 LINX 的状态空间模型，其估计结果如式（4-18）所示：

$$\mathrm{LINX}_t = \underset{(7.109)}{1.651} + \beta_t \mathrm{LCOP}_{t-2} + \mu_t$$
$$\beta_t = \underset{(327.149)}{1.022} \beta_{t-1} + \varepsilon_t \qquad (4\text{-}18)$$

根据状态空间模型的结果：煤炭价格波动对我国进出口具有明显的正向作用。自 2002 年 2 月后小幅下降，而后呈上升趋势，并于 2009 年 5 月后呈相对平稳状态。具体分析如下：状态序列 SV112F 在[1.032,0.928]波动。作用效力的最小值出现在 2002 年 3 月，其值为 0.928，其后快速上扬；作用效力的最大值出现在 2005 年 8 月，其值为 1.032，其后呈小幅下滑趋势。自 2009 年 5 月后，煤炭价格波动对我国进出口的作用效力一直维持在 1.02 左右。这说明煤炭价格每增加 1%，进出口将增加 1.02%，存在着效率适度放大效应。

3）对产出传导的时变效应与煤炭价格波动状态的关联

由于我国煤炭价格市场化改革的推进，煤炭价格的状态是变动的，而煤炭价格波动对我国产出的作用效力也应该是时变的，以下考察二者是否存在关联（仅对煤炭价格波动与我国总产出之间的关联性进行分析）。

考察煤炭价格波动对 GDP 传导的时变效应与煤炭价格波动状态之间的关联，即检验二者之间是否存在某种联系。首先对考察期内的煤炭价格和 GDP 月度数据进行 H-P 滤波，初步考察其波动成分之间是否具有匹配性；然后进一步基于煤炭价格对 GDP 的时变参数进行趋势分离，以考察其弹性的波动成分与煤炭价格波动状态的匹配性，从而进一步说明煤炭价格波动对 GDP 传导效应的增大或减小与煤炭价格扩张或收缩之间是否存在某种关联。

A. 煤炭价格与 GDP 波动状态比较

先将样本区间内的 GDP 月度数据进行 HP 滤波，去除其趋势成分，分离出其波动状态。并将其与煤炭价格波动状态进行比较分析。可以看出：样本考察期内煤炭价格的波动状态与 GDP 的波动状态不具有对应性，总体来看，煤炭价格波动和我国 GDP 波动都呈现上升趋势，但我国 GDP 波动呈现较强的规律性且波动幅度相对煤炭价格较小，主要是由于以下几点。

（1）煤炭价格波动向 GDP 传导的过程中产生信息衰减。由于煤炭价格的波动会影响下游的相关产业，进而影响到我国的投资、消费和进出口，最终传导到 GDP 时会产生一定的信号衰减，从而导致 GDP 的波动幅度小于煤炭价格的波动幅度。

（2）传导时滞的差异，导致 GDP 波动频繁。由于煤炭价格波动对相关产业及投资、消费、进出口影响的时滞不同，导致每产生一次煤炭价格波动会对 GDP 产生多次冲击，从而出现了 GDP 波动较为频繁的局面。

（3）我国 GDP 有其规律性，由于我国主要是投资驱动型的经济，但每年的 1 月和 2 月由于春节等因素的影响，导致投资相对较少，而四季度的 11 月和 12 月各地方政府又在突击投资，从而导致我国 GDP 呈现较强的规律性。

B. 煤炭价格与 GDP 波动状态的 "0-1" 处理比较分析

为进一步考察其内部关系，对煤炭价格和 GDP 的波动成分进行 "0-1" 处理，具体做法如下所示。

（1）对于煤炭价格，波动成分大于 0 的，视为扩张期，用"1"表示；波动成分小于 0 的，视为紧缩期，用"0"表示。

（2）对于 GDP 数据，去除明显不稳定的时期，对于剩余的稳定时期，波动成分大于 0 的，视为扩张期，用"–1"表示；波动成分小于 0 的，视为收缩期，用"0"表示。

基于以上，分析处理后的序列之间的相关性，图 4-15 是煤炭价格波动与 GDP 波动状态的"0-1"处理结果（其中，黑色表示煤炭价格波动状态为扩张，灰色表示 GDP 波动状态为扩张）。

从图 4-15 可以看出，在整体样本区间内，煤炭价格波动状态和 GDP 的波动状态不具有严格对应关系。总体来看，GDP 在大部分考察期内都处于扩张期，波动较为频繁，而煤炭价格在 2003～2004 年处于扩张期，2006～2007 年初煤炭价格处于紧缩期，2008 年又处于扩张期。所以该"0-1"分析难以发现二者之间的关联。

C. 煤炭价格波动与其对 GDP 时变弹性的比较分析

运用前述煤炭价格波动对 GDP 时变弹性的结论，进一步对煤炭价格波动及煤炭价格波动对 GDP 的时变弹性做滤波，以比较其波动状态。具体做法如下所示。

（1）对于煤炭价格，波动成分大于 0 的，视为扩张期，用"1"表示；波动成分小于 0 的，视为紧缩期，用"0"表示。

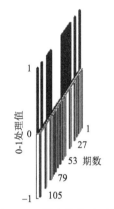

图 4-15　煤炭价格波动与 GDP 波动状态的比较

（2）对于煤炭价格波动对 GDP 传导的时变效力，去除明显不稳定时期的波动，对于剩余的稳定时期的波动，波动成分大于 0 的，视为弹性增大，用"–1"表示；波动成分小于 0 的，视为弹性减小，用"0"表示。可以看出以下结论。

煤炭价格波动对 GDP 传导的时变弹性与煤炭价格波动几乎具有一一对应关系。样本考察区间内的大多数时期，煤炭价格波动的扩张期与其对 GDP 传导的时变弹性的增大期存在一定的匹配性和滞后性，表明煤炭价格波动对 GDP 传导效应的增大或减小与煤炭价格扩张或收缩之间存在关联。

煤炭价格波动相对较为集中，而对 GDP 传导的时变弹性相对较为分散。主要由于煤炭价格的调整相对较为集中，一般在年底或者年初煤炭订购会的召开就一般能够确定一年的煤炭价格走势。而煤炭价格一旦确定，其对 GDP 的传导有个时滞过程，同时其影响也不是一蹴而就，每做一次煤炭价格调整，会对 GDP 构成多次冲击，从而导致其时变弹性相对较为分散。

在样本考察期的 2002～2005 年，煤炭价格波动对 GDP 传导的时变弹性影响较大，且煤炭价格与其对 GDP 传导的时变弹性的对应性较好。2002 年以后，我国为了尽快从东南亚金融危机中恢复过来，加大了投资力度，致使我国经济具有明显的投资驱动型特征，我国政府为了刺激经济增长，进行了一系列的基础投资，但由于各级政府没有相应的环保意识，低水平、重复建设较为严重，一些高耗能项目纷纷上马。随着我国加入 WTO，我国借用国内、国外两个市场扩大需求，进出口增长迅速，从而导致我国经济得以快速增长。以上因素促使我国煤炭价格急剧上涨，导致其对我国 GDP 传导的时变弹性也得以加强，特别是 2004～2005 年，我国煤炭价格和其对 GDP 的时变弹性大都处于扩张期。

在样本考察期的 2006～2010 年，煤炭价格对 GDP 传导的时变弹性相对较弱。2006 年，虽然我国 GDP 增速达到 10.7%，但我国 2006 年的煤炭价格却相对较为稳定，呈现稳中有升的良好局面。这主要得益于我国政府的科学发展观与和谐发展观的实践，各级政府开始关注环境和碳排放，关注产业结构升级。2007～2008 年煤炭价格波动及其对 GDP 传导的时变弹性都有所提高，主要是因为我国开始改变对煤炭成本的传统看法，煤矿生态环境恢复治理等相关政策开始实施，国际油价上涨导致投资项目开始向传统能源回归，同时我国遭受了前所未有的自然灾害，如 2008 年初的冰雹灾害、四川地震等，促使我国煤炭价格上涨加快，导致其对于 GDP 传导的时变弹性较大。

煤炭价格波动与其对 GDP 传导的时变弹性具有对应关系但不具有对称性。考察期内的大多数时期，煤炭价格波动的扩张期对应其对 GDP 的传导效率的扩大期。通过前述时变弹性的分析结果可以看出，煤炭价格上涨对 GDP 的传导效应小于煤炭价格下降对 GDP 的传导效应。即煤炭价格下降会导致 GDP 更大幅度的降低，而煤炭价格上涨只能导致 GDP 一定程度的上涨。

4.2.3　政策与建议

1. 宏观层面的政策建议

1）调整我国经济的增长方式，减少对投资和对外贸易的过度依赖

从实证和实践评析的结论可以看出，煤炭价格波动对我国经济的影响在有些方面不符合传统的理论分析。一般的经济运行模式下，能源价格上涨会对一国或一地区的投资构成负面影响，并影响其对外贸易，进一步会对一国经济发展造成负面影响。但我国煤炭价格上涨对我国经济总体上具有促进效应，虽然短期会对投资起到较小的负面影响，但长期具有积极的正面影响；对进出口的影响从实证看，长短期虽皆有较大的负面影响，但从时变效力检验的角度难以获得有力的实证支持。这主要是由我国经济的实际运行模式造成的，从而导致我国煤炭价格对宏观经济的影响效应与一般市场经济的研究结论不吻合。

从煤炭价格波动对我国投资的实践评析看，第二产业的投资呈稳定增长态势，

而且多向矿产、电力、化工等高能耗、高污染行业投资，而第一产业和第三产业的投资波动性较大，比例相对较少，同时对外贸易在我国经济中占有比较重要的地位。由于国内需求的不足，国内剩余产能主要依赖出口来进行消化，从而带动我国经济增长，但由于我国的劳动力成本低廉及能源要素使用成本较低，加之我国采用出口退税和财政补贴等措施来刺激国内商品的出口，我国技术含量不高的初级商品在国际市场上具有较强的竞争优势，造成贸易顺差多年居高不下，从而不断造成国际贸易摩擦，我国商业贸易的反倾销案不断增加。我国经济对投资和对外贸易的过度依赖，增加了我国经济的运行风险，使我国经济的可持续性受到影响。

我国应积极调整经济的增长方式，减少对投资和进出口的过度依赖。首先，应减少和规范各级政府 GDP 驱动下的盲目行为，应一切以市场为导向，重视第一产业和第三产业的投资比例，使产业结构均衡、科学发展。其次，为了降低贸易顺差、缓解贸易摩擦，实现经常进出口账户的平衡，有效贯彻我国对外贸易"以质取胜"和"市场多元化"战略，我国应该进一步降低和取消贸易补贴或出口退税，特别是对煤炭消耗较高的初级产品，依靠市场机制，实现煤炭价格与国际接轨，提高我国加工贸易商品的能耗成本，真正反映我国煤炭价格对进出口数据的负向效应。这样不仅可以刺激我国出口企业革新技术、降低能耗，真正体现我国出口商品的真实价值，从而有利于我国控制碳排放的调控目标，而且可以改变我国"畸形"的产品出口状况，减少贸易顺差，从而有效实现我国贸易平衡，使我国的进出口回归到正常的市场框架下进行，以便进一步理顺煤炭价格波动与我国投资、进出口的合理的市场关系，从而使煤炭价格与我国经济之间协调、有序发展。

2）适当降低我国经济增长的速度，实现 GDP 增长的可持续性

通过实证和实践评析可以看出，煤炭价格上涨在促进我国 GDP 增长的同时，会导致我国物价的适度上涨。目前我国的 CPI 一直保持较高的增长速度，严重影响了我国经济的稳定发展。基于目前我国的经济发展形势，我国应转变盲目追逐 GDP 增长的发展思路和对各级政府 GDP 导向的考核机制。

我国自 1995 年以来，中国人民银行一直将"物价稳定下的经济增长"作为我国宏观调控的目标，基于我国目前 CPI 连续环比大幅上涨的背景下，显然，我国目前的经济实际运行状况不符合我国宏观调控的总体目标。由于煤炭价格对我国 CPI 波动的非对称性，煤炭价格下降会导致 CPI 更大幅度的降低，所以我国目前应该进一步通过多种市场手段，转变投资驱动的经济发展模式，降低投资驱动在我国经济发展中的作用和效力，同时要转变投资结构，限制第二产业特别是高能耗、高污染的投资，从而有效控制煤炭需求，进而适度调整煤炭价格上涨幅度。虽然煤炭价格下降将会导致我国 GDP 增长速度的适度放缓，但其对我国物价的非对称性，会导致我国 CPI 更大幅度的降低，从而有利于保障我国物价稳定下的经济增长的调控目标。

2. 微观层面的政策建议

1）进一步推进煤炭价格的市场化改革

我国的煤炭价格市场化改革经过多年的推进，已经取得了一定的市场成果。但基于煤炭价格波动对我国宏观经济的实证和实践评析的结论来看，有些难以用相关的市场经济理论进行解释。我国煤炭价格具有较浓的计划经济色彩，国家有关部门不时对煤炭价格进行调控，甚至直接限价，导致煤炭价格变化难以反映其市场供给和需求状况，致使价格的调节作用难以得到有效体现，影响煤炭行业的运行效率。

我国政府应进一步推动煤炭价格的市场化改革，进一步完善煤炭行业的投融资体制，理顺煤电、煤钢之间的市场关系，加快煤炭行业上、下游一体化发展步伐；着力构建煤炭与其相关行业之间的市场价格调节机制，充分调动市场价格在行业之间的调节功能，避免和减少政府部门直接或间接对煤炭价格的指令性调控，努力形成煤炭供需双方自主衔接、自主协商、自主定价的市场机制，使煤炭价格对我国宏观经济的传导效应符合市场经济的相关理论。

2）构建煤炭战略储备体系等调控措施，避免煤炭价格频繁波动

通过实证和实践评析可以看出，煤炭价格的频繁波动，将会对我国的产出和物价构成影响。煤炭价格上涨一方面会促进物价的持续上涨，加速经济的通货膨胀，另一方面会进一步刺激我国经济增长，从而加剧经济的运行风险；而煤炭价格下跌，会使物价得以下降，同时也会适度减缓我国经济的增长速度，但煤炭价格的过度下跌，会对经济形成较强的负向冲击。通过煤炭价格对物价和总产出的时变弹性的关联性分析可以看出，煤炭价格波动对 CPI 和 GDP 的波动具有非对称性，即煤炭价格下降会导致 CPI 和 GDP 更大幅度的降低。所以，煤炭价格的频繁波动将对我国的物价和产出构成影响，从而加剧我国经济的运营风险。

国家应加大调控手段，努力避免煤炭价格的频繁波动对经济的影响。首先，国家应该建立和完善煤炭战略储备体系，煤炭战略储备体系可以在煤炭价格较低、市场需求不旺时吸纳煤炭资源，而在煤炭需求旺盛时，增加煤炭供给，从而起到平抑煤炭供求的作用，以有效缓解煤炭价格的大幅波动。其次，国家应该对相关行业的煤炭库存做出相应要求，由于我国煤炭的供给地和需求地的差异，大部分煤炭需要远距离运输，由于我国运输的瓶颈和不确定性存在，加剧了煤炭价格的波动性，而增加主要用煤行业的煤炭库存，可以有效缓解煤炭需求的紧迫性，从而对煤炭价格的缓解起到一定的促进作用。同时由于煤炭价格在向物价和总产出的传导过程中存在时滞，煤炭价格上涨首先会导致 PPI 的上涨而后才会传导到 CPI，所以国家宏观部门在煤炭价格波动时，可以及时采用相应

的调控政策对煤炭价格的负面效应进行调节，以保证物价平稳，避免较大幅度的波动。

3）建立和完善我国煤炭期货市场

煤炭价格的频繁波动将对我国煤炭企业和用煤产业构成影响，而煤炭期货市场的构建将有利于我国煤炭价格调控体系的完善。在煤炭价格逐步市场化的背景下，煤炭期货市场的建设和完善是煤炭企业和用煤产业规避煤炭价格波动风险，保障行业平稳发展的关键。

期货市场的基本职能是规避风险和价格发现。套期保值一方面可以保持存货的价值，另一方面可以稳定购买成本，从而可以有效避免价格波动对企业的经营风险。在期货的市场上，各参与者以生产成本加上预期利润作为定价基础，通过有组织的期货交易形成一个基准价格，该价格对现货市场价格具有引导作用，能够比较有效地反映未来的市场供求变化。基于期货市场的积极作用，我国个别地区开始着手建立煤炭期货市场，但由于交易品种、交易量的局限性，其行业影响力较小。我国宏观部门应着力构建一个有市场影响力的煤炭期货市场，积极推进大型煤炭期货市场的建立，着手建立规范的期货市场的管理体制，建立和完善有关的法律法规体系和监管体系，丰富煤炭交易品种，提升其市场影响力，努力打造我国煤炭价格的指向标。

4）逐步推进和完善煤炭市场化定价机制

虽然我国煤炭价格定价在政策层面上已确立了其市场化地位，但由于下游产业市场化改革推进较慢及煤炭价格的影响效应较大，国家宏观层面不时对煤炭价格直接进行限价和调整，煤炭价格难以有效反映其供求关系。

推进并实现煤炭价格市场化是我国煤炭价格改革的发展目标。我国应逐步推动和完善煤炭价格的市场化定价机制，建立能够反映资源稀缺程度、市场供求关系、煤矿安全和矿区生态环境补偿成本的煤炭价格定价机制，破除国内和国际煤炭价格之间的人为壁垒，充分利用国际国内的两个资源、两个市场，并进一步理顺煤炭资源与其他资源性产品的价格关系。同时，应尽快完善煤炭开采的相关税收机制，使煤炭生产使用的外部成本内部化，资源税、勘探税等应在煤炭价格中体现，以反映煤炭的真实价值。但考虑到煤炭价格对我国物价的影响较大，国家应该逐步推进煤炭价格的市场化改革，以实现我国经济的平稳发展。

4.3　煤炭价格波动对我国区域经济的影响

4.2 节剖析了煤炭价格波动对我国整体经济的影响状况，由于中国疆域辽阔，地域广大，中国的各省份由于地理因素及资源禀赋的不同，煤炭价格波动对东部、中部、西部[①]经济的冲击也有一定差异性，其各区域经济的发展对煤炭价格的敏感度也不同。通过对煤炭价格对不同地区经济的冲击进行研究，寻求煤炭价格对区域经济影响的差异性，对维持全国经济平衡而稳定的发展和煤炭价格的改革有很大的现实意义。

4.3.1　基于总量效应视角的煤炭价格波动对区域经济影响的研究

　　1. 研究说明与变量选取

1）研究说明

根据实际数据，利用面板数据模型，主要从经济总量效应的视角出发，研究煤炭价格波动对区域经济的影响。一是研究煤炭价格波动对地区生产总值的影响，二是研究煤炭价格波动对区域物价水平的影响，对不同地区的影响做比较分析。

2）变量选取

本部分将选取全国 29 个省份（由于海南和西藏两个地区的数据不全，本部分不做研究，另外，港澳台地区也不在研究范围之内）1997～2012 年的面板数据，选择合适的模型来研究煤炭价格波动对东部、中部、西部地区的生产总值和 CPI 的影响。通过对以往文献的阅读和对以往成果的研究，选取以下几个指标。

煤炭价格（EP）：根据供需理论，煤炭价格的变化直接影响了煤炭的消费。煤炭价格是煤炭消费非常重要的影响因素，煤炭价格对经济的影响先是通过煤炭价格的变化来影响煤炭消费量，再通过煤炭消费量来影响经济的增长。由于我国没有指定的煤炭价格指标，在对以往文献的阅读和对学者的研究中，以煤炭开采和洗选业出厂价格指数代替煤炭价格的度量。因此，本节依旧使用煤炭开采和洗选业出厂价格指数来替代煤炭价格，并以 1996 年为基期进行调整。

地区生产总值：在以往学者的研究中，大都是研究煤炭价格对 GDP 总量的影响，也有很多的学者研究煤炭价格的波动对人均 GDP 的影响，由于本章是从经济总量的角度来研究的，又借鉴以往学者研究的基础，仍然提出用地区生产总值作为地区经济发展水平的标准。用 PGDP 表示，并以 1996 年为基期进行调整。

物价水平：根据以往的研究资料，物价水平都采用 CPI 表示，本小节也采用各省市的 CPI 作为物价水平的指标，用 CPI 表示。

煤炭利用效率：本小节采用地区煤炭消费总量与地区生产总值的比值来表示，

---

① 东部指北京、天津、河北、上海、江苏、浙江、福建、山东、广东、辽宁、广西共 11 个省份；中部指内蒙古、山西、安徽、江西、河南、湖北、湖南、吉林、黑龙江共 9 个省份；西部是四川、重庆、贵州、云南、陕西、甘肃、青海、宁夏、新疆共 9 个省份。

用 E 来表示，地区生产总值以 1996 年为基期进行调整。此指标作为对经济影响的外部变量。

产业结构：关于产业结构的指标有很多种，有的学者用第二产业占地区生产总值的比重作为经济结构的指标，有人用第三产业占地区生产总值的比重作为经济结构的指标，还有人用第二产业和第三产业的比值来表示，本小节采用学者一贯的用法，用第二产业所占地区生产总值的比重来表示，用 S 表示产业结构。此指标作为对经济影响的外部变量。为了消除异方差性，我们对以上数据均采取对数处理。

2. 基于计量模型的一般性检验

1）单位根检验

由于面板数据同时包含时间序列数据和截面数据，宏观数据存在非平稳性，所以在使用数据之前有必要在估计面板数据模型之前对数据进行单位根检验，判定数据的平稳性。为保证检验结果的稳定性，利用 Levin-Lin-Chu（LLC）检验的 t 统计量、Im-Pesaran-Shin（IPS）检验的 w 统计量、ADF 检验和 PP 检验 4 种方法来进行面板数据的单位根检验。检验结果表明三大区域所有变量水平值都是非平稳的，但是把所有数据进行一阶差分之后都变成了平稳的数据，说明数据是可用的。

2）协整检验

由以上单位根检验可知，数据都是同阶单整的，故可以进行协整检验，分别对东部、中部、西部地区的地区生产总值、物价水平、能源效率、产业结构和煤炭价格进行协整检验。检验结果如表 4-16 所示。

表 4-16　LGDP，LCPI，LE，LS 和 LEP 协整检验结果

	东部地区		中部地区		西部地区	
	统计量	P 值	统计量	P 值	统计量	P 值
面板 v-统计量	1.9958	0.0544	0.5340	0.3459	1.7608	0.0846
面板 rho-统计量	0.4262	0.3643	0.8599	0.2756	0.4763	0.3562
面板 PP-统计量	−6.8533	0.0000	−2.1749	0.0375	−7.5664	0.0000
面板 ADF-统计量	−2.6226	0.0128	0.6799	0.3166	−3.0792	0.0035
组间 rho-统计量	1.7198	0.0909	1.9198	0.0632	1.5785	0.1148
组间 PP-统计量	−11.8297	0.0000	−1.7756	0.0825	−9.6068	0.0000
组间 ADF-统计量	−3.7129	0.0004	1.7084	0.0927	−2.9591	0.0050

由协整检验结果可以看出，虽然有的统计值通过了检验，有的统计值没有通

过检验，但是 Pedroni 在 1999 年的时候表明，组间统计量比面板统计量有更强的检验效果，因此，在实证研究中主要关注组间统计量，东部地区组间 rho、组间 PP 和组间 ADF 均通过了检验，中部地区组间 rho、组间 PP 和组间 ADF 也都通过了检验，西部地区组间 PP 和组间 ADF 通过了检验，因此，本节认为，从长期来看，GDP、能源效率、产业结构、煤炭价格和物价水平存在稳定的关系。

3. 基于面板数据模型的计量分析

1）煤炭价格波动对地区生产总值影响的实证分析

本部分先研究煤炭价格波动对地区生产总值的影响，根据以上所描述的方法，并使用 EViews 6.0 软件，以 LGDP 为因变量，以 LE、LS、LEP 和 LCPI 作为自变量分别对东部、中部、西部地区的数据进行回归，得到具体结果如表 4-17、表 4-18 和表 4-19 所示。

表 4-17　东部对地区生产总值面板数据模型估计结果

变量	系数	标准误差	t 值	P 值
C	−2.556 803	1.206 65	−2.118 927	0.035 6
LE	0.426 122	0.083 407	5.108 949	0.000 0
LS	0.421 464	0.118 701	3.550 637	0.000 5
LEP	1.502 162	0.072 617	20.686 19	0.000 0
LCPI	−0.346 404	0.246 777	−1.403 714	0.162 3
调整后的 R^2	0.985 339			
F 值	841.074 6			
德宾-沃森统计量	1.626 971			

表 4-18　中部对地区生产总值面板数据模型估计结果

变量	系数	标准误差	t 值	P 值
C	−3.540 081	0.885 735	−3.996 774	0.000 1
LE	0.293 563	0.087 218	3.365 863	0.001 0
LS	0.588 249	0.110 961	5.301 424	0.000 0
LEP	1.256 339	0.075 951	16.541 43	0.000 0
LCPI	0.154 829	0.102 048	1.517 224	0.131 6
调整后的 R^2	0.975 863			
F 值	482.797 1			
德宾-沃森统计量	1.217 733			

表 4-19　西部对地区生产总值面板数据模型估计结果

变量	系数	标准误差	t 值	P 值
C	−4.559 127	0.885 879	−5.146 443	0.000 0
LE	0.277 9	0.065 891	4.217 586	0.000 0
LS	0.482 783	0.135 629	3.559 592	0.000 5
LEP	1.157 298	0.073 946	15.650 59	0.000 0
LCPI	0.421 167	0.177 275	2.375 778	0.019 0
调整后的 R^2	0.992 336			
F 值	1 543.974			
德宾-沃森统计量	1.585 418			

由东部数据回归结果可以看出，调整后的 R^2 都比较接近于 1，F 值也比较大，说明面板数据拟合性较好，由回归结果可以看出，煤炭价格波动对地区生产总值的影响是正的，系数为 1.502 162，P 值为 0，显著性最高。这说明煤炭价格和东部地区生产总值是同向变动的，煤炭价格上涨对东部地区生产总值有冲击作用，煤炭价格每变动 1%，地区生产总值变动 1.502 162%。这一点和之前的理论分析没有达成一致。东部地区生产总值也受到能源效率和产业结构的影响，其系数分别为 0.426 122 和 0.421 464，显著性也非常高，物价水平对东部地区生产总值的影响显著。

由中部数据回归结果可以看出，调整后的 R^2 都比较接近于 1，F 值也比较大，说明面板数据拟合性较好，由回归结果可以看出，煤炭价格波动对中部地区生产总值的影响是正的，系数为 1.256 339，P 值为 0，显著性最高。这说明煤炭价格和中部地区生产总值是同向变动的，煤炭价格上涨对中部地区生产总值有冲击作用，煤炭价格每变动 1%，地区生产总值变动 1.256 339%。中部数据回归的结果依旧和前面的理论分析不一致。同时，中部地区生产总值也受到能源效率和产业结构的影响，其系数分别为 0.293 563 和 0.588 249，显著性也非常高，物价水平对中部地区生产总值的影响不显著。

由西部数据回归结果可以看出，调整后的 R^2 都比较接近于 1，F 值也比较大，说明面板数据拟合性较好，由回归结果可以看出，煤炭价格波动对地区生产总值的影响是正的，系数为 1.157 298，P 值为 0，显著性最高。这说明煤炭价格和西部地区生产总值是同向变动的，煤炭价格上涨对西部地区生产总值有冲击作用，煤炭价格每变动 1%，地区生产总值变动 1.157 298%。这一点和前面的理论分析还是不一致。西部地区生产总值也受到能源效率、产业结构和物价水平的影响，其系数分别为 0.277 900、0.482 783 和 0.421 167，能源效率和产业结构对地区生产总值的影响较为显著，物价水平对西部地区生产总值的影响不显著。

再对煤炭价格波动对东部、中部、西部地区生产总值影响的回归结果进行比较研究。

根据表 4-20 的比较结果和前面对各地区的描述性分析，煤炭价格波动对各地区的影响都是正的，也就是煤炭价格和地区生产总值同方向变化，而在理论分析中得出煤炭价格和总产出是反向变动的，理论分析和实际结果有很大的出入，由于数据是严格按照模型的要求来处理的，可见，回归结果与理论不符不是由数据处理不当引起的，而是数据本身就存在着这样的关系。经过对数据的分析，我们发现这是数据本身就存在的这种关系，这和我国一贯执行的能源政策和追求的经济目标有关系。第一，我国一向奉行能源的低价政策，虽然近些年来中国进行了一系列的能源价格改革，但是煤炭价格并没有体现出其应有的应用价值。第二，中国一直以追求经济快速增长为目标，虽然近些年来提出要改变发展方式，提高 GDP 质量，但是经济增长的速度并没有减缓，2014 年两会，政府工作报告中指出，2014 年经济增长目标为 7.5%左右，相对于前几年的增长目标没有明显变化，但是和一些发达国家相比，依旧是非常高的增长率。基于以上两个原因，由于煤炭价格低，而又追求经济的增长，经济的快速增长抵消了煤炭价格上涨带来的负向影响，导致了煤炭价格和经济总量呈现同方向的变化。

表 4-20　煤炭价格波动对东部、中部、西部地区生产总值影响的比较结果

结果	东部	中部	西部
C	−2.556 803	−3.540 081	−4.559 127
LE	0.426 122	0.293 563	0.277 9
LS	0.421 464	0.588 249	0.482 783
LEP	1.502 162	1.256 339	1.157 298
LCPI	−0.346 404	0.154 829	0.421 167

从结果中可以看出，煤炭价格对东部、中部、西部的影响也是不同的，对东部地区的影响较大，为 1.502 162，对中部地区影响次之，为 1.256 339，对西部地区的影响较小，为 1.157 298，这和我国的一系列政策有关系的，我国自从 1978 年提出改革开放以来，东部地区迅速崛起，中国第一批开放的 14 个城市均为东部地区，改革开放带动东部地区迅速发展，所以煤炭价格对东部地区影响系数最大。而对于中部地区，虽然没有直接的获得改革开放的好处，但是东部地区发展的带动下，也有了快速的发展，而对于西部地区——地广人稀，生产落后，经济发展落后，其影响系数最低。

2）煤炭价格波动对物价水平影响的实证分析

关于煤炭价格对物价水平的影响，同样采用 EViews6.0 软件，以 LCPI 为因变

量，以 LE、LS、LEP 和 LGDP 作为自变量分别对东部、中部、西部地区的数据进行回归进行面板数据回归，回归结果如表 4-21～表 4-23 所示。

表 4-21　东部对物价水平面板数据模型估计结果

变量	系数	标准误差	t 值	P 值
C	2.922 828	0.312 626	9.349 293	0.000 0
LE	0.038 19	0.028 382	1.345 567	0.180 3
LS	0.057 404	0.038 864	1.477 059	0.141 6
LEP	0.298 994	0.037 259	8.024 731	0.000 0
LGDP	−0.034 903	0.024 865	−1.403 714	0.162 3
调整后的 R^2	0.903 56			
F 值	118.114 8			
德宾-沃森统计量	0.549 301			

表 4-22　中部对物价水平面板数据模型估计结果

变量	系数	标准误差	t 值	P 值
C	5.495 963	0.635 208	8.652 23	0.000 0
LE	−0.331 598	0.071 515	−4.636 784	0.000 0
LS	−0.181 779	0.102 567	−1.772 295	0.078 7
LEP	0.371 099	0.108 553	3.418 587	0.000 8
LGDP	0.111 535	0.073 512	1.517 224	0.131 6
调整后的 R^2	0.835 411			
F 值	61.485 93			
德宾-沃森统计量	0.220 984			

表 4-23　西部对物价水平面板数据模型估计结果

变量	系数	标准误差	t 值	P 值
C	3.463 922	0.357 921	9.677 902	0.000 0
LE	−0.042 701	0.033 681	−1.267 804	0.207 1
LS	−0.036 787	0.068 466	−0.537 305	0.592 0
LEP	0.201 483	0.057 83	3.484 068	0.000 7
LGDP	0.098 077	0.041 282	2.375 778	0.019 0
调整后的 R^2	0.884 561			
F 值	92.312 3			
德宾-沃森统计量	0.347 934			

由东部地区数据回归结果可以看出，调整后的 R^2 为 0.903 56，F 值也比较大，说明面板数据拟合性相对较好，由回归结果可以看出，煤炭价格波动对东部地区物价水平的影响是正向的，系数为 0.298 994，P 值为 0，显著性最高。这说明煤炭价格和东部地区物价水平是同向变动的，煤炭价格上涨对东部地区物价水平有冲击作用，煤炭价格每变动 1%，物价水平变动 0.298 994%。东部地区数据回归所得到的结果和前面所做的理论分析是一致的。同时可以得出，能源效率、产业结构和地区生产总值对东部地区物价水平的影响不够显著。

由中部地区数据回归结果可以看出，调整后的 R^2 为 0.835 411，F 值也比较大，虽然调整后的 R^2 值不是很大，但仍然可以表明面板数据拟合性相对较好，由回归结果可以看出，煤炭价格波动对中部地区物价水平的影响是正向的，系数为 0.371 099，P 值为 0.0008，显著性较高。这说明煤炭价格和中部地区物价水平是同向变动的，煤炭价格上涨对中部地区物价水平有冲击作用，煤炭价格每变动 1%，物价水平变动 0.371 099%。中部地区数据回归所得到的结果和前面所做的理论分析也是一致的。同时可以得出，中部地区物价水平也受到产业结构和能源效率的影响，地区生产总值对中部地区物价水平的影响不显著。

由西部地区数据回归结果可以看出，调整后的 R^2 为 0.884 561，F 值也比较大，虽然调整后的 R^2 不是很高，但仍然可以表明面板数据拟合性相对较好，由回归结果可以看出，煤炭价格波动对西部地区物价水平的影响是正向的，系数为 0.201 483，P 值为 0.0007，显著性较高。这说明煤炭价格和西部地区物价水平是同向变动的，煤炭价格上涨对西部地区物价水平有冲击作用，煤炭价格每变动 1%，物价水平变动 0.201 483%。西部地区数据回归所得到的结果和前面所做的理论分析也是一致的。同时可以得出，西部地区物价水平也受到地区生产总值的影响，但是受能源效率和产业结构的影响不显著。

再对煤炭价格波动对东部、中部、西部地区物价水平影响的回归结果进行比较研究。

表 4-24 是东部、中部、西部三个地区数据回归的结果，结果表明，煤炭价格对东部、中部、西部地区 CPI 的回归系数都是正值，这和前面理论分析得出来的结果是一致的，这说明煤炭价格的上涨对物价水平有冲击作用。从冲击的大小可以看出，对中部地区的物价水平冲击较大，对东部地区的物价水平冲击次之，对西部地区物价水平的冲击较小。这是因为煤炭价格的上涨主要导致的是成本推动型通货膨胀，物价水平提高的之后，工人会要求进一步提高工资，提高工资又导致物价水平上升，这样物价水平就持续上升，而对于西部地区来说，相对于中部地区和东部地区，其经济相当落后，人均收入水平较低，消费能力较弱，这在很大程度上抑制了物价水平的提高，所以煤炭价格对西部地区影响最小。而东部地区比中部地区发达，商业竞争非常大，对于商家来说，面对成本的增加，谁都不愿

意先提高价格，这在一定程度也抑制了物价水平的提高，所以煤炭价格波动对中部地区 CPI 影响相对较大，对东部地区影响次之，对西部地区影响相对较小。

表 4-24　煤炭价格波动对东部、中部、西部地区物价水平影响的比较结果

结果	东部	中部	西部
C	2.922 828	5.495 963	3.463 922
LE	0.038 190	−0.331 598	−0.042 701
LS	0.057 404	−0.181 779	−0.036 787
LEP	0.298 994	0.371 099	0.201 483
LGDP	−0.034 903	0.111 535	0.098 077

4.3.2　基于结构效应视角的煤炭价格波动对区域经济影响的研究

1. 研究说明与变量选取

1）研究说明

本部分主要从结构效应的视角出发，来研究煤炭价格波动对经济的影响，即研究煤炭价格波动对消费、投资和出口的影响。其采用的模型依然是面板数据模型，依然按照东部、中部和西部区域的划分。本小节主要从两个方面进行研究，第一，研究煤炭价格波动对三大区域经济结构的影响，是正向影响还是负向影响，以验证前面的理论分析。第二，研究煤炭价格波动对东部、中部和西部经济结构影响的大小，比较分析其差异性。

2）变量选取

本部分主要从经济结构效应的层面来研究煤炭价格波动对经济的影响，主要从消费、投资和出口三个方面来研究的，所以本部分选用的变量是煤炭价格、消费水平、投资水平和出口水平。其中，煤炭价格依然采用煤炭开采和洗选业出厂价格指数来表示，消费用社会消费品零售总额表示，投资用社会固定资产投资指标表示。煤炭价格、消费水平、投资水平和出口水平分别用 EP、C、V、EX 表示。为了提高模型的回归效果，本部分又选用能源效率、产业结构和物价水平作为外生变量，分别用 E、S 和 CPI 表示。

2. 基于计量模型的一般性检验

1）单位根检验

先对各变量进行单位根检验，为了消除异方差，我们对数据进行对数化处理。为保证检验结果的稳定性，本部分利用 LLC 检验的 t 统计量、Breitung 检验的 t 统计量、IPS 检验的 w 统计量、ADF 检验和 PP 检验五种方法来对面板数据进行单位根检验，检验结果见表 4-25、表 4-26、表 4-27。

表 4-25　东部地区 LC、LV 和 LEX 单位根检验结果

检验方式	LLC 检验	IPS 检验	ADF 检验	PP 检验
LC	8.9140	12.3207	0.0475	0.0458
	1.0000	1.0000	1.0000	1.0000
LV	0.9520	4.8960	2.8995	1.3970
	0.8295	1.0000	1.0000	1.0000
LEX	−0.3822	4.0077	4.0971	4.0947
	0.3512	1.0000	1.0000	1.0000
DLC	−5.5183	−3.1942	43.2464	41.9972
	0.0000	0.0007	0.0044	0.0063
DLV	−8.9074	−7.8600	94.2938	115.2560
	0.0000	0.0000	0.0000	0.0000
DLEX	−9.7009	−6.7978	82.4889	83.9543
	0.0000	0.0000	0.0000	0.0000

表 4-26　中部地区 LC、LV 和 LEX 单位根检验结果

检验方式	LLC 检验	IPS 检验	ADF 检验	PP 检验
LC	10.3387	12.0961	0.1300	0.0430
	1.0000	1.0000	1.0000	1.0000
LV	1.0061	4.1778	7.6924	0.3629
	0.8428	1.0000	0.9829	1.0000
LEX	2.7737	5.2305	1.7890	0.8294
	0.9972	1.0000	1.0000	1.0000
DLC	−13.2684	−10.0047	106.2150	126.6780
	0.0000	0.0000	0.0000	0.0000
DLV	−9.8972	−7.6451	82.3687	91.8127
	0.0000	0.0000	0.0000	0.0000
DLEX	−10.7269	−8.3472	89.9250	133.4170
	0.0000	0.0000	0.0000	0.0000

表 4-27　西部地区 LC、LV 和 LEX 单位根检验结果

检验方式	LLC 检验	IPS 检验	ADF 检验	PP 检验
LC	11.4059	13.7898	0.0060	0.0043
	1.0000	1.0000	1.0000	1.0000
LV	6.9281	9.3471	0.1440	0.1170
	1.0000	1.0000	1.0000	1.0000
LEX	3.2796	5.7256	1.7421	1.6122
	0.9995	1.0000	1.0000	1.0000

续表

检验方式	LLC 检验	IPS 检验	ADF 检验	PP 检验
DLC	−4.6556	−1.9744	27.9746	27.7010
	0.0000	0.0242	0.0624	0.0668
DLV	−2.9390	−1.7277	27.4568	27.2876
	0.0016	0.0420	0.0708	0.0738
DLEX	−9.7735	−6.9971	75.9535	88.9538
	0.0000	0.0000	0.0000	0.0000

根据以上单位根检验结果，在正常水平值下，各变量都没有通过检验，也就说水平值是不平稳的，但是一阶差分之后都对应统计量的 P 值都通过了检验，这说明面板数据都是平稳的，各变量都是一阶单整的，可以分别建立 LC、LV、LEX 与 LE、LS、LEP、LCPI 的协整检验。

2）协整检验

本部分使用 Perdroni 提出的协整检验方法，通过 EViews6.0 软件分别对上面的几组数据进行检验，所得结果如表 4-28～表 4-30 所示。

表 4-28　LC，LE，LS，LEP 和 LCPI 的协整检验结果

	东部地区		中部地区		西部地区	
	统计量	P 值	统计量	P 值	统计量	P 值
面板 v-统计量	2.356 9	0.024 8	0.935 5	0.257 6	1.868 2	0.069 7
面板 rho-统计量	0.744 3	0.302 4	1.025 7	0.235 8	0.895 5	0.267 2
面板 PP-统计量	−10.432 4	0.000 0	−4.479 2	0.000 0	−11.615 2	0.000 0
面板 ADF-统计量	−5.134 9	0.000 0	−2.544 2	0.015 7	−5.565 4	0.000 0
组间 rho-统计量	2.069 6	0.046 9	2.570 9	0.014 6	2.331 8	0.026 3
组间 PP-统计量	−15.221 1	0.000 0	−6.092 5	0.000 0	−20.074 2	0.000 0
组间 ADF-统计量	−5.331 2	0.000 0	−2.457 9	0.019 5	−6.985 4	0.000 0

表 4-29　LV，LE，LS，LEP 和 LCPI 的协整检验结果

	东部地区		中部地区		西部地区	
	统计量	P 值	统计量	P 值	统计量	P 值
面板 v-统计量	1.360 9	0.158 0	0.412 0	0.366 5	1.330 7	0.164 6
面板 rho-统计量	1.559 0	0.118 3	1.547 6	0.120 5	1.185 5	0.197 6
面板 PP-统计量	−4.844 4	0.000 0	−2.055 0	0.048 3	−6.052 9	0.000 0
面板 ADF-统计量	−3.376 4	0.001 3	−0.890 5	0.268 4	−3.318 7	0.001 6
组间 rho-统计量	3.293 5	0.001 8	2.444 8	0.020 1	2.367 2	0.024 2
组间 PP-统计量	−8.210 5	0.000 0	−5.641 4	0.000 0	−8.615 3	0.000 0
组间 ADF-统计量	−5.309 2	0.000 0	−2.514 1	0.016 9	−3.597 5	0.000 6

表 4-30 LEX，LE，LS，LEP 和 LCPI 的协整检验结果

	东部地区		中部地区		西部地区	
	统计量	P 值	统计量	P 值	统计量	P 值
面板 v-统计量	1.4664	0.1361	0.4759	0.3562	0.3503	0.3752
面板 rho-统计量	0.4571	0.3594	1.3188	0.1672	1.9316	0.0618
面板 PP-统计量	−5.5617	0.0000	−3.2124	0.0023	−0.0206	0.3989
面板 ADF-统计量	−1.9786	0.0563	−2.1808	0.0370	−0.8158	0.2860
组间 rho-统计量	1.8774	0.0685	3.0170	0.0042	2.7471	0.0092
组间 PP-统计量	−8.0560	0.0000	−6.7208	0.0000	−2.2280	0.0333
组间 ADF-统计量	−1.9456	0.0601	−3.6421	0.0005	−1.1194	0.2132

由以上检验结果可以看出，有的指标通过了检验，有的指标没有通过检验，结论一时无法确定。但是 Pedroni 在 1999 年的时候表明，组间统计量比面板统计量有更强的检验效果，因此，在实证研究中主要关注组间统计量。在以上检验中，表 4-28 和表 4-29 中组间统计量都通过了检验，因此，可以认为 LC、LV 与 LE、LS、LEP、LCPI 在长期分别都存在稳定关系。在表 4-30 的检验中，虽然西部地区组间 ADF 检验没有通过，但是组间 rho 和组间 PP 都通过了检验，参考以往的文献[32]，我们依旧可以认为，在长期看来，LEX、LE、LS、LEP、LCPI 存在稳定关系。由此可以得出，以上数据组都存在着长期的稳定关系。

3. 基于面板数据模型的计量分析

面板数据模型在前文中已经详细的进行了介绍，所研究的区域包含区域的所有单位，因此选择固定效应模型。又因为研究的对象是区域，对区域内部的差异不做考虑，因此，选择变截距模型。整体选择变截距固定效应模型。因此，建立的模型方程式如下所示。

对煤炭价格波动对地区消费水平影响的固定效应变截距模型设定如下：

$$LC_{i,t} = c + \alpha_1 LE_{i,t} + \alpha_2 LS_{i,t} + \alpha_3 LEP_{i,t} + \alpha_4 LCPI_{i,t} + u_i + \varepsilon_{i,t} \tag{4-19}$$

对煤炭价格波动对地区投资水平影响的固定效应变截距模型设定如下：

$$LV_{i,t} = c + \alpha_1 LE_{i,t} + \alpha_2 LS_{i,t} + \alpha_3 LEP_{i,t} + \alpha_4 LCPI_{i,t} + u_i + \varepsilon_{i,t} \tag{4-20}$$

对煤炭价格波动对地区出口水平影响的固定效应变截距模型设定如下：

$$LEX_{i,t} = c + \alpha_1 LE_{i,t} + \alpha_2 LS_{i,t} + \alpha_3 LEP_{i,t} + \alpha_4 LCPI_{i,t} + u_i + \varepsilon_{i,t} \tag{4-21}$$

其中，i 为各省（自治区、直辖市）；t 为时间；$LC_{i,t}$ 为消费水平；$LV_{i,t}$ 为投资水平；$LEX_{i,t}$ 为出口水平；$LE_{i,t}$ 为能源效率；$LS_{i,t}$ 为产业结构；$LEP_{i,t}$ 为煤炭价格；$LCPI_{i,t}$ 为物价水平；μ_i 为地区个体效应，代表模型中不可观测变量的影响；$\varepsilon_{i,t}$ 为随机扰动项。

1）煤炭价格波动对区域消费水平影响的实证分析

先研究煤炭价格波动对区域消费水平的影响，本部分使用 EViews6.0 软件，以 LC 为因变量，以 LE、LS、LEP 和 LCPI 作为自变量分别对东部、中部、西部地区的数据进行回归，得到具体结果如表 4-31～表 4-33 所示。

表 4-31　东部对地区消费水平面板数据模型估计结果

变量	系数	标准误差	t 值	P 值
C	−6.803 513	1.491 961	−4.560 114	0.000 0
LE	0.077 541	0.103 128	0.751 89	0.453 2
LS	−0.044 327	0.146 768	−0.302 02	0.763 0
LEP	1.527 522	0.089 787	17.012 77	0.000 0
LCPI	1.388 071	0.305 127	4.549 159	0.000 0
调整后的 R^2	0.980 676			
F 值	635.359 6			
德宾-沃森统计量	1.433 552			

表 4-32　中部对地区消费水平面板数据模型估计结果

变量	系数	标准误差	t 值	P 值
C	−7.920 365	1.124 457	−7.043 727	0.000 0
LE	0.381 06	0.110 725	3.441 517	0.000 8
LS	0.675 547	0.140 866	4.795 657	0.000 0
LEP	1.513 717	0.096 421	15.699	0.000 0
LCPI	0.381 047	0.129 551	2.941 284	0.003 9
调整后的 R^2	0.973 198			
F 值	433.702 1			
德宾-沃森统计量	1.068 282			

表 4-33　西部对地区消费水平面板数据模型估计结果

变量	系数	标准误差	t 值	P 值
C	−8.939 051	1.005 181	−8.892 976	0.000 0
LE	0.220 472	0.074 764	2.948 888	0.003 8
LS	0.138 903	0.153 894	0.902 591	0.368 4
LEP	1.462 424	0.083 904	17.429 67	0.000 0

变量	系数	标准误差	t 值	P 值
LCPI	1.190 299	0.201 149	5.917 501	0.000 0
调整后的 R^2	0.992 215			
F 值	1 519.901			
德宾-沃森统计量	1.653 558			

由东部地区数据回归结果可以看出,调整后的 R^2 为 0.980 676,比较接近于 1, F 值也较大,说明面板数据拟合性较好。由回归结果可以看出,煤炭价格波动对东部地区消费水平的影响是正向的,系数为 1.527 522,P 值为 0,显著性最高。这说明煤炭价格和东部地区的消费水平是同向变动的,煤炭价格上涨对东部地区的消费水平有冲击作用,煤炭价格每变动 1%,东部地区消费水平变动 1.527 522%。这一结果和之前的理论分析不一致。东部地区的消费水平也受到物价水平的影响,其影响系数为 1.388 071,非常显著,而能源效率和产业结构对东部地区的消费水平影响不够显著。

由中部地区数据回归结果可以看出,调整后的 R^2 为 0.973 198,也比较接近于 1,F 值为 433.702 1,也相对较大,说明面板数据拟合性较好。由回归结果可以看出,煤炭价格波动对中部地区消费水平的影响也是正向的,系数为 1.513 717,P 值为 0,显著性最高。这说明煤炭价格和东部地区的消费水平是同向变动的,煤炭价格上涨对中部地区消费水平有冲击作用,煤炭价格每变动 1%,地区消费水平变动 1.513 717%。这一结果和之前的理论分析依旧不一致。另外,中部地区的消费水平也受到能源效率、产业结构和物价水平的影响,其系数分别为 0.381 06、0.675 547 和 0.381 047,影响水平较为显著。

由西部数据回归结果可以看出,调整后的 R^2 为 0.992 215,非常接近于 1,F 值为 1519.901,比较大,说明面板数据拟合性非常好。由回归结果可以看出,煤炭价格波动对西部地区消费水平的影响是正向的,系数为 1.462 424,P 值为 0,显著性最高。这说明煤炭价格的变动和西部地区的消费水平的变动方向是相同的,煤炭价格的上涨对西部地区消费水平有冲击作用,煤炭价格每变动 1%,西部地区消费水平变动 1.462 424%。这一点和前面的理论分析还是不一致。西部地区的消费水平也受到能源效率和物价水平的影响,其系数分别为 0.220 472 和 1.190 299,其影响较为显著。而产业结构的变化对西部地区的消费水平的影响不够显著。

再对煤炭价格波动对东部、中部、西部地区消费水平的回归结果进行比较研究。根据表 4-34 的比较结果和前面对各地区的描述性分析,煤炭价格波动对各区域消费水平的影响都是正的，也就是煤炭价格和各区域的消费水平同方向变化，而在 4.2 节中，理论分析得出煤炭价格和消费水平是反向变动的，理论分析和实际结果有很大的出入，由于数据是严格按照模型的要求来处理的，可见，回归结果和理论不一致不是由数据处理不当引起的。经过对数据的分析和相关文献的阅读，我们发现数据本身就存在这种关系，这一结果和丁志华得出的结果是一致的，出现这种结果的原因是采取的指标不够全面，本部分只采取煤炭价格、能源效率、产业结构和物价水平这四个指标来研究对消费水平的影响，但是实际上消费水平的影响因素非常的多，是个综合作用的结果，还有很多未知的因素没有考虑进来，导致出现这一结果。另外，这一结果也说明，我国的经济运行情况有其自身独特的运行特征。

表 4-34　煤炭价格波动对东部、中部、西部消费水平影响的比较结果

结果	东部	中部	西部
C	−6.803 513	−7.920 365	−8.939 051
LE	0.077 541	0.381 06	0.220 472
LS	−0.044 327	0.675 547	0.138 903
LEP	1.527 522	1.513 717	1.462 424
LCPI	1.388 071	0.381 047	1.190 299

对东部、中部、西部面板数据回归结果的比较可以看出，煤炭价格对东部、中部、西部消费水平的影响也是不同的，对东部地区的影响较大，系数为 1.527 522，对中部地区影响次之，系数为 1.513 717，对西部地区的影响较小，系数为 1.462 424。这和我国区域经济发展水平的差异有关系，东部、中部、西部经济发展水平呈现阶梯状，人均可支配收入也依次降低。东部地区人均可支配收入多，消费也多，西部地区人均可支配收入较少，在一定程度上抑制了消费的需求。另外，东部地区商业发达，消费种类齐全，刺激了公众的消费，而西部地区消费种类不齐全，不能满足大众的所有需求，在一定程度上抑制了西部地区的消费水平，因此，煤炭价格波动对经济的影响呈现出对东部地区影响较大、西部地区影响较小的局面。

2）煤炭价格波动对区域投资水平影响的实证分析

本部分研究煤炭价格波动对东部、中部、西部地区的投资水平的影响，依旧使用 EViews6.0 软件，以 LV 为因变量，以 LE、LS、LEP 和 LCPI 作为自变量分别对东部、中部、西部地区的数据进行回归，得到具体结果如表 4-35～表 4-37 所示。

表 4-35　东部对地区投资水平面板数据模型估计结果

变量	系数	标准误差	t 值	P 值
C	−23.844 01	2.616 397	−9.113 299	0.000 0
LE	0.760 282	0.180 852	4.203 882	0.000 0
LS	2.309 337	0.257 381	8.972 441	0.000 0
LEP	1.674 625	0.157 456	10.635 53	0.000 0
LCPI	1.646 068	0.535 09	3.076 247	0.002 5
调整后的 R^2	0.958 507			
F 值	289.756 2			
德宾–沃森统计量	0.977 455			

表 4-36　中部对地区投资水平面板数据模型估计结果

变量	系数	标准误差	t 值	P 值
C	−16.118 29	1.807 933	−8.915 314	0.000 0
LE	0.489 452	0.178 026	2.749 328	0.006 8
LS	1.563 431	0.226 489	6.902 895	0.0000
LEP	2.413 167	0.155 029	15.565 92	0.000 0
LCPI	0.264 08	0.208 296	1.267 809	0.207 1
调整后的 R^2	0.966 055			
F 值	340.141 4			
德宾–沃森统计量	1.436 859			

表 4-37　西部对地区投资水平面板数据模型估计结果

变量	系数	标准误差	t 值	P 值
C	−14.983 55	2.037 619	−7.353 457	0.000 0
LE	0.455 622	0.151 556	3.006 292	0.003 2
LS	0.443 285	0.311 961	1.420 964	0.157 7
LEP	2.190 934	0.170 084	12.881 49	0.000 0
LCPI	1.132 239	0.407 752	2.776 78	0.006 3
调整后的 R^2	0.971 85			
F 值	412.403 4			
德宾–沃森统计量	1.281 398			

　　由东部地区数据回归结果可以看出，调整后的 R^2 为 0.958 507，比较接近于 1，

F 值为 289.7562，相对较大，说明面板数据拟合性较好。由回归结果可以看出，煤炭价格波动对东部地区投资水平的影响是正向的，系数为 1.674 625，P 值为 0，显著性最高。这说明煤炭价格和东部地区的投资水平是同向变动的。煤炭价格上涨对东部地区投资水平有冲击作用，煤炭价格每变动 1%，东部地区投资水平变动 1.674 625%。这一结果和之前的理论分析不一致。东部地区的投资水平也受到能源效率、产业结构和物价水平的影响，其系数分别为 0.760 282、2.309 337 和 1.646 068，影响水平较为显著。

由中部地区数据回归结果可以看出，调整后的 R^2 为 0.966 055，也比较接近于 1，F 值为 340.1414，也相对较大，说明面板数据拟合性较好。由回归结果可以看出，煤炭价格波动对中部地区投资水平的影响也是正向的，系数为 2.19，P 值为 0，显著性最高。这说明煤炭价格和中部地区的投资水平是同向变动的，煤炭价格上涨对中部地区投资水平有冲击作用，煤炭价格每变动 1%，中部地区投资水平变动 2.19%。这一结果和之前的理论分析依旧不一致。另外，中部地区的投资水平也受到能源效率和产业结构的显著影响，其系数分别为 0.489 452 和 1.563 431，物价水平对中部投资水平的影响不够显著。

由西部地区数据回归结果可以看出，调整后的 R^2 为 0.971 85，非常接近于 1，F 值为 412.4034，比较大，说明面板数据拟合性非常好。由回归结果可以看出，煤炭价格波动对西部地区投资水平的影响是正向的，系数为 2.190 934，P 值为 0，显著性最高。这说明煤炭价格和西部地区的投资水平是同方向变动的，煤炭价格上涨对西部地区的投资水平有促进作用。煤炭价格变化 1%，西部地区投资水平就会变动 2.190 934%。这一点和前面的理论分析还是不一致。西部地区的投资水平也受到能源效率和物价水平的影响，其系数分别为 0.455 622 和 1.132 239，其影响较为显著。而产业结构的变化对西部地区投资水平的影响不显著。

再对煤炭价格波动对东部、中部、西部地区投资水平的回归结果进行比较研究。

根据表 4-38 的比较结果和前面对各地区的描述性分析，煤炭价格波动对各区域投资水平的影响都是正向的，也就是煤炭价格和各区域的投资水平同方向变化，而在 4.2 节中，理论分析得出煤炭价格和投资水平是反向变动的，理论分析所得结论和实际数据所得结果有很明显的不同，由于数据是严格按照模型的要求来处理的，如此可见，出现这种结果的原因并不是由数据处理不当引起的。经过对数据的分析和对相关文献的阅读，我们发现数据本身就存在这种关系，这一结果和丁志华得出的结果是一致的，丁志华在研究煤炭价格对中国实体经济影响的时候，也得出煤炭价格对投资水平有正向促进作用的结论。出现这种结果的原因是采取的指标不够全面，本部分只采取煤炭价格、能源效率、产业结构和物价水平这四个指标来研究对消费水平的影响，但是实际上投资水平的影响因素非常的多，是个综合作用的结果，还有很多未知的因素没有考虑进来，导致这一结果的出现，这一结果的出现也说明了另一个结论——我国经济的发展有其独特的运行方式。

表 4-38　煤炭价格波动对东部、中部、西部投资水平影响的比较结果

结果	东部	中部	西部
C	−23.844 01	−16.118 29	−14.983 55
LE	0.760 282	0.489 452	0.455 622
LS	2.309 337	1.563 431	0.443 285
LEP	1.674 625	2.413 167	2.190 934
LCPI	1.646 068	0.264 08	1.132 239

在对煤炭价格对不同区域投资水平影响的研究结果中可以看出，煤炭价格对东部、中部、西部地区投资水平的影响也是不同的，对中部地区投资水平的影响较大，为 2.413 167，对西部地区影响次之，为 2.190 934，对东部地区的影响较小，为 1.674 625。这和我国的政策方向有关系。我国的政策对中、西部的支持越来越大，尤其是对中部，这对于中部地区的崛起起到关键的作用，对中、西部的投资也越来越多，虽然东部地区经济发达，投资机会非常多，历年投资额度基数大，但是相对于有政策支持的中、西部来说，其投资额度的增长率还是相对低的，在4.3 节中国东部、中部、西部地区投资额度对比分析中有所体现，所以煤炭价格对中部影响较大，对东部地区影响最小。

3）煤炭价格波动对区域出口水平影响的实证分析

在研究煤炭价格波动对区域投资水平的影响时，依旧使用 EViews6.0 软件，以 LEX 为因变量，以 LE、LS、LEP 和 LCPI 作为自变量分别对东部、中部、西部地区的数据进行回归，得到具体结果如表 4-39～表 4-41 所示。

表 4-39　东部对地区出口水平面板数据模型估计结果

变量	系数	标准误差	t 值	P 值
C	10.922 01	2.911 062	3.751 898	0.000 2
LE	−0.523 143	0.201 221	−2.599 852	0.010 2
LS	−0.039 102	0.286 368	−0.136 545	0.891 6
LEP	3.032 875	0.175 189	17.312 04	0.000 0
LCPI	−1.409 208	0.595 353	−2.367 014	0.019 1
调整后的 R^2	0.972 256			
F 值	439.042 1			
德宾-沃森统计量	0.622 356			

表 4-40　中部对地区出口水平面板数据模型估计结果

变量	系数	标准误差	t 值	P 值
C	4.219 464	2.337 665	1.804 991	0.073 4
LE	−0.409 172	0.230 188	−1.777 553	0.077 8
LS	−0.034 162	0.292 851	−0.116 652	0.907 3
LEP	2.899 826	0.200 453	14.466 37	0.000 0
LCPI	−0.561 537	0.269 328	−2.084 954	0.039 0
调整后的 R^2	0.924 24			
F 值	146.378 8			
德宾-沃森统计量	0.965 258			

表 4-41　西部对地区出口水平面板数据模型估计结果

变量	系数	标准误差	t 值	P 值
C	−2.939 601	3.447 181	−0.852 755	0.395 4
LE	0.404 692	0.256 398	1.578 374	0.116 9
LS	1.473 254	0.527 765	2.791 494	0.006 0
LEP	2.634 657	0.287 743	9.156 3	0.000 0
LCPI	−1.595 88	0.689 823	-2.313 463	0.022 3
调整后的 R^2	0.933 851			
F 值	169.232 3			
德宾-沃森统计量	0.639 98			

　　由东部地区数据回归结果可以看出，调整后的 R^2 为 0.972 256，比较接近于 1，F 值为 439.042 1，相对较大，说明面板数据拟合性较好。由回归结果可以看出，煤炭价格波动对东部地区出口水平的影响是正向的，系数为 3.032 875，P 值为 0，显著性最高。这说明煤炭价格和东部地区的出口水平是同向变动的，煤炭价格上涨对东部地区出口水平有促进作用，煤炭价格变化 1%，东部地区出口水平就会变动 3.032 875%。这一结果和之前的理论分析不一致。东部地区的出口水平也受到能源效率和物价水平的影响，其影响系数分别为−0.523 143 和−1.409 208，比较显著，而产业结构对东部地区的出口水平影响不够显著。

　　由中部地区数据回归结果可以看出，调整后的 R^2 为 0.924 24，相对较大，F 值为 146.378 8，也相对较大，说明面板数据拟合性较好。由回归结果可以看出，煤炭价格波动对中部地区出口水平的影响也是正向的，系数为 2.899 826，P 值为 0，显著性最高。这说明煤炭价格和中部地区的出口水平是同向变动的，煤炭价格上涨对中部地区出口水平有冲击作用，煤炭价格每变动 1%，中部地区出口水平变动 2.899 826%。这一结果和之前的理论分析依旧不一致。另外，中部地区的出口水平也受到能源效率和物价水平的影响，其系数分别为-0.409 172 和-0.561 537，影响水平较为显著。产业结构对出口的影响不够显著。

由西部地区数据回归结果可以看出，调整后的 R^2 为 0.933 851，相对较高，F 值为 169.2323，相对比较大，说明面板数据拟合性相对较好。由回归结果可以看出，煤炭价格波动对西部地区出口水平的影响是正向的，系数为 2.634 657，P 值为 0，显著性最高。这说明煤炭价格和西部地区的出口水平是同方向变动的，煤炭价格上涨对西部地区的出口水平有冲击作用，煤炭价格每变动 1%，西部地区出口量变动 2.634 657%。这一点和前面的理论分析还是不一致。西部地区的出口水平也受到产业结构和物价水平的影响，其系数分别为 1.473 254 和-1.595 88，其影响较为显著。而能源效率的变化对西部地区的出口水平的影响不显著。

再对煤炭价格波动对东部、中部、西部地区出口水平的回归结果进行比较研究。

根据表 4-42 的比较结果和前面对各地区的描述性分析，煤炭价格波动对各区域的出口水平的影响都是正向的，也就是煤炭价格和各区域的出口水平同方向变化，而在 4.2 节中，理论分析得出煤炭价格和出口水平是反向变动的，理论分析的结论和实际数据运行的结果不一致，由于数据是严格按照模型的要求来处理的，可见，回归的结果和理论结果不一致不是由数据处理不当引起的。经过对数据的分析和对相关文献的阅读，我们发现数据本身就存在这种关系，出现这种结果，主要是因为我国对外贸依赖度较高，国家频繁通过出口退税、出口补贴等人为的政策干预措施来保障我国对外贸易的增速，以保障我国经济的高度平稳发展。这样就导致了煤炭价格和出口水平呈现正向影响关系。

表 4-42　煤炭价格波动对东部、中部、西部出口水平影响的比较结果

结果	东部	中部	西部
C	10.922 01	4.219 464	2.939 601
LE	−0.523 143	−0.409 172	0.404 692
LS	−0.039 102	−0.034 162	1.473 254
LEP	3.032 875	2.899 826	2.634 657
LCPI	−1.409 208	−0.561 537	−1.595 88

从结果中可以看出，煤炭价格对东部、中部、西部地区出口水平的影响也是不同的，对东部地区的影响较大，影响系数为 3.032 875，对中部地区影响次之，为 2.899 826，对西部地区的影响较小，为 2.634 65，这和我国的一系列政策有关系的，我国自从 1978 年提出改革开放以来，东部地区迅速崛起，中国第一批开放的 14 个城市均为东部地区，改革开放带动东部地区迅速发展。2001 年，中国正

式加入 WTO 后，中国出口又再次扩大，而沿海地区的开放城市较多，受到影响较大，所以煤炭价格波动对东部地区出口影响系数最大。作为我国的腹地，在东部地区的带动下，中部地区的出口额也得到了快速的提升，而西部地区地广人稀，交通不变而导致贸易不发达，受政策因素的影响较小，所以煤炭价格波动对西部地区出口额的影响系数较小。

4.3.3　政策建议

本节主要研究煤炭价格波动对中国经济的影响，利用面板数据回归模型，立足于东部、中部、西部区域的划分，分别从经济总量效应和经济结构效应两方面研究煤炭价格对区域经济的影响，并比较煤炭价格对东部、中部、西部地区经济影响的差异性。从以上得出的结论可以看出，煤炭价格波动对区域经济的影响存在着很大的差异，从而导致了我国地区经济发展不平衡。本节立足于全国经济平衡稳定发展的基础上，根据得出的结论，针对不同的区域和相关政府部门分别给出几点政策建议。

对于东部区域来说，地区经济发展较快，应先放缓发展速度，追求经济质量，因此，加快产业结构的调整是其首选政策。由回归结果可以看出，第二产业比重的增加可促进经济的增长，说明东部地区还处于产业转型初期，第三产业还不够发达，加快产业布局，促进第三产业发展可有效提高经济质量，放缓经济增速。能源效率是一个显著的影响变量，从回归的结果可以看出，能源效率的提高对消费水平的影响是不显著的，对投资水平的影响是正向的作用，但是对出口的影响是负向的作用，但是对经济总量的影响还是正向的，可见提高能源效率整体上来说对经济的发展是促进作用的，另外，还有一个好处是能源效率的提高对物价水平的影响不显著，因此，提高能源效率是东部地区的第二选择。煤炭价格的上升对经济也有促进作用，当煤炭价格低于均衡价格时，提高煤炭价格能有效促进经济的增长，当煤炭价格恢复到均衡价格，就不能够人为的通过提高煤炭价格来促进经济增长了，因此，提高煤炭价格是第三选择。

对于中部地区来说，应保持现有的速度发展，因为产业结构的调整暂时会抑制经济的发展，因此，将提高能源效率作为中部地区的首选政策。从回归结果上看，提高能源效率可以促进消费水平和投资水平的增长，对出口会有抑制作用，但是对整体中部地区生产总值有促进作用。中部地区是产能较多的区域，提高能源效率不仅可以促进经济的增长，还可以节约能源。另外，提高能源效率对物价水平有抑制作用。此外，可适当进行产业调整，在追求经济增长的同时也追求经济质量的提高。回归结果显示，降低第二产业比重，可抑制经济增速，刺激物价上升，因此，将产业调整作为中部地区的第二选择。提高煤炭价格同样能够快速提高经济的增长速度，由刚才对东部地区的分析中，当煤炭价格达到均衡价格时，提高煤炭价格就不是一个好的选择，因此，将提高煤炭价格作为第三选择。

对于西部地区来说，经济发展的速度较慢，应先刺激其发展速度，提高能源效率和提高煤炭价格都是促进经济发展的有效手段，鉴于提高煤炭价格政策的弊端，可把提高能源效率作为西部地区的第一选择，由回归结果看出，提高能源效率对消费水平和投资水平都有促进的作用，对物价水平的影响也不显著，因此，选择提高能源效率的手段是西部地区的最佳选择。其次，选择提高煤炭价格的手段。由于西部地区经济比较落后，人均收入较低，对服务业的发展没有太多的优势，因此，可将调整产业结构放在第三位。

由以上分析，东部、中部、西部区域的政策选择如表 4-43 所示。

表 4-43　东部、中部、西部地区政策选择

政策选择	东部地区	中部地区	西部地区
第一选择	调整产业结构	提高能源效率	提高能源效率
第二选择	提高能源效率	调整产业结构	提高煤炭价格
第三选择	提高煤炭价格	提高煤炭价格	调整产业结构

以上是对东部、中部、西部三个区域的政策选择做了阐述，对于地方政策的执行还需要国家政府部门的支持，如提高煤炭价格政策，由于中国煤炭价格一直以来受到较为严格的国家控制，国家不放开对煤炭价格的管制，提高煤炭价格政策就是空谈，另外，提高煤炭价格容易带来弊端就是促进了物价水平的上涨，因此，在对东部、中部、西部地区提出政策建议的同时也对国家政府部门提出相应的几点建议。

1. 加快煤炭价格改革，实现其市场化

国家对煤炭价格的控制相对比较严格，使其尽量保持在市场均衡价格水平线之下，但由此也引发了一系列的问题，一方面，当涉及能源稀缺方面的问题时，煤炭价格不能直观对其进行反映。从静态方面考虑，当能源用于此种用途时，必然会舍弃其他用途；从动态方面考虑，当能源在现阶段使用时，必然会导致在未来没有充足的使用量。能源机会成本的特性也由后一种的稀缺性得到了较好的诠释，相比较于其他商品的价格，体现稀缺性的价格在能源的静态配置和动态配置两方面都能起到调节作用。在过去很长的一段时间里，为了使经济得到更快的发展，煤炭价格被国家严格地控制在市场均衡价格水平线之下，这一问题在改革开放 30 多年后的今天仍然没有能够得到有效的解决，因为较低的煤炭价格水平无法反映资源稀缺的真实性。另一方面，煤炭价格也无法反映国内市场和国际市场的

供求情况。现阶段国内煤炭价格对国内和国际的能源市场供需状况都不能如实进行反映。这种扭曲的煤炭价格会带来国内能源出口的增加，能源供需的波动，进而使国内产业结构变动和能源稀缺的客观现实背道而驰。如此看来，中国煤炭价格改革有较强的时间紧迫性，加快煤炭价格的改革，可以有效地促进政策的实施，可以更合理地利用稀有能源。

2. 合理控制物价水平

由本节分析可得煤炭价格的上涨对物价水平有促进作用，物价水平的上升又可以促进消费和投资的上升，这是由于物价水平上升，货币贬值，这种情况下，储蓄不如投资和消费，因此，物价水平上升，可以刺激消费和投资。但是高的通货膨胀率就会带来灾难性后果，比如，急剧的通货膨胀一旦形成就会造成严重的经济扭曲，给人民的生活带来很大的影响。而当恶性通货膨胀发生时，物价持续在上升，货币也不存在固定的价值，市场经济在这时候就变得一无是处。因此，合理地控制物价水平，可以保证经济的平稳运行，也可以保证居民正常的生活水平。虽然煤炭价格上涨对物价水平的上涨有促进作用，适当的增加物价水平对经济的发展是有好处的，但是也要防止物价的过度上涨。煤炭价格上涨带动物价水平的上涨，不能让物价持续上涨。控制物价水平要从根本解决，其根本原因不在于煤炭价格的上涨，而是央行发行过多的货币，导致货币贬值，物价水平上升。因此，为保证政策的执行，要从根本上抑制物价水平的上涨。政府应通过合理的财政政策和货币政策来控制物价水平。如果物价水平得到了控制，那么地区政策的执行就能达到更好的效果。

4.4　本章小结

20 世纪 70 年代以来，由于一些不确定的政治因素、经济因素的存在，以及 OPEC 的影响，西方国家对一次能源特别是石油的关注度逐渐提高。近年来，能源价格波动对一国经济的影响效应研究一直是能源领域的前沿问题，而且已经形成了一定的研究成果，这为探讨煤炭价格波动对我国经济的影响效应问题奠定了坚实的研究基础，提供了有益的借鉴。本章系统地梳理和回顾了我国煤炭资源及其价格变化的概况，对影响效应的内涵和相关概念做了界定，初步建立了煤炭价格波动对我国宏观经济影响效应的研究框架，在此基础上，对煤炭价格波动对我国宏观经济的总量效应和结构效应进行了系统性的测度和实证。为了进一步剖析煤炭价格变动对我国区域经济影响的差异性，同样基于结构效应和总量效应两个层面，研究了煤炭价格波动对东部、中部、西部地区经济的影响，研究煤炭价格波动对不同区域影响的差异性。同时，各节基于分析和实证研究所得到的结论，有针对性地提出了政策建议。

参 考 文 献

[1] 智研咨询. 2015-2020 年中国煤炭市场深度调查与行业前景预测报告. 北京: 智研科信咨询有限公司, 2014: 103.

[2] 郭云涛. 动力煤: 市场消费展望和生产企业对策. 中国煤炭, 2003, 29(8): 16-18.

[3] 郭淑华. 动力煤期货相关知识. 煤炭经济研究, 2013, (10): 10-12.

[4] 中国煤炭交易中心. 动力煤与炼焦煤的消费用途简介. http://www.cctcw.cn/news/2014-05-19/new_18636_x.html [2014-5-19].

[5] 裴西平. 中国无烟煤生产、消费及进出口分析. 中国煤炭, 2009, (6): 14-19.

[6] 智研咨询. 2010 年中国煤炭行业研究报告. 北京: 智妍科信咨询有限公司, 2011: 34.

[7] 王妍, 李京文. 我国煤炭消费现状与未来煤炭需求预测. 中国人口. 资源与环境, 2008, (3): 152-155.

[8] 冯立群. 中国煤炭进口来源分析. 内蒙古大学硕士学位论文, 2012.

[9] 刘艳敏. 煤炭价格影响因素分析及机制研究. 中国矿业大学(北京)硕士学位论文, 2012.

[10] 王国定. 关于我国煤炭价格形成机制的分析. 山西财经大学硕士学位论文, 2009.

[11] 邓雄博. 煤炭价格影响因素及交易策略分析. 云南财经大学硕士学位论文, 2014.

[12] 吕松. 煤炭价格影响因素的 ISM 分析. 能源技术与管理, 2007, (5): 127-130.

[13] 周传爱. 山西省煤炭价格形成机制研究. 山东科技大学硕士学位论文, 2007.

[14] 曹沉浮. 我国煤炭价格变动趋势及其影响因素的实证研究. 西安科技大学硕士学位论文, 2010.

[15] 邓雄博. 煤炭价格影响因素及交易策略分析. 云南财经大学硕士学位论文, 2014.

[16] 梁姗姗, 周敏. 基于波特"钻石模型"的中国煤炭产业竞争力评价研究. 资源与产业, 2007, (2): 37-42.

[17] 雷强. 国内外煤炭价格的非线性特征研究. 资源科学, 2013, 35(10): 1968-1976.

[18] 雷强. 国际煤炭价格与我国煤炭进出口的关系研究. 价格月刊, 2013, (11): 31-36.

[19] 王振霞. 电煤价格的市场化改革. 西部论丛, 2010, (8): 42-44.

[20] 茅于轼. 煤炭成本、价格形成及其外部成本内部化. http://www.21ccom.net/articles/zgyj/xzmj/article_20100120608.html [2009-3-27].

[21] 中商产业研究院. 中国电煤行业分析与投资策略报告. 深圳:中商产业研究院有限公司, 2014.

[22] 林永生. 能源价格对经济主体的影响及其传导机制——理论和中国的经验. 北京师范大学学报(社会科学版), 2008, (1): 127-133.

[23] 徐进亮, 常亮. 中国煤炭市场现状剖析与国际煤价走势研究. 中国人口. 资源与环境, 2013, (10): 127-133.

[24] 王迪, 张言方, 殷琴, 等. 中国煤价波动成因及其价格发现能力研究. 资源科学, 2013, (8): 1643-1650.

[25] 沈小龙, 贾仁安. 我国煤电价格联动机制研究——基于系统动力学的视角分析. 价格理论

与实践, 2012, (11): 23-24.

[26] 牟敦果, 林伯强. 中国经济增长、电力消费和煤炭价格相互影响的时变参数研究. 金融研究, 2012, (6): 42-53.

[27] David M. The International Energy Experience: Markets, Regulation and the Environment. Cambs: Imperial College Press, 2000: 361.

[28] 林伯强, 毛东昕, 杨莉莎. 亚太市场煤炭价格波动对我国一般价格水平的影响. 中国地质大学学报(社会科学版), 2014, (6): 30-38.

[29] 丁志华, 周梅华, 何凌云. 煤炭价格波动对物价的传导效应研究. 统计与决策, 2013, (6): 87-89.

[30] 丁志华, 缪协兴, 何凌云, 等. 基于动静态视角的煤炭价格波动对我国 GDP 影响研究. 资源科学, 2013, 35(12): 2467-2473.

[31] 林伯强, 王锋. 能源价格上涨对中国一般价格水平的影响. 经济研究, 2009, (12): 66-79.

[32] 高铁梅. 计量经济分析方法与建模——EViews 应用及实例. 2 版. 北京: 清华大学出版社, 2009: 259.

第5章　中外电力定价机制研究

本章通过分析中外电价机制及方法，建立双寡头发电商电力生产调整的古诺博弈动力学模型，分析其模型的动力学特征，并识别出电力生产博弈系统的混沌行为。根据实际电力市场的调控方法，研究如何有效地控制电力市场的混沌行为。结果表明，通过改变发电商电力生产调整速度或者降低政府容许的最高电价，能够有效地抑制混沌现象在电力市场发生。基于复杂网络和动态演化博弈的新视角，建立一个普适的电力竞价二分网络演化模型。在二分网络电力交易市场中设概率匹配机制，研究电力交易中心制定的调节电力价格的参数对市场交易价格和贸易量的影响。采用重庆市电力交易数据进行仿真，通过与高低竞价匹配机制比较，发现概率匹配机制可以有效降低市场成交价格，同时增加市场电力贸易量。制定合适的调节电力价格的参数是减少供电商报价和增加市场交易量的有效途径。将原蛛网模型中的价格修正系数用更有现实意义的价格修正函数来代替，增加蛛网模型预测及分析的精确度和真实性。通过构建 CGE 模型模拟不同税率水平下征收碳税对电力行业产出价格、化石能源需求和电力产出水平的影响，提出电力行业的低碳发展对策。

5.1　电力定价的研究背景

电力工业是国民经济及其他产业赖以发展的基础，而电力市场一般不是自由竞争市场，而是具有寡头垄断性质的市场。因而对电力产业的政府管制问题进行研究显得尤为重要[1,2]。随着电力系统规模的不断扩大，电力生产成本也不断降低。世界各国的电力行业都是传统的垄断性行业，随着经济的发展，电力工业高度垄断的劣势逐步显现出来，主要表现为建更多的发电机组已经不能再大幅度地降低成本。为了消除这些负面影响，20 世纪 80 年代末期，电力行业改革的浪潮席卷全球，西方国家开始放松对电力行业的管制，实施电力工业的重组，建立竞争性的电力市场[3]。

不同的国家以不同原因推动着电力市场化的进程。改革方案不尽相同，但主要目的都是在电力产业中引入市场机制，提高资源的配置效率和企业内部的生产效率[4]。

设计电力市场竞价机制[5]是最具挑战性的问题。在不考虑输电约束的情况下，世界各国主要电力市场采用的发电侧竞价多为统一出清价格。在完全竞争的市场条件下，发电商追求自身利益最大化的同时也能实现社会福利的最大化。但是由于市场并不具备完全竞争的条件，采用统一出清价格的电力市场的表现都不能令人满意，会出现电价暴涨或电力短缺的现象。中国电力市场自 2002 年电力体制改革方案实施以来，电力行业破除了独家办电的束缚，从根本上改变了指令性计划体制和政企不分、厂网不分等问题，初步形成了电力市场主体多元化竞争格局[6]。

中国目前的电力市场具有寡头垄断市场的特性，还停留在对需求侧资源进行行政管理为主的阶段，其仅限于电力网和发电厂参与其中，价格引导、信息引导等手段运用的还不多。而美国加利福尼亚州电力市场的经验教训说明只有把需求侧引入市场才能形成一个真正良性运行的电力市场。如何在实时电价需求响应视角下来完成电力市场竞价机制的设计，是国家电网发展的一个重要课题。

5.2　电力价格的形成基础

电力市场与其他能源商品市场的区别在于它不仅关系到电力行业的效率，而且关系到整个电力行业的安全稳定。因此，电力定价必须是建立在满足电力系统的安全运行和特定的市场目标模式的基础上。电价结构直接反映了电力系统的运行机制，是电价形成的基础。

5.2.1　传统的电价结构

传统的电价结构中电价的计算主要采用综合成本法和长期边际成本法。综合成本法是根据计算期内的电力发展规划和投资计划，逐项核算供电成本，求和获得综合电力成本和电量成本，按平摊原则分摊给所有用户；长期边际成本法则是根据用户负荷增加时的供电边际成本来计算电价。但是上述两种方法都只能反映较长一段时间内（一年以上）的生产成本和总体负荷水平，不能精确反映电力系统负荷平衡状况和供电成本变动。

5.2.2　市场化改革后的电价结构

市场化改革后的电价结构涉及发电、输电、配电和销售四个环节，由上网电价、输电电价和配售电价三个层次组成。上网电价是由发电侧竞价上网形成。传统的电力行业中，调度中心根据发电机组的费用曲线来进行经济调度或安全经济调度，而在竞争性的电力批发市场中，通常采取的是招投标竞价和双边交易两种交易方式。目前国外电力市场采用的定价方法是节点边际电价模型。在垂直一体化的经营模式下，所有输电成本都是直接转嫁给终端用户。输电成本分摊的基本原则是"谁使用，谁付费"，采用的定价方法主要有边际成本法。

5.3　电力定价方法

在电力市场中，市场机制（价格机制）对电力商品从生产到消费的所有环节进行协调与控制。电价的形成机制与电价的结构体系决定了电力市场的公平、公正和高效运行。电价在电力市场的发展过程中占据着核心地位。

5.3.1　边际成本法与综合成本法

1. 边际成本法

边际成本法是根据用户负荷增加时的供电边际成本来计算电价，容量电价等于容量成本的微增量除容量的微增量，电量电价等于电量成本的微增量除用电量的微增量。边际成本定义为在一定时期内，增加一个单位产量所需支付的成本。

$$M_c = \mathrm{d}T_c/\mathrm{d}Q \qquad\qquad (5\text{-}1)$$

其中，M_c 为边际成本；$\mathrm{d}T_c$ 为总成本增量；$\mathrm{d}Q$ 为产量增量。

1）长期边际成本电价

电力产业回收资金的能力主要取决于较长时期内的电价水平。通过各种投资决策模型可以算出长期边际成本，得到不同负荷水平下的最优投资方案及相应的总费用，然后将总费用增量与负荷增量的比值作为长期边际成本的近似值。长期边际成本可分为长期边际容量成本、长期边际电能成本和长期边际用户成本。

如图 5-1 所示，曲线 D 代表研究期间内最大负荷容量的增长趋势，发电容量长期边际成本计算就是解决如下问题：假设最大负荷容量增加，变为 $D + \Delta D$，则系统发电容量应新增多少，如果新增容量成本为 ΔC，则发电容量长期边际成本等于 $\Delta C/\Delta D$。

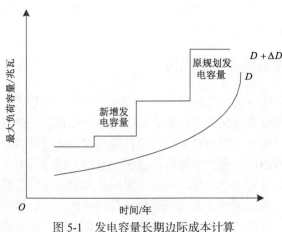

图 5-1　发电容量长期边际成本计算

　　长期边际成本定价适用于负荷需求不断增加的情况，其应用于长期的电力系统的电价机制。其优点是易于实施，对电网系统的软、硬要求不高。而且，电价在一段时间内呈现出稳定的变化趋势。缺点在于电价对短期内的负荷管理功能不足。

　　2）短期边际成本电价

　　实时电价（real time price，RTP）模型是由 Schweppe 于 1980 年提出的，即在极短的时段内（如 30 分钟、15 分钟、5 分钟）根据负荷所在的位置（节点）、系统潮流、网络拥堵等系统运行的实时信息，计算节点的发电边际成本进而获得电力商品的实时价格，指导发电机组调整发电出力，同时促进终端用户主动承担维持系统稳定运行的成本和合理用电。

　　实时电价的数学表达式为

$$\rho_k(t) = \gamma_F(t) + \gamma_M(t) + \gamma_{QS}(t) + \gamma_R(t) + \eta_L(t) + \eta_M(t) + \eta_{QS}(t) + \eta_R(t) \qquad (5\text{-}2)$$

其中，$\rho_k(t)$ 为第 k 个用户在时刻 t 的实时电价；γ 为发电分量，变量 γ_F、γ_M、γ_{QS}、γ_R 依次为边际发电燃料成本、边际发电机组维护成本、发电供电质量分量和发电收支平衡项；η 为输电分量，变量 η_L、η_M、η_{QS}、η_R 依次为边际网损成本、边际网络维护成本、输电质量分量和输电收支平衡项。

　　实时电价模型将边际成本的概念引入到电力市场中，反映了短期内由负荷变化而引起了系统运行成本的变化。其缺点是变量过多，计算步骤复杂，而且简化了电网结构，忽略了无功率的影响，也没有考虑输电容量及其辅助服务的费用，不能适应新的电力市场模式的需求。

　　2. 综合成本法

　　综合成本法是一种取长补短的综合定价方法。它的主要思路是用短期边际成本对电力系统中的可变成本进行定价和收费，利用市场化手段来配置电网资源；而利用嵌入成本法对电力系统中的固定成本进行分摊和回收。其不足是在一定程度上扭曲了边际成本法的市场价格信号。

5.3.2　最大利润定价法与平均成本定价法

　　根据经济学原理，如果电力垄断企业自由定价，那么它将根据边际成本与边际收入相等的原则，来确定其价格和产出量。如图 5-2 所示，边际成本曲线 MC 与边际收入曲线 MR 交于 R 点，它所对应的价格为 OP_1，产出量为 OQ_1。此时垄断企业所获得的利润为 P_1JKS，消费者剩余都只有 DJP_1。由于 OP_1 是能给企业带来最大限度的利润的价格，这一定价方法被称为最大利润定价法。这表明，在自然垄断部门，如果没有政府的价格规制的话，垄断企业就有可能通过抑制产出制定高价以获得超额利润，造成资源配置效率的低下。

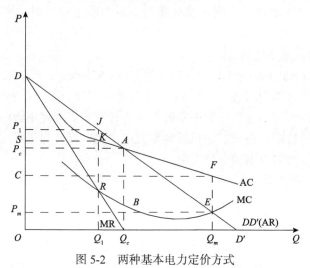

图 5-2　两种基本电力定价方式

尽管从资源配置效率的角度看，边际成本定价法是最优的价格形成方式，但由于这种定价法可能使企业出现赤字，从实际出发，不得不采用次优的平均成本定价法。由于在平均成本定价法中电价 OP_c 是按平均成本水准来确定的，而平均成本中包含了"正常利润"，即一种既不使电力企业出现亏损，也不让它获得超额利润的收支平衡的价格形成方式（$OP_m < OP_c < OP_1$），从而在满足企业财务的稳定、确保企业内部效率及避免收入再分配这三项制定电价的原则方面，要优于最大利润定价法和边际成本定价法。但如果从资源配置效率角度看，采用平均成本定价法，经济福利会比边际成本定价法要小，因此，在具体运用过程中，在确定电价体系和投资决策时要尽可能采用能提高资源配置效率的政策措施。

5.3.3　统一出清电价模型

在电力市场化改革的初期，电力批发市场的重点在于发电侧的竞价上网，因此，实时电价的定价方法是统一出清电价模型。假设发电机组 j 的报价为 p_j，令向量 p 代表所有发电机组的报价，则系统发电成本为 $p^{\mathrm{T}}P_G$，P_G 是发电机组从节点注入的有功功率矩阵。

不考虑安全约束的情况下，经济调度模型可以简化为

$$\min p^{\mathrm{T}}P_G \quad \text{s.t.} \quad e^{\mathrm{T}}P_G = P_D, \quad \underline{P_G} \leqslant P_G \leqslant \overline{P_G} \qquad （5\text{-}3）$$

其中，P_D 为负荷从节点上输出的有功负荷矩阵。

如果不考虑机组的技术参数差异，可以用排队法的思路解决上述的最优化问题。即报价最低的机组先出力，再按报价由低向高依次安排机组出力，直到满足负荷需求为止，最后一台中标机组的报价就是系统报价（图 5-3）。

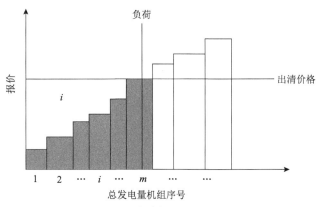

图 5-3　电力市场统一出清价格

采用拉格朗日函数解上述带约束条件的最优化问题，即

$$\Gamma = p^{\mathrm{T}}P_G + \lambda(e^{\mathrm{T}}P_G - P_D) + \sum_t \hat{\tau}_i(P_{G_i} - \overline{P_{G_i}}) - \sum_t \breve{\tau}_i(P_{G_i} - \underline{P_{G_i}}) \qquad （5\text{-}4）$$

最优化条件为

$$\frac{\partial \Gamma}{\partial P_{G_i}} = p_i + \lambda + \hat{\tau}_i - \breve{\tau}_i = 0 \quad (i = 1,2,3,\cdots,N_G) \qquad （5\text{-}5）$$

如图 5-3 所示，一般只有一台机组的出力介于上限和下限，因此，也称之为边际发电机，设其序号为 m，根据库恩-塔克条件，则拉格朗日乘子 $\hat{\tau}_i = \breve{\tau}_i = 0$。可得，$p_m = -\lambda$，$\rho(= p_m = -\lambda)$ 被称为边际价格或出清价格。对于所有参与竞价上网的中标发电机组，调度中心以此价格及其具体的发电量统一支付给发机电组，这个价格也就被称为统一出清价格。对于出力已达上限的满发机组 $\breve{\tau} = 0$、$\hat{\tau} > 0$、$p_i + \lambda + \hat{\tau}_i = 0$、$p_i < -\lambda$；对于零出力机组 $\hat{\tau} = 0$、$\breve{\tau} > 0$、$p_i + \lambda - \breve{\tau}_i = 0$、$p_i > -\lambda$。这样，从发电机组的角度，$\rho$ 是各方面都能接受的合理结算价格。

统一出清电价虽然简单易行，但是其模型假设过于简单，机组的技术参数差距往往会导致出清价格无效，而且此模型无法体现发电机组和负荷位置（节点）对系统潮流的影响和贡献。

5.4　中外电价机制比较

5.4.1　中国电力价格机制分析

我国的电力工业体制改革是在社会主义市场经济建设和开放政策的背景下逐步推进的。迄今为止，电力工业体制的发展可以粗略分为四个阶段：独家办电阶段、集资办电阶段、模拟电力市场阶段、电力市场改革试点和发展阶段。

1. 独家办电阶段

1985 年以前，在相当长的计划经济时代里，电力工业采取"国家投资、独家办电"的垄断经营政策。在电力供应严重不足的情况下，基于计划经济的垄断经营有效地保证了"利用有限的社会资源发展电力工业"的目标，产生了很好的效果。但是，这种经营管理模式也带来了一些弊端，电力部门逐步成为福利事业单位，造成了电价结构不合理、电力企业缺乏足够的发展基金、电力供应长期短缺的局面，很大程度上制约了国民经济的发展。

2. 集资办电阶段

随着改革开放政策的深入发展，电力资源不足对各地区和各产业的发展的束缚效应越来越明显，电力供求矛盾越来越尖锐。为了尽快扭转长期缺电的局面，国务院于 1988 年确立了"政企分开、省为实体、联合电网、统一调度、集资办电"和"因地、因网制宜"的发展方针，打破了独家办电的局面，充分调动了各方面集资办电的积极性。在这一形势下，我国电力装机总容量持续稳定增长，电力工业这一国民经济的基础产业取得了长足的进步。但是，随着投资主体和权益的多元化，电价管理体系越来越混乱。国家对不同投资主体实行不同的电价政策，形成"一厂一价""一机一价"的政府行为，造成了市场行为与发电企业行为的扭曲。部分企业的目标不是挖掘潜力、降低成本，而是将"跑"电价作为提高"效益"的捷径。

3. 模拟电力市场阶段

浙江和安徽分别于 1994 年 7 月和 1995 年 2 月开始运营"模拟电力市场"，此后，全国各省份都在一定程度上开展了这种改革。其基本要求是：按照商业化运营的要求，改进核算办法，建立电网模拟核算中心，进行内部电力商品交易。1997 年 1 月 16 日，国家电力公司成立，标志着我国电力工业管理体制由计划经济向社会主义市场经济过渡。1997 年 11 月，国家电力公司正式启动内部模拟电力市场。模拟电力市场促使我国电力产业"打破垄断、引入竞争"，但也存在不足：一是在电价制定上，成本低的电厂实行低电价，成本高的电厂实行高电价，这在一定程度上是保护落后，但不利于优胜劣汰；二是在电力市场的经营模式上，未能建立完善的电力市场运营机构，未能真正开展电力市场业务，只能对发电厂、供电局进行业绩考核，始终是一种内部管理的模式，不能真正实现"公正、公平、公开"地对待各发电企业。

4. 电力市场改革试点和发展阶段

从 1998 年开始，我国确定在电力行业实行"厂网分开、竞价上网"的改革，并确定山东、上海、浙江及东北的辽宁、吉林、黑龙江六省（直辖市）作为首批"厂网分开"的试点单位，并于 2000 年初正式投入商业化运营，取得了较理想的经济效益和社会效益。2002 年底，国务院正式批复了《电力体制改革方案》，其改革的主要内容有下述几个方面：①在发电环节引入竞争机制；②成立四家辅业公司；③成立国家电力监管委员会；④初步制定了电价改革方案，并对发电排放环保折价标准、电力项目行政审批办法，以及中国电力企业联合会职责的要求等方面进行了深入研究与探索。

根据国家电力监管委员会 2003 年发布的《关于建立东北区域电力市场的意见》，我国区域电力市场建设的远期目标是在售电端引入竞争机制，实现所有市场主体参与的全面竞争的局面；建立电力期货市场、电力期权等电力金融市场；形成政府监督下的、公开竞争的、全面开放的区域电力市场。2004 年 1 月 15 日，根据国家电力监管委员会的安排，东北区域电力市场模拟运行正式启动，实现区域电力网内统一交易平台、统一市场规则、统一电网调度，电力市场改革迈出了实质性的一步。

同国外市场相比，我国电力市场具有一些中国特色。我国电力市场的改革取向是"厂网分开、竞价上网"，即将电网经营企业拥有的发电厂与电网分开，建立规范的、具有独立法人地位的发电实体，市场也只暂对发电侧开放。目前我国电力市场全部采用了部分电量竞价上网方式，一般安排当年市场需求的 20%作为竞争电量，其余作为基本电量。通常采用两种方式处理基本电量：一是先保证基本电量的完成，再考虑竞价上网的电量；二是在市场中安排全部电量参与竞价，但在结算时考虑对这一部分电量的补偿。尽管部分电量竞价上网会降低市场的竞争力度，但是它可以减少发电商哄抬电价，防止电价飘升，降低市场风险。

21 世纪初期，我国电力供给严重不足，为了鼓励投资者建设电厂，国家签订了一些包括保障机组年利用小时数和上网电价优惠政策的长期合同。为了解决这一关键问题，各试点单位在进行电力市场的探索中提出了包括"差价合约"、"履行合约，竞价超约"等在内的多种实施方案，其目的是既要考虑原有的还本付息政策的延续，又要引入竞争机制。这些方案的核心是双轨制竞价体系，即基本电量部分按国家批准的合同电价结算，竞争电量部分按竞价电价结算。这基本上解决了原有的合同问题。可以说双轨制竞价机制是我国为了解决历史遗留问题而采取的灵活务实的措施，是具有中国特色的电力市场机制。

我国在 2009 年制定了风电标杆上网电价机制，太阳能光伏发电标杆上网电价也在 2011 年开始实施。从政策实施的实际效果来看，一方面，我国可再生能源的上网电价机制极大地促进了我国可再生能源特别是风电的规模化发展；另一方面，由于电价机制设计较为粗放，对于通过上网电价机制引导可再生能源合理布局、均衡发展等方面还存在一些有待解决的问题。如定价机制尚未完全反映实际发电成本、尚未建立上网电价水平的动态调整机制。

5.4.2 美国电价机制

美国 1978 年通过的公共事业管理政策法令（public utilities regulatory policies act，PURPA）促进了非公共事业发电（non-public utilities enerate electricity，NUG）的戏剧性增长。1992 年通过的能源政策法令（energy police act，EPA），进一步推动了美国各州电力工业的变革。1995 年联邦能源管理委员会（federal energy regulatory commission，FERC）发布了宏大的立法提案通告（mega-notice of proposed rulemaking，Mega-NOPR）提案以促进输电服务的开放，1996 年发布 FERC 第 888 和 889 号文件加速了市场化进程。各种市场化提案被提交到管理委员会、电力公司、大用户进行激烈辩论，最终规范为几个典型的方案，包括加利福尼亚州公用事业委员会（California public utilities commission，CPUC）、新英格兰电力系统（new England electricity system，NEES）、宾夕法尼亚州-新泽西州-马里兰州（Pennsylvania-New Jersey-Maryland，PJM）电力联营体及美国电力（American electric power，AEP）的提案。

20 世纪 90 年代中后期，美国各州都进行了不同程度的电力市场化的尝试。美国电力改革的核心是放松管制、引入竞争、提高效率、降低电价。进入 21 世纪以后，美国在放松电力管制过程中出现了加利福尼亚州大停电和电价飞涨，电力公司申请破产保护的重大问题。但只要严格遵循客观规律，建立合理的市场结构、运行规则，同时完善相关法规，加强有效的监管和调控，就能引导电力市场的健康发展、促进生产力的进一步提高。因此，电力市场的基本理论，特别是市场运作机制的研究与完善成为电力市场研究的关键和热点。

2000 年 6 月 14 日，美国加利福尼亚州旧金山湾区的近 10 万民众遭遇到了大规模停电，这是加利福尼亚州太平洋燃气和电力公司有史以来第一次大规模的电力供应中断。这次停电事件震惊了全美国。此后的 8 个月，加利福尼亚州频繁出现严重的持续电力短缺现象。2001 年 1 月下旬，更是惨遭第二次世界大战以来的首次分区轮流停电。这就是著名的加利福尼亚州电力危机。一场危机之所以具有标志性的作用，是因为它引发了人们对危机中暴露出的问题的重新思考和审视。

加利福尼亚州危机表现为电价的急剧上涨，电力危机产生的最主要原因，后来被认为是政府对电力公司的严格监管使得电力利润有限，未能激励对电网的投资，由于加利福尼亚州近几年人口迅速增长，经济飞速发展，电力消耗随之增大，而且加利福尼亚州十年来没有新建一座发电厂，从而造成电网建设的滞后，进一步导致输电不足、系统老化，因此，在缺电情况下，加利福尼亚州的电力市场模式和规则暴露出一些缺陷，但同时也给我们带来了一些重要的启示。

（1）市场机制和竞价模式问题。加利福尼亚州的电力市场机制强制电力公司出售 50%的发电量，而同时没有要求电力公司和发电商之间签订长期稳定的供电合同。所以，电力市场要有竞争性和计划性，要安排长期电力生产，组织中长期交易。此外，进行电力中长期交易有利于电网的安全稳定运行。

（2）没有建立期货市场。大量买主（各地供电局、电力的零售商）通过电力交易中心去买卖，加利福尼亚州 85%以上的电力是在电力交易中心成交的，而电价高低也由它来制定。没有期货市场，市场无法提供反映供求关系的价格信号。

（3）加利福尼亚州的价格机制不适用于卖方的电力市场。边际价格的结算规则在买方市场竞争中是有效的，但在卖方市场中，此结算规则将导致发电商产生过高的超额利润。

（4）在价格机制方面没有考虑如何促进电力工业的发展。加利福尼亚州电力市场机制中，对电网用电不断增长的供电需求认识不足，寄希望于市场的自我调节，造成加利福尼亚州近十年几乎没有新电厂投运。这一事实说明了电力的供需平衡有其自身的特点，电力必须在合适的价格机制的激励下，适度超前发展。

美国电力体制改革有多种模式，加利福尼亚州只是其中之一，相比之下，在美国其他州电力供应产业改革的进展就比较成功。美国东部最大的 PJM 电力运营体根据实际情况选择了纵向整合电力改革模式。这种模式属于电力联营体模式，其最大的特点是将电网看作电能交易中心，所有发电商及所有用户与电网运营中心发生经济关系，一切电力交易必须在电力联营体内进行，允许用户签订纯金融性差价合同，以降低市场风险。这种模式下，电网运营机构直接制订符合安全要求的交易计划，调度部门作为电网运营企业的核心，比较容易实现安全与经济之间的协调。

美国各州的政治独立性及经济、电力发展的差异性，决定了各州电力市场的改革进度与模式不同。美国其他州根据加利福尼亚州出现的情况，放慢改革的步伐。同时，FERC 提出要建立区域输电机构，在跨州的一定区域范围内，创造一个中间没有隔离层、没有独断层的完整输电经营系统，区域输电机构的重要作用，一个是集中精力把输电基础设施建设好，另一个是监督系统的运行。目前，美国已建立 10 个区域电力市场，这些电力市场的一个显著特点就是市场主体多元化，市场份额比较分散。

5.4.3　欧盟电价机制

　　根据欧盟内部统一大市场的规定，欧盟国家从 1999 年 2 月 19 日起正式开放电力市场，目前芬兰、瑞典、德国已经全部开放，丹麦、荷兰、意大利的开放程度也较高。开放程度较低的法国、比利时、卢森堡、西班牙、葡萄牙、奥地利等国正在紧锣密鼓地着手准备电力体制改革。由于电力市场的开放和自由竞争已是大势所趋，所以 20 世纪 90 年代以来，澳大利亚、新西兰等许多国家都在进行类似的改革。

　　上网电价机制是欧盟各国可再生能源发电政策的重要组成部分，虽然各国的具体做法和政策重点有所不同，但其基本理念具有相通之处。可再生能源上网电价定价水平主要考虑发电项目的实际成本、资源状况、装机容量、新技术应用等因素，重点是体现公平原则。

　　欧盟各国由于政治传统、政策框架不同，可再生能源上网电价政策并不存在完全统一的模式，主要有以下 3 种类型。

　　（1）政府进行特许经营权项目招标，可再生能源上网电价执行中标电价。

　　（2）在实行可再生能源配额制的国家，上网电价由市场电价与绿色证书价格共同构成。

　　（3）固定上网电价机制，即政府强烈要求电网企业在一定期限内，按照一定电价收购电网覆盖范围内可再生能源发电量固定上网电价机制的最初形式，是政府直接明确规定可再生能源电力的上网电价。

　　另外，可再生能源上网电价调整机制既反映发电成本的变化，又与市场变化、本国规划目标、成本控制目标相一致，其目标是建立激励政策退出路径，实现本国可再生能源的均衡有序发展。

　　与德国、西班牙等欧盟国家相比，我国可再生能源发电上网电价机制总体上还处于粗放式阶段，定价机制和调整机制仍然需要进一步改进和完善。

　　英国是世界上较早进行电力体制改革的国家之一，其先进经验为世界上许多国家所借鉴。英国从 1983 年立法提出鼓励建立发电商，1983 年立法提出发、输、配、售分开，到 20 世纪 90 年代初完成这项改革大约经历了十多年的时间。英国的电力市场化改革始于撒切尔时代，1988 年 3 月撒切尔夫人发表白皮书 *Privatizing Electricity*（《电力市场民营化》），拉开了电力私有化的序幕。

　　英国的电力市场是一种典型的电力联营体的运营模式，1990 年 4 月开始，英国电力工业被分割为 3 个发电公司、12 个地区供电公司及国家电网公司（National Grid Company，NGC）。国家电网公司拥有所有的高压输电系统，并且电力市场的交易机构——电力联合运营中心由国家电网公司负责运行。国家电网公司负责全国高压输电网的运营，同时负责运行电力联营体（Pool）。其他三个公司（国家电力公司、国家发电公司、核电公司）则分别拥有一定份额的火力发电厂和核电厂。地区电力公司也全部私有化，拥有 132 千伏以下的输电、配电网络，负责将电能卖给最终用户。英国电力市场中发电、输电、配电完全分离，除签订直接合同外，只与电力联合运营中心进行电力交易。英国电力市场很显著的特点是将高压电网全部归国家所有，由联营公司负责经营管理，并在《电力法》中规定，必须向所有电力市场成员开放。最初的英国模式是典型的发电竞争模式，国家电网公司拥有全部输电网，并负责电网的调度和运行，起独立系统运行人的作用；所有电厂都需要投标，竞价上网，所有区域配电公司和大用户都向国家电网公司购电，即发电商竞价上网，输电网和配电网垄断经营。

英国模式对其他国家的影响比较大，很多国家采用了类似的模式，如新加坡、澳大利亚等。但不乏弊端，例如，英国模式中容量费计算不合理，发电商报价并不能真正反映其发电费用，电价没有随发电费用降低而降低，等等。

当不少国家纷纷效仿英国推行电力库模式的时候，英国又实行了一些新的改革措施。一是从 2001 年 3 月起取消强制性电力库，实行新的电力交易规则；二是纵向整合，供电公司可与发电公司兼并，实现发电和售电的自我平衡；三是横向整合，供电公司之间将出现相互兼并，实现规模效益最大化，提高抗风险能力。

5.4.5　中国电力现状分析

随着我国经济发展进入到新的阶段，电力行业的生产与消费也随之呈现出新的特征。首先，在电力消费方面，电力消费增长的主要动力由原来的高耗能向新兴产业用电、服务业用电和居民生活用电转换；其次，在电力供应方面，电力供应结构持续优化，由原来单一的煤电供电到现在的多样化供电。

目前，我国正积极推进电力体制改革。但改革的主要环节是售电侧。主要措施是开放售电业务，培养市场的竞争主体，将选择权交还给用户。在发电侧，优先开发高能效、低排放的发电方式。总而言之，电力体制改革的主要目的是在电力市场中引入竞争机制。通过市场竞争来提高生产效率，有效降低电力成本，构建健全的电力市场体系。在电力市场改革前，应对当前电力市场中的一些基本特征进行分析。

1. 电能结构

经济与电力互相促进，互相发展。迈入 21 世纪的中国，经济发展飞快，随着经济的发展，电力行业出现了相应的新特征。由原来的供电短缺的形势到现在的充裕供电；图 5-4 为 2005～2013 年中国电能结构，其刻画了中国电力行业中电能结构的演变。数据来源于 IEA[7]。

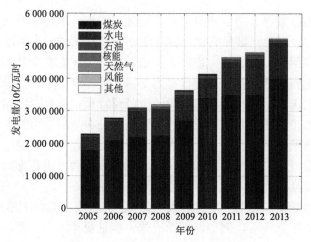

图 5-4   2005～2013 年中国电能结构

从图 5-4 可以看出，首先，中国的发电量整体呈现快速上升的趋势。尤其是 2010 年以来，发电量的增长速度相比以前大幅增加。其次，由于煤炭发电成本低，它一直是我国电力供应的主要来源。但当前生态环境遭到严重破坏，我国也在寻找拥有最佳性能的发电方式。在这一过程中，风力发电与水力发电凭借其无污染、发电成本低的优势得到了很好的发展。此外，我国的发电方式也由原来的单一化逐渐发展到现在的多样化。

图 5-5 是 2005～2013 年中国电能发电比例，数据来源于 IEA[7]。其表明，在近十三年中，煤炭发电一直处于绝对主导地位。但是在近五年内，煤炭发电比例有轻微的下降趋势。与之相对应的是水力发电的比例有明显的上升趋势。

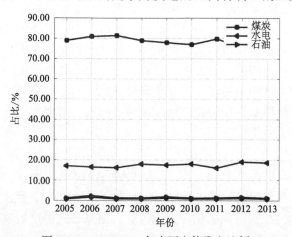

图 5-5   2005～2013 年中国电能发电比例

原始的电力行业以煤炭等不可再生能源发电为主，对生态环境造成了不可磨灭的破坏。因此，为了实现可持续发展，清洁能源发电必定会成为以后的一个发展趋势。电力工业面临严峻的挑战，但在推行电力改革之前，决策者需要重新审视并规划我国的电能结构。电能结构呈现出一个很明显的绿色化、可再生化趋势。加快转变电力发电方式，争取做到优化电能结构的同时保障发电量的增加。

我国不仅有丰富的煤炭资源，而且水资源也是十分丰富。图 5-6 是 2011～2013年我国电源基本建设投资完成额的情况，数据来源于 IEA[7]。根据图 5-6，可以看出水电投资凭借其环保低碳、成本低廉的特质一直呈现增长的趋势。

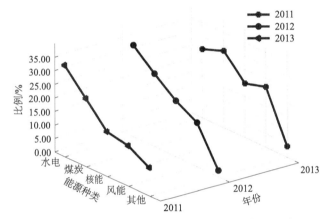

图 5-6　2011～2013 年中国电源基本建设投资的百分比

然而，由于非化石燃料的短缺，一直处于发电主导地位的火力发电表现出持续下降的现象。但是从火力发电比例和电价的经济性等方面综合考虑，在短时期内，火力发电在电力系统中的基础性地位还是很难以改变。

2. 电力消费

目前，由于我国经济正由重工业主导型经济向服务业主导型经济转换。从国际经验来看，无论是发展中国家还是发达国家都会经历这样的经济转型。而正是这样的经济转型给国家带来了快速发展的机遇。

作为基础性产业的电力行业在经济转型期间显得尤为重要。在新的经济发展的环境下，我国的电力消费也呈现出很典型的缓慢增长的特征，主要增长动力正从高能耗的重工业行业转向第三产业。

图 5-7 是 2005～2013 年我国的电力消费趋势图，数据来源于 IEA[7]。其中，工业电力消费依旧占主导地位，但是其所占比例有明显逐渐下降的趋势。尤其是在 2011 年工业电力消耗增幅明显放缓。与此同时，居民和商业的电力消费量一直

在稳步上升，这一现象与中国当前的经济情况有密切的关联。中国电力消费的新兴特征已经慢慢形成，这对我国未来的电力改革提出了新的要求。

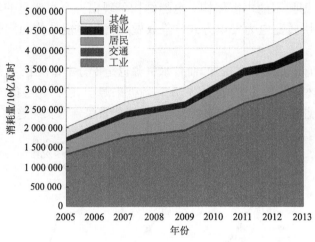

图 5-7　　2005～2013 年中国电力消费情况

5.5　双寡头发电商电力生产的博弈模型分析

考虑到发电商是有限理性的个体，本节研究了双寡头发电商电力生产的博弈模型。基于博弈理论和稳定性理论，得到了电力生产博弈模型的古诺纳什均衡。市场竞争过度，常引发一些无序的市场行为，对市场结构和运作有害，基于数值分析方法我们识别出电力生产博弈模型的混沌行为。通过研究控制电力市场混沌行为的方法，结果表明，降低发电商电力生产调整的速度和政府容许的最高电价，可有效地抑制混沌现象在电力市场发生。

在目前的电力市场中，发电商的电力生产为私有信息，因此，电力市场类似于一个不完全信息的博弈问题。学者们运用博弈论方法对电力市场做了大量的研究[8-10]。Yang 和 Zhang[11]基于有限理性方法研究了电力市场的古诺博弈模型的复杂动力学问题。基于演化博弈方法，Ladjici 和 Boudour[12]研究了在去除管制的电力市场中，发电主体间的博弈行为。通过对集中结构或双边结构的研究，发现了垄断寡头市场的纳什均衡点。Ma 和 Ji[13]研究了三寡头电力厂商重复博弈模型，分析过网费率对厂商产量和利润的影响，其研究表明若过网费率相对较大，相当于增加了厂商的生产成本，所以发电商很可能通过抬升市场电价的手段来转移生产成本，最终会导致消费者利益受损。考虑现实电力网络的限制，Yang 等[14]研究了有限理性的电力市场古诺模型博弈模型。通过建立离散的微分方程，嵌入了消费效益的优化问题。定量分析了电力市场纳什均衡点的稳定性，研究表明，在不同的市场参数下有不同的纳什均衡点，对应着不同的操作条件下的电力网络。甚至在有些情况下没有纳什均衡点。葛少云等[15]提出了一种用遗传算法优化改进的灰色神经网络方法，利用灰色模型可以弱化数据的随机性及神经网络的高度非线性，对短期负荷进行预测，采用遗传算法对网络进行优化。刘壮志等[16]运用博弈论中的均衡理论来研究智能电网中的电厂、电网及用户需求响应的博弈论模型，讨论了基于完全信息、供需放宽条件下的需求响应的均衡博弈问题，给出了需求响应博弈市场规则。高赐威等[17]分析需求响应实施过程中的困难和问题，对尖峰电价与可中断负荷需求响应在试点城市的应用进行探讨，最后对我国需求响应提出了一些前瞻性设想。Wang 等[18]提出了用价格需求弹性分析在电力市场中的报价策略的不完全信息演化博弈模型。在模拟过程中，根据对立公司的报价策略不断更新自己的策略。结果表明：报价博弈和传统博弈是不同的。Min 等[19]针对电力市场中大湄公河次区域（the greater Mekong subregion，GMS）问题，提出一个新颖的解决方法。本节的主要贡献是基于博弈的理论框架针对 GMS 协调过程的建模。GMS 被认为是一个非合作的动态过程，而发电商的最优策略是由纳什均衡确定的。

5.5.1　电力生产博弈模型

本模型假设在某区域内只有两个发电商，他们采用各自的生产策略实现自身利益的最大化。在电力生产过程中，发电商具备独立的决策能力和自适应能力。他们会根据前期的收益做出当期电力产量的调整。

首先确定市场的电力出清价格。若发电商 1 和发电商 2 在 t 时的电力产量分别为 $q_1(t)$、$q_2(t)$，那么在 t 时市场电力出清价格可表示为如下的形式：

$$p(t) = A - B(q_1(t) + q_2(t)) \tag{5-6}$$

其中，$A(>0)$ 为政府容许的最高电价，$B(>0)$ 为市场对发电总量的反应系数。根据式（5-6）可以发现，市场上电力价格随着电力生产量的增加而减少。

发电商的发电成本与其发电量有关，一般随着发电量的增加发电成本越高。在 t 时，第 i（$i=1,2$）个发电商的成本表示为如下的形式：

$$F_{i(t)} = a_i + b_i q_i(t) + c_i (q_i(t))^2 , \quad i=1,2 \tag{5-7}$$

其中，a_i 为第 i 个发电商的发电成本曲线的截距，表示电厂的固定成本；b_i 和 c_i 为非负系数。

在发电商发电策略的选择中，每个发电商是以自身利益最大化来决定发电量的多少。在 t 时，第 i（$i=1,2$）个发电商的收益可用如下形式如下：

$$\pi_i(t) = q_i(t)p(t) - F_i(t)$$
$$= q_i(t)\left[A - B(q_1(t) + q_2(t))\right] - \left[a_i + b_iq_i(t) + c_i(q_i(t))^2\right] \qquad (5\text{-}8)$$

发电商在 t 时的边际收益如下：

$$\begin{cases} \dfrac{\partial\pi_1(t)}{\partial q_1(t)} = A - b_1 - 2(B + c_1)q_1(t) - Bq_2(t) \\[3mm] \dfrac{\partial\pi_2(t)}{\partial q_2(t)} = A - b_2 - Bq_1(t) - 2(B + c_2)q_2(t) \end{cases} \qquad (5\text{-}9)$$

在实际的电力市场中，发电商之间的博弈是不断进行的，企业的决策是一个长期重复的动态过程，发电商会根据前期产量和边际收益调整自己当期的发电量。由式（5-9）可求出该市场中某生产者对其竞争对手在某时间段的反应函数，也就是在一个固定时间段内生产者对对方产量在各种可能的情况下推测的最优产量，博弈论中称之为古诺-纳什均衡。但在实际的市场中，生产企业之间的博弈是不断进行的，所以企业的决策是一个长期重复的动态过程，其行为不但具有适应性，而且具有长程记忆性，遵循一个建立在前一期边际收益率（创利额和销售额之比）基础上的调整过程。动态调整的古诺重复博弈模型如下：

$$\begin{cases} q_1(t+1) = q_1(t) + \lambda_1 q_1(t)\dfrac{\partial\pi_1(t)}{\partial q_1(t)} \\[2mm] \qquad = (1 + \lambda_1 A - \lambda_1 b_1)q_1(t) - 2(B + c_1)\lambda_1 q_1(t)^2 - \lambda_1 Bq_1(t)q_2(t) \\[3mm] q_2(t+1) = q_2(t) + \lambda_2 q_2(t)\dfrac{\partial\pi_2(t)}{\partial q_2(t)} \\[2mm] \qquad = (1 + \lambda_2 A - \lambda_2 b_2)q_2(t) - \lambda_2 Bq_1(t)q_2(t) - 2\lambda_2(B + c_2)q_2(t)^2 \end{cases} \qquad (5\text{-}10)$$

其中，$\lambda_i(\geqslant 0)$ 为第 i（$i=1,2$）个发电商电力生产调整速度。特别的，$\lambda_i = 0$（$i=1,2$），表明当发电商对市场电力需求及自身的收益不敏感时，发电商的电力生产量将会一直保持在一个不变的水平上。

5.5.2　平衡点分析

在发电商的电力产量博弈中，每个发电商选择产量的决策是以自身收益最大化为目的的。根据式（5-10）可求得有 4 个平衡点：$E_1 = (0,0)$、$E_2 = \left(\dfrac{A - b_1}{2(B + c_1)}, 0\right)$、

$$E_3 = \left(0, \frac{A-b_2}{2(B+c_2)}\right) 、 E_4 = \left(\frac{2(A-b_1)(B+c_2)-(A-b_2)B}{4(B+c_1)(B+c_2)-B^2}, \frac{2(A-b_2)(B+c_1)-(A-b_1)B}{4(B+c_1)(B+c_2)-B^2}\right) 。$$

容易知道平衡点 E_1、E_2 和 E_3 是位于策略空间集合 $S = \{(q_1, q_2)|q_1 \geqslant 0, q_2 \geqslant 0\}$ 边界的三个均衡点，而平衡点 E_4 是唯一古诺纳什均衡点。下面对各均衡点的稳定性作进一步分析。

下面对电力生产博弈模型[式(5-10)]进行动力学分析。通过计算可知式(5-10) 的 Jacobian 矩阵如下：

$$J = \begin{pmatrix} 1 + \lambda_1 A - \lambda_1 b_1 - 4(B+c_1)\lambda_1 q_1^* - \lambda_1 B q_2^* & -\lambda_1 B q_1^* \\ -\lambda_2 B q_2^* & 1 + \lambda_2 A - \lambda_2 b_2 - \lambda_2 B q_1^* - 4(B+c_2)\lambda_2 q_2^* \end{pmatrix}$$

$$(5\text{-}11)$$

其中，q_1^*、q_2^* 为式(5-10)的平衡点。

引理 5-1　n 维离散动力系统如式(5-12)所示，系统均衡点 x^* 稳定的条件是动力系统[式(5-12)]右端函数的 Jacobian 矩阵 $J(x^*)$ 的所有特征值满足 $|\lambda| < 1$

$$\begin{cases} x_1(t+1) = f_1(x_1(t), x_2(t), \cdots, x_n(t)) \\ x_2(t+1) = f_2(x_1(t), x_2(t), \cdots, x_n(t)) \\ \qquad \cdots\cdots \\ x_n(t+1) = f_n(x_1(t), x_2(t), \cdots, x_n(t)) \end{cases} \quad (5\text{-}12)$$

下面基于引理 5-1 进一步分析各平衡点的稳定性。

(1) 在平衡点 $E_1 = (0,0)$ 处，

$$J_1 = \begin{pmatrix} 1 + \lambda_1 A - \lambda_1 b_1 & 0 \\ 0 & 1 + \lambda_2 A - \lambda_2 b_2 \end{pmatrix}$$

进一步可求得 Jacobian 矩阵的两个特征值分别为 $\overline{\lambda_1} = 1 + \lambda_1 A - \lambda_1 b_1$、$\overline{\lambda_2} = 1 + \lambda_2 A - \lambda_2 b_2$。根据引理 5-1，若 $\overline{\lambda_1} < 1$ 且 $\overline{\lambda_2} < 1$，即 $A < \min\{b_1, b_2\}$ 时，E_1 是稳定的平衡点；若 $A > \min\{b_1, b_2\}$，则 E_1 是不稳定的平衡点。

(2) 在平衡点 $E_2 = (\frac{A-b_1}{2(B+c_1)}, 0)$ 处，

$$J_2 = \begin{pmatrix} 1 + \lambda_1(b_1 - A) & -\dfrac{\lambda_1 B(A-b_1)}{2(B+c_1)} \\ 0 & 1 + \lambda_2(A-b_2) - \dfrac{\lambda_2 B(A-b_1)}{2(B+c_1)} \end{pmatrix}$$

可以得出 Jacobian 矩阵两个特征值分别为 $\overline{\lambda_1}=1+\lambda_1(b_1-A)$、$\overline{\lambda_2}=1+\lambda_2(A-b_2)-$ $\dfrac{\lambda_2 B(A-b_1)}{2(B+c_1)}$。根据引理 5-1，若 $\overline{\lambda_1}<1$ 且 $\overline{\lambda_2}<1$，即 $A\in\left(b_1,b_2+\dfrac{B(b_2-b_1)}{B+2c_1}\right)$ 时，E_2 是稳定的平衡点；若 $A\notin\left(b_1,b_2+\dfrac{B(b_2-b_1)}{B+2c_1}\right)$，则 E_2 是不稳定的平衡点。

（3）在平衡点 $E_3=(0,\dfrac{A-b_2}{2(B+c_2)})$ 处，

$$J_3=\begin{pmatrix} 1+\lambda_1(A-b_1)-\dfrac{\lambda_1 B(A-b_2)}{2(B+c_2)} & 0 \\ -\dfrac{\lambda_2 B(A-b_2)}{2(B+c_2)} & 1+\lambda_2(b_2-A) \end{pmatrix}$$

可以得出 Jacobian 矩阵两个特征值分别为 $\overline{\lambda_1}=1+\lambda_1(A-b_1)-\dfrac{\lambda_1 B(A-b_2)}{2(B+c_2)}$、$\overline{\lambda_2}=1+\lambda_2(b_2-A)$，根据引理 5-1，若 $\overline{\lambda_1}<1$ 且 $\overline{\lambda_2}<1$，即 $A\in\left(b_2,b_1+\dfrac{B(b_1-b_2)}{B+2c_2}\right)$ 时，E_3 是稳定的平衡点；若 $A\notin\left(b_2,b_1+\dfrac{B(b_1-b_2)}{B+2c_2}\right)$，则 E_3 是不稳定的平衡点。

（4）在平衡点 $E_4=\left(\dfrac{2(A-b_1)(B+c_2)-(A-b_2)B}{4(B+c_1)(B+c_2)-B^2},\dfrac{2(A-b_2)(B+c_1)-(A-b_1)B}{4(B+c_1)(B+c_2)-B^2}\right)$ 处，

$$J_4=\begin{pmatrix} 1+\lambda_1 A-\lambda_1 b_1-4(B+c_1)\lambda_1 q_1^*-\lambda_1 B q_2^* & -\lambda_1 B q_1^* \\ -\lambda_2 B q_2^* & 1+\lambda_2 A-\lambda_2 b_2-\lambda_2 B q_1^*-4(B+c_2)\lambda_2 q_2^* \end{pmatrix}$$

其中，$q_1^*=\dfrac{2(A-b_1)(B+c_2)-(A-b_2)B}{4(B+c_1)(B+c_2)-B^2}$，$q_2^*=\dfrac{2(A-b_2)(B+c_1)-(A-b_1)B}{4(B+c_1)(B+c_2)-B^2}$。进一步可以求得 Jacobian 矩阵 J_4 的特征方程为 $\lambda^2-\mathrm{tr}(J_4)\lambda+\det(J_4)=0$，其中，$\mathrm{tr}(J_4)$ 为 Jacobian 矩阵 J_4 的迹，$\det(J_4)$ 为 Jacobian 矩阵 J_4 的行列式。根据 Schur-Cohn 判据可知，当①$1-\mathrm{tr}(J_4)+\det(J_4)>0$，②$1+\mathrm{tr}(J_4)+\det(J_4)>0$，③$|1+\det(J_4)|>0$ 时平衡点 E_4 是稳定的。

发电商之间在经过有限次重复博弈后，会达到纳什均衡点，这样所有的发电商都不会改变自己的发电量，那么市场就会暂时处于稳定状态。稳定的古诺纳什均衡点表明：即使发电商的初始发电量不同，但是经过发电商不断地调整各自的发电量，在有限次博弈内，发电商的发电量最终在均衡点处趋于稳定。然而，不稳定均衡点表明均衡点的稳定性遭到破坏。在此时系统就可能出现分叉现象，甚

至演化为混沌的状态，市场将陷入无序的竞争态。

5.5.3　模型动力学特性的数值分析

竞争已被引入我国电力工业的发电领域，发电和输电过程由先前的一体化调度转变为商业形式的买卖交换，作为理性经济人的发电商必然希望在当前的市场出清价格下实现自身利益的最大化。然而若市场竞争过度，则会引发一些无序的（如混沌的）市场行为，这将对市场结构和运作造成损害。所以，如果发电商能够根据实际区域的用电情况，并且运用现代经济分析工具，进而做出合理的决策，那么这对于发电商的生存和发展都有十分重要的现实意义。

发电商会根据已有的信息对下一期市场的电力需求形成一个预期。而发电商生产的调整速度和政府对市场价格的调节对市场的稳定性有很大的影响。为了识别电力生产博弈系统[式（5-10）]的混沌行为，图 5-8 给出了发电商的电力生产量和最大 Lyapunov 指数随着电力生产调整速度 λ_1、λ_2 变化图；图 5-9 给出了发电商的电力生产量和最大 Lyapunov 指数随着政府容许的最高电价的变化图。

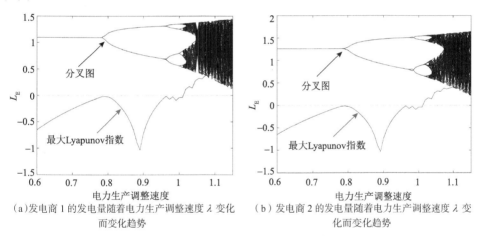

（a）发电商 1 的发电量随着电力生产调整速度 λ 变化　　（b）发电商 2 的发电量随着电力生产调整速度 λ 变
而变化趋势　　　　　　　　　　　　　　　　　化而变化趋势

图 5-8　分叉图和最大 Lyapunov 指数图

令 $A=3$、$B=0.005$、$b_1=0.46$、$b_2=0.51$、$c_1=1.15$、$c_2=0.98$、$\lambda_1=\lambda_2=\lambda$，两家厂商的初始发电量分别取 $q_1(0)=0.26$、$q_2(0)=0.33$。系统随电力生产调整速度变化的分叉图及最大 Lyapunov 指数图如图 5-8 所示。

由图 5-8 可以看出，当 $\lambda<0.77$ 时，q_1、q_2 收敛到均衡点，说明当每个发电商在一个较小的范围内调整发电量的速度时，有利于市场上的电力生产、需求稳定在纳什均衡点。当 $0.77<\lambda<0.95$ 时，系统处于二倍周期分叉状态，系统开始变得不稳定。随着 λ 增加，均衡点变得更加不稳定，当最大 Lyapunov 指数大于 0 的时

候，系统就会产生混沌行为。所以当有限理性发电商过快的调整电力生产速度时，市场就会变得异常的不稳定，此时的市场将陷入无序的竞争态。

政府的电力监管部门，对电力市场的稳定性有较大的影响。政府部门监管不力，往往会使得市场陷入恶性的循环竞争中，所以政府部门制定合理的电力价格导向是十分必要的。下面研究政府制定的市场最大电力价格对发电商电力生产的影响。

令 $B=0.005$、$b_1=0.46$、$b_2=0.51$、$c_1=1.15$、$c_2=0.98$、$\lambda_1=\lambda_2=1.1$，两家厂商的初始发电量分别取 $q_1(0)=0.26$、$q_2(0)=0.33$。式（5-10）随政府容许的最高电价变化的分叉图及最大 Lyapunov 指数如图 5-9 所示。

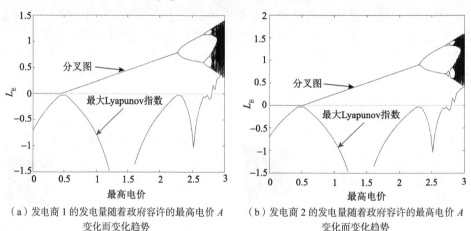

（a）发电商 1 的发电量随着政府容许的最高电价 A 变化而变化趋势　　（b）发电商 2 的发电量随着政府容许的最高电价 A 变化而变化趋势

图 5-9　分叉图和最大 Lyapunov 指数图

由图 5-9 可以看出，当 $A<2.25$ 时，q_1、q_2 收敛到均衡点，说明当政府容许的最高电价较小时，有利于电力市场的稳定。当 $2.25<A<2.6$ 时，系统处于二倍周期分叉状态，系统开始变得不稳定。随着政府容许的最高电价增加，当最大 Lyapunov 指数大于 0 的时候，此时的市场将陷入无序的竞争态。

双寡头电力生产博弈模型是一个二维的离散动力系统，当参数取一定值时系统具有高度的复杂性行为。$A=3$，$B=0.005$，$b_1=0.46$，$b_2=0.51$，$c_1=1.15$，$c_2=0.98$，$\lambda_1=\lambda_2=1.1$，$q_1(0)=0.26$，$q_2(0)=0.33$ 图 5-10 给出了系统在混沌态时，两个发电商电力生产时间序列图。

由图 5-10 可以看出，当市场陷入混沌态时，系统的演化变得不可预测，产量的决策就会更加的难以把握。发电商为了最大化自身的利益会一直调整自己的产量，这样电力产量一直处于较大的波动状态，因此，会导致市场的不稳定，最终会造成不良的市场竞争环境。从而导致生产、供应、营销的混乱。

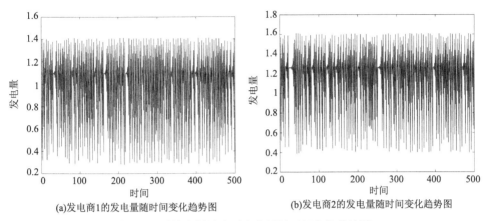

(a)发电商1的发电量随时间变化趋势图　　　　(b)发电商2的发电量随时间变化趋势图

图 5-10　　系统在混沌态时发电量随时间变化趋势图

5.5.4　稳定性控制

由于混沌行为具有不确定性，经历过激烈的较量，发电商当然希望采取有效的措施对市场经济的发展进行引导，避免陷入混沌状态。现实中可以通过改变发电商的行为或者通过政府电力监管部门制定相应的价格策略，来抑制系统中的混沌现象。下面通过两种方式控制双寡头垄断电力生产博弈动力系统中出现的分叉和混沌现象。先分别研究发电商调节电力生产速度和政府部门控制市场电价对电力市场的影响。通过这两类调节，能够为电力生产者在产量制定和政府决策者在价格制定时提供一些理论依据。

由于竞争和对电力需求判断不准确，发电商产量就会处于混沌状态，这对发电商和市场都是非常不利的。而产量混沌状态又是由企业产量调整速度过快引起的，所以把发电商的产量调整速度有效降低，可有效地控制混沌现象在电力市场发生。

$A = 3$，$B = 0.005$，$b_1 = 0.46$，$b_2 = 0.51$，$c_1 = 1.15$，$c_2 = 0.98$，$\lambda_1 = 0.6$，$\lambda_2 = 0.7$，$q_1(0) = 0.26$，$q_2(0) = 0.33$。由图 5-11 可知，当发电商的生产速度 $\lambda < 0.77$ 时，市场的无序现象就会消失。图 5-11 描述了当 $\lambda_1 = 0.6$、$\lambda_2 = 0.7$ 时，两个发电商各自的发电量随时间演化图。由图 5-12 可以看出，当发电商的电力生产调整速度比较低时，系统的演化可以预测，发电商经过一段时间的博弈后，各自的发电量会稳定在纳什均衡点。

建立一个稳定的电力市场，就需要政府对电价进行合理的监管及调控。政府决策者应该对整体电力价格进行合理的优化，这将对国民经济和社会的和谐发展产生十分重要的影响。由图 5-9 可知，当政府监管部门对电力价格设置一个上线，

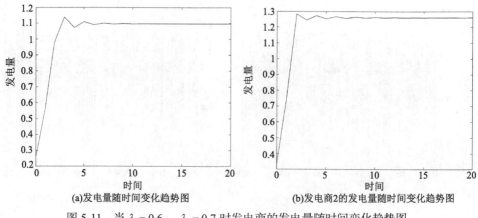

(a)发电量随时间变化趋势图　　　　　　(b)发电商2的发电量随时间变化趋势图

图 5-11　当 $\lambda_1 = 0.6$、$\lambda_2 = 0.7$ 时发电商的发电量随时间变化趋势图

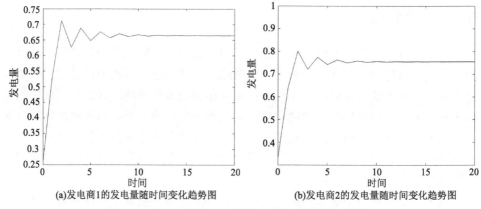

(a)发电商1的发电量随时间变化趋势图　　　　(b)发电商2的发电量随时间变化趋势图

图 5-12　当 $A=2$ 时发电商的发电量随时间变化趋势图

即 $A \leqslant 2.3$ 时，市场的无序现象就会消失。图 5-12 描述了当 $A = 2$ 时，两个发电商各自的发电量随时间演化图。$A = 2$，$B = 0.005$，$b_1 = 0.46$，$b_2 = 0.51$，$c_1 = 1.15$，$c_2 = 0.98$，$\lambda_1 = 1.1$，$\lambda_2 = 1.1$，$q_1(0) = 0.26$，$q_2(0) = 0.33$ 由图 5-12 可以看出，当政府监管部门制定的电力价格上线较小时，发电商经过一段时间博弈后，其各自的发电量也会稳定在纳什均衡点。

5.6　二分网络中电力竞价概率匹配机制的设计

电力工业是一个国家的基础工业，在世界各国都是自然垄断行业。电力市场化的目标是打破垄断，提高电力生产效率，使电价的形成机制合理化，其最终目标是实现社会资源的合理分配和社会效益最大化。而电力市场竞价机制的设计问题是最具挑战性的问题，对于电力市场中电价形成机制的研究主要集中在竞价机制、交易策略及抑制市场力三个方面。电力市场主体可能通过自身的地位影响电力价格，获得超额利润。在不考虑输电约束的情况下，世界各国的主要电力市场采用的发电侧竞价多为统一出清价格。在完全竞争的市场条件下，这种竞争机制能够实现帕累托均衡，也就是发电商在追求自身利益最大化的同时也能实现社会福利的最大化。但是由于市场并不具备完全竞争的市场条件，如发电厂商数目不多、发电商有可能操纵市场、电力供需必须随时平衡、电力需求的短期价格弹性几乎为零等原因，实际采用统一出清的电力市场的表现都不能令人满意，会出现电价暴涨或电力短缺现象。

Wang 等[20]提出了用价格需求弹性分析在电力市场中的报价策略的不完全信息演化博弈模型。在模拟过程中，可以根据对立公司的报价策略不断更新自己的策略。结果表明：报价博弈和传统博弈是不同的。李俊等[21]在研究电力市场中的 PAB 竞价时，就发电商可以采用多次报价方式增强市场力行为的问题，提出一种最优的概率随机匹配机制，依据电力市场 PAB 竞价方式，利用不确定性来影响发电商的学习能力，从而削弱发电商的市场力。冀巨海等[22]从拍卖角度出发讨论统一边际价竞价（system marginal price，SMP）机制和 PAB 竞价机制的激励性，表明无论是 SMP 机制还是 PAB 机制都缺乏让供电商按真实成本信息报价的激励相容性。李俊等[23]利用博弈信号传递理论，构建了发电侧和供电侧分时电价动态博弈联动模型，该模型通过动态联动均衡实现效益在系统内各环节的削峰填谷市场化分配。刘贞等[24]提出一种基于双边合同二次交易的高低匹配竞价机制，构建了基于 Swarm 的多主体仿真模型，发现基于双边合同二次交易的竞价机制可以把发电商的市场力约束在一个较小的范围内。张荣和张宗益[25]分析在电力竞价博弈中，参与者一方如何主动利用需求信息来提高自己的长期利润，比较不同信息结构如何影响博弈均衡的结果。Su 和 Huang[26]把居民看作是电力消费者也是电力供应者，基于建立的下一代高分布电力零售商的博弈模型框架，提出了一个新的市场出清价格计算方法。孙晶琪[27]在提出"电力市场有效竞争"的基础上，基于复杂系统理论构建了电力市场有效竞争的影响因素指标体系，建立了电力市场有效竞争协同演化模型，分析了电力市场各子系统的有效竞争问题。

基于复杂网络和动态演化博弈的新视角，本节建立了一个普适的电力竞价二分网络演化模型。以电力交易市场中 PAB 为背景，以降低市场成交均价和提高市场交易量为目的，按概率匹配机制设计了二分网络电力交易市场中模型。为验证该模型的有效性，我们采用重庆市电力交易数据进行仿真，通过与高低竞价匹配机制的模型相比较，发现按概率匹配机制可以有效降低市场成交价格，同时增加市场的电力贸易量。通过进一步研究电力交易中心制定的调节电力价格参数对市场交易价格和贸易量的影响，发现购电商的报价对电力交易公司制定的调节参数的变化的敏感性较弱，而供电商的报价对电力交易公司制定的调节参数的变化的敏感性较强，因此，制定合适的调节电力价格的参数是减少供电商报价和增加市场交易量的有效途径。

5.6.1　二分网络电力竞价中的博弈模型

二分图又称二部图，是图论中的一种特殊模型，它的顶点可分割为两个互不相交的子集，并且图中的每条边所关联的两个顶点分别属于这两个不同的顶点集。二分网络中同质节点间没有连接，异质节点间可能存在连接。二分网络在复杂网络中有很多应用，如科学家合作网络（作者和论文间的联系）、商品网络（商品和购买者间的联系）、城市公交网络（线路和站点间的联系）等。

考虑到地域、政策、环境等其他因素，在实际的电力交易过程中，供电商只可与部分购电商进行交易，同时购电商只能与部分供电商进行交易，因此，我们从复杂网络和动态演化博弈理论的角度，建立了一个普适的电力供需二分网络演化模型。图 5-13 显示的是由 4 个供电商和 4 个购电商构成的二分网络，如图 5-13（a）所示，供电商 1 只可与购电商 1、2、3 进行交易，而购电商 1 只能与供电商 1、2、3 进行交易。电力交易二分网络是一类特殊的电力竞价交易网络，电力竞价是一个重复博弈的过程，一旦供电商学习能力很强，就很容易抬高电价，导致电力市场不稳定。

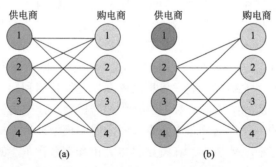

图 5-13　电力交易竞价二分网络图

基于对复杂性系统和博弈理论的研究，我们按概率匹配机制设计了竞价策略。在竞价过程中，供电商和购电商都是独立的经济主体，具备独立的决策能力和自适应能力。供电商和购电商都会根据先前期的收益做出当期报价和报量的调整。买卖双方的博弈过程可以描述如下。

（1）在电力竞价开始时，供电商把其预期供电量和供电价向电力交易中心上报，购电商把其预期购电量和购电价向电力交易中心上报。

（2）电力交易中心根据供电商和购电商间的报价和联系情况，对原有的电力供需二分网络进行一次重新搭建。规则为：若供电商 i 的报价大于与之联系所有购电商的报价，那么删除供电商 i 和购电商之间的连线。若购电商 j 的报价小于与之联系的所有供电商的报价，那么删除购电商 j 和供电商之间的连线。例如，在图 5-13（a）所示的电力交易二分网络中，若供电商 1 的报价是 0.55，购电商 1 的报价是 0.47，购电商 2 的报价是 0.51，购电商 3 的报价是 0.52，那么经过重构的电力竞价二分网络拓扑结构如图 5-13（b）所示。

（3）电力交易中心进行电力双方交易匹配。把购电商的报价从高到低排序，按顺序依次选择供电商，按择优概率规则撮合购电商与供电商进行交易。其中，购电商 i 和供电商 j 进行交易匹配的概率 p_{ij} 为

$$p_{ij} = \frac{(P_j^S)^{-1}}{\sum_k (P_k^S)^{-1}} \qquad (5\text{-}13)$$

其中，P_j^S 为供电商 j 的报价，P_k^S 为与购电商 i 有联系的供电商报价。按照此概率选择匹配方式有如下的好处：能够激励供电商按照自身边际成本报价。如果供电商报价高于所有与他联系的购电商的报价，那么他就不能参与竞价；而且参加竞价的高报价供电商与低价购电商匹配的概率比较大，如若成交将会降低自身利益；若供电商报价很低，虽然与高价购电商的匹配的概率较大，但是也有可能与报价较低的购电商匹配，那么就会由于交易价格较低而使得利益受损。供电商在成交结束后通过调整自身报价策略进行下一次交易，即使在下一次交易中自身利润增加，但也无法获知此利润的增加缘由是自身报价的调整还是概率匹配。此概率匹配方式可弱化供应商的学习能力。

电力交易中心会根据购电商和供电商的报价制定相应的交易价格，购电商 i 和供电商 j 成交时，其成交价格如下：

$$P_{ij}^C = \lambda P_i^D + (1-\lambda)P_j^S \qquad (5\text{-}14)$$

其中，P_{ij}^C 为成交价格；P_{ij}^D 为购电商 i 的报价；$\lambda (\in [0,1])$ 为交易中心对市场中买卖双方报价的调节参数。一般的电力交易中心会制定参数 $\lambda = \dfrac{1}{2}$ [16]。

购电商 i 和多个供电商成交时，其交易的均价为各笔交易的加权平均价格：

$$P_i^C = \frac{\sum_j P_{ij}^C Q_{ij}}{\sum_j Q_{ij}} = \frac{\sum_j [\lambda P_i^D + (1-\lambda)P_j^S]Q_{ij}}{\sum_j Q_{ij}} \qquad (5\text{-}15)$$

其中，Q_{ij} 为购电商 i 和供电商 j 之间的成交量。

供电商 j 和多个购电商成交时，其交易的均价为各笔交易的加权平均价格：

$$P_j^C = \frac{\sum_i P_{ij}^C Q_{ij}}{\sum_i Q_{ij}} = \frac{\sum_i [\lambda P_i^D + (1-\lambda)P_j^S]Q_{ij}}{\sum_i Q_{ij}} \qquad （5\text{-}16）$$

（4）下一期竞价前，供电商和购电商会根据上期的收益，调整各自的报价和报量。调整规则为：先进行价格调整，如果调整后利润变大则继续同方向调整，如果调整后利润变小则反方向调整，如果利润收益的没有太大的变化，由于受不确定性因素的影响，会把报价随机的上调或下调一定的幅度，然后调整报量，如果调整后利润变大则继续同方向调整，如果变小则反方向调整。转向 1 继续进行下一轮调整。

供电商和购电商的报价和报量为私有信息，所以电力交易竞价过程类似于一个不完全信息的博弈问题，假设购电商和供电商之间不允许有信息交流，购电商和供电商为了各自利益的最大化，购电商和供电商在交易过程中采取相应的策略来调整自己的报量和报价。令 ξ 表示购电商和供电商对收益的敏感程度，ΔP^D、ΔP^S 分别表示购电商和供电商报价的调整量，ΔQ^D、ΔQ^S 表示购电商和供电商报量的调整量，$\mathrm{rand}(a,b)$ 表示在区间 (a,b) 上的任意一个数。

假设供电商的单位成本保持不变，各购电商售出一单位电的收入不变。购电商 i 的当期收益为

$$\pi_{it} = Q_{it}(F_i - P_i^C)$$

其中，F_i 为单位收入；Q_{it} 为在 t 次竞价中的购电量。供电商 j 的当期收益为

$$\pi_{jt} = Q_{jt}(P_j^C - PC_i)$$

其中，C_i 为单位成本；Q_{jt} 为在 t 次竞价中的售电量。

对于购电商 i，其收益的最大期望值为目标函数：

$$\pi_{it} = Q_{it}(F_i - P_i^C), \quad Q_i^D \in [0, Q_{i,\max}^D], P_i^D \leqslant F_i \qquad （5\text{-}17）$$

其中，$Q_{i,\max}^D$ 为最大购电。购电商报价的调整策略：

$$\begin{cases} P_{i,t+1}^D = P_{i,t}^D + \Delta P^D, & \pi_{i,t} - \pi_{i,t-1} > \xi \\ P_{i,t+1}^D = P_{i,t}^D - \Delta P^D, & \pi_{i,t} - \pi_{i,t-1} < -\xi \\ P_{i,t+1}^D = P_{i,t}^D + \mathrm{rand}(-\Delta P^D, \Delta P^D), & |\pi_{i,t} - \pi_{i,t-1}| \leqslant \xi \end{cases} \qquad （5\text{-}18）$$

当购电商在调整报价后不能使自身的收益变大时，接下来购电商就会调整自己的报量。购电商报量的调整策略如下：

$$\begin{cases} Q_{i,t+1}^{D} = Q_{i,t}^{D} + \Delta Q^{D}, & \pi_{i,t} - \pi_{i,t-1} > \xi \\ Q_{i,t+1}^{D} = Q_{i,t}^{D} - \Delta Q^{D}, & \pi_{i,t} - \pi_{i,t-1} < -\xi \\ Q_{i,t+1}^{D} = Q_{i,t}^{D} + \text{rand}(-\Delta Q^{D}, \Delta Q^{D}), & \left| \pi_{i,t} - \pi_{i,t-1} \right| \leqslant \xi \end{cases} \tag{5-19}$$

对于供电商 j，其收益的最大期望值为

$$\max \pi_{jt} = Q_{jt}(P_j^{C} - C_i), \quad Q_{jt}^{S} \in [0, Q_{j,\max}^{S}], P_j^{S} \leqslant C_j \tag{5-20}$$

其中，$Q_{j,\max}^{S}$ 为最大供电量，供电商报价的调整策略：

$$\begin{cases} P_{j,t+1}^{S} = P_{j,t}^{S} + \Delta P^{S}, & \pi_{j,t} - \pi_{j,t-1} > \xi \\ P_{j,t+1}^{S} = P_{j,t}^{S} - \Delta P^{S}, & \pi_{j,t} - \pi_{j,t-1} < -\xi \\ P_{j,t+1}^{S} = P_{j,t}^{S} + \text{rand}(-\Delta P^{S}, \Delta P^{S}), & \left| \pi_{j,t} - \pi_{j,t-1} \right| \leqslant \xi \end{cases} \tag{5-21}$$

当供电商在调整报价后不能使自身的收益变大时，接下来供电商就会调整自己的报量。供电商报量的调整策略如下：

$$\begin{cases} Q_{j,t+1}^{S} = Q_{j,t}^{S} + \Delta Q^{S}, & \pi_{j,t} - \pi_{j,t-1} > \xi \\ Q_{j,t+1}^{S} = Q_{j,t}^{S} - \Delta Q^{S}, & \pi_{j,t} - \pi_{j,t-1} < -\xi \\ Q_{j,t+1}^{S} = Q_{j,t}^{S} + \text{rand}(-\Delta Q^{S}, \Delta Q^{S}), & \left| \pi_{j,t} - \pi_{j,t-1} \right| \leqslant \xi \end{cases} \tag{5-22}$$

5.6.2 数值模拟

下面用包含 7 个供电商和 7 个购电的中国重庆市电力交易数据对模型进行实验[8]。为了简单起见，假设不考虑系统爬坡和网络阻塞，每个供电商和购电商只申报一个价格及对应的供电量和购电量。图 5-14 为初始的供电商和购电商之间的二分关系网络。表 5-1 和表 5-2 中分别列举了 7 个供电商和 7 个购电商的数据。

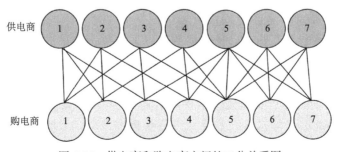

图 5-14　供电商和购电商之间的二分关系图

表 5-1　供电商竞价的报价和报量

供电商	最大供电量/兆千瓦时	成本价格/元	开价/元
1	0.80	160	170
2	0.20	170	180
3	0.30	180	190
4	0.20	240	250
5	0.50	280	290
6	1.50	210	220
7	0.44	230	240
总和	3.94		

表 5-2　购电商竞价的报价和报量

购电商	最大购电量/兆千瓦时	单位收入/元	开价/元
1	0.50	480	470
2	0.80	520	510
3	0.15	560	550
4	0.40	530	520
5	0.30	460	450
6	0.10	510	500
7	0.60	520	510
总和	2.85		

　　为了比较高低匹配机制和概率匹配机制，我们设计了三次仿真实验（图 5-15～图 5-20）。不失一般性，实验参数设置如下：供需双方报价的调整量 $\Delta P^S = \Delta P^D = 1$，供需双方报量的调整量 $\Delta Q^S = \Delta Q^D = 0.01$，购电商和供电商对收益的敏感程度 $\xi = 1$，交易中心对市场中买卖双方报价的调节参数 $\lambda = 0.5$，供电商和购电商在报价和报量的选择中博弈 500 次。首先是按照概率机制匹配交易（图 5-15、图 5-17和图 5-19），然后是按照高低匹配机制匹配交易（图 5-16、图 5-18和图 5-20）。

　　图 5-15 和图 5-16 中的曲线分别表示按照概率机制匹配交易和高低机制匹配交易时购电商、供电商平均报价和市场平均交易价格的变化曲线图。在图 5-15 中，因为供电商不确定自身的利益变化是由报价和报量的变化引起的还是由概率匹配机制引起的，所以供电商的报价上升缓慢。而在图 5-16 中，由于按照高低匹配原则进行市场交易，所以供电商的学习能力相对较强，平均报价上升得比较快。在概率匹配交易 500 次博弈中，供电商的平均报价大多在 250元以下，购电商的平均报价在 500 元左右小幅度波动，市场交易均价在 375 元左右。在高低匹配交易 500 次博弈中，购电商的平均报价大多在 300 元以上，

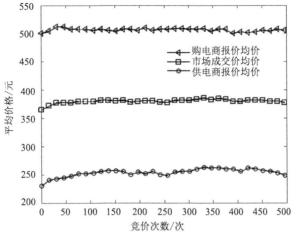

图 5-15　概率机制下供、购方平均报价

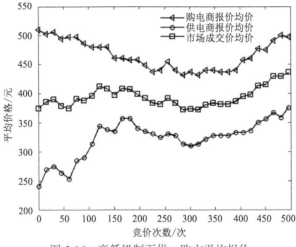

图 5-16　高低机制下供、购方平均报价

购电商的报价在 470 元左右波动，市场交易均价在 400 元左右。通过比较可以发现，在概率匹配交易下供、购方报价的均值比在高低匹配交易下供、购方报价的均值小，而且波动率较小。

　　图 5-17 和图 5-18 中的曲线分别表示按照概率机制匹配交易和高低机制匹配交易时市场平均交易量的变化曲线图。由图 5-17 可以看出，按照概率机制匹配交易，市场成交量基本保持稳定。由图 5-18 可以看出，高低机制匹配交易在 100 次竞价后有很大的下降，这是因为供电商通过长时间的竞价博弈，获得了很多的经验和信息量，从而增加了报价量而降低了平均交易量。比较两种机制可以发现，概率机制匹配交易下平均交易量总体上比高低机制下平均交易量多，而且平均交易量的波动范围更小，系统的鲁棒性更强。

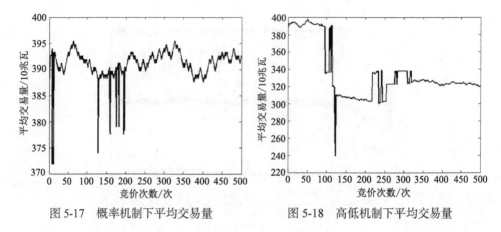

图 5-17　概率机制下平均交易量　　　　　图 5-18　高低机制下平均交易量

图 5-19 和图 5-20 中的曲线表示购电商平均收益、供电商平均收益和市场平均总收益变化曲线图。按照概率机制匹配交易比高低机制匹配交易下供电商和购电商之间的平均收益的差距小，而且概率机制匹配交易下的供购双方利润波动比较小。在概率机制匹配交易 500 次博弈中，开始一段时间，供电商的收益逐渐地增加，但是增加的幅度较小，后期有下降的趋势；购电商的收益有下降的趋势，同样下降的趋势较小，而且后期有上升的趋势。在高低匹配交易 500 次博弈中，总体上供电商和购电商的收益逐渐减小。

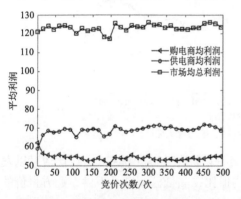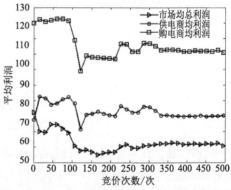

图 5-19　概率机制下供、购方平均利润　　　图 5-20　高低机制下供、购方平均利润

一般地，在电力交易过程中，交易中心会按照供电商和购电商的报价，设置不同的调节参数 $\lambda(\in[0,1])$ 来调节供需双方的交易价格。当 $\lambda=0$ 的时候交易价格会完全按照供电商的报价进行交易，而当 $\lambda=1$ 的时候交易价格会完全按照购电商的报价进行交易。不同的调节参数会对电力市场交易产生不同的影响，下面研究调节系数对买卖双方报价和均衡交易量的影响程度。

图 5-21 和图 5-22 分别刻画了在概率机制下，供购双方前 500 次博弈的平均

报价的平均和平均交易量的平均。为了消除随机性的影响，每个点都是 20 次的实验的平均结果。由图 5-21 可以看出，随着调节参数 λ 的增加，平均报价的平均数开始时会逐渐递减，λ 在 0.2 左右达到最低点，然后逐渐平稳的上升。但最终 $\lambda = 1$ 时的价格小于 $\lambda = 0$ 时的价格。购电商平均报价的平均对调节参数变化的敏感性不强，随着 λ 变化购电商平均报价前 500 次博弈平均的变换很小。另外，由图 5-22 可以看出市场平均交易量前 500 次博弈的平均开始时随着调节参数 λ 的增加而增加，λ 在 0.2 左右达到最高点，然后会有一个下降的趋势。对于电力交易中心，需要制定合适的调节电力价格参数，方可有效地增加市场交易量。

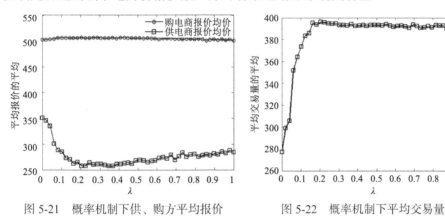

图 5-21　概率机制下供、购方平均报价　　　　图 5-22　概率机制下平均交易量

5.7　价格调节动态影响下的新型非均衡蛛网模型及其应用

　　电力供应与需求的关系是电力市场建设中的一个重要问题。电力市场化改革至今，电力发展的正确决策应以准确分析电力供需为前提，同时科学适宜的指引电力需求进步，漫无目的的电力需求变动将破坏电力供需的稳定情况，干扰对电力需求的正确分析。电力需求资源比电力供应资源品质要高，怎样合理处理电力供需双方资源是电力市场化前提下国家正确决策电力供需过程中的薄弱环节。因而，分析电力供需及稳定性有关的一些问题有重要的理论价值。

　　本节所研究的电力供需稳定性表示的是电力供需在受到产业链上的任何因素干扰时，电力价格偏离原均衡位置，价格波动的幅度渐渐变小，有回归原均衡状态的趋势。即电力价格在受到外界因素干扰时有回归到原有状态的能力。若在受到影响后，电力价格波动幅度逐渐变大，距离均衡位置逐渐变远时，则判断电力供需处于不稳定状态。

5.7.1　价格调节动态影响下新型蛛网模型

蛛网模型于 1930 年被荷兰的丁伯根、意大利的里奇与美国的舒尔茨分别给出。由于价格和供应量的不断变动的轨迹显现出来的图像像蛛网，1934 年卡尔多便把这个理论叫作蛛网理论。

传统模型假设需求函数与供应函数都是线性的，而且每期的供应量和需求量均处于均衡状态，在实际的经济情况中，即使其"均衡"的假设成立，但其调节方式完全由供应函数和需求函数的表达形式决定，因而不能确保每期不稳定的均衡价格最后都能恢复到稳定的均衡水平。同时，实际的市场未必均能使各期市场出清，供应与需求一直处在不稳定的状态。故黄颐琳[28]、Colucci 和 Valori[29]等依据非均衡理论，在市场处于非均衡状态时，引入调节机制，通过常量价格调节，从而实现供求双方相互适应的市场交易。但此类非均衡状态下的研究，用常数作为调节参数，调节参数对数量或价格的调节过于单一。该常数仅考虑了价格在常数调节下的影响，事实上，价格的调节是变化的、时效的，这体现在波动价格的律动性上。

基于以上分析，本节对非均衡蛛网模型加以改善，以实际经济系统为出发点，建立与经济实况更贴合的非均衡蛛网模型，并用模型进行动态分析来探讨价格波动的稳定性问题。本节运用的模型和以往的动态蛛网模型存在两个重要的不同点：一是以往大多数蛛网模型设定的供应函数、需求函数都是线性函数，本节探讨的模型则扩展成新的形式，可以是线性或非线性形式；二是以往的非均衡蛛网模型具有一定的价格调节功能，但调节方式过于简单，即常量来调节。本节研究的模型用函数代替常数，将增强价格调节功能。本节以新型蛛网模型为切入点，运用新型的动态经济模型研究探索电力供需的稳定性，在此基础上对江苏省和山东省电力供需进行一定的实证研究，并提出增强两省电力供需稳定性的意见和建议。

1. 价格调节动态影响下新型蛛网模型

供需市场上，令一个经济时期的供需函数为单调函数，假定某种特定商品的需求量为当期实际价格 x 的函数 $D = D(x)$，供应量是当期预测价格 x_t 的函数 $S = S(x_t)$，价格调节方程为 $x_{t+1} = x_t + \alpha(x_t)(F(x_t) - x_t)$。

$$\begin{cases} D = D(x) \\ S = S(x_t) \\ x_{t+1} = x_t + \alpha_t(F_t - x_t) \end{cases} \tag{5-23}$$

式（5-23）中三个方程分别是需求方程、供应方程、价格调节方程。其中，$F_t = F(x_t)$ 为当期实际价格，即 $F(x_t) = x = D^{-1}(S(x_t))$；$\alpha_t = \alpha(x_t)$（$\alpha_t > 0$）称为价格修正

函数，是反映价格随着超额需求的变动而进行调整时的调整速度和幅度的度量函数。本节假定需求函数 $D(x)$ 为价格 x 的单调递减函数，供给函数 $S(x_t)$ 是价格 x_t 的单调递增函数，即需求量随着价格的上升而单调减少，供给量随着价格的上升而单调增加。令价格调节方程为

$$x_{t+1} = G(x_t) = x_t + \alpha(x_t)(F(x_t) - x_t)$$

注意到由价格调节方程，有以下价格修正函数：

$$\alpha(x_t) = (x_{t+1} - x_t) / (F(x_t) - x_t)$$

即预测价格的增量与当期实际价格和当期预测价格之差的比值，反映出预测价格的增量随价格的误差变化的变化率，事实上，考虑到 $\alpha(x_t)$ 在点 x_t 上是 Frechet 可导的，即可知在点 x_t 处价格的变化率，在现实生活中，不同时间段的预测价格和实际价格的差额呈现波动状态，因而，此函数在点 x_t 处的导数值随着 x_t 值的变化而变化。若 $\alpha(x_t)$ 为常量，即 x_t 上的 Frechet 导数为常数，意味着价格的变化率为定值，即为改进前的蛛网模型，即

$$\begin{cases} D = D(x) \\ S = S(x_t) \\ x_{t+1} = x_t + \alpha(F_t - x_t) \end{cases} \tag{5-24}$$

其中，α 为常数。

然而现实生活中，价格的变化率是波动的，极少情况下是定值，因而价格修正函数 $\alpha_t = \alpha(x_t)$ 为关于价格 x_t 的一个函数，基于以上分析可知，改进前的蛛网模型是改进后的蛛网模型的一个特例，改进后的蛛网模型更符合实际。

对于式（5-23），若存在 $x^* \in R^*$，使得 $x^* = G(x^*)$，则称 x^* 为供需的均衡价格。接下来将对不同情况下的供需均衡价格的稳定性进行分析。

本节将价格修正函数 $\alpha_t = \alpha(x_t)$ 用一次多项式来实现，即 $\alpha_t = \alpha_1 + \alpha_2 x_t$，其中，$\alpha_1$、$\alpha_2$ 为经济时期的待定常数。对于一个市场，我们按照供应商为一家时，以及供应商为 n 家时，分情况研究供需非均衡蛛网模型及其稳定性；进一步研究非常数下的相关问题。

2. 新型蛛网模型的稳定性分析

1）供应商为一家时的稳定性分析

当供应商只存在一家时，要使供需均衡价格达到稳定状态，由迭代方程的稳定性条件可知，这时需要 $|G'(x^*)| < 1$，即 $|1 + \alpha'(x^*)(F(x^*) - x^*) + \alpha(x^*)(F'(x^*) - 1)| < 1$，

由假设 $\alpha(x^*) = \alpha_1 + \alpha_2 x^*$，则

$$-(\alpha_1 + \alpha_2 x^*)F'(x) < 2 - \alpha_1 - \alpha_2(2x^* - F(x^*))$$

令 $F'(x^*) = \dfrac{S'(x^*)}{D'(x^*)} = -\delta$，即

$$(\alpha_1 + \alpha_2 x^*)\delta < 2 - \alpha_1 - \alpha_2(2x^* - F(x^*))$$

$$\delta \frac{(\alpha_1 + \alpha_2 x^*)}{2 - \alpha_1 - 2\alpha_2 x^* + \alpha_2 F(x^*)} < 1 \qquad (5\text{-}25)$$

令 $\beta = \dfrac{\alpha_1 + \alpha_2 x^*}{2 - \alpha_1 - 2\alpha_2 x^* + \alpha_2 F(x^*)}$，则不等式化为 $\delta\beta < 1$。

其中，δ 为不稳定结构度，它是均衡点处的供应函数变化率和需求函数变化率的比值的负值；β 为不稳定行为度，它是在均衡点且在 0 到 1 之间的一个数值。当 $\delta\beta < 1$ 时，即不稳定结构度和不稳定行为度的乘积小于 1 时，市场上供需达到稳定。其中，市场的不稳定结构度 $\delta = -\dfrac{S'(x)}{D'(x)}$ 与改进之前的模型一致，保持不变，而市场不稳定行为度 $\beta(x^*) = \dfrac{\alpha_1 + \alpha_2 x^*}{2 - \alpha_1 - 2\alpha_2 x^* + \alpha_2 F(x^*)}$ 发生改变，将改进前模型中的修正系数 α 用修正函数 $(\alpha_1 + \alpha_2 x^*)$ 替换，其余结构保持不变。这时，相比较于 $\alpha(x_t)$ 为常数的情况，$\alpha(x_t)$ 随时间发生动态变化的系统更能体现动态演变。

2）供应商为 n 家时的稳定性分析

若市场上有 n 家供应商时，供需的稳定性不仅要考虑到各供应商本身的供应体系，还要兼顾到整个市场的内在供需和资源配置的情况，因而其供需稳定性情况用以下系统来研究。

$$\begin{cases} x_{t+1,1} = x_{t,1} + (\alpha_{11} + \alpha_{12} x_{t,1})(F(x_{t,1}, \cdots, x_{t,n}) - x_{t,1}) \\ \qquad \cdots\cdots\cdots\cdots \\ x_{t+1,n} = x_{t,n} + (\alpha_{n1} + \alpha_{n2} x_{t,n})(F(x_{t,1}, \cdots, x_{t,n}) - x_{t,n}) \end{cases} \qquad (5\text{-}26)$$

其中，$\left. \dfrac{\partial F(x_{t,1}, \cdots, x_{t,n})}{\partial x_{t,i}} \right|_{x_{t,1} = \cdots = x_{t,n} = x^*} = -\phi_i \delta$

其中，δ 为市场的不稳定结构度，ϕ_i 为第 i 个厂商提供的商品总量占市场总共的商品供应量的比重。这时价格修正函数 $\alpha_i(x_{t,i}) = \alpha_{i1} + \alpha_{i2} x_{t,i}$ 是关于 $x_{t,i}$ 的一次函数，

体现了价格调节在动态影响下的特征，与改进前修正系数相比，精确度提高了，且预测的结果是动态发展的。

这时式（5-26）在供需平衡点 x^* 的 Jacobian 矩阵如下：

$$J = \begin{pmatrix} a_{11} & a_{12} \cdots a_{1n} \\ a_{21} & a_{22} \cdots a_{2n} \\ \vdots & \vdots \quad\ \vdots \\ a_{n1} & a_{n2} \cdots a_{nn} \end{pmatrix}$$

其中，

$$a_{ii} = (\alpha_{i1} + \alpha_{i2}x^*)(-\phi_i\delta) + (1 - \alpha_{i1} + \alpha_{i2}F(x^*) - 2\alpha_{i2}x^*)$$

$$a_{ij} = (\alpha_{i1} + \alpha_{i2}x^*)(-\phi_i\delta) \quad (i \neq j)$$

根据实际需要可知，当每个供应商都各自处于供需均衡稳定时，那么整个市场是供需稳定的，若有一部分供应商供需均衡是稳定的，另一部分是不稳定的，或者每个供应商都供需不稳定，则整个市场的供需稳定性状况的变化情况是本节研究的重点之一，接下来研究式（5-26）的稳定条件。首先，定义有 n 个供应商时，系统的不稳定行为度 $\overline{\beta}_n = \sum\limits_{i=1}^{n} \phi_i\beta_i$，则可得如下结论。

定理 5-1　当且仅当 $\delta\overline{\beta}_n < 1$ 时，式（5-26）是局部稳定且双曲的（即特征值在单位圆内）。

证明：　$p(\lambda)$ 为上述 Jacobian 矩阵的特征多项式，令 $b_i = 1 - \alpha_{i1} - \alpha_{i2}x^*$、$a_i = -\alpha_{i1} - \alpha_{i2}x^*$、$c_i = \delta\phi_i$。由矩阵的特点可知 $p(-1) > 0$。
由题意可知，有

$$p(\lambda) = \prod_{i=1}^{n}(b_i - \lambda) + \sum_{i=1}^{n} c_i a_i \prod_{j \neq i}(b_j - \lambda) = \prod_{i=1}^{n}(b_i - \lambda)(1 + \sum_{i=1}^{n} \frac{c_i a_i}{b_j - \lambda})$$

令 $\lambda = -1$，此时，有

$$p(-1) = \prod_{i=1}^{n}(2 - a_{i1} + a_{i2}F(x^*) - 2a_{i2}x^*)(1 - \delta\sum_{i=1}^{n} \frac{\phi_i(\alpha_{i1} + \alpha_{i2}x^*)}{2 - a_{i1} + a_{i2}F(x^*) - 2a_{i2}x^*}) > 0$$

$$2 - \alpha_{i1} + \alpha_{i2}F(x^*) - 2\alpha_{i2}x^* = 2 - 2\alpha_{i1} - 2\alpha_{i2}x^* + \alpha_{i1} + \alpha_{i2}F(x^*)$$

$x^* = F(x^*)$，假设 $\alpha_{i1} + \alpha_{i2}x^* \in (0,1)$，所以，

$$\prod_{i=1}^{n}(2 - a_{i1} + a_{i2}F(x^*) - 2a_{i2}x^*) = \prod_{i=1}^{n}(2 - a_{i1} - a_{i2}x^*) > 0$$

$$1 - \delta\sum_{i=1}^{n}\frac{\phi_i(\alpha_{i1} + \alpha_{i2}x^*)}{2 - a_{i1} + a_{i2}F(x^*) - 2a_{i2}x^*} > 0$$

因而有

$$\delta\sum_{i=1}^{n}\frac{\phi_i(\alpha_{i1} + \alpha_{i2}x^*)}{2 - a_{i1} + a_{i2}F(x^*) - 2a_{i2}x^*} < 1$$

因为 $\bar{\beta}_n = \sum_{i=1}^{n}\frac{\phi_i(\alpha_{i1} + \alpha_{i2}x^*)}{2 - a_{i1} + a_{i2}F(x^*) - 2a_{i2}x^*}$，所以 $\delta\bar{\beta}_n < 1$，结论成立。

定理 5-2　当且仅当 $\sum_{i=1}^{n}\frac{\phi_i(\alpha_{i1} + \alpha_{i2}x^*)}{2 - \alpha_{i1} + \alpha_{i2}F(x^*) - 2\alpha_{i2}x^*} < \dfrac{1}{\delta}$ 系统单调收敛到稳定状态。

证明： $p(\lambda)$ 为上述 Jocabian 矩阵的特征多项式，令 $b_i = 1 - (\alpha_{i1} - \alpha_{i2}x^*)$、$a_i = -(\alpha_{i1} - \alpha_{i2}x^*)$、$c_i = \delta\phi_i$。由矩阵的特点可知 $p(0) > 0$。

$$p(0) = \prod_{i=1}^{n}b_i\left(1 + \sum_{i=1}^{n}\frac{c_i a_i}{b_j}\right) = \prod_{i=1}^{n}(1 - \alpha_{i1} + \alpha_{i2}F(x^*) - 2\alpha_{i2}x^*)$$

$$\times (1 - \delta\sum_{i=1}^{n}\frac{\phi_i(\alpha_{i1} + \alpha_{i2}x^*)}{1 - \alpha_{i1} + \alpha_{i2}F(x^*) - 2\alpha_{i2}x^*})$$

$$> 0$$

即 $1 - \delta\sum_{i=1}^{n}\dfrac{\phi_i(\alpha_{i1} + \alpha_{i2}x^*)}{1 - \alpha_{i1} + \alpha_{i2}F(x^*) - 2\alpha_{i2}x^*} > 0$，即 $\delta\sum_{i=1}^{n}\dfrac{\phi_i(\alpha_{i1} + \alpha_{i2}x^*)}{1 - \alpha_{i1} + \alpha_{i2}F(x^*) - 2\alpha_{i2}x^*} < 1$。

3）n 不确定时的稳定概率

在以上分析中，企业存在类型的种类个数已确定，如果企业存在类型的种类 n 不确定的时候，情况将如何？如果一个观察者不知道行为度，但是知道市场结构（即知道 δ）的情况，也可以得到一些有意义的预测。

例如，考虑具有单一类型企业的一个市场，假设行为参数 β 未知，但可假设其服从 0～1 的均匀分布 $\beta \sim U(0,1)$。稳定性在条件 $\beta\delta < 1$ 时获得[式（5-25）]，对给定的不稳定结构度 $\delta > 1$，这时这种事件的概率是 $\int_0^{1/\delta}\mathrm{d}x = 1/\delta$。如果 $n > 1$ 或 n 变动时，这时的概率将如何变化。我们将针对式（5-26）定义一个行为变量的稳定样本，即对式（5-26）有一个局部稳定稳态 p^*，即由定理 5-1 可知有 $\bar{\beta}_n\delta < 1$，对于一个给定的 n，寻找一个描述稳定样本的概率作为 δ 的函数。假设 β_i 独立服

从 $U(0,1)$，$\overline{\beta}_n$ 的期望值为 1/2，这意味着 $\delta=2$ 使得 $\overline{\beta}_n\delta$ 的期望值为 1。但因为 $\overline{\beta}_n$ 的分布是对称的，当 $\delta=2$ 时，稳定样本的概率为 1/2。注意在这种情况下，用 $\overline{\beta}_n$ 的密度函数 $f_n(x)$，可以写出任何 n 的关于稳定样本的概率，即关于 δ 的概率函数 $p_n(\delta)=\int_0^{1/\delta}f_n(x)\mathrm{d}x$。因此，可以写出确切的概率函数。这些函数很明显是 δ 的减函数。用实例来说明，设 $n=2$，此时 β 的表达式为

$$\beta=\frac{2}{3}\left(\frac{1}{2}\sum_{i=1}^{2}\beta_{ij}\right)+\frac{1}{3}\left(\frac{1}{2}\sum_{i=1}^{2}\beta_{ij}\right)$$

其密度函数：

$$0\leqslant\chi\leqslant 1/6，\ \beta(\chi)=54\chi^3$$
$$1/6\leqslant\chi\leqslant 1/3，\ \beta(\chi)=9\chi-18\chi(1-3\chi)^2-54\chi^2+108\chi^3+1/2$$
$$1/3\leqslant\chi\leqslant 1/2，\ \beta(\chi)=9\chi-3/2-162\chi(x-1/3)^2+108(x-1/3)^3+$$
$$108(x-1/3)^2-162x(x-1/3)^2+108(x-1/3)^3$$

其稳定的概率如图 5-23 所示。

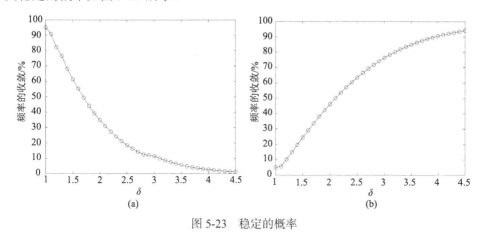

图 5-23　稳定的概率

由图 5-23 可知：δ 的取值毫无疑问与频率的收敛行为有关，当 δ 一般大时，则有一些不同的可能性；随着 δ 进一步增加，我们可以观察到 n 取很小值时的发散性及 n 取较大值时的拟周期性。

3. 市场的结合

假如两个市场之前是独立的，在这种情况下，希望增加的异质性行为度在观察市场的动力学行为时有重要意义。

在合并后的市场中，因为供应和需求是单调的，所以均衡价格在两个原来的稳定价格 P_A^* 和 P_B^* 之间。则两个市场用向量 $(\overline{\beta}_A, \delta_A, \psi_A)$、$(\overline{\beta}_B, \delta_B, \psi_B)$ 来定义，其中，ψ 为商品在市场中的供应量，ψ_A 为商品在市场 A 中的供应量，ψ_B 为商品在市场 B 中的供应量。假设 $P_A^* < P_B^*$，合并后的市场将有 $(\overline{\beta}, \delta, p^*, \psi)$，这里 $\psi = \psi_A + \psi_B$，$\overline{\beta} = (\psi_A / \psi)\overline{\beta}_A + (\psi_B / \psi)\overline{\beta}_B$ 且 $P_A^* < P^* < P_B^*$，在通常情况下，考虑到在两个原始市场中，其供需函数是不同的。根据不稳定结构度的定义，可知结合后的市场的不稳定结构度

$$\delta = -(\psi_A s_A'(P^*) + \psi_B s_B'(P^*)) / (D_A'(P^*) + D_B'(P^*))$$

这样不能很好地将 δ_A 与 δ_B 作比较。假设需求函数是线性的 $D_A(.)$ 和 $D_B(.)$，其斜率 D_A' 和 D_B'，和一般的线性供应函数 $s(.)$，其斜率 s'，那么则有

$$\delta_A = -(\psi_A s' / D_A'), \quad \delta_B = -(\psi_B s' / D_B')$$

在这样市场结合的假设条件下，稳定性满足以下条件。

如果 $\overline{\beta}_A \delta_A \geqslant 1$、$\overline{\beta}_B \delta_B \geqslant 1$（或者 $\overline{\beta}_A \delta_A \leqslant 1$、$\overline{\beta}_B \delta_B \leqslant 1$），那么

$$\overline{\beta}\delta = (\frac{\psi_A}{\psi}\overline{\beta}_A + \frac{\psi_B}{\psi}\overline{\beta}_B)\frac{1}{\dfrac{\psi_A}{\psi}\dfrac{1}{\delta_A} + \dfrac{\psi_B}{\psi}\dfrac{1}{\delta_B}} \geqslant \frac{\dfrac{\psi_A}{\psi}\dfrac{1}{\delta_A} + \dfrac{\psi_B}{\psi}\dfrac{1}{\delta_B}}{\dfrac{\psi_A}{\psi}\dfrac{1}{\delta_A} + \dfrac{\psi_B}{\psi}\dfrac{1}{\delta_B}} = 1$$

或者

$$或者 \beta\delta = \left(\frac{\psi_A}{\psi}\overline{\beta}_A + \frac{\psi_B}{\psi}\overline{\beta}_B\right)\frac{1}{\dfrac{\psi_A}{\psi}\dfrac{1}{\delta_A} + \dfrac{\psi_B}{\psi}\dfrac{1}{\delta_B}} \leqslant \frac{\dfrac{\psi_A}{\psi}\dfrac{1}{\delta_A} + \dfrac{\psi_B}{\psi}\dfrac{1}{\delta_B}}{\dfrac{\psi_A}{\psi}\dfrac{1}{\delta_A} + \dfrac{\psi_B}{\psi}\dfrac{1}{\delta_B}} = 1$$

但是如果供应函数和需求函数的假设条件不充足的话，这样的关系未必能满足。举例说明如下所示。

例 5-1　合并前市场 A 和市场 B 都是稳定的，合并之后的市场 O 却变得不稳定了。设在市场 A、市场 B 中的供应函数为

$$S(p) = \tanh(p - 1) + 1$$

A 市场的需求函数为

$$D_A(P) = \frac{9 - 5\ln 2}{10} - \frac{1}{2}p$$

B 市场的需求函数为

$$D_B(P) = \frac{21 + 5\ln 2}{10} - \frac{1}{2}p$$

可得 A、B 市场的供需平衡点分别为 $P_A^* = 1 - \ln 2$、$P_B^* = 1 + \ln 2$。

$$\delta_A = \delta_B = 2S'(1 - \ln 2) = \frac{32}{25}$$

$$\bar{\beta}_A = \frac{\alpha_{11} + \alpha_{12}P_A^*}{2 - \alpha_{11} + \alpha_{12}F(P_A^*) - 2\alpha_{12}P_A^*}$$

$$= \frac{\alpha_{11} + \alpha_{12}P_A^*}{2 - \alpha_{11} - \alpha_{12}P_A^*}$$

假设

$$a_{11} = \frac{\ln 2}{2}, \quad a_{12} = \frac{1}{2}。$$

则

$$\bar{\beta}_A = \frac{\dfrac{\ln 2}{2} + \dfrac{1}{2}(1 - \ln 2)}{2 - \dfrac{\ln 2}{2} + \dfrac{1}{2}(1 - \ln 2)} = \frac{1}{3}$$

$$a_{21} = \frac{1}{2} - \frac{\ln 2}{3}, \quad a_{22} = \frac{1}{3}, \quad \bar{\beta}_B = \frac{5}{7}$$

则合并前，$\delta_A \bar{\beta}_A = \dfrac{8}{25} < 1$，$\delta_B \bar{\beta}_B = \dfrac{32}{35} < 1$，$A$、$B$ 市场在平衡点都是稳定的。

市场合并后，供应函数为

$$S(p) = 2(\tanh(p - 1) + 1)$$

需求函数为

$$D_O(p) = 3 - p$$

可得

$$p^* = 1$$

$$\delta_O = \frac{2S'(1)}{\dfrac{1}{2} + \dfrac{1}{2}} = 2, \quad \bar{\beta}_O = \frac{\psi_A}{\psi}\bar{\beta}_A = \frac{\psi_A}{\psi}\bar{\beta}_B = \frac{7}{12}$$

$$\delta_A \bar{\beta}_A = \delta_B \bar{\beta}_B = \frac{4}{5} < 1 < \delta_O \bar{\beta}_O = \frac{7}{6}$$

由此可知，合并之后的市场 O，其 $\delta_O \bar{\beta}_O > 1$，因而此市场是不稳定的。

类似这种不稳定市场合并后变成一个稳定的更大的市场的例子也有，本节中所举例子的结果是否被供应函数的凹凸性所影响，为了说明这个观点，让原来的两个市场——市场 A、B，其供应函数和需求函数仅仅在数量上有所不同。因而有

$$S_A(\bullet) = \psi_A s(\bullet), \quad D_A(\bullet) = \Theta_A d(\bullet)$$

$$S_B(\bullet) = \psi_B s(\bullet), \quad D_B(\bullet) = \Theta_B d(\bullet)$$

且 $s'(\bullet) > 0, \quad d'(\bullet) < 0$

$$\delta_A = -\frac{\psi_A s'(p_A^*)}{\Theta_A d'(p_A^*)}, \quad \delta_B = -\frac{\psi_B s'(p_B^*)}{\Theta_B d'(p_B^*)}$$

定理5-3 假设 $\delta_A \bar{\beta}_A < 1$，$\delta_B \bar{\beta}_B < 1$，$\dfrac{\psi_A}{\Theta_A} > \dfrac{\psi_B}{\Theta_B}$，如果 $s'(p)d''(p) - s''(p)d'(p) \geqslant 0$, $\cdots$,

$\dfrac{\psi_A / \Theta_A}{\psi_B / \Theta_B} \delta_B \bar{\beta}_A < 1$，或者 $s'(p)d''(p) - s''(p)d'(p) \leqslant 0$, $\cdots$, $\dfrac{\psi_B / \Theta_B}{\psi_A / \Theta_A} \delta_A \bar{\beta}_B < 1$，则 $\delta\bar{\beta} < 1$，即合并后的市场继续保持稳定。

证明：由 $\psi_A / \Theta_A > \psi_B / \Theta_B$ 可知，$\psi_B / \Theta_B < (\psi_A + \psi_B)/(\Theta_A + \Theta_B) < \psi_A / \Theta_A$，$P_A^* <$

$P^* < P_B^*$，由定理 5-3 中的假设可知 $\left(-\dfrac{s'(p)}{d'(p)}\right)' = \dfrac{-s''(p)d'(p) + s'(p)d''(p)}{d''(p)} \geqslant 0$，从而

$$\delta\bar{\beta} = -\frac{\dfrac{\psi_A + \psi_B}{\Theta_A + \Theta_B} s'(p^*)}{d'(p^*)} \left(\frac{\psi_A}{\psi} \bar{\beta}_A + \frac{\psi_B}{\psi} \bar{\beta}_B \right)$$

$$= \frac{\dfrac{\psi_A + \psi_B}{\Theta_A + \Theta_B} s'(p^*)}{d'(p^*)} \left(\frac{\psi_A}{\psi} \sum_{i=1}^{n} \phi_i \frac{\alpha_{i1} + \alpha_{i2} x^*}{2 - \alpha_{i1} - 2\alpha_{i2} x^* + \alpha_{i2} F(x^*)} \right.$$

$$\left. + \frac{\psi_B}{\psi} \sum_{j=1}^{n} \phi_j \frac{\alpha_{j1} + \alpha_{j2} x^*}{2 - \alpha_{j1} - 2\alpha_{j2} x^* + \alpha_{j2} F(x^*)} \right)$$

$$\leqslant \frac{(\psi_A + \psi_B)}{(\Theta_A + \Theta_B)} \left(-\frac{s'(p_B^*)}{d'(p_B^*)} \right) \left(\frac{\psi_A}{\psi} \sum_{i=1}^{n} \phi_i \frac{\alpha_{i1} + \alpha_{i2} x^*}{2 - \alpha_{i1} - 2\alpha_{i2} x^* + \alpha_{i2} F(x^*)} \right.$$

$$\left. + \frac{\psi_B}{\psi} \sum_{j=1}^{n} \phi_j \frac{\alpha_{j1} + \alpha_{j2} x^*}{2 - \alpha_{j1} - 2\alpha_{j2} x^* + \alpha_{j2} F(x^*)} \right)$$

$$= \frac{\psi_A}{\Theta_A + \Theta_B} \left(\sum_{i=1}^{n} \phi_i \frac{\alpha_{i1} + \alpha_{i2} x^*}{2 - \alpha_{i1} - 2\alpha_{i2} x^* + \alpha_{i2} F(x^*)} \right) \left(-\frac{s'(p_B^*)}{d'(p_B^*)} \right)$$

$$+ \frac{\psi_B}{(\Theta_A + \Theta_B)} \left(\sum_{j=1}^{n} \phi_j \frac{\alpha_{j1} + \alpha_{j2} x^*}{2 - \alpha_{j1} - 2\alpha_{j2} x^* + \alpha_{j2} F(x^*)} \right) \left(-\frac{s'(p_B^*)}{d'(p_B^*)} \right)$$

定理 5-3 表明,在其他一些可能的限制条件下也可以使得合并后的市场的稳定性保持不变。下面则说明这种情况。

合并前两市场是稳定的,对供需函数的凹凸性作限制后,合并后的大市场的稳定性不变。

已知 $s(\bullet) = s_O + \arctan \lambda(x-b)$,其中,$s_O$,$b > 0$,且 $x > 0$,$d = d_O - mx$,$m > 0$,$d_O > 0$,

$$s' = \frac{\lambda}{1+\lambda^2 x^2}, \quad s'' = \frac{-2\lambda^3 x}{1+\lambda^2 x^2}, \quad d' = -m, \quad d'' = 0$$

令 $\quad S_A(x) = \psi_A s(\bullet)$,$D_A = \Theta_A d(\bullet)$,$S_B(x) = \psi_B s(\bullet)$,$D_B = \Theta_B d(\bullet)$,$\delta_A = 3$,$\bar{\beta}_A = \dfrac{1}{4}$,

$\delta_B = 2$,$\quad \bar{\beta}_B = \dfrac{1}{3}$,$\quad \psi_A = 8$,$\quad \Theta_A = 2$,$\quad \psi_B = 3$,$\quad \Theta_B = 1$。则

$$\delta_A \bar{\beta}_A = \frac{3}{4} < 1, \quad \delta_B \bar{\beta}_B = \frac{2}{3} < 1, \quad \frac{\psi_A}{\Theta_A} = 4 > \frac{\psi_B}{\Theta_B} = 3, \quad \frac{\psi_B/\Theta_B}{\psi_A/\Theta_A}\delta_A \bar{\beta}_A = \frac{3}{4} \times 3 \times \frac{1}{3} = \frac{3}{4} < 1$$

又因为

$$s'(p)d''(p) - s''(p)d'(p) = 0 - \frac{-2\lambda^3 x}{(1+\lambda^2 x^2)^2}(-m) = \frac{-2\lambda^3 x}{(1+\lambda^2 x^2)^2} < 0, \quad \forall p \in \left[p_A^*, p_B^*\right]$$

结果

$$
\begin{aligned}
\delta\bar{\beta} &= -\left(\frac{\psi_A + \psi_B}{\Theta_A + \Theta_B}\right)\frac{s'(p^*)}{d'(p^*)}\left(\frac{\psi_A}{\psi}\bar{\beta}_A + \frac{\psi_B}{\psi}\bar{\beta}_B\right) \\
&= -\frac{11}{3}\frac{s'(p^*)}{d'(p^*)}\left(\frac{8}{11}\bar{\beta}_A + \frac{3}{11}\bar{\beta}_B\right) \\
&\leqslant -\frac{11}{3}\frac{s'(p_A^*)}{d'(p_B^*)}\left(\frac{8}{11} \times \frac{1}{4} + \frac{3}{11} \times \frac{1}{3}\right) \\
&< -\frac{11}{3}\left(\frac{2}{11} + \frac{1}{11}\right) \\
&= 1
\end{aligned}
$$

这意味着合并后的市场继续保持稳定。

5.7.2 实证分析

江苏省和山东省作为我国经济发展的大省,无论是在生活还是工业生产方面,都需要源源不断的电力来维持正常的生活和发展,但这两省同时又具有我国电力在供需稳定性方面共同问题和不足之处。本节运用上文中的新型蛛网模型对两省

的电力供需稳定性情况进行分析，并将其得出的结论与传统蛛网模型的结论进行分析比较，同时对相关政策提出一些建议。

1. 新型蛛网模型的应用

本部分以全国电力价格为背景，对华东地区的江苏省和山东省的电力供应的稳定性进行研究，根据上文的新型蛛网模型中的变量，收集了全国 2006～2010年相关数据，如表 5-3 所示，资料来源于《中国统计年鉴》。

表 5-3　全国 2006～2010 年全社会用电和发电量及平均电力价格

年份	全社会用电/亿千瓦时	供电量/亿千瓦时	电力价格/（元/千千瓦时）
2006	28 588.4	28 657.3	675.53
2007	32 712.4	32 815.5	685.48
2008	34 540.8	34 668.8	692.53
2009	37 032.7	37 146.5	717.48
2010	41 934.5	42 071.6	745.15

随着人们生活水平的不断提高，社会对电力的刚性需求也在以指数 $E_t = E_0(1 + KP)^t$ 的方式增加（其中，K 为电力消费弹性系数；P 为同期 GDP 的发展速度；E_0 为基准年的用电量），这部分电力的需求不随价格的改变而发生大幅的波动，其不在本部分的研究范围之内，因而，本部分在进行研究的时候，应用公式 $k = \dfrac{\text{电力消费量年均增长速度}}{\text{国民经济年均增长速度}}$，算出在研究范围内每年全社会对电力的刚性需求 E_t，继而算出这部分电力的刚性生产量和需求量。表 5-4 即是处理之后的电力供需情况。

表 5-4　全国 2006～2010 年修改后的全社会用电和发电量及电力价格

年份	全社会用电/亿千瓦时	供电量/亿千瓦时	电力价格/（元/千千瓦时）
2006	20 011.88	11 462.92	675.53
2007	17 991.82	16 407.75	685.48
2008	17 270.40	17 334.40	692.53
2009	14 813.08	22 287.60	717.48
2010	8 386.90	27 346.54	745.15

用以上全国供需函数对价格做一元线性回归，其结果如表 5-5、表 5-6 所示。

表 5-5　全国电力需求量与价格的线性回归模拟结果

模型汇总			
模型	R	R^2	调整 R^2	标准估计的误差
1	0.845^a	0.715	0.620	262.244 48

a. 预测变量:（常量）, x

系数 a					
模型	非标准化系数		标准系数	t	Sig.
	B	标准误差			
1	（常量）	10 457.725	3 309.708		3.160	0.051
	x	−13.162	4.815	−0.845	−2.733	0.072

a. 因变量: y

表 5-6　修改后的全国电力需求量与价格的线性回归模拟结果

模型汇总			
模型	R	R^2	调整 R^2	标准估计的误差
1	0.860^a	0.739	0.652	284.158 84

a. 预测变量:（常量）, x

系数 a					
模型	非标准化系数		标准系数	t	Sig.
	B	标准误差	试用版		
1	（常量）	−9622.082	3828.367		−2.513	0.087
	x	16.246	5.570	0.860	2.917	0.062

a. 因变量: y

$R_1 = 0.845$、$R_2 = 0.860$，表明解释变量和被解释变量的相关度比较高，也说明回归线对样本数据点的拟合程度比较高。其中，k 值为正值，因为随着电力价格的增加，根据经济学原理，电力供给量也相应增加，所以它与电力价格是正相关的。$-m$ 是负值，表明随着电价的上升，用电量是逐渐下降的，且电价对总用电量的影响状况，与其他变量具有负相关性，所以会出现负的系数。

令电力的供应函数为

$$s(x) = s_0 + kx, \quad k > 0 \tag{5-27}$$

需求函数：

$$d(x) = d_0 - mx, \quad m > 0 \qquad (5\text{-}28)$$

则将线性回归的系数带入到式（5-27）、式（5-28）中：

$$s(x) = s_0 + kx = -9622.082 + 16.246x \qquad (5\text{-}29)$$

$$d(x) = d_0 - mx = 10\,457.725 - 13.162x \qquad (5\text{-}30)$$

可知：当 $\delta = \dfrac{k}{m} = 1.23 > 1$、$s(x) = d(x)$时，$x^* = 682.80$，即意味着当电力价格为 682.60 元/千千瓦时，电力需求和电力供给达到平衡。

对表 5-7 数据进行回归处理，可得

$$\hat{a}_{11} + \hat{a}_{12}x_{t,1} = -8.192 + 0.015x_{t,1} \qquad (5\text{-}31)$$

$$\hat{a}_{21} + \hat{a}_{22}x_{t,1} = -1.114 + 0.004x_{t,2} \qquad (5\text{-}32)$$

表 5-7　江苏省和山东省电力价格　　　单位：元/千千瓦时

年份	江苏省电力价格	山东省电力价格
2006	653.29	649.66
2007	662.43	658.75
2008	670.03	666.31
2009	695.39	691.53
2010	718.61	714.62

以式（5-31）、式（5-32）分别作为江苏省和山东省电力价格的价格修正函数，且函数值均大于 0，将已求得的参量值带入到式（5-26）中，可得式（5-33）：

$$\begin{cases} x_{t+1,1} = x_{t,1} + (-8.192 + 0.015x_{t,1})(F(x_{t,1}, x_{t,2}) - x_{t,1}) \\ x_{t+1,2} = x_{t,2} + (-1.114 + 0.004x_{t,2})(F(x_{t,1}, x_{t,2}) - x_{t,2}) \end{cases} \qquad (5\text{-}33)$$

求得其在平衡点 (x^*, x^*) 的 Jacobian 矩阵

$$J = \begin{bmatrix} a_{11} & a_{12} \\ a_{21} & a_{22} \end{bmatrix} = \begin{bmatrix} -2.3043 & -1.2583 \\ -1.6797 & -3.4109 \end{bmatrix}$$

其特征值为 $|\lambda_1| = 1.3021(>1)$、$|\lambda_2| = 4.4131(>1)$，即 $|\lambda_1|$、$|\lambda_2|$ 均大于 1，即式（5-33）是不稳定的。由此可知，我国江苏省和山东省的电力供需市场是不稳定的，这意

味着在将来一段时间里这两省部分地区、局部时段急需用电的状况会继续存续下去，煤电关系、发电厂与电网的配合等仍是电力系统发展亟须解决的矛盾。考虑到行业成长面临的拐点，电力发展能选择和国家政策支持范围内的相符合项目，投资电网的价值也慢慢凸显。电力发展仍应坚定加强巩固对电网的完善，加大发展水电的力度，改善火电结构，不失时机地加强新能源发展战略和社会主义市场经济的运作体制的理念。继续依据价值规律、供求关系来确定电力的宏观政策和条例，减小地区差别。"以电力为中心"发展能源，提高电气化标准。在新一轮经济的增长期里，尤其是随着电力市场化改革的加强与深入，电力供需稳定工作还会出现新的难题。电力市场体系下的电力供需稳定性理论及其算法的研究，会越发受到重视，同时也会给电力市场体系甚至于给整个社会带来不可估量的社会和经济效益。

2. 原蛛网模型和新型蛛网模型的结论对比

接下来，将对江苏省和山东省电力的供需情况用原蛛网模型进行分析，以初始年——2005 年的价格纠正值 $\alpha_1 = 1.6074$、$\alpha_2 = 1.4846$ 为基准，作为原模型的价格纠正系数，则式（5-34）表示如下：

$$\begin{cases} x_{t+1,1} = x_{t,1} + 1.6074(F(x_{t,1}, x_{t,2}) - x_{t,1}) \\ x_{t+1,2} = x_{t,2} + 1.4846(F(x_{t,1}, x_{t,2}) - x_{t,2}) \end{cases} \quad (5\text{-}34)$$

其在平衡点（x^*, x^*）的 Jacobian 矩阵为

$$J = \begin{bmatrix} -1.5960 & -0.9886 \\ -0.9130 & -1.3976 \end{bmatrix}$$

通过计算可得，$|\lambda_1| = 2.4520(>1)$，$|\lambda_2| = 0.5416(<1)$，即供需平衡点（x^*, x^*）是鞍点，不稳定，但其中存在一个稳定流形，在稳定流形上的点汇聚于此平衡点，也意味着在电力供需市场中，存在一种特殊的供需关系，可使得供需市场达到稳定状态。然而，现实情况并非如此，煤电衔接、发电厂与电网的协调等问题仍然是未攻破的"瓶颈"，导致市场上的供需无法"越过"这些问题而达到稳定，所以目前的状况难以接受这样的特殊供需关系的存在。此结果与新型蛛网模型不完全相同。

通过以上分析可知，新旧蛛网模型部分结论可能保持一致，但新型的蛛网模型通过对价格的动态分析，其结果更加贴合实际情况。

3. 稳定的控制

系统不稳定时，我们对系统使用线性控制，使系统达到稳定。为此我们得出系统稳定的参数条件。这时候线性控制系统为

$$\begin{cases} x_{t+1,1} = x_{t,1} + (\alpha_{11} + \alpha_{12}x_{t,1})(F(x_{t,1}, x_{t,2}) - x_{t,1}) + ax_{t,1} \\ x_{t+1,2} = x_{t,2} + (\alpha_{21} + \alpha_{22}x_{t,2})(F(x_{t,1}, x_{t,2}) - x_{t,2}) + bx_{t,2} \end{cases} \tag{5-35}$$

这时控制系统在供需平衡点（x^*, x^*）的 Jacobian 矩阵如下：

$$J = \begin{bmatrix} a_{11} & a_{12} \\ a_{21} & a_{22} \end{bmatrix}$$

其中，

$$a_{11} = (\alpha_{i1} + \alpha_{i2}x^*)(-\phi_i\delta) + (1 - \alpha_{i1} + \alpha_{i2}F(x^*) - 2\alpha_{i2}x^*) + a$$

$$a_{22} = (\alpha_{i1} + \alpha_{i2}x^*)(-\phi_i\delta) + (1 - \alpha_{i1} + \alpha_{i2}F(x^*) - 2\alpha_{i2}x^*) + b$$

$$a_{ij} = (\alpha_{i1} + \alpha_{i2}x^*)(-\phi_i\delta) \ (i \neq j)$$

若使系统在平衡点 x^* 稳定，这时系统的特征值 λ 满足以下条件：

$$|\lambda_{1,2}| = |\frac{(a_{11} + a_{22}) \pm \sqrt{(a_{11} + a_{22})^2 - 4(a_{11}a_{22} - a_{12}a_{21})}}{2}| < 1$$

那么该系统即为稳定的。

下面以中国的江苏省和山东省为例，由于江苏省和山东省的电力供需是不稳定的，则用稳定性高的控制系统对其进行分析，两省供需的平衡点 $x^* = 682.80$ 的 Jacobian 矩阵：

$$J = \begin{bmatrix} a_{11} & a_{12} \\ a_{21} & a_{22} \end{bmatrix} = \begin{bmatrix} -2.3043 + a & -1.2583 \\ -1.6797 & -3.4109 + b \end{bmatrix}$$

这时 J 的特征值为

$$|\lambda_{1,2}| = \left| \frac{-5.7152 + a + b \pm \sqrt{(-5.7152 + a + b)^2 - 4(5.7461 - 3.4109a - 2.3043b + ab)}}{2} \right|$$

小于 1，此时得到的 a,b 值满足条件。

5.8　开征碳税对我国电力行业的影响研究

开征碳税的目的是通过减少碳排放来改善气候问题，因此，碳税的环境效应研究是个重要方向。大量的实证研究表明，碳税对减少碳排放具有很好的效果。Floros

和 Vlachou[30]的研究指出，50 欧元/吨的碳税征收率导致希腊的碳排放比 1998 年降低17.6%；虽然碳税政策的实施成本较高，但对减少碳排放而言具有很好的效果。

不过，也有不少专家学者认为碳税的减排效果并不是很理想。上游产业二氧化碳减排效果较好而下游行业却无法实现减排目标。

就研究工具而言，许多学者都采用静态或动态的 CGE 模型或局部均衡模型来模拟研究，也有部分学者使用规划模型或计量模型进行研究。多数学者认为在不存在税收优惠的前提下，碳税征收将在一定程度上提高能源价格并影响能源的供求关系，进而对产品需求、部门产出和福利分配等方面带来不利影响。但更多的研究表明征收碳税对经济产生的负效应并不明显。

我国对碳税的研究起步较晚，进入 2000 年以来这方面的研究才逐渐增多。关于碳税的环境效应，国内研究大都认为碳税具有较好的二氧化碳减排效果。陈诗一[31]通过构建多项式动态面板预测模型，研究不同碳税水平对工业产出的影响，结果表明碳税的减排效果显著。王金南等[32]通过建立 CGE 模型，对不同税率水平下我国经济发展和二氧化碳排放的碳税效应进行了模拟分析，研究发现低税率的碳税方案对抑制我国碳排放有显著的激励作用。

国内对碳税经济效应的研究主要是通过 CGE 模型来进行宏观和中观层面的模拟分析。张树伟[33]基于中国第二代模型（China second generation model，CSGM）的研究表明，碳税政策对 GDP 损失的影响很小（低于 1%），但对电力需求和电力结构的影响较为明显。张晓盈和钟锦文[34]的研究发现，征收碳税能有效抑制碳排放，尽管短期内其对经济发展可能产生一定的负向作用，但从长远来看却有助于经济的可持续发展。

碳税（carbon tax），是二氧化碳排放税的简称，它根据化石燃料的含碳量或碳排放量的多少，设定相应的应纳税标准对二氧化碳排放征税[35]。一个国家、地区或产业部门的二氧化碳排放量，可以通过测算产生碳排放的化石燃料的消费量推出。合理的碳税水平将有助于调整能源结构，从而达到控制二氧化碳减排和消除外部不经济行为的目标。

碳税征收的作用机制如图 5-24 所示。

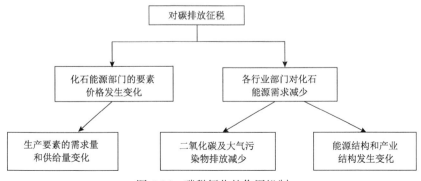

图 5-24　碳税征收的作用机制

　　碳税的理论基础主要包括外部性理论、庇古税理论、双重红利理论、污染者付费原则和环境价值理论。

　　外部性是指单位或个人的经济活动对社会产生的不由单位或个人承担的外部影响，包括正、负外部性两方面的影响。当产生负外部性影响时，会造成市场失灵和资源浪费，最终导致整个社会的福利水平下降[36]。

　　外部性问题最普遍的解决途径即庇古手段，这最早由英国福利经济学家庇古提出，他认为要使环境外部成本内在化，需要借助税收手段对导致外部不经济的一方征税而对另一方予以补贴，这就是著名的"庇古税"。

　　Pearce[37]首先提出了环境税的双重红利理论，认为环境税应被用于降低现有的税负水平，以零福利成本甚至负福利成本换来环境收益。双重红利理论是指环境税的实施可以带来两方面的红利：一是带来提高环境质量的红利；二是税收收入用于减少其他税种及促进就业的红利。碳税的征收也具备双重红利，包括减少碳排放、改善环境质量的红利，以及包括碳税所得用于降低其他税收的税率和促进就业的红利。

　　"污染者付费原则"的提出是为解决环境污染的外部成本的承担主体问题。其核心思想是要求环境污染者承担由其污染行为产生的直接或间接费用，即环境污染费用[38]。它承认了环境污染的外部成本，并认为应由污染者承担该项成本。

　　环境价值理论于 20 世纪 70 年代被提出，该理论认为，环境是具有价值的，其价值既来自环境的自然属性，又来自人类创造[39]。人类作为环境资源的利用者，其对环境的开发和使用必将对环境价值带来一定程度的影响（既包括正影响又包括负影响）。基于环境价值理论，企业作为重要的生态环境开发和利用主体必须树立环境价值观，并将环境价值作为企业价值的重要组成部分纳入企业会计核算体系，以对环境价值进行充分的确认、计量和披露。这是企业承担社会责任、提高其形象和声誉的要求和体现，也符合利益相关者理论的要求。

　　我国不断增长的社会用电需求和以火电为主的不合理的发电结构，导致了我国电力碳排放量与日俱增。与国内其他行业相比，电力行业的碳排放量远高于其他行业，居于全行业之首；与国外同行业比，我国电力行业的发电能耗和碳排放水平远不及发达国家水平。因此，我国电力行业仍然存在很大的减排潜力。作为能源消耗大户和碳排放大户，电力行业必须承担起节能减排的社会责任。

　　在国内外形势下，我国对电力行业开征碳税既是完善我国能源税制的需要，又是促使电力行业尽快改善能源结构、实现低碳电力的必然之举。同时，碳税还能起到激励电力行业开发和使用清洁能源，以及加大对碳捕捉与封存（carbon capture and storage，CCS）等低碳电力技术投入的作用，促使电力行业实现低碳化转型。

5.8.1　开征碳税对电力行业的影响分析——基于 CGE 分析

本部分主要从中观层面出发，利用 CGE 模型来研究开征碳税对电力行业（包括火电和低碳电力）的影响。首先，介绍了 CGE 模型的构建及求解原理，在此基础上提出在 CGE 模型中引入碳税变量的思路；然后，通过 Matlab R2012b 软件对该模型进行模拟求解，并详细分析了在三种不同碳税水平下，征收碳税对火电和低碳电力的产出价格、化石能源需求和产出水平等方面带来的不同影响。

1. CGE 模型的构建和求解原理

1）模型的相关假设

（1）对于生产者而言，各部门只生产一种产品，且生产者追求成本最小化。而对消费者而言，只包括一类消费者，且其在预算约束内实现效用最大化。

（2）在完全竞争市场下，生产者与消费者是既定价格的接受者，满足规模和收益不变的假设。

（3）各部门只生产一种产品，且部门投入的产品除中间产品外，只包括劳动力和资本两种初始要素。其中，能源投入、劳动力投入与资本投入均为一次投入，且具有替代性。

（4）全部市场（包括产品市场和要素市场）都处于均衡状态。根据一般均衡理论的零利润假设，每个行业的总产出等于该行业的总投入。

（5）模型中的消费者仅包括居民和政府。

（6）模型基于 2007 年中国投入产出表（基本流量表）[①]，而未采用社会核算矩阵（social accounting matrix，SAM）的形式，避免了在 SAM 表的编制过程中烦琐地收集和整理数据。

2）生产部门的划分

由于碳税的征收对象主要是由煤炭、石油和天然气三类化石燃料消耗产生的二氧化碳排放量，为此本部分将 2007 年中国投入产出表中的"石油及天然气开采业"区分成石油开采业和天然气开采业两个部门。为了突出本节的研究对象——电力行业，并分析开征碳税对不同电力资源结构电力企业的影响，本部分还将电力行业区分为火电及低碳电力。为方便研究，最后把 42 部门整理归类为 8 部门，依次为：农业、煤炭采选业、石油开采业、天然气开采业、火电生产和供应业、低碳电力生产和供应业、其他工业、第三产业。因此，在本节的 CGE 模型中，$m=8$、$n=10$，其中，n 为投入要素（包括资本和劳动力）的个数；m 为部门个数。

---

① 本节之所以选取 2007 年的中国投入产出表，是因为投入产出表通常五年一编，2012 年版尚未公布，故这已是目前为止可获得的最新的投入产出表；数据来源于中国统计年鉴数据库。

3）CGE 模型的构建

本部分将采用 2007 年中国投入产出表，在参考上海财经大学王德发教授[40]研究的基础上，构建了包括生产模块、需求模块、价格模块、市场均衡模块及宏观闭合五部分的 CGE 模型。

A. 生产模块

生产模块定义了生产函数、约束条件及生产者优化行为等，在市场处于充分竞争和规模、收益对等的假设下，各部门的产出水平是由均衡条件决定的。在此前提下，生产者必须进行投入决策，且应当根据投入要素成本最小化的原则进行最优投入决策。此外，在约束条件中，部门产出与投入要素之间的关系采用柯布-道格拉斯（Cobb-Douglas，C-D）生产函数来表示。具体表达式如下：

$$\min \quad \sum_{i=1}^{10} P_i X_{ij} \, , \quad j = 1, 2, \cdots, 8 \qquad (5\text{-}36)$$

$$\text{s.t.} \quad X_j = A_j \prod_{i=1}^{10} X_{ij}^{\alpha_{ij}} \, , \quad \sum_{i=1}^{10} \alpha_{ij} = 1 \qquad (5\text{-}37)$$

其中，P_i 为商品或要素 i 的价格；X_{ij} 为部门 j 对商品或要素 i 的投入；则 $\sum_{i=1}^{10} P_i X_{ij}$ 为部门 j 的总投入成本。式（5-37）中，X_j 为部门 j 的总产出；A_j 为部门 j 的技术参数；α_{ij} 为直接消耗系数，即部门 j 的单位总产出所消耗的商品或要素 i 的产品价值量。

为求这一生产者最优化问题，构造拉格朗日函数，来求解上述问题的极值，表达式如下：

$$L(X_{ij}, \lambda) = \sum_{i=1}^{10} P_i X_{ij} + \lambda (X_j - A_j \prod_{i=1}^{10} X_{ij}^{\alpha_{ij}}) \qquad (5\text{-}38)$$

通过对式（5-38）求导，可以得出部门 j 对煤炭、石油、天然气及劳动力、资本等要素的需求 X_{ij}：

$$X_{ij} = F\left(X_j, P_1, \cdots, P_5\right) = \frac{\alpha_{ij}}{A_j P_i} \prod_{i=1}^{10} \alpha_{ij}^{-\alpha_{ij}} P_i^{\alpha_{ij}} X_j \qquad (5\text{-}39)$$

其中，$i = 1, \cdots, 10$；$j = 1, \cdots, 8$；$\alpha_{ij} = X_{ij} / X_j$。

B. 需求模块

按照新古典的消费者行为理论，消费者行为遵循在一定预算约束（收入水平）下追求效用最大化的规律。当价格和收入既定时，消费者将按此规律并合理分配资源来选择一组商品,形成其消费需求。在 CGE 模型中,在消费者收入水平为 K 的约束条件下,其效用最大化的函数表达式可采用 C-D 生产函数形式,从而得到消费者需求函数。具体表达式如下:

$$\max \quad \prod_{i=1}^{8} X_{ic}^{\alpha_{ic}} \ , \quad \sum_{i}^{8} \alpha_{ic} = 1 \tag{5-40}$$

$$\text{s.t.} \quad \sum_{i}^{8} P_i X_{ic} = K \tag{5-41}$$

式(5-40)、式(5-41)中,c 代表消费者,在 8 部门投入产出表中,C 栏表示最终消费。X_{ic} 为消费者对商品或要素 i 的需求量;$\prod_{i=1}^{8} X_{ic}^{\alpha_{ic}}$ 则表示消费者对不同消费商品选择产生的效用,α_{ic} 表示消费者的偏好系数。约束条件表达的是消费支出约束,其中,P_i 为商品或要素 i 的价格;k 为消费者的总支出。

同理,构造拉格朗日函数对其进行求解,表达式如下所示:

$$L(X_{ic}, \lambda) = \prod_{i}^{8} X_{ic}^{\alpha_{ic}} + \lambda \left(K - \sum_{i}^{8} P_i X_{ic} \right) \tag{5-42}$$

通过求一阶导,可得出对商品或要素 i 的需求 X_{ic} 为

$$X_{ic} = \frac{\alpha_{ic} K}{P_i} \ , \quad i = 1, \cdots, 8 \tag{5-43}$$

C. 价格模块

根据新古典理论,企业追求成本最小化和利润最大化,因此其生产只有在价格等于边际成本时才是最优的,这揭示了价格与供给之间的联系。在 CGE 模型中,满足零利润条件,因而每个行业的总产出等于总投入。由此:

$$P_j X_j = \sum_{i=1}^{10} P_i X_{ij} \tag{5-44}$$

其中,P_j 为部门 j 的产出价格。

将式(5-39)代入式(5-44),可得到部门 j 产出价格的表达式如下:

$$P_j = \left[\left(\prod_{i=1}^{10} \alpha_{ij}^{-\alpha_{ij}} \right) / A_j \right] \prod_{i=1}^{10} P_i^{\alpha_{ij}} \tag{5-45}$$

D. 市场均衡模块

在生产模块和消费模块中,生产者和消费者分别实现了成本最小化和效用最

大化的目标，这种供给与需求相等就是均衡。在 CGE 模型中，市场均衡模块包括产品市场均衡和要素市场均衡两部分。

对于产品市场而言，市场均衡指产品供求相等。而产品总供给又等于产品的中间使用需求、最终使用需求（即最终消费与资本形成之和）及净出口（即出口额与进口额之差）之和。即

$$X_i = \sum_{j=1}^{8} X_{ij} + \mathrm{CF}_i + \mathrm{EX}_i, \quad i=1,\cdots,8 \qquad (5\text{-}46)$$

式（5-46）中，X_i 为部门 i 的总供给；X_{ij} 为部门 i 向部门 j 提供的中间产品投入；CF_i 表示部门 i 的资本形成额；EX_i 表示部门 i 的净出口。

同理，对要素市场而言，其均衡方程可表示为

$$X_i = \sum_{j=1}^{8} X_{ij} + \mathrm{CF}_i + \mathrm{EX}_i, \quad i=9,10 \qquad (5\text{-}47)$$

E. 宏观闭合

宏观闭合是 CGE 模型求解的关键环节，是对模型中内生变量和外生变量进行了区分，从而解决变量数与方程数不等的问题。假设模型中存在 N 个变量，却只有 M 个独立方程（$N>M$），则模型有 M 个内生变量，其余 N–M 个变量为外生变量。在实际问题中，通常根据理论或经验判断来确定外生变量，从而减少可能的闭合方式。

在本节的 CGE 模型中，共有 129 个变量、106 个方程。需要通过设定适当的外生模型，来实现模型的宏观闭合。由于本节研究的是开征碳税对电力行业的影响，而碳税的引入将直接提高能源生产部门的成本，并通过价格机制的作用影响其他部门的产出价格和总产值。基于此，可设定煤炭、石油和天然气部门的产出价格变动（即 p_2、p_3、p_4）为外生变量，同时，CF_i 及 EX_i 的百分比变化率 f_i、e_i 也为外生变量。如此，模型还剩 106 个内生变量，内生变量数等于方程数，即可对方程求解，从而估算内生变量相对外生变量变动的弹性。

4）CGE 模型的线性化和求解原理

目前对 CGE 模型进行求解的方法有三种：非线性规划法、牛顿迭代法和 Johnansen 法。非线性规划法是把求解 CGE 模型转化为求解一个最优化问题，但容易导致求得的解只是局部最优。牛顿迭代法也称切线法，是一种线性化求解方法，即在均衡点处进行泰勒展开，取其线性部分作为近似方程，但由于泰勒展开是局部的，当讨论范围比较大时，用牛顿迭代法得出的结果的误差也比较大，不适合用于偏离平衡点的计算。Johnansen 法也称导数法，是用全微分的方法将非线性系统线性化，而后对线性化系统求解。考虑到本节方程数量较多，Johnansen 法

较为简便、灵活，故采用 Johnansen 法。

　　CGE 模型包含 n 个变量，m 个方程（$n>m$）；方程组可表示为

$$Q(X) = 0 \qquad （5\text{-}48）$$

其中，Q 为一个 m 维向量，并假设 Q 是可微的；X 为一个 n 维向量。具体形式可表示为

$$\begin{cases} q_1(X) = q_1(x_1, x_2, x_3, \cdots, x_n) = 0 \\ q_2(X) = q_2(x_1, x_2, x_3, \cdots, x_n) = 0 \\ q_3(X) = q_3(x_1, x_2, x_3, \cdots, x_n) = 0 \\ \qquad \cdots\cdots\cdots\cdots \\ q_m(X) = q_m(x_1, x_2, x_3, \cdots, x_n) = 0 \end{cases} \qquad （5\text{-}49）$$

　　上述方程组包括了需求函数、生产函数及市场（包括商品市场和要素市场）均衡函数等。

　　由 Johnansen 法可知，对式（5-48）全微分得

$$\mathrm{d}Q(X) = A(X)v = 0 \qquad （5\text{-}50）$$

　　式（5-50）中，向量 v 的形式为 $v = (\mathrm{d}x_1, \mathrm{d}x_2, \mathrm{d}x_3, \cdots, \mathrm{d}x_n)^{\mathrm{T}}$，通常把 v 表达成百分比变化率。$A(X)$ 是 $Q(X)$ 的偏导数矩阵，是（$m \times n$）矩阵，具体形式为

$$A(X) = \begin{bmatrix} \dfrac{\partial q_1}{\partial x_1} & \dfrac{\partial q_1}{\partial x_2} & \dfrac{\partial q_1}{\partial x_3} & \cdots & \dfrac{\partial q_1}{\partial x_n} \\[2mm] \dfrac{\partial q_2}{\partial x_1} & \dfrac{\partial q_2}{\partial x_2} & \dfrac{\partial q_2}{\partial x_3} & \cdots & \dfrac{\partial q_2}{\partial x_n} \\[2mm] \dfrac{\partial q_3}{\partial x_1} & \dfrac{\partial q_3}{\partial x_2} & \dfrac{\partial q_3}{\partial x_3} & \cdots & \dfrac{\partial q_3}{\partial x_n} \\[1mm] \vdots & \vdots & \vdots & & \vdots \\[1mm] \dfrac{\partial q_m}{\partial x_1} & \dfrac{\partial q_m}{\partial x_2} & \dfrac{\partial q_m}{\partial x_3} & \cdots & \dfrac{\partial q_m}{\partial x_n} \end{bmatrix} \qquad （5\text{-}51）$$

　　因为变量数 n 大于方程数 m，即存在 m 个内生变量，$n-m$ 个外生变量。定义了外生变量和内生变量后，Johnansen 法可以计算内生变量相对外生变量的变化情况。但注意，Johnansen 法求解时要把式（5-50）中的矩阵 $A(X)$ 取在均衡点 X_0 处，即

$$A(X_0)v = 0 \qquad （5\text{-}52）$$

　　这可用来计算内生变量相对外生变量的变化情况。将式（5-52）按内生变量和外生变量进行分块运算，形式为

$$A(X')v = \left[A_a(X_0),\, A_b(X_0)\right] \begin{bmatrix} v_a \\ v_b \end{bmatrix} = 0 \qquad （5\text{-}53）$$

即

$$A_a(X_0)v_a + A_b(X_0)v_b = 0 \qquad （5\text{-}54）$$

　　其中，$A_a(X_0)$ 为（$m{\times}m$）矩阵，m 为内生变量的个数；$A_b(X_0)$ 为 $[m{\times}(n{-}m)]$ 矩阵，$n{-}m$ 为外生变量的个数；v_a 为内生变量的变化；v_b 为外生变量的变化。在外生变量变化已知的情况下，就转换为有 m 个方程、m 个变量的线性方程系统的求解。

　　利用 Johnansen 法，对本节 CGE 模型线性化时，按照该算法的乘规则、幂规则及和规则等，对 CGE 模型进行线性化，可得到一个包含变量百分比变化率的线性方程组。

　　从式（5-48）得

$$x_{ij} = x_j - \left(p_i - \sum_i^{10} \alpha_{ij} p_i\right)$$

　　其中，$\alpha_{ij} = \dfrac{X_{ij}}{X_j}$，$i=1,\cdots,10$，$j=1,\cdots,8$。

　　从式（5-50）得

$$x_{ic} = k - p_i，\quad i=1,\cdots,8$$

　　从式（5-52）得

$$p_j = \sum_{i=1}^{10} \alpha_{ij} P_i，\quad j=1,\cdots,8$$

　　从式（5-53）得

$$x_i = \sum_{j=1}^{8} x_{ij} \frac{X_{ij}}{X_i} + f_i \frac{CF_i}{X_i} + e_i \frac{EX_i}{X_i}，\quad i=1,\cdots,8$$

　　从式（5-54）得

$$x_i = \sum_{j=1}^{8} x_{ij} \frac{X_{ij}}{X_i} + f_i \frac{CF_i}{X_i} + e_i \frac{EX_i}{X_i}，\quad i=9,10$$

其中，x、p、f 和 e 分别为 X、P、CF 及 EX 的百分比变化率。

2. CGE 模型的数据基础和碳税引入

1）CGE 模型的数据基础和说明

在本模型中，需要按照 1997 年 124 部门的投入产出表结构将其重新分解成两个不同部门。为了更好地对比碳税的开征，对不同电力能源结构的电力行业的影响，根据不同电力发电量占总发电量的比例，将投入产出表中的"火电生产和供应业"分解成火电和低碳电力两个部门[1]。为了使基础数据与模型结构的要求相符，对原投入产出表进行了部分调整。由于数据的限制，调整进行了一定的简化，可能与实际情况不符，但这方便了进一步研究和分析。

需要说明的是，许多 CGE 模型使用 SAM 作为模型的基础数据集，这因为 SAM 加入了经济行为人之间进行的转移支付等信息，其数据更为详尽。但由于 SAM 的数据来源较多，编制过程中需要调整不同来源、不同统计口径的数据。其数据处理烦琐，工作量大。而本节构建的 CGE 模型涉及范围较窄。为便于研究，选取了 2007 年中国投入产出表作为本节 CGE 模型的基准数据集，并将其合并整理为 8 部门结构（农业、煤炭采选业、石油开采业、天然气开采业、火电生产和供应业、低碳电力生产和供应业、其他工业、第三产业）。

2）碳税的引入思路

通过 CGE 模型来分析碳税的影响，确定如何将碳税作为外生变量引入到模型中来。假设只对生产环节消耗的化石燃料征收碳税，而对消费环节不征收碳税。本部分的基准碳税情形是 2007 年的实际经济状况。

在本节的 CGE 模型中包括了三种含碳的化石燃料：煤炭、石油和天然气，碳税导致的化石能源价格上涨取决于碳税税率和化石能源的碳排放系数。故根据碳税与化石能源价格的关系，将碳税税率换算为三种化石燃料碳税税率，从而测算出在不同碳税水平下化石能源价格的变化，最终将碳税征收的影响问题转化为化石能源价格变化的影响问题。参考苏明等[35]的研究结果，碳税税率与煤炭、石油和天然气的碳税税率的换算关系为 1 元/吨 CO_2=1.94 元/吨煤炭=3.03 元/吨原油=0.22 元/（×10³ 米³）天然气[22]。假设不考虑其他因素，则碳税征收的税额即能源价格的增加额，可推出碳税导致化石能源价格的变化百分比，计算如下：

$$p_i = \frac{t \times \theta_i}{P_i} \qquad i=\text{coal, oil, gas} \qquad （5\text{-}55）$$

---

① 热力的生产和供应相比电力而言所占比例很小，因此本节在分解时不考虑热力业。

其中，p_i 为能源价格的变化百分比；t 为碳税税率；θ_{coal} 为煤炭碳税税率的换算比例；θ_{oil} 为石油碳税税率的换算比例；θ_{gas} 为天然气碳税税率的换算比例；P_i 为三类化石能源的基准价格。P_{coal} 为煤炭价格，主要参考秦皇岛大同优混（大于 6000 大卡）的平仓价，数据来源于"华创证券——煤炭行业数据库"。P_{oil} 为石油价格，本部分选取国际原油公认基准价格 WTI 结算价作为国内原油价格的基础。P_{gas} 为天然气价格，以国家发展和改革委员会价格司提供的天然气出厂价为准。

3. CGE 模型的模拟结果及分析

为了更好地研究碳税的影响，本部分通过设置不同的碳税水平（分别为低、中、高三种模式），采用静态分析的方法，模拟不同碳税水平下征收碳税对电力价格和产出等的影响。假设碳税税率的三种情景分别为 20 元/吨、30 元/吨和 40元/吨。

根据表 5-8，当 t=20 元/吨时，相对应的原煤、原油和天然气价格的变动率分别为 7%、1.5%和 0.5%。由此得出，生产函数中的化石能源需求价格变动百分比 p。将 2007 年中国投入产出表合并整理得到模型各变量的初始值，并得到相关的系数值，代入 CGE 模型中，其中，m=8，n=10。简化后的线性模型系统共包括 106 个方程。根据前述模型原理，将 106 个方程进行矩阵变换得到系数矩阵，通过矩阵计算来进行模拟求解。

表 5-8　开征碳税对化石能源价格和电力价格的影响　　　单位：%

碳税税率	20 元/吨	30 元/吨	40 元/吨
煤炭	7	10.4	13.9
石油	1.5	2.3	3
天然气	0.5	0.7	1
火电	3.93	5.95	7.84
低碳电力	3.01	4.68	6.02

1）对化石能源价格和电力价格的影响

根据化石能源价格的变动情况，由表 5-8 可知，首先，碳税征收对煤炭采选业的影响最大，其次是石油开采业，最后是天然气开采业；并且随着碳税水平的提高，碳税对化石能源和电力价格的影响越来越大。这主要与三种化石能源的碳排放系数有关，煤炭的碳排放系数最高，故碳税政策对其价格的影响最为明显；而天然气的碳排放系数最小，故碳税对其价格的影响也最弱。

根据碳税对电力价格的影响，表 5-8 的结果显示碳税征收导致火电和低碳电力的价格均有所上升，但火电价格的增长幅度大于低碳电力。当碳税税率为 20 元/吨时，火电价格提高了 3.93%，而低碳电力的价格则提高 3.01%，略低于火电的增幅。对火电生产和供应业而言，由于燃煤是发电成本的主要因素，煤炭的消费占成本比重很大，随着碳税征收导致煤炭价格大幅上升，又通过价格机制作用传递至火电行业，使火电成本和价格也随之大幅上升。而对低碳电力生产和供应业而言，由于其发电结构以清洁能源为主，对煤炭等化石能源消费需求较少，故其价格受化石燃料价格波动的影响也将小于火电生产和供应业。

2）对电力行业化石能源需求的影响

从表 5-9 可以看出，征收碳税后，电力行业对煤炭和石油这两种化石能源的需求将大幅降低，且随着碳税税率的提高，对煤炭和石油的需求也将不断减少。当碳税税率为 20 元/吨时，对煤炭和石油的需求分别降低 5.86%和 4.02%；而当碳税税率提高至 40 元/吨时，对煤炭和石油的需求进一步减少，降幅分别达到 11.62%和 9.94%。

表 5-9　开征碳税对火电行业化石能源需求的影响　　　　单位：%

碳税税率	20 元/吨	30 元/吨	40 元/吨
煤炭	−5.86	−8.65	−11.62
石油	−4.02	−7.28	−9.94
天然气	0.34	0.55	0.68

这主要由于碳税税率的提高对煤炭采选业和石油开采业的价格影响最大，随着煤炭和石油成本的大幅提高，碳税税率的提高会通过价格传导机制影响各部门对该种能源的需求。由于我国的发电结构以"火电"为主，加之煤炭在三种化石燃料中碳排放系数最高，故碳税征收后电力行业为降低燃料成本和碳税支出，必将减少对煤炭等高碳基能源的消耗，而增加对清洁能源的需求。这解释了为何征收碳税后电力行业对天然气的需求不降反升。表 5-9 解释了征收碳税后，电力行业如何实现结构转型，减少煤炭和石油的需求、增加对天然气等清洁能源的投入，逐步向低碳电力转型。

3）对三大能源行业和电力行业产出水平的影响

表 5-10 给出了碳税变动对三大化石能源行业和电力行业产出水平的影响程度。对三大化石能源产业而言，碳税征收后，煤炭采选业和石油开采业的产出水平都有所下降，而天然气开采业的产出水平则出现上升趋势。当碳税税率为 20 元/吨时，煤炭采选业产出水平降幅最大，达到−5.84%，石油开采业的产出水平下降了−0.75%；而天然气开采业的产出水平反而增加了 1.34%。由于碳税的征收使

各部门减少对含碳量较高的煤炭和石油能源的需求量，而增加对天然气等清洁资源的需求量，对能源需求结构的转变，改变了三大能源部门的产出水平。

表 5-10　　开征碳税对三大能源行业和电力行业产出的影响　单位：%

碳税税率	20 元/吨	30 元/吨	40 元/吨
煤炭	−5.84	−8.62	−11.58
石油	−0.75	−1.30	−1.51
天然气	1.34	2.16	2.68
火电	−2.12	−3.17	−4.20
低碳电力	−0.97	−1.47	−1.93

对于电力行业而言，由表 5-10 可知，碳税征收导致火电和低碳电力的产出都有所下降，随着碳税税率的提高，火电行业的产出水平呈现更大幅度的下滑。碳税对不同电力结构电力部门的产出水平的影响程度是不同的，火电产出水平受碳税影响程度远大于低碳电力。以 20 元/吨的碳税税率为例，碳税征收使火电生产和供应业的产出水平下降了 2.12%，而低碳电力生产和供应业的产出水平只下降了 0.97%。由此，可预测，碳税开征会减少火电需求和社会对火电的投资，促进水电等低碳电力的发展和壮大，最终带动电力行业向低碳电力转型。

4. 碳税背景下电力行业的低碳发展对策

1）贯彻落实节能减排政策，优化电源结构

一方面，电力行业应深入贯彻"上大压小"政策，淘汰落后产能，鼓励发展高效机组和热电联产，并提高火力发电的能源利用率。另一方面，电力行业应积极发展清洁能源的发电项目，增加化石燃料发电替代能源发电的比重，降低对煤炭等高碳基能源的依赖和对环境的污染。根据我国的自然资源禀赋和电力发展现状，建议优先发展水电项目，同时因地制宜地开发清洁能源项目。此外，电力行业应充分利用政府对清洁电力项目的优惠政策和补贴政策，从而降低碳税的不利影响。

2）大力推进智能电网建设

长期以来对电网建设的投资不足，导致我国电网发展滞后和电网系统线损率偏高等问题的出现，不仅在造成了大量的电力碳排放，还增加了电力用户的经济损失。在开征碳税的背景下，电力行业应加大对智能电网的建设力度，升级或替换传统电网和陈旧设备，提高电网的自动化水平。

3）加快低碳电力技术的研发与推广

低碳电力技术是电力行业实现低碳转型的关键突破口。电力行业应加大对低碳技术研发的投资力度，实现技术的升级和创新。一方面，大力发展清洁煤技术，提高能源的利用效率，降低供电煤耗，从而减少碳排放；另一方面，通过发展可再生发电技术推广清洁能源发电方式，限制碳排放。此外，还应加强电网运行过程中的自动化监测技术和自动化控制技术，对机组的关键参数等指标做到实时监控，降低发电、输电和配电等环节产生的碳排放。

4）制定行业标准和制度，加强电力监管

政府应联合电力行业自律组织（如中国电力企业联合会）制定电力行业的有关标准和制度，确保低碳电力的顺利开展。对违反有关行业标准和制度的电力企业，采取相应的惩罚措施，而对严格遵守行业标准的企业给予一定的电价补贴或税收优惠。此外，通过国家能源局等部门加强对电力行业的监管，成立节能减排专项小组，对电力企业（尤其是燃煤电厂）的能耗指标和排放指标进行监督和考核，向社会公开通报碳排放信息，从而加强电力企业节能减排的自觉性。

5.8.2　开征碳税对电力企业的财务影响分析

本部分主要是从微观层面分析了开征碳税对我国电力企业的财务影响。首先，对碳税背景下电力企业的环境成本和环境效益进行定性分析。然后，本部分从财务业绩、会计核算和信息披露及财务活动等方面，结合"华能国际电力股份有限公司"（以下简称华能国际）和"长江电力股份有限公司"（以下简称长江电力）探讨了碳税开征对电力企业的财务影响，并提出了相关的财务应对措施。

1. 碳税背景下电力企业的环境成本和环境效益

随着环境问题不断凸显，越来越多的学者和机构开始研究环境价值，并意识到在对企业进行绩效评价时不应只考虑传统的财务业绩，更要考虑到企业的环境绩效。在目前碳税政策的背景下，为衡量有关低碳政策实施的效果及电力企业为之付出的成本，本部分将对电力企业的环境成本和环境效益进行定性分析。

1）碳税背景下电力企业的环境成本分析

显然，碳税等政策的实施必将使企业因碳排放而产生碳成本，从而增加了企业的环境成本。企业的环境成本应当包括预防成本、鉴定成本和损失成本[41]。

A. 预防成本

预防成本是指发电企业为减少碳排放和污染，因购买减排设备而发生的投资成本并由此产生的运行维护费等支出，是一项事前成本。

B. 鉴定成本

鉴定成本指电力企业对整个价值链进行环境监测而发生的员工工资及其他费用支出等。

C. 损失成本

损失成本是指电力企业因生产经营活动对环境造成污染而发生的各项支出。

将电力企业的上述三项成本进行加总，即构成了电力企业的环境成本，公式表示为

$$TC(Q) = PC(Q) + IC(Q) + LC(Q) \qquad (5\text{-}56)$$

其中，Q 为污染物排放量；TC（Q）为电力企业总的环境成本；PC（Q）为预防成本；IC（Q）为鉴定成本；而 LC（Q）则为损失成本。式（5-56）中，PC（Q）和 IC（Q）都能够通过电力企业内部的统计报表或实测数据等推算得到，LC（Q）则是由于二氧化碳等污染物排放而引发的损失成本，必须依赖对碳排放量等数据的估算。由此可见，碳税支出将构成电力企业的损失成本，从而增加其环境成本的支出。

2）碳税背景下电力企业的环境效益分析

碳税政策的实施在短期内会不可避免地增加企业的电力环境成本；但电力企业为降低环境成本，必将采取投资减排设备、清洁能源项目和低碳技术等措施加以应对。长远来看，这些措施将促使电力企业改善电力资源结构，此时环境政策的效益就会体现出来。

以购入清洁能源发电生产线为例，该项目的环境效益包括：①节能减排效益；②补贴收益；③其他收益。

由于传统的价值评估方法没有考虑低碳项目的环境效益及其回收期长等不确定因素的影响，从而低估了低碳项目的价值。但随着国家低碳政策的逐步完善，低碳项目投资产生的环境效益和社会效益必将逐渐转化为经济效益[42]。

就环境成本而言，在企业对外公布的年报或企业的社会责任报告中，往往缺乏与预防成本和鉴定成本有关的内部数据，这限制了对企业环境成本进行深入的定量分析。对环境效益而言，更缺乏统一的界定和衡量标准，如上文提及企业因采取减排环保措施所带来的声誉提升而增加的环境效益便很难对其量化分析。

2. 开征碳税对电力企业财务业绩的影响——实例分析

1）电力企业的选取

本部分将以"华能国际"和"长江电力"为例，分析开征碳税对两家公司财务状况可能造成的影响，有关数据的选取主要来源于 2010 年两家公司的有关公告。选择这两家公司进行比较主要是因为它们都是电力行业中的佼佼者且都是上市公司，所以财务数据比较容易获取；此外，华能国际是国内最大的上市发电公司之一，而长江电力则是我国最大的水电上市公司。碳税政策对电力企业盈利能力的影响在很大程度上取决于电力企业燃料结构的不同之处，选择这两家公司就是为了比较碳税政策对不同燃料结构的电力企业可能带来的不同影响。

　　由表 5-11 可知，华能国际所使用的发电燃料几乎都是煤炭，属于煤电企业，具有高排放、高能耗的特点；而长江电力的燃料结构中，高排放的煤炭、石油、天然气占比均为 0，其主要依靠清洁能源——水力进行发电，几乎不产生二氧化碳排放。

表 5-11　华能国际与长江电力的发电能源结构　　　单位：%

公司名称	燃料结构			
	煤炭	石油	天然气	其他
华能国际	99.6	0	0.3	0.1
长江电力	0	0	0	100

　　2）开征碳税对华能国际和长江电力财务业绩的影响分析

　　为了研究开征碳税可能对华能国际带来的业绩影响，本部分整理了华能国际 2010 年度财务报告和社会责任报告及 2010 年发电量完成情况公告等资料，以下财务数据作为计算依据（表 5-12）。

表 5-12　华能国际的主要数据简表

项目	实际值
营业总收入/元	104 307 701 910
其中的主营业务"电力及热力"的收入/元	102 497 639 714
营业总成本/元	100 829 406 827
其中的主营业务"电力及热力"的成本/元	91 333 682 676
净利润/元	3 680 328 161
发电量/亿千瓦时	2 569.50
平均供电煤耗/（克/千瓦时）	315.59

　　根据以上信息，计算可知，华能国际 2010 年度生产耗煤为

　　　　生产耗煤=发电量×平均供电煤耗率=81 090 850.5（吨）

　　假设碳税税率为 10 元/吨 CO_2，根据碳税税率与煤炭碳税税率换算关系为 1 元/吨 CO_2=1.94 元/吨煤炭[22]

　　则华能国际 2010 年应缴纳的碳税税额为

　　碳税税额=碳税税率×CO_2 排放量=10×1.94×81 090 850.5=1 573 162 499.7（元）

　　在征收碳税的假设下，即使在低碳税（10 元/吨 CO_2）时，华能国际 2010 年

的碳税支出也将超过 15 亿。由表 5-12 可知，若考虑碳税征税对华能国际 2010 年度财务业绩的影响，碳税税额支出占公司主营业务收入百分比为 1.53%；且该项支出将直接导致公司营业总成本上升 15.7 亿元，公司净利润降为 21.1 亿元，碳税导致净利润的变动率为-42.75%。可见，以煤炭为主要燃料的华能国际的盈利波动对碳税政策敏感，若不考虑政府的补助或发电商本身的成本转嫁，这是笔巨额支出。

根据碳税税率与原煤碳税税率的转化关系[11]，征收 10 元/吨的碳税税率相当于把煤价提高近 20 元/吨。而在 2012 年 12 月 25 日，国务院办公厅正式宣布自 2013 年起完善煤电价格联动机制，当电煤价格幅度超过 5%时相应调整上网电价[43]。如此，火电企业能够通过提高上网价格转嫁成本，那么碳税征收导致的煤价上涨对其成本和利润的不利影响也将大为削弱。

而对长江电力而言，其主要燃料结构中几乎不含三类高碳排放的化石燃料，而以水力发电为主。故其发电过程中排放的 CO_2 可忽略不计，征收碳税对其成本和净利润的影响甚微，其盈利的波动受碳税的影响不显著。

通过上述案例的分析可知，开征碳税对电力企业的财务业绩的影响主要取决于其燃料结构：清洁能源比重越低，与之相反，财务业绩受碳税政策影响越大。在案例中，长江电力的财务业绩相比华能国际的财务业绩受碳税征收的影响较弱，更符合低碳经济的发展要求。

3. 开征碳税对电力企业会计核算和信息披露的影响

1）开征碳税对电力企业会计核算的影响

低碳时代的到来，对企业（尤其是对高能耗企业）的生产经营和发展模式产生了巨大变化。这体现了低碳经济对企业转变财务管理目标的要求——应从利润最大化转向包括环境价值和社会价值在内的企业价值最大化。

碳排放交易制度和碳税等政策的出台，将在企业生产经营的各环节中对碳排放等指标提出更为严格的要求，这同时也要求对企业的会计核算适时做出相应调整，从而及时反映、计量和报告企业减排责任的履行情况。电力企业（尤其是火电企业）作为高能耗、高碳排放的企业，碳税等政策对其会计核算提出了更多要求，主要体现在以下几个方面：①碳资产的确认和原有资产的减值；②碳负债的确认与核算；③碳排放成本和碳收入的确认与核算。

2）开征碳税对电力企业信息披露的影响

由于我国的电力企业以火电企业为主，随着低碳电力渐成趋势，电力企业应该加强碳信息的披露，以便会计信息的使用者更好地评价企业并做出投资决定。

　　碳信息披露包括两方面：表内碳信息披露和表外碳信息披露。其中，表内碳信息披露是指将传统的会计六要素进行扩展，增加与碳资产、碳负债、碳权益、碳费用、碳收入和碳利润有关的科目[44]，并将货币化的碳信息反映到企业财务报表之中[45]。此外，为与同行业进行比较，判断企业在碳排放和节能减排方面所处的地位，电力企业在披露碳信息时，还应公布同行业的指标。

　　除了上述表内的碳信息外，外部信息的使用者还希望通过企业定性的碳信息进行评价并做出投资决策，而这些信息往往不能通过货币计量在财务报表中得以反映。因此，电力企业还要进行表外碳信息披露，不仅包括企业碳排放会计的会计政策和计量属性的选择等信息，还应包括会计报表无法反映的其他重要的碳信息，有关的表外碳信息可以通过单独公布企业社会责任报告的形式得以披露，以华能国际为例，公司在 2010 年社会责任报告中披露了公司的环境责任，其内容包括节能环保目标、节能环保措施和节能环保绩效等。

4. 开征碳税对电力企业三大财务活动的影响

　　在低碳经济和碳税政策的背景下，环境因素纳入到企业报表中，并通过有关低碳科目进行核算，影响了企业的财务结构和收支活动[46]。本部分将主要从投资、融资和运营管理三个方面分析碳税政策的引入可能对电力企业产生的影响。

　　1）碳税对电力企业投资活动的影响

　　碳税等政策要求电力企业在对投资项目进行评价时，除投资项目的盈利性外必须考虑项目的环境价值。为此，电力企业在进行投资决策时必须考虑以下因素：①投资项目的合法性（尤其是在环境保护方面）；②项目涉及的碳排放成本——预防成本、鉴定成本及损失成本（包括碳税支出）；③项目的环境效益。

　　此外，电力企业在对投资项目进行评价时，由于投资周期本身较长，碳税政策的影响更是一个长期过程，所以在投资时应考虑时间价值，不能忽略短期效益较差但长期效益明显的项目[47]。在投资项目的评价指标上，除了考虑传统财务效益指标，还应增加碳排放和环境效益指标，如单位利润碳排放、节能降耗率、环保设备利用率等。最终，在碳税政策背景下，电力企业的投资方向主要为发展节能减排和清洁电力的低碳排放项目。

　　2）碳税对电力企业融资活动的影响

　　电力企业为了响应节能减排政策和减少碳税支出，必将致力于发展清洁能源和低碳电力技术，这就需要加大对高素质人才、减排设备及清洁技术等方面的资金投入，融资将成为电力企业碳减排必须解决的首要问题[48]。

　　一方面，碳税等限制性政策的实施将增加企业的融资风险，也提出了更高的融资要求。另一方面，随着碳金融的深入发展，向低碳转型的金融机构也为企业的低碳经营创造了有利的融资环境。电力企业为了降低融资压力，应积极发展低碳项目，力争获得更多金融资源的支持，并将这些资源用于低碳投资，实现可持续发展。

3）碳税对电力企业运营活动的影响

开征碳税对高能耗电力企业运营活动的影响是显而易见的，一旦开征碳税，随着税率的不断提高，高碳排的电力企业将为其大量的二氧化碳排放量承担巨额碳税负担，这将直接减少企业经营的现金流，增加运营风险。此外，对减排设备的投资、对清洁能源电力生产线的引入及对低碳电力技术的开发，由于其投资回收期长、投资收益滞后，也将大大增加传统电力企业的资金压力。因此，在进行低碳电力投资时，企业必须从实际出发，重视成本—效益分析，合理控制发展低碳电力的投资成本。

另外，电力企业也应充分利用政策，因为低碳收入也能为电力企业带来可观的现金流。电力企业应积极获取这方面的资金支持，增加低碳收入，从而减轻企业的资金风险和运营风险。

5. 碳税背景下电力企业的财务应对措施

由于碳税政策获得了国际上的认可，我国对开征碳税的态度已逐渐明朗。在开征碳税进一步加大成本的提前下，电力企业的财务环境将产生巨大变化。所以从财务角度出发，电力企业建议从绿色财务战略、绿色财务管理和绿色财务评价这三方面出发来加以调整和应对。

1）建立绿色财务战略

在碳税背景下，电力企业应当将低碳政策的要求和社会责任纳入到风险管理和财务战略中来，同时应从传统财务管理目标转向经济效益、环境效益和社会效益相结合的企业价值最大化的绿色财务管理目标[49]。为此，电力企业须树立发展清洁能源的战略目标，逐步关停高耗能机组、加大对低碳技术的研发力度。

绿色财务战略还要求电力企业在做好全面预算工作的基础上，重视碳预算管理。在编制财务预算时，要将低碳作为重要因素加以考虑。通过预算流程，做好企业及内部各部门碳排放和碳减排指标预算，并将企业碳成本支出控制在合理范围内。

2）实行绿色财务管理

电力企业应建立起绿色投资、绿色筹资、绿色运营和绿色分配的管理制度，最终实现绿色财务管理[50]。具体而言，在投资活动中，电力企业应做好发展低碳电力的投资规划。在筹资活动中，企业应积极申请银行的低碳借款，争取国家财税支持；此外，电力企业还可实现节能减排和项目融资的有效结合。在运营活动中，电力企业应通过节能降耗、资源综合利用、清洁发电等措施，实现运营过程中的低碳要求，并要注重低碳项目的成本效益分析，控制企业的运营风险。在分配活动中，电力企业可以发放低碳股利，吸引更多的投资者，同时，还可为实现可持续发展提供资金支持。

3）建立绿色财务评价体系

传统的财务评价指标主要从盈利能力、偿债能力、运营能力和发展能力四个方面对企业进行评价，而忽视了环境因素。在征收碳税的背景下，电力企业应设计符合低碳经济理念的绿色财务评价体系，不仅要对企业的传统财务业绩进行衡量，更要考虑环境绩效。在传统财务评价指标的基础上，电力企业应增加低碳指标，以全面衡量企业创造的经济效益、环境效益和社会效益。

具体来说，在财务评价指标的设计上，除了反映传统的盈利能力等四大指标，还应加入有关低碳绩效的指标。在非财务指标的设计上，则要重点突出低碳指标，包括低碳管理指标、低碳技术指标、低碳环境指标等定量和定性指标。为了更好地体现低碳电力指标体系的设计，表 5-13 分别从低碳业绩指标、低碳管理和技术指标、低碳环境指标及低碳社会指标方面列举了一些可以参考的低碳电力指标。

表 5-13 低碳电力指标体系

准则层	指标层	指标类型
低碳业绩指标	碳税总支出	定量指标
	碳收入和营业收入	定量指标
	碳成本费用和营业成本	定量指标
	单位产出化石能源消耗	定量指标
低碳管理和技术指标	低碳电力战略制定及实施情况	定性指标
	新能源并网项目投资总额	定量指标
	清洁能源发电比重	定量指标
	低碳电力研发投入比重	定量指标
	低碳电力专利数量	定量指标
低碳环境指标	供电标准煤耗	定量指标
	二氧化碳排放量	定量指标
	单位供电量碳排放强度	定性指标
	电力减排设备使用情况	定性指标
	碳排放收费的缴纳情况	定性指标
低碳社会指标	碳排放引发的纠纷次数	定量指标
	低碳电力的宣传次数	定量指标
	周边居民满意度	定性指标

5.9 本章小结

本章讨论了电力市场上的两个生产者以投资为决策变量进行博弈的演化策略，

研究了如何有效地控制电力市场混沌行为。电力交易中心制定的合理调节电力价格的参数是降低供电商报价和增加市场交易量的有效方式。新型蛛网模型更能体现价格随时间变化的波动情况，更能反映系统的动态规律。分别从中观和微观层面探讨了开征碳税对电力行业的影响，尤其是从财务角度出发分析了碳税对电力企业财务业绩等方面的影响，这是对我国微观层面碳税研究的一个重要补充。

参 考 文 献

[1] Mastropietro P, Batlle C, Barroso L A, et al. Electricity auctions in South America: towards convergence of system adequacy and RES-E support. Renewable & Sustainable Energy Reviews, 2014, 40: 375-385.

[2] Del R P, Linares P. Back to the future? Rethinking auctions for renewable electricity support. Renewable & Sustainable Energy Reviews, 2014, 35: 42-56.

[3] Tangeras T P. Designing electricity auctions: introduction and overview. Utilities Policy, 2010, 18(4): 163-164.

[4] 于良春. 经济发达国家电力产业的规制改革. 当代财经, 2004, (3): 87-91.

[5] 邹小燕. 电力市场竞价机制设计与实验模拟的新进展. 科技管理研究, 2006, 26(3): 216-219.

[6] 王伟国. 中国电力体制改革的新进展及其深化. 社会科学, 2005, (6): 18-22.

[7] IEA. China,People's Republic of :Electricity and Heat for 2005-2013. http://www.iea.org/ [2016-05-30].

[8] Li G, Shi J. Agent-based modeling for trading wind power with uncertainty in the day-ahead wholesale electricity markets of single-sided auctions. Applied Energy, 2012, 99(2): 13-22.

[9] Liu Z, Yan J M, Shi Y R, et al. Multi-agent based experimental analysis on bidding mechanism in electricity auction markets. International Journal of Electrical Power & Energy Systems, 2012, 43(1): 696-702.

[10] Liu Z, Zhang X L, Lieu J. Design of the incentive mechanism in electricity auction market based on the signaling game theory. Energy, 2010, 35(4): 1813-1819.

[11] Yang H M, Zhang Y X. Complex dynamics analysis for Cournot game with bounded rationality in power market. Journal of Electromagnetic Analysis & Applications, 2009, 1(1): 48-60.

[12] Ladjici A A, Boudour M. Nash–Cournot equilibrium of a deregulated electricity market using competitive coevolutionary algorithms. Electric Power Systems Research, 2011, 81(4): 958-966.

[13] Ma J H, Ji W Z. Complexity of repeated game model in electric power triopoly. Chaos Solitons & Fractals, 2009, 40(4): 1735-1740.

[14] Yang H M, Zhang M, Lai M Y. Complex dynamics of Cournot game with bounded rationality in an oligopolistic electricity market. Optimization and Engineering, 2011, 12(4): 559-582.

[15] 葛少云, 贾鸥莎, 刘洪. 基于遗传灰色神经网络模型的实时电价条件下短期电力负荷预测. 电网技术, 2012, 36(1): 224-229.

[16] 刘壮志, 许柏婷, 牛东晓. 智能电网需求响应与均衡分析发展趋势. 电网技术, 2013, (6):

1555-1561.

[17] 高赐威, 陈曦寒, 陈江华, 等. 我国电力需求响应的措施与应用方法. 电力需求侧管理, 2013, 15(1): 1-4.

[18] Wang J H, Zhou Z, Botterud A. An evolutionary game approach to analyzing bidding strategies in electricity markets with elastic demand. Energy, 2011, 36(5): 3459-3467.

[19] Min C G, Kim M K, Park J K, et al. Game-theory-based generation maintenance scheduling in electricity markets. Energy, 2013, 55(1): 310-318.

[20] Wang J H, Liu C, Ton D, et al. Impact of plug-in hybrid electric vehicles on power systems with demand response and wind power. Energy Policy, 2011, 39(7): 4016-4021.

[21] 李俊, 刘俊勇, 张力, 等. 基于电力市场 PAB 竞价的最优概率随机匹配机制. 四川大学学报(工程科学版), 2011, (3): 150-154.

[22] 冀巨海, 王昌, 李晋, 等. SMP 与 PAB 电力竞价机制的激励性研究. 科技和产业, 2012, 12(1): 73-77.

[23] 李俊, 刘俊勇, 谢连芳, 等. 发电侧与供电侧分时电价动态博弈联动研究. 电力自动化设备, 2012, 32(4): 16-19.

[24] 刘贞, 任玉珑, 王恩创, 等. 基于双边合同二次交易的高低匹配竞价机制 Swarm 仿真. 电力系统自动化, 2007, 31(18): 26-29.

[25] 张荣, 张宗益. 电力竞价博弈中的信息结构. 系统工程理论与实践, 2013, 33(1): 92-98.

[26] Su W C, Huang A Q. A game theoretic framework for a next-generation retail electricity market with high penetration of distributed residential electricity suppliers. Applied Energy, 2014, 119: 341-350.

[27] 孙晶琪. 基于复杂系统的电力市场有效竞争研究. 华北电力大学, 2013.

[28] 黄颐琳. 非线性非均衡蛛网模型的动态分析. 数学的实践与认识, 2004, (34): 40-45.

[29] Colucci D, Valori V. Adaptive expectations and cobweb phenomena: does heterogeneity matter?. Journal of Economic Dynamics and Control, 2011, (35): 1307-1321.

[30] Floros N, Vlachou A. Energy demand and energy-related CO_2 emissions in Greek manufacturing: assessing the impact of a carbon tax. Energy Economics, 2005, (7): 387-413.

[31] 陈诗一. 边际减排成本与中国环境税改革. 中国社会科学, 2011, (3): 85-101.

[32] 王金南, 严刚, 姜克隽, 等. 应对气候变化的中国碳税政策研究. 中国环境科学, 2009, (1): 101-105.

[33] 张树伟. 碳税对我国电力结构演变的影响——基于 CSGM 模型的模拟. 能源技术经济, 2011, (3): 11-15.

[34] 张晓盈, 钟锦文. 碳税的内涵、效应与中国碳税总体框架研究. 复旦学报(社会科学版), 2011, (4): 92-101.

[35] 苏明, 傅志华, 许文, 等. 我国开征碳税问题研究. 经济研究参考, 2009, (72): 2-16.

[36] Pigou A C. The Economics of Welfare. London: Macmillan Press, 1962.

[37] Pearce D. The role of carbon taxes in adjusting to global warming. The Economic Journal, 1991, 101: 938-948.

[38] Beckerman W, The polluter pays principle: interpretation and principle of application, OECD, 1994.

[39] 李金昌. 资源核算论. 北京: 海洋出版社, 1991.

[40] 王德发. 能源税征收的劳动替代效应实证研究——基于上海市 2002 年大气污染的 CGE 模型的试算. 财经研究, 2006, (2): 98-105.

[41] 杨蓓, 汪方军, 黄侃. 适应低碳经济的企业碳排放成本模型. 西安交通大学学报(社会科学版), 2011, (1): 44-47.

[42] 任家华. 低碳管理提升企业价值的作用机制研究——基于利益相关者视角. 科技管理研究, 2012, (13): 123-125.

[43] 国务院办公厅. 关于深化电煤市场化改革的指导意见. http://www.gov.cn/zwgk/2012-12/25/content_2298187. Htm[2016-05-30].

[44] 王蓉. 基于低碳经济视角的上市公司会计信息披露探讨. 时代金融(下旬), 2011, (12): 16.

[45] 龚蕾. 论低碳经济与环境会计研究及其创新. 财政研究, 2010, (7): 78-81.

[46] 于竞博. 低碳经济下碳交易对企业财务活动的影响. 现代商业, 2012, (10): 220-221.

[47] 黎富兵. 低碳经济对企业投资的影响及对策. 商业会计, 2011, (4): 8-10.

[48] 张彩平, 肖序. 企业实施碳减排融资问题研究. 华南农业大学学报(社会科学版), 2011, (1): 83-89.

[49] 周崇伟, 吴勋. 绿色财务管理内涵与体系研究. 经济视野, 2012, (12): 68-69.

[50] 郭海芳. 低碳经济对企业理财环境的影响及对策. 会计之友, 2010, (3): 36-37.

第6章　碳价格分析

为更好地提升经济增长质量，在国际市场、国内市场中已经广泛地建立起碳排放权交易市场并有序开展各类相关碳产品交易活动。其中，碳价格成为衡量一个国家或地区及其企业优化经济结构、实施节能减排、保障人民生活的重要尺度。为全面挖掘碳价格在节能减排领域的强大功能，本章主要在碳价格的相关概念与性质及碳价格稳定机制等定性研究的基础上，相继开展一系列颇具创新性的定量研究工作，如在碳税约束下的节能减排系统分析、社会福利最大化下的碳价格最优增长路径、天然气发电成本的随机路径模拟等多个方面，紧紧围绕碳市场与经济市场之间的相互依存关系，全面而深入地探讨碳价格的实际应用价值。

6.1　碳价格概述

当前，气候变化问题与我们的现实生活关系密切，直接关系着人民的生存大计。对我国来说，必须走低碳经济之路，转变经济增长方式，否则经济社会可持续发展目标将成为一纸空文。因生产与生活的需要，自然界已经为人类提供了大量的资源、能源，但可怕的是人类这种无休止的自利性行为给自然环境带来了难以修复的负外部性问题，这些后果的严重性已经远远超出了我们的预期，不仅对我国的经济持续增长造成极大的阻碍，也对人们的健康问题构成威胁。因此，为探寻一个可以解决此类负外部性问题的办法，碳排放定价研究应时而出。

6.1.1　碳价格及其功能

1. 碳价格的概念

碳价格主要用来表明相关产品在消费和生产的过程中，所产生的温室气体的交易价格，既可以称其为温室气体排放的边际社会成本（marginal social cost，MSC），又可将其作为温室气体排放的指导价格。碳价格在不同区域的定价机制不同，具体的价格也不尽相同。比如，欧洲的碳价格相对来说比较高昂，而美国和某些发展中国家的碳价格几乎为零，差异还是很大的。因此，制定一个合理的碳价格，不仅关系着有关企业的减排行为是否合理，还侧面反映着该国低碳技术的发展进程，碳价格必须上升到社会、企业及大众的意识领域和日常生活中去。

此外，在碳价格能够覆盖到的地方，受到的优惠也会较多，并且时间上会实现有效、合理的分配。

　2. 碳价格功能

通过市场、税收及其他工具为碳排放合理定价是改善全球气候问题的充要条件。碳价格主要具备四大功能。

（1）制定碳价格可以为企业投资提供预警信号。当前，过去传统的经济发展道路已经越走越窄，必须及时进行拓宽路径的转变。如果可以制定出一个专属于碳的价格信号，并逐渐建立起自己的碳交易市场体系，这对帮助引导企业的投资方向极为有利。

（2）碳价格有利于改善人们的消费观念及消费行为。人们的某些消费行为已经成为难以改变的习惯，仅仅依靠那些呼吁环境道德而不付诸行动的少数具有高度责任感的公众去实现所谓的减排目标并不现实，必须将行政手段、经济手段与公众意识有机结合，以此打破消费市场中的高碳商品交易等不良的消费行为。

（3）制定碳价格有利于构建适当的激励机制，促使资本从碳密集行业转向低碳行业。为了发展，企业必须努力引入和发展低碳产品，甚至主动引进处于科技前端的先进工艺与技术。以燃煤电厂为例，在排放了大量的温室气体之后，它必须为此支付一定的排放成本，而这种外部性成本将会被加总到电力成本中去，从而造成总成本大幅上升。为了获取额外利润或保持收支平衡，企业不得不选择使用污染更少的电源系统，以替代那些直接或间接造成高排放成本的相关技术或设备等。

（4）制定碳价格对于世界减排行动来说意义重大，这一点对于那些使用大量能源燃料的企业来说尤为突出。煤炭的价格在一段时间内都保持着较低水平，所以很多企业使用的能源大都取自煤炭。如果任由此情况发展下去而不采取针对性的碳排放收费机制或其他限制规则的话，煤炭资源的需求将持续增长直至引发资源的枯竭。长此以往，很难撼动煤炭在燃料中的最低成本本地位，这对减少碳排放来说绝不是一件好事。制定合理的碳价格不仅可以规范碳交易市场秩序，还能推动世界范围内的能源使用效率、加快转变企业生产方式，提高减排能效。

6.1.2　碳价格的形成机制

　1. 碳排放权交易制度

在介绍碳排放权交易之前，首先介绍一下碳排放权的概念。碳排放权是一种可以交换的价值性资产，是在市场上作为一种商品在减排相对困难的企业与减排相对容易的企业之间进行的交换，前者向后者支付购买成本，从而获得排放碳的权利。作为处理经济发展与环境保护之间关系的一个理性手段，碳排放权这类商品很有可能成为全球交易规模最大的一类商品。

20 世纪 60 年代，排污权交易制度在众多学者和政策制定者的重视与支持下逐渐形成，其一直作为调整经济与协调环境的政策工具被加以重视。卢现祥等[1]认为碳排放权交易制度正是排污权交易制度在低碳经济中的演化形态，具体形式有两种：基于配额的碳排放权交易机制和基于项目的碳排放权交易机制。

经过长时间的发展，基于配额的碳排放权交易机制的整体效果明显，将来很可能成为市场调控的主要手段。其核心思想就在于利用行政手段去平衡经济与环境之间的冲突问题。其实施路径如下：第一步，确定总量。任何区域的环境系统自身都具备很强但有限的修复能力与调整能力，一旦超过排放的极限值，就会打破环境系统内部的平衡。第二步，初始分配。这个工作必须在区域环境容量已经确定的前提下进行。第三步，市场交易。此时政府主要发挥配合与辅助的作用，以维持碳排放权交易市场的供求机制平稳与价格均衡。

在碳排放权交易阶段，企业的工作重心变为对碳交易市场价格信号的策略性响应，响应结果通过减排成本及资源配置效率来体现。目前，许多学者对碳排放权交易机制展开了针对性研究[2-4]，国内学者对碳排放权交易制度的关注度也开始增加。何晶晶[5]主要是对欧盟及美国的碳排放权交易制度的法律经验进行比较和总结，从而为我国构建碳交易法提供参考建议。孙欣等[6]主要从法律政策、政府监管和交易制度等层面构建了碳排放权交易制度的有效性评价指标体系，对我国碳交易制度的规范化具有重大意义。

2. 碳排放权的初始分配问题

随着碳排放权交易市场的现实操作的深入，越来越多的专家学者发现碳排放权的交易效率往往会受到交易成本的影响。所以，一种合理的碳排放的初始分配方式不仅关系着环境产权交易在市场中的具体表现，而且在很大程度上决定了交易的市场效率的高低。

理论上来说，碳排放权的初始分配方式主要有三种：无偿分配方式、定价出售方式和拍卖方式。这里，无偿分配方式指的是企业的碳排放额度主要由环境管理机构根据企业以往的表现来进行分配，该方式的管理成本是最低的。定价出售方式指的是环境管理机构不直接提供额度，而只是提供一个基准的市场价格，企业以此作为价格信号参与碳交易。拍卖方式是通过市场竞价来实现碳排放的最大价值。不可否认，定价出售方式和拍卖方式都能够很好地解决市场交易带来的负外部性问题，但如何实现碳排放权分配方式的最佳组合，这已成为当前要解决的最重要的问题。比如,对我国来说,就面临着几个比较明显的现实问题,包括政府监管不力、管理水平低下、市场信息不对称等。面对这种情况,有关学者曾建议在初始分配中采取无偿分配方式为主,公开拍卖、定价出售和特殊处理为辅的方式[7,8]。

考虑到碳排放权的稀缺性,为了抵消碳排放行为所带来的负面效应,借助修正产权制度,政府有权激发碳排放权的生产要素功能,在碳排放权价格核算体系的建设过程中将碳排放的外部成本包含进去。企业因产生碳排放而支出的成本将通过碳交易机制变得更加规范与合理,当然,在这个过程中,必须考虑一些外部因素,比如,与企业的排放行为有关的价值链的变化问题,这对完善碳排放交易的基准价格来说具有一定的限制作用。

3. 碳价格的主要影响因素

综合碳排放权交易市场的相关研究,可以发现影响碳价格因素涉及许多方面,这里重点从经济发展、能源消耗、技术创新水平、配额分配方式方面进行阐述。

1)经济发展方面

经济需要发展会消耗一定的社会资源与自然资源,包括各类矿产资源的使用等,由此碳排放权交易需求量的增加推动碳价格上涨,反之,碳排放权交易的需求量减少也会带动碳价格下跌。

2)能源消耗方面

二氧化碳的排放问题实质上就是能源的消耗问题,而能源的价格与能源的消耗量紧密相关。因此,这里我们主要从能源的价格角度分析碳价格的变动。Convery[9]对 2004 年 11 月 1 日至 2006 年 7 月 31 日的欧盟排放配额(European Union allowance,EUA)价格进行分析后发现,EUA 价格的变化受能源价格的影响较大,而气候对 EUA 价格的影响很小。国内很多学者在经济发展、能源消耗与碳排放之间的关系的研究成果也十分丰富,三个变量之间不仅有单向因果关系,还有双向因果关系,不仅有短期影响,还会产生长期影响,而且即使表现出单向作用关系,还有正向作用与反向作用的区别[10,11]。

3)技术水平方面

目前,诸多研究成果表明技术水平与碳排放之间存在长期均衡关系。李凯杰和曲如晓[12]运用 VEC 模型检验技术进步和我国碳排放的关系,发现技术进步与碳排放之间存在长期均衡关系,而在短期内则无影响。李博[13]通过利用空间计量模型,发现地区人均碳排放之间有显著的空间相关性,且技术创新具有空间外溢性。韩坚和盛培宏[14]以东部地区 15 个省(自治区、直辖市)为例,实证研究了产业结构、技术创新对碳排放总量与碳排放强度之间的关系,结果发现技术创新效率对碳排放强度和碳排放总量均表现出显著的负影响。

4）配额分配方式

目前，欧盟碳排放交易机制中的大部分碳配额都是通过无偿分配方式分配到各企业中，但是这种分配方式很容易导致碳交易市场发展的扭曲，从而降低了市场交易的效率。相比之下，采用拍卖方式分配碳排放配额，是充分发挥市场机制的体现，不仅有效地避免了市场出现扭曲的情况，实现资源的合理配置，同时拍卖方式还能给欧盟委员会带来额外的收益，为清洁能源的开发和利用提供了更为充足的资金支持。

综上可知，只有为碳价格的形成机制提供良好的政策环境与社会环境，才能在碳排放权交易市场中获取最优的价格信号，才能充分发挥碳排放权交易机制在改善环境方面的调节作用。但需要注意的是，碳交易价格在交易的不同阶段都可能出现。

6.1.3　碳价格的实现方式

给碳排放定价本身并不难，它仅仅是一个技术性问题。当前需解决的难题是，到底应该选择什么样的方式才能够充分发挥碳价格的功能与作用。同时，还必须考虑到碳交易市场的外部性问题、搭便车问题及信息不对称问题等。一般来说，碳价格可通过以下两大政策工具得以实现。

一种是碳税，指的是根据企业所排放的二氧化碳量而设定的一种产品消费税。它最明显的一个优势就是有助于实现将减排的经济成本与减排的收益之间有机结合。碳税手段在缓解气候变化、减少二氧化碳排放方面作用显著。另一种是碳交易，即《京都议定书》和大多数政策提议中所设想的总量控制与交易制度。在此种机制下，减排数量和初始配额将由政府给出，而碳价格则由市场上的买卖双方来决定。

1. 碳交易

碳交易，说的是总量控制下的交易，这意味着一定会有一个允许的碳排放总量。《京都议定书》附件一中明确规定了每一缔约方的量化减排指标，即在 2008～2012 年（第一承诺期），其温室气体排放量要在 1990 年的水平上减少 5.2%。但是目前，只是对发达国家规定了减排义务，对发展中国家暂时还没有必须承担减排义务的要求，因此，发达国家的减排成本要远远超过发展中国家，这也就是《京都议定书》中之所以设计出清洁发展机制（clean development mechanism，CDM）这种比较灵活的机制的原因所在。

据世界银行统计，2013 年共有 104.2 亿吨碳排放交易量，与 2012 年相比变化不大，而交易总额却比 2012 年减少 36.18%，只有 549.08 亿美元，以上数据表明在节能减排的大趋势之下，各国在碳排放交易方面也在稳步推进。在未来的几十年，专家预测碳排放的价格应当能继续上升。在限定排放量的情况下，碳价格作为市场的信号，可以约束那些使用化石燃料排放二氧化碳的主体承担该支付的"罚金"。

碳交易可以在企业中进行，也可以在个人或组织之间展开，也就是说，那些低碳生活、有剩余排放量的人可以按照市场价格卖给碳消费量更多的人。比如，某年国家分配给企业 A 的碳排放额度为 a 吨，那么到年底，若其排放量超过了 a 吨，那么超出的部分就需要到碳交易市场上买回。当然，如果在这一年里，它的碳排放量少于 a 吨，那么剩余的排放额度就可以拿到碳交易的市场上进行买卖。所以，首先要有一个交易制度和交易体系，再构建一个交易市场。

既然碳配额可以在企业之间、个人之间自由分配，那么，就要有相应的组织机构或部门去监督这些企业或个人。只有这样，才能知道一个企业在一年以内的实际碳排放总量。当然，这个第三方机构既要专业，又要权威。另外，对于碳信用来说也是如此，必须经过独立的第三方机构进行核查验证，以确保信息的真实性。如果供应方真有足够的碳信用额度可以使用，那么其余下的碳排放量才可进行出售。

2. 碳税

碳税实际上就是一种产品消费税，只是征收的对象与日常的消费品不同，碳税的征收对象主要是针对化石能源的使用所产生的二氧化碳。征收碳税主要是为了解决碳排放所引发的环境负外部性问题，其可以限制高碳能源的使用，节约能源、资源的使用，提高能源的使用效率，改善强制碳减排所面临的困境。通过征税，碳排放者面临着私人收益和税收之间的取舍，如果税率合理，那么就很容易实现最优的排放水平，就像一个有效的碳排放市场在运行一样。

目前，碳税手段主要是在一些发达国家中被采用，欧洲成为引用碳税最早的地区。20 世纪 90 年代，挪威和瑞典率先引进碳税机制，并将其应用于主要化石能源的使用领域。随后，荷兰、丹麦、英国等国家相继在能源领域中引入碳税机制，均取得了十分明显的成效。此外，碳税对居民的消费行为影响也非常明显。

3. 碳交易与碳税的比较

从理论上来讲，碳交易和碳税两种价格机制没有固定的可比性，因此选择碳交易还是选择碳税从表面上看只是一个手段的选择利用问题，如果非要将二者作比较，可以把分析重点放在以下几个方面。

（1）有效性方面，碳税相对来说更为有效。原因在于，征收碳税有利于发出更加准确的价格信号，企业可以根据此信号加强对市场资源的合理配置，从而提高资源的利用效率。征收碳税还会迫使企业主动为降低生产成本而提高对技术创新的要求，促进低碳技术与节能技术的产生，以此达到减少二氧化碳排放的目的。

（2）管理成本方面，碳税具有相对优势。一般来说，碳税的征收需要按照各国的税制体系进行，其实质就是增加消费税的税目并对相应税目的税率进行调整，碳税的管理成本较低。而对于碳交易来说，仅初始排放权的分配问题就涉及多方的利益问题，从谈判到市场体系的建立还需要花费很长的时间，无形中也造成了额外的管理成本。

（3）排放成本方面，碳交易更具优势。征收碳税，在增加一定的排放成本的同时还会引导人们的行为方式发生转变，但是行为转变的结果无法确定。面对碳税所增加的额外成本，企业排放者可以选择如下措施缓解：第一，控制生产总量，减少碳排放总量；第二，加大技术创新的力度，在维持既有生产水平的前提下，努力提高生产能耗水平；第三，提高产品的价格，增加销售收入，实现多余的税负向消费者的转移。

（4）收入再分配方面，企业也更加偏好碳税。这一点主要是对那些新企业来说的。因为新企业发展初期并没有免费的初始分配额度，如果需要则必须从市场上购买，这样无疑增加了交易的总成本，因此对于新企业来说碳交易方式比较不利。

总的来讲，国家与企业主体应该根据所处环境、条件的不同，选择对自身更为有利的碳减排政策手段。是利用价格机制，还是利用数量机制去达到减排目标还要根据具体情况加以定夺。只能说在面临巨大不确定性的时候，价格机制更加简单、有效，因此碳税方式相对更有效率。

6.1.4　碳价格发展现状及趋势分析

1. 碳价格发展现状分析

1）国外碳价格发展现状分析

近两年，国际气候谈判几乎都没有取得实质性的成果。2011 年，碳市场的交易价格出现持续下滑。国际气候谈判陷入僵局加之世界经济形势低迷，欧盟碳排放交易体系下的碳指标——核证减排量（certification emission reduction，CER）交易价格一直处于下行状态。自 2011 年 7 月起，EUA 价格由 12.5 欧元持续下滑至 7.5 欧元；CER 二级市场价格由 10 欧元持续下滑至 3 欧元。从长远来看，应对全球气候变化、持续推进国际碳市场发展的大趋势并没有因为目前国际碳市场的低迷发展而产生变化。在未来一段时间内国际碳市场的建设将以局部市场为主，且交易价格在近期内将持续下滑。

2）国内碳价格发展现状分析

国内的碳交易主要通过 CDM 进行，其核心是允许发展中国家和发达国家转让与获得项目级的减排量抵销额。CDM 对参与的双方来说可谓是一种双赢的机制。具体来讲，CDM 给予各国一些履约的灵活性，使各国可依靠较低的成本履行相关义务，另外，还能协助发展中国家利用较低的减排成本优势，从发达国家获得资金和技术支持，有利于其可持续发展。

尽管我国碳交易起步相对较晚，但碳交易市场正日趋活跃。截至 2014 年 3 月 7 日，上海碳交易平台累计成交量为 12.9222 万吨，累计成交额为 464.4365 万元。相比之下，北京碳排放权交易平台共达成 77 笔交易，总成交量为 64 217 吨，成交额达到 325.8187 万元，北京碳市场价格稳步上升，并于 2014 年 3 月 6 日创下了自开市以来的最高价 55.5 元/吨，较 50 元/吨的起始价上涨了 11%。继上海、北京碳市场出现行情上涨后，天津碳市场也出现大幅上涨的势头，创下自开市以来的最高价。截至 2014 年 2 月 11 日，天津收市共完成 1201 笔交易，成交量共计 77 560 吨，交易额共计 212.4059 万元。截至 2014 年 3 月 12 日，广州碳排放权交易所累计完成的配额成交量为 814.8689 万吨，成交金额为 4.8894 亿元。

不过，目前各碳交易市场的实际成交量依然低于预期，活跃度不够。参与碳交易试点的企业主要是一些耗能大户，它们的节能技术、能耗标准相似，缺乏差异性，导致交易的需求不旺，参与碳交易的积极性也不高，每天几百吨的交易额远远达不到市场发展的需要。但从长远来看，碳交易市场的发展需要一个过程，其最终目的不是要达到某个规定的交易量，而是帮助企业实现更低成本的减排。

3）欧盟碳排放交易体系的碳价格波动分析

2014 年，我国碳排放权交易仍在各地继续推进。然而，我们发现，在碳交易中交易量小甚至交易量断断续续的现象普遍存在，而不活跃交易的价格将难以真实反映碳的价值，极不利于实现节能减排的工作目标。因此，总结近十年来国内外碳交易价格的变动情况，分析其波动原因是非常有必要的。

第一，EUA 第一交易期、EUA 第二交易期和 CER 二级市场的碳交易价格之间具有较强的相关性，EUA 第二交易期的价格对其他碳交易价格会有显著影响。第二，尽管近几年碳交易价格波动较大，但是其总体趋势是相对乐观的。从每吨二氧化碳当量不足 10 欧元增长到 2938 欧元，已经反映了人们总体上对碳市场较为良好的预期。第三，全球金融危机对碳市场的影响比较大，导致碳交易价格大幅波动。第四，在金融市场，成熟的交易市场往往比不成熟的交易市场的价格波动更小。全球碳交易市场还是一个新兴市场，相关交易制度尚不完善。

2. 碳交易价格趋势分析

1）国际碳价格未来趋势

近年来，国际气候谈判陷入僵局，世界经济形势持续低迷，欧盟排放交易体系下的 CER 交易价格持续下滑。自 2011 年 7 月起，EUA 价格由 12.5 欧元持续下滑至 7.5 欧元；CER 二级市场价格由 10 欧元持续下滑至 3 欧元。权威机构预测碳交易价格在近几年里很难有实质性的回升，但从长远来看，碳价格的回升仍是一个大趋势。

尽管目前国际碳市场相对比较低迷，但从长远来看，应对全球气候变化、持续推进国际碳市场发展的大趋势是不会变的。在未来一段时间内，国际碳市场的建设将以局部市场为主，且交易价格在近期内将持续低迷；在碳市场的建设方面，目前很难形成全球性、综合性的碳交易市场，当前阶段主要还是以区域性的碳市场建设为主。

2）国内碳价格未来趋势

我国碳市场的建设在暂时低迷的国际碳市场正在稳步推进。北京、上海和广东早已经正式启动碳排放交易的试点工作。我国金融机构也已经开发出一系列碳金融产品为我国碳市场的建设奠定了坚实的金融基础。虽然在近期内国际气候谈判困难重重、市场发展状况十分低迷，但就我国自身的发展情况而言，碳交易市场未来发展的趋势依然乐观。

6.2　碳价格稳定机制研究

随着国际减排形势的日益严峻，我国逐步建立起碳排放权交易市场，前后已经设立了北京、天津、上海、重庆、湖北、广东和深圳七大试点进行区域碳排放权交易工作。在以后的交易过程中，根据试点地区的发展状况进行推广，可以逐步实现在全国范围内建立统一的碳市场的目标。因此，碳交易市场机制在我国未来的碳减排路程中起着十分关键的作用。

6.2.1　碳价格波动机理

鉴于碳交易属于商品交易的一种，其价格由碳排放权供给和需求的相对量确定，但碳排放权的供需决定因素与普通产品市场的供需决定因素差别较大[15]。

在供给方面，碳排放权以一种稀有的交易商品形式出现在碳交易市场上，其价格必将受到国家减排政策调整的影响而发生相应的变动，当然，也包括碳排放配额方案的调整及减排目标的改变等方面的影响。由此带来的碳价格的波动需要我们及时发现市场信号，提前做好应对措施。此外，碳配额的供给变化也会对碳价格造成影响。

在需求方面，同其他产品的价格一样，碳价格也会受到经济发展水平、能源价格水平及国际相关政策制度的影响。首先，为了满足经济快速发展的需求，企业对能源提出了更高的需求，因此就会对碳排放权有更大的需求。其次，能源价格的变化也会对碳价格产生影响，特别是对化石能源的价格对碳价格的影响最大。此外，碳价格波动还会受到一些由清洁能源价格的变动所引发的能源替代效应的影响。最后，国际相关政策的调整，如国际减排规划的变动等，也会影响到碳价格的波动方向与幅度。

6.2.2　碳价格稳定机制的必要性

不仅经济发展水平会对碳价格的波动产生影响，反过来，碳价格的稳定性也会对经济社会带来重大的负面影响，二者之间的作用关系是相互的。具体来讲，如果碳价格发生波动，最直接的影响对象就是企业。企业为了满足发展所需必须排放二氧化碳，在这种情况下，碳排放已经成为刚性约束条件。如果碳价格上涨幅度太大，不仅会加重高排放企业减排成本的负担，还会大大打击该类企业参与碳交易的积极性。与此同时，企业所面临的经营风险与管理难度也大大增加，这对任何一个企业来说，都需要很长的时间才能调整过来。

另外，碳价格的变化方向有很大的不确定性，不可能永远为企业的长期减排提供明确的市场价格信号，既不利于优化企业的相关减排投资结构，又不太符合实际。由于技术研发本身就是一个长期投资的过程，而且难度很大，但低碳技术的研发是维持企业减排成本保持相对稳定的根本途径。如果对低碳技术的投资不足，就会使得相关技术的研发进程变得缓慢，对企业来说也不利于减排目标的实现，甚至得不偿失。因此，企业应该将部分精力放在挖掘低碳技术的潜在价值上。

6.2.3　碳价格稳定机制的手段

为了应对碳价格剧烈波动带来的潜在风险及潜在负面影响，要求设计必要的机制平抑碳价格的过度波动以确保碳市场的稳定运行。稳定碳市场的手段主要有以下几种。

1. 碳排放配额的调整

碳排放配额的调整可以直接改变市场上碳排放权的供给量，以此作为调控碳价格最直接的方案。根据世界各国碳排放交易设计方案，碳排放权的交易一般是分期进行的，因此，理论上通过调整配额来调控碳价格可以通过以下两种方式进行：一种是对当期配额的调整，一种是对下期配额的调整。前者是指从某一时期的碳配额发放之后到下期碳交易开始之前的期间内，如果碳价格发生暴涨或暴跌的情况，则可以对已发放的碳配额进行调整，后者是通过改变未来配额的发放量或者未来的减排目标来实现对当期碳价格走势的调控。

2. 跨期存储借贷机制

碳配额跨期存储借贷机制实际上是通过时间的长短来调节不平衡的碳配额供需，进而控制碳价格的巨大波动状况。该机制的运行可根据企业自身的状况来分配本期和下一时期的碳配额状况，本期未使用完的碳配额可用于下期，同理本期不够的碳配额可向下一期进行借用。这种做法可以使得企业在短期内防止生产成本因碳价格的变动而发生巨大波动。在没有这种跨期配额存储机制的情况下，往往容易导致前、后期碳价格的变化幅度较大。碳市场交易急需引进跨期配额存储机制。

3. 碳配额与碳税混合机制

单独使用碳配额机制可以控制碳排放量，限定企业的碳排放量从而达到整体减排的效果。但是，该机制在运行过程中往往会产生信息的不完全现象，在市场中企业的减排成本信息不完整，况且减排成本还是一个动态的变化过程，因此，很难预知碳价格的未来发展趋势。而碳税是通过明确设置碳排放税率基准点来进行调控碳排放量的。企业根据税率的高低与实际生产过程的需要，在使总成本最小的情况下进行生产，并完成减排任务。综合碳配额机制与碳税机制特点，这里可以考虑将两种机制相结合实施。

1）碳市场最高限价机制

最高限价机制是相对于最低限价机制而设置的，方法是在碳交易市场机制运行之初便设置最高的碳交易价格 P_c，针对由碳配额需求过大而带来的碳交易价格上升的炙热形态，市场调节者将对碳市场价格进行调控，限定最高交易价格（图 6-1），这里的 Q 代表在最高限制机制实施之初分配给企业的碳配额数量，同时在该期间对碳价格设定一个下限 P_t。当企业实际生产过程中的边际减排成本（MAC''）过高时，人为的设定碳交易价格不能超过 P_c。从某种程度上可以理解为政府对碳排放企业征收了一定水平的碳税（$T=P_c$）。

当由供给远远大于需求所带来的碳价格持续上涨时，对于碳交易的实施，管理人员不能任由价格无限上涨，而只能以最高限价 P_c 售卖额外的碳配额。或者，对于超额排放的 CO_2 进行罚款（可以借鉴欧盟碳市场在第一阶段及第二阶段对超过排放配额的排放量罚款的处置）。

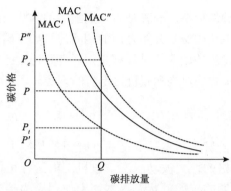

图 6-1　碳交易市场限价机制图

实行碳市场最高限价机制既有自身的优势，又有不可避免的劣势。优势在于：对碳配额交易实行碳市场最高限价机制，一方面是通过调节过高的碳价格给企业带来的减排难题，另一方面有利于将市场的运行控制在有效范围内。但是，最高限价机制也存在其自身的缺陷：当市场出售的额外配额过多的话，很难控制减排任务的实现。当多数企业对未来的碳减排成本看法不太乐观时，将在最高限价水平购买多余的排放配额，这种做法的结果往往不利于减排目标的实现。

2）碳市场最低限价机制

碳市场最低限价机制的运行原理为：在碳市场最低限价机制实施之初就设立碳交易的最低价格 P_t，主要是为应对由碳配额的供给远超过需求而导致的价格暴跌，市场管理者对最低碳价格进行限制。如图 6-1 所示，这里的 Q 代表最低限价机制实施之初分配给企业的碳配额数量，同时在该期间对碳价格设定一个下限 P_t。

由于市场在正常运行的过程中，一般是按照边际减排成本（MAC）进行生产及减排，依据企业生产普通商品的状况，碳市场价格自然为 P。但是，而当企业总体的实际边际减排成本较低时（MAC′），依据市场规律碳市场价格为 P'，这时的市场价格仍然较低，若企业依据这个边际减排成本进行生产，往往会刺激企业加大碳排放量，严重阻碍了减排的最终设想。针对这种状况，市场调节人员人为的对碳价格进行了规定，碳交易价格不能低于 P_t。因为这时企业实际的减排成本要高于自身应有减排成本，排放每单位 CO_2 相当于付给政府一定的金额，相当于交了碳排放税（$T = P_c$）。

当企业边际减排成本较低使得碳交易价格持续下降，且下降幅度较大时，管理部门应该在市场上以最低限价买进额外的碳配额，避免碳配额价格过低导致企业的减排动力减小。对于那些实际排放量较低且低于政府分配的碳配额的企业，政府部门应给予其一定水平的补贴，进一步鼓励该企业继续使用清洁能源和引进先进技术。

最低限价机制在实施过程中既有优势，又存在一定劣势。优势在于：该机制在促进减排的同时，对碳价格大幅度的波动进行了控制，有助于未来减排行动的实现。在公开市场以最低限价买进碳配额对稳定碳价格具有较大的作用。但是，该机制的劣势在于：即使设定了最低限价，政府也不能完全掌控需要从市场上购买多少配额量；对于减排效果较为明显的企业给予财政补贴，可能会造成政府的财政状况紧张等状况。

4. 碳期权

碳期权在提高碳排放市场的价格和规避市场风险方面均起着重要作用。因此，可以从期权的角度来稳定碳价格。从期权的角度考虑碳市场产品，价格稳定机制可以被看成企业所拥有的某种期权，根据价格调控的时间不同，可以将碳期权分为欧式期权和美式期权，其中，欧式期权是在交易活动期末对价格进调控，而美式期权的价格调控是贯穿在整个交易活动中的。

碳期权交易存在以下适用性及局限性。其适用性有：碳期权交易可以规避市场风险，主要是因为这种机制可以避免市场的不法操纵；碳期权机制对政府来说不构成额外的压力，因为对于经济体和政府来讲，它们均处于一个平等的地位；碳期权机制有利于稳定碳市场价格。同时，碳期权机制也有其局限性：第一，该机制的实行需要一个发达的金融市场及较为健全的市场监管体系为其提供支撑；第二，该机制不能确定碳市场的价格会落在哪个确定的区间内，碳市场的价格取决于期初购买期权的企业数量。

虽然碳期权交易存在着不确定性，但是该机制在某种程度上可以规避市场风险，起到稳定碳市场价格的作用。因此，我国政府可以在加强金融市场的建设的基础上，健全市场监管体系，我国在小范围内先试行碳期权交易机制，然后，在全国范围内加大其覆盖的范围。

6.2.4　稳定机制对我国碳市场建设的借鉴

目前我国在碳价格的仍存在较大的波动性。

第一，当前的碳市场不能给将来的碳价格的稳定性提供支撑，因为为了减少碳市场初期的阻力，我国运行碳交易市场的试点城市大都采用发放免费配额的方式进行控制减排，市场既不能进行自由的碳交易，又不能通过碳配额的跨期存储借贷机制来自行调控碳价格，更不用说碳价格的稳定性了。

第二，我国没有建立统一的交易体系和信息体系平台，目前只有广东和湖北两省在初步探索省级的联动机制，况且这种探索仅是初步水平的，与统一的交易体系平台的建设相差较远。信息体系公开度及流通性不足，导致在碳交易的实行过程中存在着被控制的风险，从而造成市场的不稳定性。

第三，我国碳市场没有统一的监管机制，对市场上出现的不合理的碳交易现象，没有统一的监管体系对其进行监督与处置，在某种程度上纵容了不法交易的产生，从而不利于碳价格的稳定。

针对我国碳价格的稳定性存在的问题，这里提出以下建议。

首先，在碳价格机制建立之初，建议采用由免费配额向碳市场最低限价机制进行过度，这样公众易于接受。

其次，建立统一的交易体系与信息体系平台，只有在统一的平台上进行碳市场的交易，才能减少由区域间的差异带来的价格的波动性及操纵风险。

再次，建立统一的监管体系，针对运行期间出现的价格暴涨状况，进行严格监管，严重时可采用罚款的方式进行处置，这主要是针对那些超额排放的企业。

最后，逐步引进碳税机制、碳期权交易机制等，完善我国的碳交易市场的管理体系。

6.3　碳价格定价机制研究

6.3.1　基于边际减排成本的定价机制

全球性的温室气体浓度的提升引起了全球变暖和极端气候问题。当前，这个问题已经广泛引起了学术界和政府部门的高度重视。对处于社会主义初级阶段的我国来说，不仅要面临着经济增长的压力，还要应对减排压力。减排成本作为减排问题研究的基础，在政府和相关部门及学者为我国减排行动的规划及政策的制定起着重要的作用。基于边际成本原理，减排成本与减排量之间存在着一定的变动关系，因此边际减排成本（marginal abatement cost，MAC）在众多学者的研究中应用的最为广泛。

1. 研究综述

从国外文献来看，研究二氧化碳边际减排成本的文献已有很多，大都是基于边际减排成本曲线（marginal abatement cost curves，MACCs）进行的研究。Criqui等[16]认为边际减排成本取决于供给结构、全球能源初始价格及其他非碳能源发展潜力和规模。Klepper 和 Peterson[17]采用 CGE 模型研究了能源价格对边际减排成本的影响，认为减排行动将降低社会对化石能源的消费，从而降低国际能源价格，能源价格的变动反过来又作用于边际减排成本。Baker 等[18]认为技术与边际减排成本之间存在某种关系，两者互相作用。

国内关于碳减排成本的研究相对较少。陈文颖等[19]利用 MARKAL-MACRO 模型，对我国的一次能源消费状况和碳排放量状况进行预测,并估算边际减排成本。巴曙松和吴大义[20]采用 VAR 模型和脉冲响应函数,建立二氧化碳减排成本计算模型,分析了能源消费对宏观经济主要方面的影响。刘明磊等[21]基于非参数距离函数方法研究我国各地区边际减排成本的差异,以及评估不同地区的碳排放绩效。张云和杨来科[22]研究了国际碳排放权交易价格的决定与最优出口规模,并分析了碳排放交易价格的影响因素。吴力波等[23]通过一般均衡模型发现,边际减排成本曲线的斜率与减排行动关系密切,并且认为我国的低碳政策应在前期采用碳排放权总量控制与交易机制,在后期考虑引入碳税。魏楚[24]计算出我国 104 个地级市的城市边际减排成本,结果表明边际减排成本呈上升趋势且区域差异明显,城市边际减排成本与能源强度之间呈 U 型曲线关系。傅京燕和代玉婷[25]利用边际减排成本曲线模拟分析了不同排放强度的地区在完全竞争的碳交易市场中的成本与福利变化。

2. 边际减排成本的概念

边际减排成本一词来源于经济学生产理论中的边际成本。就社会经济体而言,边际减排成本表示经济体因减少最后一单位排放所要付出的成本。根据经济学原理,边际减排成本随减排量上升而增加。目前,很多学者都是在边际减排成本的基础上设置碳排放约束或者碳税的实施两个角度来研究地区的减排状况及政策的制定的。在边际减排成本概念给定的情况下,接下来将要讨论边际减排成本的影响因素。

3. 边际减排成本的影响因素分析

关于边际减排成本的影响因素,国内外学者多从国际能源价格、影子价格、碳排放权分配、碳排放强度等几个方面进行分析。

结合 Klepper 和 Peterson[17]的研究,国际能源价格会对一个国家或地区在一定减排水平下的边际减排成本产生非常显著的影响。而根据边际减排成本的推理公式可知,能源价格与边际减排成本呈负相关关系[26]。

1)煤炭价格对边际减排成本的影响

国际煤价上涨会引起我国边际减排成本的上升,国际煤价下降会导致我国边际减排成本的下降。究其原因,主要在于我国煤炭的对外贸易现状。煤炭开采业属于高碳行业,其生产会导致国内能源消费量的增加并产生大量的二氧化碳,加大了在既定目标下的减排成本。况且我国煤炭的出口量大于进口量,当国际上煤炭价格提升时,会刺激国内煤炭行业的开采力度,从而加重了我国的减排成本。而国际煤价下降时,各种综合作用使得边际减排成本降低。

2）国际原油价格对边际减排成本的影响

根据姚云飞等[27]的研究成果，国际原油价格上涨是有利于降低的我国边际减排成本的。2015 年的数据显示，我国首次超过美国成为世界上对原油依存度最高的国家，依存度达 75%。国际原油价格的上涨，将会减少我国的原油进口量，进而减少对原油的使用量，从而有利于减排的进行，降低了我国边际减排成本。反之，国际原油价格下降推动了我国边际减排成本的增加。

3）国际成品油价格对边际减排成本的影响

在经济实际运行过程中，国际成品油价格往往与国际原油价格的波动状况较为接近，因此分别讨论两者对我国边际减排成本的影响，前面讨论了国际原油价格对边际减排成本的影响，下面分析国际成品油价格对我国边际减排成本的影响。

相比国际原油价格对我国边际减排成本的影响，国际成品油价格的上涨对我国边际减排成本的影响幅度明显要小，原因在于两者的对外贸易依存度存在很大区别。2013 年，我国成品油进口量占成品油总消费量的比例达到 14.99%，仍然明显低于原油的 58.03%；成品油出口量占国内总产量的比重为 10.44%，高于原油的 0.43%。2014 年，我国成品油进口量占成品油总消费量的比例达到 11.14%，仍然明显低于原油的 58.66%；成品油出口量占国内总产量的比重为 10.41%，仍然高于原油的 0.3%。与此同时，2014 年，我国成品油的对外依存度接近 60%，原油的对外依存度变成 40.94%。

4）国际天然气价格对边际减排成本的影响

天然气属于清洁能源，其碳排放系数相对较低。假设天然气在我国的使用范围较大，当国际天然气价格上涨时，若其影响能传到国内的能源市场中，将会导致天然气消费量的降低，而使得高碳能源如煤炭和石油等的价格相对较低，因此将导致高碳能源的消耗量增加，生产同样的经济总量产生的碳排放更多。若这种替代效应超过了收入效应（国际价格上涨对天然气的消费减少）的影响，则最终导致碳排放的增加；若替代效应小于收入效应，则将不会导致碳排放量的增加。因此，国际天然气价格上涨对国内二氧化碳排放量的影响要视替代效应与收入效应的大小情况而定。

5）影子价格对边际减排成本的影响

影子价格是单位资源在最优条件下所产生的经济效果，这里是指经济体由于实际碳排放量超过碳排放限量进行多余排放而需要支付的成本。当能源价格不同时，若设置相同的减排量，则能源价格较低时边际减排成本较低。如果限排约束设定为限排放量，那么能源价格较低时的排放约束影子成本较高，最终经济体完成限排要求的边际减排成本相同[26]。

6）碳排放权分配对边际减排成本的影响

欧盟碳排放交易体系采取的"总量控制—交易"模式下，需要承担减排责任的企业只能通过购买碳排放配额或者改造技术等内部减排措施来完成任务。因此，理论上来说，碳排放配额价格是应该等于或者接近于欧盟企业内部减排边际成本的。类似的研究主要采用的是多区域、多部门的 CGE 模型，通过设定不同的减排背景[23]，估计不同区域和部门的边际减排成本曲线，以此来进一步估算碳排放权的价格。也就是说，在完全竞争市场下，出清的碳排放权交易价格应与边际减排成本相等。

　7）二氧化碳排放强度对边际减排成本的影响

　边际减排成本与二氧化碳排放强度之间呈显著的"U"形曲线关系[24]。二氧化碳排放强度较高时，往往代表着地区经济发展水平较低，经济体生产过程中的技术不那么先进，那么经济体这时候减排较为容易，或者通过使用清洁能源，或者通过引进高新技术。这时，经济体的减排成本将逐渐降低。但是随着减排进程的推进，经济体的能源使用已达到最优状态，且技术革新已经被广泛使用，这时再继续减排难度便开始加大，也就是减排成本将加大。整个过程刚好可以用 U 型曲线来表示碳排放强度与减排成本之间的关系。

6.3.2　基于发电企业点火价差的定价机制

　1. 研究综述

　对于点火价差的研究，国内外学者直接研究较少，大都基于点火价差视角，研究发电企业燃料成本与企业利润之间的关系。例如，国外学者基于点火价差视角，揭示了在欧盟碳排放交易体系下，通过对化石能源价格、电力价格和碳价格三者之间的内在联系与传导机制的分析，为定价机制提供必要的参考[28]。而国内学者海小辉和杨宝臣[29]考虑不同的能源价格水平及碳排放权分配的不同比例对欧盟供电企业的影响，通过点火价差与企业利润之间的关系，构建了欧盟电力企业在碳排放市场中的均衡模型，分析了在欧盟碳排放交易体系的第二阶段（2008～2012 年）中欧盟碳排放权交易市场与能源市场的动态相关关系。碳价格与能源价格的波动具有聚集性的特点，碳市场与能源市场的波动具有持久性的特点且呈正相关性，而布伦特原油市场与碳市场之间的相关性变动却没有持续性的特点。

　2. 发电企业点火价差的概念给定

　点火价差就是指某一个火力发电机组在点火发电的时候，生产每度电的收益与所消耗燃料的成本之间的价差，其中，燃煤电厂的点火价差常常被叫作黑暗价差。点火价差不仅直观地反映了发电企业的生产成本与利润水平，并且可以帮助企业决定是要选择正常运行或者选择停产，而且在欧盟鼓励使用清洁能源发电且保证上网的情况下，这也是要求传统化石燃料发电厂在企业减产时的补偿依据。这个价差包括了运营和维修等其他资本的成本，公式如下：点火价差＝电价-燃料成本×燃料效率。

在欧盟碳排放交易体系下，化石燃料发电厂还需要考虑排放成本，也就是购买碳排放配额的成本，因此就可以引入清洁点火价差（clean spark spread）的概念。而清洁点火价差根据燃料不同，亦可分为煤电清洁点火价差（clean coal spark spread，CCSS）和天然气发电清洁点火价差（clean gas spark spread，CGSS），公式如下：

$$煤电清洁点火价差＝电价－煤价×发电效率$$
$$－单位发电量所需的碳排放配额×碳价$$
$$天然气发电清洁点火价差＝电价－天然气价×发电效率$$
$$－单位发电量所需的碳排放配额×碳价$$

煤电清洁点火价差与天然气清洁点火价差之间的价差又被称为气候价差（climate spread），是碳配额价格波动的一个基本因素。具体的作用机理如下。

由于燃煤发电所产生的二氧化碳排放量大约是燃气发电的碳排放量的2.5倍，那么在能源价格走势平稳且考虑到排放成本的情况下，使用燃气发电比使用煤炭发电更具有相对的竞争优势。在这种情况下，电厂将会选择使用天然气进行发电，以此达到降低碳排放成本的目的。当煤电的清洁点火价差反超天然气发电，使用煤炭发电更具有成本优势，所以在这种情况下电厂会选择使用煤炭进行发电。

3. 发电企业点火价差的影响因素分析

1）上网电价燃料成本

在我国，电价的调整与改革一直是电力体制改革的核心内容，建立一个合理的上网电价机制，有利于建立一个公平的投资环境和竞争环境，促进电力工业持续健康发展。

A. 上网电价的概念及组成

上网电价就是电网企业向发电企业购买电力商品时而应该支付的一般价格。总体来说，它是指独立的地方小火电、小水电、企业的自备电厂、中外合资合作的发电厂、中外独资或集资建设的独立经营的发电厂向电网企业出售电力商品的价格。有时也将上网电价称为电网经营企业向独立经营的电力生产企业购电的价格。

在电力改革过渡时期，上网电价主要实行两部制电价——容量电价和电量电价。其中，容量电价是指用户对系统固定费用的实际支付及发电设备的自然损耗等，而电量电价相对应的就是指发电所需的变量如煤炭等成本的回收和电厂利润，由市场竞争形成。

B. 上网电价的历史调整

2004 年 12 月我国出台了煤电价格联动政策，即电煤价格上涨的 70%通过提高上网电价的方式由电力用户承担，剩余的 30%由发电企业通过技术进步等方式负责消化。在这一政策的指导下，我国已于 2005 年和 2006 年连续两年针对上网电价进行了两次上调。然而，在实施两次煤电价格联动后，由于受经济发展等各种因素的影响，各级政府对电价调整的态度谨慎，上网电价未能随煤价上涨而及时调整。表 6-1 显示了自 2004 年以来上网电价实际的调整情况。从表中可以看出，按照 2005 年第一次煤电联动前全国平均上网标杆电价 0.321 元/千瓦时测算，这 7 次上网电价实际调整幅度累计为 36.45%，平均每次电价上调幅度仅为 4.57%。

表 6-1　自 2004 年以来我国上网电价的调整情况

调价日期	上网电价调整额度 /（分/千瓦时）	调整后的上网电价 /（元/千瓦时）	上网电价增幅 /%
2004 年 1 月 1 日	—	0.321	—
2005 年 5 月 1 日	2.30	0.344	7.165
2006 年 6 月 30 日	1.17	0.356	3.488
2007 年 7 月 1 日	1.70	0.373	4.775
2008 年 8 月 20 日	2.00	0.393	5.362
2009 年 11 月 20 日	0.16	0.395	0.509
2010 年 4 月 10 日	1.20	0.407	3.038
2011 年 12 月 1 日	2.60	0.438	7.617

资料来源：根据国家发展和改革委员会历年数据整理而得

注：1）除 2005 年 5 月 1 日和 2006 年 6 月 30 日是按照煤电联动办法调整的上网电价外，其余电价调整都只是部分联动

2）2009 年 11 月 20 日和 2010 年 4 月 10 日平均上网电价增幅是根据调整后的上网电价增幅的简单算术平均值计算得到

考虑到将历年的电煤价格波动完全纳入到煤电价格联动政策中可能导致上网电价将比实际电价高出很多。表 6-2 显示了 2005～2011 年上网电价按照煤电联动政策调整的情况。从表中可以看出，除 2011 年电价上涨幅度小于 5%外，其余年份均不小于 5%，符合煤电价格联动政策的要求。2005～2011 年平均上网电价按照煤电价格联动政策的调整幅度为 89.72%，平均每次上调幅度为 9.79%，比实际上网电价调整幅度高出近 2 倍。因此，在煤电矛盾不断激化的背景下，国家政策是影响煤价的首要考虑因素。

表 6-2　煤电联动政策下我国上网电价的调整数据

年份	平均标煤单价 /（元/吨）	上涨幅度 /%	调整电价标准 /（元/千瓦时）	调整后的电价 /（元/千瓦时）	平均涨幅 /%
2005	423.45	15.00	0.040	0.361	12.46
2006	447.68	5.72	0.018	0.379	4.99
2007	544.68	21.67	0.070	0.449	18.47
2008	666.03	22.28	0.088	0.537	19.60
2009	720.00	8.10	0.039	0.576	7.26
2010	765.00	6.25	0.033	0.609	5.73
2011	749.20	-2.07	—	0.609	0

注：这里以 1 年作为 1 个煤电价格联动周期

2）燃料成本

随着能源短缺趋势的日益严峻，以及能源价格的不断上涨，煤炭市场的价格产生动荡，各大电力企业的燃料库存纷纷减少甚至枯竭。在这样的形势下，国内电力企业必须正确认识到国内电煤市场的发展趋势，提前采取措施以控制燃料成本。

A. 发电成本的构成及内涵

发电成本除机器设备等固定资产之外，主要的就是燃料的成本。在发电企业中，燃料成本所占比重较大，因此电价波动主要来源于燃料价格的波动。

B. 燃料成本的主要影响因素

（1）燃料价格。燃煤价格作为变动投入的主要组成部分，是成本的主要来源。对于发电企业的总成本控制，首先必须从燃料价格剖析，一般来说，燃料价格一般由燃煤价格、运输费用、搬卸费用等要素组成。燃料价格的增加直接导致电力企业的燃料成本增加。

（2）燃料质量。燃料质量直接关乎能源利用效率，例如，不同的煤炭的燃烧效率不尽相同。此外，燃煤质量的好坏还会在一定程度上影响锅炉和机组的发电效率。

（3）燃料管理。燃料管理效率直接关乎燃料的利用效率。这个过程包括从计划到配煤的每一个步骤，任何一个步骤的力度不够都可能导致整个链路出现问题。

（4）技术经济参数。技术经济参数包括发电设备的发电效率、综合厂的用电率等，这些指标都直接影响电力的最终输出。

C. 燃料成本的控制途径

考虑到燃煤在火电企业中主要经过计划、采购、运输、验收、卸煤、储存和配煤等一系列环节，因此控制燃料成本必须从各环节入手。

（1）认真分析相关政策和市场行情。电力企业要根据自身的实际情况，制定合理的燃料需求政策。要及时地深入市场，切实把握市场动态。

（2）加强煤炭供应的监督与管理。作为煤炭的供应商，监督和管理发电企业对其成本控制具有重要的影响。进行采样时，必须采用国家生产的燃煤机械采样装置，使采样结果更具代表性。在进行制样时，可通过专业化人才培训或者采用外部选聘的方式。在进行材料的化验时，应加强数据真实化的要求。

（3）注重燃料绩效管理和经济分析。一方面，可以借助科技的发展力量，提高总体效率。另一方面，要做好燃煤的存储管理工作，做好燃煤的防盗、防流失工作，定期或不定期地进行盘点和检查，对于存在的问题要及时察觉和处理。

（4）控制燃料运输成本。由于煤炭作为大宗交易商品，运输费用是其重要的组成部分，特别是在当前运输拥挤的状况下，逐步减少或取缔公路运输，加大铁路运输，对于沿江地区，可考虑水运的成本低。

4. 我国发电企业火电业务的利润分析

自 2008 年以来，我国曾多次提高电价，但电厂一直亏损严重，无法走出"亏损后提价、提价后依然亏损"的局面。由此以来，煤炭资源紧张导致煤价上涨严重，使得依靠煤炭为主燃料的火电企业的收益在无形中转移到了煤炭企业手中。

2008～2011 年可称为火电行业的"苦难岁月"。以中国华能集团公司（以下简称华能）、中国大唐集团公司（以下简称大唐）、中国华电集团公司（以下简称华电）、中国国电集团公司（以下简称国电）、中国电力投资集团公司（以下简称中电投）五大发电集团为例，如表 6-3 所示。在四年的时间里，五大发电集团火电三年累计亏损分别为 83.53 亿元、186.37 亿元、185.96 亿元、119.53 亿元、178.38 亿元，合计亏损 753.77 亿元。2010 年，华能、大唐、华电、国电、中电投五大发电集团所运营的火电企业有 436 家，其中亏损企业 236 家，亏损率高达 54%，而企业的资产负债率超过 100%。2011 年的资产总额达到 30 397 亿元，负债总额为 26 054 亿元，负债率达 85.71%，同比提高了 0.69 个百分点。而大唐和华电的负债率分别为 87.75% 和 86.76%，居于前两位。国电以 83.59% 负债率居末，当对比上年有所增长。

表 6-3　2008～2015 年五大发电集团的利润情况　　单位：亿元

年份	华能	大唐	华电	国电	中电投	合计
2008	−88.75	−93.32	−89.80	−103.47	−98.99	−474.33
2009	15.38	−9.32	−14.30	22.50	−5.33	8.93
2010	−12.08	−25.51	−36.00	−29.50	−34.10	−137.19
2011	1.92	−58.22	−45.86	−9.06	−39.96	−151.18
2012	120.30	60.00	108.00	117.00	33.00	438.30
2013	208.44	110.66	151.74	157.94	111.56	740.34
2014	178.00	140.08	205.00	195.00	100.17	818.25
2015	136.52	171.36	256.00	227.90	139.68	930.56

资料来源：根据各公司各年的财务年报及各年《电力监管年度报告》进行整理而得

2008～2011 年火电企业亏损严重的主要原因分析如下：在现代的市场竞争中，供需双方的决策将会影响到双方的利益。一方面发电行业在激烈的市场竞争中，并未彻底改变老企业的企业发展经营策略；另一方面，煤炭需求的攀升，带动煤炭价格的上涨，而上网的电价却维持在一个比较稳定的水平，并没有大幅度的增加，煤炭价格的上升导致火电企业的购买成本增加，而企业不得不承受成本增加带来的风险，使得企业的负债率不断上升。

相比之下，2012～2015 年，被称为火电行业的"黄金四年"。五大发电集团纷纷调整发展战略，强调创新驱动与管理方式的转变，逐渐释放出战略转型所带来的强大力量。2012 年，五大发电集团的利润总额创造了自 2008 年以来的历史最好成绩，达到 400 多亿元。其中，华能的利润总额比去年增加 118.38 亿元，达到 120.3 亿元。华电创造的利润总额为 108 亿元，比去年增加 153.86 亿元。净利润也比去年增加了 76.2 亿元。2013～2014 年各经济参数都在稳固提升，至 2015 年已经创造了历史的"最好光景"，净利润、利润总额、EVA 值、销售利润率等都有很大进步，累计利润额已经达到 930.56 亿元，实现了"黄金四年"（2012～2015 年）的"巅峰业绩"。而国电虽然没有规模上的优势，但是其盈利能力却值得关注。

6.4　碳税约束下的节能减排系统分析

6.4.1　相关概念

1. 碳税

碳税是对排放二氧化碳所征收的税，目的是减少化石燃料的消耗，从而降低二氧化碳排放。它是按照燃煤、石油、天然气等化石燃料含碳量的比例征税的。通过建立碳税制度来控制二氧化碳的排放量，可以使不同企业根据各自的控制成本来选择控制的碳排放量。

碳税最早于 1990 年在芬兰开征，随后瑞典、挪威、丹麦、荷兰等国家相继征收碳税，多年来其抑制二氧化碳排放的成效已开始凸显，这些国家已成为其他国家争相模仿的对象。日本和澳大利亚等国家也在酝酿制定针对控制和减少 CO_2 排放的税收政策。下面以北欧几个典型国家的碳税为例，可以看出各国的征税对象和税率不尽相同（表 6-4）。大部分国家在刚开始实施碳税政策时大都对所有化石能源统一征税，但是并没有把税基划分的那么明确。随着碳税制度的逐步完善，各国根据其国情，逐渐确定税基的明细条例和最优税率。

表 6-4　北欧典型国家碳税的主要征税税基和税率

国家	税费	税基	税率
丹麦	二氧化碳税	煤炭/（欧元/吨）	32.4858
		褐煤/（欧元/吨）	23.8945
		焦煤/（欧元/吨）	43.3951
		柴油/（欧元/升）	0.0362
		电力/（欧元/千瓦时）	0.0134
		煤油/（欧元/升）	0.0362
		焦油/（欧元/千克）	0.0376
		燃料油/（欧元/千克）	0.0430
		天然气/（欧元/米^3）	0.0295
		液化石油/（欧元/千克）	0.0403
		液化石油气/（欧元/升）	0.0215
		炼油厂气体/（欧元/千克）	0.0389
		柴油（Ⅰ级环境标准）/（欧元/升）	0.3372
		柴油（Ⅱ级环境标准）/（欧元/升）	0.3625
		柴油（Ⅲ级环境标准）/（欧元/升）	395.7797
瑞典	能源和燃料（不包括汽油二氧化碳税）	热油/（欧元/升）	0.2707
		甲烷（固定源）/（欧元/千米^3）	170.1756
		煤炭和焦炭/（欧元/吨）	201.5095
		甲烷（移动源）/（欧元/千米^3）	115.2871
		天然气（固定源）/（欧元/千米^3）	170.1756
		天然气（移动源）/（欧元/千米^3）	170.1755
		液化石油气（固定源）/（欧元/吨）	219.1213
		液化石油气（移动源）/（欧元/千米^3）	140.2462
		用于供热的天然松树油/（欧元/升）	270.6602
	能源和汽油二氧化碳税	无铅汽油（Ⅰ级环境标准）/（欧元/升）	0.4992
		无铅汽油（Ⅱ级环境标准）/（欧元/升）	0.5024
挪威	矿物产品二氧化碳税	柴油/（欧元/升）	0.0609
		煤炭或焦炭/（欧元/千克）	0.0609
		重燃料油或轻燃料油（普通税率）/（欧元/升）	0.0609
		重燃料油或轻燃料油（纸浆、渔业）/（欧元/升）	0.0304

续表

国家	税费	税基	税率
挪威	矿物产品二氧化碳税	重燃料油/轻燃料油（削减税率）/（欧元/升）	0.0348
		含铅汽油/无铅汽油（普通税率）/（欧元/升）	0.0907
		含铅汽油/无铅汽油（削减税率）/（欧元/升）	0.0323
		挪威机场飞机使用的矿物油/（欧元/升）	0.0348
		做燃料油使用的其他油类/（欧元/升）	0.0609
	在大陆壳开采的石油的二氧化碳税	在开采平台上点燃的天然气/（欧元/米³）	0.0907
		在开采平台上点燃的石油/（欧元/升）	0.0907

资料来源：王金南等，应对气候变化的中国碳税政策框架，2008 年版

2. 碳税相关效应

1）碳税的环境效应

碳税的环境效应是通过对经济行为的引导来达到预期的效果。碳税的环境效应包括直接效应和间接效应。目前，碳税对经济行为调节主要有两种途径：最简单的便是直接调节，通过提高产品价格、倡导生产生活要节约资源、提高能源使用效率、引进先进节能技术等，在一定程度上减少经济体二氧化碳的排放量。其次是间接调节，引入碳税机制将对经济行为体的经济行为进行碳税征收，而碳税的收入也将再次使用到社会经济体的生产生活过程中。

2）碳税的经济效应

在短期内，碳税会提高相关产品的价格，进而抑制消费需求、投资需求、经济增长。所以，短期内对碳排放进行征税会给经济增长带来一定的损失，政府应采用适当的措施来规避这种损失。最普遍的做法是在开征碳税过程中减少对其他税种如企业所得税、增值税等的征收，使总体税收始终保持在一个平稳状态，也可通过投资来提高使用能源效率。从中长期来看，征收碳税会推进相关替代产品的规模化发展，从长远来看可以降低环境治理成本，最终推动经济的可持续发展。

3）碳税的分配效应及福利效应

税收最终会形成对社会的再分配，碳税也不例外，碳税必然也会在某种程度上对社会财富进行再分配。实施碳税政策后，会产生一些非均衡的分配效应。如果碳税的分配效应，对一些碳排放大户如大企业和大集团产生了比较大的负面影响时，对这些碳排放进行弥补，能够保证政策的顺利实施，有很好的实践意义。

6.4.2　研究方法

本小节在三维节能减排动态演化系统的基础上引入碳税，演化出带碳税约束

项的四维动态演化系统。本部分首次将碳税引入动态演化系统，通过研究系统的动力学演化行为，得出碳税对节能减排系统的演化趋势，首次给出碳税对能源强度的拐点，并讨论了与实际对应的相关参数变化对拐点及能源强度最终稳定点的影响，通过动态演化分析得出在四维动态演化系统框架下中国开征碳税的最佳时间和最佳起征点，并进一步讨论如何更好地开展碳税政策，这些都是之前的研究不曾具有的。

以中国的实际情况为例来讨论这些结果，分析碳税约束对能源强度和经济增长的影响并给出指导性建议，这些建议可以用于其他类似的国家和地区。

6.4.3 碳税约束下的节能减排系统分析

近年来，关于碳税的讨论越来越多，在节能减排系统中引入碳税逐渐成为学者的共识，并得到了一些很好的结论和实际的指导建议[30-36]。本部分试图通过建立非线性动态演化模型来阐述这些变量间的演化关系，探讨碳税对能源强度、经济增长等变量的影响。

1. 理论模型

在三维节能减排系统中引入碳税，是对以往研究的进一步延续（参见文献[37]、[38]），得到在新的四维碳税约束下的节能减排系统更加贴近实际，符合节能减排的发展趋势。带碳税约束的新系统可以表述为如下的微分方程：

$$\begin{cases} \dot{x} = a_1 x(y/M - 1) - a_2 y + a_3 z + a_4 w \\ \dot{y} = -b_1 x + b_2 y(1 - y/C) + b_3 z(1 - z/E) - b_4 w \\ \dot{z} = c_1 x(x/N - 1) - c_2 y - c_3 z - c_4 w \\ \dot{w} = d_1 w(y - T) \end{cases} \quad (6-1)$$

其中，$x(t)$ 为随时间变化的节能减排量，$y(t)$ 为随时间变化的碳排放量，$z(t)$ 为随时间变化的经济增长 GDP，$w(t)$ 为随时间变化的碳税征收量，a_4、b_4、d_1、T 是正的常数（T 的单位可以转换成吨标准煤）。a_4 是 $w(t)$ 对 $x(t)$ 的影响系数；b_4 是 $w(t)$ 对 $x(t)$ 的影响系数；d_1 是 $w(t)$ 的发展常数；T 是 $y(t)$ 对 $w(t)$ 影响的转折点变量。

1）指标选取

本部分建立了一类新型非线性动力演化模型，研究引入碳税的系统中各变量的演化行为，探讨碳税对系统中的能源强度和经济增长的影响。在系统的演化中碳排放量 $y(t)$、经济增长 $z(t)$、碳税征收量 $w(t)$ 对节能和减排都有影响，将能源强度和经济增长这两个指标结合在一起作为一个变量,不会影响系统的演化分析，对本小节探讨的内容和结论也没有影响。

GDP 是衡量宏观经济的主要指标，是宏观经济数据中综合性较强的指标之一，并且 GDP 与经济增长率、通货膨胀率、失业率、信贷、投资增长率等指标有十分密切的联系。正是基于这种综合关系，本小节中仅考虑四个变量的系统，其他经济变量的影响在本模型中体现在参数的综合变量之中，如在式（6-1）的第三个式子 $\dot{z} = c_1 x(x/N-1) - c_2 y - c_3 z - c_4 w$ 中，$z(t)$ 的发展速度与 $x(t)$ 对 $z(t)$ 的影响和 $z(t)$ 的发展潜力同时成正比，$x(t)$ 对各种经济变量的影响及各种经济变量之间的关系就体现在系数 c_1 及 $z(t)$ 的发展潜力 $(x/N-1)$ 中。

式（6-1）的第三个式子 $\dot{z} = c_1 x(x/N-1) - c_2 y - c_3 z - c_4 w$ 的最后一个部分 $-c_4 w$ 为碳税的实施对经济的影响，碳税对宏观经济中各变量都有影响，这种影响可综合体现在系数 c_4 中。$c_4 = c_4' - c_4''$，$c_4' w$ 为实施碳税政策对经济变量的阻碍作用，$c_4'' w$ 为征收碳税对经济变量的促进作用（碳税收入纳入循环经济的部分）。

其中，碳税对各经济变量的阻碍作用的总和为 $c_4' w$，$c_4' w = \sum_i c_4' w (i = 1, 2, 3, \cdots)$，$c_{4i}' w$ 为碳税对某个经济变量的阻碍作用，类似地，碳税对各经济变量的促进作用的总和为 $c_4'' w$，$c_4'' w = \sum_j c_{4j}'' w (j = 1, 2, 3, \cdots)$。依据中国经济发展和产业结构实情，在碳税实施的初级阶段，碳税对经济的阻碍作用会大于碳税收入纳入循环经济部分所体现的倍增效应，并且这个阶段持续的时间会比较长，即 $c_4' > c_4''$，因此 $c_4 w = (c_4' - c_4'') w$ 总体表现为碳税对经济的阻碍作用，随着碳税的发展，由于碳税收入纳入循环经济的部分产生的倍增效应，这时 $c_4'' > c_4'$，即 $c_4 = c_4' - c_4'' < 0$，碳税对经济的影响转为正向。

这里，$w(t)$ 是随时间的变化而变化的碳税征收量。在式（6-1）中，当 $w(t) = 0$ 时，即没有征收碳税时，其为三维节能减排系统。

在方程中，考虑引入碳税后对节能减排和碳排放的影响，碳税的引入对低碳的企业或个人有积极的影响，对那些高碳的企业或个人有一定的抑制作用，考虑到实际情形，总的来说，碳税的引入对经济增长有一定的抑制作用和影响，$a_4 w$ 表明征收碳税将会促进节能减排的发展。$-b_4 w$ 表示征收碳税必定在一定程度上抑制碳排放的发展速度。$-c_4 w$ 表示征收碳税在一定程度上抑制经济增长。其中，最后一个方程表示碳税的发展速度与碳税征收量及碳税的发展潜力成正比，当碳排放量很少时，没有必要开征碳税或碳税开征的幅度不大，当碳排放量很多时，征收碳税并以较快的速度发展能很好地控制碳排放。当 $y < T$ 时，碳税发展速度缓慢；当 $y > T$ 时，碳税发展速度随碳排放量的增加而增加。

式（6-1）是一个连续的动态演化系统，每个变量的变化都会引起整个系统的变化。在三维节能减排系统中引入碳税，目的是想通过分析加入碳税后系统的演化行为，找出碳税对节能减排系统的影响，即对能源强度和经济增长的影响。本部分将通过对系统的演化分析，研究得到，节能减排系统是否需要引入碳税，何时为引入碳税的最佳时间，最佳起征点又是多少，以及如何更好地发挥碳税在节能减排系统中的作用。

能源强度即单位 GDP 的耗能量是衡量节能减排成果的一个很好的指标，在式（6-1）中解出：$y(t)=\phi_1(x,ky,z,w,t)$、$z(t)=\phi_2(x,y,z,w,t)$。则能源强度：

$$U(t)=\phi_1(x,ky,z,w,t)/\phi_2(x,y,z,w,t) \qquad (6\text{-}2)$$

其中，$k=1/k_0$，k_0 为标准煤的碳排放系数。

在后面的研究中，借助观察 $U(t)$ 的动态演化图形，以能源强度的拐点及稳定点为指标，研究在节能减排系统中碳税发挥的作用，并获得了一系列的结论。

2）节能减排吸引子

当式（6-1）取不同的系数时会展示不同的演化行为，在三维节能减排系统的基础上，结合碳税对系统的影响，在大量的仿真计算后发现当式（6-1）取如下的系数时，动态系统会展现出如吸引子等非常有意思的动力学行为。

$a_1=0.09$，$a_2=0.003$，$a_3=0.012$，$a_4=0.042$，$b_1=0.412$，$b_2=0.096$，$b_3=0.8$，
$b_4=0.06$，$c_1=0.035$，$c_2=0.0062$，$c_3=0.08$，$c_4=0.0024$，$d_1=0.02$，$M=0.9$，
$C=1.6$，$E=2.7$，$N=0.35$，$T=0.755$ $\qquad (6\text{-}3)$

式（6-1）确实存在 8 个拐点 $S_0(0,0,0,0)$，$S_1(0.0574,1.3453,0.7750,1.6135)$，$S_2(0.0623,-0.0186,0.7550,-0.0518)$，$S_3(-1.4415,-1.4941,0.7750,3.4287)$，$S_4(0.2090,0.8840,0.7750,0.5253)$，$S_5(0,-1.4931,1.1463,3.3510)$，$S_6(0,0.8594,0.8631,0.4804)$，$S_7(0,1.3492,0.7726,1.6254)$。

计算式（6-1）的 Jacobian 矩阵相应的特征方程。点 S_0，S_1，S_2，S_3，S_4，S_5，S_6，S_7 都是鞍点。

$$\nabla V=\frac{\partial \dot{x}}{\partial x}+\frac{\partial \dot{y}}{\partial y}+\frac{\partial \dot{z}}{\partial z}+\frac{\partial \dot{w}}{\partial w}=a_1(\frac{y}{M}-1)+b_2(1-\frac{2y}{C})-c_3+d_1(y-T)$$
$$=(\frac{a_1}{M}-\frac{2b_2}{C}+d_1)y+b_2-a_1-c_3-d_1T \qquad (6\text{-}4)$$

当 $\frac{a_1}{M}+d_1=\frac{2b_2}{C}$、$b_2-a_1-c_3-d_1T<0$ 时，式（6-1）是耗散的。

取系统参数如式（6-3），取初始条件[0.015, 0.758, 1.83, 0.01]。一个吸引子如图 6-2（a）所示，$x(t)$、$y(t)$、$z(t)$、$w(t)$ 的时间序列如图 6-2（b）所示，参数 c_3 的 Lyapunov 指数图如图 6-3 所示。状态变量 y 关于参数 c_3 的分叉图如图 6-4 所示。

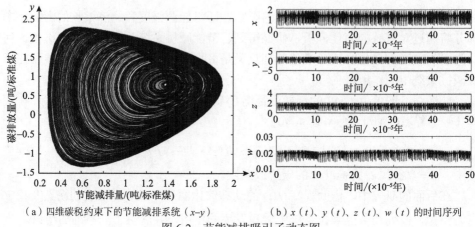

（a）四维碳税约束下的节能减排系统（x–y）　　　　（b）$x(t)$、$y(t)$、$z(t)$、$w(t)$ 的时间序列

图 6-2　节能减排吸引子动态图

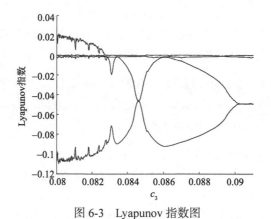

图 6-3　Lyapunov 指数图

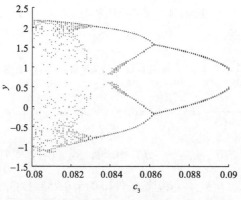

图 6-4　状态变量 y 关于参数 c_3 的分叉图

与洛伦兹系统、陈系统、吕系统及能源供需系统相比，式（6-1）的平衡点、

线性项、非线性项与上述系统有很明显的差异。将上述系统分解成线性部分 $\left[a_{ij} \right]$ 和非线性部分，则推导得出式（6-1）中的线性部分 $a_{12}a_{21}$ 的值与上述系统不同，此外在洛伦兹系统、陈系统、吕系统及能源供需系统中，$a_{23}a_{32} = 0$，$a_{31} = a_{32} = 0$，根据式（6-1）所对应的矩阵方程显示的 $a_{23}a_{32} \neq 0$，$a_{31} \neq 0$，$a_{32} \neq 0$。说明式（6-1）与上述系统属于不同族的混沌系统。式（6-1）的相图、Lyapunov 指数图及分叉图与上述系统也有很明显的区别，该吸引子是一个新的吸引子，因是在三维节能减排系统上受到 a_4w、b_4w、$d_1w(y-T)$ 等碳税约束项后得到的，我们称之为在碳税约束下的节能减排吸引子。

借助 Lyapunov 指数图和分叉图可在数值仿真上验证式（6-1）存在混沌吸引子。借助 Šilnikov 定理，可以证明系统存在斯梅尔马蹄集和马蹄混沌效应，从而在理论上可证明系统存在混沌吸引子。

2. 情景分析

通过观察系统的演化发展找出最适合开征碳税的节点，这个点所对应的时间就是开征碳税的最佳时间，所对应的数值就是碳税的最佳起征点。依据中国碳税的相关研究及中国的实际情况，拟设四种碳税方案，即拟定 2000 年碳税值为 10 元/吨二氧化碳、15 元/吨二氧化碳、20 元/吨二氧化碳、25 元/吨二氧化碳，每种情况的碳税值均按每年 0.2 元/吨二氧化碳的幅度增加。将四种初始值代入四维演化系统，分析各种方案的优劣，最终确定在四维节能减排系统框架下的最恰当的碳税开征时间及税率。

目前，中国尚没有开征碳税，此处我们试图利用已有数据来推演系统未来的演化结果，即选定某一年为碳税开征的起始年，选定某个值为碳税的起征点。以这个初始值出发，观察系统的演化发展，进行综合分析。情景分析中的数据为 2000～2009 年，故选定 2000 年为拟定碳税开始的时间。选定 2000 年对应的数据为初始值，随着系统的演化发展，碳税逐渐发挥作用，观察能源强度的演化曲线。当带碳税约束的四维节能减排系统的能源强度低于不带碳税约束的三维节能减排系统的能源强度时，这时系统所展现的数据就是我们寻找的节点，因为系统是一个连续的系统，以这个节点所对应的时间为碳税真正开征的时间，所对应的碳税额度为碳税的起征点，系统在这个节点运行下去，碳税就会很好地发挥作用，达到控制碳排放、降低能源强度的作用。在参照目前关于中国碳税研究的基础上，给碳税起征额度一个很大的范围：10～25 元/吨二氧化碳，并结合相关研究给出了碳税每年按 0.2 元/吨二氧化碳的幅度增加的假设。这些假设也是符合中国目前的实际情况的。

先以中间情形 15 元/吨二氧化碳为例进行分析，得到中国 2000～2009 年的碳税的拟设数据如表 6-5 所示。

表 6-5　中国碳税量（2000～2009 年，以 1999 年为基准）

年份	2000	2001	2002	2003	2004	2005	2006	2007	2008	2009
w	1.1211	1.0646	1.1847	1.4165	1.6658	1.9589	2.0694	2.2586	2.5087	2.6709

依据碳排放的数据，乘以每年的碳税的税率，便得到相应年份的碳税值。表 6-5 中的数据以平稳的速度增长。

表 6-5 结合在三维节能减排系统中中国 2000～2009 年的统计数据[37]，借助神经网络中的 BP 算法得到实际四维节能减排系统的参数如表 6-6 所示。

表 6-6　式（6-1）的参数

a_1	a_2	a_3	a_4	b_1	b_2	b_3	b_4	c_1
0.1352	0.2295	0.1873	0.4263	0.1812	0.4273	0.3782	0.6216	0.4341

c_2	c_3	d_1	M	C	E	N	T	
0.3317	0.5673	0.2541	0.6152	0.5749	0.6483	0.5524	0.5521	

将表 6-6 中的参数代入式（6-1），把 2000 年的数据作为初始情况，实际系统的相图如图 6-5 所示，图中的相图是极限环，表明实际系统是稳定的，和实际情况吻合。

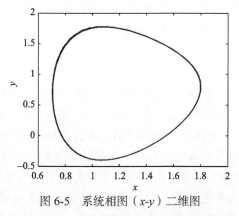

图 6-5　系统相图（x-y）二维图

2000 年的碳税值为拟定值，设定这些数值的目的是结合节能减排、碳排放、经济增长的数据，借助神经网络得到实际系统中的参数值及相应的初始值。进而分析实际系统的演化行为。当碳税拟定值不同时，得到的实际系统的参数值及系统的初始值也会不同，当然实际系统的演化行为也不同。

那么，在把碳税引入节能减排系统的过程中，会有这样两个疑问困扰我们：什么时候开征碳税，如何开征碳税，才能使得节能减排系统更好地运行。以往的研究对这两个问题的探讨所构建的模型比较简单或者采用更简单的调查问卷的方式，得到的结论缺乏理论基础，也不够形象。本小节从系统的动力学演化行为出发，将能源强度的演化公式图像化，通过观察能源强度的拐点、演化趋势，及经济增长的演化行为，获得了更加贴近中国实际情况的结果。

1）什么时候开征碳税

首先比较一下带碳税约束项的四维系统与三维系统的优劣。在四维系统中取实际系统的参数如表 6-6 所示，选择碳税起征点为 15 元/吨二氧化碳的情形为初始条件。参数 C 为在一定时期内碳排放的峰值，标志着碳排放总量的情况及节能减排的形势。图 6-6 显示了当参数 C 取相同值时 2 个实际系统的能源强度的演化趋势对比图，稳定值 1 为三维节能减排系统的能源强度演化图，稳定值 2 为四维节能减排系统的能源强度演化图，通过对比可以看出，三维节能减排系统加入碳税约束项后变得更容易控制，且在稳定一段时间后，出现了能源强度的拐点，在拐点后能源强度又开始下降，且稳定后的值更小。

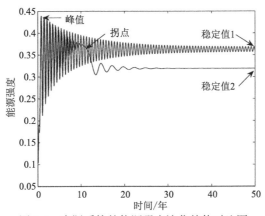

图 6-6 实际系统的能源强度演化趋势对比图

随着节能减排的开展，碳税的引入并逐步发挥作用。实际系统中的每个变量都有相应的变化，实际系统的能源强度会展现出各种各样的演化行为。图 6-7 显示了碳税初始拟定值为 15 元/吨二氧化碳时对应的能源强度演化图。中间曲线为三维系统的能源强度演化图，拐点 1～拐点 7 对应的是参数 C 在一小段范围内等差值变化时对应的能源强度演化曲线（不同的 C 值对应系统不同的发展阶段）。观察图 6-7 发现，能源强度的拐点来得越来越晚。在拐点 1 和拐点 2 之前，系统所对应的能源强度都比原（三维）系统的能源强度大，拐点 3 基本持平，拐点 3 以后的值都比原系统要小。综合考虑，拐点 3 所对应的情形最理想，其能源强度小于等于原系统的能源强度，并且拐点到达的时间不是很晚，拐点 3 对应的时间是在 2015 年之前，2013～2014 年，即在 2013～2014 年开征碳税比较好，征收额度大约为 17.6～17.8 元/吨二氧化碳。在这个点开征碳税，能源强度在很短的时间内稳定到理想值。

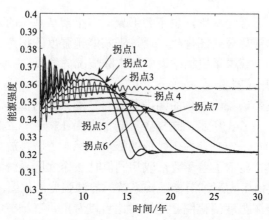

图 6-7　碳税初始拟定值为 15 元/吨二氧化碳时对应的能源强度演化图

图 6-7 是由式（6-1）导出的能源强度式（6-2）的演化图，反映了能源强度的演化趋势。当碳税初始值取为其他三个值时，可仿照上述方法，得到实际系统的相关参数及对应的初始值，代入实际系统进行动态演化分析。对比观察容易发现，当碳税初始拟定值逐渐变大时，曲线的拐点来得越来越早。

碳税征收额度越大，对能源强度的控制效果越好。但同时要考虑到碳税在控制能源强度的时候对经济增长也有一定的抑制作用，不同的碳税征收额度造成的影响也不同。

图 6-8 显示了当碳税取不同初始值时对经济的影响。观察图 6-8 可以发现，实施碳税对经济增长有一定的影响，四条曲线均在零线的下方，当碳税拟定初始值逐渐变大时，对经济的负面影响越大，并且当碳税拟定初始值增加相同幅度时，对经济的影响却越来越大，即四条线的间距越来越大。

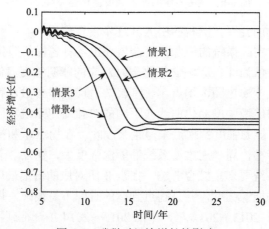

图 6-8　碳税对经济增长的影响

在图 6-7 中拐点 3 对应的情况中，能源强度一直小于等于开征碳税前系统的能源强度，说明碳税在节能减排系统中发挥的作用很好；能源强度的拐点来得比较早，可以尽快地控制能源强度；并且对经济增长的抑制作用不大。综上分析，中国在 2013～2014 年开征碳税最理想，碳税征收额度大约为 17.6～17.8 元/吨二氧化碳。

中国开征碳税可以缓解国际社会对中国的减排压力。中国的碳排放总量已经超过美国位居世界第一，而人均碳排放也已超过世界平均水平，国际社会对于中国碳排放急剧上升的忧惧已经转化为对中国碳减排的现实压力，如"碳关税"及"碳排放配额的进口要求"等政策迫使中国已不得不采取相应的行动。开征碳税可以启动中国税制的绿色化改革。通过税收调节，重构资源和环境价格体系，引导资源的合理利用。在中国开征碳税可以促进发展方式的转型。启动以碳税为起点的中国税制的绿色化改革有助于促进中国的发展方式由粗放型向集约型发展的转型。

T 为 $y(t)$ 对 $w(t)$ 的影响的转折点，T 的大小决定着开征碳税的时间问题，图 6-9 显示了当 T 取不同值时能源强度的演化图，稳定值 1 为没有开征碳税的三维节能减排系统的能源强度演化图，稳定值 3 是 $T=0.5521$ 的能源强度演化图，稳定值 2 是 $T=0.6021$ 的能源强度演化图，观察图 6-9 可以发现，当 T 变大时能源强度的稳定值跟没有开征碳税时已经非常接近，稳定值 3 的稳定值比稳定值 2 的稳定值低很多。说明 T 值越大，即在节能减排系统中越晚引入碳税，节能减排系统中的能源强度就越难以控制，碳税失去了对能源强度的控制作用。观察图 6-9 还可以发现一个比较有趣的现象，在棕色小圈内，稳定值 3 高于稳定值 2，在早期，征税时点早在能源强度上的数值会略高于晚征收碳税所显示出的数值，但是经过短暂的波动后，能源强度稳定值远远小于晚些时间引入对应的能源强度值，当然这个小的波动也可以通过碳税本身的发展来消除（见接下来对 d_1 的分析）。因此，要及时引入碳税。

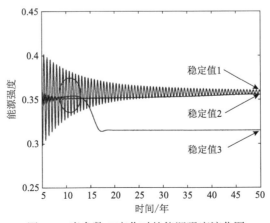

图 6-9　当参数 T 变化时的能源强度演化图

　　中国开征碳税的时间和税率要符合中国的国情，2010 年 6 月，财政部和国家发展和改革委员会联合颁布《中国碳税税制框架设计》报告，该报告列出中国碳税开征路线图，预计在 2012 年前后适时开征碳税，2009 年中国已经实施了成品油消费税改革，有关资源税的改革也可能在 2009~2010 年实施，因而初步建议将碳税的实施时间确定为资源税改革后的 1~3 年内（预计为 2012~2013 年）。但由于资源税的改革被推迟，相应碳税的开征也需要推后进行。《中国碳税税制框架设计》报告给出碳税起始税额的参考值 10~20 元/吨二氧化碳，以欧洲碳税200~300 元/吨为例，折合算下来每吨煤的成本提高 400~600 元。如果初期采用这个价格，经济发展和国家的产业结构将会明显受挫。考虑到经济和企业的适应能力可能存在问题，税额可能会定在 10~20 元/吨二氧化碳作为尝试，而后根据企业的适应能力逐步提高税率。

　　本部分建立了碳税约束下的节能减排模型，从动力学角度出发，以能源强度和经济增长的演化趋势为衡量指标，通过探讨碳税在节能减排系统中复杂的演化行为，得到了在四维动态演化系统框架下开征碳税的最佳时间、最佳征收额度：中国开征碳税的最佳时间是 2013~2014 年，最佳征收额度是 17.6~17.8 元/吨二氧化碳。这些结果是从实际的动力系统及真实数据演化分析获得的，与《中国碳税税制框架设计》报告提出的时间（2012 年前后）和碳税税率（10~20 元/吨二氧化碳）相比，结果接近但有所不同。关于中国何时开征碳税及起征点的研究不多，有些研究虽然给出了开征时间和起征额度，但这些结果是在调查问卷或非常简单的线性模型等的基础上得到的，对比之下本部分所得出的结论的理论依据更加充分。

　　2）如何更好发挥碳税在节能减排系统中的作用

　　上一部分讨论了何时开征碳税及碳税的起征额度，这一部分将进一步讨论如何更好地发挥碳税的作用，使能源强度快速平稳地降低，并使碳排放控制在理想范围内。本部分中仍然以碳税拟定值为 15 元/吨二氧化碳为例进行分析。

　　d_1 是碳税的发展系数，体现着碳税的发展水平，d_1 的变化对系统有很大的影响。取表 6-5 中的数据，令 d_1 任意。图 6-10 显示了当 d_1 逐渐增大时能源强度的演化图（图 6-10 只是反映当 d_1 增大时对应的能源强度的演化趋势，对应的时间没有具体的意义，为了清晰地观察图像，将横轴适当放大），拐点 1 对应 $d_1 = 0.3541$时的能源强度；拐点 2 对应 $d_1 = 0.5541$；拐点 3 对应 $d_1 = 0.7541$；拐点 4 对应$d_1 = 0.9541$。观察四条曲线发现，当 d_1 逐渐增大时，能源强度的拐点来得越来越早，所对应的数值也有小幅度的下降。

　　图 6-10 显示了当 d_1 取上述值时对经济增长的影响，四条曲线对应 d_1 逐渐增大的情形。观察图 6-10 可以发现，当 d_1 逐渐增大时对经济增长有一定的影响。但

是四条曲线的差距不是很大，当 d_1 增大相同的数值时，对应的经济增长的变化越来越小。

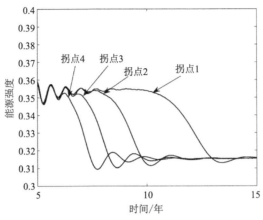

图 6-10 　当 d_1 逐渐变大时能源强度的变化

我们的目标是更好地发挥碳税在节能减排系统中的作用，即能源强度的拐点到达得越早越好，并同时尽量减小对经济增长和其他变量的影响。综合考虑，在上述演化图（图 6-10）中，拐点 4 对应的情形的控制效果最好，拐点处的能源强度的值最小，能源强度曲线的波动也最轻微，对经济增长的影响不是很明显（相比其他几个数值）。说明要想更好地发挥碳税对能源强度的控制作用，需要适度加快碳税的发展，并制定相配套的政策法规。例如，采用分段累进税率，在征收碳税的同时，消减其他税收并给予相关补贴，降低个人所得税和企业所得税，给予节能投资补贴和低收入群体补贴，对高污染高排放企业收高税率，使用可再生能源的企业及个人免征碳税，等等。

在节能减排系统中引入碳税可以很好地控制碳排放、降低能源强度，随着碳税的开展、节能减排系统的演化发展及经济结构和发展方式的转变，碳减排成本也会在某个时刻迎来拐点，当碳减排成本降低，意味着 $z(t)$ 对 $y(t)$ 影响变大，反映在式（6-1）中为系数 b_3 的变大。当系数 b_3 变大时，如果仍然保持当前的碳税政策不变，就会影响到节能减排的效果，甚至会给系统带来致命的冲击，图 6-11 显示了当 $b_3 = 0.4296$ 时的能源强度演化图，此时系统已经崩溃（$b_3 \geqslant 0.4296$ 系统都会崩溃）。

当碳减排成本降低时需要调整当前的碳税政策，在四维节能减排系统框架下可以通过适当降低碳税税率，将碳税收入更多地纳入循环经济的部分，即增加 $c_4'' w$。图 6-12 显示了当碳税政策调整时对应的能源强度演化图。情景 1 为 $d_1 = 0.7541$ 对应的能源强度演化图，情景 2 为 $d_1 = 0.7541$、$b_3 = 0.3696$ 时的能源强度演化图，情景 3 为 $d_1 = 0.4541$、$c_4 = -0.4541$ 时的能源强度演化图。观察三条

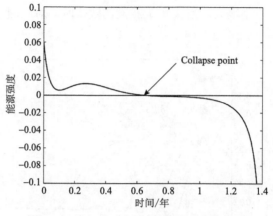

图 6-11　当 b_3=0.4296 时的能源强度演化图

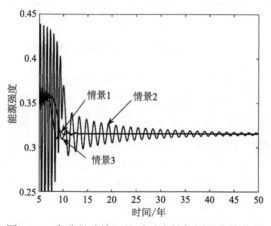

图 6-12　当碳税政策调整时对应的能源强度演化图

曲线可以发现，当碳排放成本降低时，维持碳税政策不变，能源强度的波动比较大，体现在图中就是情景 2 比情景 3 振荡得剧烈。当减小 d_1、增加 c_4''（c_4 变小）时，能源强度又被拉回到原来平稳的演化趋势。

总之，带碳税约束的四维节能减排系统比三维节能减排系统在控制能源强度方面的效果更好，可以更有效地控制碳排放。中国开征碳税的最佳时间是 2013～2014 年，最佳征收额度是 17.6～17.8 元/吨二氧化碳。适度加快碳税的发展，并制定相配套的政策法规，可以更好地发挥碳税在节能减排系统中的作用，更有效地控制能源强度。

3. 与之前研究方法的比较

以往的研究方法主要是借助一些基本的线性模型、一般均衡模型、灰色预测模型及投入产出理论等分析碳税的开征时间及碳税对经济增长等诸多变量的影响。也有学者在方法上做了创新，如双重差（difference-in-difference，DID）模型、中国能源与环境政策分析（China energy and environmental policy analysis，CEEPA）模型、动态切换扩展（SWITCH）模型等，并获得了一些富有成效的结果。

本部分首次从动力学入手，建立带碳税约束的四维节能减排系统；将节能减排、碳排放、经济增长、碳税等变量纳入一个连续的动态演化系统；由系统推导出随时间变化的能源强度计算公式，找到了能源强度的拐点；借助能源强度的演化趋势并结合碳税对经济增长的影响，根据数值模拟分析，找到了在四维动态演化系统框架下开征碳税的最佳时间和最佳起征点。这些都是研究方法的尝试和创新。关于中国何时开征碳税及起征点的研究不多，有些研究虽然给出了开征时间和起征额度，但这些结果是在调查问卷或非常简单的线性模型等的基础上得到的。本部分得出 2013~2014 年为中国碳税起征年份，17.6~17.8 元/吨二氧化碳为起征额度，与以往的研究相比，模型与数值分析相结合，更加符合中国的现实情况。

4. 主要结论

借助从带碳税约束的四维节能减排系统推导出的随时间变化的能源强度计算公式，研究了碳税对能源强度的影响，分析了模型的非线性动力学行为，并得到了在碳税约束下的节能减排吸引子。中国目前没有开征碳税，在合理范围内对碳税数据做了假设，结合神经网络得到实际系统中的相关参数，以中国为例分析了实际碳税约束下的节能减排系统的相关行为。

拟定碳税的四个初始征收额度，以能源强度的拐点与演化曲线的波动情况为衡量指标，对比分析四种假设下的能源强度曲线图的动态演化趋势及对经济增长的影响，找到了在四维动态演化系统框架下开征碳税的最佳时间、最佳征收额度，并进一步探讨了在节能减排系统中碳税发挥作用的具体方法。

通过对实际系统的演化分析，找到了碳税对能源强度的深层次影响，并得到了一些富有成效的结果。结果显示：带碳税约束的四维节能减排系统比三维系统更优越，通过在三维节能减排系统中适时适度地引入碳税，可以更好地控制碳排放，降低能源强度。在如中国这样的发展中国家适时适度地引入碳税，并建立相应的政策法规，会在很大程度上促进节能减排的发展。

6.4.4 政府调控对碳税的演化影响——基于碳税约束下的节能减排系统

1. 研究综述

气候变暖带来一系列的环境问题，随着气候变暖的加剧，其影响已经波及经济、政治和国家安全领域[39]。二氧化碳排放是引起气候变暖的主要原因，控制碳排放已成为全球共同关注的议题和必须面对的问题。节能减排是控制碳排放行之有效的方法，在节能减排系统中适时适度地开征碳税并制定相应的法律法规，可以加速节能减排的进程，在更大程度上减少碳排放、降低能源强度[40]。

在研究碳税的过程中，碳税的开征时间及征收额度等问题引起了学者的广泛关注。Callan 等[41]分析了当爱尔兰碳税征收额度为 20 美元/吨二氧化碳时对不同家庭的影响，并给出了相应的解决方案。苏明等[42]对中国财税、环境和能源等领域的专家进行了问卷调查，探讨了中国开征碳税的最佳时间和最佳起征点。适时适度引入碳税及相应的政策法规的出台，可以更好地发挥碳税在节能减排系统中的作用，然而在实际情形中碳税的发展受很多因素的制约，在这些制约因素中政府调控对碳税的影响最明显，直接影响着碳税的演化发展。

以往的研究主要对碳税约束下的节能减排系统进行了探讨，应用了一些基本的线性模型，如一般均衡模型、灰色预测模型及投入产出理论等，或者采用更直接的调查问卷的方式，也有学者在方法上做了创新，如 DID 模型、SWITCH 模型等，并获得了一些富有成效的结果[41]。在能源经济系统中非线性动力学的分析和应用在近年来得到了广泛发展，本小节在四维碳税约束下的节能减排动态演化系统的基础上（参见文献[43]），将政府调控量化并纳入基于碳税的节能减排系统，进一步探讨政府调控对碳税的演化影响。

本小节将政府调控纳入碳税约束下的节能减排系统，建立一类新型四维节能减排模型，并分析了系统的动力学演化行为；基于遗传算法的 BP 神经网络，对实际的系统参数进行辨识；通过进行情景分析来观察在实际系统中政府调控对碳税的动态演化影响。

2. 模型构建

1）模型

在四维节能减排系统框架下，政府调控对碳税的制约主要取决于碳排放量和经济量这两个变量的演化关系。当碳排放总量很大时，带来气候变化等一系列问题，政府调控倾向于借助碳税来控制碳排放，以期改变目前的气候环境；当碳税的开征对经济的阻碍很大（或经济总量很小），并影响到经济利益的时候，政府调控对开征碳税的兴趣降低，且其对开征碳税的接受程度下降。政府调控对碳税的影响就是这两个变量之间博弈的结果。将政府调控引入基于碳税的节能减排系统，新系统可以表述为如下的微分方程：

$$\begin{cases} \dot{x} = a_1 x(y/M - 1) - a_2 y + a_3 z + a_4 w \\ \dot{y} = -b_1 x + b_2 y(1 - y/C) + b_3 z(1 - z/E) - b_4 w \\ \dot{z} = c_1 x(x/N - 1) - c_2 y - (c_3' - c_3'')z - (c_4' - c_4'')w \\ \dot{w} = d_1 w(y - T) + d_2(y - H) - d_3(K - z) \end{cases} \quad (6\text{-}5)$$

其中，$x(t)$、$y(t)$、$z(t)$、$w(t)$ 分别为随时间变化的节能减排量、碳排放量、经济增长量和碳税总量；a_i、b_i、c_i、d_j（$i=1,2,3,4$，$j=1,2,3$）、M、C、E、N、T、H、K 为正常数；$t \in I$，I 为一个经济时期。

式（6-5）中 $\dot{w} = d_1 w(y-T) + d_2(y-H) - d_3(K-z)$ 中的 $d_2(y-H) - d_3(K-z)$ 为政府调控对碳税发展的影响。d_2、d_3 为政府调控对碳税发展的影响系数，H 为政府调控对碳排放承受的上限，当碳排放高于这个数值的时候，政府就会做出一些举措来控制碳排放，当然这个数值在不同的经济时期或同一经济时期的不同阶段是不同的，为方便讨论，这里假定在一个经济时期内 H 值不变。当碳排放总量很大，超过承受上限 H 的时候，即当 $y-H>0$ 时，此时大量的碳排放量使得温室气体加剧，给生态环境带来很大的压力，政府自发或迫于国内外压力出台措施促进碳税的实施，希望加快碳税的发展来控制碳排放；当碳排放总量不大（节能减排等措施的实施使得碳排放总量变小）时，即当 $y-H<0$ 时，碳税对气候变暖、生态环境的压力变小，政府调控对开征碳税的兴趣降低，政府会出台措施抑制碳税的发展。

K 为政府调控对经济增长承受的下限，当经济总量低于这个数值的时候，经济发展会受到影响，政府会做出一些调控措施促进经济发展。中国在"十二五"期间提出经济年均增速目标为 7%，当增速低于 7% 的时候（要注意"十二五"期间经济年均增速与每年的增速的异同点），中国政府非常有可能会出台政策来刺激经济增长，中国政府曾在 2009～2012 年采取一系列的激励措施来刺激经济。当经济发展很好，总量很大的时候，碳税对经济的影响 $-c_4 w$ 相对此时的经济总量来说不是很大，即 $K-z<0$，$-d_3(K-z)>0$，政府调控不会阻碍碳税的发展；当经济总量不大（或因实施碳税对经济的影响太大）的时候，即当 $K-z>0$ 时，此时政府工作重心偏向经济发展，会出台政策来延缓碳税的发展，$-d_3(K-z)<0$，会抑制碳税的发展。

碳税约束下的节能减排系统是具有复杂耦合关系的非线性系统，系统中的变量有着非常复杂的演化关系。政府调控通过 $d_2(y-H) - d_3(K-z)$ 对碳税施加影响，碳税分别通过 $a_4 w$、$-b_4 w$、$-(c_4' - c_4'')w$ 对节能减排、碳排放、经济增长施加影响，政府调控的每一个变化都会引起整个系统的变化，给系统中的各变量带来不同的演化行为。

在变量 $-(c_3' - c_3'')z$ 中，c_3' 为 $x(t)$ 等的投入对 $z(t)$ 的抑制系数，$-c_3''$ 为政府调控对经济增长 $z(t)$ 的影响系数，当经济发展很好的时候，系数 c_3'' 很小，$c_3' > -c_3''$；当经济发展不好或者增速降低（如低于 7%）的时候，政府加大对经济的干预，系数 c_3'' 逐渐变大，以保证经济发展的目标。c_4' 为碳税的实施对经济变量的阻碍系数，c_4'' 为碳税对经济变量的促进系数（碳税收入纳入循环经济的部分）。在节能减排的不同发展阶段，碳税（政府调控对碳税的演化影响）对经济增长的影响通过 c_4' 和 c_4'' 的演化关系体现出来。为方便表示，令 $c_3 = c_3' - c_3''$， $c_4 = c_4' - c_4''$。

当 $d_2 = d_3 = 0$ 时，式(6-5)变为基于碳税的四维节能减排系统。当 $d_1 = d_2 = d_3 = 0$ 时，式（6-5）变为三维节能减排系统。

2）模型分析

当式（6-5）取不同的系数时会展示出不同的演化行为，在大量的仿真计算后发现当式（6-5）取如下的系数时，式（6-5）会展现出如吸引子等非常有意思的动力学行为。

$$a_1 = 0.09，a_2 = 0.003，a_3 = 0.012，a_4 = 0.042，b_1 = 0.412，b_2 = 0.096，b_3 = 0.8，$$
$$b_4 = 0.06，c_1 = 0.035，c_2 = 0.0062，c_3 = 0.08，c_4 = 0.0024，d_1 = 0.02，d_2 = 0.07，$$
$$d_3 = 0.04，M = 0.9，C = 1.6，E = 2.7，N = 0.35，T = 0.755，H = 0.98，K = 0.85$$

$$（6-6）$$

当式（6-5）取参数如式（6-6）所示时，系统有 4 个实平衡点：$S_1(-0.4735, -0.0781, -1.0377, 0.1364)$、$S_2(0.3403, 1.3234, 0.6667, 1.5484)$，$S_3(-0.7657, 1.3911, 1.0013, 1.7557)$，$S_4(0.1735, -0.0798, 1.2528, -0.0594)$。

通过计算得到在 S_1 处的线性近似系统的 Jacobian 矩阵的特征值为 $\lambda_1 = 0.2249$、$\lambda_2 = -0.0081$、$\lambda_{3,4} = -0.1529 \pm 0.1588i$，$S_2$ 处的特征值为 $\lambda_{1,2} = -0.0108 \pm 0.1095i$、$\lambda_{3,4} = -0.0337 \pm 0.0177i$，$S_3$ 处的特征值为 $\lambda_1 = 0.1820$、$\lambda_2 = 0.0361$、$\lambda_{3,4} = -0.1536 \pm 0.0843i$，$S_4$ 处的特征值为 $\lambda_1 = 0.0489$、$\lambda_2 = 0.0149$、$\lambda_{3,4} = -0.0765 \pm 0.0087i$，因此，$S_2$ 是稳定点，S_1、S_3、S_4 为鞍点。

3）吸引子

系统参数如式（6-6）所示，取初始条件 $[0.015, 0.758, 1.83, 0.01]$。得到一类新型节能减排吸引子（图 6-13）。

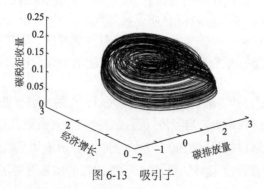

图 6-13　吸引子

　　为了与基于碳税的节能减排系统作对比，Lyapunov 指数图和分叉图选择与基于碳税的节能减排系统中相图的参数，得到关于 c_3 的 Lyapunov 指数图（图 6-14），以及 y 的值随参数 c_3 变化的分叉图（图 6-15）。

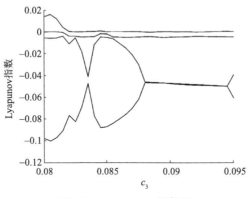

图 6-14　Lyapunov 指数图

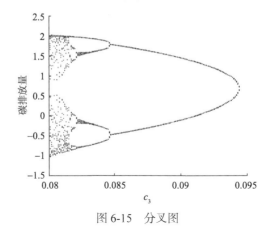

图 6-15　分叉图

　　对比图 6-2（a）与图 6-13，发现两个系统的吸引子形状不同，时间序列图的波动也不一样，特别是 $w(t)$ 的波动有很大的差异。此外，两个系统关于同一个参数 c_3 的分叉图和 Lyapunov 指数图也有很大的不同。借助 Lyapunov 指数图和分叉图可在数值仿真上验证系统[式（6-5）]存在混沌吸引子。借助 Šilnikov 定理可以证明系统存在斯梅尔马蹄集和马蹄混沌效应，从而在理论上可证明系统存在混沌吸引子。

3. 参数获取及情景分析

1）参数获取

本书的数据来源于《中国统计年鉴》，节能减排的数据按照文献[37]中的算法获取，碳税的数据拟定 15 元/吨二氧化碳为初始值。本节以《中国统计年鉴》中 2000～2011 年的数据进行分析。其中，2000～2009 年节能减排、碳排放、经济增长、碳税的数据见文献[38]，2010～2011 年的数据见表 6-7。碳税由当年的税率乘以对应年份的碳排放数据得到，碳税的税率按每年 0.2 元/吨二氧化碳的幅度增加[40]。

表 6-7　节能减排、碳排放、经济增长、碳税的统计数据（2010～2011 年，1999 年为基年）

年份	x	y	z	w
2010	3.8347	2.3116	4.4773	2.6374
2011	3.8256	2.4757	5.2732	2.8579

借助基于遗传算法的 BP 神经网络，取交叉概率为 0.9，变异概率为 0.02，得到系统的参数如表 6-8 所示。

表 6-8　实际系统（1）的参数

a_1	a_2	a_3	a_4	b_1	b_2	b_3	b_4	c_1	c_2	c_3
0.1225	0.2055	0.2897	0.3172	0.1468	0.4298	0.3924	0.2550	0.4231	0.3557	0.4617
c_4	d_1	d_2	d_3	M	C	E	N	T	H	K
0.1282	0.1906	0.1193	0.0953	0.5413	0.6527	0.8399	0.6039	0.5955	0.4277	0.3510

固定式（6-35）的系数为表 6-8 中的参数，选择 2000 年的数据作为初始条件，实际系统相应的相图如图 6-16 所示。实际系统是稳定的，与实际情况相符合。

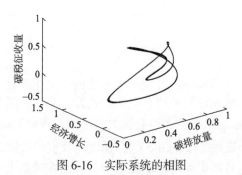

图 6-16　实际系统的相图

2）情景分析

在碳税约束下的节能减排系统中引入政府调控，系统的动力学演化行为将会变得更加复杂，政府调控对碳税的发展等变量都会带来一系列的演化影响。政府调控的引入对碳税的发展有怎样的影响，这个问题的探讨将有助于更加深入地了解碳税的发展，进一步解析基于碳税的节能减排系统的演化规律。本书从系统的动力学演化行为出发，分析了左右政府调控的两个关键参数的变化对碳税的发展的演化影响。

政府调控受变量 H 和 K 的影响，政府调控对碳税发展的演化影响也表现为这两个变量的博弈。H 为政府调控对碳排放的承受上限，H 的变化体现了从碳排放承受角度出发的政府调控的演化。图 6-17 显示了当 H 逐渐变大时政府调控对碳税发展的影响。其中，稳定值 1 对应的 $H=0.4277$（稳定值 1 对应的曲线，简称曲线 1），稳定值 2 对应的 $H=0.5277$（稳定值 2 对应的曲线，简称曲线 2），稳定值 3 对应的 $H=0.6277$（稳定值 3 对应的曲线，简称曲线 3），观察图像可以发现，随着 H 逐渐变大，对应的峰值和稳定值逐渐变小，并且当 H 增加同样的数值时，曲线间距越来越大，即对应的碳税稳定值减少的越来越多。图 6-17 中的小图是图 6-17 的局部放大图，可以看出随着 H 的增大，碳税越过零线的时间逐渐变长，其中，曲线 1 和曲线 2 几乎同时越过零线，当 H 再增加同样的数值时，越过零线的时间就变得滞后很多，即零点值 3 比零点值 1，2 滞后很多。上述分析说明，当政府调控对碳排放的承受上限变大，导致碳税开征得比较晚，碳税的发展就很缓慢，最终碳税总量不大。

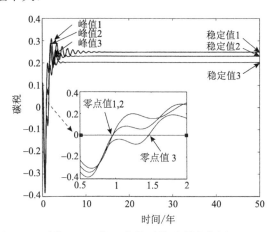

图 6-17 当 H 变化时的碳税演化图

K 为政府调控对经济增长的承受下限，K 的变化体现了从经济承受角度出发政府调控的演化。图 6-18 显示了当 K 逐渐变大时政府调控对碳税发展的演化影响。其中，稳定值 1 对应的 $K=0.5354$（稳定值 1 对应的曲线，简称曲线 1），稳定值 2 对应的 $K=0.6606$（稳定值 2 对应的曲线，简称曲线 2），稳定值 3 对应的 $K=0.7858$（稳定值 3 对应的曲线，简称曲线 3），观察图像可以发现，当 K 逐渐变大时，对应的峰值和稳定值逐渐变小，同图 6-17 类似，当 K 增加同样的数值时，曲线间距越来越大。观察图 6-18 的局部放大图可以发现，随着 K 值变大，碳税越过零线的时间逐渐变长，零点值 2 比零点值 1 略晚，零点值 3 比零点值 1、2 晚很多。分析表明，当政府调控对经济增长的承受下限变大时，碳税开征的时间比较晚，碳税的发展缓慢。

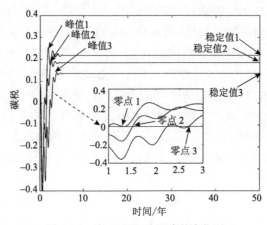

图 6-18　当 K 变化时的碳税演化图

综合分析图 6-17 和图 6-18，可以发现图 6-18 的对应曲线的峰值和稳定值都分别比图 6-17 的小，碳税越过零线的时间也比图 6-17 的时间滞后很多。分析说明，在中国目前情形下，当政府倾向于从经济增长出发调控碳税时对碳税的发展影响很大，而从控制碳排放角度出发调控碳税对碳税的影响小得多。这也从侧面验证了优先从控制碳排放角度出发调控碳税发展的可行性。

4. 主要结论

本节通过将政府调控量化并纳入碳税约束下的节能减排系统，研究了政府调控对碳税的演化影响。在四维节能减排系统框架下，将政府调控对碳税的制约简化为碳排放量和经济量这两个变量的演化关系，政府调控对碳税的影响就是这两个变量之间的博弈结果。分析系统的动力学行为并得到一类新的节能减排吸引子。进行情景分析来观察在实际系统中的政府调控对碳税的动态演化影响，研究表明，随着政府调控对碳排放及经济增长承受极限的变大，碳税的发展越来越缓慢，总量越来越少，从控制碳排放角度出发调控碳税优于从经济增长角度出发调控碳税。

将政府调控引入碳税约束下的节能减排系统，会给碳税发展带来一系列的演化影响，进而影响到能源强度和经济增长等变量，政府调控对能源强度和经济增长的影响会在进一步的研究中探讨。

6.5　社会福利最大化目标下的碳价格最优路径研究

6.5.1　社会福利下的碳资源消费模型

资源消费模型的构建依赖于目标泛函的形式，本节在社会福利最大化的框架下讨论碳资源的跨期消费问题。在福利经济学中通常用买者和卖者参与市场活动所得到的利益来衡量社会福利，据此，以消费者剩余 V_1 和生产者剩余 V_2 之和度量总社会福利 V。本节的研究目标就量化为在总社会福利 V 最大化条件下的碳资源跨期消费最优控制问题。

为了使模型具有一般性与简洁性，对目标函数与约束条件作如下假设。

假设 1：福利函数 V、成本函数 $C_t(E_t)$、需求函数 $Q_t(P_t)$ 在目标期内连续、可导。其中，E_t 和 P_t 分别为 t 期的碳资源消耗量和碳资源价格。

假设 2：碳资源价格具有充分灵活性。碳资源不存在超额供给和超额需求，市场处于均衡状态，即 $E_t = Q_t$。其中，Q_t 为 t 期的碳资源需求量。

假设 3：碳资源的再生仅与当期碳资源储量有关，且再生率为 r。所以资源剩余量 S_t 的运动方程可以表示为 $\dot{S}_t = -E_t + rS_t$。

按照西方经济学的定义，消费者剩余又称消费者净收益，是指买者的支付意愿量减去其实际支付量。买者的支付意愿可以用产品的最高价格 $\tilde{P}$ 来衡量，超过价格上限，则买者对该产品不存在有效需求。产品的供给和需求都退出市场，不存在市场活动。因此，t 期消费者剩余可以表示为 $V_{1t} = \int_{P_t}^{\tilde{P}} Q_t(P_t)\mathrm{d}P_t$。生产者剩余是生产者获得超过其生产成本的收益，即卖者出售一种物品或服务得到的价格减去卖者的成本。因此，t 期生产者剩余可以表示为 $V_{2t} = P_tQ_t - C_t(E_t)$。

因此，考虑贴现的跨期社会福利函数便可表示为：

$$V = \int_0^T \left(P_tQ_t - C_t(E_t) + \int_{P_t}^{\tilde{P}} Q_t(P_t)\mathrm{d}P_t \right) \mathrm{e}^{-\rho t}\mathrm{d}t \qquad (6\text{-}7)$$

其中，T 为终端时间；ρ 为贴现率（常数），且 $\rho \geqslant 0$。

设初期资源储量和末期资源储量分别为 S_0 与 S_T，且受资源总量的约束，要求资源储量在某一固定的终结时间内非负。碳资源使用受资源状况与低碳技术等因素的约束，各期使用量介于 0 至最大使用量 $\tilde{E}$。因此，碳资源使用的约束条件为

$$\begin{cases} \dot{S}_t = -E_t + rS_t \\ S_t \geqslant 0 \\ 0 \leqslant E_t \leqslant \tilde{E} \end{cases} \qquad (6\text{-}8)$$

联立式（6-7）、式（6-8），在社会福利最大化目标下，考虑贴现的跨期碳资源消费模型可表示为

$$\max V = \int_0^T (P_t Q_t - C_t(E_t) + \int_{P_t}^{\tilde{P}} Q_t(P_t)\,\mathrm{d}P_t)\,\mathrm{e}^{-\rho t}\,\mathrm{d}t \tag{6-9}$$

6.5.2　不同情形下碳资源最优价格求解

假设 4：使用的成本函数仅与当期使用量有关，且具有弱凸性。本节以二次成本函数为例进行价格最优控制的研究，则 $C_t(E_t) = aE_t^2 + b$，其中，$a > 0$。

假设 5：需求函数具有凹性。为计算方便，以线性函数为例进行测算，则 $Q_t = d - cP_t = c(\dfrac{d}{c} - P_t)$。又有当需求量为 0 时，$\dfrac{d}{c}$ 项可视为买者愿意支付的最高价格，即需求函数可以表示为 $Q_t = c(\tilde{P} - P_t)$，其中，$c > 0$。

将假设 4 的成本函数和假设 5 的需求函数分别代入式（6-9），则考虑社会福利的碳资源消费模型可表示为

$$\max V = \int_0^T [\tilde{P}E_t - (\frac{1}{2c} + a)E_t^2 - b_t]\mathrm{e}^{-\rho t}\,\mathrm{d}t \tag{6-10}$$

根据最优控制理论，构建现值哈密顿函数：

$$H_c = \tilde{P}E_t - (\frac{1}{2c} + a)E_t^2 - b + \mu_t(rS_t - E_t) \tag{6-11}$$

其中，$\mu_t = \lambda_t \mathrm{e}^{\rho t}$，其为现值拉格朗日乘子，且正则方程组为

$$\begin{cases} \dot{S}_t = \dfrac{\partial H_c}{\partial \mu_t} = rS_t - E_t \\[2mm] \dot{\mu}_t = \rho \mu_t - \dfrac{\partial H_c}{\partial S_t} = \rho \mu_t - r\mu_t \end{cases} \tag{6-12}$$

因为控制变量 E_t 为闭集约束，所以 $\dfrac{\partial H_c}{\partial E_t} = 0$ 失效，极值条件应为

$$H_c[t, S_t^*, E_t^*, u_t^*] = \max_{E_t \in E} H_c[t, S_t^*, E_t, u_t^*]$$

现值哈密顿函数标准化为

$$H_c = -\left(\sqrt{a+\frac{1}{2c}} \cdot E_t + \frac{\mu_t - \tilde{P}}{2\sqrt{a+\frac{1}{2c}}}\right)^2 + \mu_t r S_t - b + \frac{(\mu_t - \tilde{P})^2}{4(a+\frac{1}{2c})^2}$$

发现 H_c 存在最大值，当且仅当：

$$E_t = \frac{\tilde{P}c - \mu_t c}{2ac+1} \qquad (6\text{-}13)$$

将极值条件[式（6-13）]代入正则方程组，可得 $\begin{cases} \dot{S}_t = rS_t + \dfrac{\mu_t c - \tilde{P}c}{2ac+1} \\ \dot{\mu}_t = (\rho - r)\mu_t \end{cases}$ 。得

$\mu_t^* = m\mathrm{e}^{(\rho-r)t}$ ，其中， m 为通解系数。

根据模型的约束条件，可知模型为截断垂直终结线问题，其横截条件为

$$\lambda_T \geqslant 0 \ , \quad S_T \geqslant 0 \ , \quad S_T \lambda_T = 0 \qquad (6\text{-}14)$$

求解截断垂直终结线问题，通常先假设 $\lambda_T = 0$ ，如果最优状态变量满足其他横截条件，则问题得解。如果不满足，则设 $S_T^* = S_{\min}$ 以满足互补松弛条件，并将问题转化为固定终结点问题。

因此，假定 $\lambda_T = 0$ ，可得 $m = 0$ 、 $\mu_t^* = 0$ ，且：

$$P_t^* = \frac{2ac}{2ac+1}\tilde{P} \qquad (6\text{-}15)$$

$$S_t = k\mathrm{e}^{rt} + \frac{\tilde{P}c}{r(2ac+1)}$$

根据边界条件，得 $S_t^* = \left[S_0 - \dfrac{\tilde{P}c}{r(2ac+1)}\right]\mathrm{e}^{rt} + \dfrac{\tilde{P}c}{r(2ac+1)}$ 。

若 $S_0 \geqslant \dfrac{\tilde{P}c}{r(2ac+1)}$ ，即 $r \geqslant \dfrac{\tilde{P}c}{(2ac+1)S_0}$ ，则 $S_T > 0$ ，满足横截条件，问题得解。

若 $S_0 < \dfrac{\tilde{P}c}{r(2ac+1)}$ ，即 $r < \dfrac{\tilde{P}c}{(2ac+1)S_0}$ ，则 $S_T = 0$ ，得 $\left[S_0 - \dfrac{\tilde{P}c}{r(2ac+1)}\right]\mathrm{e}^{rT} +$

$\dfrac{\tilde{P}c}{r(2ac+1)} = 0$ 。化简得 $r(2ac+1)S_0 = \tilde{P}c(1-\mathrm{e}^{-rT})$ ，并令 $y_1 = r(2ac+1)S_0$ 、

$y_2 = \tilde{P}c(1-\mathrm{e}^{-rT})$ ，由图像法（图 6-19）可解得唯一解 r^* （因为 $r > 0$ ）。

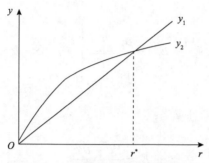

图 6-19　函数关系图及 r^* 的确定

（1）当 $r \geqslant r^*$ 时， $S_T \geqslant 0$ ，满足横截条件，问题得解。

（2）当 $r < r^*$ 时， $S_T < 0$ ，不满足横截条件。则令 $S(T) = 0$ ，将问题转化为固定终结点问题。此时，根据图像可得 $r(2ac+1)S_0 < \tilde{P}c(1-\mathrm{e}^{-rT})$ ，即

$$\frac{\tilde{P}(\mathrm{e}^{rT}-1)}{r(2ac+1)} - \frac{S_0\mathrm{e}^{rT}}{c} > 0 \qquad (6\text{-}16)$$

因为微分方程 $\dot{y}_t = ry_t + f(t)$ 的通解为 $y_t = k\mathrm{e}^{rt} + \mathrm{e}^{rt}\int f(t)\mathrm{e}^{-rt}\mathrm{d}t$ ，所以

$$S_t = \left[k + \int \frac{mc\mathrm{e}^{(\rho-r)t} - \tilde{P}c}{2ac+1} \mathrm{e}^{-rt}\mathrm{d}t \right] \cdot \mathrm{e}^{rt} ，其中， k 为通解系数。$$

① 当 $\rho = 2r$ 时， $S_t = k\mathrm{e}^{rt} + \dfrac{mc}{2ac+1} \cdot t\mathrm{e}^{rt} + \dfrac{\tilde{P}c}{r(2ac+1)}$ 。由边界条件可得

$$S_t^* = \left[S_0 - \frac{\tilde{P}c}{r(2ac+1)} \right]\mathrm{e}^{rt} + \left[\frac{\tilde{P}c(1-\mathrm{e}^{-rT})}{Tr(2ac+1)} - \frac{S_0}{T} \right]t\mathrm{e}^{rt} + \frac{\tilde{P}c}{r(2ac+1)}$$

$$P_t^* = \frac{2ac}{2ac+1}\tilde{P} + \left[\frac{\tilde{P}(\mathrm{e}^{rT}-1)}{r(2ac+1)} - \frac{S_0\mathrm{e}^{rT}}{c} \right]\frac{\mathrm{e}^{rT}}{T} \cdot \mathrm{e}^{rt} \qquad (6\text{-}17)$$

② 当 $\rho \neq 2r$ 时， $S_t = k\mathrm{e}^{rt} + \dfrac{mc}{(2ac+1)(\rho-2r)}\mathrm{e}^{(\rho-r)t} + \dfrac{\tilde{P}c}{r(2ac+1)}$

由边界条件可得

$$S_t^* = \frac{-r(2ac+1)S_0\mathrm{e}^{(\rho-r)T} + \tilde{P}c[\mathrm{e}^{(\rho-r)T}-1]}{r(2ac+1)[\mathrm{e}^{rT}-\mathrm{e}^{(\rho-r)T}]}\mathrm{e}^{rt}$$

$$+ \frac{-r(2a+1)S_0\mathrm{e}^{rT} + \tilde{P}c(\mathrm{e}^{rT}-1)}{r(2ac+1)[\mathrm{e}^{(\rho-r)T}-\mathrm{e}^{rT}]} \cdot \mathrm{e}^{(\rho-r)t} + \frac{\tilde{P}c}{r(2ac+1)}$$

$$P_t^* = \frac{2ac}{2ac+1}\tilde{P} + \left[\frac{\tilde{P}(\mathrm{e}^{rT}-1)}{r(2ac+1)} - \frac{S_0\mathrm{e}^{rT}}{c}\right] \cdot \frac{\rho-2r}{\mathrm{e}^{(\rho-r)T}-\mathrm{e}^{rT}} \cdot \mathrm{e}^{(\rho-r)t} \qquad (6\text{-}18)$$

6.5.3 碳资源最优价格的路径讨论

整理不同情形下最优价格的分类讨论结果，可知。

1. 当 $r \geqslant r^*$ 时

$$P_t^* = \frac{2ac}{2ac+1}\tilde{P}$$

当碳资源可再生性较强时，该能源能够承受以每期 $\dfrac{\tilde{P}c}{2ac+1}$ 的持续恒量开采，且保证在固定终结时间内的资源储量非负。此时，保证全社会福利最大化的最优价格路径仅取决于买者愿意支付的最高价格，且为特定常量 $\dfrac{2ac}{2ac+1}\tilde{P}$。

2. 当 $r < r^*$，且 $\rho = r$ 时

$$P_t^* = \frac{2ac}{2ac+1}\tilde{P}$$

当社会贴现率等于能源再生率，且再生率低于 r^* 时，碳资源价格的最优路径仍为特定常量 $\dfrac{2ac}{2ac+1}\tilde{P}$，即将未来收益的贴现与能源的再生保持平衡，则最大化当期利益的动机恰好可以通过碳资源再生进行补偿，碳资源系统保持动态平衡，碳资源价格的最优路径为常量。

3. 当 $r < r^*$，且 $\rho = 2r$ 时

$$P_t^* = \frac{2ac}{2ac+1}\tilde{P} + \left[\frac{\tilde{P}(\mathrm{e}^{rT}-1)}{r(2ac+1)} - \frac{S_0\mathrm{e}^{rT}}{c}\right]\frac{\mathrm{e}^{rT}}{T} \cdot \mathrm{e}^{rt}$$

当社会贴现率等于两倍碳资源再生率，且再生率低于 r^* 时，资源价格的最优路径为时间 t 的增函数，且呈指数形式增长，增长率为再生率 r。

4. 当 $r < r^*$，且 $\rho \neq r$、$\rho \neq 2r$ 时

$$P_t^* = \frac{2ac}{2ac+1}\tilde{P} + \left[\frac{\tilde{P}(\mathrm{e}^{rT}-1)}{r(2ac+1)} - \frac{S_0\mathrm{e}^{rT}}{c}\right] \cdot \frac{\rho-2r}{\mathrm{e}^{(\rho-r)T}-\mathrm{e}^{rT}} \cdot \mathrm{e}^{(\rho-r)t}$$

当社会贴现率不等于一倍或两倍能源再生率，且再生率低于 r^* 时，碳资源价格的最优路径以贴现率与再生率的差值为增长率呈指数曲线运动。其中，当 $\rho \in (0, r)$ 时，碳资源价格为时间 t 的减函数。说明当贴现率较小且小于再生率时，碳资源使用者预期将未来收益折合为现值的收益较小，将促使他们保有碳资源以便于在未来获取更多利润。投放市场的碳资源量逐渐上升，碳资源价格递减；当 $\rho \in (r, 2r) \bigcup (2r, +\infty)$ 时，碳资源价格为时间 t 的增函数。说明当贴现率较高且高于再生率（不等于两倍再生率）时，未来收益的贴现值会诱导碳资源使用者在现期过度使用碳资源，最大化当期利益的动机强于未来获利的动机。由于碳资源使用和供给量呈下降趋势，碳资源价格递增。

6.6　市场联动机制和碳价值对中国天然气发电成本的影响分析

6.6.1　研究综述

天然气作为一种高效、安全、清洁的能源，它的开发和利用对全球温室气体减排具有非常重要的意义，也是目前国际能源贸易的新宠。由于世界各国的能源结构各异，碳减排压力有增无减。

目前，一些学者和研究人员已将实物期权理论应用到一些能源相关投资项目的评估当中，实物期权方法则通过金融期权理论规避投资过程中的风险。Longstaff 和 Schwartz[44]通过最小二乘法对美式期权进行仿真分析。Schwartz[45]对发电排放许可和企业研发（research and development，R&D）投入进行了实物期权分析。Rothwell[46]运用实物期权方法评估美国新核电站。对得克萨斯州沸水核反应堆使用实物期权方法来确定风险溢价与净营收的净现值（net present value，NPV）。Thompson 等 [47]将实物期权理论应用到天然气当中。

研究其储存最优化问题。Rodríguez[48]对长期免费 LNG 供应进行实物期权评估。Engerer 和 Horn[49]运用实物期权理论对欧洲天然气交通系统进行评估。Zhu 和 Fan [50]利用实物期权理论来研究海外石油投资及其在中国海外石油投资中的应用。Lai 等[51]利用实物期权对 LNG 的下游终端 LNG 价值进行估值。Zhu[52]基于实物期权对核能投资进行仿真评估。Zambujal-Oliveira[53]运用实物期权理论对天然气联合循环系统进行分析。研究分析了不同的实物期权方法，为能源部门提供最适合的投资决策。使用蒙特卡洛模拟作为前瞻性进程及期权定价问题的解决方案。

但在这些研究中，对天然气发电的投资成本并没有进行研究。特别是投资天然气发电取代原有火力发电的成本节约问题。即从发电企业角度出发，投资天然气发电用于调峰和部分代替原有火力发电,从成本角度来说,是否是成本节约、节约多少等问题是重要的现实问题,需要加以研究。这也正是本节的主要研究内容。本节与以往研究的不同之处在于,在考虑许多不确定因素的基础上,假设不确定因素遵循随机的几何布朗运动,着重讨论天然气发电部分取代原有火力发电的成本节约值。对于天然气发电成本,首次将天然气价格与市场联动结合起来研究,考虑了联动机制下的天然气发电成本非正常的瞬间跳跃。给出在联动机制与非联动机制下的发电成本对比。在情景模拟部分,加入政府补贴因素和碳价值,讨论不同取值的政府补贴和碳价值对天然气发电成本节约值的影响,探究天然气发电成本节约值的实际影响。本节给出天然气发电成本节约值的数学表示,分析得出市场联动机制对天然气发电项目投资成本的影响,对整个项目成本节约值的不同影响,以及碳价值和天然气发电的政府补贴对整个天然气发电项目成本节约值的影响。

6.6.2　模型描述

这里考虑天然气价格、天然气发电成本、现有火力发电成本、二氧化碳价格、石油价格五个不确定性因素,将天然气发电作为复合投资期权。在气候变化的背景下,建立了天然气发电期权评估模型,从企业投资天然气发电取代现存火电的视角来评估成本节约价值和投资价值模型。因此,该模型有助于发电企业评估受不确定性因素影响的天然气发电投资的决策行为。

1. 天然气发电投资不确定性模型

发电企业开始投资天然气发电,在初始阶段,假设 K 为发电企业部署天然气的预期总投资成本,t 期总投资成本为 K_t,每个时期部署的投资开支为 I。由于天然气发电的开发可以大量减少气体的排放,技术及投资与气候变化高度相关。所以在这里,假设 I 是关于碳价格的线性函数,$I = i \cdot P_C$,其中,i 为天然气发电部署速度,$0 \leqslant i < \infty$;P_C 为碳价格。各时期部署的开支将随着碳价格的上升而增加。

总体来说,天然气发电的不确定性可能给投资带来很大的影响。为了表明天然气发电的不确定性,这里假设余下的总部署投资 K 是不确定的。在以往的研究中,对能源投资部署成本的不确定性都假设满足控制扩散过程。在这里,加入市场对 K 的影响,体现在式(6-19)的最后一项。假设 K 满足如下的控制扩散过程:

$$dK = -Idt + \varphi(IK)^{1/2}dx_\varphi + \phi K_t \cdot dx_\phi \tag{6-19}$$

其中,K 为发电企业部署天然气的预期总投资成本;t 为第 t 个投资观察期;K_t 为第 t 个观察期的预期投资成本;dK 为随 K 变化的尺度参数;dt 为时间的变化;dx_φ 为维纳过程;I 为每个时期的投资开支;φ 为投资总成本 K 的方差参数;ϕ 为部署投入不确定性的方差参数。$-Idt$ 为预期投资总成本 K 随时间 t 的变化；$\varphi(IK)^{1/2}\mathrm{d}x_\varphi$ 为预期投资总成本 K 的波动；$\phi K_t \cdot \mathrm{d}x_\phi$ 为部署投入的不确定性，这是因为市场对天然气发电项目投资成本的影响。$\mathrm{d}x_\phi$ 和市场因素有关。φ 和 ϕ 将导致投资过程中的部署开支具有更大的不确定性。但在这里，我们认为 $\phi K_t \cdot \mathrm{d}x_\phi$ 是很小的。

式（6-19）表明对于天然气发电项目，项目的总投资部署 K 随着时间的变化的变化率为天然气发电投资规模的负值。式（6-19）表明项目投资成本越高，企业将要面临的风险就越高，天然气发电项目的不确定性就越高。规模天然气发电项目的不确定性随着 K 的减少而降低。

2. 建模分析

1）天然气发电成本节约现金流的不确定性建模

现有火力发电成本的不确定性主要缘于化石燃料的价格。以往的研究都以几何布朗运动来刻画化石燃料价格。依据实物期权理论，假设现有的火力发电成本，遵循几何布朗运动：

$$\mathrm{d}P_F = \mu_F P_F(t)\mathrm{d}t + \sigma_F P_F(t)\mathrm{d}X_F \qquad (6\text{-}20)$$

其中，$\mathrm{d}P_F$ 为关于现有火力发电成本的几何布朗运动偏微分表示；P_F 为现有火力发电成本，单位为元/千瓦时；$P_F(t)$ 为现有火力发电成本 P_F 随时间 t 变化的函数，单位为元/千瓦时；$\mathrm{d}t$ 为时间的变化；$\mathrm{d}X_F$ 为在维纳过程中的独立增量；μ_F 和 σ_F 分别为火力发电成本的漂移和方差参数。$\mu_F P_F(t)\mathrm{d}t$ 为现有火力发电相对时间 t 的变化率，$\sigma_F P_F(t)\mathrm{d}X_F$ 为现有火力发电成本 P_F 的变化波动量。

2）碳价值

这里定义的碳价值主要是指碳价格，即每单位碳排放企业所付出的代价。它可以是发电企业排放温室气体所要支付的价格，也可以是企业通过贸易其温室气体排放削减量获得的额外收入。

目前，碳价格定价机制存在两种主要类型。一种是固定的碳价格定价机制，单位排放值作为一个恒定的价格。对于企业而言，它可以看作是在征收燃料中碳含量的环境税。另一种是变动的碳价格定价机制，中国目前的碳价格定价机制依靠欧洲碳定价机制，即变动的碳价格。由于碳价格机制是变动的，随机过程可以更好地反映价格变动趋势和波动。因此，在以前的天然气发电投资研究中，无论是欧洲还是中国，碳价格在它们的模型中均假设遵循随机过程。本节作如下假设，假设碳价格服从几何布朗运动：

$$\mathrm{d}P_C = \mu_C P_C(t)\mathrm{d}t + \sigma_C P_C(t)\mathrm{d}X_C \qquad (6\text{-}21)$$

其中，$\mathrm{d}P_C$ 为关于二氧化碳价格的几何布朗运动偏微分表示；P_C 为二氧化碳价格，单位为元/千瓦时；$P_C(t)$ 为二氧化碳价格 P_C 随时间 t 变化的函数，单位为元/千瓦时；$\mathrm{d}t$ 为时间的变化；$\mathrm{d}X_C$ 为维纳过程中的独立增量；μ_C 和 σ_C 分别为二氧化碳价格的漂移和方差参数。$\mu_C P_C(t)\mathrm{d}t$ 为二氧化碳价格 P_C 相对时间 t 的变化率，$\sigma_C P_C(t)\mathrm{d}X_C$ 表示二氧化碳价格 P_C 的变化波动量。对于固定的碳价格 μ_C 和 σ_C 设置为 0，此时 P_C 为常数，及对应固定碳税。

值得一提的是，虽然波动的碳价格可能与化石能源价格，气候政策及减排目标相关，但是津贴分配对碳价格的影响远远大于化石燃料价格。由于政策的不确定性和排放交易计划的设计缺陷，跳扩散过程的几何布朗运动可以更好地描述碳价格的变动。又由于化石燃料的价格主要影响着火力发电成本，并对碳价格影响不大（国际碳市场最重要的价格是欧盟碳配额价格，价格波动则受多重因素影响，如经济因素、经济周期、相关能源价格、短期政策因素等，天气因素也会对碳价格构成影响）。所以在式（6-21）中不考虑碳价格和火力发电成本之间的关系。

3）天然气发电成本及天然气市场联动机制

天然气发电成本高度依赖国内外天然气市场的价格。国内天然气价格体系的发展取决于国内天然气市场结构的演变，而国际天然气市场价格的影响因素更为复杂，不仅要考虑开采、生产、运输、储存等环节的成本和市场的供求关系，还从等价热值的角度考虑替代能源的影响，当然国际天然气市场价格主要受到国际石油市场价格的影响。天然气价格从早期单一与原油直接挂钩的公式发展到现在的直线价格公式、S 曲线价格公式，是一个不断演变的过程。天然气受季节影响会出现天然气需求量的变化，因此天然气价格也会随之出现波动。根据美国 Henry Hub 天然气点价格图（图 6-20），显示天然气价格在合理浮动的基础上，在极短时间内会出现巨大的价格上涨，在瞬间价格可能会跳长很多个数量级，紧接着，在极短的时间内，价格又会迅速恢复到原有水平。这样的跳动是由天然气价格和国内国际市场联动造成的。

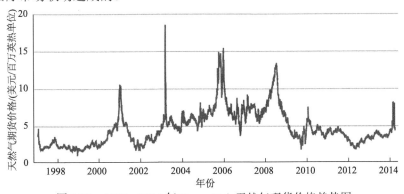

图 6-20　1996～2014 年 Henry Hub 天然气现货价格趋势图

　　对于新的天然气发电设备，当考虑其发电成本时，其成本不仅受化石燃料价格的影响，而且受发电容量的影响。因此，用几何布朗运动来描述天然气发电成本是比较合适的。同时在企业投资天然气发电时，为了降低企业的发电成本，企业会存在 R&D 投入即研发投入。在本节中，将天然气发电成本分为两个阶段：第一阶段是天然气设备部署完成之前（K>0）。在这一阶段，R&D 投入对降低天然气发电成本有一些影响。第二阶段是天然气设备部署完成后（K=0）。在这一阶段，R&D 投入停止，并且对于天然气发电成本无影响。

$$dP = \mu(M)P(t)dt + \sigma(M)P(t)dX + \sum_{k=1}^{N}\gamma_k(P_t,t,J_k)dq_k, \ K > 0 \qquad (6\text{-}22)$$

$$dP = \mu P(t)dt + \sigma P(t)dX + \sum_{k=1}^{N}\gamma_k(P_t,t,J_k)dq_k, \ K = 0 \qquad (6\text{-}23)$$

其中，dP 为关于天然气发电成本的几何布朗运动偏微分表示；P 为天然气发电成本，单位为元/千瓦时；$P(t)$ 为天然气发电成本随时间的变化，单位为元/千瓦时；dt 为时间的变化；dX 为在维纳过程中的独立增量；M 为企业对于天然气发电的技术采纳成本；$\mu(M)$ 和 $\sigma(M)$ 分别为天然气设备部署完成前的天然气发电成本的漂移和方差参数。μ 和 σ 分别为天然气设备部署完成后的天然气发电成本的漂移和方差参数。$\mu(M)P(t)dt$ 为天然气发电成本 P（设备部署完成前）相对时间 t 的变化率，$\mu(M)P(t)dt$ 为天然气发电成本 P（设备部署完成前）的变化波动量。$\mu P(t)dt$ 为天然气发电成本 P（设备部署完成后）相对时间 t 的变化率，$\sigma P(t)dX$ 为天然气发电成本 P（设备部署完成后）的变化波动量。$\sum_{k=1}^{N}\gamma_k(P_t,t,J_k)dq_k$ 为天然气发电的市场联动性。γ_k 为天然气价格关于时间的任意函数；J_k 为服从 $Q_k(J)$ 的任意分布；dq_k 为依下列概率的泊松分布：

$$dq_k = \begin{cases} 0, \ 1 - \varepsilon_k(P_N,t)dt \\ 1, \ \varepsilon_k(P_N,t)dt \end{cases} \qquad (6\text{-}24)$$

其中，$\varepsilon_k(P_N,t)dt$ 为一极小发生的概率。

　　其中，$\mu(M)$ 和 $\sigma(M)$ 与天然气发电的 R&D 投入 M 高度相关。特别地，本节在假设天然气价格服从几何布朗运动的基础上，加入天然气出厂价格要和国内国际市场联动这一波动量 $\sum_{k=1}^{N}\gamma_k(P_t,t,J_k)dq_k$，用以刻画天然气价格随市场波动的情况。体现天然气的国内外市场联动效应，这个效应是以往研究没有考虑的。

　　图 6-20 刻画了天然气价格 1996～2014 年的变化趋势。突然的瞬间跳跃刻画

了天然气价格与市场的联动性。当出现突然的瞬间跳跃时，波动量就表示天然气价格跳跃对天然气发电成本的影响。由于天然气发电成本与天然气价格高度相关，所以天然气价格的市场联动机制在此处体现为天然气发电成本的市场联动机制。

在天然气设备部署期间，增加天然气发电的研发投入会加速降低天然气发电的成本，并减少不确定性。然而，当它们之间的线性关系不存在时，增加 R&D 投入边际效用会减少。因此，在这里假设增加 R&D 成本和减少发电成本之间的关系为

$$\frac{\varphi(M_2)}{\varphi(M_1)} = \frac{\sigma(M_1)}{\sigma(M_2)} = \frac{\ln M_2}{\ln M_1} \qquad (6\text{-}25)$$

这个关系式的满足是因为在投资的后期，因为企业员工已经对天然气设备及天然气发电项目高度熟悉，继续进行投入研发对企业员工的能力已无法再显著提高，所以呈现负相关的关系。虽然天然气发电成本可以通过 R&D 投入和技术学习来降低，但是天然气的使用将消耗额外的能量。此外，这笔费用将始终高于现有火力发电的成本。

3. 天然气发电的成本节约效应分析模型

当发电企业已成功完成了天然气发电的部署，此时天然气发电项目的成本节约价值为 $V_1(P_F, P_C, P, t)$，这取决于成本节约现金流。

天然气发电项目的成本节约模型表示如下。

天然气发电项目成本节约值=原有火力发电成本+碳价值–天然气发电成本+天然气发电的政府补贴，符号表示如下：

$$E(V_1(P_F, P_C, P, P_G, t)) = V_1(P_F, t) + V_1(P_C, t) - V_1(P, t) + V_1(P_G) \qquad (6\text{-}26)$$

在这里，将政府对天然气发电的补贴考虑在内。

对于天然气发电，由于发电成较高，各地区政府根据各地方情况给予当地天然气发电企业不同的天然气发电补贴。2013 年国家发展和改革委员会、财政部、住房和城乡建设部、国家能源局四部委联合发布的《关于发展天然气分布式能源的指导意见》指出，中央财政将对天然气分布式能源发展给予适当支持。各省（自治区、直辖市）可结合当地的实际情况研究出台具体支持政策，给予天然气分布式能源项目一定的投资奖励或贴息。虽然不同地区天然气发电的政府补贴不同，但共同点是其都采取固定电价补贴的方式。记 P_G 为天然气发电政府补贴，这是因为在一般情况下，天然气发电的政府补贴为固定的，所以假设 P_G 为一常数。当 $A = 1$ 时，存在政府补贴。当 $A = 0$ 时，不存在政府补贴。

在给定时期的 t 时刻，$t \leqslant T$，T 是天然气发电部署完成后观察节约成本效应的给定时期。在这里，考虑天然气发电的成本节约剩余值，即从 t 时期开始，到观察期 T 时刻结束在这一段时间内的成本节约值。在碳税存在的情况下，采用天然气发电的节约成本预期剩余值为

$$
\begin{aligned}
& E(V_1(P_F, P_C, P, P_G, t)) \\
&= V_1(P_F, t) + V_1(P_C, t) - V_1(P, t) + V_1(P_G) \\
&= q \cdot \int_t^T P_F \cdot e^{-\tilde{\gamma}(T-t)} d\tau + q \cdot a \cdot \int_t^T P_C \cdot e^{-\tilde{\beta}(T-t)} d\tau - \hat{q} \cdot \int_t^T P \cdot e^{-\tilde{\theta}(T-t)} d\tau + A \cdot \hat{q} \cdot P_G
\end{aligned}
\tag{6-27}
$$

首先考虑天然气发电成本节约值 $V_1(P, t)$，其中，$0 < t < T$。

$$
V_1(P, t) = q \int_t^{t+dt} P e^{-(\hat{\alpha}-\alpha)(T-t)} d\tau + e^{-(\hat{\alpha}-\alpha)dt} \cdot V_1(P+dP, t+dt)
\tag{6-28}
$$

对 $V_1(P_N + dP_N, t + dt)$ 利用泰勒级数进行展开：

$$
\begin{aligned}
& V_1(P+dP, t+dt) \\
&= V_1(P, t) + V_{1P}(P, t) \cdot \mu \cdot dt + V_{1P}(P, t) \cdot \sigma \cdot dX + V_{1P}(P, t) \cdot \sum_{k=1}^{N} \gamma_k dq_k \\
&\quad + V_{1t}(P, t) dt + \frac{1}{2}(dP)^2 \cdot V_{1PP}(P, t) + \frac{1}{2}(dt)^2 \cdot V_{1tt}(P, t) + V_{1Pt}(P, t) dP dt
\end{aligned}
\tag{6-29}
$$

其中，

$$
dP = \mu(P, t) dt + \sigma(P, t) dX + \sum_{k=1}^{N} \gamma_k(P, t, J_k) dq_k
\tag{6-30}
$$

$$
\begin{aligned}
(dP)^2 &= \mu^2(P, t) d^2 t + \mu(P, t) dt \cdot \sigma(P, t) dX + \mu(P, t) dt \cdot \sum_{k=1}^{N} \gamma_k(P, t, J_k) dq_k \\
&\quad + \sigma(P, t) dX \cdot \mu(P, t) dt + \sigma^2(P, t) d^2 X + \sigma(P, t) dX \cdot \sum_{k=1}^{N} \gamma_k(P, t, J_k) dq_k \\
&\quad + \sum_{k=1}^{N} \gamma_k(P, t, J_k) dq_k \cdot \mu(P, t) dt + \sum_{k=1}^{N} \gamma_k(P, t, J_k) dq_k \cdot \sigma(P, t) dX \\
&\quad + \sum_{k=1}^{N} \gamma_k(P, t, J_k) dq_k \cdot \sum_{k=1}^{N} \gamma_k(P, t, J_k) dq_k
\end{aligned}
\tag{6-31}
$$

将式（6-31）代入式（6-29），得到：

$$
V(P+dP, t+dt) = \sigma^2(P, t) dt + \sum_{k=1}^{N} \gamma_k^2(P, t, J_k) dq_k
\tag{6-32}
$$

将式（6-32）代入式（6-28），得

$$V_1(P,t) = q \cdot P \mathrm{d}t + (1-(\hat{\alpha}-\alpha)\mathrm{d}t)V_1(P,t)$$

$$+ (1-(\hat{\alpha}-\alpha)\mathrm{d}t)\left[V_{1t}(P,t) + \frac{1}{2}\sigma^2(P,t)V_{1PP}(P,t) + \mu V_{1P}(P,t)\right]\mathrm{d}t$$

$$+ (1-(\hat{\alpha}-\alpha)\mathrm{d}t)V_{1P}(P,t) \cdot \sigma \mathrm{d}X + (1-(\hat{\alpha}-\alpha)\mathrm{d}t)V_{1P}(P,t) \cdot \sum_{k=1}^{N}\gamma_k^2(P_t,t,J_k)\mathrm{d}q_k$$

$$+ (1-(\hat{\alpha}-\alpha)\mathrm{d}t) \cdot \sum_{k=1}^{N}\gamma_k^2(P_t,t,J_k)\mathrm{d}q_k$$

$$= q \cdot P \mathrm{d}t + (1-(\hat{\alpha}-\alpha)\mathrm{d}t)V_1(P,t)$$

$$+ (1-(\hat{\alpha}-\alpha)\mathrm{d}t)\left[V_{1t}(P,t) + \frac{1}{2}\sigma^2(P,t)V_{1PP}(P,t) + \mu V_{1P}(P,t)\right]\mathrm{d}t$$

$$+ (1-(\hat{\alpha}-\alpha)\mathrm{d}t)V_{1P}(P,t) \cdot \sigma \mathrm{d}X + (1-(\hat{\alpha}-\alpha)\mathrm{d}t)\sum_{k=1}^{N}(V_{1k}^+ - V_1)\mathrm{d}q_k$$

$$\tag{6-33}$$

其中，V_{1k}^+ 为天然气价格出现瞬间跳跃时所对应的天然气发电成本节约值；$\sum_{k=1}^{N}(V_{1k}^+ - V_1)\mathrm{d}q_k$ 为出现瞬间跳动时的成本节约值增长量；$V_1(P,t)$ 为天然气发电成本剩余值。利用泰勒公式，得到市场联动机制下的天然气发电成本节约剩余值 $V_1(P,t)$，即

$$V_1(P_F,t) = q \cdot \int_t^T P_F \cdot \mathrm{e}^{-\hat{\gamma}(T-t)}\mathrm{d}\tau = \frac{P_F}{(\hat{\gamma}-\gamma)}q\left[1 - \mathrm{e}^{-(\hat{\gamma}-\gamma)(T-t)}\right] \tag{6-34}$$

其中，$V_1(P_F,t)$ 为原有火力发电的成本节约剩余值。

$$V_1(P_C,t) = q \cdot a \cdot \int_t^T P_C \cdot \mathrm{e}^{-\hat{\beta}(T-t)}\mathrm{d}\tau = \frac{P_C}{(\hat{\beta}-\beta)} \cdot a \cdot q\left[1 - \mathrm{e}^{-(\hat{\beta}-\beta)(T-t)}\right] \tag{6-35}$$

其中，$V_1(P_C,t)$ 为碳价值的节约剩余值。

当 $t=0$ 时，$V_1(P_F,P_C,P,t)$ 即表示整个观察期内的天然气发电的成本节约值。

将式（6-33）、式（6-34）、式（6-35）、式（6-37）合并，得到：

$$E(V_1(P_F,P_C,P,P_G,t))$$

$$= \frac{P_F}{(\hat{\gamma}-\gamma)}q\left[1 - \mathrm{e}^{-(\hat{\gamma}-\gamma)(T-t)}\right] + \frac{P_C}{(\hat{\beta}-\beta)}a \cdot q\left[1 - \mathrm{e}^{-(\hat{\beta}-\beta)(T-t)}\right] - q \cdot P \mathrm{d}t - [1-(\hat{\alpha}-\alpha)\mathrm{d}t]V_1(P,t)$$

$$- (1-(\hat{\alpha}-\alpha)\mathrm{d}t)\left[V_{1t}(P,t) + \frac{1}{2}\sigma(M)^2 V_{1t}(P,t)V_{1PP}(P,t) + \mu(M)V_{1P}(P,t)\right]\mathrm{d}t$$

$$- (1-(\hat{\alpha}-\alpha)\mathrm{d}t)V_{1P}(P,t) \cdot \sigma(M) \cdot \mathrm{d}X - (1-(\hat{\alpha}-\alpha)\mathrm{d}t)\sum_{k=1}^{N}(V_{1k}^+ - V_1)\mathrm{d}q_k + A \cdot \hat{q} \cdot P_G$$

$$\tag{6-36}$$

其中，P_F、P_C、P、P_G 分别为火力发电成本、二氧化碳价格、天然气发电成本和天然气发电政府补贴；T 为节约成本效应的观察期。天然气发电节约成本效应的观察期并不是永恒的，而是一段给定的时间。其中，a 为排放因子，q 为现有火力发电的发电容量，$\hat{q}$ 为天然气发电的装机容量。假设在整个观察期内，q、$\hat{q}$、a 都是恒定不变的。$\tilde{\gamma}$、$\tilde{\beta}$、$\tilde{\theta}$ 在 NPV 分析中，它们分别表示风险调整后的火力发电成本、二氧化碳价格、天然气发电成本的利率。期权定价理论通过"风险中性概率"计算预期值并由无风险利率贴现得到未来现金流预期值。因此，根据实物期权分析框架，它们应该是无风险的贴现率 r，这里用近似无风险利率 r 代替火力发电成本、二氧化碳价格及天然气发电成本的无风险贴现率，其中，$r = \tilde{\gamma} = \tilde{\beta} = \tilde{\theta}$。值得注意的是，对于天然气发电的政府补贴并不是一定存在的。

根据伊藤定理及 Black-Scholes 方程得出，在不考虑政府补贴的情况下（目前，中国还没有出台正式的天然气补贴标准），天然气发电成本节约价值在有效期 $[0,T]$ 内的期权价值是以下偏微分方程的解：

$$\max\{V_{1t} + \frac{1}{2}V_{1P_FP_F} \cdot \sigma_F^2 \cdot P_F^2 + \frac{1}{2}V_{1P_CP_C} \cdot \sigma_C^2 \cdot P_C^2 + \frac{1}{2}V_{1PP} \cdot \sigma^2 \cdot P^2 \\ + r \cdot V_{1P_F} \cdot P_F + r \cdot V_{1P_C} \cdot P_C + r \cdot V_1 \cdot P - r \cdot V_1, 0\} \tag{6-37}$$

在初始阶段，发电企业拥有投资天然气发电的投资机会。在本节中，将天然气发电项目整体看作一个实物期权。对后期该项目的成本价值进行贴现，使企业得以在投资初期对该天然气发电项目进行评估，决定是否投资。在考虑天然气发电总部署成本、完成天然气发电部署所需要的时间及天然气的 R&D 投入之后，如果企业以最大的开支去投资天然气发电，天然气发电的成本节约预期值为

$$E(V_2(P_F, P_C, P, P_G, K, t)) \\ = V_{2T_{0\min}}(P_F, t) + V_{2T_{0\min}}(P_C, t) - V_{2T_{0\min}}(P, t) + V_{2T_{0\min}}(P_G, t) - V_2(K, t) \\ = q \cdot e^{\tilde{\gamma}T_{0\min}} \int_{T_{0\min}}^{T} P_F \cdot e^{-\tilde{\gamma}(T-T_{0\min})} dt + q \cdot a \cdot e^{\tilde{\beta}T_{0\min}} \int_{T_{0\min}}^{T} P_C \cdot e^{-\tilde{\beta}(T-T_{0\min})} dt \\ - \hat{q} \cdot e^{\tilde{\theta}T_{0\min}} \int_{T_{0\min}}^{T} P \cdot e^{-\tilde{\theta}(T-T_{0\min})} dt + A \cdot \hat{q} \cdot P_G - \int_0^{T_{0\min}} I \cdot e^{-\tilde{\beta}t} dt - \int_0^{T_{0\min}} M \cdot e^{-rt} dt \tag{6-38}$$

其中，P_{F0}、P_{C0}、P_0、P_{G0} 分别为初始投资时刻的火力发电成本、二氧化碳价格、天然气发电成本和天然气发电政府补贴，$T_{0\min}$ 为企业以最大开支部署天然气发电所需要的部署时间。

企业的最大开支部署天然气发电的投资价值、期权价值应满足下面的偏微分方程：

$$\max\{V_{2t} + \frac{1}{2}V_{2P_FP_F} \cdot \sigma_F^{\ 2} \cdot P_F^{\ 2} + \frac{1}{2}V_{2P_CP_C} \cdot \sigma_C^{\ 2} \cdot P_C^{\ 2} + \frac{1}{2}V_{2PP} \cdot \sigma^2 \cdot P^2$$

$$+ \frac{1}{2}V_{KK} \cdot \phi^2 \cdot IK + r \cdot V_{2P_F} \cdot P_F + r \cdot V_{2P_C} \cdot P_C + r \cdot V_2 \cdot P - IV_{2K} - r \cdot V_2, 0\} \tag{6-39}$$

在这里，将天然气发电看作欧式期权。从成本节约角度出发，成本节约值即为该期权的价值。进一步，将 $V_1(P_F, P_C, P, t)$ 中的 $V_1(P_F, t)$ 和 $V_1(P_C, t)$ 进行泰勒展开，得到 $V_3(P_F, P_C, P, t)$。$V_3(P_F, P_C, P, t)$ 表示天然气投资成本节约值。

$$E(V_3(P_F, P_C, P, P_G, t)) = V_3(P_F, t) + V_3(P_C, t) - V_3(P, t) + V_3(P_G) \tag{6-40}$$

经泰勒展开：

$$V_3(P_F, t)$$

$$= q \cdot P_F \cdot \mathrm{d}t + (1 - \tilde{\gamma}\mathrm{d}t) \cdot \left[V_{3t}(P_F, t) \cdot \mathrm{d}t + \frac{1}{2}\sigma_F^{\ 2} \cdot P_F^{\ 2} \cdot V_{3P_FP_F}(P_F, t) + \mu_F \cdot V_{3P_F}(P_F, t) \cdot P_F \right]\mathrm{d}t$$

$$+ (1 - \tilde{\gamma}\mathrm{d}t) \cdot (\sigma_F \cdot V_{3P_F} \cdot P_F) \cdot \mathrm{d}X_F \tag{6-41}$$

$$V_3(P_C, t)$$

$$= q \cdot a \cdot P_c \mathrm{d}t + (1 - \tilde{\beta}\mathrm{d}t) \cdot \left[V_{3t}(P_C, t)\mathrm{d}t + \frac{1}{2}\sigma_C^{\ 2} \cdot P_C^{\ 2} \cdot V_{3P_CP_C}(P_C, t) + \mu_C \cdot V_{3P_C}(P_C, t) \cdot P_C \right]\mathrm{d}t$$

$$+ (1 - \tilde{\beta}\mathrm{d}t) \cdot (\sigma_C \cdot V_{3P_C} \cdot P_C)\mathrm{d}X_C \tag{6-42}$$

将式（6-39）、式（6-32）、式（6-40）、式（6-41）合并，得

$$E(V_3)$$

$$= q \cdot P_F \cdot \mathrm{d}t + (1 - \tilde{\gamma}\mathrm{d}t) \cdot \left[V_{3t}(P_F, t) \cdot \mathrm{d}t + \frac{1}{2}\sigma_F^{\ 2} \cdot P_F^{\ 2} \cdot V_{3P_FP_F}(P_F, t) + \mu_F \cdot V_{3P_F}(P_F, t) \cdot P_F \right]\mathrm{d}t$$

$$+ (1 - \tilde{\gamma}\mathrm{d}t) \cdot (\sigma_F \cdot V_{3P_F} \cdot P_F) \cdot \mathrm{d}X_F$$

$$+ q \cdot a \cdot P_c \cdot \mathrm{d}t + (1 - \tilde{\beta}\mathrm{d}t) \cdot \left[V_{3t}(P_C, t) \cdot \mathrm{d}t + \frac{1}{2}\sigma_C^{\ 2} \cdot P_C^{\ 2} \cdot V_{3P_CP_C}(P_C, t) + \mu_C \cdot V_{3P_C}(P_C, t) \cdot P_C \right]\mathrm{d}t$$

$$+ (1 - \tilde{\beta}\mathrm{d}t) \cdot (\sigma_C \cdot V_{3P_C} \cdot P_C) \cdot \mathrm{d}X_C - q \cdot P\mathrm{d}t - (1 - (\hat{\alpha} - \alpha)\mathrm{d}t)V_3(P, t)$$

$$- (1 - (\hat{\alpha} - \alpha)\mathrm{d}t) \left[V_{3t}(P, t) + \frac{1}{2}\sigma^2(P, t)V_{3PP}(P, t) + \mu V_{3P}(P, t) \right]\mathrm{d}t$$

$$- (1 - (\hat{\alpha} - \alpha)\mathrm{d}t)V_{3P}(P, t) \cdot \sigma \cdot \mathrm{d}X - (1 - (\hat{\alpha} - \alpha)\mathrm{d}t)\sum_{k=1}^{N}(V_{3k}^+ - V_3)\mathrm{d}q_k + A \cdot P_G$$

$$\tag{6-43}$$

在这里，利用泰勒公式给出了天然气发电成本节约值的表示形式，这是首次得到的新结果。考虑到天然气发电成本与市场的联动性，统一形式后的天然气成本节约值虽然无法在数值上进行精确表示，但可以清晰看出市场联动性对于天然气发电成本节约值的影响究竟体现在何处。由于存在市场联动效应，天然气发电成本节约值会在一定程度上出现跳跃，只是这样的跳跃波动没有像市场联动效应对天然气发电成本的影响那样显著，这是由于成本节约值尚且受到天然气发电成本的影响。

4. 基于最小二乘法蒙特卡洛模拟的天然气发电投资价值模型

偏微分方程 $E(V_3)$ 只能对该模型进行表示，却无法给出显式解和数值解。在这里，将使用最小二乘法蒙特卡洛模拟进行路径仿真和数值模拟。首先，需要对 T、K、P_F、P_C、P 进行离散化。在模拟中，离散如下：时间区间 $[0, T]$，均分为 n 份，已知 T 为项目的总观察期，在这里，将总观察期分成 n 个子观察期 T_1，T_2，T_3，…，T_{n-1}，T_n。每个子观察期的长度为

$$\Delta t = \frac{T}{n} \tag{6-44}$$

$$P_{Fi} = P_{Fi-1} \exp[(r - \frac{\sigma_F{}^2}{2}) \cdot \Delta t + \sigma_F \sqrt{\Delta t} \cdot \varepsilon_F] \tag{6-45}$$

$$P_{Ci} = P_{Ci-1} \exp[(r - \frac{\sigma_C{}^2}{2}) \cdot \Delta t + \sigma_C \sqrt{\Delta t} \cdot \varepsilon_F] \tag{6-46}$$

$$P_i = P_{i-1} \exp[(r - \frac{\sigma(M)^2}{2}) \cdot \Delta t + \sigma(M)\sqrt{\Delta t} \cdot \varepsilon + \sum_{k=1}^{N} \gamma_k \mathrm{d}q_k] \tag{6-47}$$

$$P_i = P_{i-1} \exp[(r - \frac{\sigma^2}{2}) \cdot \Delta t + \sigma\sqrt{\Delta t} \cdot \varepsilon + \sum_{k=1}^{N} \gamma_k \mathrm{d}q_k] \tag{6-48}$$

$$M(t) = \begin{cases} 0, & I(t) = 0 \\ M(t), & I(t) > 0 \end{cases} \tag{6-49}$$

在模型中，G 表示所有模拟路径，g 表示任意一条模拟路径，n 表示每条路径的观察期数，Δt 是步长。对任一路径 g，假设此时选择该路径的企业还没有放弃天然气发电的投资机会，那么企业将要在总观察期结束时对是否投资天然气发电进行最后的评估。此时，天然气发电成本节约价值 $Q(g,n)$ 由边界条件给出：

$$Q(g,n) = C(g,n) \tag{6-50}$$

其中，$C(g,n)$ 为在第 n 个观察期末路径 g 下的天然气发电成本节约现金流。

最小二乘法蒙特卡洛模拟为逆序过程。所以，在首先考虑终点时期 $Q(g,n)$ 后，考虑第 m 个观察期的 $Q(g,m)$。此时只对已完成的路径进行考虑。其中，$0 < m < n$。对第 m 个观察期，有

$$Q(g,m) = C(g,m+1)\exp(-r\Delta t) + C(g,m)\Delta t \tag{6-51}$$

对于未完成的路径，继续投资的预期值可通过回归估计得到。其中，独立变量是上一时期的天然气发电成本节约贴现值，非独立变量是第 m 个观察期的成本节约现金流。回归拟合值为 $\hat{Q}(g,m)$，可由二项式回归进行评估。我们考虑，若

$$Q(g,m) = \begin{cases} 0, & \hat{Q}(g,m) < 0 \\ Q(g,m), & \hat{Q}(g,m) > 0 \end{cases}$$。当 $\hat{Q}(g,m) < 0$ 时，企业应考虑放弃天然气发电

项目；当 $\hat{Q}(g,m) > 0$ 时，企业应考虑继续进行天然气发电项目。对于每一条路径，都采用递归法逆序输出并一直重复直至每一条路径终结。天然气发电项目的总节约成本就是递归到初始时刻的 $Q(g,0)$。沿着每一条路径向前移动，直到总观察期结束或路径第一次停止时，将此时的成本节约值进行贴现，即为该条路径的天然气发电的成本节约值。获取每一条路径的成本节约值并取平均值，该平均值即为天然气发电的期权价值。

5. 模型参数

表 6-9 给出了本节的参数取值，包括火力发电成本、碳价值、天然气发电成本等参数。

表 6-9　模型参数

参数名称	模型符号	参数值	附注
现有火力发电容量 /千瓦时	q	1000×10^4	以国电、华电目前的天然气装机容量为参考值
天然气发电容量/千瓦时	$\hat{q}$	3.67×10^7	"十二五"期间，中国天然气集中式发电装机将从 2800 万千瓦增长到 6000 万千瓦，从 2012 年进入密集建设期，预计在未来 4 年平均每年新增 800 万千瓦装机
现有火力发电成本 /（元/千瓦时）	P_F	0.35	目前，中国传统火力发电以煤炭发电为主，考虑煤炭、水电、石灰石、员工工资，这里选取一个较为平均的值为本节的参考值

参数名称	模型符号	参数值	附注
现有火力发电漂移量/（1/小时）	μ_F	0.04	参见文献[54]
现有火力发电方差值 /（%/年）	σ_F	9	参见文献[54]
天然气发电成本/（元/年）	P	0.85	国内天然气发电成本达到 0.7～1 元/千瓦时不等，取中间值 0.85 元/千瓦时
天然气发电漂移量/（1/小时）	μ	−0.03/year	根据参考值本研究设定
天然气发电（部署完成前）漂移量/（1/小时）	μ_M	−0.035/year	根据参考值本研究设定
天然气发电方差值	σ	13.99%year	根据参考值本研究设定
天然气发电（部署完成前）漂移量/（1/小时）	$\sigma(M)$	13%year	根据参考值本研究设定
二氧化碳价格 /（元/千瓦时）	P_C	0.12	参见文献[54]
二氧化碳价格漂移量/（1/小时）	μ_C	0.02/year	参见文献[54]
二氧化碳价格方差 /（%/年）	σ_C	11.5	参见文献[54]
天然气发电项目总投资成本/元	K	7500×10^6	以 2008 年国电的中山燃气发电项目投资值为本节参考值
各观察期投资成本 /（元/年）	I	1500×10^6	根据参考值本研究设定
R&D 投入/（元/年）	M	750×10^6	根据参考值本研究设定
天然气总投资成本漂移量/（1/小时）	β	0.5	参见文献[54]
总观察时长/年	T	2011～2030 年	中国天然气发电以长期合同为主，一般为 20～25 年，本研究取 20 年
步长/年	Δt	1	以 1 年为一个子观察期
模拟路径数/条	n	2000	一般模拟路径在 1000 条以上时开始收敛，本文选取 2000 条路径进行模拟
无风险利率/%	r	5.00	选取中国国内长期存款利率作为此处的无风险利率
排放因子	a	778gCO$_2$/kW h	IEA2009 中提及 2007 年中国火电发电量的温室气体排放量为 778g CO$_2$/kW h
天然气发电政府补贴 /（元/千瓦时）	P_G	0.2 0.3 0.4	本书根据参考值设定

　　模型中的所有参数及其取值均在表 6-9 中给出, 其中, 部分参数由参考文献得出, 部分参数由本节估计得出。参考数据主要来自《中国统计年鉴》《中国能源统计年鉴》, 以及往年相关能源及天然气发电相关研究。首先, 模型对原有火力发电成本、碳税成本、天然气发电成本进行 2000 条路径、200 条路径和 20 条路径的随机模拟, 分别由图 6-21、图 6-22、图 6-23、图 6-24、图 6-25、图 6-26、图 6-27 给出。一般地, 当样本模拟路径在 1000 条以上时才会开始收敛, 所以模型对一个较大的样本路径进行蒙特卡罗模拟, 可以对各变量可能的变化结果做出较为准确的估计。其次, 由于本节首次给出天然气发电与市场联动这一机制, 模型还给出在 20 条样本路径下, 市场联动天然气发电成本及一般天然气发电成本的对比, 详见图 6-26、图 6-27。

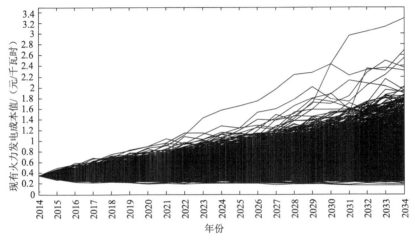

图 6-21　现有火力发电成本模拟（2000 条路径下）

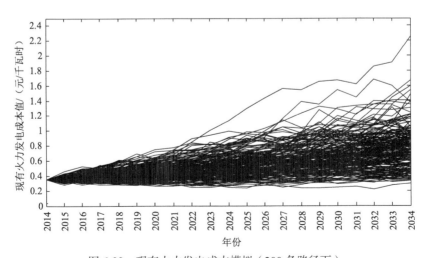

图 6-22　现有火力发电成本模拟（200 条路径下）

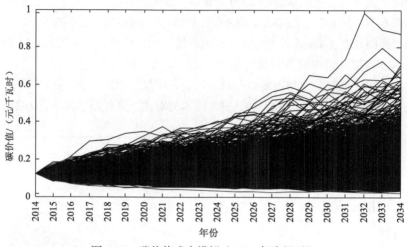

图 6-23　碳价值成本模拟（2000 条路径下）

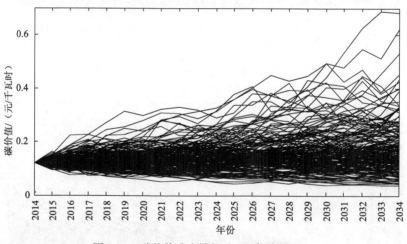

图 6-24　碳价值成本模拟（200 条路径下）

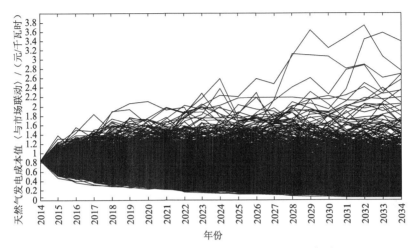

图 6-25　天然气发电成本模拟（与市场联动）（2000 条路径下）

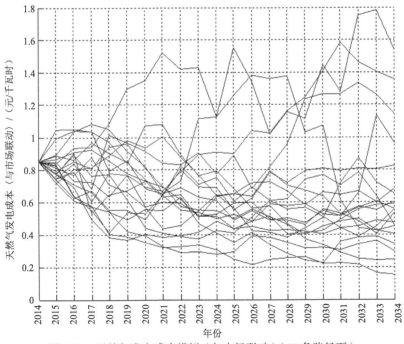

图 6-26　天然气发电成本模拟（与市场联动）（20 条路径下）

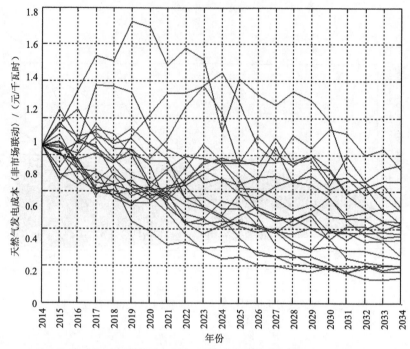

图 6-27　天然气发电成本模拟（非市场联动）（20 条路径下）

通过图 6-25 和图 6-26，可以发现，当天然气价格与市场联动时，相应的天然气发电成本也随之与市场产生联动效应。图 6-26 中的 20 条路径的走势较为平缓，并且有部分路径呈现向上的走势，这是由于天然气发电的市场联动性增加了天然气的发电成本。而在图 6-27 中，可以看到 20 条路径的总体走势都是向下的，几乎没有出现上涨的跳跃。这也符合当天然气发电项目接近尾声时，天然气项目的总投资成本也越来越低。

6. 路径模拟

这里的模拟时间段选取 2014～2034 年。针对天然气发电的市场联动性，本节将天然气发电的市场联动性作为对比量，将有无市场联动下的天然气发电成本做单一路径的对比，结果如图 6-28 所示。在图 6-28 中，标注的三个瞬间跳跃点反映了在与市场联动的机制下，天然气发电成本会出现瞬间跳跃。而相比而言，非市场联动机制下的天然气发电成本曲线则显得平缓很多。值得注意的是，当天然气发电成本与市场联动时，出现的瞬间跳跃是随机的，是人为不可控的。

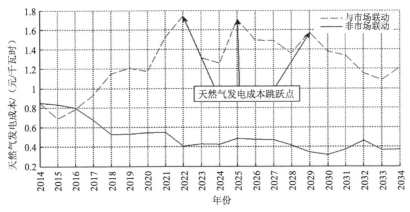

图 6-28 天然气发电成本对比（非市场联动与市场联动）（单一路径下）

6.6.3 情景分析

探究天然气发电成本，主要探究企业用天然气发电取代原有火力发电的成本节约值。考虑当成本节约值大于 0 的时候，这个投资才是明智的。这里，选取六个情景进行情景分析。

情景一：成本节约值=原有火力发电成本−天然气发电成本（与市场联动）。

进一步，本节将取代过程中的碳价值纳入其中。假设碳税是存在的，那么应该减去碳税。

情景二：成本节约值=原有活力发电成本−天然气发电成本（与市场联动）+碳价值。

更进一步，本节将政府对企业进行天然气发电的补贴考虑进去，这里对天然气政府补贴分别选取 0.2 元/千瓦时、0.3 元/千瓦时、0.4 元/千瓦时三个等级，探究不同等级的天然气政府补贴对天然气发电成本的影响。那么可以得到情景三~情景六。

情景三：成本节约值=原有火力发电成本−天然气发电成本（与市场联动）+碳价值+政府补贴（0.2 元/千瓦时）。

情景四：成本节约值=原有火力发电成本−天然气发电成本（与市场联动）+碳价值+政府补贴（0.3 元/千瓦时）。

情景五：成本节约值=原有火力发电成本−天然气发电成本（与市场联动）+碳价值+政府补贴（0.4 元/千瓦时）。

情景六：成本节约值=原有火力发电成本−天然气发电成本（非市场联动）+碳价值+政府补贴（0.2 元/千瓦时）。

图 6-29 给出了在 50 条随机路径下情景一的成本节约值。可以发现，从 2014 年到 2022 年，企业选择天然气发电的成本节约值都小于零，在 2022 年之后，成本节约值大于零，成本节约开始产生。在绝大部分情况下，企业在 2022 年到 2030 年即

可产生成本节约现金流。对于期限为 20 年的观察期，在开始投资的八年后才开始产生成本节约值，这样的效率是比较低的。对于发电企业来说，不能盈利就是一定基础上的亏损。所以增加碳价值和政府对天然气发电的政府补贴对企业来说是必要的。

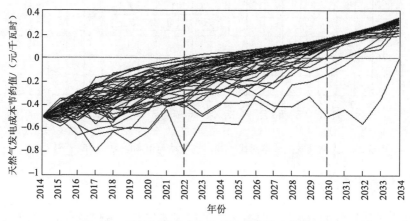

图 6-29　天然气发电成本节约路径模拟（情景一）

图 6-30 给出了在 50 条随机路径下情景二的成本节约值。可以发现，从 2014 年到 2019 年，企业都还没有产生成本节约现金流。在 2019 年以后，成本节约值大于零，成本节约开始产生。与情景一相比产生成本节约现金流的年份整体前移 3 年。可见，在长达 20 年的观察周期中，当企业将碳价值考虑在内时，天然气发电项目将提前 3 年产生成本节约现金流，这个时间和影响是可观的。碳税的价格影响到天然气发电代替原有火力发电的碳价值。碳税价格越高，考虑碳税的成本节约现金流就越快实现，碳价值也就越高。可以注意到的是，在 2027~2028 年，50 条随机路径的成本节约值将趋于一个近似值，随后又将发散。

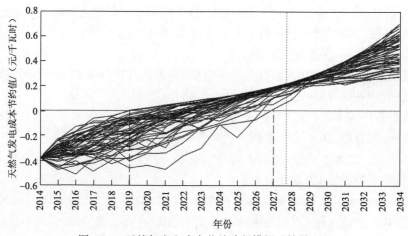

图 6-30　天然气发电成本节约路径模拟（情景二）

图 6-31 给出了在 50 条随机路径下情景三的成本节约值。发现相比于情景二，增加天然气发电政府补贴后，天然气发电的成本节约现金流的发生时间又提前了两年。和情景一及情景二类似的是，50 条路径在八至九年内，基本都开始产生成本节约现金流。增加了 0.2 元/千瓦时的天然气发电的政府补贴，使得天然气发电项目的成本节约值在项目开始的三年后产生。可见，在碳价值实现的基础上，如果政府对天然气发电项目的政府补贴到位，发电企业的成本节约值的产生时间将十分可观。

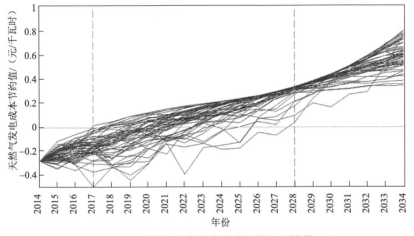

图 6-31 天然气发电成本节约路径模拟（情景三）

图 6-32 给出了在 50 条随机路径下情景四的成本节约值。相比于情景三，增大对天然气发电的政府补贴后，天然气发电的成本节约现金流的发生时间又提前了两年，仅为投资开始后的一年。而 50 条路径也同样在 8～9 年内都产生了成本节约值。这一点与前三个情景都是相同的。

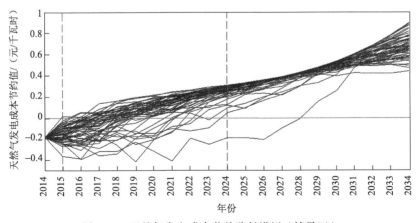

图 6-32 天然气发电成本节约路径模拟（情景四）

图 6-33 给出了在 50 条随机路径下情景五的成本节约值。相比于情景三和情景四，虽然天然气政府补贴按 0.1 元/千瓦时递增，但在情景五中，产生成本节约的年份只提前了半年，我们认为这是符合边际效应的。50 条路径产生成本的总时长仍为八年左右，可见，天然气发电政府补贴只会影响成本节约值产生的时间点的先后，而不会影响不同随机路径产生的时间差。而天然气发电政府补贴对于天然气发电成本节约值具有积极的边际效应。

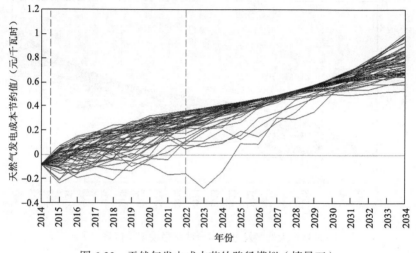

图 6-33　天然气发电成本节约路径模拟（情景五）

图 6-34 给出了在 50 条随机路径下情景六的成本节约值。情景三和情景六为一个对比组，唯一的不同点为天然气发电成本是否与市场联动。我们发现，当天然气发电成本与市场不存在联动时，天然气成本便不会出现瞬间的成本上涨值。相应的成本节约值也会较早出现。由图 6-34 可知，与图 6-31 相比，成本节约值的发生时间提前了两年。可见，当天然气发电成本与市场联动时，将在一定程度上推迟天然气发电成本节约值的产生，从图 6-33 和图 6-34 的对比中可以看出，天然气成本节约值的产生推迟了一年，并且，总时长也拉大了。市场的作用将在一定程度上推迟天然气发电成本节约值的产生。但因为在实际投资中，天然气发电项目的运营高度依靠市场，所以市场对其的影响是很难避免的。但发电企业也可以依靠碳价值和政府补贴弥补这一影响。

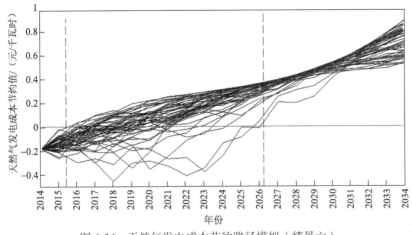

图 6-34 天然气发电成本节约路径模拟（情景六）

6.6.4 主要结论

考虑市场联动、碳价值及天然气政府补贴对天然气发电项目的影响，在不同框架下给出不同的天然气发电的具体分析，并通过对比分析不同影响因素对整体项目成本的影响作用。具体考虑如下。

（1）比较天然气发电和原有火力发电，由于企业以商业盈利为重，所以首先和最主要考量的就是天然气发电成本节约值。尽管碳价值和天然气发电政府补贴对于成本节约值都具有积极作用，但通过情景模拟发现，碳价值对天然气发电的成本节约值的影响更为显著。但两者影响力的差别并不是很大。

（2）在本节中，首次将天然气成本与国内外能源市场的联动性考虑在内。天然气发电成本的市场联动性导致天然气发电成本存在瞬时的跳跃，这种跳跃虽然使得天然气发电成本大幅升高，但是这样的跳跃只发生在短时间内。所以，事实上并不会对整个观察期内的天然气发电的成本节约值起到较大的影响。

对于企业投资的天然气发电项目，本节仅从成本角度出发，考虑前期投资中成本的影响因素。所以，所建模型还具有局限性，只能对投资成本进行分析。

6.7 基于实物期权中国 CCS、CCUS 潜在价值对投资决策的影响分析

6.7.1 研究动态

1. 实物期权理论相关研究

实物期权是以期权定价理论为基础，在实物（非金融）资产上进行拓展，反

映了投资者在未来具有活动空间和投资的可能性，能够根据市场变化以各种形式进行决策的权利。

国外关于实物期权的研究较早，相关学者很早就意识到实物期权进行决策评判的相对优势。Titman[54]运用实物期权中的二期二项式方法对未开发的土地估价，认为实物期权方法可以考虑开发的时间，并时时追踪收益的变化情况，对土地估价师来说能更准确地作出估价。Williams[55]试着运用连续的无套利模型着重研究项目投资开发放弃期权对项目投资价值的影响。Sing 和 Patel[56]根据得到的 1984~1997 年英国房产交易的情况，运用实证分析，得出投资具有不可逆性和可推迟性，由此验证实物期权应用的条件和前提。Lambrecht 和 Perraudin[57]通过对两类特殊的实物期权问题进行分析，并建立相应的实物期权模型，得到在具有不确定因素的情况下，先占对公司投资价值的影响，建立信息不完全情况下的完全贝叶斯均衡。Yavas 和 Sirmans[58]设定分析的框架，采集较准确的数据进行实证分析，研究了在开发商的角度影响房地产开发的主要行为因素。

Cheng 等[59]运用基于序贯复合期权的修改后的二叉树模型，考虑了研究时间和不确定性，并运用数值模型评估了清洁能源的可选策略和战略价值，结果表明，最优决策二叉树中的某些节点是依赖路径的，不同于标准的连续复合期权。Martinez-Ceseña 和 Mutale[60]在实物期权方法的基础上，提出了一种可在风电项目规划中评估风能价值不确定型的方法，并进行实例研究分析。Detert 和 Kotani[61]研究蒙古一项将不可再生能源转换为可再生能源的能源转换项目，将这一问题归类为实物期权问题，并确定关键因素，得出电价和外部估值都影响最佳决策，这两个因素上升会诱使不可再生能源较早转向可再生能源。Lee 等[62]重点研究 CDM 项目之中有关未来 CER 值不确定性的风险，基于实物期权建立的模型分析利润与风险同等。

国内关于实物期权的研究相较于国外较晚，其应用的领域也相对少一些。黄小原和庄新田[63]阐述了实物期权投资者和经营者的价值函数，通过该价值函数研究了不同信息条件下运用实物期权方法如何进行最优投资决策。夏晖等[64]基于战略实物期权方法，研究了企业技术创新投资的实物期权理论模型，并对相关方法进行综述，并指明了这一方向未来需要研究的问题。陈小悦和杨潜林[65]指出实物期权方法对于企业采取灵活性经营策略有优势，将期权定价理论放入实物投资领域，介绍了实物期权分类情况，使用离散模型和连续模型对实物期权进行估值。杨屹等[66]首先对实物期权定价方法进行综述，然后又结合实物期权的两个特点：非独占性和复合性，提出了在不完全信息下的实物期权定价方法的未来研究领域和研究技术的路线。齐安甜和张维[67]总结了实物期权相关理论，从全新视角研究了实物期权在企业并购价值评估中的应用，建立了企业并购价值评估总体框架，研究了期权定价公式下具有增长齐全企业估价问题。夏健明和陈元志[68]综合期权理论的核心思想和理论基础，对实物期权的基本假设、应用逻辑、特征、分类和建模方法进行总结，将实物期权分析和其他传统工具进行了比较，总结分析了国内外的研究现状，指出该方向未来研究的热点。徐爽和李宏瑾[69]试着运用期权定价的方法来研究分析我国房地产的土地定价问题。于洋等[70]先从战略思想、评估工具和应用研究等三方面综述我国实物期权研究的情况，接着指出进一步研究的方向及在我国实施实物期权方法所应开展的工作。

2. CCS 相关研究

CCS 作为未来碳减排的关键选择，国内外越来越多的学者对其进行研究，研究的领域包括技术、理论、相关政策等。

国外方面，Fan 和 Zhu[71]考虑现有火力发电成本的不确定性、碳价格、发电量及投资成本等因素，建立了 CCS 实物期权投资评价模型，其模型建立在 Black-Scholes 公式和蒙特卡洛模拟的基础之上。而本节考虑相关因素，基于实物期权二叉树方法建立 CCS 评价模型。Zhang 等[72]应用碳链分析评估 CCS 复杂能源转换系统。Eckhause 和 Herold[73]描述了三种不同的 CCS 实现项目，得到项目转移率和专家访谈的费用，采用多阶段实物期权模型，以获得最佳融资策略。Viebahn 等[74]从五种不同的维度综合评估了 CCS 技术在印度的现状，CCS 技术若想在印度开展需要满足几个条件，其中最关键的是对印度可靠的封存容量的评估。Burba 等[75]介绍了涡度相关法是一种直接测量表面和大气的用于天然气运输的微气象技术。在碳捕集、利用和封存项目中，利用涡度相关法可以监控 CO_2 封存，防止其渗漏。

国内关于 CCS 的相关研究起步较晚，涉及的层面也没有国外丰富。陈文颖等[76]分析了不同碳捕获技术和相关技术经济参数，同时分析了不同碳地质储存的机理、发展潜能和成本，包括 CCS 技术减缓全球碳排放的作用；更新 MARKAL 模型，加入不同的 CCS 技术，并考虑石油安全和二氧化碳减排；设置不同的情景，利用 MARKAL 模型研究 CCS 技术在我国未来缓解 CO_2 排放的潜在作用。曲建升和曾静静[77]指出由于 CCS 相关法律制度的不完善，制约着 CCS 技术的发展；同时借鉴发达国家在 CCS 技术上的经验，对我国 CCS 技术开展的法规和政策提出了具体的建议。韩文科等[78]阐述了目前碳捕集与封存的最新技术进展和面临的主要问题，指出了 CCS 技术目前面临的一些问题。梁大鹏[79]运用系统动力学方法在 CGE 模型的基础上对商业运营系统进行仿真模拟，得出我国 CCS 商业化模式推广最关键的四个方面是碳排放税的制定、煤电联动、CDM 支持和 CCS 项目存储地的选择。任相坤等[80]分析了几种典型在煤化工过程中高浓度二氧化碳的排放情况，对 CCS 技术关键环节进行了总结，并介绍了神华集团几个正在运行中的 CCS 项目的进展。程昌慧[81]指出 CCS 技术除提高捕获、运输和封存的相关技术外，应该加强与各大油田的合作，增强与地层学、岩土力学等多种学科的交流沟通；在项目实施过程中，做好经济评估，提高公众认可度，提供更全面的法律保障等都是需要注意的问题。

由上述可知，我国关于 CCS 技术的研究多侧重于从质出发，少有量化相关因素，得出的结论也多是政策性建议。能对重要因素进行量化分析，得出全方位的结论是我国在 CCS 技术研究方面需要突破的，利用数据的支撑，将更好地指导我国 CCS 技术的实施。

6.7.2　基于实物期权 CCS 潜在价值在投资决策中的影响分析

由于 CCS 技术在我国出现和研究的时间短、技术不成熟、资金短缺、公众支持度低、企业参与积极性不高，造成投资者只看目前的投资收益，所以往往采取放弃的决定。实物期权方法可以综合考虑 CCS 项目现在及未来的潜在价值。本节试图运用实物期权方法考虑 CCS 项目的潜在价值，从得出的结论可以看出 CCS 项目潜在价值极大。

1. 模型所考虑的因素

在上述研究的基础上，本小节将碳排放权价格、上网电价、清洁电价、政府投资补贴、技术进步、固定成本及碳税等因素作为本节研究考虑的主要因素，考虑因素众多，将能更准确地分析 CCS 项目的潜在价值。本小节将 CCS 项目看作投资期权，运用实物期权二叉树方法建立模型，分析 CCS 项目的潜在价值，得到的结果与以往的研究结果不同，供政府及相关投资者做出投资决策。

1）上网电价

上网电价是指发电厂按照售电合同将电力出售给电力公司及相关配电公司的价格。我国多种上网电价政策始于 1985 年，当时全国出现严重缺电现象。国务院决定采取全国统一建设电厂和全国统一电价的方法以应对这种不利局面。

2）清洁电价

清洁电价是对我国煤电厂采用清洁发电技术的一种鼓励措施，凡进行清洁发电，其电价将得到一定的补贴，以刺激和鼓励更多的煤电厂采用清洁发电技术。

我国针对脱硫的清洁发电技术，早就有相关补贴政策。但针对减少二氧化碳排放的清洁发电项目还没有相关的补贴政策出台，因此本小节拟将脱硫电价补贴运用到减少二氧化碳排放的清洁发电项目中，以此刺激减少二氧化碳排放的清洁发电项目的发展。

3）碳排放权价格

我国虽然在 2011 年确定北京、上海、广东、深圳、湖北、重庆作为碳交易市场的试点地，2013 年深圳、上海、北京、广东、天津碳排放权交易开始，但由于我国没有强制的减排目标，迄今为止，这些交易所的成交项目多集中在节能、环保技术的转让，排放权额度转让的规模很小，并且几乎没有收益。由于我国现行碳交易市场还未完全成熟，当我国将低出排放上限的二氧化碳排放权出售给国际市场时，需要按照国际碳交易市场的碳排放权价格进行交易，因此核算减排量的价格将直接受到国际碳交易市场的影响。

4）政府投资补贴

CCS 技术进入我国不久，目前面临着技术不成熟、资金短缺、公众支持度低、企业参与积极性不高等困难，如若企业担起保护环境的责任，积极克服技术难题，没有政府相应的政策和资金补贴，煤电厂运用 CCS 技术将举步维艰。

5）技术进步

要想实行 CCS 技术，单靠市场和政策的扶持，不会长久。CCS 项目本身技术必须不断进步，这样才能减少项目的前期投资成本，增加该项目的吸引力。

在 CCS 技术未实现大规模推广之前，技术的进步和创新会使 CCS 技术的投资成本逐年降低。这种情形可以用学习曲线来表示。Abadie 等[82]研究二氧化碳采集设备投资成本每年以约 2% 的速度逐年降低。但近几年二氧化碳捕集技术越来越受到世界各国的关注，技术进步较快。因此，本节根据 Koelbl 等[83]的研究，假设技术学习率为 5%，由此设定 CCS 技术设备投资成本以每年 5% 的比例逐年下降。假设在目前条件下，CCS 技术设备总投资成本为 I，t 年后 CCS 设备投资成本为 I_t，则有

$$I_t = I \times e^{-0.05t} \tag{6-52}$$

2. 实物期权理论在我国煤电系统 CCS 技术下的适用性分析

1）我国煤电系统发展现状

目前，我国是为数不多仍然以煤炭作为主要能源的国家，煤炭占我国矿物燃料储量的 94% 并占我国总耗能的 70% 左右。在短时间内按照我国的能源特点及技术水平，无法改变用能现状。然而由于某些政策的不到位及煤炭本身的特点，煤炭发电时会产生大量的废气，其中，排放的 CO_2 是造成温室效应的主要气体。煤炭发电的诸多缺点显而易见。

2）CCS 技术应用于煤电系统的必要性

虽然 CCS 技术还未正式进入商业运行阶段，在技术上也未达到完全成熟的阶段，但可以将排放的 CO_2 经过捕集、运输、封存这三个阶段封存于地下，使得 CO_2 可以实现"近零"排放，在很大程度上可以缓解燃煤发电厂的压力，使得环境不至于进一步恶化。

3）实物期权理论应用于我国煤电系统 CCS 技术带来的变化

实物期权方法能够研究煤炭、电价、碳交易、政策补贴、CCS 技术进步等不确定因素对投资普通煤电站 CCS 的影响和作用，构建符合我国国情的评估煤电站

CCS 投资价值的模型，也可以以美式和欧式期权的思想，分析煤电系统 CCS 的不可逆性和可延迟性。

3. 模型建立

传统投资决策方法

现金流量折现（discount of cash flow，DCF）是通过对企业未来现金流量的预测，采取一定的折现率进行折现，确定企业价值。而传统投资决策方法（DCF 法）以 NPV 方法为核心。NPV 法优点是利用经过风险调整的现金流量或资本成本率计算净现值，但缺点是其只是一种静态的投资决策方法。

煤电站 CCS 投资的目标收益方程表示如下：

$$净收益 = \text{CER}_s \times C + P \times Q - I - C_{o\&m} - P_0 \times Q_0 - I_p - I_f \qquad (6\text{-}53)$$

其中，CER_s 为二氧化碳的核准减排量，C 为碳排放权价格，P 为清洁电价，Q 为清洁发电量，I 为 CCS 设备投资成本，$C_{o\&m}$ 为 CCS 设备运营维修成本，P_0 为上网电价，Q_0 为因采集而损失的可并网发电量，I_p 为固定成本，I_f 为碳税。

假设 CCS 项目的寿命期为 T，在 $t = \tau$ 时投资 CCS 项目，投资建设期为 1 年，即 CCS 项目从第 2 年开始投入使用直到 CCS 项目寿命期末。r_0 为基准折现率。

根据以上收益方程，可以确定 CCS 项目的 NPV：

$$
\begin{aligned}
\text{NPV} &= \sum_{t=\tau+2}^{\tau+T} (\text{CER}_s \times C + P \times Q) e^{-r_0(t-\tau)} - \sum_{t=\tau+2}^{\tau+T} (C_{o\&m} + P_0 \times Q_0) e^{-r_0(t-\tau)} \\
&\quad - \sum_{t=\tau+2}^{\tau+T} (I_p + I_f) e^{-r_0(t-\tau)} - e^{r_0\tau} I e^{-0.05\tau} \cdot (1-k) \\
&= (\text{CER}_s \times C + P \times Q - C_{o\&m} - P_0 \times Q_0 - I_p - I_f) \frac{e^{-r_0} - e^{-r_0 T}}{e^{r_0} - 1} - I e^{(r_0 - 0.05)\tau} \cdot (1-k)
\end{aligned}
$$

$$(6\text{-}54)$$

上述模型与其他研究有些许不同之处。

第一，考虑了碳价格、上网电价、清洁电价、政府投资补贴和技术进步等因素，而本节针对 CCS 项目的实物期权 NPV 模型考虑了更多的细节，模型分析了清洁电价、上网电价、清洁发电量、因采集而损失的可并网发电量、CCS 投资成本、CCS 运营维修成本、固定成本及增加碳税的其他成本等诸多因素，能更准确地评估 CCS 项目的未来发展情况。

第二，在建立模型时，考虑的只是清洁电价补贴，而实际建模应该考虑清洁电价。本节考虑将清洁电价补贴改为清洁电价。

第三，在本节的模型中，k 表示政府补贴系数，变动 k，则可以在政府投资补贴变动下进行 CCS 项目的投资分析；I 表示 CCS 项目投资成本，变动 I，则可以在企业或投资人的角度下进行 CCS 项目的投资分析；同时变动 k、I，则可以综合考虑政府投资补贴变动和企业效益，更全面地进行 CCS 项目投资分析。其中，结合政府和企业来看待 CCS 项目投资价值将是极其具有意义的。

第四，模型的影响因素众多，可以根据其需要变动相应的参数来分析相应的变化，每个参数的变动能使相关研究者增加对 CCS 项目的了解，且对相关部门的决策分析有一定的引导作用，能指导人们在适当的地点、适当的时间实施 CCS 项目来使利益最大化。

第五，投资决策二叉树模型。

假设 C 为煤炭价格，k 为 CCS 项目的实施期，i（$0 \leqslant i \leqslant k$）为煤炭价格的移动次数，则 $C(k,i)$ 表示第 k 期上升 i 次的煤炭价格。$C(0,0)$ 表示初期的煤炭价格（图 6-35），而在下一个时期，煤炭价格是随机波动的，会产生两种结果：

$$\begin{cases} C(1,1) = uC(0,0), & 概率为 p \\ C(1,0) = dC(0,0), & 概率为 1-p \end{cases} \quad (6\text{-}55)$$

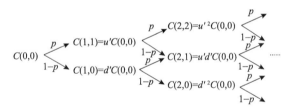

图 6-35　碳价格的二叉树随机过程

一般情况：

$$\begin{cases} C(k+1,i+1) = uC(k,i), & 概率为 p, \ 0 \leqslant k \leqslant T, \ 0 \leqslant i \leqslant k \\ C(k+1,i) = dC(k,i), & 概率为 1-p, \ 0 \leqslant k \leqslant T, \ 0 \leqslant i \leqslant k \end{cases} \quad (6\text{-}56)$$

其中，C 为煤炭价格；k 为计划实施的第 k 期；i（$0 \leqslant i \leqslant k$）为煤炭价格的移动次数；$T$ 为计划总时期；n 为波动次数；u 为上涨幅度，$u = e^{\sigma\sqrt{T/n}}$；d 为下降幅度，$d = 1/u$；p 为风险中性概率，$p = (e^{r(T/n)} - d)/(u - d)$；$r$ 为无风险利率。

根据几何布朗运动的离散形式，有 $\Delta C / C = \mu\Delta t + \sigma\varepsilon\sqrt{\Delta t}$，其中，$\Delta C$ 为煤炭价格在短时间 Δt 后的变化，ε 服从标准正态分布（期望值为 0，方差为 1.0），μ 为单位时间内价格的预期收益率，σ 为波动率。

二叉树随机过程的刻画，关键是要确定波动率 σ 的值。σ 的估计可以采用如下的步骤进行：

假设 $l+1$ 为观察次数，C_i 为在第 i 个时间间隔中所取的煤炭价格（$i=0,1,\cdots,l$），Δt 为以年为单位的表示时间间隔长度的变量。

（1）根据历史样本数据计算如下时间序列煤炭价格的值：

$$\mu_i = \ln(C_i / C_{i-1}), \quad i=1,2,\cdots,l \tag{6-57}$$

（2）求出 μ_i 的标准差 s 的一般估计值：

$$s = \sqrt{\frac{1}{l-1}\sum_{i=1}^{l}(\mu_i - \overline{\mu})^2} = \sqrt{\frac{1}{l-1}\sum_{i=1}^{l}\mu_i^2 - \frac{1}{l(l-1)}(\sum_{i=1}^{l}\mu_i)^2} \tag{6-58}$$

其中，μ 为 μ_i 的均值。

（3）波动率估计：

$$\sigma = s / \sqrt{\Delta t} \tag{6-59}$$

由于碳价格 C 的变化服从二叉树过程，所以可将 CCS 的投资价值转化为

$$V(k,i) = (\mathrm{CER}_s \times C(k,i) + P \times Q - C_{o\&m} - P_0 \times Q_0 - I_p - I_f)\frac{\mathrm{e}^{-r_0} - \mathrm{e}^{-r_0 T}}{\mathrm{e}^{r_0} - 1} \tag{6-60}$$
$$- I\mathrm{e}^{(r_0 - 0.05)\tau} \cdot (1-k)$$

每个节点的最佳投资决策的取值规则为

$$V(T,i) = \max\{(\mathrm{CER}_s \times C(T,i) + P \times Q - C_{o\&m} - P_0 \times Q_0 - I_p - I_f)\frac{\mathrm{e}^{-r_0} - \mathrm{e}^{-r_0 T}}{\mathrm{e}^{r_0} - 1} \tag{6-61}$$
$$- I\mathrm{e}^{(r_0 - 0.05)\tau} \cdot (1-k), 0\}$$

$$V(k,i) = \max\{(pV(k+1,i+1) + (1-p)V(k+1,i))\mathrm{e}^{-r(T/n)}, (\mathrm{CER}_s \times C(k,i)$$
$$+ P \times Q - C_{o\&m} - P_0 \times Q_0 - I_p - I_f)\frac{\mathrm{e}^{-r_0} - \mathrm{e}^{-r_0 T}}{\mathrm{e}^{r_0} - 1} - I\mathrm{e}^{(r_0 - 0.05)\tau} \cdot (1-k)\} \tag{6-62}$$

其中，$0 \leqslant k \leqslant T$，$0 \leqslant i \leqslant k$。

4. 参数估计

1）碳价格的参数估计

由于我国没有碳交易市场，所以本小节将参考欧洲碳交易市场的碳价格水平。为了尽可能准确，选取 2013 年 1 月至 12 月的欧洲交易市场的碳价格作为本小节研究的数据（图 6-36）。

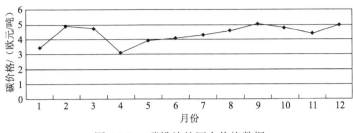

图 6-36 碳排放的历史价格数据

按照上述求波动率 σ 的方法，通过对 2013 年碳价格数据进行分析计算后，得出碳价格的波动率 $\sigma=0.6205$。

碳排放权的初始价格取 2013 年各月的平均值为 4.36 欧元/吨，2013 年欧元兑人民币的平均汇率为 1 欧元=8.220 983 333 3 元，则碳排放权初始价格换算成人民币为 $4.36\times8.220\,983\,333\,3=35.843\,487\,3$ 元/吨。

根据碳价格二叉树模型，初始价格为 35.8435 元/吨，在 CCS 的实施期内展开，Matlab 编程运行结果如表 6-10 所示。

表 6-10 碳价格二叉树展开表 单位：元/吨

2013 年	2014 年	2015 年	2016 年	2017 年	2018~2031 年	2032 年	2033 年
35.843 5	66.663 81	123.985 2	230.594 8	428.873 6	……	2 541 239	4 726 343
	19.272 17	35.843 5	66.663 81	123.985 2	……	734 659.4	1 366 362
		10.362 18	19.272 17	35.843 5	……	212 386.3	395 008.4
			5.571 488	10.362 18	……	61 399.82	114 194.9
				2.995 653	……	17 750.38	33 013.18
					……	5 131.546	9 543.945
						1 483.504	2 759.107
						428.873 6	797.643 9
						123.985 2	230.594 8
						……	……
							0.000 272

在表 6-10 中，碳价格沿水平方向的变化为上升，上升的倍数为 $u=\mathrm{e}^{\sigma\sqrt{\Delta t}}$；表中沿右下斜线方向的变化为下降，下降的倍数为 $d=1/u$。

可以看出，在二叉树方法下，延迟期内碳价格变化的区间是由 σ 来决定的。而 σ 的大小是由先前碳价格的变化得到。因此，先前碳价格的波动变化导致了在延迟期内碳价格的波动。由表 6-10 可以看出在二叉树方法下，碳价格变化区间延迟的越久差值越大，代入到实物期权模型中得到的 CCS 项目投资价值的差值也越大。

2）核准减排量、固定成本、其他成本

运用 CCS 项目的煤电厂的总发电量为该煤电厂的装机容量与运营时间的乘积。在本节中设定装机容量为 200 兆瓦，年发电小时数满负荷为 5400 兆瓦，则 $Q_{总} = 200 \times 1000 \times 5400 = 1.08 \times 10^9$（千瓦时）。

我国煤电厂 CO_2 排放系数为 0.893 千克CO_2 / 千瓦时，可得 $CER_s = 0.893 \times Q_{总} \times 10^{-3} = 9.6444 \times 10^5$，单位为吨。

运用 CCS 技术的煤电厂火力发电成本将提高 $\Delta P = 0.35$ 元/千瓦时，因此每年的固定成本为 $I_p = 0.35 \times Q_{总} = 3.78 \times 10^8$，单位为元。

其他成本中考虑实行碳税，设定排放二氧化碳的成本 $P_c = 0.12$ 元/千瓦时，则其他成本 $I_f = P_c \times Q_{总} = 1.296 \times 10^8$，单位为元。

3）相关参数估计

参数估计结果如表 6-11 所示。

表 6-11　相关参数情况表

参数	符号	数值	说明
CCS 投资成本/元	I	1.0×10^{11}	
CCS 运营维修成本/（元/年）	$C_{O\&m}$	2000×10^6	
上网电价/（元/千瓦时）	P_0	0.39	
清洁电价/（元/千瓦时）	P	0.41	
CCS 耗能比例/%	α	20	
无风险利率/%	r	5	我国长期贷款利率
基准折现率/%	r_0	8	主要用于衡量项目自有资金占用的机会成本

由于 CCS 项目在运行时要消耗一定的电量，所以因采集而损失。

并网发电：$Q_0 = \alpha Q_{总} = 20\% \times 1.08 \times 10^9 = 2.16 \times 10^8$（千瓦时）。

清洁发电量：$Q = Q_{总} - Q_0 = 1.08 \times 10^9 - 2.16 \times 10^8 = 8.64 \times 10^8$（千瓦时）。

5. 情景分析

1）运用 CCS 项目的 NPV

考虑不同政府补贴下的 CCS 项目的 NPV（表 6-12），$k = 0$、0.1、0.2、0.3、0.4、0.5、0.6、0.7、0.8、0.9。

表 6-12　变动 k 值 CCS 项目的 NPV　　单位：$\times 10^6$ 元

k	0	0.1	0.2	0.3	0.4	0.5	0.6	0.7	0.8	0.9
NPV	−29 077	−28 077	−27 077	−26 077	−25 077	−24 077	−23 077	−22 077	−21 077	−20 077

依照 NPV 方法的思想，本节考虑清洁电价、上网电价、CCS 设备投资成本、CCS 运营维修成本、固定成本及考虑碳税的其他成本等因素建立的模型得到当前不同政府补贴系数下的 NPV。由于不同政府补贴下的 NPV 都小于零，可见在当前形势下，发展 CCS 技术是不合适的。且当政府补贴系数达到 0.9 时，NPV 仍远小于 0，可见当前政府补贴对刺激 CCS 技术发展的影响不大。

考虑不同的投资成本，取 $k = 0.3$，$I=1.0\times 10^3$、9.0×10^2、8.0×10^2、7.0×10^2、6.0×10^2（表 6-13）。

表 6-13　变动 I 值 CCS 项目的 NPV　　单位：$\times 10^6$ 元

I	10 000	9 000	8 000	7 000	6 000
NPV	−26 077	−25 377	−24 677	−23 977	−23 277

表 6-13 是在政府补贴系数设定为 0.3 时，根据 NPV 方法，净收益 $= \mathrm{CER}_s \times C + P \times Q - I - C_{o\&m} - P_0 \times Q_0 - I_p - I_f$，计算当前 CCS 项目所得的净收益。当投资成本为 6000×10^6 时，净收益仍远小于 0，因此当前投资成本变动对净收益的影响不大，说明当前不宜立即投资 CCS 项目。

2）实物期权下的 CCS 项目价值

A. 情景设定

各情景设定及参数取值如表 6-14 所示。

表 6-14　各情景设定及参数取值

情景分类	变动情况	具体数值
情景一	变动 k	$k=0.1$ $k=0.3$ $k=0.5$ $k=0.7$
情景二	变动 I	$I=8.0\times 10^9$ $I=6.0\times 10^9$ $I=4.0\times 10^9$
情景三	变动 C	$C=30$ $C=25$ $C=20$

续表

情景分类	变动情况	具体数值
情景四	变动 σ	$\sigma=0.2$
		$\sigma=0.4$

B. 结果分析

a）情景一

（1）当 $k=0.1$ 时，各参数的情况如下：$C(0,0)=35.8435$，$\sigma=0.6205$，$T=20$，$\text{CER}_s=9.6444\times10^5$，$P=0.41$，$Q=8.64\times10^8$，$I=1.0\times10^{10}$，$C_{o\&m}=2.0\times10^9$，$P_0=0.39$，$Q_0=2.16\times10^8$，$I_p=3.78\times10^8$，$I_f=1.296\times10^8$，$k=0.1$，$r_0=0.08$，$r=0.05$。

运用实物期权方法，得到的结果如表 6-15 所示。

表 6-15　当 $k=0.1$ 时实物期权下 CCS 项目投资价值

2013 年 /（×10⁷元）	2014 年 /（×10⁷元）	2015 年 /（×10⁷元）	2016~2031 年	2032 年 /（×10¹¹元）	2033 年 /（×10¹¹元）
9.718 890	2.097 552	44.857 12	……	211.896 3	394.368 3
	3.383 742	7.565 015	……	61.019 5	113.759
		1.011 577	……	17.401 78	32.636 28
			……	4.792 12	9.184 1
				1.146 73	2.404 193
				0.164 116	0.444 156
					……
					0

（2）当 $k=0.3$ 时，运用延迟实物期权的方法，在各参数如下的情况下得到表 6-16：$C(0,0)=35.8435$，$\sigma=0.6205$，$T=20$，$\text{CER}_s=9.6444\times10^5$，$P=0.41$，$Q=8.64\times10^8$，$I=1.0\times10^{10}$，$C_{o\&m}=2.0\times10^9$，$P_0=0.39$，$Q_0=2.16\times10^8$，$I_p=3.78\times10^8$，$I_f=1.296\times10^8$，$k=0.3$，$r_0=0.08$，$r=0.05$。

表 6-16　当 $k=0.3$ 时实物期权下 CCS 项目投资价值

2013 年 /（×10⁷元）	2014 年 /（×10⁷元）	2015 年 /（×10⁷元）	2016~2031 年	2032 年 /（×10¹¹元）	2033 年 /（×10¹¹元）
10.021 58	21.589 19	46.079 74	……	211.929 9	394.403 7
	3.514 283	7.843 331	……	61.053 14	113.794 4
		1.059 200	……	17.435 42	32.671 64

续表

2013 年 /（×10⁷元）	2014 年 /（×10⁷元）	2015 年 /（×10⁷元）	2016～2031 年	2032 年 /（×10¹¹元）	2033 年 /（×10¹¹元）
			……	4.825 76	9.219 466
				1.180 37	2.439 559
				0.177 184	0.479 522
					……
					0

（3）当 $k = 0.5$ 时，各参数的情况如下：$C(0,0) = 35.8435$，$\sigma = 0.6205$，$T = 20$，$\mathrm{CER}_s = 9.6444 \times 10^5$，$P = 0.41$，$Q = 8.64 \times 10^8$，$I = 1.0 \times 10^{10}$，$C_{o\&m} = 2.0 \times 10^9$，$P_0 = 0.39$，$Q_0 = 2.16 \times 10^8$，$I_p = 3.78 \times 10^8$，$I_f = 1.296 \times 10^8$，$k = 0.5$，$r_0 = 0.08$，$r = 0.05$。

运用实物期权方法，得到的结果如表 6-17 所示。

表 6-17　当 *k* =0.5 时实物期权下 CCS 项目投资价值

2013 年 /（×10⁷元）	2014 年 /（×10⁷元）	2015 年 /（×10⁷元）	2016～2031 年	2032 年 /（×10¹¹元）	2033 年 /（×10¹¹元）
10.324 27	22.202 85	47.302 37	……	211.963 5	394.439 1
	3.644 824	8.121 647	……	61.086 78	113.829 8
		1.106 822	……	17.469 06	32.707 01
			……	4.859 401	9.254 831
				1.214 011	2.474 924
				0.190 251	0.514 887
					……
					0

（4）当 $k = 0.7$ 时，各参数的情况如下：$C(0,0) = 35.8435$，$\sigma = 0.6205$，$T = 20$，$\mathrm{CER}_s = 9.6444 \times 10^5$，$P = 0.41$，$Q = 8.64 \times 10^8$，$I = 1.0 \times 10^{10}$，$C_{o\&m} = 2.0 \times 10^9$，$P_0 = 0.39$，$Q_0 = 2.16 \times 10^8$，$I_p = 3.78 \times 10^8$，$I_f = 1.296 \times 10^8$，$k = 0.7$，$r_0 = 0.08$，$r = 0.05$。

运用实物期权方法，得到的结果如表 6-18 所示。

表 6-18　当 *k* =0.7 时实物期权下 CCS 项目投资价值

2013 年 /（×10⁷元）	2014 年 /（×10⁷元）	2015 年 /（×10⁷元）	2016～2031 年	2032 年 /（×10¹¹元）	2033 年 /（×10¹¹元）
10.626 96	22.816 52	48.524 99	……	211.997 2	394.474 4
	3.775 366	8.399 963	……	61.120 42	113.865 1

续表

2013 年 /（×10⁷元）	2014 年 /（×10⁷元）	2015 年 /（×10⁷元）	2016～2031 年	2032 年 /（×10¹¹元）	2033 年 /（×10¹¹元）
		1.154 445	……	17.502 7	32.742 37
			……	4.893 041	9.290 196
				1.247 651	2.510 289
				0.203 319	0.550 252
					……
					0

由上述四种不同的取值得到的表 6-15～表 6-18 可以看出，由于实物期权方法能够考虑到项目的潜在价值，采用实物期权方法在情景一的四种情况下的计划初期的决策价值都大于 0，表明在情景一下，可发展 CCS 技术。这个结论与 NPV 方法的情况相反，可见考虑潜在价值使决策值发生巨大变化。

b）情景二

（1）当 $I = 8.0 \times 10^9$ 时，各参数的情况如下： $C(0,0) = 35.8435$， $\sigma = 0.6205$， $T = 20$，$\mathrm{CER}_s = 9.6444 \times 10^5$， $P = 0.41$， $Q = 8.64 \times 10^8$， $I = 8.0 \times 10^9$， $C_{o\&m} = 2.0 \times 10^9$， $P_0 = 0.39$， $Q_0 = 2.16 \times 10^8$， $I_p = 3.78 \times 10^8$， $I_f = 1.296 \times 10^8$， $k = 0.3$， $r_0 = 0.08$， $r = 0.05$。

运用实物期权方法，得到的结果如表 6-19 所示。

表 6-19　当 $I = 8.0 \times 10^9$ 时实物期权下 CCS 项目投资价值

2013 年 /（×10⁷元）	2014 年 /（×10⁷元）	2015 年 /（×10⁷元）	2016～2031 年	2032 年 /（×10¹¹元）	2033 年 /（×10¹¹元）
10.233 46	22.018 75	46.935 58	……	211.953 5	394.428 5
	3.605 662	8.038 152	……	61.076 69	113.819 1
		1.092 535	……	17.458 79	32.696 4
			……	4.849 309	9.244 221
				1.203 918	2.464 314
				0.186 331	0.504 277
					……
					0

（2）当 $I = 6.0 \times 10^9$ 时，各参数的情况如下： $C(0,0) = 35.8435$， $\sigma = 0.6205$， $T = 20$，$\mathrm{CER}_s = 9.6444 \times 10^5$， $P = 0.41$， $Q = 8.64 \times 10^8$， $I = 6.0 \times 10^9$， $C_{o\&m} = 2.0 \times 10^9$， $P_0 = 0.39$， $Q_0 = 2.16 \times 10^8$， $I_p = 3.78 \times 10^8$， $I_f = 1.296 \times 10^8$， $k = 0.3$， $r_0 = 0.08$， $r = 0.05$。

运用实物期权方法，得到的结果如表 6-20 所示。

表 6-20 当 $I=6.0 \times 10^9$ 时实物期权下 CCS 项目投资价值

2013 年 /（×10⁷元）	2014 年 /（×10⁷元）	2015 年 /（×10⁷元）	2016~2031 年	2032 年 /（×10¹¹元）	2033 年 /（×10¹¹元）
10.445 34	22.448 32	47.791 42	……	211.977	394.453 2
	3.697 041	8.232 973	……	61.100 23	113.843 9
		1.125 871	……	17.482 52	32.721 16
			……	4.872 857	9.268 977
				1.227 467	2.489 07
				0.195 478	0.529 033
					……
					0

（3）当 $I = 4.0 \times 10^9$ 时，各参数的情况如下：$C(0,0) = 35.8435$，$\sigma = 0.6205$，$T = 20$，$\mathrm{CER}_s = 9.6444 \times 10^5$，$P = 0.41$，$Q = 8.64 \times 10^8$，$I = 4.0 \times 10^9$，$C_{o\&m} = 2.0 \times 10^9$，$P_0 = 0.39$，$Q_0 = 2.16 \times 10^8$，$I_p = 3.78 \times 10^8$，$I_f = 1.296 \times 10^8$，$k = 0.3$，$r_0 = 0.08$，$r = 0.05$。

运用实物期权方法，得到的结果如表 6-21 所示。

表 6-21 当 $I=4.0 \times 10^9$ 时实物期权下 CCS 项目投资价值

2013 年 /（×10⁷元）	2014 年 /（×10⁷元）	2015 年 /（×10⁷元）	2016~2031 年	2032 年 /（×10¹¹元）	2033 年 /（×10¹¹元）
10.657 23	22.877 88	48.647 25	……	212.000 5	394.478
	37.884 2	8.427 794	……	61.123 78	113.868 7
		1.159 207	……	17.506 07	32.745 91
			……	4.896 405	9.293 733
				1.251 015	2.513 826
				2.046 254	0.553 789
					……
					0

在情景二的三种情况下，运用实物期权方法，得到 CCS 项目的计划初值都大于 0，可知在情景二的三种情况下，可以立即实施 CCS 技术。这也与 NPV 方法得到的结果相反，可见考虑项目的潜在价值将对决策有更好的指导意义。

c）情景三

（1）当 $C = 30$ 时，各参数的情况如下：$C(0,0) = 30$，$\sigma = 0.6205$，$T = 20$，

$CER_s = 9.6444 \times 10^5$，$P = 0.41$，$Q = 8.64 \times 10^8$，$I = 1.0 \times 10^{10}$，$C_{o\&m} = 2.0 \times 10^9$，$P_0 =$
0.39，$Q_0 = 2.16 \times 10^8$，$I_p = 3.78 \times 10^8$，$I_f = 1.296 \times 10^8$，$k = 0.3$，$r_0 = 0.08$，$r = 0.05$。

运用实物期权方法，得到的结果如表 6-22 所示。

表 6-22　当 $C=30$ 时实物期权下 CCS 项目投资价值

2013 年 / ($\times 10^7$元)	2014 年 / ($\times 10^7$元)	2015 年 / ($\times 10^7$元)	2016～2031 年	2032 年 / ($\times 10^{11}$元)	2033 年 / ($\times 10^{11}$元)
7.944 698	17.171 25	36.777 75	……	177.330 1	330.053
	2.750 267	6.157 244	……	51.050 51	95.190 93
		0.816 81	……	14.543 71	27.293 48
			……	3.989 782	7.664 665
				0.938 693	1.990 074
				0.129 169	0.349 578
					……
					0

（2）当 $C = 25$ 时，各参数的情况如下：$C(0,0) = 25$，$\sigma = 0.6205$，$T = 20$，$CER_s = 9.6444 \times 10^5$，$P = 0.41$，$Q = 8.64 \times 10^8$，$I = 1.0 \times 10^{10}$，$C_{o\&m} = 2.0 \times 10^9$，$P_0 = 0.39$，$Q_0 = 2.16 \times 10^8$，$I_p = 3.78 \times 10^8$，$I_f = 1.296 \times 10^8$，$k = 0.3$，$r_0 = 0.08$，$r = 0.05$。

运用实物期权方法，得到的结果如表 6-23 所示。

表 6-23　当 $C = 25$ 时实物期权下 CCS 项目投资价值

2013 年 / ($\times 10^7$元)	2014 年 / ($\times 10^7$元)	2015 年 / ($\times 10^7$元)	2016～2031 年	2032 年 / ($\times 10^{11}$元)	2033 年 / ($\times 10^{11}$元)
6.167 612	13.391 03	28.818 49	……	147.724 8	274.991 3
	2.096 536	4.714 541	……	42.491 75	79.272 85
		0.609 408	……	12.069 42	22.691 64
			……	3.274 476	6.334 297
				0.731 901	1.605 471
				0.088 086	0.238 391
					……
					0

（3）当 $C = 20$ 时，各参数的情况如下：$C(0,0) = 20$，$\sigma = 0.6205$，$T = 20$，$CER_s = 9.6444 \times 10^5$，$P = 0.41$，$Q = 8.64 \times 10^8$，$I = 1.0 \times 10^{10}$，$C_{o\&m} = 2.0 \times 10^9$，$P_0 = 0.39$，$Q_0 = 2.16 \times 10^8$，$I_p = 3.78 \times 10^8$，$I_f = 1.296 \times 10^8$，$k = 0.3$，$r_0 = 0.08$，$r = 0.05$。

运用实物期权方法，得到的结果如表 6-24 所示。

表 6-24　当 $C=20$ 时实物期权下 CCS 项目投资价值

2013 年 /（ $\times 10^7$ 元）	2014 年 /（ $\times 10^7$ 元）	2015 年 /（ $\times 10^7$ 元）	2016～2031 年	2032 年 /（ $\times 10^{11}$ 元）	2033 年 /（ $\times 10^{11}$ 元）
4.390 525	9.610 819	20.859 22	……	118.119 4	219.929 5
	1.442 805	3.271 838	……	33.932 99	63.354 77
		0.402 007	……	9.595 124	18.089 8
			……	2.559 169	5.003 929
				0.525 11	1.220 868
				0.047 002	0.127 204
					……
					0

在情景三中，基于实物期权方法，得到的投资 CCS 项目初值都大于 0，可见在情景三的三种情况下，都可立即进行 CCS 项目投资。

d）情景四

（1）当 $\sigma=0.2$ 时，各参数的情况如下：$C(0,0)=35.8435$，$\sigma=0.2$，$T=20$，$CER_s=9.6444\times 10^5$，$P=0.41$，$Q=8.64\times 10^8$，$I=1.0\times 10^{10}$，$C_{o\&m}=2.0\times 10^9$，$P_0=0.39$，$Q_0=2.16\times 10^8$，$I_p=3.78\times 10^8$，$I_f=1.296\times 10^8$，$k=0.3, r_0=0.08$，$r=0.05$。

运用实物期权方法，得到的结果如表 6-25 所示。

表 6-25　当 $\sigma=0.2$ 时实物期权下 CCS 项目投资价值

2013 年 /（ $\times 10^7$ 元）	2014 年 /（ $\times 10^7$ 元）	2015 年 /（ $\times 10^7$ 元）	2016～2031 年	2032 年 /（ $\times 10^{11}$ 元）	2033 年 /（ $\times 10^{11}$ 元）
0	0	0	……	0	0
	0	0	……	0	0
		0	……	0	0
			……	0	0
				0	0
				0	0
					……
					0

σ 为波动率，表示未来数据的波动程度，当碳价格只有 35.8435 元/吨时，若波动率为 0.2，则即使延迟十年，其投资价值仍为 0，可见应直接放弃 CCS 项目。

（2）当 $\sigma = 0.4$ 时，各参数的情况如下：$C(0,0) = 35.8435$，$\sigma = 0.4$，$T = 20$，$CER_s = 9.6444 \times 10^5$，$P = 0.41$，$Q = 8.64 \times 10^8$，$I = 1.0 \times 10^{10}$，$C_{o\&m} = 2.0 \times 10^9$，$P_0 = 0.39$，$Q_0 = 2.16 \times 10^8$，$I_p = 3.78 \times 10^8$，$I_f = 1.296 \times 10^8$，$k = 0.3$，$r_0 = 0.08$，$r = 0.05$。

运用实物期权方法，得到的结果如表 6-26 所示。

表 6-26　当 $\sigma = 0.2$ 时实物期权下 CCS 项目投资价值

2013 年 / ($\times 10^7$ 元)	2014 年 / ($\times 10^7$ 元)	2015 年 / ($\times 10^7$ 元)	2016~2031 年	2032 年 / ($\times 10^{11}$ 元)	2033 年 / ($\times 10^{11}$ 元)
1.055 641	2.083 612	4.086 266	……	3.707 497	5.664 008
	2 676 692	5 511 036	……	1.499 553	2.370 141
		481 712.6	……	0.507 459	0.890 112
			……	0.099 23	0.022 509
					……
					0

当 $\sigma = 0.2$ 时，计划初值为 0，当 $\sigma = 0.4$ 时，计划初值大于 0，可见当 $\sigma \leqslant 0.2$ 时，计划初值为 0，不应即投资 CCS 项目；当 $\sigma \geqslant 0.4$ 时，计划初值大于 0，可立即进行 CCS 项目的投资。

总的来说，运用实物期权方法得到的投资价值将比 NPV 方法得到的投资价值高，是因为传统的 NPV 方法忽略了计划中的不确定性，低估了项目的潜在决策价值。因此，运用实物期权方法来进行决策分析将更科学，所以运用实物期权方法得到的决策价值更可信。因此，面对我国是否对 CCS 项目进行投资的问题，应采用实物期权方法得到的结论，当计划初值大于 0 时，可立即开展 CCS 项目；若计划初值为 0，延迟几年后又为正，则可考虑延迟投资 CCS 项目；若计划初值为 0，在寿命期内延迟后仍为 0，则可完全放弃 CCS 项目。

在本小节考虑的四个大类、十几个小类中，除情景四中 $\sigma = 0.2$ 的情况，计划初值为 0，不建议立即进行投资，在其他情况下都可进行 CCS 项目投资。可见，我国投资 CCS 项目的时机已基本成熟，相关部门可考虑实施 CCS 项目的具体操作步骤，规范 CCS 项目的市场。

6. 结论及建议

研究表明，在目前的情况下，计划初期的决策价值都大于 0，可以立即进行 CCS 项目投资。只有当 $\sigma \leqslant 0.2$（且其他值不变）时，建议放弃投资 CCS 项目。研究表明，目前我国具有相对成熟的发展 CCS 项目的环境。相关决策部门可考虑建立相关制度和开发程序，鼓励煤电站采用 CCS 技术，以减少二氧化碳的排放，并遏制环境问题进一步恶化。

6.7.3　基于二叉树、三叉树的衍生模型

1. 三叉树理论

丁正中和曾慧[84]利用较为初等的无穷小量阶数估计技巧和随机分析方法，探究了投资项目预期收益上升和下降的幅度不相等情形下的实物期权三叉树模型，并且从理论上证明了其所建立的模型是 Black-Scholes 期权定价模型的近似。本小节提出的模型将建立在文献[84]的理论基础之上，其三叉树理论将在下文中概述。

首先做出如下基本假设：①投资项目的预期收益 $P(t)$ 在整个投资期$[0,T]$内按照几何布朗运动，即 $\dfrac{\mathrm{d}P}{P} = r\mathrm{d}t + \sigma\mathrm{d}z$ ，其中，r 为无风险利率，σ 为瞬时波动率，$\mathrm{d}z$ 为标准的维纳过程；②市场完备，不存在无风险套利；③投资项目进行时不需交付交易费用和税收。

然后将连续变量 $P(t)$ 进行离散化。记投资项目预期收益上升、下降、不变的概率分别为 p_n、p_m 和 p_d。按照文献[84]的理论可以得到方程组：

$$\begin{cases} p_u + p_m + p_d = 1 \\ p_u \cdot u + p_m + p_d \cdot d = \mathrm{e}^{r\Delta t} \\ p_u \cdot u^2 + p_m + p_d \cdot d^2 = \mathrm{e}^{(2r+\sigma^2)\Delta t} \\ p_u \cdot u^3 + p_m + p_d \cdot d^3 = \mathrm{e}^{(3r+3\sigma^2)\Delta t} \\ u \times d = 1 \end{cases} \tag{6-63}$$

求解方程组，得到：

$$u = I + \sqrt{I^2 - 1} \tag{6-64}$$

$$d = I - \sqrt{I^2 - 1} \tag{6-65}$$

$$p_u = \frac{\mathrm{e}^{r\Delta t}(1+d) - \mathrm{e}^{(2r+\sigma^2)\Delta t} - d}{(d-u)(u-1)} \tag{6-66}$$

$$p_m = \frac{\mathrm{e}^{r\Delta t}(u+d) - \mathrm{e}^{(2r+\sigma^2)\Delta t} - 1}{(1-d)(u-1)} \tag{6-67}$$

$$p_d = \frac{\mathrm{e}^{r\Delta t}(1+u) - \mathrm{e}^{(2r+\sigma^2)\Delta t} - u}{(1-d)(d-u)} \tag{6-68}$$

其中，

$$I = \frac{\mathrm{e}^{r\Delta t} + \mathrm{e}^{(3r+3\sigma^2)\Delta t} - \mathrm{e}^{(2r+\sigma^2)\Delta t} - 1}{2[\mathrm{e}^{(2r+\sigma^2)\Delta t} - \mathrm{e}^{r\Delta t}]} \tag{6-69}$$

2. 三叉树方法下情景分析

碳价格遵循三叉树理论，2013 年的平均价格 35.8435 元/吨。按照三叉树方法（图 6-37），得到延迟期碳价格如表 6-27 所示。

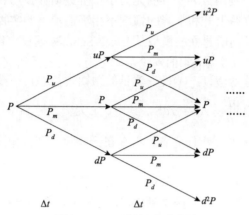

图 6-37　三叉树运动示意图

表 6-27　碳价格三叉树展开表　　　　　　　单位：元/吨

2013 年	2014 年	2015 年	2016 年	2017 年	2018～2031 年	2032 年	2033 年
35.843 5	121.763 8	413.643 4	1 405.186	4 773.554	……	13.012×10^{10}	44.204×10^{10}
	35.843 5	121.763 8	413.643 4	1 405.186	……	$3.830 3 \times 10^{10}$	13.012×10^{10}
	10.551 22	35.843 5	121.763 8	413.643 4	……	$1.127 6 \times 10^{10}$	$3.830 4 \times 10^{10}$
		10.551 22	35.843 5	121.763 8	……	$3.319 2 \times 10^{9}$	$1.127 6 \times 10^{10}$
		3.105 952	10.551 22	35.843 5	……	$9.770 6 \times 10^{8}$	$3.319 2 \times 10^{9}$
			3.105 952	10.551 22	……	$2.876 2 \times 10^{8}$	$9.770 6 \times 10^{8}$
			0.914 296	3.105 952	……	84 665 140	$2.876 2 \times 10^{8}$
				0.914 296	……	24 922 797	84 665 140
				0.269 14	……	7 336 500.1	24 922 797
					……	2 159 638.6	7 336 500.1
					……	635 730.76	2 159 638.6
					……	……	……
							$9.873 5 \times 10^{-9}$
							2.906×10^{-9}

运用三叉树理论每个节点的最佳投资决策的取值规则为

$$V(T,i) = \max\{(\mathrm{CER}_s \times C(T,i) + P \times Q - C_{o\&m} - P_0 \times Q_0 - I_p - I_f)\frac{\mathrm{e}^{-r_0} - \mathrm{e}^{-r_0 T}}{\mathrm{e}^{r_0} - 1} \quad (6\text{-}70)$$
$$- I\mathrm{e}^{(r_0 - 0.05)\tau} \cdot (1 - k), 0\}$$

$$V(k,i) = \max\{(p_u V(k+1,i) + p_m V(k+1,i+1) + p_d V(k+1,i+2))\mathrm{e}^{-r(T/n)},$$

$$(\mathrm{CER}_s \times C(k,i) + P \times Q - C_{o\&m} - P_0 \times Q_0 - I_p - I_f)\frac{\mathrm{e}^{-r_0} - \mathrm{e}^{-r_0 T}}{\mathrm{e}^{r_0} - 1} - I\mathrm{e}^{(r_0 - 0.05)\tau} \cdot (1 - k)\}$$
$$(6\text{-}71)$$

其中，$0 \leqslant k \leqslant T$，$0 \leqslant i \leqslant k$。

在参数分析的基础上运用上述取值规则，可得CCS项目的投资价值（表6-28）。

表 6-28　三叉树方法下的CCS项目投资价值

2013 年 /（$\times 10^8$元）	2014 年 /（$\times 10^8$元）	2015 年 /（$\times 10^9$元）	2016～2031 年	2032 年 /（$\times 10^{11}$元）	2033 年 /（$\times 10^{11}$元）
1.006 747	4.762 227	2.110 393	……	10 867 184	36 916 872
	0.906 955 7	0.441 071 8	……	3 198 962	10 867 184
	0.150 638 5	0.080 690 21	……	941 675.3	3 198 962
		0.012 748 51	……	277 199.9	941 675.3
		0.001 722 59	……	81 598.85	277 199.9
			……	24 019.96	81 598.85
			……	7 070.52	24 019.96
			……	2 081.129	7 070.52
			……	612.406 9	2 081.129
			……	180.060 5	612.406 9
			……	52.791 10	180.060 5
			……	15.326 93	52.791 1
			……	……	……
					0
					0

由表 6-28 可知，在三叉树方法下，在基准情形下，CCS 项目的投资初值为 $1.006\,747 \times 10^8$ 元，投资初值大于 0，可知在三叉树方法下目前可以对 CCS 项目进行投资。

在三叉树方法下CCS项目的投资价值与二叉树方法所得结果的比较如下。

在三叉树方法下，得出的 CCS 项目的投资初值为 $1.006\,747 \times 10^8$ 元，而在二叉树方法下，得出的CCS项目的投资初值为 $1.002\,158 \times 10^8$ 元。可见在三叉树方法下得到的投资初值大于在二叉树方法下得到的投资初值，是因为三叉树方法能够更多地考虑项目潜在价值。由二叉树及三叉树得到的结果可知，目前我国投资 CCS 项目的条件已基本成熟，我国可选择适当地点进行 CCS 项目。

3. 衍生理论

二叉树、三叉树方法都只考虑了影响 CCS 项目投资的其中一个因素。第一，

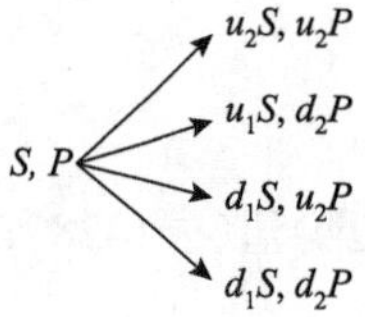

图 6-38　二叉树理论下二种因素变动路径图

在二叉树理论的基础上，试考虑两种主要的影响因素，其变化路径图如图 6-38 所示；第二、结合二叉树、三叉树理论，试考虑两种因素，其变化路径图如图 6-38 所示。

图 6-38 的方法在《不确定条件下的技术创新投资决策——实物期权模型及应用》书中已有提及，称其为四项式模型，其考虑的变动因素有两个，本章考虑碳价格和上网电价，碳价格以 u_1 的概率上涨，上网电价以 u_2 的概率上涨，每个节点到下一时期会产生四种不同的情况，得出的结果更接近事实。

基于四项式模型理论，每个节点的最佳投资规则为

$$V(T,i,j) = \max\{(\text{CER}_s \times C(T,i) + P \times Q - C_{o\&m}$$
$$-P_0(T,j) \times Q_0 - I_p - I_f)\frac{\mathrm{e}^{-r_0} - \mathrm{e}^{-r_0 T}}{\mathrm{e}^{r_0} - 1} - I\mathrm{e}^{(r_0 - 0.05)\tau} \cdot (1-k), 0\} \quad (6\text{-}72)$$

$$V(k,i,j) = \max\{[pqV(k+1,i+1,j+1) + p(1-q)V(k+1,i+1,j)$$
$$+ (1-p)qV(k+1,i,j+1) + (1-p)(1-q)V(k+1,i,j)]\mathrm{e}^{-r(T/n)},$$
$$(\text{CER}_s \times C(k,i) + P \times Q - C_{o\&m} - P_0(k,j) \times Q_0 - I_p - I_f) \quad (6\text{-}73)$$
$$\times \frac{\mathrm{e}^{-r_0} - \mathrm{e}^{-r_0 T}}{\mathrm{e}^{r_0} - 1} - I\mathrm{e}^{(r_0 - 0.05)\tau} \cdot (1-k)\}$$

其中，$0 \leqslant k \leqslant T$，$0 \leqslant i \leqslant k$，$0 \leqslant j \leqslant k$。

结合二叉树、三叉树理论，得到的模型形似六叉树（图 6-39），其变动的两个主要因素，分别为碳价格和上网电价，碳价格以 p_u 的概率上升，以 p_m 的概率保持不变，以 p_d 的概率下降，上网电价以 q 的概率上升。

结合二叉树、三叉树理论，每个节点的最佳投资规则为

$$V(T,i,j) = \max\{(\text{CER}_s \times C(T,i) + P \times Q - C_{o\&m} - P_0(T,j) \times Q_0 - I_p - I_f)$$
$$\times \frac{\mathrm{e}^{-r_0} - \mathrm{e}^{-r_0 T}}{\mathrm{e}^{r_0} - 1} - I\mathrm{e}^{(r_0 - 0.05)\tau} \cdot (1-k), 0\} \quad (6\text{-}74)$$

$$
\begin{aligned}
V(k,i,j) = \max\{ & [p_u q V(k+1,i+1,j+2) + p_m q V(k+1,i+1,j+1) \\
& + p_d q V(k+1,i+1,j) + p_u(1-q)V(k+1,i,j+2) \\
& + p_m(1-q)V(k+1,i,j+1) + p_d(1-q)V(k+1,i,j)]\mathrm{e}^{-r(T/n)}, \\
& (\mathrm{CER}_s \times C(k,i) + P \times Q - C_{o\&m} - P_0(k,j) \times Q_0 - I_p - I_f)\frac{\mathrm{e}^{-r_0} - \mathrm{e}^{-r_0 T}}{\mathrm{e}^{r_0} - 1} \\
& - I\mathrm{e}^{(r_0 - 0.05)\tau} \cdot (1-k)\}
\end{aligned}
\tag{6-75}
$$

其中，$0 \leqslant k \leqslant T$，$0 \leqslant i \leqslant k$，$0 \leqslant j \leqslant k$。

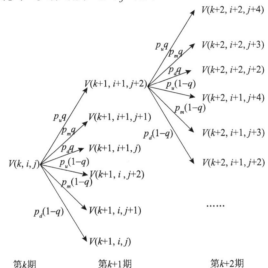

图 6-39 基于二叉树、三叉树理论的两种因素变动路径图

4. 衍生理论情景分析

碳价格按照 6.7.2 小节的参数分析，其在二叉树理论下的碳价格在第三章中已有结果。另一参考因素——上网电价，由于上网电价的数据比较难获取，本小节以历年的电力价格来反映上网电价，用其波动率来代替上网电价波动率，上网电价的初始价格为 0.39 元/千瓦时。历年电力价格变动如表 6-29 所示。

表 6-29 电力价格历年数据表　　　单位：元/千瓦时

2006 年	2007 年	2008 年	2009 年	2010 年
0.675 53	0.685 48	0.692 53	0.717 48	0.745 15

根据上述数据，计算可得：$\sigma = 0.014\ 116$。运用二叉树理论，可得上网电价在延迟期内的价格如表 6-30 所示。

表 6-30　　上网电价二叉树理论下延迟期内价格展开表　单位：元/千瓦时

2013 年	2014 年	2015 年	2016 年	2017 年	2018~2031 年	2032 年	2033 年
0.39	0.395 544	0.401 167	0.406 87	0.412 655	……	0.502 821	0.509 969
	0.384 533	0.39	0.395 544	0.401 167	……	0.488 824	0.495 773
		0.379 143	0.384 533	0.39	……	0.475 217	0.481 972
			0.373 829	0.379 143	……	0.461 988	0.468 556
				0.368 589	……	0.449 127	0.455 512
					……	0.436 625	0.442 832
						0.424 471	0.430 505
						0.412 655	0.418 521
						0.401 167	0.406 87
						……	
							0.298 253

从表 6-30 中可以看出，由于 σ 值比较小，未来上网电价的变动也较小。

在 6.7.2 小节参数分析的基础上可以得到运用四叉树理论的 CCS 项目的投资价值（表 6-31）。

表 6-31　　四叉树理论下 CCS 项目投资价值

2013 年	2014 年 /（ $\times 10^{10}$ 元）	2015 年 /（ $\times 10^{10}$ 元）	2016~2031 年	2032 年 /（ $\times 10^{11}$ 元）	2033 年 /（ $\times 10^{11}$ 元）
0	0	0	……	250.119 6	394.401 5
	4.544 938	5.319 073	……	72.287 5	113.792 4
	0	0	……	20.877 2	32.669 92
	0	0	……	6.014 7	9.217 996
		0	……	1.718 1	2.438 333
		0	……	0.408 9	0.478 533 5
		0	……	0.096 4	0.126 677 6
		0	……	0.027 8	0.033 466 9
		0	……	0.002 7	0.004 788 7
			……	……	……
					0

由表 6-31 可以看出，运用衍生的二叉树方法得到的计划初期价值为 0，表明在该情景下发展 CCS 项目将使投资者蒙受损失。不过延迟的时间不会很久，很快投资价值就大于 0，说明 CCS 项目是具有很大潜力的，能很快使投资者受益，对解决环境问题也有极大的帮助。衍生的二叉树方法考虑影响 CCS 项目投资的两种

主要的不确定因素，在理论上将比只考虑一种影响因素的二叉树方法更能展现问题的实际过程。

从实际意义上看，虽然衍生二叉树方法考虑了两种影响因素，考虑了项目的潜在价值，但是在该种情景下，项目的初期投资价值为 0，当前投资会出现亏损。要想转变目前亏损的情况，需要变动相应的参数，来探讨不同情景下的投资收益情况。

1）当上网电价的波动率为 0.02 时

波动率的变动会使 CCS 项目的投资价值发生很大的变化。运用衍生二叉树方法得到在该种情景下 CCS 项目的投资价值如表 6-32 所示。

表 6-32　衍生二叉树下 CCS 项目投资价值（$\sigma=0.02$）

2013 年	2014 年 /（$\times 10^8$ 元）	2015 年 /（$\times 10^8$ 元）	2016～2031 年	2032 年 /（$\times 10^{11}$ 元）	2033 年 /（$\times 10^{11}$ 元）
0	0	0	……	211.914 9	394.400 3
	5.815 21	8.858 047	……	61.038 6	113.791 4
	0	0	……	17.421 2	32.669 1
	0	0	……	4.949 6	9.217 3
		0	……	1.384 4	2.437 8
		0	……	0.313 9	0.478 1
		0	……	0.148 8	0.126 6
		0	……	0.083 4	0.033 4
		0	……	0.005 9	0.004 8
			……	……	……
					0

2）当上网电价的波动率为 0.03 时

运用衍生二叉树方法得到在该种情景下的 CCS 项目的投资价值如表 6-33 所示。

表 6-33　在衍生二叉树下 CCS 项目的投资价值（$\sigma=0.03$）

2013 年 /元	2014 年 /元	2015 年 /（$\times 10^8$ 元）	2016～2031 年	2032 年 /（$\times 10^{11}$ 元）	2033 年 /（$\times 10^{11}$ 元）
45 111 75	99 907 48	2.205 0	……	211.912 9	394.398 1
	22 844 356	0.487 1	……	61.036 8	113.789 5
	1 328 367	0.069 1	……	17.419 8	32.667 5
	634 333	0.023 8	……	4.810 1	9.216 0
		0.007 5	……	1.166 0	2.436 7
		0.001 3	……	0.237 5	0.477 2

续表

2013 年 /元	2014 年 /元	2015 年 /($\times 10^8$元)	2016~2031 年	2032 年 /($\times 10^{11}$元)	2033 年 /($\times 10^{11}$元)
			……	0.135 8	0.126 5
			……	0.064 6	0.033 3
			……	0.004 5	0.004 1
			……	……	……
					0

当变动参数 σ 时，由表 6-32 和表 6-33 可以看出，当 $\sigma = 0.02$ 时，计划初值仍为 0，表示当前不适合立即进行投资；而当 $\sigma = 0.03$ 时，项目计划初值大于 0，表示在该假设的情景下可以进行 CCS 项目投资。

6.7.4　碳价值发展下的 CCUS 投资决策分析

碳元素在全球的储量是稀少的，而在很多技术或产品中都需要碳元素，本小节考虑利用大气中或者碳排放源捕集的二氧化碳，可以使煤电厂增加收益，同时也可减少一定的封存成本。这就是本小节研究的 CCUS 技术。

1. 完善模型

增加 CO_2 的利用价值，用 W_u 来表示。

此时煤电站的净收益可以表示为

$$净收益 = \mathrm{CER}_s \times C + P \times Q - I - C_{o\&m} - P_0 \times Q_0 - I_p - I_f + W_u \qquad (6-76)$$

CCS 项目的 NPV 为

$$
\begin{aligned}
NPV &= \sum_{t=\tau+2}^{\tau+T} (\mathrm{CER}_s \times C + P \times Q + W_u) \mathrm{e}^{-r_0(t-\tau)} - \sum_{t=\tau+2}^{\tau+T} (C_{o\&m} + P_0 \times Q_0) \mathrm{e}^{-r_0(t-\tau)} \\
&\quad - \sum_{t=\tau+2}^{\tau+T} (I_p + I_f) \mathrm{e}^{-r_0(t-\tau)} - \mathrm{e}^{r_0\tau} I \mathrm{e}^{-0.05\tau} \cdot (1-k) \\
&= (\mathrm{CER}_s \times C + P \times Q + W_u - C_{o\&m} - P_0 \times Q_0 - I_p - I_f) \frac{\mathrm{e}^{-r_0} - \mathrm{e}^{-r_0 T}}{\mathrm{e}^{r_0} - 1} \\
&\quad - I \mathrm{e}^{(r_0 - 0.05)\tau} \cdot (1-k)
\end{aligned} \qquad (6-77)
$$

2. 参数估计

直接利用二氧化碳的途径有很多，这里 W_u 主要是指利用二氧化碳的主要的三种途径，分别是提高石油的采集率、合成可降解塑料及甲烷水合物的开采。金涌等[85]指出我国 2008 年吉林"情字油井"用副产品 CO_2 注入，气井采集率提高了 10%。假设技术水平不断提高，现在若使用二氧化碳注入油井，石油开采率提高 12%。截至 2013 年 12 月我国天然原油产量为 20 812.9 万吨，原油价格是波动的，假设其价格为 105 美元/桶，1 吨约为 7.35 桶，则利用上述数据，我国所有开采点若都使用注入 CO_2 的方法提高石油开采量，那么其收益比没有使用二氧化碳提高开采量多 $1.927 48 \times 10^{10}$ 美元，以汇率 1 美元=6.17 元计算，约为 $1.189 26 \times 10^{11}$ 元。在我国，大规模的利用二氧化碳尚没有，煤电站通过出售其搜集来的 CO_2 来获得一定的经济收益，这方面的数据较难获得，假设煤电厂能获得的收益是直接收益的 1%。

3. 情景分析

现阶段，二氧化碳利用技术并未完全成熟。目前，最大规模的 CO_2 利用是注入油井提高石油采集率。我国 2008 年开始将 CO_2 注入油井的初步实验，取得一定的经验。因此，本小节根据目前 CO_2 的利用情况，设定以下三种情景：单纯的 CO_2 利用路径；多种方式利用 CO_2，所使用的 CO_2 中的 90%用于提高石油的开采量；多种方式利用 CO_2，所使用的 CO_2 中的 80%用于提高石油的开采量。

1）情景一：单纯的 CO_2 利用路径（提高石油采集率）

此时 $W_u = 1.189 26 \times 10^{11} \times 1\% = 1.189 26 \times 10^9$ 元。

CCUS 项目的 NPV 如表 6-34 所示。

表 6-34　情景一下 CCUS 项目的 NPV

政府补贴系数	0	0.1	0.2	0.3	0.4
净现值/($\times 10^6$元)	−27 887.74	−26 887.74	−25 887.74	−24 887.74	−23 887.74
政府补贴系数	0.5	0.6	0.7	0.8	0.9
净现值/($\times 10^6$元)	−22 887.74	−21 887.74	−20 887.74	−19 887.74	−18 887.74

当 $k = 0.3$ 时，实物期权下 CCUS 项目投资价值如表 6-35 所示。

表 6-35　情景一实物期权下 CCUS 项目投资价值

2013 年 /($\times 10^8$元)	2014 年 /($\times 10^8$元)	2015 年 /($\times 10^8$元)	2016～2031 年	2032 年 /($\times 10^{11}$元)	2033 年 /($\times 10^{11}$元)
1.130 233	2.411 561	5.097 413	……	212.027 9	394.506 7
	0.411 119	0.907 748	……	61.151 1	113.897 4
		0.130 139	……	17.533 38	32.774 63

续表

2013 年 /（×10⁸元）	2014 年 /（×10⁸元）	2015 年 /（×10⁸元）	2016～2031 年	2032 年 /（×10¹¹元）	2033 年 /（×10¹¹元）
			……	4.923 721	9.322 449
			……	1.278 331	2.542 542
				0.224 467	0.582 505
				0.005 863	0.015 868
					……
					0

2）情景二

多种方式利用 CO_2，所使用的 CO_2 中的 90%用于提高石油的开采量。此时 $W_u = 1.189\,26 \times 10^{11} / 90\% \times 1\% = 1.3214 \times 10^9$ 元。

CCUS 项目的 NPV 如表 6-36 所示。

表 6-36   情景二下 CCUS 项目的 NPV

政府补贴系数	0	0.1	0.2	0.3	0.4
净现值/(×10⁶元)	−27 755.6	−26 755.6	−25 755.6	−24 755.6	−23 755.6
政府补贴系数	0.5	0.6	0.7	0.8	0.9
净现值/(×10⁶元)	−22 755.6	−21 755.6	−20 755.6	−19 755.6	−18 755.6

当 $k=0.3$ 时，实物期权下 CCUS 项目投资价值如表 6-37 所示。

表 6-37   情景二实物期权下 CCUS 项目投资价值

2013 年 /（×10⁸元）	2014 年 /（×10⁸元）	2015 年 /（×10⁸元）	2016～2031 年	2032 年 /（×10¹¹元）	2033 年 /（×10¹¹元）
1.168 822	2.484 738	5.233 176	……	212.038 7	394.518 1
	0.430 974	0.947 307	……	61.161 98	113.908 8
		0.139 144	……	17.544 27	32.786 07
			……	4.934 605	9.333 892
			……	1.289 215	2.553 985
				0.235 351	0.593 948
				0.010 091	0.027 311
					……
					0

3）情景三

多种方式利用 CO_2，所使用的 CO_2 中的 80%用于提高石油的开采量。

此时 $W_u = 1.189\,26 \times 10^{11} / 80\% \times 1\% = 1.486\,575 \times 10^9$ 元。

CCUS 项目的 NPV 如表 6-38 所示。

表 6-38　情景三下 CCUS 项目的 NPV

政府补贴系数	0	0.1	0.2	0.3	0.4
净现值/($\times 10^6$元)	−27 590.425	−26 590.425	−25 590.425	−24 590.425	−23 590.425
政府补贴系数	0.5	0.6	0.7	0.8	0.9
净现值/($\times 10^6$元)	−22 590.425	−21 590.425	−20 590.425	−19 590.425	−18 590.425

当 k=0.3 时，实物期权下 CCUS 项目投资价值如表 6-39 所示。

表 6-39　情景三实物期权下 CCUS 项目投资价值

2013 年 （$\times 10^8$元）	2014 年 （$\times 10^8$元）	2015 年 （$\times 10^8$元）	2016～2031 年	2032 年 （$\times 10^{11}$元）	2033 年 （$\times 10^{11}$元）
1.217 059	2.576 209	5.402 879	……	212.052 4	394.532 4
	0.455 794	0.996 755	……	61.175 59	113.923 1
		0.150 4	……	17.557 87	32.800 37
			……	4.948 211	9.348 195
			……	1.302 821	2.568 288
				0.248 957	0.608 251
				0.015 376	0.041 614
					……
					0

　　因此，依照 NPV 方法的思想，本章考虑清洁电价、上网电价、CCS 设备投资成本、CCS 运营维修成本、固定成本、碳税及二氧化碳的使用价值等因素建立的模型得到当前不同政府补贴系数下的 NPV。由于不同政府补贴下的 NPV 都小于零，可见在当前形势下，发展 CCUS 技术是不合适的。且当政府补贴系数达到 0.9 时，NPV 仍远小于 0，可见当前政府补贴对刺激 CCUS 技术的发展影响不大。

　　由上述三种情景下得到的表 6-35、表 6-37、表 6-39 可以看出，由于实物期权方法能够考虑到项目的潜在价值，采用实物期权方法在三种情况下的计划初期的决策价值都大于 0，表明在这三种情景下，可发展 CCUS 技术。这个结论与 NPV 方法的情况相反，可见考虑潜在价值使得决策值发生巨大变化。

6.8　本 章 小 结

碳价格是发展低碳经济的基础。碳价格主要用来反映产品在消费和生产中排放温室气体所造成的损害，以反映温室气体排放的边际社会成本，从而有利于通过"污染者付费"来矫正负外部性。本章着重对影响碳价格的主要因素及碳价格的内在定价机理进行了研究。

（1）回顾了碳价格的形成条件及其稳定机制。其形成路径大致可以分为总量确定、初始分配及市场交易三个阶段。受减排政策法规及经济形势的影响，碳价格不是一成不变的。剧烈的波动将会直接造成碳排放主体减排成本负担的增加。因此，为了规避碳价格剧烈波动的潜在风险及其负面影响，给出了维持碳市场稳定的几种必要手段。

（2）对碳价格的定价机制作了较为详细的分析与总结。第一，基于边际减排成本的视角，在总结国内外相关研究成果的基础上，分析探讨了边际碳减排成本的主要影响因素，包括国际能源价格、影子价格、碳排放权分配等方面。第二，基于发电企业点火价差的视角，探讨了点火价差在企业电力定价中的应用并分析了点火价差的影响因素。

（3）通过对碳税和碳交易制度的比较，进行了碳税约束下的节能减排系统分析，并得到了一些富有成效的结果。我们发现，带碳税约束的四维节能减排系统比三维系统更加优越。如果能够在三维节能减排系统中适时适度地引入碳税，可以更好地控制碳排放，降低能源强度。

（4）通过构建社会福利下的碳资源消费模型，找出社会福利最大化下碳资源的最优价格路径，并讨论了贴现率与碳资源再生率的关系对碳资源最优价格路径的影响。社会福利概念的引入有利于全社会秩序的稳定和经济增长目标的实现，从而把握碳资源利用过程中的总收益。

（5）从成本角度出发，基于多个成本影响因素，在多随机路径模拟下对天然气发电成本进行分析。运用实物期权理论，立足于发电企业，对天然气发电成本进行评估。本章建立的模型考虑了传统火力发电成本、碳价值、天然气价格、天然气发电部署开支的不确定性、天然气发电成本的不确定性等因素。

（6）从 CCS 技术出发，总结了实物期权理论和 CCS 技术的国内外研究现状。进行 CCS 技术应用在我国煤电系统中的可行性分析，搜集数据，完善模型，设置情景，得到了 CCS 技术在我国的潜在价值，得出我国已基本具备应用 CCS 技术的条件的结论。基于二叉树、三叉树方法衍生出新的模型，使得投资价值的计算从只有碳价格变动演变为两个因素——碳价格和上网电价都可以变动，并得出其中一种模型的投资价值。

参 考 文 献

[1] 卢现祥, 柯赞贤, 王宇. 构建低碳经济中有效的碳价格制度. 河北经贸大学学报, 2014, (5): 53-59.

[2] Elkins P, Baker T. Carbon Taxes and Carbon Emissions Trading. Journal of Economic Surveys, 2001, 15(3): 325-376.

[3] Ellerman A D, Buchner B, Carraro C. Pricing carbon: the european union emissions trading scheme. Economics Papers from University Paris Dauphine, 2010, 43(1): 69-79.

[4] Kruger J A, Pizer W A. Greenhouse gas trading in europe: the new grand policy experiment. Environment: Science and Policy for Sustainable Development, 2004, 46(8): 8-23.

[5] 何晶晶. 构建中国碳排放权交易法初探. 中国软科学, 2013, (9): 10-22.

[6] 孙欣, 高巍, 朱晓煜, 等. 中国城市碳排放权交易体系有效性评价研究——基于四个碳交易试点的实证分析. 甘肃行政学院学报, 2014, (6): 117-124, 128.

[7] 肖江文, 罗云峰, 赵勇, 等. 排污权交易制度与初始排污权分配. 科技进步与对策, 2002, 19(1): 126-127.

[8] 瞿伟, 李峻峰. 排污许可证初始分配的若干模式分析. 工程建设与档案, 2005, (05): 397-399.

[9] Convery F J. Origins and development of the EU ETS. Environmental and Resource Economics, 2009, 43(3): 391-412.

[10] 朱勤, 彭希哲, 陆志明, 等. 中国能源消费碳排放变化的因素分解及实证分析. 资源科学, 2009, 31(12): 2072-2079.

[11] 何凌云, 林祥燕. 能源价格变动对我国碳排放的影响机理及效应研究. 软科学, 2011, (11): 94-98.

[12] 李凯杰, 曲如晓. 技术进步对中国碳排放的影响——基于向量误差修正模型的实证研究. 中国软科学, 2012, (6): 51-58.

[13] 李博. 中国地区技术创新能力与人均碳排放水平——基于省级面板数据的空间计量实证分析. 软科学, 2013, (1): 26-30.

[14] 韩坚, 盛培宏. 产业结构、技术创新与碳排放实证研究——基于我国东部 15 个省(市)面板数据. 上海经济研究, 2014, (8): 67-74.

[15] 莫建雷, 朱磊, 范英. 碳市场价格稳定机制探索及对中国碳市场建设的建议. 气候变化研究进展, 2013, (05): 368-375.

[16] Criqui P, Mima S, Viguier L. Marginal abatement costs of CO_2 emission reductions, geographical flexibility and concrete ceilings: an assessment using the POLES model. Energy Policy, 1999, 27(10): 585-601.

[17] Klepper G, Peterson S. Marginal abatement cost curves in general equilibrium: the influence of world energy prices. Resource and Energy Economics, 2006, 28(1): 1-23.

[18] Baker E, Clarke L, Shittu E. Technical change and the marginal cost of abatement. Energy Economics, 2008, 30(6): 2799-2816.

[19] 陈文颖, 高鹏飞, 何建坤. 用 MARKAL-MACRO 模型研究碳减排对中国能源系统的影响. 清华大学学报(自然科学版), 2004, 44(3): 342-346.

[20] 巴曙松, 吴大义. 能源消费、二氧化碳排放与经济增长——基于二氧化碳减排成本视角的实证分析. 经济与管理研究, 2010, (6): 5-11.

[21] 刘明磊, 朱磊, 范英. 我国省级碳排放绩效评价及边际减排成本估计: 基于非参数距离函数方法. 中国软科学, 2011, (3): 106-114.

[22] 张云, 杨来科. 国际碳排放权交易价格决定与最优出口规模研究. 财贸经济, 2011, (7): 70-77.

[23] 吴力波, 钱浩祺, 汤维祺. 基于动态边际减排成本模拟的碳排放权交易与碳税选择机制. 经济研究, 2014, (9): 48-61.

[24] 魏楚. 中国城市 CO_2 边际减排成本及其影响因素. 世界经济, 2014, (7): 115-141.

[25] 傅京燕, 代玉婷. 碳交易市场链接的成本与福利分析——基于MAC曲线的实证研究. 中国工业经济, 2015, (9): 84-98.

[26] 张云, 杨来科. 边际减排成本与限排影子成本、能源价格关系. 华东经济管理, 2012, 26(11): 148-151.

[27] 姚云飞, 梁巧梅, 魏一鸣. 国际能源价格波动对中国边际减排成本的影响: 基于 CEEPA 模型的分析. 中国软科学, 2012, (2): 156-165.

[28] Abadie L M, Chamorro J M. Monte Carlo valuation of natural gas investments. Review of Financial Economics, 2006, 18(1): 10-22.

[29] 海小辉, 杨宝臣. 欧盟排放交易体系与化石能源市场动态关系研究. 资源科学, 2014, 36(7): 1442-1451.

[30] Edenhofer O, Kalkuhl M. When do increasing carbon taxes accelerate global warming? a note on the green paradox. Energy Policy, 2011, 39(4): 2208-2212.

[31] Meinshausen M, Meinshausen N, Hare W, et al. Greenhouse-gas emission targets for limiting global warming to 2°C. Nature, 2009, 458(7242): 1158-1162.

[32] Barua S K, Uusivuori J, Kuuluvainen J. Impacts of carbon-based policy instruments and taxes on tropical deforestation. Ecological Economics, 2012, 73(1): 211-219.

[33] Lin B, Jr P K W. Valuing Chinese feed-in tariffs program for solar power generation: a real options analysis. Renewable and Sustainable Energy Reviews, 2013, 28(8): 474-482.

[34] Wang X, Li J F, Zhang Y X. An analysis on the short-term sectoral competitiveness impact of carbon tax in China. Energy Policy, 2010, 39(7): 4144-4152.

[35] Lu C Y, Tong Q, Liu X M. The impacts of carbon tax and complementary policies on Chinese economy. Energy Policy, 2010, 38(11): 7278-7285.

[36] Liang Q M, Wei Y M. Distributional impacts of taxing carbon in China: results from the CEEPA model. Applied Energy, 2012, 92(2): 545-551.

[37] Fang G C, Tian L X, Sun M, et al. Analysis and application of a novel three-dimensional energy-saving and emission-reduction dynamic evolution system. Energy, 2012, 40(1): 291-299.

[38] Deng B. On Šilnikov's Homoclinic-Saddle-Focus Theorem. Journal of Differential Equations, 1993, 102(2): 305-329.

[39] Barnett J, Adger W N. Climate change, human security and violent conflict. Political Geography, 2007, 26(6): 639-655.

[40] Fang G C, Tian L X, Fu M, et al. The impacts of carbon tax on energy intensity and economic growth–a dynamic evolution analysis on the case of China. Applied Energy, 2013, 110(5): 17-28.

[41] Callan T, Lyons S, Scott S, et al. The distributional implications of a carbon tax in Ireland. Energy Policy, 2009, 37(2): 407-412.

[42] 苏明, 傅志华, 包全永. 我国鼓励节能的财税政策思路和建议. 中国能源, 2005, 27(2): 5-9.

[43] Sun M, Wang X F, Chen Y, et al. Energy resources demand-supply system analysis and empirical research based on non-linear approach. Energy, 2011, 36(9): 5460-5465.

[44] Longstaff F A, Schwartz E S. Valuing American options by simulation: a simple least-squares approach. Review of Financial Studies, 2001, 14(1): 113-147.

[45] Schwartz E S. Patents and R&D as real options. Economic Notes, 2004, 33(1): 23-54.

[46] Rothwell G. A real options approach to evaluating new nuclear power plants. The Energy Journal, 2012, 27(1): 37-54.

[47] Thompson M, Davison M, Rasmussen H. Natural gas storage valuation and optimization: a real options application. Naval Research Logistics, 2009, 56(3): 226-238.

[48] Rodríguez R Y. Real option valuation of free destination in long-term liquefied natural gas supplies. Energy Economics, 2008, 30(4): 1909-1932.

[49] Engerer H, Horn M. Natural gas vehicles: an option for Europe. Energy Policy, 2010, 38(2): 1017-1029.

[50] Zhu L, Fan Y. A real options–based CCS investment evaluation model: case study of China's power generation sector. Applied Energy, 2011, 88(12): 4320-4333.

[51] Lai G M, Wang M X, Kekre S, et al. Valuation of storage at a liquefied natural gas terminal. Operations Research, 2011, 59(59): 602-616.

[52] Zhu L. A simulation based real options approach for the investment evaluation of nuclear power. Computers & Industrial Engineering, 2012, 63(3): 585-593.

[53] Zambujal-Oliveira J. Investments in combined cycle natural gas-fired systems: a real options analysis. International Journal of Electrical Power & Energy Systems, 2013, 49(7): 1-7.

[54] Titman S. Urban land prices under uncertainty. American Economic Review, 1985, 75(3): 505-514.

[55] Williams J T. Real estate development as an option. Journal of Real Estate Finance and Economics, 1991, 4(2): 191-208.

[56] Sing T F, Patel K. Empirical evaluation of the value of waiting to invest. Journal of Property Investment & Finance, 2001, 19(6): 535-553.

[57] Lambrecht B, Perraudin W. Real options and preemption under incomplete information. Journal of Economic Dynamics and Control, 2003, 27(4): 619-643.

[58] Yavas A, Sirmans C F. Real options: experimental evidence. The Journal of Real Estate Finance and Economics, 2005, 31(1): 27-52.

[59] Cheng C T, Lo S L, Lin T T. Applying real options analysis to assess cleaner energy development strategies. Energy Policy, 2011, 39(10): 5929-5938.

[60] Martínez-Ceseña E A, Mutale J. Application of an advanced real options approach for

renewable energy generation projects planning. Renewable and Sustainable Energy Reviews, 2011, 15(4): 2087-2094.

[61] Detert N, Kotani K. Real options approach to renewable energy investments in Mongolia. Energy Policy, 2013, 2012(56): 136-150.

[62] Lee H, Park T, Kim B, et al. A real option-based model for promoting sustainable energy projects under the clean development mechanism. Energy Policy, 2013, 54(3): 360-368.

[63] 黄小原, 庄新田. 非对称信息条件下实物期权最优投资问题研究. 管理科学学报, 2003, 6(6): 28-33.

[64] 夏晖, 曾勇, 唐小我. 技术创新战略投资的实物期权方法综述. 管理科学学报, 2004, 7(1): 88-96.

[65] 陈小悦, 杨潜林. 实物期权的分析与估值. 系统管理学报, 1998, (3): 6-9.

[66] 杨屹, 扈文秀, 杨乃定. 实物期权定价理论综述及未来研究领域展望. 数量经济技术经济研究, 2004, 21(12): 147-151.

[67] 齐安甜, 张维. 实物期权理论及在企业并购价值评估中的应用. 中国软科学, 2003, (7): 129-132.

[68] 夏健明, 陈元志. 实物期权理论评述. 上海金融学院学报, 2005, (1): 4-13.

[69] 徐爽, 李宏瑾. 土地定价的实物期权方法: 以中国土地交易市场为例. 世界经济, 2007, 30(8): 63-72.

[70] 于洋, 王辉, 杜永怡. 我国实物期权研究的回顾与思考. 科研管理, 2003, 24(4): 116-121.

[71] Fan Y, Zhu L. A real options based model and its application to China's overseas oil investment decisions. Energy Economics, 2010, 32(3): 627-637.

[72] Zhang X P, Gundersen T, Roussanaly S, et al. Carbon chain analysis on a coal IGCC—CCS system with flexible multi-products. Fuel Processing Technology, 2013, 108(4): 146-153.

[73] Eckhause J, Herold J. Using real options to determine optimal funding strategies for CO_2 capture, transport and storage projects in the European Union. Energy Policy, 2014, 66: 115-134.

[74] Viebahn P, Vallentin D, Höller S. Prospects of carbon capture and storage (CCS) in India's power sector–an integrated assessment. Applied Energy, 2014, 117: 62-75.

[75] Burba G, Madsen R, Feese K. Eddy covariance method for CO_2 emission measurements in CCUS applications: principles, instrumentation and software. Energy Procedia, 2013, 40: 329-336.

[76] 陈文颖, 吴宗鑫, 王伟中. CO_2收集封存战略及其对我国远期减缓CO_2排放的潜在作用. 环境科学, 2007, (6): 1178-1182.

[77] 曲建升, 曾静静. 二氧化碳捕获与封存: 技术、实践与法律——国际推广二氧化碳捕获与封存工作的法律问题分析. 世界科技研究与发展, 2007, 29(6): 78-83.

[78] 韩文科, 杨玉峰, 苗韧, 等. 当前全球碳捕集与封存(CCS)技术进展及面临的主要问题. 中国能源, 2009, 31(10): 5-6.

[79] 梁大鹏. 基于电力市场的中国 CCS 商业运营模式及仿真研究. 中国软科学, 2009, (2): 151-163.

[80] 任相坤, 崔永君, 步学朋, 等. 煤化工过程中的 CO_2 排放及 CCS 技术的研究现状分析. 神

华科技, 2009, 7(2): 68-72.

[81] 程昌慧. 浅析中国 CCS 项目的现状和前景. 江汉石油职工大学学报, 2010, 23(2): 69-72.

[82] Abadie L M, Galarraga I, Rübbelke D. Evaluation of two alternative carbon capture and storage technologies: a stochastic model. Environmental Modelling & Software, 2014, 54(2): 182-195.

[83] Koelbl B, Machteld V D B, van Ruijven B J, et al. Uncertainty in carbon capture and storage (CCS) deployment projections: a sensativity analysis to techno-economic parameters. Climatic Chang, 2014, 123: 461-476.

[84] 丁正中, 曾慧. 实物期权的三叉树定价模型. 统计研究, 2005, (11): 25-28.

[85] 金涌, 朱兵, 胡山鹰, 等. CCS, CCUS, CCRS, CMC 系统集成. 中国工程科学, 2010, 12(8): 49-55, 87.

第7章 能源市场的调控效应

能源价格-供给-经济增长系统是一个包含能源价格、能源供给、经济增长、能源效率、能源强度等众多因素的复杂的非线性系统。如何有效利用非线性动力学模型去研究能源价格系统是一个值得关注的问题。本章的主要内容如下：①理论分析部分，首先梳理能源价格、能源供应及经济增长之间的直接和间接的因果关系，建立各因素之间相互传导的网络结构图，进而依据能源价格、能源供应及经济增长之间相互影响的复杂关系三为背景建立一个非线性能源价格-供给-经济增长动力系统。由非线性能源价格-供给-经济增长动力系统导出能源价格-供给子系统和能源供给-经济增长子系统，并理论和数值分析各子系统的演化特征。②实证分析部分，根据中国 1980～2010 年的统计数据，建立在能源市场中符合中国实际的能源价格-供给-经济增长系统，利用系统模拟能源价格、能源供应及经济增长的演化轨迹，研究各种调控策略对系统中各变量的影响关系，定量分析各种调控策略的优缺点。③利用所建立的符合中国经济转型背景的新的能源市场系统，模拟在各种调控策略下的能源强度的演化路径，定量评估各种调控策略对降低能源强度的效果及所需要的时间。④从电力市场化改革的实际出发，依据一个经济时期内的电力供应总量、电力消费总量及电力价格之间的相互依存、相互制约的关系，建立一个新的电力市场系统。利用中国 1979～2012 年的统计数据，借助神经网络确定系统参数，得到具有实际意义的电力市场系统。

7.1 新型能源价格-供给-经济增长动力系统分析

7.1.1 引言

能源价格的演化过程包含了能源市场中的各种信息。能源价格作为无形之手在能源市场中发挥着极大作用。随着经济的发展，能源价格体系的建设引起世界各国的广泛关注。怎样协调好能源市场中能源价格、能源供应及经济增长之间的关系，怎样深入地挖掘能源价格波动机理，怎样评估能源价格波动对经济增长和能源强度等的影响，等等，这一系列问题都是当前研究的热点问题。

另外，能源市场中政府的政策调控这个有形之手对市场的有序发展起到重要的引领作用。因此，如何更好地发挥能源价格的作用，体现能源市场这个无形之手的影响，更好地使用政策调控这个有形之手，是能源市场健康有序发展的保证。本节将从能源市场中的价格、供给、经济增长的发展演变角度，构建能源市场中的新型动力系统，探讨能源市场中价格的作用，并进一步发挥政策调控这个有形手的引领作用，给出能源市场演化发展的 4 种调控策略。

近年来，众多的学者对上述问题开展了大量的研究。Tang 和 Tan[1]利用 1970～2009 年的数据，研究了电力消费与经济增长之间、能源价格和技术创新之间的关系。Berk 和 Yetkiner[2]理论和实证研究了能源价格与经济增长的长期运行关系。Jin 等[3]分析了能源价格和节能减排对经济增长的影响。Mahadevan 和 Asafu-Adjaye[4]利用 1971～2002 年的 20 个能源净进出口国的面板数据，基于 VEC 模型研究了能源消耗与经济增长间的关系。Lee 和 Chiu[5]利用 1965～2008 年的数据，研究了六个高度工业化国家的核能消耗、成品油价格、成品油油耗、实际收入之间的动态关系。Odhiambo[6]研究了南非、肯尼亚和刚果三个国家的能源消耗与经济增长之间的因果关系。Doroodian 和 Boyd[7]验证了油价波动与通货膨胀之间的关系。Lee 和 Chiu[8]利用 1971～2006 年的面板数据，研究了发达国家核能消耗、原油消耗和经济增长之间的短期和长期动力学关系。以上研究，都是利用实证分析的手段，借助计量经济学模型，对能源价格、供应、经济增长等关系进行实证检验。研究的时间段不同，研究结论也不尽相同[1-8]。如何建立描述能源市场中能源价格、能源供应与经济增长间的复杂关系的非线性模型，如何将定性的调控策略引入模型，并定量分析在不同调控策略下能源价格、能源供应与经济增长的演化路径，是目前噬待解决的科学问题。

能源强度是评价经济增长水平的一个重要指标。是什么驱使了能源强度的变化，如何有效降低能源强度是当前研究的热门问题。Lin 和 Du[9]提出了一个将指标分解分析和生产理论分解分析相结合的研究能源强度变化的框架。Gómez 等[10]解释了哈萨克斯坦经济增长过程中具有较高的能源强度的原因。Li 和 Lin[11]讨论了产业结构对中国能源强度的影响，建议中国应降低工业产值在 GDP 中的比例，促进技术进步才能有效降低能源强度。Zeng 等[12]利用投入-产出结构分解分析研究了改变能源结构，提高部门能源效率，调整生产结构对降低能源强度的贡献。Li 等[13]利用现有的文献，评估了经济结构，能源消费结构，技术进步对能源强度的影响。Fang 等[14]利用碳税约束下的四维节能减排系统研究了碳税对能源强度和经济增长的影响。Hatzigeorgiou 等[15]利用希腊 1977～2007 年的数据，实证研究给出了 GDP、能源强度和碳排放之间的因果关系。可见，如何降低能源强度已经成为当前研究的热点问题。很多学者分析了有效降低能源强度的手段，如调整经济结构、调整能源消费结构、促进技术进步等，但大多文献仅是进行了定性的政策性描述，而缺乏定量的分析，尤其是对各种降低能源强度的综合型手段的讨论更为缺乏。

　　用非线性动力学理论探讨经济系统的复杂性的研究取得了大量的成果，Sun 等[16, 17]通过分析我国东部能源缺口，以及我国西部能源发展现状，以江苏省能源需求、我国西部能源供给及江苏省能源进口量之间相互支持、相互制约的复杂关系为背景建立了三维能源供需系统。在三维能源供需系统的基础上，增加可再生能源生产量这个变量，获得更能反映目前能源实际的四维能源供需系统，较三维系统有更加丰富的动力学行为。Tian 等[18-20]依据节能减排、碳排放及经济增长三者相互依存的演化关系提出了一个新的三维节能减排演化系统，并给出了一些与实际相符合的建议。

　　能源价格-供给-经济增长系统是一个包含能源价格、能源供给、经济增长、能源效率、能源强度等众多因素的复杂的非线性系统。如何有效利用非线性动力学模型去研究能源价格系统是一个值得关注的问题。以往的大量关于能源价格问题的研究，主要是利用现有的统计数据去做一些实证分析[1-5, 9-15]，缺乏系统的理论分析。本章将首先梳理能源价格、能源供应及经济增长之间的直接和间接的因果关系，建立各因素之间的相互传导的网络结构图，进而依据能源价格、能源供应及经济增长之间的相互影响的复杂关系为背景建立一个非线性能源价格-供给-经济增长动力系统。利用系统，通过数值仿真研究系统中各因素间的动态演化关系。根据中国 1980～2010 年的统计数据，利用神经网络确定系统参数，在能源市场中建立符合中国实际的价格供给及经济增长的动力系统，利用系统模拟能源价格、能源供应及经济增长的演化轨迹，研究各种调控策略对系统中各变量的影响关系，定量分析各种调控策略的优缺点。

　　同时，依据建立的能源价格-供给-经济增长系统，推导出能源强度计算公式，利用所建立的符合中国经济转型背景的新的能源市场系统，研究在相同的调控策略下，采取不同的调控力度对降低能源强度的影响，以及采取各种不同调控政策对能源强度的影响，在三维及二维相空间中，模拟在各种调控策略下能源强度的演化路径，定量评估各种调控策略对降低能源强度的效果，为制定相关政策提供理论支持。

7.1.2　新型能源价格-供给-经济增长动力系统模型的建立

　　能源价格-供给-经济增长系统是一个包含能源价格、能源供需、经济增长、能源效率、能源强度等众多因素的复杂系统，各个量之间相互影响、相互制约，具有复杂的非线性关系，如图 7-1 所示。图 7-1 中，k_i（$i=1,2,\cdots,36$）表示因素间的传导关系，"+"表示具有正相关关系，"-"表示具有负相关关系。

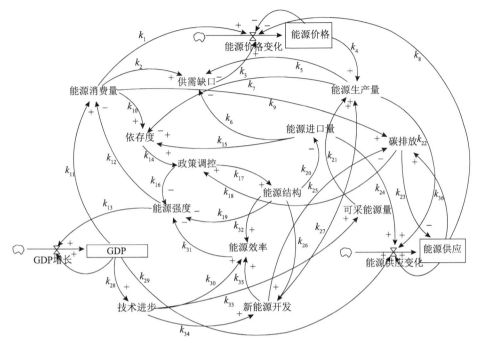

图 7-1　能源价格-供给-经济增长系统变量间的因果关系

由图 7-1 可以看到，能源价格具有增长或下降的变化趋势，能源消费量、市场上能源供需缺口等的增加导致能源价格的上涨，能源价格的上涨会促使能源生产量的增加，导致市场上能源供应量的增加，能源生产量的增加，使得市场上能源供需缺口减少，进而造成能源价格的下跌；能源供应量和市场上能源消费量的增加，会导致碳排放强度的增加，会促使政府部门在能源结构上进行相应的调整，能源结构的调整将会使能源强度降低，有效提高能源的利用效率，进而促进经济的发展；经济的快速增长又会带来能源消费量的量增加，使市场上能源供需缺口进一步加大，同时，经济的快速增长，将会有效地促进科技的进步，先进的技术手段将使得能源的可采数量提升，进而促进能源的生产量提升，使得市场上能源的供应量增加；技术的进步同时为新能源的开发提供了保障，新能源的开发利用将有效地降低碳排放量；技术的进步同样可以有效地提高能源的效率，能源效率的提升可以有效地降低能源强度，进而促进经济发展。可见，能源价格、能源供应与经济增长之间通过直接或间接的关系，呈现出相互促进、相互制约的复杂的非线性关系。

为了定量地刻画能源价格、能源供应和经济发展之间的关系，我们借助非线性微分方程系统，根据图 7-1 所揭示的各因素间的关系，建立如下的非线性系统：设 $x(t)$ 为随时间变化的区域市场中的能源价格，$y(t)$ 为随时间变化的市场上的能源供给，$z(t)$ 为随时间变化的区域发展的经济增长量（GDP）。

$$\begin{cases} \dot{x} = a_1 x + a_2 (C - y) + a_3 (z - K_1) & \text{(7-1a)} \\[3mm] \dot{y} = -b_1 y + b_2 x - b_3 z \left(1 - \dfrac{z}{K_2} \right) & \text{(7-1b)} \\[3mm] \dot{z} = c_1 z \left(1 - \dfrac{z}{L} \right) + c_2 yz & \text{(7-1c)} \end{cases}$$

其中，K_1、K_2、C、L 为正常数，

$$\begin{cases} a_1 = R\left(k_1, k_2, k_5, k_6, k_3 \right) \\ a_2 = R\left(k_8, k_{36}, k_{18}, k_{16}, k_{12}, k_1 \right) \\ a_3 = R\left(k_{11}, k_{28}, k_{30}, k_{31}, k_{12}, k_1 \right) \\ b_1 = R\left(k_{21}, k_{22}, k_9, k_{23} \right) \\ b_2 = R\left(k_4, k_{22}, k_7, k_{14}, k_{17}, k_{20}, k_{24} \right) \\ b_3 = R\left(k_{11}, k_9, k_{18}, k_{17}, k_{20}, k_{24}, k_{23}, k_{29}, k_{28}, k_{34}, k_{27}, k_{22}, k_{25}, k_{33}, k_{21} \right) \\ c_1 = R\left(k_{28}, k_{30}, k_{31}, k_{13}, k_{34}, k_{25}, k_{18}, k_{17}, k_{19}, k_{11}, k_{10}, k_{14}, k_{16} \right) \\ c_2 = R\left(k_{36}, k_{18}, k_{17}, k_{26}, k_{32}, k_{35}, k_{31}, k_{13}, k_{20}, k_{15}, k_{14} \right) \end{cases}$$

其中，k_i（$i = 1, 2, \cdots, 36$）为图 7-1 中各因素间的传导关系，$R(k_i)$ 为由参数 k_i 的组合确定等式左边的系数，a_1 为能源价格的固有增长率，a_1 由能源的消费量对能源价格的影响系数 k_1，市场上能源消费量、能源生产量、能源进口量对能源供需缺口的影响系数 k_2、k_5、k_6 及供需缺口对能源价格的影响系数 k_3 共同确定；a_2 为能源供应变化对能源价格的影响系数，a_2 由市场上能源的供应量对价格的直接影响系数 k_8 及由能源供应所带来其他因素（如碳排放、政府政策、能源消费量等）对能源价格的间接影响系数 k_{36}、k_{18}、k_{16}、k_{12}、k_1 共同确定；a_3 为经济增长对能源价格的影响系数，因为经济的增长会带来能源消费量的增加（k_{11}），同时经济增长会促进技术的进步（k_{28}），技术的进步将会有效提升能源的利用效率（k_{30}），进而降低能源强度（k_{31}），从而导致能源消费量的降低（k_{12}），能源消费量的升降将会引起能源价格的波动（k_1），因此，经济增长对能源价格的影响系数 a_3 由以上参数确定；b_1 为能源供应增长的阻滞系数，能源供应增长的阻滞系数由当前探明的可采能源总量对能源生产量的影响系数 k_{21}、能源生产量对能源供应量的影响系数 k_{22}、能源消费量对碳排放量的影响系数 k_9 及碳排放量对能源供应量阻滞系数 k_{23} 共同确定。b_2 为能源价格变化对能源供应的影响系数，能源价格对能源

供应的影响的传导路径为：能源价格影响能源生产量（k_4），能源生产量促进能源供应量（k_{22}），或能源生产量的增加降低能源的依存度（k_7），能源依存度的改变会导致能源政策的调整（k_{14}），进而影响能源结构的调整（k_{17}），结构的调整带来能源进口量的变化（k_{20}），进而影响能源供应量的变化（k_{24}），以上因素共同决定了 b_2 的大小；b_3 为经济增长对能源供应的影响系数，经济增长对能源供应的影响的主要传导路径有：经济增长促进能源消费量的增加（k_{11}），能源消费量的增加带来碳排放量的增加（k_9），由于环境保护的需要，碳排放量的增加会阻止能源供应量的增加（k_{23}），同时促使政府部门进行政策调整（k_{18}），进而引起能源结构的调整（k_{17}），引起能源进口量的变化（k_{20}），进而影响能源供应量（k_{24}）。同时，经济的发展直接影响能源供应量的变化（k_{29}），经济的发展会带动科技的进步（k_{28}），科技的进步促进新能源的开发（k_{34}），同时探明更多的可采能源量（k_{33}），以上两点均能提高能源的生产量（k_{21}、k_{27}），进而最终带来能源供应量的增加（k_{22}），以上因素共同决定了 b_3 的大小；c_1 表示经济增长对自身的影响系数，经济的增长首先带动技术的进步（k_{28}），科技的进步会有效地提升能源的利用效率（k_{30}），或科技的进步会促进新能源的开发（k_{34}），新能源的开发利用引起碳排放的变化（k_{25}），进而引起政策的调整（k_{18}），带来能源结构的变化（k_{17}），以上两条路径均会导致能源强度的降低（k_{31}、k_{19}），进而引起经济增长的变化（k_{13}）。同时，经济的增长将直接带来能源消费量的增加（k_{11}），导致能源依存度的变化（k_{10}），进而引起政策的调整（k_{14}），导致能源强度的降低（k_{16}），进而引起经济增长的变化（k_{13}），以上系数共同决定了系数 c_1；c_2 表示能源供应对经济增长的影响系数，因为能源供应会带来碳排放量的变化（k_{36}），碳排放量的变化会引起政策的调控（k_{18}），政府政策的改变将带来能源结构的改变（k_{17}），能源结构的调整将引起能源进口量的变化（k_{20}），进而带动能源依存度的变化（k_{15}），引发新的政策调整（k_{14}），达到降低能源强度的效果（k_{16}），促进经济发展（k_{13}）。同时能源结构的调整将促进新能源的开发（k_{26}），进而提高能源效率（k_{35}），达到降低能源强度的效果（k_{16}），进而促进经济发展（k_{13}），以上系数共同决定了系数 c_2。参数 L 表示在能源供应量确定的情况下区域经济增长量的最大值；C 为受能源供应影响的能源价格的阈值；K_1 为受经济增长影响的能源价格的阈值；K_2 为受经济增长影响的能源供给的阈值。

　　模型建立的基本思想如下所示。

　　式（7-1a）表示能源价格具有增长或下降的变化趋势，市场上的能源供应量将对能源价格产生影响，当 $y < C$，即 $(C-y) > 0$，表示市场上的能源供应量小于市场的能源需求量的阈值 C，此时能源供应不能满足市场需要，出现供不应求的现象，此时，能源价格呈现上涨的趋势，但随着能源供应量的逐渐增加，能源价格上涨的趋势逐渐减弱；当 $y > C$，即 $(C-y) < 0$，表示市场上的能源的供应量超

过能源需求量的阈值 C，此时能源供大于求，将导致能源价格下降。$a_3(z-K_1)$ 表示经济的发展将增加能源的消耗，当经济增长水平较低时，即 $(z-K_1)<0$ 时，市场对能源的需求量不大，能源价格维持在较低水平；而当经济增长到一定程度时，即 $z-K_1>0$ 时，导致能源需求量的增加，进而会促进能源价格的升高。

式（7-1b）：$-b_1y$ 表示由于能源的不断消耗，市场上的能源供给随时间的变化率随着供给量的变化在减少；b_2x 表示能源价格的上涨会促使能源供应量的增长（此处能源价格的上涨不考虑重大国际事件如战争等导致的价格上涨）；$-b_3z\left(1-\dfrac{z}{K_2}\right)$ 表示经济增长对能源供应的影响，当经济增长水平较低时，即 $1-\dfrac{z}{K_2}>0$ 时，经济的快速增长，会消耗大量的能源，从而导致市场能源供应有减少的趋势；而当经济增长到较高水平时，各种新能源的开发或进口能源数量的增多，会导致市场上能源的供应量增加。显然，$K_1\leqslant K_2$。

式（7-1c）：$c_1z\left(1-\dfrac{z}{L}\right)$ 表示经济增长对自身的阻滞作用，经济水平越高，经济增长的幅度就会越小；c_2yz 表示能源供应对经济增长的促进作用。

能源价格-供给-经济增长系统反映了一个经济时期内的能源市场中能源价格、能源供应和经济增长之间相互依存、相互制约的关系。若假设能源供应量等于能源消耗量，则由系统（7-1）可以得到一个经济时期内的能源消耗量：

$$Y=\int_0^T y^*(t)\mathrm{d}t=\varPhi_1\left(x,y,z,M,t\right)，\quad y^*(t)=\varphi\left(y,t\right)\qquad（7\text{-}2）$$

一个经济时期内的 GDP 总量为

$$Z=\int_0^T z(t)=\varPhi_2\left(x,y,z,N,t\right)\qquad（7\text{-}3）$$

其中，T 为经济周期长度，M 为常数。则一个经济时期内的能源强度可表示为

$$U=\varPhi_1\left(x,y,z,M,t\right)/\varPhi_2\left(x,y,z,N,t\right)\qquad（7\text{-}4）$$

利用能源价格-供给-经济增长系统，可以描述一个经济时期内的能源强度变化过程，我们将在实证分析部分给出仿真结果。

1. 能源价格-供给-经济增长系统动力学分析及数值模拟

能源价格-供给-经济增长系统，综合反映了能源价格、能源供应、经济增长间的相互关系，在系统的演化过程中系统的各变量与系统的参数间存在相对复杂

的动力学特征，下面我们通过理论分析和数值仿真的方法对系统的动力学特征进行研究。

由式（7-1a）~式（7-1c）得到系统的三个平衡点：$S_1 = (x_1, y_1, z_1)$，$S_2 = (x_2, y_2, z_2)$，$S_3 = (x_3, y_3, z_3)$。其中，$x_1 = -\dfrac{Ca_2b_1 - K_1a_3b_1}{a_1b_1 - a_2b_2}$，$y_1 = -\dfrac{Ca_2b_2 - K_1a_3b_2}{a_1b_1 - a_2b_2}$，$z_1 = 0$；$x_2 =$

$-\dfrac{a_2c_1 + Ca_2c_2 - K_1a_3c_2}{a_1c_2} + \dfrac{a_2c_1\left(\sqrt{E_1} + F_1\right) - La_3c_2\left(\sqrt{E_1} + F_1\right)}{2L^2a_1^2b_3c_2^2}$，$y_2 = \dfrac{c_1\left(\sqrt{E_1} + F_1\right)}{2L^2a_1b_3c_2^2} - \dfrac{c_1}{c_2}$，$z_2 =$

$\dfrac{\sqrt{E_1} + F_1}{2La_1b_3c_2}$ ；

$x_3 = -\dfrac{a_2c_1}{a_1c_2} - \dfrac{a_3\left(K_2a_1b_1c_1 - \sqrt{E_2} + F_2\right)}{2La_1^2b_3c_2} + \dfrac{K_1a_3 - Ca_2}{a_1} + \dfrac{a_2c_1\left(K_2a_1b_1c_1 - \sqrt{E_2} + F_2\right)}{2L^2a_1^2b_3c_2^2}$，

$y_3 = \dfrac{c_1\left(K_2a_1b_1c_1 - \sqrt{E_2} + F_2\right)}{2L^2a_1b_3c_2^2} - \dfrac{c_1}{c_2}$，$z_3 = \dfrac{K_2a_1b_1c_1 - \sqrt{E_2} + F_2}{2La_1b_3c_2}$。其中，$E_1$、$F_1$、$E_2$、$F_2$ 为系统中系数的组合。

1）平衡点 $S_1 = (x_1, y_1, z_1)$ 的稳定性

对于平衡点 $S_1 = (x_1, y_1, z_1)$，齐次线性近似系统的系数矩阵为

$$J_1 = \begin{pmatrix} a_1 & -a_2 & a_3 \\ b_2 & -b_1 & -b_3 \\ 0 & 0 & c_1 \end{pmatrix} \tag{7-5}$$

J_1 的特征根为 $\lambda_{1,2} = \dfrac{a_1 - b_1}{2} \pm \dfrac{\sqrt{(a_1 + b_1)^2 - 4a_2b_2}}{2}$，$\lambda_3 = c_1$。则由文献[16]得到，对于平衡点 $S_1 = (x_1, y_1, z_1)$ 有如下的结论。

定理 7-1 假定 $(a_1 + b_1)^2 < 4a_2b_2$。

（1）因为 $\lambda_3 = c_1 > 0$，因此，平衡点 $S_1 = (x_1, y_1, z_1)$ 不稳定。

（2）当 $a_1 > b_1$ 时，$\lambda_{1,2}$ 为一对具有正实部的共轭复根，则 $S_1 = (x_1, y_1, z_1)$ 为不稳定的鞍点。

（3）当 $a_1 = b_1$ 时，$\lambda_{1,2} = \pm\dfrac{\sqrt{(a_1 + b_1)^2 - 4a_2b_2}}{2}$，为一对共轭纯虚根，故 Hopf 分叉在 $a_1 = b_1$ 处产生。

定理 7-1 说明了能源价格–供给–经济增长系统参数的变化，将会使系统处于不同的状态，说明了能源价格、能源供给与经济增长之间关系的复杂性。同时也

说明了，通过控制系统的参数，可以有效控制系统的状态，说明了能源价格-供给-经济增长系统的可调控性。

2）平衡点 $S_2(x_2, y_2, z_2)$ $S_3 = (x_3, y_3, z_3)$ 的稳定性

对于平衡点 $S_2 = (x_2, y_2, z_2)$，线性近似系统的系数矩阵为

$$
J_2 = \begin{pmatrix} a_1 & -a_2 & a_3 \\ b_2 & -b_1 & -b_3 + \dfrac{2b_3\left(\sqrt{E_1} + F_1\right)}{2K_2 L a_1 b_3 c_2} \\ 0 & \dfrac{c_2\left(\sqrt{E_1} + F_1\right)}{2L a_1 b_3 c_2} & c_1 - \dfrac{2c_1\left(\sqrt{E_1} + F_1\right)}{2L^2 a_1 b_3 c_2} \end{pmatrix}
\tag{7-6}
$$

为简便起见，固定系统中各系数如下：$a_1 = 0.1$，$C = 27$，$a_2 = 0.5563$，$a_3 = 0.15$，$b_1 = 0.6073$，$b_2 = 0.4$，$b_3 = 0.3$，$K_1 = 15$，$K_2 = 15$，$c_1 = 0.3$，$c_2 = 0.06$，$L = 19$。则 J_2 的特征值为

$$
\lambda_{1,2} = -0.2199 \pm 0.3083\mathrm{i}, \quad \lambda_3 = -0.6679
\tag{7-7}
$$

因此，系统在平衡点 S_2 处稳定。若固定系统中各系数如下：$a_1 = 0.3$，$C = 27$，$a_2 = 0.5563$，$a_3 = 0.15$，$b_1 = 0.6073$，$b_2 = 0.4$，$b_3 = 0.3$，$K_1 = 17$，$K_2 = 18$，$c_1 = 0.3$，$c_2 = 0.06$，$L = 19$。则 J_2 的特征值为

$$
\lambda_{1,2} = 0.1112 \pm 0.4041\mathrm{i}, \quad \lambda_3 = -6.115
\tag{7-8}
$$

因此，系统在平衡点 S_2 处不稳定。因此，得到系统在平衡点 S_2 处可能处于稳定状态，也可能处于不稳定状态，完全取决于系统参数的取值。平衡点 S_3 与平衡点 S_2 具有类似的性质。

综上分析可以得到，能源价格-供给-经济增长系统[式（7-1a）～式（7-1c）]的平衡点 S_1 是不稳定平衡点，S_2、S_3 可能稳定，可能不稳定，可以看出能源价格-供应-经济增长系统具有复杂的动力学性质。

2. 数值仿真

情形一：取参数 $a_1 = 0.3$，$C = 27$，$a_2 = 0.5563$，$a_3 = 0.15$，$b_2 = 0.6073$，$b_1 = 0.4$，$b_3 = 0.3$，$K_1 = 15$，$K_2 = 15$，$c_1 = 0.3$，$c_2 = 0.06$，$L = 19$。取初始条件（0.8，0.05，0.9），此时，相应的 Lyapunov 指数为 $L_1 = 0.1186(>0)$、$L_2 = -0.2979(<0)$、$L_3 = -0.2947(<0)$，系统的 Lyapunov 指数[21]为

$$D_l = j + \frac{1}{|L_{j+1}|} \sum_{i=1}^{j} L_i = 2 + \frac{L_1 + L_2}{|L_3|} = 1.3916 \qquad (7\text{-}9)$$

可见，此时系统有正的最大 Lyapunov 指数。因此，可以观察到能源价格-供给-经济增长系统混沌吸引子（图 7-2）。

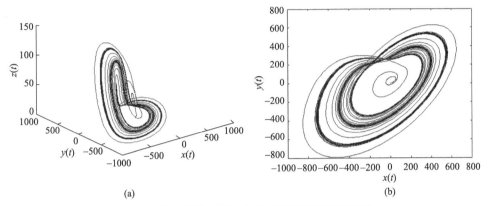

图 7-2　能源价格-供给-经济增长系统混沌吸引子

情形二：取参数 $a_1 = 0.3$，$C = 27$，$a_2 = 0.5563$，$a_3 = 0.15$，$b_2 = 0.6073$，$b_1 = 0.4$，$b_3 = 0.3$，$K_1 = 17$，$K_2 = 18$，$c_1 = 0.3$，$c_2 = 0.06$，$L = 19$。取初始条件（0.8，0.8，0.9）可以观察到能源价格-供给-经济增长系统混沌吸引子（图 7-3）。

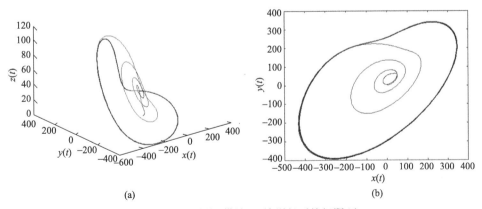

图 7-3　能源价格-供给-经济增长系统极限环

情形三：取参数 $a_1 = 0.1$，$C = 27$，$a_2 = 0.5563$，$a_3 = 0.15$，$b_2 = 0.6073$，$b_1 = 0.4$，$b_3 = 0.3$，$K_1 = 15$，$K_2 = 15$，$c_1 = 0.3$，$c_2 = 0.06$，$L = 19$。取初始条件（0.1，0.2，0.8）可以观察到能源价格-供应-经济增长系统的一个稳定的平衡点（图 7-4）。

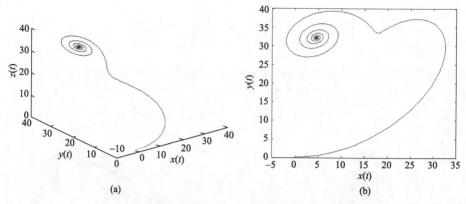

图 7-4　能源价格–供给–经济增长系统稳定的平衡点

　　数值模拟表明，能源价格、能源供应与经济增长之间呈现出非常复杂的非线性关系。这种复杂性与模型中的参数密切相关，这些参数在不同的时期及不同背景下会取不同的数值，不同的取值将导致系统呈现混沌状态（图 7-2）、周期变化状态（图 7-3）及稳定状态（图 7-4）。

　　令参数 a_1 变化，其他参数固定为情形一的取值，我们得到变量 y 关于参数 a_1 的 Lyapunov 指数和相应的单参数分叉图如图 7-5、图 7-6 所示。我们可以得到如下的结论，当 $a_1 \in (0.01, 0.119]$，式（7-1a）～式（7-1c）的最大 Lyapunov 指数 L_1 为负值，则意味着系统存在着稳定的平衡点（如 $a_1 = 0.1$ 时，系统轨道如图 7-4 所示）；$a_1 \in (0.119, 0.3]$ 时，式（7-1a）～式（7-1c）的最大 Lyapunov 指数 L_1 为正值，则意味着系统是混沌的（图 7-2、图 7-3）。

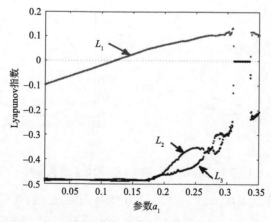

图 7-5　Lyapunov 指数图

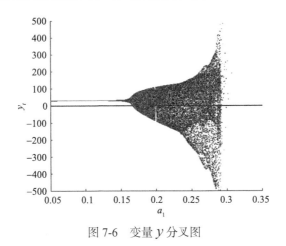

图 7-6　变量 y 分叉图

以上分析表明，能源价格-供给-经济增长系统的参数对系统的状态有重要的影响，参数处于不同的区间，将会使系统处于不同的状态，因此，对于实际系统来讲，可根据识别出的系统的参数范围来判断系统将要达到的状态。如图 7-6 中，当 $a_1 \in (0.119, 0.3]$ 时，能源价格-供给-经济增长系统将会出现混沌状态，不利于经济社会的发展，这时就需要采取一定的措施，降低参数 a_1 的值，从而使系统处于稳定状态。如能根据参数的实际意义，找到有效控制参数大小所对应的手段，则可以利用系统对各种调控手段对系统状态的影响进行演化分析。

3. 子系统的动力学分析

1）能源价格-供给子系统

在式（7-1a）～式（7-1c）中，令 $z = 0$ 得到一个子系统：

$$\begin{cases} \dot{x} = a_1 x + a_2 (C - y) + d_1 \\ \dot{y} = -b_1 y + b_2 x \end{cases} \qquad (7\text{-}10)$$

其中，$d_1 (= -a_3 K_1)$ 为常数。式（7-10）反映了能源价格与能源供给之间的相互关系。这是一个常系数的二维线性系统，从而它的动力学行为非常简单而且是全局的。

对于式（7-10），系数矩阵为 $A = \begin{pmatrix} a_1 & -a_2 \\ b_2 & -b_1 \end{pmatrix}$，当 $|A| = a_2 b_2 - a_1 b_1 \neq 0$ 时，我们有如下的定理。

定理 7-2　当 $\dfrac{a_1 b_1}{a_2 b_2} < 1$ 且 $b_1 > a_1$，或 $\dfrac{a_1}{a_2} < \dfrac{b_2}{b_1}$ 且 $\dfrac{b_1}{a_1} < 1$ 时，系统 EPS 有稳定的平衡点；当 $\dfrac{a_1 b_1}{a_2 b_2} < 1$ 且 $b_1 \leqslant a_1$，或 $\dfrac{a_1 b_1}{a_2 b_2} > 1$ 时，系统 EPS 的平衡点是不稳定的。

证明： 当 $|A| = a_2b_2 - a_1b_1 \neq 0$ 时，系统 EPS 有唯一的平衡点 $S_0(x_0, y_0)$，其中

$$x_0 = \frac{b_1d_1 + Ca_2b_1}{a_2b_2 - a_1b_1}, \quad y_0 = \frac{b_2d_1 + Cb_2a_2}{a_2b_2 - a_1b_1}。 \quad A \text{ 的特征方程为}$$

$$\lambda^2 + (b_1 - a_1)\lambda + a_2b_2 - a_1b_1 = 0 \quad （7\text{-}11）$$

其特征值为

$$\frac{T \pm \sqrt{\Delta}}{2} \quad （7\text{-}12）$$

其中，$T = a_1 - b_1$，$D = a_2b_2 - a_1b_1$，$\Delta = T^2 - 4D$。按照微分方程平衡点稳定性理论及分类，可得出以下结论。

（1）当 $D = a_2b_2 - a_1b_1 < 0$ 时，即 $\frac{a_1b_1}{a_2b_2} > 1$ 时，$S_0(x_0, y_0)$ 是鞍点。

（2）当 $D = a_2b_2 - a_1b_1 > 0$、$T = a_1 - b_1 < 0$ 时，即 $\frac{a_1b_1}{a_2b_2} < 1$、$a_1 < b_1$ 时，若 $\Delta > 0$，即 $(a_1 + b_1)^2 > 4a_2b_2$，则 A 有相异的负特征值，此时 $S_0(x_0, y_0)$ 是结点；若 $\Delta = 0$，即 $(a_1 + b_1)^2 = 4a_2b_2$，则 A 有重的负特征值，此时 $S_0(x_0, y_0)$ 是临界结点或非正常结点；若 $\Delta < 0$，即 $(a_1 + b_1)^2 < 4a_2b_2$，则 A 的复特征值有负实部，此时 $S_0(x_0, y_0)$ 为焦点，且它们都是稳定的平衡点。

（3）当 $D = a_2b_2 - a_1b_1 > 0$、$T = a_1 - b_1 = 0$ 时，即 $\frac{a_1b_1}{a_2b_2} < 1$、$a_1 = b_1$ 时，$S_0(x_0, y_0)$ 是中心。

（4）当 $D = a_2b_2 - a_1b_1 > 0$、$T = a_1 - b_1 > 0$ 时，即 $\frac{a_1b_1}{a_2b_2} < 1$、$a_1 > b_1$ 时，若 $\Delta > 0$，即 $(a_1 + b_1)^2 > 4a_2b_2$，则 A 有相异的正特征值，此时 $S_0(x_0, y_0)$ 是结点；若 $\Delta = 0$，即 $(a_1 + b_1)^2 = 4a_2b_2$，则 A 有重的正特征值，此时 $S_0(x_0, y_0)$ 是临界结点或非正常结点；若 $\Delta < 0$，即 $(a_1 + b_1)^2 < 4a_2b_2$，则 A 的复特征值有正实部，此时 $S_0(x_0, y_0)$ 为焦点，且它们都是不稳定的平衡点。

综上，只有当条件

$$\frac{a_1b_1}{a_2b_2} < 1 \text{ 且 } b_1 > a_1，\text{ 或 } \frac{a_1}{a_2} < \frac{b_2}{b_1} \text{ 且 } \frac{b_1}{a_1} > 1$$

满足时，平衡点 $S_0(x_0, y_0)$ 才是稳定的。

式（7-10）反映了能源价格与能源供给之间的相互关系，式（7-10）的

$\dot{x} = a_1 x + a_2 (C - y) + d_1$ 表示同一时段的能源价格取决于能源供应数量，反映了市场对能源的需求关系，因此，$\dot{x} = a_1 x + a_2 (C - y) + d_1$ 可以看作是能源市场的需求函数；式（7-10）的 $\dot{y} = -b_1 y + b_2 x$ 表示下一时段的能源供给取决于上一时段的能源价格，反映了能源生产的供给关系，称作能源市场的供给函数；其中，系数 a_2 的值表示能源供给量减少一个单位时，能源价格的上涨幅度，反映了市场对能源需求的敏感程度；系数 b_2 的值表示能源价格上升一个单位时，下一时段能源供给量的增加幅度。不同国家或地区 a_2 和 b_2 的值是不同的，当 a_2 和 b_2 一定的情况下，定理 7-2 的结论告诉我们，如要使能源价格-供给系统保持稳定，就必须采取一定的调控手段，降低系数 a_1 和 b_1 的值，根据定理 7-2，当满足定理 7-2 中的条件时，说明采取的调控手段是有效的。

经典的蛛网模型在完全自由竞争的市场经济中，利用差分方程定义了需求曲线和供应曲线，得到了市场经济稳定的必要条件[22]。能源价格-供给系统将离散形式的蛛网模型推广到连续形式，并且定理 7-2 得到的能源市场稳定的必要条件与经典的蛛网模型的结论是一致的。

式（7-10）反映了能源价格与能源供应之间的动态关系，根据理论分析，两者间在演化过程中会呈现出稳定、不稳定的状态，下面我们通过数值仿真给出能源价格与能源供应间的稳定的演化关系，如图 7-7 所示。由图 7-7（b）可以看到，下一时段的能源供给依赖于上一时段的能源价格，即能源市场上能源供给量的变化滞后于能源价格的变化。

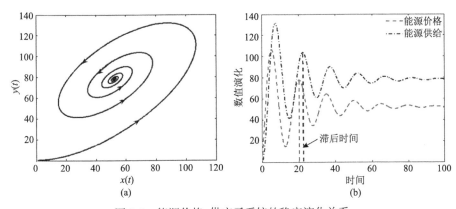

图 7-7　能源价格-供应子系统的稳定演化关系

2）价格水平一定的能源供给-经济增长系统

令 x 是时间 t 的一个已知函数，若 $t = t_0$，则系统[式（7-1a）～式（7-1c）]变为子系统：

$$\begin{cases} \dot{y} = -b_1 y + b_2 x - b_3 z\left(1 - \dfrac{z}{K_2}\right) \\[4mm] \dot{z} = c_1 z\left(1 - \dfrac{z}{L}\right) + c_2 yz \end{cases} \tag{7-13}$$

式（7-13）反映了在能源价格水平一定的情况下，能源供应与经济增长之间的关系。

利用式（7-13），消去中间变量，可以得到能源供应与经济增长之间的关系如下：

$$\frac{\mathrm{d}y}{\mathrm{d}z} = \frac{-b_1 y + b_2 x - b_3 z\left(1 - \dfrac{z}{K_2}\right)}{c_1 z\left(1 - \dfrac{z}{L}\right) + c_2 yz}$$

其演化图像如图 7-8 所示。

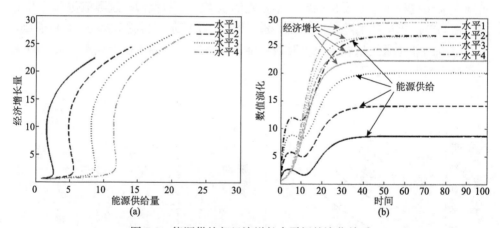

图 7-8　能源供给与经济增长水平间的演化关系

我们给出了四种由低到高的价格水平：水平 1、水平 2、水平 3、水平 4。图 7-8（a）给出了在不同的价格水平（水平 1、水平 2、水平 3、水平 4）下，能源供给与经济增长间的关系。图 7-8（b）给出了在不同的价格水平（水平 1、水平 2、水平 3、水平 4）下，能源供给与经济增长随时间变化的演化曲线。

由图 7-8（a）可以看出，从整体上来看，经济的发展导致了能源供给的增加，在不同的经济增长阶段，能源供应水平发挥着不同的作用。在经济增长水平较低时，随着能源供应的增加，经济增长水平得到提升，但由于发展的基础较为薄弱，发展速度较为缓慢，此阶段属于原始积累阶段；随着经济增长水平的不断提升，能源供应对经济增长的促进作用逐渐增大，经济增长在充足的能源供应的保障下得以快速发展，此阶段属于经济的快速增长阶段；当经济增长到一定的水平后，能源供应对经济的促进作用开始下降，主要是由于，当经济增长到一定水平后，经济可供增长的空间不断缩小，再者经济转型、产业调整等都会使经济的增速下降。

由图 7-8（b）可以看出，随着能源价格的提升，经济增长的稳定值将逐渐增大，而经济增长导致了能源供给的增加，因此，能源供给的稳定值也随着能源价格的增大而增大，这符合一般的价格-供给理论。由图 7-8 可以看到，在经济快速发展的演化进程中，能源供给曲线会出现两个拐点。拐点 1 的出现是由于在一般情况下，某个国家或地区在经济增长的初期，基本上是依靠本国或本地区的能源资源，但是随着经济的发展，能源消耗量逐渐增大，将会导致本国或本地区的能源资源出现匮乏的现象，因而会导致能源供应量的减少，因而能源供给曲线出现拐点 1。而由于本地区经济已经发展到一定的程度，为保证经济的持续发展，会采用开发新能源或进口能源来满足经济增长的需求，因而会导致拐点 2 的出现。

7.1.3　模型的应用

1. 数据来源及处理

选取中国 1980～2010 年的能源生产总量、GDP 指数、电力工业出厂价格指数、煤炭工业出厂价格指数、石油工业出厂价格指数作为研究对象，资料来源为《2012 中国统计年鉴》。将电力工业出厂价格指数、煤炭工业出厂价格指数、石油工业出厂价格指数的平均值作为能源价格指标。为与能源价格系统中的变量相一致，我们分别将能源价格、能源生产总量和 GDP 指数用 X，Y，Z 表示。由于所选变量的单位不一致，我们先利用式（7-14）对各变量进行标准化处理，

$$\tilde{A}_{ij} = \frac{A_{ij} - \mu_j}{D_j}, \quad i = 1, 2, \cdots, n, \quad j = 1, 2, \cdots, m \qquad （7-14）$$

其中，$\mu_j = \dfrac{1}{n}\sum_{i=1}^{n} A_{ij}$，$D_j = \sqrt{\dfrac{1}{n-1}\sum_{i=1}^{n}\left(A_{ij} - \mu_j\right)^2}$，即 μ_j 为第 j 个指标的样本均值，D_j 为 j 个指标的样本标准差。处理后的数据如图 7-9 所示。

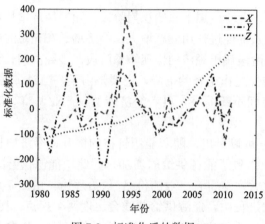

图 7-9　标准化后的数据

2. 系统参数辨识

先将能源价格-供给-经济增长系统[式（7-1a）~式（7-1c）]离散化，得到的差分方程如下所示：

$$
\begin{cases}
X(k+1) = X(k) + \Delta T\left[a_1 X(k) + a_2\big(C - Y(k)\big) + a_3\big(Z(k) - K_1\big)\right] \\[2mm]
Y(k+1) = Y(k) + \Delta T\left[-b_1 Y(k) + b_2 X(k) - b_3 Z(k)\left(1 - \dfrac{Z(k)}{K_2}\right)\right] \\[2mm]
Z(k+1) = Z(k) + \Delta T\left[c_1 Z(k)\left(1 - \dfrac{Z(k)}{L}\right) + c_2 Y(k) Z(k)\right]
\end{cases}
\qquad (7\text{-}15)
$$

利用文献[14]、[16]、[18]~[20]中的神经网络参数识别方法，将标准化后的数据分成 n 组，取前 $n-1$ 组数据作为输入数据，后 $n-1$ 组数据作为输出数据，选定合适的前馈神经网络，令所有可调参数均为随机数。将其输出结果代入差分方程[式（7-15）]，所得结果与目标输出比较得到误差 e，经过多次调试和运行，使得误差小于 10^{-5}，得到能源价格-供给-经济增长系统参数如表 7-1 所示。

表 7-1　实际能源价格-供给-经济增长系统参数

参数	a_1	a_2	a_3	b_1	b_2	b_3
数值	0.29	0.45	0.2	0.44	0.65	0.35
参数	c_1	c_2	C	K_1	K_2	L
数值	0.3	0.006	20	8	15	19

将表 7-1 中的参数代入能源价格-供给-经济增长系统，得到实际系统如下：

$$\begin{cases} \dot{X} = 0.29X - 0.45Y + 0.2Z + 7.4 \\ \dot{Y} = 0.65X - 0.44Y - 0.35Z + 0.0233Z^2 \\ \dot{Z} = 0.3Z - 0.0158Z^2 + 0.006YZ \end{cases} \qquad （7-16）$$

利用实际得到的式（7-16），可以对能源价格、能源生产总量与 GDP 的相互关系进行分析，利用式（7-16），取 2005 年中国能源生产总量、GDP 指数和能源价格指数标准化处理后的数据作为初始值，因为 2005 年中国能源生产总量为 216 219 万吨标准煤，GDP 指数为 111.31，能源价格指数为 114.92，标准化处理后的数值分别为：0.8626、0.0275、0.1350，因此，取（0.8626，0.0275，0.1350）作为初始值，数值仿真得到三者之间的演化关系如图 7-10 所示。

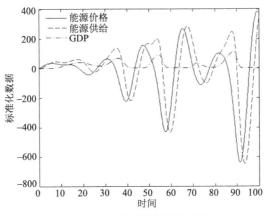

图 7-10　实际系统的演化关系

由图 7-10 可以看到能源价格的上涨，可以促进能源生产总量的提升，能源生产总量的提升又促进了经济的发展，GDP 得以提升。能源生产总量的增加又会促使能源价格的下降，能源价格的下降又对能源的生产产生阻滞作用，可见能源价格、能源生产总量与 GDP 之间是相互影响的复杂非线性演化关系。

同时可以看到，随着经济的发展，国内生产的能源总量逐渐不能满足经济增长的需要，因此，在实际系统中，能源价格、能源生产总量与 GDP 之间的关系不可能达到稳定状态，随着时间的推移，系统将出现混沌状态，如图 7-11 所示。因为我们在识别实际系统参数时，对于能源供给，使用的是国内生产的能源总量，而未考虑进口能源等，而根据中国的实际情况，2011 年中国能源消费总量为 348 002 万吨标准煤，而国内能源生产总量仅为 317 987 万吨标准煤，能源需求缺口为 30 015 万吨标准煤，因此，国内能源生产总量不能完全支撑经济的发展，因此，得到的实际系统是不稳定的，下文我们将讨论，如何采取一定的政策措施，使得实际系统由不稳定状态达到稳定状态。

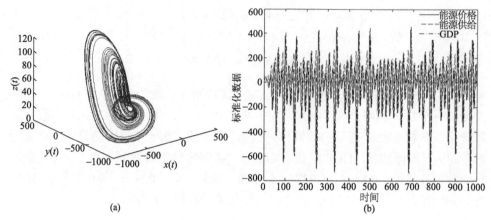

(a)　　　　　　　　　　　　　　　　　(b)

图 7-11　实际系统中的混沌状态

3. 调控策略分析

1）调控策略一：开发新能源，使能源供给多元化

开发新能源，增加能源进口量，可以使能源价格-供给-经济增长系统中的参数 a_1 减小，b_1 减小。这是因为通过开发新的能源，使得能源的供应更为多元化，而能源的供应不仅仅依赖国内的现有能源产量。能源的供应相对稳定，就会导致能源价格的固有增长率 a_1 减小，同时阻止能源供应增长的阻滞系数 b_1 也将相应的减小。改变参数 a_1 和 b_1 的值，其他参数的取值如表 7-1 所示，得到 a_1 和 b_1 关于变量 y_t 的单参数分叉图，如图 7-12 所示。由图 7-12 可以看到，在其他参数不变的情况下，当 a_1 减小到一定区间（0, 0.12）时，可以使能源供给量趋于稳定，而 b_1 的减小并不能使能源供给量趋于稳定状态，但当 b_1 的取值位于区间（0.38, 0.42）时，可有效减缓能源供给量不稳定状态。

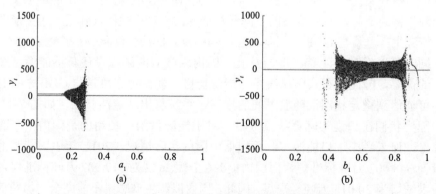

(a)　　　　　　　　　　　　　　　　　(b)

图 7-12　a_1 和 b_1 关于变量 y_t 的单参数分叉图

例如，我们将实际系统中的 a_1 由 0.3 减小为 0.09，b_1 由 0.44 减小为 0.4，其他参数不变，则系统变量演化图像如图 7-13 所示。由图 7-13 可以看到，开发新能源，增加能源进口量，可以使能源价格系统处于稳定状态。

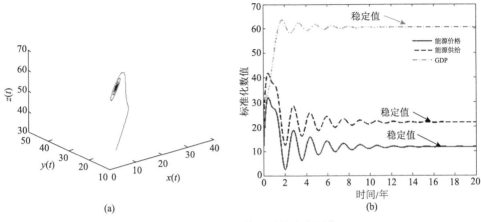

图 7-13　策略一调控下系统演化图像

由图 7-13 系统的演化图像可以看到，在策略一调控下，系统演化的初期，能源价格、能源供给与经济增长均处于不稳定的震荡状态，随着时间的推移，调控策略开始发挥作用，系统中各变量的震荡幅度逐渐减小，12 年以后系统将趋于稳定。

2）调控策略二：增强市场自身的调控功能

增强能源市场自身的调控功能，培育独立自主的市场主体，使其能自觉地、灵敏地对市场调节作出反应。此项措施在能源价格-供给-经济增长系统中表现为降低能源供应对能源价格影响的阈值 C，同时降低经济增长水平阈值 L，让能源价格根据能源市场的供应情况自主地、灵敏地进行调节，增强市场的主体作用。改变参数 C 和 L 的值，其他参数的取值如表 7-1 所示，得到 C 和 L 关于变量 y_t 的单参数分叉图，如图 7-14 所示。由图 7-14 可以看到，固定其他参数不变的情况下，当 C 减小时，并不能使能源供给处于稳定状态，只能降低市场的不稳定性程度；而当 L 位于区间 (0,10] 时，可以使能源供给量趋于稳定。

将实际系统中的 C 由 20 减小为 10，L 由 19 减小为 10，其他参数不变，则系统变量演化图像如图 7-15 所示。由图 7-15 可以看到，增强市场的主体作用，有利于能源价格系统处于稳定状态。

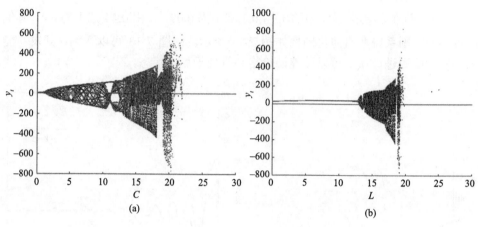

图 7-14　C 和 L 关于变量 y_t 的单参数分叉图

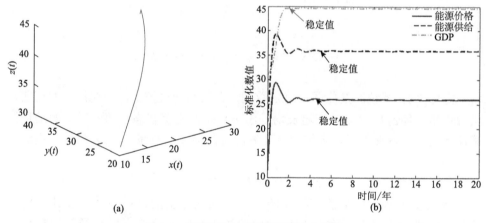

图 7-15　调控策略二调控下的演化图像

3）调控策略三：进行产业结构调整

进行产业结构调整，适当降低经济增长速度，加强能源领域的系统化、科学化管理是稳定能源价格市场的有效策略。进行产业结构调整，即由"高消耗、高排放、低效率"的粗放型产业向"低消耗、低排放、高效率"的产业转变。高耗能向低耗能的转变在能源价格-供给-经济增长系统中表现为降低能源供给对经济增长的影响系数 c_2；适当降低经济增长速度，在能源价格-供给-经济增长系统中表现为提高经济增长对自身的阻滞系数 c_1。改变参数 c_1 和 c_2 的值，其他参数的取值如表 7-1 所示，得到 c_1 和 c_2 关于变量 y_t 的单参数分叉图，如图 7-16 所示。由图 7-16 可以看到，在其他参数不变的情况下，当 c_1 增加或 c_2 减少时，均可以使能源供给量趋于稳定。

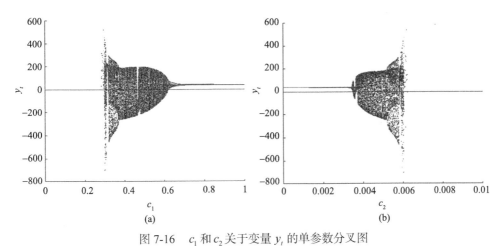

图 7-16　c_1 和 c_2 关于变量 y_t 的单参数分叉图

例如，我们将实际系统中的 c_1 由 0.3 提高到 0.4，将 c_2 由 0.006 降低到 0.002，其他参数不变，则系统变量演化图像如图 7-17 所示。由图 7-17 可以看出，进行产业结构调整，适当降低经济增长速度等有利于能源价格系统处于稳定状态。

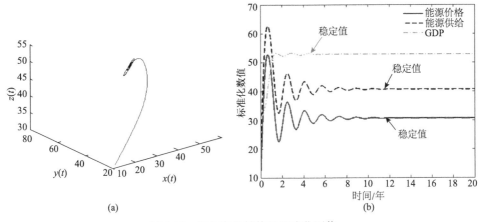

图 7-17　优化产业结构后的演化图像

4）调控策略四：适当采用行政干预手段

采用适当行政干预手段在能源价格-供给-经济增长系统中表现为调控能源价格阈值和能源生产阈值 K_1 和 K_2，反映的现实意义为通过政府补贴或对能源生产企业制定相关优惠政策以保证能源供应的稳定。改变参数 K_1 和 K_2 的值，其他参数的取值如表 7-1 所示，得到 K_1 和 K_2 关于变量 y_t 的单参数分叉图，如图 7-18 所示。由图 7-18 可以看到，在其他参数不变的情况下，当 K_1 增加或 K_2 增加时，均不能使能源供给量趋于稳定，但可以降低能源供给量的混沌程度。

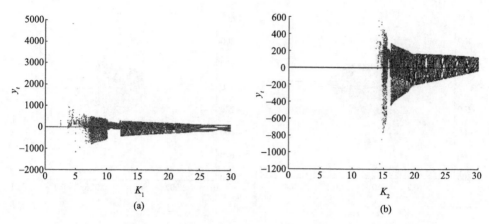

图 7-18 K_1 和 K_2 关于变量 y_t 的单参数分叉图

例如，我们将实际系统中的 K_1 由 8 提高到 10，将 K_2 由 15 提高到 18，其他参数不变，则系统变量演化图像如图 7-19 所示。由图 7-19 可以看到，适当采用行政干预手段，可以使能源价格系统处于周期震荡状态。

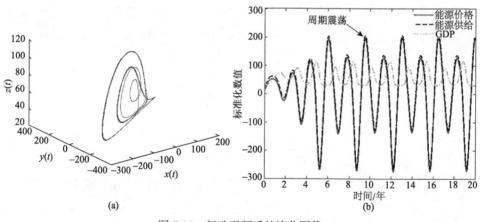

图 7-19   行政干预后的演化图像

通过以上的分析，可以看出，调控策略一、策略二、策略三可以使实际的能源价格-供给-经济增长系统由混沌状态调控到稳定状态，而调控策略四不能使实际的能源价格系统由混沌状态调控到稳定状态，只能使系统处于周期震荡状态。

4. 调控策略对能源价格、经济增长、能源供应影响分析

根据前面的分析，不同的调控策略将会使实际的能源价格-供给-经济增

长系统处于不同的状态，调控策略一、策略二、策略三可以使实际的能源价格-供给-经济增长系统由混沌状态调控到稳定状态，下面我们将这三种调控策略及综合调控策略对能源价格、经济增长、能源供应影响程度进行定量的对比分析。利用我们建立的实际系统，分别使用不同的调控策略对系统进行调控，得到三种单一调控策略调控下能源价格-供给-经济增长系统的在三维和二维相空间的演化图像[图 7-20（a）、图 7-20（b）]及综合多种调控策略下能源价格-供给-经济增长系统的在三维和二维相空间的演化图像[图 7-20（c）、图 7-20（d）]。

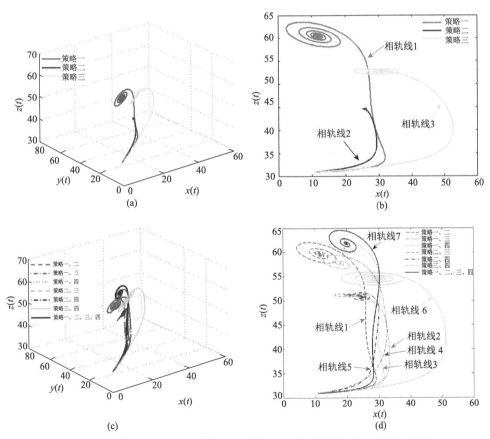

图 7-20　不同调控策略下能源价格-供给-经济增长系统相轨线演化图像

由图 7-20 可以看到，在调控策略一、策略二、策略三及综合调控策略下，能源价格-供给-经济增长系统均可以达到稳定的均衡状态，但系统达到均衡状态所需的时间及系统发展的程度是不同的。从单一调控策略的调控效果来看[图 7-20

（a）、图 7-20（b）]，策略二使系统达到均衡状态所需的时间最短[图 7-20（b）中相轨线 2 的长度最短]；从经济发展角度来看，调控策略一可以使系统达到最高的发展程度[图 7-20（b）中相轨线 1 的均衡点最高]。从综合调控策略的调控效果来看[图 7-20（c）、图 7-20（d）]，综合调控策略可以有效提升系统的发展程度，图 7-20（d）中的均衡点高度最低的相轨线 5 高于图 7-20（b）中最低的相轨线 2 的高度；图 7-20（d）中均衡点高度最高的相轨线 7 的高度大于图 7-20（b）中最高的相轨线 1 的高度，并且在综合调控策略的调控下，系统达到最优的均衡状态所需要的时间明显缩短了[图 7-20（d）中的相轨线 7 的长度小于图 7-20（b）中相轨线 1 的长度]。

　　由图 7-20 可以分别提取三种单一调控策略调控下的能源价格演化图像[图 7-21（a）]，能源供应演化图像[图 7-21（b）]，经济增长演化图像[图 7-21（c）]，以及实际系统在综合多种调控策略下的经济增长演化图像[图 7-21（d）]。

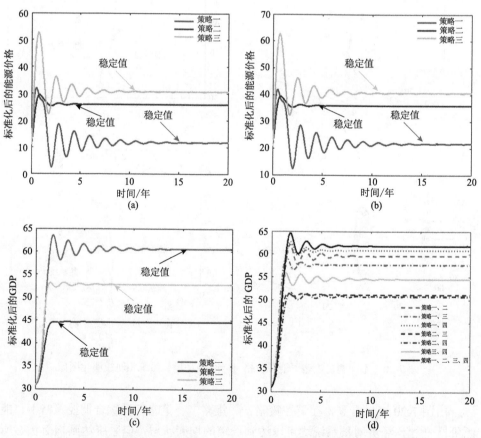

图 7-21　能源价格、能源供应、经济增长在不同调控策略下的演化图像

对比调控策略一、策略二、策略三，由图 7-21（a）～图 7-21（c）可以看到，调控策略一将实际系统的混沌状态调控到稳定状态，需要的时间最长，大致需要 15 年左右的时间，但是可以使能源供应量维持在最低的水平下，经济总量达到最大，因为新能源的开发及推广需要大量技术创新，而技术创新需要时间去完成，一旦新能源得以大量利用，则会有效降低传统化石能源的供应量，促进经济总量的大幅提升；调控策略二将实际系统的混沌状态调控到稳定状态所需要的时间最短，但是调控后经济增长水平仍维持在较低水平，因为如果单纯依靠市场因素进行自主调节，虽然可以使能源市场达到稳定状态，但是最终不利于经济的快速发展；调控策略三将实际系统的混沌状态调控到稳定状态，需要的时间位于策略一和策略二之间，大致需要十年左右的时间，最终也可以使得经济总量得以大幅提升，说明进行产业结构调整也是一种能够有效提升经济增长水平的手段。综合来看，三种调控策略各有其优缺点，发挥市场主体作用是使得能源价格系统尽快稳定的有效手段；开发新能源、进行产业结构调整从长期来看是推进经济增长的必要条件。

图 7-21（d）给出了综合调控策略调控下经济增长的演化路径，由图 7-21（d）可以看到，综合应用各类调控策略，可以有效缩短使系统达到稳定状态的时间，同时使得经济保持较高的增长状态。

5. 调控策略对能源强度的影响分析

根据《2012 中国统计年鉴》，得到 2011 年中国能源消耗总量为 348 002 万吨标准煤，2011 年国民生产总值为 472 115.0 亿元，测算得到，2011 年中国能源强度为 0.7371，以此为基准，我们利用模型模拟在不同的调控强度和调控策略下，能源强度的演化过程。

1）调控力度对能源强度的影响分析

对于调控策略一，加大调控力度意味着国家投入更多的人力、物力、财力进行新能源的开发和推广。我们利用模型模拟随着调控策略的调控力度逐渐增大，能源强度的演化路径。将模型参数 a_1 取值分别设定为 0.09、0.07、0.05、0.03，参数 a_1 的值越小，代表调控力度越大，因为参数 a_1 的值越小，表示参数 a_1 减小的幅度就越大，a_1 减小的幅度越大，意味着调控力度就越大。因此，得到调控策略一下的能源价格-供应-强度系统三维相轨线演化图像[图 7-22（a）]和能源强度在调控策略一的不同调控力度下随时间变化的演化图像[图 7-22（b）]。

由图 7-22（a）可以看到，在调控策略一的调控下，能源价格-供给-强度系统将最终趋向稳定。由图 7-22（b）可以看到，在调控策略一的四种不同调控力度下，能源强度最终趋于的稳定值分别为：0.4221、0.4220、0.4221、0.4223，说明随着调控力度的增加，能源强度最终的稳定值基本未发生改变，同时也可以看到，随着调控力度的增加，能源强度趋于稳定的时间会有所缩短。说明对开发利用新能源、使用能源供给多元化这一调控策略来降低能源强度来讲，并不是投入的人力、物力、财力越多就越好，而是要根据市场情况、经济增长情况进行综合考量，制订十年左右的调控规划，盲目地增加投入只会造成资源的巨大浪费，而不能有效地降低能源强度。

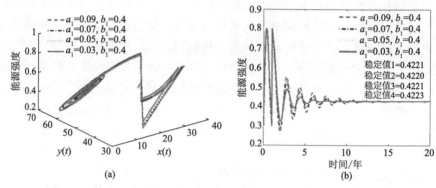

图 7-22　策略一下不同调控力度的三维相轨线及能源强度的演化图像

对于调控策略二，加大调控力度意味着放松对市场的管控，充分发挥市场经济的自身调控功能。我们利用模型模拟随着调控策略的调控力度逐渐增大，能源强度的演化路径。令模型参数 $C=10$，L 的取值分别设定为 10、8、6、4，参数 L 的值越小，表示市场自身调控的自由度就越大，代表调控力度越大，因为参数 L 的值越小，表示参数 L 减小的幅度就越大，L 减小的幅度越大，意味着调控的力度就越大。因此，得到调控策略二下的能源价格-供给-强度系统三维相轨线演化图像[图 7-23（a）]和能源强度在不同的调控力度下随时间变化的演化图像[图 7-23（b）]。

由图 7-23（a）可以看到，在调控策略二的调控下，能源价格-供给-强度系统将最终趋向稳定。由图 7-23（b）可以看到，在调控策略二的四种不同调控力度下，能源强度最终趋的稳定值分别为：0.4886、0.5553、0.6018、0.6182，说明随着调控力度的增加，能源强度最终的稳定值越来越大，调控力度的增加未能使能源强度下降，反而使得能源强度增加。说明根据目前中国的实际情况，要充分发挥市场的主体作用，但又不能盲目地放任市场的各项经济行为，需要进行有效的监管，只有在充分发挥市场的主体作用的前提下，进行合理的市场调控，才能最终有效地降低能源强度。

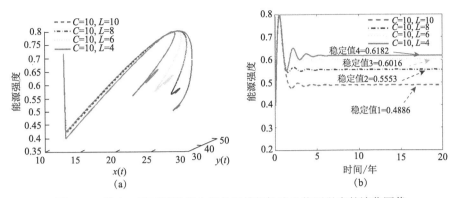

图 7-23　策略二下不同调控力度的三维相轨线及能源强度的演化图像

对于调控策略三，加大调控力度意味着加快产业结构调整幅度，投入更多的人力、物力、财力甚至采用强有力的行政干预手段进行产业结构调整。我们利用模型模拟随着调控策略的调控力度逐渐增大，能源强度的演化路径。令模型参数 $c_1 = 0.4$，c_2 取值分别设定为 0.0020、0.0015、0.0010、0.0005，参数 c_2 的值越小，表示代表调控的力度越大。因此，得到调控策略三下的能源价格-供给-强度系统三维相轨线演化图像[图 7-24（a）]和能源强度在不同的调控力度下随时间变化的演化图像[图 7-24（b）]。

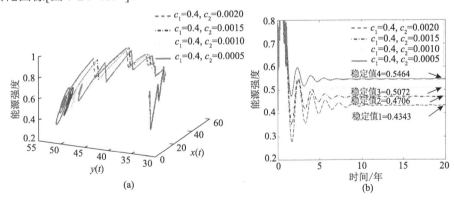

图 7-24　策略三下不同调控力度的三维相轨线及能源强度的演化图像

由图 7-24（a）可以看到，在调控策略三的调控下，能源价格-供给-强度系统将最终趋向稳定。由图 7-24（b）可以看到，在调控策略三下四种不同的调控力度，能源强度最终趋的稳定值分别为：0.4343、0.4706、0.5072、0.5464，说明随着调控力度的增加，能源强度最终的稳定值越来越大，调控力度的增加未能使能源强度下降，反而使得能源强度增加。说明根据目前中国的实际情况，进行产业结构调整，确实可以有效降低能源强度，但是并不是调控力度越大就越好，从演化图像看，利用产业结构调整来降低能源强度需要六年左右的调整期，因此，要根据目前中国的实际情况，制定合理的产业结构调整路径，不可盲目地追求速度，否则反而达不到有效降低能源强度的效果。

综上分析，相较于 2011 年中国的能源强度 0.7371，调控策略一、策略二、策略三均可以使能源强度下降，调控力度对能源强度会产生影响，但并不是采用的调控力度越大越好，对于调控策略一，盲目加大调控力度对降低能源强度起不到明显效果，反而会造成资源的大量浪费；对于调控策略二、策略三，盲目加大调控力度不仅不会使能源强度降低，反而会造成市场的不稳定，加上各种资源的浪费，反而会使得能源强度增加。

2）不同调控策略对能源强度的影响分析

上文我们分析了不同调控策略下调控力度对降低能源强度的影响。下面，我们利用模型，模拟在不同的调控策略下，能源强度的演化过程。首先得到在三种单一调控策略调控下能源价格-供给-强度系统的在三维和二维相空间的演化图像[图 7-25（a）、图 7-25（b）]及综合多种调控策略下能源价格-供给-强度系统的在三维和二维相空间的演化图像[图 7-25（c）、图 7-25（d）]。

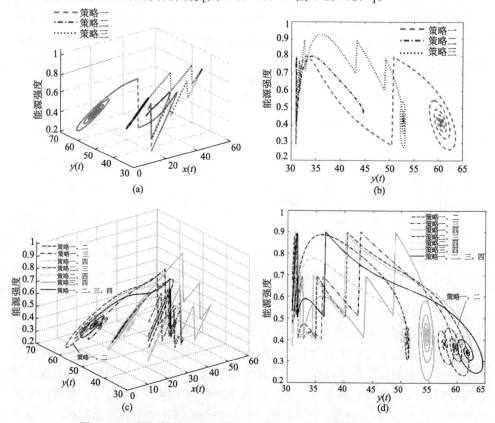

图 7-25　不同调控策略下能源价格-供给-强度系统相轨线演化图像

由图 7-25 可以看到，在调控策略一、策略二、策略三及综合调控策略下，能源价格-供给-强度系统均可以达到稳定的均衡状态，系统达到均衡状态所需要的时间及系统发展的程度与前文分析的能源价格-供给-经济增长系统具有类似的性质，这里不再详细论述。下面重点讨论在不同的调控策略下，能源强度随时间的演化过程及各种调控策略对降低能源强度的效果。

由图 7-25 可以分别提取三种单一调控策略调控下的能源强度演化图像[图 7-26（a）]和综合调控策略下的能源强度演化图像[图 7-26（b）]。

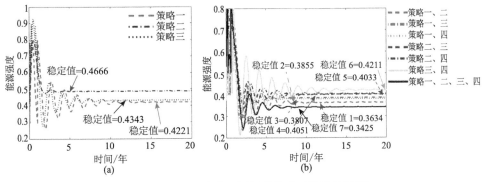

图 7-26　能源强度在不同调控策略下的演化过程

由图 7-26（a）可以看到，三种单一的调控策略均可以有效降低能源强度，从最终的效果看，调控策略一可以使能源强度降为 0.4221，调控策略二可以使能源强度降为 0.4886，调控策略三可以使能源强度降为 0.4343，因此，从降低能源强度的角度并从长期来看，调控策略一最优，策略三次之，策略二最差。图 7-26（b）给出了在不同调控策略组合下的能源强度演化图像，由图 7-26（b）可以看到，组合策略调控下的能源强度下降过程优于单一策略下的调控过程，组合策略调控下的能源强度最多可以降为 0.3425，比单一调控策略多下降了 7.96 个百分点。综合图 7-22～图 7-26 的能源强度的演化过程可以得到，从短期看，发挥市场主体作用是使能源强度下降的有效手段，从长期看，开发新能源、进行产业结构调整是使能源强度大幅下降的最优策略。在最大程度发挥市场主体作用的前提下，开发新能源、进行产业结构调整、适当进行宏观调控可以使能源强度达到预期效果。

7.1.4　不同模型的比较

以往关于能源供应、经济增长和能源价格的研究大多是借助计量经济学模型（如 VAR、VEC 模型等）进行研究[1, 4, 5]，一部分研究采用实证分析的方法进行[6, 7]，未能进行深层的机理分析；另一部分是通过建立简单的线性模型进行研究[2, 3]。正如前文所述，能源价格、能源供应、经济增长各因素之间具有复杂的非线性关系（如图 7-1 所示），因此，采用线性模型进行描述，存在较大的缺陷。而定量分析各种调控手段对能源价格、能源供应和经济增长的影响作用，这在以往的研究中则较少出现[8-13]。

与以往的研究不同，本部分我们借助非线性动力学思想，利用非线性微分方程理论，将能源价格、能源供应和经济增长纳入一个非线性系统进行研究，将以往无法定量分析的各种常见的调控策略融入模型的各个参数中，利用参数值的变化定量描述各项调控策略的作用。得到了能源价格-供给-经济增长系统，系统地分析了系统的演化行为（图 7-2～图 7-6），理论及数值模拟了能源价格-供给子系统和能源供给-经济增长子系统的演化行为（图 7-7、图 7-8）。建立了具有实际意义的能源价格-供给-经济增长系统，得到了在不同调控策略下能源价格-供给-经济增长系统相轨线演化图像（图 7-20），定量描述了不同调控策略对能源价格、能源供应、经济增长的调控效果（图 7-21）。利用建立的模型，推导出了能源强度的计算方法，得到了能源价格-供应-强度系统，数值仿真得到了不同调控策略下的能源价格-供应-强度系统三维相轨线演化图像[图 7-22（a）～图 7-24（a）]和能源强度在不同的调控力度下随时间变化的演化图像[图 7-22(b)～图 7-24(b)]。进而对不同调控策略对降低能源强度起到的效果进行了定量的比较分析（图 7-25、图 7-26），同时，得到了在不同调控策略下能源价格-供给-能源强度系统的演化路径，如图 7-27 所示。

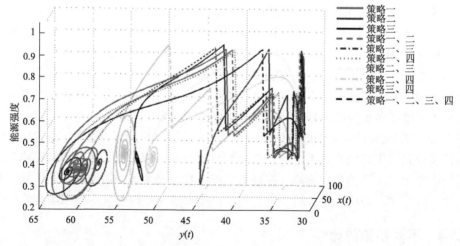

图 7-27　不同调控策略下能源价格-供给-能源强度系统的演化路径

由图 7-25～图 7-27，可以得到各种调控策略降低能源强度的效果及所需的时间，如图 7-28 所示。

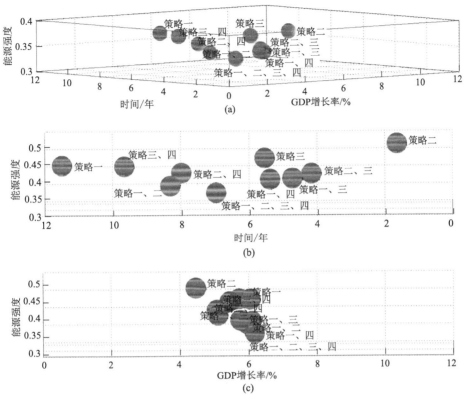

图 7-28 不同调控策略降低能源强度的效果及所需时间

7.2 中国电力市场稳定发展的演化模型及动力学分析

7.2.1 背景

近年来，随着电力消费的持续快速的增加，很多国家相继开放电力市场，在电力的价格和供销两端引入了竞争机制。同时，许多学者针对电力市场进行了大量的预测。依据预测的内容，可以分为以下两个方面。

一方面是针对电力市场中的电力需求的预测。如今，人们已经对很多国家[23-26]的电力需求利用各种方法[27-29]展开了预测。研究结果表明，电力需求与众多因素相关，这些因素涉及经济、技术、气候及环境等方面，这也使得电力需求具有了很大的不确定性。为此，许多学者展开研究，志在寻找影响电力需求的核心因素[30-32]。另有一些学者通过不同的方法，对电力需求直接展开预测，志在避免电力短缺，保障电力供给充足[33-37]。

　　另一方面是对电力市场中的电力价格进行预测。如今，关于电力价格的预测研究也已经很多了。研究所用模型主要有经济模型、仿真模型和时间序列三种[38]。经济模型的优点是考察了电力市场中各参与者的博弈策略和经济学中的平衡点理论分析[39]。仿真模型的优点是可以在系统运行的约束条件下，模拟系统的实际调度[40]。时间序列中的神经网络等模型主要是依据数据挖掘找出非线性的数据模式[41]。

　　通过以上研究发现，电力价格、电力供给和电力消费之间的因果关系是驱动电力市场运行的关键。并且这种复杂的内在关系受到众多因素如经济、技术、气候等的影响。事实上，探索电力市场中所有因素间的因果关系是建立电力市场模型的先决条件，可惜在以往的研究中还没有看到。目前，如何建立一个非线性动力系统模型，来描述电力价格、电力供应与电力消费之间的复杂因果关系，并通过分析电力价格、电力供应与电力消费的演化路径来达到电力市场的供需平衡，是目前亟待解决的科学问题。

　　供需平衡是评价电力市场发展状况的一个重要指标。是什么驱使了供需平衡的变化，如何有效地改善供需平衡是当前研究的热门问题[42-49]，诸如，不同的电力价格政策对电力需求的影响、分时电价和实时电价对用电需求的影响、需求侧管理对电力平衡的影响、基于需求响应的供需平衡博弈模型、电力结构调整和温室气体排放对供需平衡的影响等。但大多文献仅是进行了定性的政策性描述，而缺乏定量的分析，尤其是对各种改善电力平衡的综合型手段的讨论更为缺乏。

　　本节将首先探索电力价格、电力供给和电力消费之间的直接和间接的因果关系。电力市场中各因素间的关系将被分类，各因素之间的相互传导的网络结构图也将被建立。紧接着一个非线性电力市场动力系统也将被建立。同时，利用系统和数值仿真研究系统中各因素间的动态演化关系。根据中国 1997~2012 年的统计数据，利用神经网络确定系统的参数，符合中国实际的电力市场模型的参数将被识别。利用系统模拟电力价格、电力供给及电力消费的演化轨迹，研究各种调控策略对系统中各变量的影响，定量分析各种调控策略的优缺点。最后，依据建立的电力市场模型，建立电力平衡指标的计算公式。接着，将对未来电力市场展开关于电力平衡指标的情景分析。情景分析是通过分析在相同的调控策略下，采取不同的调控力度对改善电力平衡指标的影响获得的。同时，在三维及二维相空间中，模拟在各种调控策略下电力平衡指标的演化路径，定量评估各种调控策略对电力平衡指标的效果。

7.2.2　模型的建立

　　电力价格、电力供给总量和电力消费总量之间直接、间接的因果关系是建立本节模型的基础，也是驱动电力市场的关键。事实上，在以往的研究中这种因果关系已经被发现，并且这种关系是复杂的，且受到许多经济的、环境的、市场结构的、平衡政策的因素的影响。

　　探讨电力价格、电力供给总量和电力消费总量之间直接、间接的因果关系，一个好的方法就是对电力市场中的各因素之间的关系进行分类，并建立各因素间相互传导的网络关联结构。电力市场是一个包含电力价格、电力供给总量、电力消费总量、电力平衡指标、低碳电力发电等众多因素的复杂系统，各个量之间相互影响、相互制约，具有复杂的非线性关系，如图 7-29 所示。图 7-29 中，h_i（$i=1,2,\cdots,28$）表示因素间的传导关系，"＋"表示具有正相关关系，"－"表示具有负相关关系。

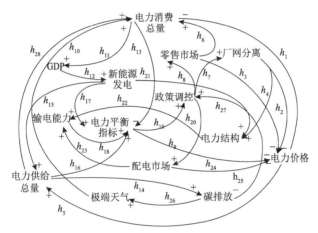

图 7-29　电力价格-供给-消费系统变量间的因果关系

　　根据图 7-29 所揭示的各因素间的关系，设 $x(t)$ 为随时间变化的区域市场中的电力供给总量，$y(t)$ 为随时间变化的市场上的电力消费总量，$z(t)$ 为随时间变化的区域发展的电力价格，建立了如下的非线性系统：

$$\dot{x}=a_1 x\left(\frac{z}{M}-1\right)+a_2 y\left(\frac{y}{N}-1\right)+a_3 z \tag{7-17a}$$

$$\dot{y}=b_1 x\left(\frac{x}{K}-1\right)+b_2\left(1-\frac{z}{L}\right)y-b_3 z \tag{7-17b}$$

$$\dot{z}=-c_1 x+c_2 y+c_3 z\left(1-\frac{z}{C}\right) \tag{7-17c}$$

其中，

$$
\begin{cases}
a_1 = R(h_2,h_3,h_5,h_7,h_8,h_9,h_{14},h_{16},h_{19},h_{20},h_{24},h_{27}) \\
a_2 = R(h_{11},h_{12},h_{15}) \\
a_3 = R(h_2,h_3,h_5,h_9,h_{24}) \\
b_1 = R(h_4,h_6,h_7,h_8,h_{10},h_{14},h_{16},h_{19},h_{25},h_{26},h_{27},h_{28}) \\
b_2 = R(h_1,h_2,h_3,h_6,h_7,h_8,h_9,h_{13},h_{18},h_{19},h_{20},h_{23},h_{24}) \\
b_3 = R(h_2,h_3,h_9,h_{24},h_1) \\
c_1 = R(h_2,h_3,h_7,h_8,h_9,h_{16},h_{19},h_{20},h_{20},h_{24}) \\
c_2 = R(h_1,h_2,h_3,h_7,h_8,h_9,h_{11},h_{12},h_{13},h_{17},h_{18},h_{19},h_{20},h_{21},h_{22},h_{24}) \\
c_3 = R(h_2,h_3,h_9,h_{24})
\end{cases}
$$

其中，h_i（$i=1,2,\cdots,28$）表示图 7-29 中各因素间的传导关系，$R(h_i)$ 表示由参数 h_i 的组合确定等式左边的系数，M、N、K、L、C 为正常数，参数 a_1 表示受上网价格影响的电力供给总量的固有增长率，参数 a_1 的数值由 h_5（电力价格对电力供给总量的影响系数），h_{16}、h_{14}（市场上电力供给总量对电力供需比、碳排放的影响系数），h_{19}、h_{27}（电力供需平衡指标、碳排放对政策调控的影响参数）及 h_7、h_2、h_8、h_3、h_{20}、h_{24}、h_9 [各种调控策略（厂网分离、售电市场、配电市场）对电力价格的影响系数]共同确定；参数 a_2 表示电力消费总量对电力供给总量的影响系数，a_2 由 h_{11}、h_{12} 及 h_{15} 共同确定，因为电力消费总量的增加，会拉动 GDP 的增长，而增长 GDP 保障了低碳电力的发展，而低碳电力的发展促进了电力供给总量的增加；参数 a_3 表示电力价格对电力供给总量的影响系数，由政策调控（厂网分离、零售市场、配电市场）的间接影响系数 h_2、h_3、h_9、h_{24} 及电力价格的直接影响系数 h_5 共同决定；参数 b_1 表示电力供给总量对电力消费总量的影响系数，由参数 h_{16}、h_{14}、h_{19}、h_8、h_{27}、h_7、h_4、h_{25}、h_{26}、h_6、h_{10} 和 h_{28} 共同决定。因为电力供给量的增加会改善电力供需平衡指标 h_{16}，增加碳排放 h_{14}，从而影响政策调控（厂网分离、零售市场）力度 h_{19}、h_8、h_{27}、h_7、h_4、h_{25}，以及极端气候的出现概率 h_{26}，最终影响电力消费总量 h_6、h_{10}、h_{28}；参数 b_2 表示受电力价格影响的电力消费总量的固有增长率，电力消费总量会拉低电力供需比 h_{13}，从而影响政策调控力度（零售市场、厂网分离、配电市场）h_{19}、h_7、h_8、h_{20}、h_{23}、h_{18} 及电力价格 h_9、h_2、h_3、h_{24}，进而影响电力消费总量 h_1、h_6；参数 b_3 为电力价格对电力消费总量的影响系数，由政策调控（厂网分离、零售市场、配电市场）的间接影响系数 h_2、h_3、h_9、h_{24} 及电力价格的直接影响系数 h_1 共同决定；参数 c_1 表示电力供给总量对电力价格的滞涨系数。电力供给总量对电力价格的主要传导路径为：由电力供给总量改善电力供需指标（h_{16}），改善后的电力供需指标影响政策调控（厂网分离、零售市场、配电市场）强度（h_{19}、h_7、h_8），政策调控强度影响电力价格

（h_2、h_3、h_9、h_{20}、h_{24}）；参数 c_2 为电力消费总量对电力价格的影响系数，电力消费总量会对电力供需指标的影响参数 h_{11}、h_{12}、h_{17}、h_{13}、h_{21}、h_{22}、h_{18}，进而强化政策调控（厂网分离、零售市场、配电市场）的影响参数 h_7、h_8、h_{19}、h_{20}，最终影响电力价格 h_1、h_2、h_3、h_9、h_{24}；c_3 为电力价格的固有增长率，由电力供需比及政策调控（厂网分离、零售市场、配电市场）对电力价格的影响系数 h_7、h_8、h_{19}、h_{20} 共同决定。参数 M 为平均电力成本（电力价格对电力供给总量的阀值），N 为电力消费总量对电力供给总量的阈值，K 为电力供给总量对电力消费总量的阈值，L 为电力价格对电力消费总量的阈值，C 为电力价格的阈值。

基于以上分析，我们建立了如下的模型基本思想。

式（7-17a）：$a_1 x\left(\dfrac{z}{M}-1\right)$ 表示电力供给总量 $x(t)$ 对电力价格 $z(t)$ 非常敏感，当电力价格大于发电成本时，即 $\dfrac{z}{M}-1>0$ 时，会促进电力供给总量 $x(t)$ 的快速增长，反之，会严重抑制电力供给总量 $x(t)$ 的增长；$a_2 y\left(\dfrac{y}{N}-1\right)$ 表示电力消费总量 $y(t)$ 影响着电力供给总量 $x(t)$ 的发展，当电力消费总量 $y(t)$ 达到电力消费阀值 N 而接近电力供给总量 $x(t)$ 时，会促进电力供给总量 $x(t)$ 的增加，反之，会抑制电力供给总量 $x(t)$ 的发展；$a_3 z$ 表示在市场调节的作用下，电力供给总量 $x(t)$ 与电力价格 $z(t)$ 成正比。

式（7-17b）：$b_1 x\left(\dfrac{x}{K}-1\right)$ 表示电力供给总量 $x(t)$ 影响着电力消费总量 $y(t)$，当发电量 $x(t)$ 充足且大于阀值 K 时，即 $\dfrac{x}{K}-1>0$ 时，会促进电力消费总量 $y(t)$ 的持续增长，反之，会抑制电力消费总量 $y(t)$ 的增加，引发"电荒"；$b_2\left(1-\dfrac{z}{L}\right)y$ 表示电力消费总量 $y(t)$ 对电力价格 $z(t)$ 很敏感，当电力价格突破由生活消费水平决定的阀值 L 时，即 $1-\dfrac{z}{L}>0$ 时，会抑制电力消费总量 $y(t)$ 过快增长，反之，则不会影响电力消费总量 $y(t)$ 的持续增长；$-b_3 z$ 表示在市场调节的作用下，电力消费总量 $y(t)$ 与电力价格 $z(t)$ 成反比。

式（7-17c）：$-c_1 x + c_2 y$ 电力价格 $z(t)$ 与电力供给总量 $x(t)$ 成正比，与电力消费总量 $y(t)$ 成反比；$c_3 z\left(1-\dfrac{z}{C}\right)$ 表示受电煤价格、国民平均收入等因素的影响，电力价格 $z(t)$ 在不超过阀值 C 时，会持续增加，反之，随之下降。

市场不是万能的。建立合适的电力可靠性指标，加强对市场操纵力的预防与监管，对保护电力市场的长期供需平衡是十分必要。而电力市场中不同时刻的电力供给总量与电力消费总量的比值，恰恰反映了电力市场的实时供需状况。为此，本部分建立了如下的电力供需平衡指标

$$U = x(t)/y(t) \tag{7-18}$$

在实证分析部分，将利用该指标的仿真结果，分析电力市场中的电力平衡问题。

7.2.3　模型分析

1. 平衡点及稳定性分析

式（7-17a）～式（7-17c）是一个非常复杂的动力系统，当 a_i、b_i、c_i、M、N、K、L、C 取不同值时，式（7-17a）～式（7-17c）会有不同的动力学行为，为了方便研究式（7-17a）～式（7-17c），固定系数如下：

$$a_1=0.08, a_2=0.02, a_3=0.08, b_1=0.038, b_2=0.04, b_3=0.01, c_1=0.07, c_2=0.03, c_3=0.03$$
$$M=1, N=1.8, K=0.95, L=2, C=1 \tag{7-19}$$

此时，式（7-17a）～式（7-17c）有两个实平衡点：$O(0,0,0)$、$S_1(0.0723,0.0892,0.0872)$。

对于平衡点 $O(0,0,0)$，线性近似系统的系数矩阵为

$$J_0 = \begin{bmatrix} a_1\left(\dfrac{z}{M}-1\right) & a_2\left(\dfrac{2y}{N}-1\right) & a_3+\dfrac{a_1x}{M} \\ b_1\left(\dfrac{2x}{K}-1\right) & b_2\left(1-\dfrac{z}{L}\right) & -b_2\dfrac{y}{L}-b_3 \\ -c_1 & c_2 & c_3\left(1-\dfrac{2z}{C}\right) \end{bmatrix}_{(0,0,0)} = \begin{bmatrix} -a_1 & -a_2 & a_3 \\ -b_1 & b_2 & -b_3 \\ -c_1 & c_2 & c_3 \end{bmatrix} \tag{7-20}$$

$$= \begin{bmatrix} -0.08 & -0.02 & 0.08 \\ -0.038 & 0.04 & -0.01 \\ -0.07 & 0.03 & 0.03 \end{bmatrix}$$

令 $|\lambda I - J_0| = 0$，通过计算，得到对应于平衡点 $O(0,0,0)$ 的特征根分别为：$\lambda_1 = -0.0231$，$\lambda_2 = 0.0065 + 0.0316\mathrm{i}$，$\lambda_3 = 0.0065 - 0.0316\mathrm{i}$，因此，$O(0,0,0)$ 为不稳定鞍点。

通过计算，分别得到平衡点 S_1 处的线性近似系统的 Jacobian 矩阵的特征值为 $\lambda_1 = 0.0099(>0)$、$\lambda_{2,3} = -0.0099 \pm 0.0471\mathrm{i}$，因此，$S_1$ 也是不稳定鞍点。

2. 系统的耗散性

对于式（7-17a）～式（7-17c），我们有

$$\nabla V = \frac{\partial \dot{x}}{\partial x} + \frac{\partial \dot{y}}{\partial y} + \frac{\partial \dot{z}}{\partial z} = \left(\frac{a_1}{M} - \frac{b_2}{L} - \frac{2c_3}{C} \right) z - a_1 + b_2 + c_3 \qquad （7-21）$$

当 $\dfrac{a_1}{M} = \dfrac{b_2}{L} + \dfrac{2c_3}{C}$、$-a_1 + b_2 + c_3 = -0.08 + 0.04 + 0.03 < 0$ 时，式（7-17a）～式（7-17c）是耗散的。

3. 数值分析

选取初值 $(0.045, 0.03, 0.04)$，让参数 a_2 变动，并固定其他参数如式（7-19）所示，我们得到了变量 y 关于参数 a_2 的 Lyapunov 指数和相应的单参数分叉图，如图 7-30、图 7-31 所示。

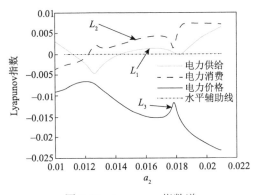

图 7-30　Lyapunov 指数谱

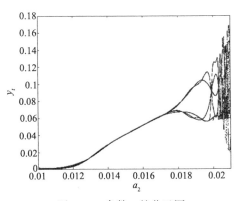

图 7-31　参数 y 的分叉图

　　由图 7-30 和图 7-31，我们发现电力价格-供给-消费系统的参数对系统的状态有重要的影响，参数处于不同的区间，将会使系统处于不同的状态。当 $a_2 = 0.0115$ 时，式（7-17a）～式（7-17c）的最大 Lyapunov 指数为负值，则意味着系统存在着稳定的平衡点（图 7-32）；当 $a_2 = 0.02$ 或 $a_2 = 0.0145$ 时，式（7-17a）～式（7-17c）的最大 Lyapunov 指数为正值，则意味着系统是不稳定的（图 7-33、图 7-34）。

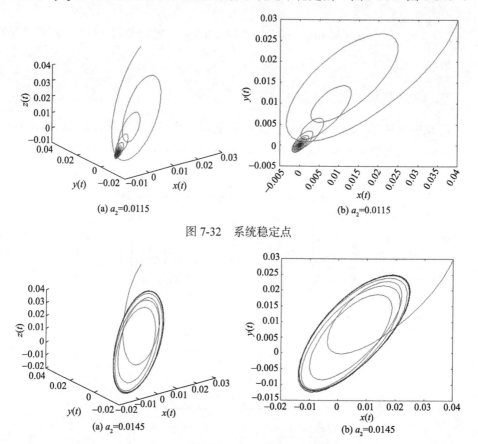

(a) a_2=0.0115　　　　　　　　　　(b) a_2=0.0115

图 7-32　系统稳定点

(a) a_2=0.0145　　　　　　　　　　(b) a_2=0.0145

图 7-33　系统极限环

　　以上参数的选取不是唯一的，利用系统的参数识别部分数据和参数分叉图，同样可以说明系统对参数的敏感性。同时，这样参数组的获取是困难的，我们首先需要通过系统的耗散分析、单参数的 Lyapunov 指数分析及单参数分叉分析来缩小参数组的取值范围。然后，通过大量的人工试验，来确定这组数据，因为系统对参数是敏感的。

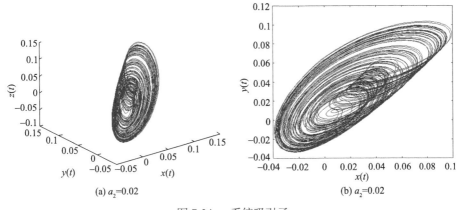

(a) a_2=0.02　　　　　　　　　　　　(b) a_2=0.02

图 7-34　系统吸引子

以上分析表明，系统对参数是敏感的。不同的参数导致系统处于不同的状态。因此，对于实际系统来讲，识别参数是关键，并依据这些参数来判断系统所处的状态。再根据参数的实际意义，找到有效控制参数大小所对应的调控策略。最后，分析各种调控策略对系统状态的影响，找到最合适的调控策略。例如，图 7-34 显示的当 $a_2 = 0.02$ 时，电力市场系统出现混沌状态，不利于电力市场的发展，这时就需要采取一定的措施，把参数 a_2 降低，从而使系统处于稳定状态。如果依据这些参数的实际意义找到控制这些参数的方式，就能进行不同策略对系统状态的演化分析。

7.2.4　模型参数识别

动力演化系统式[（7-17a）～式（7-17c）]是基于发电量、电力消费总量、电力价格之间相互支持、相互制约的复杂关系而建立的，系统中参数的确定对实际的电力系统有重要的意义。借助神经网络得出实际系统中的参数，进而得知实际情形中发电量、电力消费总量、电力价格之间的演化关系。

利用神经网络中的 BP 算法，先将式（7-17a）～式（7-17c）离散化，得差分方程如下：

$$\begin{cases} x(k+1) = x(k) + \Delta T[a_1 x(k)(z(k)/M - 1) + a_2 y(k)(y(k)/N - 1) + a_3 z(k)] \\ y(k+1) = y(k) + \Delta T[b_1 x(k)(x(k)/K - 1) + b_2 y(k)(1 - z(k)/C) - b_3 z(k)] \\ z(k+1) = z(k) + \Delta T[-c_1 x(k) + c_2 y(k) + c_3 z(k)(1 - z(k)/C)] \end{cases} \quad （7\text{-}22）$$

选取中国 1979～2012 年的电力供给总量、电力消费总量、电力工业出厂价格作为研究对象，资料来源为《2012 中国统计年鉴》，经标准化 $\bar{x_i} = \dfrac{x_i}{\sum\limits_{i=1}^{8} x_i}$ 后代入

离散化的系统[式（7-22）]，经过多次调试和运行，使得误差达到 10^{-4} 以下，得到
电力价格–供给–消费系统参数如表 7-2 所示。

表 7-2　实际系统参数

变量	a_1	a_2	a_3	b_1	b_2	b_3	c_1
数值	0.2241	0.2826	0.3074	0.1893	0.7618	0.0552	0.3264
变量	c_2	c_3	M	N	K	L	C
数值	0.3067	0.2052	0.3897	0.2017	0.6865	0.1300	0.1040

取系统参数为表 7-2 中的数据，取 1997 年的数据作为初始条件（0.0271，
0.0270，0.0520），数值仿真得到三者之间的演化关系如图 7-35 所示。

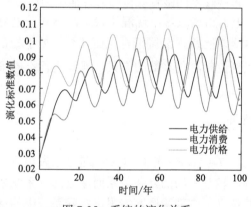

图 7-35　系统的演化关系

由图 7-35 可以看到电力价格的上涨，可以促进电力供给总量的提高，电力供
给总量的提高又促进了电力消费总量的增加。而电力供给总量的增加又会促使电
力价格的下降，电力价格的下降又阻滞电力供给总量的增长，可见电力供给总量、
电力消费总量与电力价格之间是相互影响的复杂的非线性演化关系。

同时可以看到，随着经济的发展，电力供给总量逐渐不能满足经济增长的
需要，因此，在实际系统中，电力供给总量、电力消费总量与电力价格之间不
可能构成稳定的关系，随着时间的推移，系统将出现混沌状态，如图 7-36 所示。
下文我们将讨论，如何采取一定的政策措施，使得实际系统由不稳定状态达到
稳定状态。

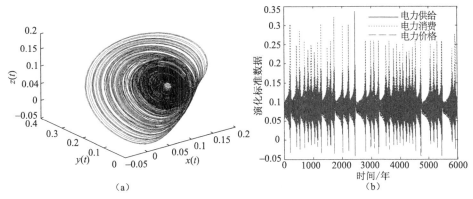

（a）　　　　　　　　　　　　　　（b）

图 7-36　实际系统的混沌状态

7.2.5　调控策略指标分析

1. 调控策略分析

1）调控策略一：大力发展低碳电力

强化能源领域科技创新，发展低碳电力，可以使电力市场系统中的参数 b_1 减小，c_1 增大。这是因为通过大力发展低碳电力，不仅可以促进节能减排，保护环境，而且可以使得电力供应更为多元化，从而降低电力消费总量对电力供给总量的依赖，使得参数 b_1 减小。同时，稳定充足的电力供给总量有助于电力价格的稳定，使得阻碍电力价格增长的阻滞系数 c_1 增大。改变参数 b_1 和 c_1 的值，其他参数的取值如表 7-2 所示，得到 b_1 和 c_1 关于变量 y_t 的单参数分叉图，如图 7-37 所示。由图 7-37 可以看到，在其他参数不变的情况下，当 b_1 减小到一定区间（0.15，0.175）时，或者将 c_1 的取值增加至区间（0.325，0.345）时，可以使电力市场趋于稳定。

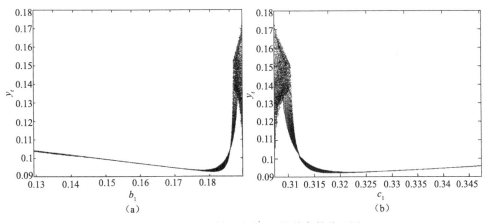

（a）　　　　　　　　　　　　　　（b）

图 7-37　b_1 和 c_1 关于变量 y_t 的单参数分叉图

例如，我们将实际系统中的 b_1 由 0.1893 减小为 0.1593，c_1 由 0.3264 增加为 0.3464，其他参数不变，则系统变量演化图像如图 7-38 所示。由图 7-38 可以看到，调控策略一是有效的，随着时间的推移，电力市场系统逐渐由不稳定状态转化为稳定状态。

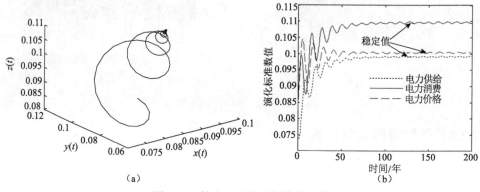

图 7-38　策略一下的系统演化图像

2）调控策略二：在发电侧深化市场化改革

在发电侧深化市场化改革，培育独立自主的市场主体，激发企业内在活力，使市场在资源配置中起决定性作用，从而使得电力价格对电力供给总量的影响系数 a_3 增加，阈值 M 减小。改变参数 a_3 和 M 的值，其他参数的取值如表 7-2 所示，得到 a_3 和 M 关于变量 y_t 的单参数分叉图，如图 7-39 所示。由图 7-39 可以看到，固定其他参数不变的情况下，当 a_3 取值增加至区间 $(0.32, 0.345)$ 时，或者 M 减小至位于区间 $(0.24, 0.31)$ 时，可以使电力市场趋于稳定。

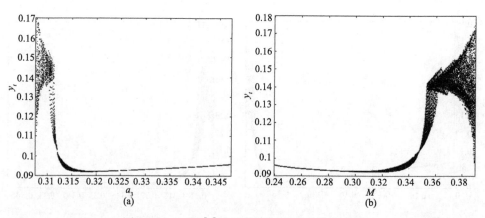

图 7-39　a_3 和 M 关于变量 y_t 的单参数分叉图

我们将实际系统中的 a_3 由 0.3074 增加为 0.3324，M 由 0.3897 减小为 0.3197，其他参数不变，则系统变量演化图像如图 7-40 所示。由图 7-40 可以看到，增强发电侧市场的主导作用，有利于电力市场系统处于稳定状态。

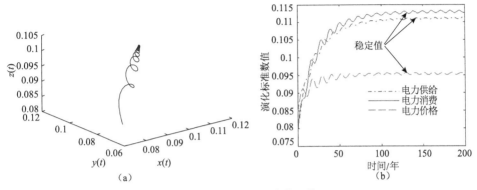

图 7-40　策略二下的演化图像

3）调控策略三：在售电侧实行峰谷分时电价

实行峰谷分时电价、完善阶梯价格机制、引导电力消费的理性化是稳定电力市场的有效策略。因为电力消费的理性化有利于降低电力消费的波动幅度，使得电力消费需求趋于平稳，缓解由于电力消费的波动对电力供给总量的影响，使得参数 a_2 变小。同时，电力消费的理性化，也有利于降低电力价格对电力消费的影响，使得参数 b_3 减小。改变参数 a_2 和 b_3 的值，其他参数的取值如表 7-2 所示，得到 a_2 和 b_3 关于变量 y_t 的单参数分叉图，如图 7-41 所示。由图 7-41 可以看到，在其他参数不变的情况下，当 a_2 减少或 b_3 减少时，均可以使电力市场趋于稳定。

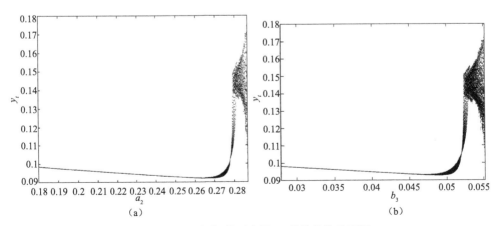

图 7-41　a_2 和 b_3 关于变量 y_t 的单参数分叉图

例如，我们将实际系统中的 a_2 由 0.2867 降低到 0.2567，将 b_3 由 0.0552 降低到 0.0302，其他参数不变，则系统变量演化图像如图 7-42 所示。由图 7-42 可以看到，实行峰谷分时电价、引导理性化的电力消费，是稳定电力市场的有效策略。

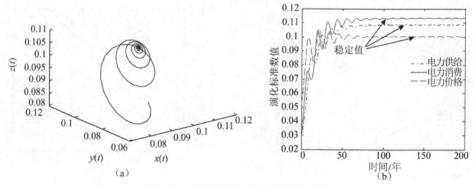

图 7-42　引导理性消费后的演化图像

4）调控策略四：采用适当行政干预手段

采用恰当的行政干预手段在电力市场系统中表现为调控电力价格阈值 C 和电力价格固有增长率 c_3，该政策反映的现实意义为放松对电力价格市场的监管，提升市场决定电力价格的能力，促进电力市场的电力电量平衡。改变参数 C 和 c_3 的值，其他参数的取值如表 7-2 所示，得到 c_3 和 C 关于变量 y_t 的单参数分叉图，如图 7-43 所示。由图 7-43 可以看到，在其他参数不变的情况下，当 c_3 增加时不能使电力市场趋于稳定，但可以降低电力市场的混沌程度。减小 C 可以使得电力市场趋于稳定，但是参数 C 减小，会带来一系列的现实问题：阈值 C 的减小，导致电力价格的下降，会加大火力发电企业的经济负担，不利于中国当前的电力市场平衡。

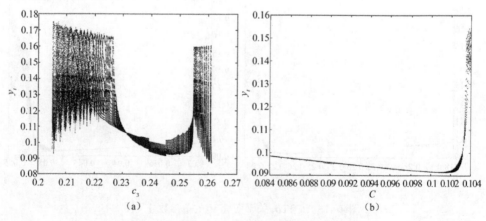

图 7-43　C 和 c_3 关于变量 y_t 的单参数分叉图

例如，将实际系统中的 c_3 由 0.2052 提高到 0.2352，将 C 由 0.1040 降低为 0.0940，其他参数不变，则系统变量演化图像如图 7-44 所示。由图 7-44 可以看到，适当采用行政干预手段，可以使能源价格系统处于周期震荡状态。

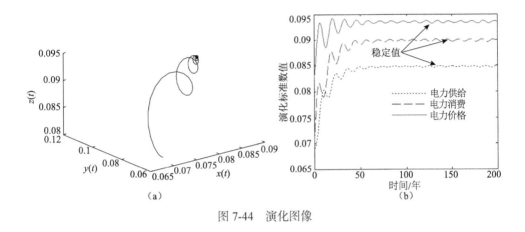

图 7-44　演化图像

通过以上的分析，可以看出，调控策略一、策略二、策略三、策略四均可以使实际的能源价格-供给-经济增长系统由混沌状态调控到稳定状态，同时，我们发现运用调控策略四使系统达到平衡状态时，电量供给总量及电量消费总量最低。

2. 调控策略强度对电力平衡指标的影响分析

本部分将利用电力平衡指标，展开对未来电力市场的情景分析。情景分析通过不同强度的同一策略对电力平衡指标的影响来进行。并且不同策略、不同强度对电力平衡指标的二维、三维图像都将给出。这样，就能对不同策略对电力平衡指标的影响进行量化分析。

对于调控策略一，加大调控力度意味着国家投入更多的人力、物力、财力开发低碳电力，增加电力供给总量。我们利用模型模拟随着调控策略的调控力度逐渐增大，电力平衡指标的演化路径。将模型参数对 (b_1, c_1) 取值分别设定为 $(0.1893, 0.3264)$、$(0.1823, 0.3284)$、$(0.1753, 0.3304)$、$(0.1653, 0.3324)$，参数对 (b_1, c_1) 值的变化幅度越大，意味着调控的力度就越大。因此，得到调控策略一下的电力供给-消费-平衡指标系统三维相轨线演化图像[图 7-45（a）]和电力平衡指标在不同的调控力度下随时间变化的演化图像[图 7-45（b）]。

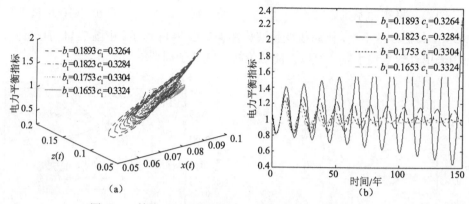

图 7-45　策略一不同调控力度下电力平衡指标的演化图像

　　由图 7-45（a）可以看到，随着调控力度的增加，　电力系统将最终趋向稳定。同时，由图 7-45（b）可以看到，随着调控力度的增加，电力平衡指标的稳定值持续降低。说明对开发利用低碳电力，使用电力供给多元化这一调控策略来达到电力平衡的指标来讲，并不是投入的人力、物力、财力越多就越好，而是要根据市场情况、经济增长情况进行综合考量，盲目地增加投入只会造成资源的巨大浪费，而不能有效地达到电力的供需平衡。

　　对于调控策略二，加大调控力度意味着放松对发电侧电力市场的管控，充分发挥市场经济的自身调控功能。我们利用模型模拟随着调控策略的调控力度逐渐增大，电力平衡指标的演化路径。将模型参数对 (M, a_3) 取值分别设定为 $(0.3897, 0.3074)$、$(0.3697, 0.3174)$、$(0.3497, 0.3274)$、$(0.3297, 0.3374)$，参数对 (M, a_3) 值的变化幅度越大，意味着调控的力度就越大。因此，得到调控策略二下的电力供给-价格-平衡指标系统三维相轨线演化图像[图 7-46（a）]和电力平衡指标在不同的调控力度下随时间变化的演化图像[图 7-46（b）]。

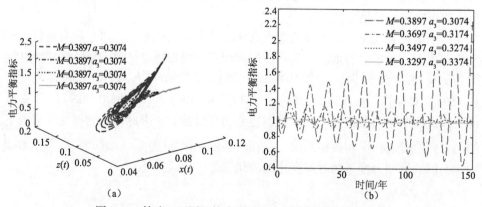

图 7-46　策略二不同调控力度下电力平衡指标的演化图像

由图 7-46（a）可以看到，随着调控力度的增加，电力供给-价格-平衡指标系统逐渐趋于稳定。同时，由图 7-46（b）可以看到，随着调控力度的增加，电力平衡指标的稳定值持续降低。说明根据目前中国的实际情况，要充分发挥发电侧电力市场的主体作用，但又不能盲目地放任市场的各项经济行为，需要进行有效的监管，只有在充分发挥市场的主体作用的前提下，进行合理的市场调控，才能最终达到理想的电力平衡状态。

对于调控策略三，加大调控力度意味着全面推行峰谷分时电价，引导电力消费的理性化。我们利用模型模拟随着调控策略的调控力度逐渐增大，电力平衡指标的演化路径。将模型参数对 (a_2, b_3) 取值分别设定为 $(0.2867, 0.0552)$、$(0.3667, 0.0482)$、$(0.2607, 0.0422)$、$(0.2407, 0.0302)$，参数对 (a_2, b_3) 值的变化幅度越大，意味着调控的力度就越大。因此，得到调控策略三下的电力供给-价格-平衡指标系统三维相轨线演化图像[图 7-47（a）]和电力平衡指标在不同的调控力度下随时间变化的演化图像[图 7-47（b）]。

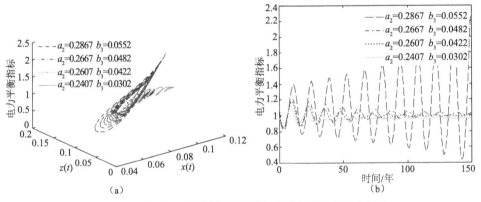

图 7-47　策略三不同调控力度下电力平衡指标的演化图像

由图 7-47（a）可以看到，随着调控力度的增加，电力供给-价格-平衡指标系统逐渐趋于稳定。同时，由图 7-47（b）可以看到，随着调控力度的增加，电力平衡指标的稳定值持续降低。说明根据当前中国的实际情况，在引导电力消费的理性化的过程中，既要充分相信推行峰谷分时电价的作用，又要防止政策推行过快，过大的调控力度不利于形成长期稳定的电力市场。

对于调控策略四，加大电力价格市场的市场化程度，促进电力市场平衡。我们利用模型模拟随着调控策略的实施力度逐渐增大，电力平衡指标的演化路径。将模型参数对 (c_3, C) 取值分别设定为 $(0.2052, 0.1040)$、$(0.2152, 0.1020)$、$(0.2252, 0.0990)$、$(0.2352, 0.0920)$，参数对 (c_3, C) 值的变化幅度越大，意味着调控的力度就越大。因此，得到调控策略四下的电力供给-价格-平衡指标系统三维相轨线演化图像[图 7-48（a）]和电力平衡指标在不同的调控力度下随时间变化的演化图像[图 7-48（b）]。

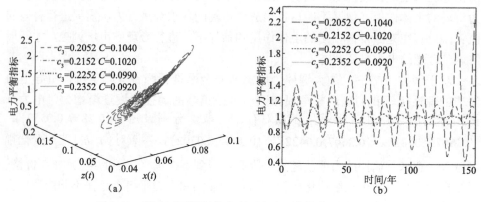

图 7-48　策略四不同调控力度下电力平衡指标的演化图像

由图 7-48（a）可以看到，随着调控力度的增加，电力供给-价格-平衡指标系统快速趋于稳定。同时，由图 7-48（b）可以看到，随着调控力度的增加，电力平衡指标的稳定值下降迅速。说明根据当前中国的实际情况，采用适当行政干预手段可以促使电力市场快速趋于稳定，同时，盲目地动用行政干预手段又会破坏电力市场的平衡，使得电力平衡指标偏低。

3. 不同调控策略对电力价格、电力供给总量及电力消费总量的影响分析

根据前面的分析，我们知道以上四种调控策略都可以将实际的电力市场系统由混沌状态调控到稳定状态。下面，我们将进一步从电力供给总量、电力消费总量和电力价格三个方面，对单一调控策略及综合调控策略进行定量的对比分析，为调控寻找最优的方向。

由图 7-49 可以看出：①在电力供给总量上，从单一调控的最大值为 0.09，综合调控策略的最大值为 0.1，综合调控策略下的供给总量更加充足；②在拉动经济增长的电力消费方面，从单一调控的最大值为 0.094，综合调控策略的最大值为 1.03，综合调控策略下的电力消费总量更能促进经济的增长；③在电力价格方面，从单一调控的最大值为 0.103，综合调控策略的最大值为 0.102，综合调控策略下的电力价格的波动更小；④在系统稳定所需的时间上，实施综合策略比实施单一策略要短很多。

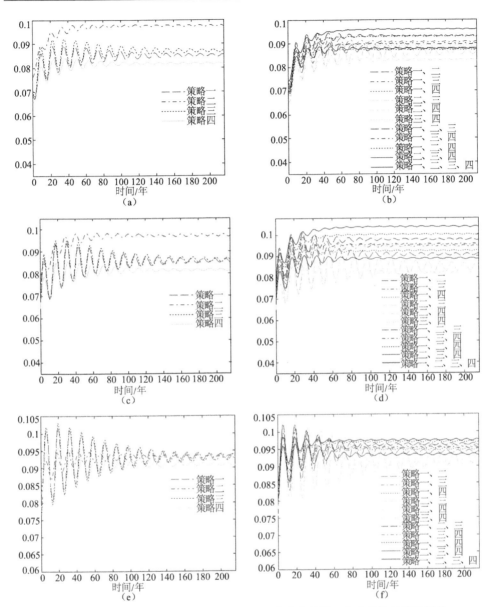

图 7-49　不同调控策略下电力供给总量、电力消费总量、电力价格的演化图像

因此，综合调控策略比单一调控策略更加有利于电力市场的长期稳定发展。

4. 不同调控策略对电力平衡指标的影响分析

我们将从电力平衡指标的角度，对单一调控策略及综合调控策略进行再次进行定量的对比分析，寻找最优的调控策略。

　　由图 7-50 可以看到，在综合调控策略下的电力平衡指数可以更快更好达到并保持 1。这说明综合调控策略的效果要明显好于单一调控策略的效果。

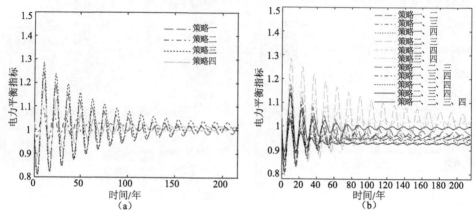

图 7-50　电力平衡指标在不同调控策略下的演化过程

　　由图 7-50 可以得到如下结论。

　　（1）图 7-50（a）显示，策略四是单一的调控策略中收敛速度最好的。图 7-50（b）显示，同时使用的策略越多，系统的平衡指标值越低。但是这不意味着 4 个策略同时使用时效果最佳，因为策略一，策略二，策略三，策略四的平衡指标为 0.925，不等于 1。在收敛速度上，综合策略中表现做好的为策略二，策略三，策略四。比较图 7-50（a）和图 7-50（b）发现，综合策略所需时间不到单一策略的一半。所以就收敛速度而言，综合策略比单一策略要好。

　　（2）在平衡指标的数值方面：图 7-50（a）显示，单一调控的最大值为 1.29，最小值为 0.81，而综合调控的最大值为 1.295，最小值为 0.82。显然，综合调控策略和单一调控策略没有明显差别。综合以上两点，在平衡指标的表现上，综合调控策略也优于单一调控策略。

5. 中国电力市场中的最优调控策略

　　透过图 7-49 和图 7-50 的分析，综合调控策略对单一调控策略的优越性已经充分展现。本部分研究的目的是从综合调控策略中找出最优的调控策略。不同的组合策略对电力平衡指标的影响及所需时间如图 7-51 所示。

　　从图 7-51 可以得到以下结论。

　　（1）图 7-51（b）显示，供给量最充足的策略是策略一、二、三、四。但它不是最好的选择，因为它的电力平衡指标为 0.925，远小于 1。当电力平衡指标为 1 时，策略二、三、四是唯一的选择。所以综合平衡指标和电力供给的充足性，策略二、三、四是最好选择。

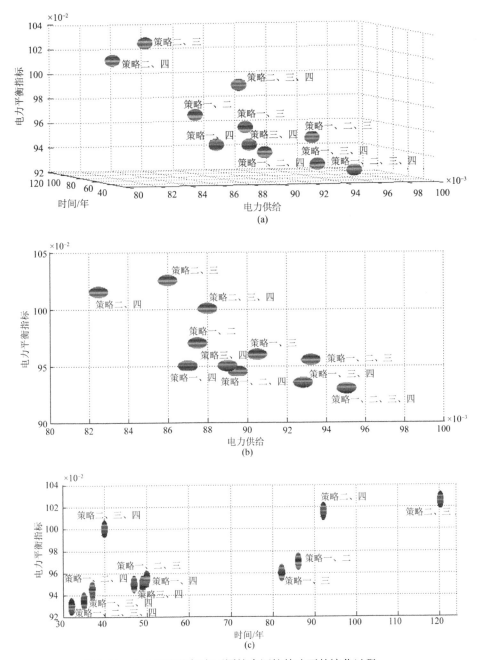

图 7-51　电力平衡指标在不同综合调控策略下的演化过程

（2）图 7-51（b）显示，策略二、三用时最长，需要 120 年。策略一、二、三、四用时最短，需要 32 年，但是策略一、二、三、四的电力平衡指标远小于 1。所以，显然策略二、三和策略一、二、三、四都不是最好的选择，策略二、三、四仍然是唯一的选择。它需要 40 年来达到供需平衡。

综合以上分析，策略二、三、四是众多的综合调控策略中最优的，从电力平衡指标、电力充足性及调控用时上来看。即中国当前电力市场改革调控的最佳途径是在最大程度发挥发电侧的市场主体作用的前提下，同时在售电侧实施峰谷分时电价，引导理性消费，并适当地采取恰当的行政措施。

7.3　本章小结

本章依据一个经济时期内的能源价格、能源供应和经济增长之间相互依存、相互制约关系为背景建立了一个能源市场中能源价格、能源供给、经济增长的发展演变的动力系统。理论分析了能源价格–供给–经济增长系统及其子系统的基本动力学行为，利用数值仿真方法给出了系统中各变量间的演化行为。利用能源价格体现能源市场这个无形之手的影响作用和政府政策调控这个有形之手对市场有序发展的引领作用，探讨能源市场演化发展规律。得到如下结论。

（1）能源价格、能源供应与经济增长之间呈现出非常复杂的相互关系。这种复杂性与模型中的参数密切相关，这些参数在不同时期及不同背景下会取不同的数值，不同的取值将导致系统呈现稳定状态、周期变化状态及混沌状态。

（2）能源价格–供给–经济增长系统导出的能源价格–供给子系统，描述了能源价格与能源供应之间的动态关系，将经典的离散型蛛网模型的结果推广到了连续形式，扩展了经典的蛛网模型的适用范围。利用模型给出了能源价格–供给系统稳定的必要条件。

（3）能源价格–供给–经济增长系统导出的能源供给–经济增长子系统，描述了在能源价格水平一定的情况下，能源供应与经济增长之间的关系。演化结果显示经济增长导致能源供给的增加，在经济快速发展的演化过程中能源供给会出现两次拐点变化。

（4）利用中国 1980～2010 年能源生产总量、GDP 指数、能源价格指数数据，借助神经网络确定了系统参数，得到了一个具有实际意义的能源价格系统，对系统的动力学性质的分析表明实际系统是不稳定的。

（5）利用能源价格系统对四种常用的调控策略实证分析结果表明：开发新能源，增加能源进口量；增强市场的主体作用；进行产业结构调整，适当降低经济增长速度，加强能源领域的系统化、科学化管理等调控策略可以使系统达到稳定状态，但达到稳定状态所用的时间是不同的；而单纯依靠行政干预，不能使系统达到稳定状态，只能使系统处于周期震荡状态。

（6）三种能使实际系统处于稳定状态的调控策略各有其优缺点，发挥市场主体作用是使得能源价格系统尽快稳定的有效手段；开发新能源、进行产业结构调整从长期来看是推进经济增长的必要条件。

（7）三种单一调控策略均可以有效降低能源强度，从最终的效果看，调控策略一可以使能源强度降为 0.4221，调控策略二可以使能源强度降为 0.4886，调控策略三可以使能源强度降为 0.4343，因此，从降低能源强度的角度且从长期来看，调控策略一最优，策略三次之，策略二最差。组合策略调控下的能源强度下降过程优于单一策略下的调控过程，组合策略调控下的能源强度最多可以降为 0.3425，比单一调控策略多下降了 7.96 个百分点。从能源强度的演化过程可以得到：从短期来看，策略二是使得能源强度下降的有效手段，约 2 年的时间，可使能源强度下降为 0.4886，而从长期来看，策略一和策略三是使能源强度下降的有效手段，约需 12 年和 6 年的时间，可分别使能源强度下降为 0.4221 和 0.4343。综合来看，在充分发挥市场力（策略二）的前提下，开发新能源（策略一），进行产业结构调整（策略三），并适当进行宏观调控（策略四）可以使能源强度达到预期效果，约需 7 年的时间，可使能源强度下降为 0.3425。

（8）从电力市场化改革的实际出发，依据一个经济时期内的电力供应总量、电力消费总量及电力价格间的相互依存、相互制约的关系，建立了一个新的电力市场系统，并分析了该系统的复杂动力学行为。利用中国 1979～2012 年的统计数据，借助神经网络确定了系统参数，得到了一个具有实际意义的电力市场系统。在对中国电力市场演化分析的基础上，从实证的角度对所建系统作多种调控策略研究，最终发现在发电侧深化市场化改革的同时，实施峰谷分时电价，引导理性消费，开发低碳电力，促进节能减排，是中国当前电力市场改革调控的最佳途径。

参 考 文 献

[1] Tang C F, Tan E C. Exploring the nexus of electricity consumption, economic growth, energy prices and technology innovation in Malaysia. Applied Energy, 2013, 104: 297-305.

[2] Berk I, Yetkiner H. Energy prices and economic growth in the long run: theory and evidence. Renewable and Sustainable Energy Reviews, 2014, 36: 228-235.

[3] Jin J C, Choi J Y, Eden S H. Energy prices, energy conservation, and economic growth: evidence from the postwar United States. International Review of Economics & Finance, 2009, 18(4): 691-699.

[4] Mahadevan R, Asafu-Adjaye J. Energy consumption, economic growth and prices: a reassessment using panel VECM for developed and developing countries. Energy Policy, 2007, 35(4): 2481-2490.

[5] Lee C C, Chiu Y B. Nuclear energy consumption, oil prices, and economic growth: evidence from

highly industrialized countries. Energy Economics, 2011, 33(2): 236-248.

[6] Odhiambo N M. Energy consumption, prices and economic growth in three SSA countries: a comparative study. Energy Policy, 2010, 38(5): 2463-2469.

[7] Doroodian K, Boyd R. The linkage between oil price shocks and economic growth with inflation in the presence of technological advances: a CGE model. Energy Policy, 2003, 31(10): 989-1006.

[8] Lee C C, Chiu Y B. Oil prices, nuclear energy consumption, and economic growth: new evidence using a heterogeneous panel analysis. Energy Policy, 2011, 39(4): 2111-2120.

[9] Lin B, Du K. Decomposing energy intensity change: a combination of index decomposition analysis and production-theoretical decomposition analysis. Applied Energy, 2014, 129: 158-165.

[10] Gómez A, Dopazo C, Fueyo N. The causes of the high energy intensity of the Kazakh economy: a characterization of its energy system. Energy, 2014, 71: 556-568.

[11] Li K, Lin B Q. The nonlinear impacts of industrial structure on China's energy intensity. Energy, 2014, 69: 258-265.

[12] Zeng L, Xu M, Liang S, et al. Revisiting drivers of energy intensity in China during 1997-2007: a structural decomposition analysis. Energy Policy, 2014, 67: 640-647.

[13] Li Y, Sun L Y, Feng T W, et al. How to reduce energy intensity in China: a regional comparison perspective. Energy policy, 2013, 61: 513-522.

[14] Fang G C, Tian L X, Fu M, et al. The impacts of carbon tax on energy intensity and economic growth—A dynamic evolution analysis on the case of China. Applied Energy, 2013, 110: 17-28.

[15] Hatzigeorgiou E, Polatidis H, Haralambopoulos D. CO_2 emissions, GDP and energy intensity: a multivariate cointegration and causality analysis for Greece, 1977-2007. Applied Energy, 2011, 88(4): 1377-1385.

[16] Sun M, Tian L X, Fu Y. An energy resources demand–supply system and its dynamical analysis. Chaos, Solitons & Fractals, 2007, 32(1): 168-180.

[17] Sun M, Wang X F, Chen Y, et al. Energy resources demand-supply system analysis and empirical research based on non-linear approach. Energy, 2011, 36(9): 5460-5465.

[18] Tian L X, Jin R L. Theoretical exploration of carbon emissions dynamic evolutionary system and evolutionary scenario analysis. Energy, 2012, 40(1): 376-386.

[19] Fang G C, Tian L X, Sun M, et al. Analysis and application of a novel three-dimensional energy-saving and emission-reduction dynamic evolution system. Energy, 2012, 40(1): 291-299.

[20] Fang G C, Tian L X, Fu M, et al. Government control or low carbon lifestyle?—Analysis and application of a novel selective-constrained energy-saving and emission-reduction dynamic evolution system. Energy Policy, 2014, 68: 498-507.

[21] Dong G G, Du R J, Tian L X, et al. A novel 3D autonomous system with different multilayer chaotic attractors. Physics Letters A, 2009, 373(42): 3838-3845.

[22] Dieci R, Westerhoff F. Stability analysis of a cobweb model with market interactions. Applied Mathematics and Computation, 2009, 215(6): 2011-2023.

[23] Hamzacebi C, Es H A. Forecasting the annual electricity consumption of Turkey using an optimized grey model. Energy, 2014, 70: 165-171.

[24] Pérez-García J, Moral-Carcedo J. Analysis and long term forecasting of electricity demand

trough a decomposition model: a case study for Spain. Energy, 2016, 97: 127-143.

[25] Nawaz S, Iqbal N, Anwar S. Modelling electricity demand using the STAR (Smooth Transition Auto-Regressive) model in Pakistan. Energy, 2014, 78: 535-542.

[26] Pao H T. Forecast of electricity consumption and economic growth in Taiwan by state space modeling. Energy, 2009, 34(11): 1779-1791.

[27] Kucukali S, Baris K. Turkey's short-term gross annual electricity demand forecast by fuzzy logic approach. Energy Policy, 2010, 38(5): 2438-2445.

[28] Arisoy I, Ozturk I. Estimating industrial and residential electricity demand in Turkey: a time varying parameter approach. Energy, 2014, 66: 959-964.

[29] Pappas S S, Ekonomou L, Karamousantas D C, et al. Electricity demand loads modeling using autoregressive moving average (ARMA) models. Energy, 2008, 33(9): 1353-1360.

[30] Ranjan M, Jain V K. Modelling of electrical energy consumption in Delhi. Energy, 1999, 24(4): 351-361.

[31] Lai T M, To W M, Lo W C, et al. Modeling of electricity consumption in the Asian gaming and tourism center—Macao SAR, People's Republic of China. Energy, 2008, 33(5): 679-688.

[32] Yan Y Y. Climate and residential electricity consumption in Hong Kong. Energy, 1998, 23(1): 17-20.

[33] Abdel-Aal R E, Al-Garni A Z, Al-Nassar Y N. Modelling and forecasting monthly electric energy consumption in eastern Saudi Arabia using abductive networks. Energy, 1997, 22(9): 911-921.

[34] Egelioglu F, Mohamad A A, Guven H. Economic variables and electricity consumption in Northern Cyprus. Energy, 2001, 26(4): 355-362.

[35] Mohamed Z, Bodger P. Forecasting electricity consumption in New Zealand using economic and demographic variables. Energy, 2005, 30(10): 1833-1843.

[36] Saab S, Badr E, Nasr G. Univariate modeling and forecasting of energy consumption: the case of electricity in Lebanon. Energy, 2001, 26(1): 1-14.

[37] Amarawickrama H A, Hunt L C. Electricity demand for Sri Lanka: a time series analysis. Energy, 2008, 33(5): 724-739.

[38] Liu H P, Shi J. Applying ARMA–GARCH approaches to forecasting short-term electricity prices. Energy Economics, 2013, 37: 152-166.

[39] Ventosa M, Ballo lvaro, Ramos A, et al. Electricity market modeling trends. Energy Policy, 2005, 33(7): 897-913.

[40] Deb R, Albert R, Hsue L L, et al. How to incorporate volatility and risk in electricity price forecasting. The Electricity Journal, 2000, 13 (4): 65-75.

[41] He K J, Yu L, Tang L. Electricity price forecasting with a BED (Bivariate EMD Denoising) methodology. Energy, 2015, 91: 601-609.

[42] Alagoz B B, Kaygusuz A, Akcin M, et al. A closed-loop energy price controlling method for real-time energy balancing in a smart grid energy market. Energy, 2013, 59: 95-104.

[43] Kwon S, Cho S H, Roberts R K, et al. Effects of electricity-price policy on electricity demand and manufacturing output. Energy, 2016, 102: 324-334.

[44] Herter K, Wayland S. Residential response to critical-peak pricing of electricity: California

evidence. Energy, 2010, 35: 1561-1567.

[45] Kamyab F, Bahrami S. Efficient operation of energy hubs in time-of-use and dynamic pricing electricity markets. Energy, 2016, 106: 343-355.

[46] Lin B Q, Liu X. Electricity tariff reform and rebound effect of residential electricity consumption in China. Energy, 2013, 59: 240-247.

[47] Ghasemi A, Shayeghi H, Moradzadeh M, et al. A novel hybrid algorithm for electricity price and load forecasting in smart grids with demand-side management. Applied Energy, 2016, 177: 40-59.

[48] Yu M M, Hong S H. Supply–demand balancing for power management in smart grid: a Stackelberg game approach. Applied Energy, 2016, 164: 702-710.

[49] Kim D, Jeong J. Electricity restructuring, greenhouse gas emissions efficiency and employment reallocation. Energy Policy, 2016, 92: 468-476.